셀프트래블

교 토

Kyoto

조경자 지음

Photograph Album...Kyoto

약수 인심이 후하고
구름도 취해 머물다 가는
술 마을 후시미에서….

오직 교토에서만 나고 자라는 것이 허락된 교토 채소들.
교토에서는 바람 인형 대신 싱싱한 채소들이 호객 행위를 한다.

자연 사진관.
오하라에 찾아드는 춘삼월.

벚꽃 흩날리는 교토에서
문득···.

교토에서 나고 자라는 교토 아이들.
소년이 청년이 되고 청년이 중년이 되더라도
그들을 괴롭히는 건,
"여기로 가려는데요. 길 좀 알려주세요."
교토 지도를 든 관광객들의 SOS 요청.

나는.
찍었다.
당신을.

교토에 부치는 13인의 러브레터

돌이켜 생각해보면 정말 신기하다는 생각이 들어요. 모든 일에 지치고 그저 어디론가 떠나고 싶었을 때 만난 책이 〈때때로, 교토〉였거든요. 벚꽃이 흐드러지게 핀 철학의 길 풍경사진 한 장에 저는 잠시 모든 걸 내려놓고 <mark>무작정 교토로 떠났습니다.</mark> 〈때때로, 교토〉가 없었다면 '그때 어떻게 됐을까?' 싶을 정도로 모든 것이 너무나 소중한 인연이었어요. 교토의 보석 같은 곳들을 소개받고, 많은 이야기를 나누고, 가모가와 강을 거닐고…. 아~ 아~ 지금도 너무 그립네요. 봄의 교토에서 보낸 6개월의 추억은 지금도 저에게 큰 에너지가 되고 있어요. 말로 다 표현할 수 없을 정도로 매력적이고 사랑스러운 도시랍니다.

<small>원종희, 〈때때로, 교토〉가 맺어준 귀한 인연 중 한 사람. 교토책과 블로그를 통해 안부를 묻다가 교토에서 만나 스탄다라는 교토다운 식당에서 밥을 먹고 가모가와와 히가시야마를 걸었다. 우리를 포근히 감싸 안아주는 것 같았던 교토의 노을에 물들면서….</small>

교토에 머물다가 간간이 서울로 돌아올 때면 그녀는 눈을 반짝이며 더없이 행복한 표정으로 조곤조곤 교토에서의 무용담을 들려주곤 했다. 그렇게 그녀를 웃게 만들었던 그곳, 교토. 나는 곧 그녀의 책을 손에 쥐고 교토로 떠날 것이다. 그녀의 루트를 따라 걷다 보면 <mark>나도 그녀처럼 행복해질 것</mark>만 같아서….

<small>진유정. 앞에만 앉으면 몇 시간이고 수다를 떨게 만드는 매력적인 언니. 〈루앙 프라방 오리지널 사운드트랙〉〈기억할게, 내 삶이 빛을 잃을 때마다〉〈여기는 베트남, 껌은 밥이다〉의 저자.</small>

<mark>하나카사 마츠리눈 이마미 야진자에서 열리는 야스라이 마츠리를 말합니다. 꽃으로 화려하게 장식한 삿갓을 쓰고 춤을 추기 때문에 교토 사람들은 '꽃 삿갓 축제'라는 별칭으로 부릅니다.</mark>

저는 대대로 교토에서 나고 자란 토박이입니다. 가업인 요리 료칸을 운영하신 어머니는 가부키의 왕팬이셨죠. 그런 인연으로 가부키 배우들은 어머니의 료칸에 왕왕 머물기도 했고, 지금의 톱스타 못지않게 인기를 누렸던 가부키 배우들로부터 사인도 받고 기념사진도 찍곤 했습니다. 교토 시내에 노면 전차가 달리던 시절도 있었지만 지금 교토의 모습은 너무 많이 변해버렸습니다. 변하지 않은 것이 있다면 일 년 내내 교토로 몰려오는 관광객들이겠지요. 교토에 사는 현지인으로서 교토 나들이객들에게 추천하고 싶은 것은 축제입니다. 많은 축제가 알맹이 없는 이벤트성 축제로 전락하고 말았습니다만, 가을의 <mark>하나카사 마츠리</mark>'는 시민과 관광객들이 참가할 수 있는 축제입니다. 꾸미지 않은 진짜 교토를 들여다볼 수 있는 축제이지요.

아다치 상. 집에는 번듯한 다실이 있고, 우지산 녹차를 블렌딩한 자가제 차를 마시는 콧대 높은 교토 피플. 노포 스하마 가게 등 교토 토박이들만 알고 있는 일급비밀 가게들을 대거 공개했다.

교토의 365일은 소리나 향기, 공기, 색채 그리고 미각에 따라 변해가고 제 오감은 그 리듬에 맞추어 춤을 추지요. 언제나 불변의 아름다움을 지닌 채 새로운 발견의 기쁨도 함께 주는 '교토'는 교토 토박이인 제 눈에도 분명 수상한 곳이랍니다. 도쿄나 오사카에서는 절대 조우하지 못하는 오묘한 빛깔이 있어요.

토미데(tomide) 상. 교토 사람들도 미처 깨닫지 못하는 교토만의 매력을 '교토 백경'이란 그림엽서 시리즈로 발견해 나가고 있는 일러스트레이터. 토미데 상과의 만남은 한 플리마켓에서 우연히 시작됐다.

교토의 매력은 너무 많아 꼽을 수 없을 정도예요. 그러니 제발 딱 한 곳만 추천해달라는 어려운 부탁은 하지 말아주세요. 그래도 말해야 한다면…. 역시 오래된 건축물과 고고하게 살아 숨 쉬는 일본의 전통문화라 할 수 있어요. 그리고 사계절에 따라 항상 다른 모습의 교토를 체감할 수 있다는 점도 빠뜨리면 안 되고…. 언제나 다른 모습을 보여줘요. 봄과 여름, 가을, 겨울 모두 다른 드레스를 입고 런웨이를 우아하게 걷는 슈퍼 모델이라고나 할까요. 아! 그리고 현대 아트가 굉장히 발달한 동네예요. '교토가? 정말로?'라고 생각하는 분이 많을 거라고 예상합니다만, 교토는 낡은 것과 새로운 것이 만나는 시간의 교차로에서 독특한 아트가 생겨나고 있답니다.

사가노 타로. 게스트하우스 주인장으로 고향은 홋카이도. 교토가 좋아 교토에 정착한 교토 러브러브족. 그의 삶에 질투가 나서 '나도 제주도에 게스트하우스를 차려볼까?'라는 엉뚱한 망상에 잠시 빠지게 하다.

One. 교토의 거리를 산보해주세요. 거리의 모퉁이에서 작은 절을 쉰 곳 정도는 찾아낼 각오로 천천히. Two. 가츠라리큐, 슈가쿠인리큐는 조용하고 아름다운 곳이에요. 미리 예약을 해야 하는 번거로움도 감내해야 하지만 대신 관광객이 많지 않아 좋아요. 계절에 상관없이 리프레시할 수 있는 곳이지요. Three. 구라마데라, 후시미 이나리타이샤, 다이고지는 정상까지 올라가보세요. 교토의 숨겨진 파워 스폿이라고 자부합니다! 교토에서 운동 부족이 되었다면, 이 세 곳으로의 산행은 어떨까요?
Four. 관광으로 지쳤을 때에는 만화 뮤지엄을 찾아주세요. 엄마가 되어도 만화는 여전히 재미있답니다. Five. 만일 나라에 가실 계획이라면 긴테츠 나라 센보다는 JR 나라 센을 강추합니다. 교토라는 도시에서 시골을 지나, 다시 나라라는 도시로. 아름다운 시골 풍경은 여행의 설렘을 배가시켜주거든요.

구미코 상. 도쿄에서 교토로 시집을 온 천사표 교토 아주머니. 그녀의 인정미 넘치는 품성은 깍쟁이 교토 사람들에 대한 이미지마저 바꿔버렸다.

어느 해 여름, 그녀의 안내로 교토의 맛집을 돌아보게 되었습니다. 유난히 더웠던 교토, 그러나 그녀가 소개한 맛집들은 교토의 날씨보다 더 뜨거웠습니다. 다양한 요리부터 아이스크림까지 맛본 두부 요리 전문점, 청어가 들어 있는 따끈한 소바, 일본의 전통가옥 카페에서 맛본 일본식 커리, 눈과 입을 즐겁

하타케
교토에서도 유명한 전통가옥. 옛날 소아용 약을 팔던 상점으로 예약한 후에 견학이 가능하며 교토의 가정식도 맛볼 수 있다.
www.hata-ke.jp

게 만드는 일본식 스위트, 여행에 지칠 때쯤 소개해준 일본의 명차와 차 교실, 그녀이기 때문에 찾아낼 수 있었던 유서 깊은 전통가옥에서 맛본 일본의 전통 시절 음식까지…. 지칠 만도 했던 교토에서 그녀가 소개해준 맛집들은 몸과 마음에 활력을 주었고, 일본의 전통과 새로운 문화가 조화롭게 융화되어 있는 매력적인 교토는 <mark>세상에서 제일 핫한 맛의 도시</mark>로 남아 있습니다.

이미경. 한식과 사찰 음식 요리 연구가이자 우리 음식의 매력에 눈을 뜨게 해준 요리 스승님. 어느 추운 겨울날, 교토로 건너와 교토 친구들에게 한국 요리 파티를 열어주어 그들을 감동시킨 한국 홍보대사.

교토의 절이라면 나가오카쿄의 <mark>요시미네데라</mark>善峯寺를 추천하고 싶어요. 서쪽에서 교토 시내를 조망할 수 있고 근사한 소나무도 있거든요. 스위트나 빵 투어도 교토를 맛있는 도시로 기억하게 할 거예요. 차 마을 우지의 스위트는 교토의 스페셜 에디션이지요. 미무로토지三室寺 근처에 있는 빵 가게는 작지만 빵만큼은 프랑스 빵 그대로예요. 나카무라 토키치도 빼놓을 수 없죠! 5월이 되면 햇차 젤리가 반짝 나왔다 사라지는데, 그 맛이 아주 일품이에요. 그리고 또 어디가 있을까~ 지온지의 플리마켓도 강추! 몇 번을 찾아도 각기 다른 재미가 있거든요.

이즈미 상. 호떡과 감자탕이라면 사족을 못 쓸 뿐만 아니라, 명품 백 대신 우아한 기모노에 투자할 줄 아는 교토피플. 직장은 오사카, 집은 후시미로 오사카행 만원 전철에 시달리면서도 교토 거주를 포기하지 않는 멋진 은행원 언니.

citron sale
★075-351-1314
★11:30~23:30
★지하철 시조 역 근처

교토로 말할 것 같으면 일본 전통문화의 메카입니다. 따라서 화과자 가게만 엄청나게 많을 것이라고 오해하는 분들이 많은데요, 의외로 블랑제리, 파티세리도 많고 솜씨도 수준급입니다. 교토에는 후야 롤, 다케야마치 롤같이 스위트 가게들이 밀집해 있는 거리 이름을 붙인 롤 케이크도 많아요. 그중에서 제일 좋아하는 롤 케이크는 <mark>citron sale</mark>의 소금 캐러멜 롤 케이크랍니다. 촉촉한 생지에 소금 캐러멜 맛의 버터크림이 예쁘게 말려 있어 보기만 해도 군침이 돌아요. 이 숍은 카페 비스트로도 함께 있는데, 가벼운 프렌치와 와인도 곁들일 수 있어요.

마에다 쿄코, 교토 거주 8년 차 OL(Office Lady), 휴가 때마다 도쿄, 파리와 뉴욕을 넘나드는 빵과 스위트 순 자, (때때로, 교토)의 고베 스위트 숍 리스트에 지대한 공헌을 한 그녀와의 인연 역시 교토의 한 카페에서였다. 서울 여행을 준비하는 그녀에게 서울 맛지도를 그려주고, 답례로 교토의 스위트 맛지도를 받으며 친구가 됐다.

<mark>나는 아직 이 책이 필요하다.</mark> 두 페이지밖에 활용하지 못했기에. 나의 교토에 대한 기억은, '신부쿠 사이칸 혼텐'에서 먹은 츄카소바의 맛이 압도하고 있다. 먹물처럼 까만 국물에 담긴 생면 소바, 그 어우러짐은 대단했다. 국수 한 그릇에 표현된 깊은 맛과 면의 감촉, 국물의 후미…(커피업계에서 일하다 보니 이제는 음식의 감촉과 후미도 신경이 쓰인다). 이 맛이 남긴 여흥이 스치듯

본 천년고도의 풍경을 압도한 것이다. 때는 2010년. 일본 스페셜티 커피의 선두 주자 중 하나인 교토 '카페 타임'의 대표를 만나러 간 길에 딱 하루 반나절 머물렀을 뿐이었다. '딴 짓' 할 시간이 안 날 줄 알았으면서 굳이 이 책을 들고 갔다. 책을 쓴 이가 여기에 담은 실력과 진정성을 알고 있으므로 조금이라도 짬이 나기를 빌면서 말이다. 그래도 무려 두 페이지나 활용했으니 그만하면 선전한 것일까? 나는 아직 이 책을 잘 보관 중이다. 다음 교토행에서 한쪽만 써먹더라도 나는 1kg 남짓한 이 책이 필요하다.

이현주, 테라로사 커피 기획실장. 동갑이지만 서열 엄격한 잡지사에서 선배와 후배로 인연을 맺었기에 지금도 깍듯이 존댓말을 쓰는 사이. 마시메로를 담은 아주 매력적인 친구와는 흰머리 희끗희끗한 나이가 되어도 순수하게, 열정적으로 대화를 나눌 수 있을 것 같다.

아름다운 풍경의 교토여행은 <mark>꿈을 꾼 듯 아련하다.</mark>

황승희, 포토그래퍼. 〈때때로 일본 시골 여행 west〉에서 따뜻한 시골 풍경을 담아냈던 그녀. 이번에도 선배의 꼬임에 꾀여 교토를 찾았다가 살포시 교토앓이 중이란다. 봄, 여름, 가을, 겨울 교토의 속살을 본 후에야 나을 병이다.

참 이상하죠. 도쿄, 가 아니라 교토, 라고 발음할 때 그녀 생각이 나니까요. 도쿄는 겨우 한 번, 교토는 아직 발 디뎌본 적도 없는 주제에 말입니다. 그렇다면 나는 그녀를 안다고 해야 할까요, 모른다고 해야 할까요. 눈으로 눈이 다가올 때보다 눈에서 눈이 멀어질 때 아름답다. 그녀가 그랬던 것 같습니다. 한발 앞서서가 아니라 한발 뒤로 물러날 때, 그마저도 흐릿한 발자국을 긴 치맛자락으로 감추어야 안심이다. 그녀가 그랬던 것 같습니다. <mark>대관절 그녀라니요, 교토라니요.</mark> 아무래도 한번 다녀와야 이거 병이 되겠습니다. 엽서 띄우지요, 아마도 교토일 겁니다.

김민정. 햇살을 갈망하는 지하 사무실에서 함께 일했던 동료이자 친구. 우리는 전혀 다른 무늬를 가졌지만, 묘하게 통하는 구석이 많았다. 〈문예중앙〉 편집장으로 원고를 청탁하던 그녀는 항상 이렇게 말했었다. "선생님! 시 쓰는 사람, 김민정인데요~" 그녀는 시인이자 시집 만드는 편집자이다.

〈때때로, 교토〉라는 제목처럼 <mark>누구라도 때때로 어디론가 훌쩍</mark> 떠나고 싶을 때가 있습니다. 그럴 때 이 책은 그런 마음에 불을 지펴주는 불씨가 되어줄 것이고, 교토를 너무나도 사랑하는 저자의 따뜻한 글귀, 사진으로 가득한 한 장 한 장을 넘기다 보면 어느새 교토의 매력에 푹 빠져있는 자신을 발견하게 될 것입니다.

박규리. 미래가 기대되는 작곡가. 밥은 카페에서 처음 만나서 밥을 먹은 사이. 〈때때로, 교토〉가 맺어준 고마운 인연으로, 그녀가 만든 '슬로 트립'이란 곡은 여행길을 함께 하는 든든한 동지다.

어째서
여행을 떠나지 않았는가,
아가씨!

어느 해 가을

무미건조한 일상이 어제도, 오늘도 똑같이 흘러간다. 내일의 내 모습이 점점 희미해져간다. 어딘가 나답지 않은 삶을 살고 있는 듯한 불안감에 불면의 밤을 이루고 있을 즈음, 강남으로 향하는 지옥철에서 숭배해 마지 않을 한 권의 책과 운명적으로 만나게 됐다. '나, 정말 행복한 건가?'란 화두를 던진 마치다 코우의 〈동경산책〉.

일 관계의 스케줄이 산처럼 쌓여 있고, 다달이 붓고 있는 적금도 있다. 홈쇼핑에서 오븐과 디지털카메라를 주문해버렸다. 냉장고에는 먹다 남긴 치킨이 들어 있다. 그것들을 그대로 두고 표연히, 여행을 떠나는 것은 용납되지 않는다. 사회인으로서. 그러나 여행을 떠나고 싶어졌다. 왠지. 이유 같은 건 없다. 바람에 이끌려, 꽃에 이끌려 한 동이 항아리를 안고 표연히 걸어가보고 싶어진 것이다.

어느 해 봄

그리하여 나의 여행은 즉흥적으로, 대책 없이, 급작스럽게 시작되었다. 그리고 여행지를 교토로 정하고 인터넷으로 먼슬리 맨션을 예약했다. 그 후엔 가슴에 늘 품고 다니던 사직서를 멋지게 날리고 짐을 싸서 비행기에 오르는 일뿐이었다. 싸고 푸는 일을 반복하는 보따리 인생이 시작된 것이다.

그런데 왜 교토였을까? 몇 개월 전부터 예약을 하지 않으면 호텔방 잡기가 빅스타의 콘서트 VIP석 확보보다 어렵고, 일 년 내내 관광객들로 미어터지며 입장료 내고 줄 서다 여행이 끝난다고 해도 과언이 아닐 정도인 세계적인 관광지 교토였을까? 수백 년을 이어온 노포와 심지어 신생 숍마저 부정기 휴무라 언제 쉴지는 주인장 맘인 곳, 음식값은 일본 물가임을 감안하더라도 비싸며 양은 새 모이만큼 주는 곳, 게다가 프랑스 타이어 회사의 대대적인 마케팅도 '니들이 일본 맛을 알아?'라는 자세로 초전박살 낸 콧대 높은 양반들이 음식을 담당하는 곳, 버스는 40킬로 이상으로 달리는 법을 잊어버린 듯하고 지하철과 전철은 제 멋대로 놓여 있는 곳, 여름에는 하루만 움직여도 온몸에 땀띠가 돋고 겨울에는 뼛속까지 사무칠 만큼 매서운 겨울바람이 부는 곳…. 그럼에도 불구하고 벚꽃이 도시 전체를 하얗게 물들인 어느 봄날 나는 다시 교토를 찾았다.

어느 해 여름, 가을, 겨울, 봄 그리고 여름

아침에 일어나 교토의 상쾌한 공기를 들이마시고, 쏟아지는 햇살을, 때론 따뜻한 비를 맞으며 고즈넉한 사찰과 눈이 번쩍 뜨이는 일본식 정원과 생활의 향기로 넘실대는 골목길과 시간을 즐기기 좋은 카페와 교토 장인들의 성지인 노포와 음식점을 무작정 찾아다녔다. 걷고 또 걷고, 또 걷고…. 생각하고 생각하고 또 생각하고…. 그러는 사이 스트레스의 주선으로 더부살이를 시작했던 살들과 짜증스러운 얼굴 표정도 행방을 감추었다. 교토에서 지내면서 맘속에 쌓여 있던 먼지들을 콧노래 흥얼거리며 탈탈 털어낼 수 있었고, 한여름 강한 햇살에 바삭바삭 마른 빨랫감들처럼 내 마음의 찌든 때도 쏙 빼낼 수 있었다. 교토로 관광 온 일본 사람들에게조차 교토의 지리를 알려주고, 교토 토박이들에게도 새로 생긴 카페나 솜씨 좋은 장인이 만든 노포를 소개하면서 날이 갈수록 교토의 매력에 한없이 빠져들며 워커홀릭으로 점철된 내 삶에서 가장 여유로운 한때를 보내게 됐다.

마땅히 사라질 만하나 사라지지 않아서 더 빛을 발하는 장인들의 도시, 교토 출신의 노벨상 수상자가 많은 이유를 사색에 빠질 수 있는 산책길이 많아서라는 저명한 대학교수의 말처럼 사색을 통해 기분 좋게 삶을 돌아볼 수 있게 하는 곳, 은근히 정이 많은 교토 사람들이 길잡이가 되어주는 삶의 희망…. 그런 시시한 것들을 전하고 싶어졌다. 교토의 명소로 가득한 곳 중 그에게는 별 볼일 없는 곳이지만 분명 그녀에게는 특별한 존재로 다가오는 곳들이 꼭 있을 터이다. 그래서 에세이가 아닌 가이드북으로 빼곡하게 정보를 채워놓았고, 쉽게 찾아갈 수 있도록 지도에 별도장도 박아 넣었다. 세계 최고의 산책길에서 나약해진 자신의 내면과 정면승부를 펼쳐보라고.

그리고 다시 봄

"교토의 어디가 그렇게 좋아", "교토? 또 교토?" 사람들은 묻곤 한다. 처음에는 널려 있는 세계유산과 풍경, 먹을거리가 좋아 반했다가 지금은 가난하지만 우아하게, 느리게 사는 법을 알고 있는 교토 사람들에 반해 교토를 찾는다. 불쑥불쑥 삶의 나침반이 고장 나 제멋대로 움직일 때 찾아가면 상쾌하게 치유를 받을 수 있는 곳. 먼 훗날에는 나를 단단히 홀린 느리게 사는 그들의 은밀한 이야기를 담은 책을 엮을지도 모르겠다. 어쩌면, 아마도….

조경자

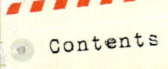

Photograph Album…Kyoto 002
Dear. Kyoto 008
Prologue 012
Contents 014
The History of Kyoto 016
All about Kyoto 018
World Heritage 죽기 전에 꼭 봐야 할 교토의 세계유산 020

01 혼잡한 관광지에서 일본적인 고요를 느끼다
기요미즈데라 에어리어 024
Petit Trip 히가시야마의 걷고 또 걷고 싶어지는 산책길 056

02 게이코 상과 마이코 상이 사는 신비로운 거리
기온 에어리어 060

03 계속 머물고 싶어지는 길
철학의 길 에어리어 088

04 역사에게 길을 묻다
교토고쇼 에어리어 128

05 그들이 사는 세상
료안지 에어리어 154

06 아오이 마츠리가 열리는 곳
가미가모진자 에어리어 184

07 리틀 교토에서 만끽하는 로망
아라시야마·사가노 에어리어 210

08 터벅터벅 산길을 걷는 즐거움
오하라 에어리어 240

09 일본주의 마을
후시미 에어리어 256

10 귀족들의 별장지, 차의 마을로 태어나다
우지 에어리어 270

11 천년 고도에 들어서다
교토역 에어리어 286
Special Tip 또 다른 교토를 엿볼 수 있는 뷰 포인트 291

Kyoto Style

01 게이코 상과 마이코 상, 그녀들의 이야기 086
02 매일매일이 축제, 교토만의 세시풍습과 마츠리 122
03 얼굴 알리기 임무를 잊다, 교토의 수수한 간판들 152
04 없는 게 없다! 교토 신사와 절의 부적 180
05 콧대 높은 교토 사람들이 사는 그윽한 공간, 마치야 탐방 208
06 일본 사람에게도 낯선 교토의 기묘한 지명 238
07 교토의 아름다운 여인들, 교온나와 오하라메 254
08 교토에서 술 한잔 어때요? 바&이자카야 268
09 따르고 마시고 취하고! 우지차 별곡 284
10 종이 위에 그린 또 하나의 교토, 교토의 책과 책방 310

My Favorite Trip

01 **교토를 거닐다**
　산책 315

02 **교토에서 힐링**
　힐링 캠프 331

03 **보물 사냥꾼이 찾은 아트 교토**
　뮤지엄 나들이 345

04 **차와 빵이 필요한 순간**
　교토 찻집과 고베 빵집 357

Shopping! Shopping! Shopping!

01 교토와 함께 나이를 먹어가는 노포 369
02 교토에서 찾아낸 별별 숍 379
03 팔딱팔딱 살아 숨 쉬는 교토의 부엌, 푸드 마켓 385
04 보는 즐거움, 사는 재미 쏠쏠한 플리마켓 391
05 메이드 인 교토, 오미야게 402

Special Edition

01 교토에서 보내는 특별한 하룻밤, 교토 별장 409
02 교토의 문화를 체험하면 즐거움 100배, 교토 오픈 스쿨 437

Book in Book 441
한국 교토 항공 노선 · 간사이공항에서 교토로 가기 · 교토 역에서 버스 타기
교토 패스의 모든 것 · PLAN, CHECK TO GO!

Day Trip Spot Info. 452　　**찾아보기** 458

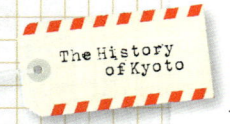

그래, 다행스럽게도 교토가 있어!

어느 나라는 하나만 있어도 행복하다는 세계유산이 즐비하여 도시 전체가 박물관으로 불리는 도시. 140여 년 전 도쿄에 수도를 건네주었지만, 간무 천황 시절인 서기 794년 수도 천도 후 천여 년 동안 일본의 정치, 경제, 문화를 이끈 천년 고도 교토. 그래서 교토는 일본인들에게는 마음의 고향으로 불리고, 외국인들에게는 일본 문화의 정수를 느낄 수 있는 땅으로 사랑받고 있다.

재미있는 것은 일본 역사의 자존심이라 일컫는 교토가 중국 장안성(현재의 시안)을 철저히 모방하여 만든 계획 도시라는 점이다. 일본은 서기 600년부터 894년까지 20여 회에 걸쳐 견당사를 파견하여 중국의 문물을 받아들였고, 급기야 장안을 모델로 하여 장안의 4분의 1 크기의 복사판 도시 헤이안쿄를 세상에 선보이고 말았다.

교토의 옛 이름은 헤이안쿄. 이 헤이안쿄는 사방이 산으로 둘러싸여 있으며 동쪽으로는 가모가와라는 강이, 서쪽으로는 가츠라가와라는 강이 흐른다. 도시는 도성을 모방한 장방형의 구획을 나누고 북쪽 중앙에 궁성을 배치하고 그 앞에 남쪽으로 중앙로인 주작대로, 좌우에는 동서 4.5킬로미터, 남북 5.2킬로미터의 시가지를 조성했다. 주작대로의 동쪽은 좌경, 서쪽은 우경이라 불렀다. 그 후 저지대 습지라는 지리적 약점을 지닌 우경은 쇠퇴하고 라쿠요라 불린 동쪽 지역만 발달하여 지금도 교토 대부분의 관광지나 번화가는 동쪽에 치우쳐 있다.

그 후 헤이안쿄는 1467년 일본의 전국시대를 연 오닌의 난이라는 역사적 사건이 일어나 북쪽 지역 대부분이 불타버린다. 오닌의 난이 수습된 후 당시 최고 권력자였던 도요토미 히데요시의 주도하에 문인과 무사 마을 건설 등 대규모 도시 개발이 진행되며 헤이안쿄의 크기는 더욱 확장됐다.

지금도 네모반듯한 이 계획 도시 안에는 천황이 살던 궁인 교토고쇼, 당시 최고 권력가이던 쇼군이 도쿄에서 교토를 방문했을 때 거주하던 니조 성, 교토의 심벌로 손꼽히는 긴카쿠지와 킨카쿠지, 기요미즈데라, 도지, 료안지, 야사카진자, 기타노텐만구 등 무수한 사찰과 신사, 문화재가 깨알같이 박혀 있다. 일본 국보의 약 20퍼센트, 중요문화재의 약 14퍼센트가 교토 시에 분포하며, 17개의 문화재가 유네스코 세계유산으로 지정됐으니 오랜 기간 이를 원형 그대로 지켜낸 교토 사람들의 콧대가 하늘을 찌르는 것은 어쩌면 당연한 일일지 모른다.

그런데 여기서 '일본의 옛 수도', '일본인들의 마음의 고향', '도시 전체가 박물관' 등 교토를 상징하는 다양한 별칭에 하나 더 추가하고픈 것이 있으니, 바로 '기적의 땅'이다. 지진 공포에 떠는 일본 열도의 혼슈(도쿄가 속한 간토 지방 등이 위치한 일본의 가장 큰 섬)에서 가장 지진 발생이 적은 지역이며, 제2차 세계대전 중에는 일본의 대도시로는 유일하게 연합군의 공습을 피한 복 받은 도시였다. 교토를 지켜낸 건 아이러니하게도 일본인들이 아니라 적군인 미국, 게다가 그 나라의 수장인 대통령 루즈벨트였다. 루즈벨트는 전쟁 전 교토를 방문했다가 그 독특한 일본다움에 매료된 나머지 미군정에 교토만은 공습하지 말라는 대통령 특별명령을 내렸다고 전해진다. 이 정보를 입수한 일본인들이 교토 인근에 군수 공장을 집중적으로 배치했다는 일화는 유명하다.

그러나 1868년 지금의 도쿄인 에도로 수도가 옮겨가면서, 화려했던 교토의 전성시대도 막을 내렸다. 그렇다고 하여 교토가 역사적 유물만을 끌어안고 역사와 함께 늙어가는 도시가 아니라는 점 또한 흥미롭다. 일본에서 최초로 전철이 운행됐으며, 바로 옆 시가 현의 비와코의 물을 끌어드리는 치수사업을 벌이며 현대 산업 도시로 도약하기 위한 노력도 게을리하지 않았다. 또 화투 제조회사에서 게임기 전문기업으로 성장한 닌텐도, 란제리 브랜드 와코루, 전자부품 회사인 교세라 등 세계적인 일류 기업들의 본사가 교토에 있다. 뿐만 아니라 노벨 화학상을 수상한 다나카 코이치가 근무하는 시마즈제작소도 교토를 대표하는 기업이다.

일본을 대표하는 일본 요리나 사찰 음식, 일본 전통과자, 다도 문화가 고스란히 남아 있는 절 경내 찻집이나 교토다운 카페 등 먹을거리에 있어서도 모방의 도시 도쿄에서는 절대 맛볼 수 없는 진귀함이 가득하다. 일본인들도 앞다투어 기모노 쇼핑을 간다는 교토의 뼈대 있는 기모노 숍, 사무라이의 칼을 만들던 칼 전문점, 일본의 다도를 완성했다는 센노리큐 가문에서만 독점 사용되는 찻사발을 만드는 도자기 공방 등 메이드 인 교토를 대표하는 토산품의 내공도 만만치 않다.

뿐만 아니라 교토대학, 도시샤대학 등 명문 대학을 위시한 42개의 대학이 자리한 학원 도시인 덕에 젊은이들도 많고 그들이 뿜어내는 활기찬 문화도 공존한다. 시간의 덮개로 덮인 수많은 문화재로 인해 꼬부랑 할아버지, 할머니의 도시로 지레짐작될 터. 그러나 일본에서 가장 빠르게 라멘 맛이 진화하는 나이 듦과 젊음, 전통과 현대가 기막히게 버무려진 도시다. 이 기묘한 도시의 인구는 147만 명으로, 우리의 광주광역시나 대전광역시의 인구와 비슷하다. 일본 랭킹으로 따지자면 도쿄, 요코하마, 오사카, 나고야, 삿포로, 고베에 이어 일곱 번째 대도시다. 그러나 놀라운 사실! 한 해 교토를 찾는 관광객 수는 5000만 명을 넘는다. 세월아 네월아 유유자적 여행이 콘셉트인 프랑스 할머니 군단도, 버터 발음으로 시끄럽게 떠들어대는 미국 아저씨들도, 꼭 가이드북 한 권씩 들고 여행하는 티내는 일본인들도 입을 모아 외친다.

"교토로 가요~ 스타급 문화재가 쏟아지는 교토로 가요!"

All about Kyoto

01 기요미즈데라 p.024
교토의 세계문화유산+산책+명품 쇼핑
기요미즈데라를 시작으로 일본 최고의 사랑의 신사, 미술품과 정원의 꽃 고다이지, 니넨자카와 산넨자카 등 걸을 맛이 나는 교토다운 골목을 걷다 보면 도착하게 되는 야사카진자. 중간 중간 교토다운 기념품 숍과 찻집들이 발길을 붙잡는다.

02 기온 p.060
특별한 밤 산책
화려한 기모노를 입고 새침한 표정으로 거리를 누비는 그녀들. 사람인 듯 아닌 듯한 황홀한 그녀들을 따라 카메라 셔터를 누르는 관광객 구경도 재미있다. 낮에 한 번, 해가 질 때 한 번 찾아야 할 에어리어.

03 철학의 길 p.088
산책+뮤지엄+카페
긴카쿠지와 난젠지, 헤이안진구를 비롯한 절과 신사, 교토 최고의 풍정 넘치는 산책길인 철학의 길, 교토 서민들의 마을 이치조지와 카페, 교토시미술관, 교토국립근대미술관, 호소미미술관 등이 밀집해 있는 아트 스퀘어. '걷고 쉬고, 보고 또 걷다가 쉬기'를 반복해야 하는 에어리어로 유유자적 여행을 테마로 한다면 이틀은 족히 걸린다.

04 교토고쇼 p.128
일본 역사 순례+메이드 인 교토 명품 쇼핑
천년 도읍의 상징이었던 교토고쇼를 비롯하여 역사적인 니조 성과 혼노지 등 눈앞에 나타난 일본사를 둘러싸고 있는 찻집, 소바집, 화과자집, 양과자집, 커피집 등을 전전하며 교토다운 맛의 시간을 만끽하기.

05 료안지 p.154
교토의 세계문화유산+산책
료안지와 킨카쿠지, 닌나지, 묘신지, 기타노텐만구 등 교토의 서북쪽 관광 명소를 둘러볼 수 있는 에어리어. 기요미즈데라 에어리어와 더불어 교복을 입고 삼삼오오 여행 중인 수학여행객들과 마주칠 확률이 높다. 지명에는 없지만 누구나 다 아는 니시진이란 동네와 앤티크 숍, 명물 국수집 방문도 잊지 말 것.

06 가미가모진자 p.184
교토의 세계문화유산+강가 산책
봄이 되면 고개를 쳐들고 봐야 하는 왕벚나무가 사람들을 불러 모으는 가미가모진자. 교토 역에서 버스를 타고 꾸벅꾸벅 졸다 보면 도착하는 조금 먼 여행. 고려미술관, 엔랴쿠지, 슈가쿠인리큐와 천년 넘는 세월 동안 콩가루 묻힌 찰떡을 팔아온 떡집은 찾아줘야 교토 여행을 했다고 말할 수 있다.

07 아라시야마·사가노 p.210
정원 감상+로망 열차+조금 긴 산책
국내 여행사의 2박3일짜리 패키지 여행 코스에 빠지지 않는 에어리어. 나그네 걷듯 걷고 싶은 도게츠교, 용이 사는 정원을 품은 덴류지, 골짜기를 달리는 로망 열차와 골짜기를 달리는 물 위를 떠가는 배. 대나무숲을 지나 영화배우의 보석 산장을 지나 감 떨어진 집까지 걷고 또 걷기.

08 오하라 에어리어 p.240
정원 감상+산골 마을 리프레시 산책
버스 정류장에서 내려 동쪽에 위치한 산젠인과 호센인을 둘러본 후 서쪽의 잣코인으로 향한다. 일요일에 찾으면 시골 아침 시장 구경도 할 수 있는데 교토 시내에서 산골 마을까지 놓인 도로가 정체할 수 있으므로 시간을 넉넉히 잡는다.

09 후시미 p.256
일본 술 마을에서 고독하게 한잔
교토와 오사카, 나라를 잇는 전철이 종종 걸음을 멈추게 하고 사람 사는 향기 폴폴 풍기는 시장과 주택가에 표연히 보이는 술도가. 물 좋아 술맛이 기가 막힌 후시미에서는 명주 찾기 놀이를.

10 우지 p.270
녹차+산책
녹차와 일본의 10엔짜리 동전 뒷면에 등장하는 봉황당으로 먹고사는 차마을. 일본 사람들은 <겐지모노가타리>의 감흥에 젖어 우지를 찾으나 우리에게는 기분이 좋아지는 산책 명소로 그만이다. 걷다 지치면 찻집에서 따끈한 차와 차로 만든 디저트 먹으며 그린 샤워하기.

11 교토역 p.286
교토의 세계문화유산+맛 기행
친해져야 교토 여행이 즐거워지는 에어리어. 도지의 오층탑, 도후쿠지의 단풍, 후시미 이나리타이샤의 강렬한 포스, 귀무덤과 호코신사와 줄 세우는 라면집과 만둣집이 발길을 재촉한다. 처음 찾는 이들은 역 주변의 숙소를 수소문하나 더욱 교토다운 곳에서 잠을 청한다면 조금 더 멀리 눈길을 두기를.

Area Map

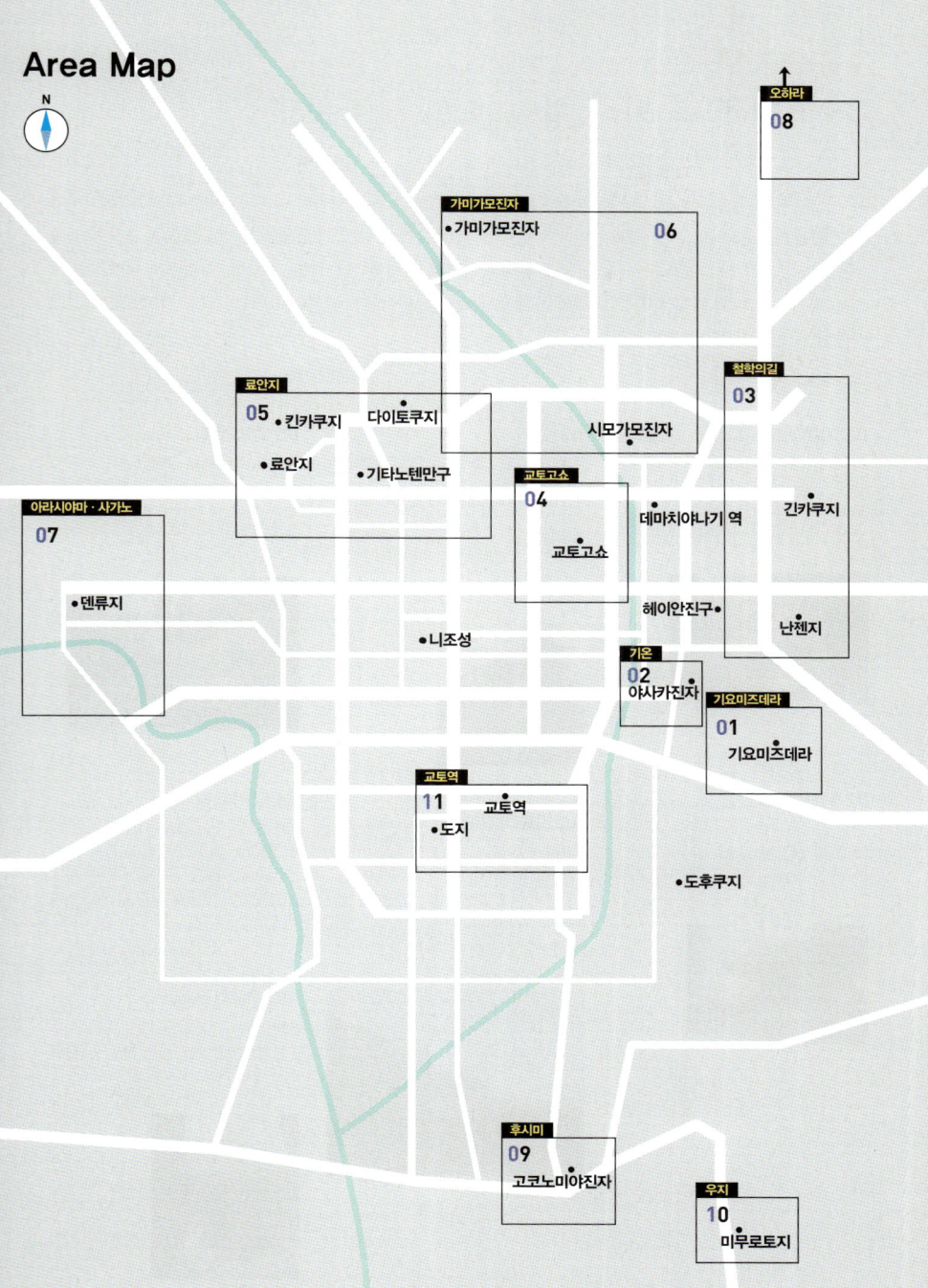

죽기 전에 꼭 봐야 할 교토의 세계유산

유네스코 지정 세계유산이란 수식어가 붙으면 죽기 전에 꼭 한 번 가보아야 할 명승지라는 공식이 성립하여 많은 관광객을 불러 모은다. 세계유산 보유는 한 국가의 문화에 대한 자긍심인 동시에 짭짤한 관광 수입을 거둬들이는 지적 재산이기도 하다. 일찌감치 자국 문화재의 세계화를 위해 수면 위, 아래에서 대대적인 작전을 펼쳐온 일본은 현재까지 총 17건을 세계유산으로 등록시켰다. 교토는 1994년 교토 기념물군으로 세계유산 목록에 이름을 올렸다.

01 가미가모진자 Kamigamojinja
정식 명칭은 가모와케이카즈치진자. 고전 건축양식을 계승하고 있으며, 교토의 3대 축제인 아오이 마츠리가 열린다.

02 시모가모진자 Shimogamojinja
정식 명칭은 가모미오야진자. 기원전 2세기경 창건된 것으로 추정되며 다다스노모리라는 원시림이 유명하다.

03 도지 Toji
정식 명칭은 교오고코쿠지. 헤이안 천도 2년 후인 796년 창건되었으며, 헤이안쿄의 위치와 규모를 확인할 수 있는 유일한 유적이다.

04 기요미즈데라 Kiyomizudera
778년 엔친이라는 승려가 창건한 절. 교토의 동쪽 지역인 히가시야마(東山)의 풍경과 조화를 이룬 아름다운 건축물이 돋보이는 교토 굴지의 관광 스폿이다.

05 엔랴쿠지 Enyakuji
일본에 천태종을 전파한 사이초 승려가 건립한 히에잔지에서 기원한 절로, 일본 불교 각 종파의 시조가 된 고승을 배출했다.

06 다이고지 Daigoji
951년에 건립된 교토에 현존하는 가장 오래된 목조 오층탑과 15세기 찬란하고 호화로운 문화를 구가한 아츠지모모야마 시대의 정원 양식을 엿볼 수 있다.

07 닌나지 Ninnaji
888년 우타 천황에 의해 창건된 후 1천 년 동안 황족들이 머문 사찰로 황실과 귀족의 비호를 받았다.

08 보도인 Byodoin
10엔짜리 동전 뒷면에 새겨진 국보 호오도로 유명한 절. 11세기 중기에 창건되었으며 극락정토를 표현하는 건축과 정원이 압권이다.

09 우지가미진자 Ujigamijinja
현존하는 일본 최고의 신사. 건물 안에 세 개의 내전을 세운 특별한 건축 기술이 인상적이다.

10 고잔지 Gojanji
774년 창건된 절을 13세기 후반 고잔지라 개칭하였다. 자연과 동화된 우아한 건축미를 자랑하며, 의상 대사와 원효 대사의 전기가 그려진 긴 두루마리 그림은 잊지 말고 봐야 한다.

11 사이호지 Saihoji
14세기 중기에 창건된 절로 이끼의 절이라는 뜻의 고케데라라는 별칭으로 불린다. 100여 종류의 이끼가 낀 푸른 정원 등 일본을 대표하는 명정원과 차실도 볼거리.

12 덴류지 Tenryuji
옛 귀족들의 은둔지였던 아라시야마를 대표하는 사찰로 14세기 중기 창건됐다. 일본의 제1호 국가 특별 명승 사적으로 지정된 정원은 덴류지의 최대 볼거리.

13 킨카쿠지 Kinkakuji
귀족 별장이던 건물을 14세기 말 재건한 것으로 정식 명칭은 로쿠온지. 연못 위에 비치는 금으로 된 건물의 모습이 인상적인데, 금각은 1950년 방화로 소실되어 5년 후 복원됐다. 치센카이유시키池泉回遊式 정원은 극락정토를 표방했다.

14 긴카쿠지 Ginkakuji
정식 명칭은 지쇼지. 사이호지를 모델로 지은 별장을 15세기 후기에 절로 개축했다. 다도, 꽃꽂이와 함께 일본의 3대 문화로 손꼽히는 향도香道가 시작된 곳이다.

15 료안지 Ryoanji
1450년 귀족의 별장을 선사로 바꾼 곳으로 하얀 모래에 열다섯 개의 크기와 모양이 다른 돌을 배치한 가레산스이枯山水 정원의 교과서로 불린다.

16 혼간지 Honganji
가람의 배치와 구조가 진종 건축의 전형을 보여주는 정토진종 혼간지파의 본산.

17 니조 성 Nijojo
도쿠가 막부에 의해 건립된 성으로, 궁의 수호와 에도에 있던 쇼군이 교토에 왔을 때 거처하도록 임무를 부여받았다.

고대 교토의 역사기념물
교토는 고대 중국의 수도를 모델로 하여 AD 794년에 건설된 일본 왕조 시대의 수도로 19세기까지 천 년에 걸쳐 일본의 정치·문화의 중심지였음. 특히 일본 목조 건축의 발달이 두드러진 곳이며, 일본식 정원 예술은 전 세계 정원 조경에 영향을 끼쳤음. _ UNESCO

01.
Day
Trip

01

혼잡한 관광지에서
일본적인 고요를 느끼다

기요미즈데라 에어리어
Kiyomizudera Area

가장 사랑해 마지않는 교토의 스폿 중 한 곳인 기요미즈데라 일대. 이곳을 찾을 때면 가슴이 콩닥거리고, 이별을 고하려 할 때는 발걸음이 천근만근 도통 움직이려 하지 않는다. 분명 몸속 어딘가에 기요미즈데라 러브 ♥ 러브 바이러스가 살아 숨 쉬는 것 같다.

교토 시내의 동쪽 히가시야마東山를 접하고 있는 기요미즈데라 에어리어는 도쿄나 오사카의 메트로폴리탄이 절대 풍기지 못하는 고풍스러운 문화의 향기로 넘쳐난다. 교토를 대표하는 사찰과 신사, 공원, 전통가옥, 찻집과 맛집, 기념품 숍이 적재적소에 짜~잔 하고 나타나 시간 가는 줄 모른다. 좁은 골목길을 따라 늘어선 서민들의 집과 그들이 부지런히 다니는 절과 신사는 전통가옥 보존지구로 지정되어 매일 관광객들의 셔터 세례에 몸살을 앓고 있지만, 여행자에게는 일상적이지 않은 풍경이 주는 기분 좋은 설렘을 안겨준다. 그래서 교토를 처음 찾는 여행객들의 만족도는 말할 것도 없거니와 여러 번 교토를 찾은 이들도 올 때마다 그냥 지나칠 수 없는 지역이다. 그리고 그 북적대는 사람들 틈에서도 마음속 고요를 느끼게 해주는 기묘한 동네이기도 하다. 지나친 편애 모드라는 것을 인정하지만, 객관적으로 따져보아도 10점 만점에 10점을 주어도 아깝지 않다.

그러나 언덕과 계단을 오르락내리락해야 하며 예상보다 훨씬 넓은 지역을 발바닥에서 불이 나게 걸어야 하므로 '교토 최대의 강행군 코스'라 이름 붙여주고 싶다. 그래서 이곳에서는 순례자들처럼 느리게 걸으며 지치지 않기라는 필수 조건을 겸허히 받아들여야 한다. 또 늘 사람들로 복작대는 곳이라 닭살 행각을 펼치는 커플이나 몰염치한 유아독존형 관광객의 등쌀에 밀려 겨우 얼굴만 내민 뽀로통한 모습의 사진을 갖게 될지도 모른다.

그래도 조금 유유자적하게 둘러볼 수 있는 방법이 있다. 아침 일찍 언덕길을 올라 고즈넉한 기요미즈데라와 지슈진자를 둘러본 후 이노다커피에서 '교토의 아침'을 먹는다. 그런 후에 교토의 고풍스러운 운치 특구인 야사카노토와 고다이지, 네네노미치를 걸으며 틈틈이 윈도 쇼핑을 즐기고 가사기야의 명물 젠자이를 맛보다 보면 힘든 줄 모르고 마루야마 공원에 당도하게 된다. 마루야마 공원 벤치에 앉아 한숨 돌리거나 초라쿠칸에서 차 한잔의 사치를 부린 후 지온인과 야사카진자를 슬쩍 엿보고 기온으로 아쉬운 발걸음을 돌리는 거북이 코스다.

MAP
KIYOMIZUDERA
清水寺

Ⓑ	버스 정류장	
Ⓗ	게스트하우스	
卍	절	
⛩	신사(진자)	
ⓘ	관광 안내소	

01 **기요미즈데라** 清水寺
02 **지슈진자** 自主神社
03 **야사카노토** 八坂の塔
04 **고다이지** 高台寺
05 **야사카진자** 八坂神社
06 **마루야마 공원** 丸山公園
07 **지온인** 知恩院
08 **초라쿠지** 長楽寺
09 **료젠 고코쿠진자** 霊山護国神社
10 **기온가쿠** 祇園閣
11 **가사기야** かさぎ屋
12 **분노스케차야 혼텐** 文の助茶屋 本店
13 **마루야마 닌교** 丸山人形
14 **교토 도자기 회관** 京都陶磁器会館
15 **다니구치 쇼인도** 谷口松韻堂
16 **시치미야 혼포** 七味家本舗
17 **이모보 히라노야 혼텐** いもぼう平野家 本店
18 **도칸소** 東観荘
19 **간다슈텐** 神田酒店
20 **초라쿠칸** 長楽館
21 **유메지 카페 고류카쿠** 夢二カフェ 五龍閣
22 **이노다커피 기요미즈시텐** イノダコーヒ 清水支店
23 **미하스 피투** Mijas Pottoo
24 **오후치소 메리메로** 欧風馳走 meli-melo

ACCESS
교토 역에서 시 버스 100·206번 버스를 타고 고조자카五条坂 또는
기요미즈미치清水道 정류장에서 도보 10분12분 소요, 220엔
교토 역에서 택시로 15분

01 기요미즈데라 清水寺

●●● 예상치도 않았던 비탈길에 항복 의사를 표하고 싶은 즈음 시야가 탁 트이면서 드러난 한 사찰은 기억 속에 오랫동안 자리할 교토다운 산수화. 교토를 찾으면 꼭 들르는 곳이기도 하다. "오, 판타스틱!"이라는 외마디 감탄사밖에 내지 못하는 400만 관광객뿐 아니라 '기요미즈 상~'이라는 애칭으로 부르는 147만 교토 사람들의 사랑을 독차지하는 기요미즈데라. 2007년에는 만리장성, 마추피추, 콜로세움, 에펠탑 등과 함께 '신, 세계 7대 불가사의'의 후보에 올라 세계인들에게 존재감을 과시하기도 했다.

세계유산인 기요미즈데라는 242미터 높이의 오토와산 音羽山 중턱에 창건된 법상종 사찰로, 지금으로부터 1200여 년 전인 778년 승려 엔친에 의해 창건되었으며 고류지, 구라마데라와 함께 수도 천도 이전부터 불법을 전파한 고찰로 손꼽힌다. 국보인 혼도 本堂를 비롯하여 '황금의 물', '장수의 물'로 알려진 오토와노타키 音羽の瀧라는 명수가 경내에서 솟으며, 일본 사찰로는 드물게 화려한 단청을 자랑하는 니오몬과 산주노토, 고야스노토 등이 자연과

함께 어우러져 있다. 이 아름다운 사찰은 일본 고전문학의 꽃이라 불리는 〈겐지모노가타리〉에도 고색창연하게 묘사되었다. 봄이면 검은 혼도와 선명한 색의 대비를 자아내는 벚꽃, 여름이면 신록, 가을이면 붉게 타들어가는 단풍, 겨울이면 하얀 설경이 보는 맛을 더하니 일 년 내내 관광객들로 북적인다. 특히 봄과 가을이면 기요미즈데라행 버스를 타려는 사람들로 교토역은 인산인해를 이룬다. 불과 10여 분의 거리지만 만원 버스에 시달리다 예상치도 않았던 언덕길을 오르다 보면 지옥길이 따로 없다. 그러나 잠시 후 천국을 맛보게 되니 힘을 내시라~

365일 관광객들로 북적이는 기요미즈데라에 딱 하루, 일본의 각 언론사들이 몰려들어 북새통을 이루는 시기가 있다. 매년 12월 21일. 일본에서는 일본이나 세계의 상황을 한 글자의 한자로 표현하는 '올해의 한자'라는 행사를 1995년부터 열고 있는데, 그 발표 무대가 바로 기요미즈데라이기 때문이다. 일본에서 초·중학생의 자살이 빈번히 일어났던 2006년의 한자는 목숨 명命, 식품회사의 허위 식품표시가 붓물을 이루고 연금기금 문제의 발각 등이 이슈가 된 2007년의 한자는 거짓 위僞, 금환일식이 관측되고 런던올림픽에서 일본 역사상 최대의 금메달을 획득하고 스카이 트리가 오픈한 2012년은 쇠 금金 자인 식이다. 기요미즈데라의 주지가 대형전지에 초대형 붓을 들고 올해의 한자를 쓱쓱 써내려가는 모습이 카메라를 통해 일본 각지로 생방송되면 일본인들은 비로소 한 해를 되돌아볼 시간을 갖는다.

지도로 보는 기요미즈데라

09 오쿠노인
08 오토와노타키
07 혼도
부타이
11 조주인
05 붓소쿠세키
06 데소샤쿠죠와 고게타
10 고야스노토
04 산주노토
03 사이몬
01 우마토도메
02 니오몬

01
우마토도메 馬とどめ

옛날 말을 타고 비탈길을 올랐던 귀족이나 무사는 여기에 말을 묶어두고 참배에 나섰다고 한다. 일테면 임시 마굿간인 셈. 오닌의 난으로 전소되었다가 1469년에 재건됐는데 과거 기요미즈데라의 사찰로서의 영향력이나 규모를 짐작케 한다.

Hot Tip

교토를 여행하게 되면 유난히 귀에 자주 들리는 역사적 사건이 있다. "오닌의 난으로 불에 탄 것을 재건한 어쩌구저쩌구…". '오닌의 난'이 교토에서만 유행하는 유행어도 아닐 테고, 도읍지의 유서 깊은 수많은 관광지를 홀랑 불태우고 재건시킨 장본인 오닌의 난이 궁금해진다. 오닌이란 작자가 횃불을 들고 교토의 이곳저곳을 돌며 방화라도 저질렀단 말인가.

여기서 잠깐. 가볍게 일본 역사의 한 페이지를 들춰보지 않을 수 없다. 1467년 일본 열도는 후계자 다툼으로 발칵 뒤집혔다. 무로마치 막부의 쇼군이었던 아시카가는 원래 동생 요시미에게 권력을 넘겨주기로 약속했지만 뒤늦게 아들을 얻자 어린 아들을 후계자로 지목한다. 힘 좀 쓴다는 전국 무사들은 각자의 명분이나 이익에 따라 동생을 지지하는 동군과 아들을 지지하는 서군으로 헤쳐 모였고, 무려 11년 동안 피비린내 나는 혈투를 벌였다. 이 치열한 내전으로 인해 도읍지였던 교토는 잿더미로 변해버렸다. 일본의 연호인 오닌에 일어난 이 전쟁으로 막부와 쇼군은 이빨 빠진 호랑이로 전락했으며, 각지의 무사들이 힘을 겨루며 영토 사냥에 나서는 전국시대가 시작됐다.

02
니오몬 仁王門

비탈길을 오르면 가장 먼저 눈에 보이는, 높은 돌계단 위에 화려하게 서 있는 문. 우마토도메와 함께 오닌의 난으로 불탄 것을 재건했고, 2004년 해체 복원 공사도 마쳤다. 현판은 헤이안시대의 명필가의 필체. 365센티미터로 교토 최대 크기의 인왕상이 양쪽에 놓여 있다.

또 지나치기 쉽지만 돌계단 아래에 놓인 석상 한 쌍도 눈여겨봐야 한다. 이체理體와 지혜를 의미하는 고마이누르 하나는 입을 벌리고 다른 하나는 입을 다물고 있는 게 일반적인 형태라지만 기요미즈데라의 고마이누는 하늘을 향해 입을 벌리고 있는 특이한 모습이다. 원래 1911년 오사카에 살던 돈 많은 신자가 높이 1.5미터, 무게 1000킬로그램짜리 금동상으로 만든 고마이누를 기부했지만 태평양전쟁 때 공출되어 무기 제작에 사용되는 잔혹한 역사도 있다. 지금 볼 수 있는 상은 1944년 신자모임에서 기부한 것이다.

03
사이몬 西門

1573년부터 약 30년간 이어진 아즈치 모모야마 시대는 오다 노부나가와 도요토미 히데요시가 오랜 전국시대를 끝내고 일본을 통일한 안정적인 시기다. 이때 거대한 성과 저택들이 우후죽순 세워졌는데 히메지 성과 나고야 성이 대표적인 모모야마 양식. 사이몬 역시 웅장하고 호화로운 모모야마 양식을 대표하는 화려한 팔각문으로 1631년 건축되었으며, 단청의 색과 무늬를 유심히 살펴보면 일본의 절치고는 화려한 포스를 마구 풍기고 있음을 금세 눈치 챌 수 있다.

04
산주노토 三重の塔

약 30미터 높이의 일본 최대급 삼중탑. 1987년 복원 수리 공사를 통해 1632년 세워질 당시의 모습으로 복원됐다. 1층에는 대일여래상이 안치되어 있고 네 개의 벽에 진언 팔조상이 그려져 있다. 밀교 불화의 비천, 용 등 각종 문양이 극채색된 천장과 기둥 등이 인상적이다. 각 층 남동쪽의 처마 끝 부분에는 용으로 만든 장식 기와를 얹어놓았는데 용이 화재를 막아주기를 바라는 마음에서라고.

05
붓소쿠세키 佛足石

기요미즈데라의 아사쿠라도 동쪽 정원에서 석가의 양발을 음각한 족적을 참배하면 무한 무량의 죄조차 소멸한다고 전해진다. 최근에는 족적에 손을 대고 기원한 후 몸의 아픈 부위에 두 손을 올려놓으면 병이 낫는다는 이야기가 있어 사람들의 손길에 혹사당하고 있다.

06
데츠사쿠조 鐵錫杖 와 고게타 高下駄

혼도를 바로 앞에 두고 관광객들이 몰리는 곳이 있으니 육중한 석장과 게이샤이나 신을 법한 꽤 높은 굽의 게다 한 켤레. 19세기 말 신자들이 혼도와 오토와노타키 사이의 돌계단을 석장을 짚고 게다를 신은 수행자의 모습으로 1만 번 오르내리며 수행한 것을 기념해 절에 바친 것이란다. 석장은 260센티미터에 90킬로그램과 176센티미터에 14킬로그램, 두 개가 있다. 게다 한 짝은 12킬로그램에 이른다. 그런데 어찌된 일인지 큰 석장을 미혼 남성이, 작은 석장을 미혼 여성이 한 손으로 들어 올리면 결혼을 한다는 우스갯소리가 생겨 관광객들이 100년 이상 쥐었다 놓았다 한 탓에 손잡이 부분이 생겼을 정도다. 자세히 살펴보면 곳곳에 오사카의 실업가나 술도가 주인 등 기부자의 이름이 새겨진 것을 볼 수 있다.

07 혼도 本堂

기요미즈데라의 빅스타는 블랙 슈트를 잘 차려입은 멋진 모델 같은 남성적인 느낌의 혼도다. 혼도의 웅장함을 표현하는 거대한 지붕은 노송나무 껍질 위에 겹겹이 두텁게 뒤덮여 있는데 까만 지붕 위에 초록색 이끼가 꽃처럼 피어 있어 운치를 더한다. 그런데 이 멋들어진 지붕은 수십 년을 주기로 교체해야 하는 숙명을 타고났으며 그 비용이 억대에 이른다고 하니 넘쳐나는 관광객들의 입장료를 부러워할 만한 일은 아닌 듯싶다. 일본의 국보이기 때문인지 아니면 세계유산이라서 그런지, 그도 아니면 '기요미즈 상'이라 부르며 격한 애정을 과시하는 교토 사람들에게는 기요미즈데라의 일거일동을 알아야 직성이 풀리는지 혼도의 지붕 교체 공사는 교토 지역 뉴스에 심층 보도될 정도로 중요한 행사다.

높이 18미터, 정면 길이 36미터, 면적 982평방미터의 혼도는 외진, 내진, 내내진의 세 공간으로 구성되어 있는데 헤이안시대 794~1185년 궁전이나 귀족 저택의 영향을 받아 화려하고 웅장하다. 778년 오토와 산의 깊은 계곡의 급경사 암벽에 세운 암자로 시작하여 여러 차례 전소와 재건을 반복한 끝에 1633년 재건됐다. 혼도의 백미는 열한 개의 얼굴을 지닌 본존 십일면 천수관음상이다. 열한 개의 얼굴은 자비, 화냄, 웃는 얼굴 등을 의미하며 석가모니가 중생의 희로애락을 두루 살피고 동정하고 천수로 한 사람도 빼놓지 않고 구제하는 것을 표현하고 있다. 그러나 본존은 33년마다 한 번씩 공개하고 있어 한평생 세 번 보기도 힘들다.

혼도는 산의 경사면에 절묘하게 세운 172개의 거대한 나무 기둥이 '부타이'라 부르는 앞쪽으로 튀어나온 마루를 지탱하고 있다. 정면 약 18미터, 측면 약 10미터, 190평방미터가 넘는 이 거대한 무대는 신기하게도 단 하나의 못도 사용하지 않아 기요미즈데라의 불가사의 중 하나로 불린다. 무대에는 다다미 100장 정도 50평를 깔 수 있다고 하니 건축 당시에는 대공사였음이 분명하다.

도읍지가 한눈에 내려다보이는 절경에 자리한 무대에서 아악이나 기악, 일본 전통극의 하나로 전통 옷을 입고 가면을 쓴 배우가 등장하여 운율이 있는 가사를 읊는 노, 웃음의 연극이라고도 하는 일본의 전통 연극 교겐 등을 공연하여 관음상에 봉납했던 성스러운 곳이다.

혼도를 더욱 유명하게 만든 일등공신은 기요미즈노부타이 清水の舞台. 일본에서는 큰 결심을 실천할 때 "기요미즈의 부타이에서 뛰어내릴 각오이다"라고 말하는데 고문서를 조사한 결과 1694년부터 1864년까지 실제로 12미터 높이의 부타이에서 뛰어내린 사건이 234건이나 되었다니 놀라울 뿐이다. 부처님께 소원을 빌고자 혹은 자신의 처지를 비관해서 등등 구구절절한 이유로 기모노 천을 짜던 여직공, 청과물상 부인 등 각계각층의 사람들이 부타이에서 뛰어내렸는데 생존율은

85퍼센트.

이런 사회적 센세이션을 일으킨 원인은 일본 사람들이 너무나 열광하는 가부키 탓이었다. 에도시대 중기 가부키 작품 중 삶을 비관한 사쿠라 히메가 부타이에서 우산을 펴고 뛰어내리는 모험을 연기하면서부터 유행이 시작된 것으로 본다. 한편의 가부키는 사람들에게 큰 용기를 주어 관음정토로의 왕생을 바라며 뛰어내리는 사람도 적지 않았다고 한다. 그러나 이젠 기요미즈의 부타이에서 뛰어내릴 각오가 되었다 해도 그럴 수 없게 됐다. 1872년 일본 정부는 부타이에서 뛰어내리지 못하도록 금지령을 내렸고, 울타리를 설치하는 등 실질적인 방지책을 지시했으니. 그리고 영민한 현대인들은 더 이상 기요미즈에서의 낙하라는 삶의 낭만을 감행하지 않는다.

08 오토와노타키 音羽の瀧

오토와 산의 맑은 물이 오쿠노인의 바로 아래로 떨어지는 세 개의 물줄기, 오토와노타키. 기요미즈데라의 기원이며 절 이름의 유래가 된 명소 중 명소다. 이 폭포는 신성한 물로 여겨져 관광객들이 몰려들기 전인 새벽에 폭포의 물줄기 앞에서 실오라기 하나 걸치지 않고 심신의 죄를 씻어내는 의식이 치러지기도 한다. 물론 아무나 가능한 건 아니고, 미리 절에 신청해야 한다.

"세 개의 물줄기는 각각 건강과 장수, 학업 성취, 결혼에 효험이 있더더라"라는 소문이 퍼져 교토로 수학여행을 온 학생들의 단골 코스로 정해져 있다.

처음 이곳을 찾았을 때 결혼에 효험이 있다는 물을 받아 먹을 작정이었지만, 얼떨결에 덩치 큰 서양 아줌마에게 떠밀려 학업 성취 물을 마시고 말았던 뼈아픈 기억이 있다. 33도와 34도를 오르락내리락하던 어느 여름, '결혼'에 효험이 있다는 물을 노리고 땀을 비 오듯 쏟으며 비탈길을 올라 이곳을 다시 찾았으나 관광버스를 여러 대에 나눠 타고 온 중학생들의 긴 행렬에 지레 겁먹고 포기하고 말았다. 대신 바로 옆 찻집의 평상에서 시원한 물소리를 배경음악으로 들으며 팥빙수를 맛보는 걸로 기요미즈데라 산책을 끝내야 했다.

절 관계자는 누군가가 만들어낸 낭설일 뿐이라고 일축했지만, 이 폭포수 앞에서 물을 받아 먹는 사람들의 모습은 기요미즈데라에서만 볼 수 있는 진풍경이다.

09 오쿠노인 奥の院

기요미즈데라는 잦은 화재로 소실과 재건을 거듭한 절이다. 지금의 오쿠노인 역시 1633년 재건된 건물로 본존처럼 지장보살 등 절의 중요한 불상이 안치되어 있다. 특히 오쿠노인의 부타이에서 바

라보는 혼도와 교토 시가지는 교토 하면 가장 먼저 떠오를 근사한 풍경이다.

10 고야스노토 子安塔
언덕 위에 살포시 서 있는 높이 15미터의 삼층탑으로, 옛날 한 천황이 아이를 갖고 싶어 이곳에서 정성스럽게 기원을 한 후 아이를 얻었다고 한다. 그 후부터 출산의 정기를 가진 곳으로 순산이나 자녀 교육의 성지로 신성시되었다. 아이를 희망하지 않는 여행객이라면 굳이 이곳까지 갈 필요가 있겠느냐는 생각이 들 수 있겠지만, 이곳에서 바라보는 기요미즈데라의 모습이 가장 아름답다는 사실 또한 절 전체에 옅은 안개가 낀 날, 혼도의 부타이에서 바라본 모습은 신비롭기만 하다. 메이지 시대 말기까지 니오몬 앞에 있었기 때문에 산넨이자카(産寧坂)라는 길 이름의 유래가 됐다.

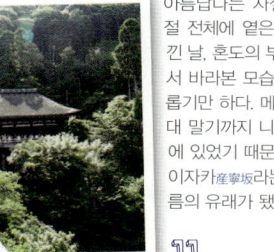

11 조주인 成就院
경내 북쪽에 있는 사찰의 본방. 절 뒤쪽에는 호라이 산을 차경으로 끌어들인 치센카이유시키(池泉回遊式)의 드넓은 정원으로 유명하다. 에도시대를 대표하는 이름난 정원의 하나로 손꼽히는 국가 명승지로 면적은 1500평방미터나 된다. 치센카이유시키란 큰 못을 중심으로 주위에 작은 섬, 다리, 바위 등으로 각지의 풍경을 재현하고 못 둘레에는 산책길과 자그마한 차실도 함께 배치하는 일본의 대표적인 정원 양식이다.

조주인은 초여름은 영산백, 여름은 신록, 가을은 단풍, 겨울은 설경으로 각기 다른 계절의 멋을 우아하게 뽐낸다. 그러나 뭐니 뭐니 해도 가을 달 구경이 최고다. 오토와 산 정상 부근에서 두둥실 떠오른 달이 연못에 살포시 모습을 비췄다가 서쪽 산으로 사라지는 풍경은 세상에서 가장 사치스럽고 감동적인 풍경화다. 그러나 조주인은 가을의 야간 특별 공개 기간에만 빗장을 열 뿐이고 내부 촬영은 엄금되니 눈으로만 절경을 담아 와야 한다.

조주인의 입구까지 이어진 석불들도 장관이다. 폐불훼석운동의 광풍이 불어닥칠 때 교토 사람들은 마을의 지장보살을 기요미즈데라로 가져왔는데 그렇게 모아서 공양한 것들이 지금의 석불 군락을 이루고 있다.

Episode
계절마다 달라지는 티켓

기요미즈데라는 방문 시기에 따라 네 가지 티켓을 받을 수 있다. 봄, 여름, 가을, 겨울 사계절 기요미즈데라의 풍경과 함께 뒷면에는 "솔숲 사이를 스치는 바람과 오토와의 맑은 물을 두 손으로 뜨는 마음은 시원하기 그지없구나"라는 고에이카(순례자들이 부처를 기리며 읊는 노래)가 적혀 있다. 기요미즈데라의 고에이카는 맑디맑은 오토와 물이 있는 기요미즈를 찾아 관음상과 인연이 닿으면 마음도 청량해져 시원해진다는 뜻이다.

여기서 잠깐 사담으로 빠지면 지슈진자나 산주노토를 둘러보고 다시 혼도로 들어가려면 작은 매표소에서 입장권을 검색하는 절차를 거쳐야 한다. 표를 보여주고 혼도로 가려는데 검표 할머니가 매우 따분해하는 기색이었다. 그래서 무작정 말을 걸었다. 역시나 할머니는 이상한 발음으로 얘기하는 외국인이라도 말동무가 되어줘 고마웠는지 기요미즈데라의 사계절 티켓 구경부터 핸드폰에 담긴 기요미즈데라의 사계절 사진을 파노라마로 보여준 다음 손자, 손녀의 사진까지 기꺼이 보여주셨다. 그리고 눈으로 폭 쌓인 겨울의 기요미즈데라가 가장 아름답다는 생생한 정보도 귀띔해주셨다. 인사를 한 후 정문 매표소를 어슬렁거리다 기요미즈데라의 세계유산 안내판을 서서 읽고 있는데 숨이 턱에까지 찬 할머니가 애타게 부르는 소리가 들렸다. "아, 이렇게 만나서 다행이네. 벌써 가버린 줄 알고 걱정했다우. 이거 별거 아니지만 기념으로 가져가슈. 겨울에 눈 내리면 또 오슈." 할머니가 따뜻한 손으로 건넨 건 사계절이 담긴 기요미즈데라의 티켓 샘플이었다.

02 지슈진자 地主神社

●●● 일본 최고最古의 신사이며 인연의 성지인 지슈진자. 사랑의 신사. 좋은 인연을 맺어주는 신사로 유명해 젊은 여성이나 커플들의 행렬이 끊이지 않는다. 인연의 신사로 불리는 것은 인연을 맺어주는 신을 모시고 있어서다. 신사의 창건 연대는 확실하지 않지만 일본 건국 이전이라 한다.

원래 이름은 지슈곤겐이었는데 1868년 메이지유신 때 공표된 신불神佛분리령 이후 지슈진자로 이름을 바꾸었다. 신사의 이름마저 바꾸게 한 신불분리령을 설명하려면 먼저 일본 사람들의 독특한 종교관부터 이해해야 한다. 일본 사람들은 집 안에 불단과 신을 모시는 작은 사당인 가미다나를 동시에 놓기도 하며, 신사에서 결혼식을 올리고 절에서 생을 마감하기도 한다. 또 섣달그믐에 절을 찾아 제야의 종을 들으며 한 해를 마감하고 새해 아침에는 기모노를 입고 신사를 찾아 새해 복을 기원한다. 우리에게 신앙은 하나의 종교를 택해야 한다는 생각이 뿌리 깊지만 일본 사람들은 신도神道와 불교가 공생한다고 여겨 왔다. 그래서 부처님을 모신 사찰 안에 신령님을 모신 신사가 태연하게 들어서 있는 것도 그리 대수롭지 않게 여겨왔기에 팔백만 신을 모시는 나라로도 불린다. 그런 사람들에게 하루아침에 신도와 불교로 선을 그으라는 명령이 신불분리령이다. 천황제에 따른 집권적 지배 체제의 확립을 꾀했던 메이지 정권은 신불분리령과 1870년 대교선포大敎宣布를 단행하며 신도 국교화를 추진했다. 불교를 탄압할 의도는 없었다지만 결과적으로는 폐불훼석운동으로 이어져 많은 불상과 불경이 훼손되었고 많은 절이 사라지거나 규모가 축소되었으며 승려들의 특권도 약화되었다. 지슈진자 역시 기요미즈데라의 경내에 있던 신사였지만, 신불분리령에 따라 오랜 공생 관계를 청산해야 했던 것이다.

지슈진자는 헤이안시대부터 천황의 행차가 계속되었던 신사인 만큼 1633년 세운 신사의 신령한 물체를 안치한 샤덴社殿과 혼덴本殿, 하이덴拜殿, 소몬総門은 중요문화재로 지정됐다. 하이덴의 천장에 힘찬 필체로 그려진 용 그림도 매우 웅대하며 신물인 거울이 내뿜는 포스도 단연 일본 최고 신사답다. 또 신사 안에는 징이 있는데 이것을 세 번 가볍게 친 후에 기원을 하면 맑고 깨끗한 음색에 실려 소망이 이뤄진다고 한다. 그러나 누가 뭐래도 지슈진자의 심벌은 경내에 놓여 있는 두 개의 돌덩이, 고이우라나이노이시恋占いの石다. 눈을 꼭 감고 하나의 돌덩이에서 10미터 정도 떨어진 다른 돌덩이로 무사히 당도하면 사랑이 이뤄진다는 달콤한 전설이 전해진다.

누군가 옆에서 "응, 그래 잘 가고 있어. 좀 더 앞으로 가" 또는 "곧장 가면 돼"라며 코치하면 그 사람의 도움을 받아서 사랑을 이룬다는 설도 있다. 워낙 방문객이 많은 신사라 외로운 싱글일지라도 선뜻 전설에 도전할 용기가 나지 않는데. 종종 도전하는 이들을 지켜보며 그들의 용기를 부러워하는 것도 또 하나의 재미다. 그저 평범한 돌덩이처럼 보이는 고이우라나이노이시는 미국의 원자물리 학자의 과학적인 연구 끝에 선사시대의 돌로 판명되었다니 정말 영험한 능력을 갖고 있을지도 모른다.

지슈진자에서는 사랑의 점 뽑기와 사랑을

부르는 부적 구입도 잊지 말아야 한다. 나무통에 200엔을 넣고 수북이 쌓인 오미쿠지길흉을 점치는 제비 속에서 손에 잡히는 하나를 뽑으면 된다.

사랑을 부르는 부적인 엔무스비는 다른 신사와 달리 싱글용, 커플용 등 종류도 다양하다. 수학여행 시즌이 되면 신사가 문을 열기 전부터 부적 하나 사려고 목을 빼고 기다리는 여학생들의 대열을 만날 수 있다. 그 여학생들은 "최고의 인연을 맺어주는 신사라는데, 뭐라도 하나 사 가야 해. 그냥 가면 이번 쿄토 여행은 실패한 거야" 라며 사랑의 의지를 불태우기도 했다.

어떤 소원이든지 하나의 소원만은 반드시 이뤄준다는 신, 오카게묘진도 있다. 이 신은 여성의 수호신으로 옛날부터 신앙이 두터웠다. 오카게묘진을 설명하는 푯말 아래에는 해석 불가능한 그림과 함께 영어 설명이 붙어 있고 뒤쪽에는 기둥만 남은 나무 한 그루가 서 있다. 조금은 무시무시하고 끔찍하지만 여성으로서 충분히 공감이 가는 그녀들의 이야기는 이렇다. 이 나무는 우리말로 풀이하면 소원 삼나무인데, 별칭으로는 저주 삼나무라고

도 불린다. 에도시대1603~1867년에는 많은 여성들이 새벽 1시부터 3시 사이에 죽도록 미운 사람을 대신할 짚짚 인형을 만들어 15센티미터가 넘는 긴 못으로 신령수인 소원 삼나무에 힘껏 박으며 저주를 퍼부었다고 한다. 그녀들은 소복을 입고 얼굴에는 하얀 가루를 칠하고 머리에는 삼발이를 쓰고 삼발이 위에 초를 꽂고 한쪽 발에만 게다를 신고 의식을 거행했다. 지슈진자의 소원 삼나무에는 아직도 못 자국 몇 개가 남아 있다.

그런데 이 전설은 일본 전체를 발칵 뒤집어놓은 괴담으로 발전했다. 우리나라에서도 빨간 마스크 괴담으로 유명한 이 이야기는 이렇다. 마스크를 쓴 젊은 여자가 학교 앞에서 집으로 돌아가는 아이를 붙잡고 "나, 예쁘니?"라고 묻고 아이가 예쁘다고 대답하면 여자가 마스크를 벗고 "이래도 예뻐?"라고 또 묻는다. 그 여자의 입은 귓가까지 찢어져 있다. 만일 예쁘지 않다고 대답하면 그 자리에서 낫으로 아이를 죽이고, 예쁘다고 하면 아이의 집까지 따라가 문 앞에서 아이를 죽인다는 줄거리다. 괴담은 입소문에 더욱 부풀려져 마스

크 여인은 100미터를 3초에 주파한다거나 키가 2미터가 넘는다는 등 원더우먼으로 재창조됐다.

재미있는 것은 1978년 쿄토에서 유포된 무사히 도망치는 법. 예쁘냐고 물으면 "보통이에요"라고 대답한 후 여자가 골똘히 생각하고 있을 때 부리나케 도망치면 된다는 귀여운 궁여지책이다. 이 괴담은 주술을 하던 여자가 입에 물고 있던 인삼이 입이 찢어진 것으로 보였다는 설. 딸아이를 학원에 보낼 수 없었던 가난한 어머니가 무서운 이야기로 학원에 다니는 것을 포기시킬 요량으로 거짓으로 지어낸 이야기가 진화되어 전국으로 퍼졌다는 설 등 무수한 설만 남긴 채 사람들의 기억 속에서 사라졌다.

사랑이 꽃피는 지슈진자는 봄과 잘 어울리는 곳이다. 경내에는 벚나무가 한 그루 있는데 811년 천황이 방문했을 때 이 벚꽃의 아름다움에 반한 나머지 가마를 세 번이나 멈추게 했다는 일화의 주인공이다. 그래서 생긴 별명이 '가마를 세 번 세운 벚꽃'이며 원래 이름은 지슈자쿠라다.

03 야사카노토 八坂の塔

●●● 완만한 비탈길 위에 우뚝 서 있는 까만 목조탑. 주위의 낮은 전통가옥과 어우러진 일본적인 풍경은 여행자들을 매료시킨다. 가만히 셔터를 누르면 교토다운 운치 가득한 그림엽서가 된다. 교토 사람들은 히가시야마의 랜드마크인 오층탑과 탑이 있는 절을 야사카노토라 부른다. 우리말로 풀이하면 야사카의 탑이란 뜻인데, 호칸지 法觀寺 라는 절의 경내에 있는 탑이지만 오층탑이 너무 유명해진 터라 절 이름을 아는 이는 그리 많지 않은 듯하다. 이 절은 우리와 깊은 역사를 지녔다. 임제종 겐닌지파 호칸지의 상징인 오층탑을 세운 이는 쇼토쿠 태자. 고구려승 혜자와 백제승 혜총을 스승으로 모셨으며 593년 불교를 포교하기 위해 사재를 털어 일본 최초의 절 호류지 法隆寺 를 창건한 왕자이다. 일본에 불교가 전래된 것은 538년이지만 토착 종교인 신도가 민중들 사이에서 성행하였고 조정은 숭불파와 배불파가 대립하던 시기였다. 숭불파였지만 불교를 중심으로 신도와 유교의 좋은 점만을 모으려 노력한 인물이 쇼토쿠 태자. 그는 꿈에서 한 관음의 계시를 받아 589

년에 절을 건립하고 사리를 봉납한 후 호칸지라는 사찰 이름을 지었다. 왕자의 꿈에 나타난 관음은 금빛 몸에 여섯 개의 팔을 지니고 연꽃 위에 앉아 있으며 모든 중생의 고통을 덜어주며 소원을 이루어주는 여의륜관음이었다고 한다.

원래 호칸지는 수도 천도 이전부터 존재했는데 한반도에서 건너간 호족이 된 야사카 가문의 안녕을 기원하는 사찰이었던 것으로 추측하고 있다. 옛날에는 매우 화려하고 웅장한 사찰이었지만 지금은 오층탑인 야사카노토, 쇼토쿠 태자의 세 살과 열여섯 살 때의 상이 있는 다이시도太子堂, 본존 약사여래와 지장보살이 안치된 야쿠시도楽師堂와 다실만 겨우 남아 있을 뿐이다.

야사카노토는 5층 구조에 사방 6미터. 46미터 높이로 하쿠호白鳳 시대의 건축양식을 오늘날에 전하는 교과서와 같은 존재다. 하쿠호 시대란 일본의 문화사나 미술사의 시대 구분의 하나로 7세기 후반부터 8세기 초까지를 지칭하는데 당나라의 영향이 짙은 불교 미술이 주류를 이룬 시기였다.

1층에는 대일여래를 중심으로 오지여래가 모셔져 있는데 중간 중간 없어지긴 했지만 예전에는 분명 화려했을 다양한 색채로 극락정토의 세계가 펼쳐져 있다. 이 탑 역시 화마로부터 자유롭지 못해 내전으로 인한 화재, 방화, 벼락으로 세 번 불타기도 했다. 탑은 그때마다 재건되었고 현재의 탑은 1440년에 세워졌다고 한다. 좁고 가파른 계단을 오르면 2층으로 올라갈 수 있다. 해가 갈수록 고층 건물투성이 그래봐야 문화재 보호를 위한 법으로 초고층 건물이 들어설 수 없는 교토이지만가 되어 교토다운 옛 풍경은 깡그리 사라져버렸다는 주지의 한탄이 더해졌지만, 2층 작은 창에서 바라본 교토 전통가옥의 모습은 오래도록 기억에 남을 한 장면이다.

오층탑에 매달린 풍경의 청아한 소리가 마음의 독을 거둬내는 다실이야말로 숨겨진 명소인데, 평범한 이름인 다실 말고 초타쿠안聴琢庵이라는 근사한 별칭으로 불린다. 고즈넉한 경내에 모란이 만발하는 4월 말부터 5월 초에 찾으면 오랜만에 꽃들로 활기를 띤 야사카노토를 만날 수 있다.

여기서 스멀스멀 피어오르는 호기심 하나. 교토에서 유난히 자주 눈에 띄는 목조 오층탑 중 높이 부문 금메달리스트는 누구일까? 야사카노토의 높이는 46미터, 도지의 탑은 55미터, 다이고지의 탑은 38미터, 닌나지의 탑은 37미터, 가이쥬센지의 탑은 17.7미터이다.

04 고다이지 高台寺

●●● 네네라는 여인이 남편의 극락왕생을 기원하기 위해 1606년 건립한 고다이지. 임제종 겐닌지파의 사찰로 정식 명칭은 고다이쇼주젠지이다. 그러나 네네의 절 혹은 마키에의 절이라 부르기도 한다. 마키에는 옻칠 위에 금이나 은, 색가루를 뿌린 일본 특유의 공예로, 고다이지에는 훌륭한 마키에를 많이 소장하고 있기 때문에 마키에의 절이라는 애칭이 생겼다.

네네란 여인의 본명은 기타노 만도코로. 남편이 죽자 머리를 깎고 출가해 고다이인高台院이란 법명을 얻은 후 고다이지를 창건하고 여생을 비구니로 살았다. 정략결혼이 필수조건이었던 당시 네네는 드물게 연애결혼을 했고, 부부 금슬도 좋았던 모양이다. 한 여인의 사랑을 한평생 받은 남자는 하급 무사의 아들로 태어나 일본을 통일한 무장이었다. 오다 노부나가의 뒤를 이어 권력을 쥔 그는 중국 대륙 정복을 꿈꿨고, 명나라 정복을 위한 교두보로 조선을 침략하여 임진왜란과 정유재란을 일으킨. 우리에게는 원수인 도요토미 히데요시다. 그러나 격한 내분을 전쟁으로 무마시키려 무리하게 일으킨 정유재란

중에 후시미 성에서 사망했다.

고다이지는 창건 당시에는 도쿠가와 이에야스의 막대한 지원을 받아 도요토미 히데요시가 천하에 군림했을 당시만큼 웅대하게 지어졌다고 하나, 1789년 이후 잇따른 화재로 지금은 가이잔도開山堂, 오타마야靈屋, 간케츠다이觀月臺, 다실 가사테이傘亭와 시구레테이時雨亭, 이호안遺芳庵만이 남아 있을 뿐이다. 수많은 회화, 미술 공예품 등 많은 문화재 중 일부 작품은 고다이지 쇼 미술관에서 공개된다.

고다이지의 볼거리는 국가의 사적, 명승지로 지정된 치센카이유시키 정원이다. 교토라는 곳이 워낙 세계유산이나 국보로 지정된 명품 정원들이 수두룩하다 보니 고다이지의 정원은 유명세에서 밀린다고 단언하는 이가 많지만 몰라도 너무 모르는 말씀이다. 히가시야마의 푸른 절경을 그대로 품에 안은 고다이지의 정원은 에도시대1603~1867년 초기의 다이묘 다도가로 이름난 고보리 엔슈小堀遠州의 손에서 탄생한 걸작이다. 고보리 엔슈는 다이묘이면서 다도가, 조경가, 건축가, 서화와 시인으로 다방면에서 활약한 멀티아티스트였다. 니조 성의 니노마루 정원, 다이토쿠지의 고보안도 그의 작품이라니 비교해보는 재미도 쏠쏠하다.

고다이지의 정원은 바라보면 볼수록, 거닐면 거닐수록 좀 더 머물고 싶어지는 묘한 매력이 있다. "봄에는 아지랑이, 여름에는 푸른 잎에 몸을 감추고 있는 두견새, 가을에는 쓸쓸함을 더하는 저녁놀, 겨울에는 눈으로 뒤덮인 새벽"이라는 고보리 엔슈의 글귀가 떠오른다. 정원이 가장 아름다운 때는 히가시야마의 나무들이 붉게 물든 가을. 특별 야간 점등을 할 때라고 모두들 입을 모아 말한다.

05 야사카진자 八坂神社

●●● 일본의 3대 마츠리인 기온 마츠리가 열리는 신사이며, 교토 최고의 관광 스폿인 기온과 히가시야마를 잇는 야사카진자. 봄에는 벚꽃, 여름에는 기온 마츠리, 겨울에는 단풍, 겨울에는 신사에서 한 해를 마무리하고 새해를 맞으려는 교토 사람들로 항상 떠들썩하다. 특히 새해 운수를 점치는 점괘가 잘 맞기로 유명하여 새해 첫날 야사카진자는 각지에서 몰려온 일본 사람들로 발 딛을 틈이 없을 정도다. 교토 사람들은 코에 한껏 바람을 집어넣고 "기온 상~ 기온 상~"이라 부르며 격한 애정을 과시한다. 그런데 야사카진자를 기온 상이라니 교토 사람들이 어떻게 된 게 아닌가 싶었다. 야사카진자 역시 지슈진자와 마찬가지로 신불분리령으로 이름이 바뀐 신사다. 원래 이름은 기온자祇園社 또는 기온칸진인祇園感神院이었는데 신사가 자리한 곳의 지명을 붙여 야사카진자라는 새 이름을 얻었다고 한다. 일본 전국에 분포한 3000여 개의 야사카진자의 총본산이다. 그런데 일장기가 펄럭이는 일본을 대표하는 야사카진자는 우리와 아주 인연이 깊은 신사였다. NHK 방송의 보도에 따르면 "야사카진자는 656년에 이리지라는 고구려의 사신이 주신인 스사노오노미코토의 신주를 지금의 야사카진자의 터로 모셔와 고구려 대사라고도 부른다"고 방송했다. 이 내용은 신사의 사전社傳에도 기록되어 있다. 신사의 건물을 보수 공사하던 중에 발견된 나무를 조사해보니 일본에서는 발견되지 않은, 우리 나라의 경상도 쪽에 분포하는 나무였다고 한다. 야사카진자의 주신인 스사노오노미코토는 일본 건국신화에 등장하는 폭풍의 신으로 신사를 세우기 전에는 신라의 우두산에 모셔져 있었다고 한다. 일본 전국 열아홉 개 신사에서 주신으로 모시고 있다. 야사카진자는 일본의 3대 마츠리 중 하나로 손꼽히는 기온 마츠리가 열리는 신사로도 알려져 있다. 869년 역병이 창궐하자 신에게 제를 지내며 역병이 사라지기를 기원하면서 시작된 천년을 넘겨 이어온 마츠리다. 신사의 주신을 태운 세 대의 가마 '미코시'와 초대형 수레인 서른두 대의 야마, 호코가 신사를 빠져나와 가와라마치, 무로마치도리 등의 교토 번화가를 순례하는 가두 행진은 가히 압권이다.

7월 한 달 내내 마츠리가 열리지만 7월 14일부터 16일까지 시조, 신마치, 무로마치에서 수십 개의 등이 교토의 밤거리를 밝히는 요이야마(宵山)와 17일에 개최되는 마츠리의 하이라이트 '야마 호코 행진'이 많이 알려져 있다.

7월에 열리는 것도 다 이유가 있었다. 일본에도 장마가 있는데, 장마 후에 날씨가 더워지기 시작하면 역병이 돌 수밖에 없다. 그래서 역병이 시작되는 7월 초부터 마츠리를 열었다고 한다. 교토 사람들은 기온 마츠리가 시작되면 '교토의 여름이 드디어 시작됐구나'라는 사인으로 받아들인다고. 기온 마츠리의 별칭은 '하모 마츠리'인데 하모는 7월부터 출하되기 시작하는 장어를 말한다. 교토 사람들은 마츠리가 열리는 7월이면 손님상에 장어 요리를 빼놓지 않았고, 교토의 명물 초밥인 고등어스시도 자주 먹어 마츠리가 열릴 때면 장어와 고등어의 몸값도 덩달아 치솟는다고 한다.

기온 마츠리 외에 야사카진자에서 개최되는 유명한 마츠리가 하나 더 있다. 섣달그믐 밤부터 새해 첫날 새벽 5시까지 이어지는 오케라사이(白朮祭)다. 기타노텐만구의 '텐만구의 오케라 마이리'도 유명하지만 많은 교토 사람들의 발길은 야사카진자로 향한다. 섣달그믐 오후 7시 경내에 매달린 등롱이 켜지고 사람들의 소원을 적은 오케라키(をけら木)를 새해 첫날 새벽 5시경까지 태운다. 신사에서 파는 노끈에 등롱의 불을 붙여 빙글빙글 돌리면서 불을 꺼뜨리지 않고 집으로 돌아가면 일 년 동안 무병무사하다고 한다. 이렇게 소중히 들고 가는 불을 오케라비(白朮火)라 하는데, 교토 사람들은 이 불로 집 안의 가미다나의 불을 붙이거나 오조니라는 떡국을 끓여 먹는다. 이 마츠리는 저녁 7시 30분부터 시작되지만 일본 연말의 풍물시가 된 NHK '홍백 노래 자랑'이 끝난 이후부터 북새통을 이룬다. 또 국화과의 약초인 오케라(朮)로 담근 술도 나눠준다. 바로 옆에 있는 지온인에서는 제야의 종이 장엄하게 108번 울리니 교토에서 한 해를 보내고 새해를 맞는 느낌이 아주 색다르다. 단, 수많은 사람들이 찾는 만큼 한밤중 기온 거리에서 한 시간 이상 서서 기다린 후에야 신사에 발을 들여놓을 수 있다.

06 마루야마 공원 円山公園

●●● 마루야마 공원은 '봄, 밤 그리고 벚꽃'이라 표현하고 싶다. 벚꽃 명소로만 소개한 책 한 권을 쉽게 만들 수 있을 만큼 온 천지가 벚꽃 물결로 넘실대는 교토. 교토 사람들에게 가장 아름다운 명소를 물으면 매우 난감한 표정을 지으면서도 열에 여덟은 마루야마 공원을 추천한다.

야사카진자, 지온인과 접해 있는 공원으로 수양버들처럼 축축 늘어진 가지에 겸손하게 땅을 향해 핀 벚꽃이 볼거리다. 80년이 훨씬 넘었다는 이 벚나무는 기온지다레자쿠라라고 부르는데 낮에 보면 눈이 시려 눈물이 나고, 조명발 제대로 받는 밤에 보면 너무 황홀하여 눈물이 날 지경이다. 수령 220년이 넘은 첫 번째 벚나무는 고사하고 지금은 여든이 넘은 자손 벚나무가 선조의 벚꽃 명성을 이어가고 있다.

850여 그루 남짓한 벚꽃이 아름다움을 뽐내는 4월에는 밤낮을 가리지 않고 술이나 먹을거리를 싸들고 공원을 찾는 사람들로 근처 야사카진자부터 인산인해를 이룬다. 벚꽃 인파는 이제 막 걸음을 뗀 꼬맹이부터 제집 안방인 양 드러누워 숙제를 하는 초등학생, 젊은이나 넥타이부대, 머리 희끗희끗한 어르신들까지 연령 불문, 성별 불문이다. 나무 아래에 파란 돗자리를 깔고 술이나 음식을 먹으며 연중행사인 벚꽃 나들이를 즐기는 교토 사람들을 멍하니 구경하는 재미도 꽤 쏠쏠하다.

1886년 문을 연 마루야마 공원은 교토에서 가장 오래된 공원으로, 걸어보면 금세 눈치 채겠지만 넓이가 무려 33만580평방미터10만평에 이른다. 큰 연못 주위에는 교토의 명물 요리인 토란 요리점을 비롯한 음식점과 찻집, 료칸 등이 들어서 있고, 메이지유신을 이끈 사카모토 료마의 동상도 볼 수 있다.

07 지온인 知恩院

●●● 지온인은 정토종의 총본산이다. 히에이잔에서 수학한 호넨 대사가 중생 구제를 위해 연 종파가 정토종. 나무아미타불을 외기만 하면 모든 사람이 부처의 자비로 구제받을 수 있다고 설파하여 특권층인 귀족, 무사를 넘어 일반 백성에게까지 널리 전파됐다. 그래서 혼도에는 호넨 대사의 상이 아미타여래상과 함께 안치되어 있다. 물론 교토 사람들이 부르는 애칭도 있다. '지요인 상'이다.

106개의 가람이 늘어선 경내는 웅대하기만 한데 에도시대 이후에 만들어진 것이란다. 정토종을 믿은 도쿠가와 이에야스는 1608년부터 지온인의 절터를 넓히고 제당을 짓기 시작했다. 이 막대한 공사는 그의 아들 집권기에 이르러서야 간신히 완성됐다. 높이 24미터로 나라 도다이지의 난다이몬보다 크며 사찰의 목조 산몬三門으로서는 가장 크다는 지온인의 상징인 산몬은 도쿠가와 이에야스의 막강한 후원을 등에 업고 1621년에 지어졌다. 그러나 12년 후 일어난 화재로 산몬과 두 개의 건물을 제외한 나머지 건물이 모두 전소됐다가 1641년에 재건됐다.

지온인의 보물인 반조테이엔이란 정원은 에도시대 고보리 엔슈와 연이 있는 스님이 만들었다고 한다. 가을 단풍이 질 때 라이트 업되는 풍경이 인상적인데, 지온인 경내 건물 수리 공사로 2017년까지 공개되지 않는다.

지온인에는 7대 불가사의란 게 있다. 어느 방향에서 보든지 보는 이의 눈을 정면으로 바라보는 고양이 그림. 하룻밤 만에 덩굴이 자라 꽃이 피어 열매가 열린다는 거대한 바위 등등이 있지만, 글을 모르는 이도 믿을 수 있는 민중불교를 주창하는 정토종을 잘 표현한 거대한 밥주걱이 가장 인상적이다. 오호조大方丈 입구 복도 들보에 놓여 있는 이 주걱은 길이가 무려 2.5미터에 무게는 30킬로그램에 달하는데, 아미타불의 대자비로 모든 중생을 구제한다는 종교적 상징물이다.

글을 몰라도 누구나 부처의 자비를 구할 수 있다는 정토종도 거대한 산몬도 좋지만 섣달그믐의 지온인이 가장 설렌다. 섣달그믐 밤이면 일본에서 가장 큰 범종에서 아름다운 종소리가 잠들어 있는 교토에 울려 퍼지기 때문이다. 절의 스님들이 힘껏 치는 108번의 종소리는 텔레비전 화면을 통해 일본 각지로 전달된다. 108번의 종소리는 우리 인간의 번뇌를 수로 나타낸다. 눈, 코, 입, 귀, 몸, 생각의 여섯 가지에 고苦, 낙樂, 불고불락不苦不樂의 셋을 곱하면 열여덟이 되고, 여기에 탐貪과 무탐無貪의 둘을 곱하면 서른여섯이 된다. 또 여기에 과거, 현재, 미래의 셋을 곱하면 백팔 번이 된다. 그러나 백팔번뇌를 끊는 길은 그 근원인 잃어버리기 쉬운 일심一心을 도망가지 못하도록 꽉 붙들어 매야 하는 게 아닐까.

08 초라쿠지 長楽寺

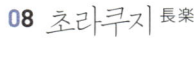

●●● 주위에 너무 잘난 엄친아, 엄친딸이 있으면 진짜 천재도 열등생으로 평가 절하되는 게 세상이다. 마루야마 공원에 있는 초라쿠지 역시 기요미즈데라, 고다이지, 야사카진자, 지온인 등 교토 굴지의 사원과 신사가 몰려 있다 보니 본의 아니게 냉대를 받는 절 중 하나다. "교토의 명소는 초라쿠지, 에도의 명소는 센가쿠지"라는 옛말이 있다. 초라쿠지는 교토 제일의 절경을 성지로 문인묵객들의 애정 공세를 받았던 명소였다. 간무 천황의 명으로 805년 창건됐으며 도지, 보도인 등과 함께 자비로 중생의 고통을 구제한다는 관음보살을 모신 서른세 개의 사찰 중 일곱 번째 절. 헤이안시대 794~1185년 말기 고시라가와 천황이 도성에 있는 관음보살을 모신 서른세 개의 신성한 사찰을 지정하고, 라쿠요 산주산쇼칸논레이조 洛陽三十三所観音霊場라 명명했다. 이전에는 교토, 오사카, 고베가 위치한 간사이 지방의 관음보살을 모신 서른세 개의 사찰 니시고쿠산주산쇼칸준레이 西国三十三所巡礼가 있었는데 너무 넓은 지역에 분포하여 순례가 만만치 않자 고시라가와 천황이 내놓은 묘책이었다.

교토 사람들은 초라쿠지를 1185년 안토쿠 천황의 어머니 겐레이몬인이 출가한 절로 기억한다. 전쟁에 패한 뒤 가문이 멸족하고 여덟 살 된 어린 아들마저 적들의 손에 수장된 후 겨우 목숨을 건져 도성으로 왔던 비운의 여인. 적들과 함께 지낼 수 없었던 겐레이몬인은 초라쿠지에서 오하라의 잣코인으로 도망치듯 옮겨갔지만…. 초라쿠지는 일본 정토종의 한 종파인 시종 時宗 사원인데 항상 염불을 외우며 다녔기 때문에 유행종 遊行宗이라는 별칭도 얻었다.

마루야마 공원에 벚꽃 인파로 북새통을 이룰 때도 초라쿠지로 접어드는 길만은 별세계인 듯 고요하기만 했다. 사찰 입구에는 긴 돌계단이 놓여 있고 그 옆으로는 붉은색 등이 줄을 맞춰 세워져 있다. 그렇게 계단을 오르며 마음 샤워를 하다 보면 어느새 경내로 접어들게 된다. 교토다운 풍경으로 흘러넘치면서 고즈넉한 사찰, 교토를 빼닮았다. 정원을 눈앞에 두고 차를 마시는 것도 좋고, 경문을 베끼는 사경 도전도 추천하고 싶다.

본당에 안치되어 있는 본존도 빼놓을 수 없는 볼거리지만 나에게는 입을 크게 벌리고 웃고 있는 호테이상이 눈에 들어왔다. 호테이상은 복을 불러온다고 믿는 일곱 신 중 하나로 불룩 나온 배에 헤어스타일은 반들반들한 대머리에 큰 자루를 메고 있다. 길흉을 판단하는 능력과 예지력이 뛰어난 것으로 알려져 있다. 교토의 전통가옥에 가면 부엌 위에 조그마한 상이 하나 놓여 있는 걸 종종 볼 수 있는데 바로 호테이 상이다. 우리네 선조들이 부엌에 조왕신을 모셨듯 교토 사람들은 부뚜막 위에 호테이상을 모신다. 한 고승이 내란으로 슬픔에 빠진 가족들에게 웃음을 찾아주기 위해 고안했으며 그 후 교토의 각 가정 부뚜막에는 호테이상이 모셔지게 되었다고 한다. 초라쿠지의 호테이상은 14세기에 흙으로 빚은 진귀한 것이다.

09 료젠 고코쿠진자 靈山護國神社

10 기온가쿠 祇園閣

●●● 고다이지로 접어들기 전 나오는 삼거리 오른쪽을 보면 가파른 언덕길에 '유신의 길, 사카모토 료마의 묘 가는 길'이라 적힌 간판이 보인다. 그 길을 따라 숨을 헐떡거리며 오르면 료젠 고코쿠진자가 나온다. 일본의 굵직한 역사적 교두보인 메이지유신을 주도한 1043명의 영령을 안치한 신사다. 사실 이 신사는 그냥 지나쳐도 될 만하나 굳이 소개하는 이유는 일본 근대사의 걸출한 영웅들과 그들을 사랑하는 일본 사람들의 애국심을 느낄 수 있기 때문이다. 그리고 하나 더 이유를 들자면 신사 언덕에서 교토 시내를 내려다보고 있노라면 일본과 질긴 역사의 소용돌이를 함께해온 한국인으로서의 묘한 감회가 느껴지기 때문이다.

기요미즈데라를 본 대부분의 사람들이 고다이지의 네네노미치로 빠져버리지만 몇몇 일본 사람들은 언덕길을 올라 이곳을 찾는다. 이 한적한 신사를 찾은 사람들은 대부분 젊은이들이다. 그들의 영웅 사카모토 료마坂本龍馬를 만나기 위해서다. 사카모토 료마는 파죽지세로 메이지유신을 성공시키고 신정부의 조직 편제를 맡은 역사적 인물이었지만 서른셋의 나이에 암살당하고 말았다. 그의 영웅기가 궁금하다면 시바 료타로의 역사 소설 〈료마가 간다〉를 읽어보시길.

짧은 삶을 살다 역사 속으로 사라진 영웅은 그래서 일본 사람들에게 더욱 소중한 존재로 다가오는 모양이다. 산기슭에서 만난 료마는 아직도 살아 숨 쉬는 일본의 영웅이었다. 언젠가 찾은 그의 묘 앞에는 싱싱한 생화와 종이학 목걸이, 명복을 기원하는 에마가 무수히 걸려 있었다. 교토 친구의 첩보에 따르면 그의 묘 앞에는 전국구 팬들이 헌화한 생화가 끊이지 않는다고 한다. 개국과 쇄국의 주도권 싸움이 계속된 1867년 막부 정권을 존속시키려는 세력의 칼에 숨을 거둔 11월 15일에는 고코쿠진자에서 료마 마츠리가 열린다.

●●● 고다이지의 앞길, 네네노미치를 걷다 보면 언뜻 가마 모양의 푸른 지붕 위에 가늘고 긴 장대에 앉은 봉황이 서 있는 특이한 건물이 나타난다. 정토종 사원인 다이운인大雲院 안에 있는 기온가쿠祇園閣다. 다이운인은 1587년 오다 노부나가와 그의 아들을 기리기 위해 창건한 절로, 1973년 데라마치에서 지금의 자리로 이전했다.

기간 한정 특별 공개를 하기도 하지만 통상 비공개 사원이기 때문에 오다 노부나가라는 일본 역사의 걸출한 인물과 관계된 절이라는 것을 아는 이가 많지 않은 듯하다. 그러나 기요미즈데라 일대를 구경하다 보면 자꾸 눈에 걸리는 기온가쿠만은 인지도가 높다. 36미터의 철근 콘크리트 고각인 기온가쿠는 기온 마츠리 때 맹활약하는 가마를 닮은 독특한 건물에 번쩍번쩍 빛나는 금계金鷄가 지붕 위에 서 있다. 1928년 일본에서도 손꼽히는 재벌인 오쿠라의 창업자가 교토의 명당에 별장을 지으며 전망대로 사용할 요량으로 세웠다고 한다. 주위에는 오다 노부나가의 묘가 있다.

11 가사기야 かさぎ屋

●●● 기요미즈데라 일대, 아니 교토에서 손꼽히는 찻집 중 한 곳이 가사기야다. 니넨자카의 돌계단 초입에 있는데, 주의해서 찾지 않으면 돌계단 내려가는 재미에 빠져 휙 지나칠 만한 곳이다. 1914년 창업한 이 집의 대표 메뉴는 일본식 단팥죽인 교토 젠자이. 주인장의 탁월한 미각과 며느리에게도 가르쳐주지 않는다는 가업 비밀이 기분 좋은 단맛 포인트를 찾아내 단팥 맛이 아주 훌륭하다. 그 맛이 단 것 같기도 하고 먹다 보면 그리 단 것 같지 않기도 하고 여하튼 표현하기 너무 어려운 묘한 맛이다. 젠자이 위에 뿌려 먹는 차조기 열매는 약방의 감초 같은 존재다. 씹히는 맛을 배가시켜 먹는 속도에 가속을 부추긴다. 진정 교토에 머물고 있음을 다시 한 번 실감시켜주는 전통적인 가게에 앉아 가사기야의 팥을 공수하여 팥빙수 장사를 하면 금세 부자가 되지 않을까 하는 공상을 하며 남은 젠자이를 국물 한 방울 남김 없이 말끔히 비우게 된다.

가사기야는 한 낭만 화가의 입맛을 홀린 집으로도 유명하다. 일본화와 서양화의 기법을 절묘하게 조화시킨 미인도로 유명한 다이쇼 시대의 낭만화가 다케히사 유메지. 근처에 살던 다케히사는 가사기야에 출석 도장을 찍는 단골손님이었는데 가게 안에 그가 그린 수채화가 걸려 있다.
삼색 찹쌀떡에 팥고물을 올린 산시키 하기노모치와 군더더기 없이 빙수만 담긴 팥빙수도 추천하고 싶은 메뉴다.

식신의 가사기야 주문 공식은 교토 젠자이 하나에 산시키 하기노모치 하나. 주인 아주머니가 다 먹을 수 있겠느냐며 걱정스러운 얼굴로 만류하는 2인분이 기본이다.

12 분노스케차야 혼텐 文の助茶屋 本店

●●● 분노스케차야 혼텐은 기요미즈데라 일대에서 가사기야, 시노부가차야와 함께 손꼽히는 3대 아마미토코로^{일본 전통 스위트} 숍다.

가사기야는 젠자이, 시노부가차야는 오하기, 분노스케차야는 와라비모치가 필살 메뉴. 교토의 전통 디저트를 정복하고 싶다면 일단 이들 찻집부터 찾아야 한다.

젠자이는 팥을 설탕으로 달게 조려 찹쌀 경단을 넣어 먹는 일본의 대표적인 간식이며 오하기는 콩가루나 팥고물, 깻가루 등을 묻힌 찹쌀떡이다. 찹쌀에 묻은 팥고물이 가을에 피는 싸리꽃^{일본어로 하기} 같다 하여 '오하기'라 불리게 됐다는데, 봄에는 보탄모치, 가을에는 오하기라 불린다. 이는 계절마다 피는 꽃 모양처럼 떡이 화려하기 때문이라고. 예전에는 우리의 금강산처럼 철 따라 각각의 이름이 있었다지만 지금은 봄과 가을 이름만 사람들의 입에 오르내리는 모양이다. 옛날부터 서민들이 일용하는 간식이었고 춘분과 추분을 전후해 조상들에게 공양하는 '오히간'이라는 때 예쁨을 받은 공양 음식이었다고도 한다. 그래서 이 떡에서 유래한 속담도 많 다. 노력도, 예상하지도 못했던 행운이 찾아오는 일을 빗대어 '선반에 보탄모치'라 말한다. 또 "보탄모치에 소금을 너무 넣는 일과 수다스러운 여자의 말수는 만회가 불가능하다"라는 속담도 있다.

와라비모치는 고사리가루에 물과 설탕을 넣어 만든 화과자로 옛날에는 귀족들이나 맛볼 수 있던 귀한 음식이었다고 한다. 보들보들한 곤약과 같은 식감을 지닌 투명한 고사리가루 덩어리에 콩가루를 듬뿍 뿌려 먹는데 겉 모양은 인절미와 비슷하다. 교토를 중심으로 한 오사카, 나라의 간사이 지방에서 빙수와 함께 즐겨 먹는 대표적인 여름 디저트이지만, 와라비모치를 사랑하는 교토 사람들은 일 년 내내 와라비모치를 즐긴다. 교토에서 와라비모치 하면 분노스케차야를 손꼽는데, 입안에서 아이스크림 녹듯 사르르 녹는 식감과 갓 갈아 고소한 향기를 뿜어내는 콩가루의 향은 매우 중독적이다.

분노스케차야는 1900년대 초반, 전통 만담가로 이름을 날리던 가츠라 분노스케가 '아마자케와 교토의 풍정을 남기고 싶다'는 꿈을 이루기 위해 개업한 찻집이다. 그 러한 만큼 이 집의 주력 메뉴는 와라비모치 말고 또 하나 있다. 식혜에 설탕을 넣고 뜨겁게 데운 듯한 맛이 나는 아마자케. 찬바람 부는 가을부터 한겨울까지 먹기 좋은 술로, 처음 아마자케를 맛보았을 때는 '뭐야? 우리나라의 막걸리와 식혜를 카피해 만든 짝퉁 음료 같잖아!' 하는 생각이 들었지만 옛날부터 일본 사람들이 마셔 온 족보 있는 술이었다. 정월 초하루에 절이나 신사로 새해 참배를 가면 아마자케를 제공하는 곳도 많다. 3월 3일의 히나마츠리에는 여자아이의 행복한 미래와 건강을 기원하며 아마자케와 히시모치라는 떡, 치라시초밥을 먹는다. 옛날에는 아주 차갑게 하거나 아주 뜨겁게 데워 한여름에 먹었다고 하지만 지금은 한겨울 디저트로 확실하게 자리를 꿰찼다고 한다. 매서운 추위에 잔뜩 웅크린 어깨를 온종일 달래가며 보내야 하는 교토의 겨울. 분노스케차야의 정원에 놓인 야외 테이블에 앉아 톡 쏘는 간 생강을 넣어 마시는 따끈한 아마자케는 몸도 마

13 마루야마닌교 丸山人形

음도 꽁꽁 언 타국에서의 쓸쓸함을 한 방에 날려주는 보약 한 첩이다.

분노스케차야는 '오센'이라는 드라마에서 앤티크 기모노를 멋지게 소화해내 젊은 일본 여성들 사이에서 기모노 열풍을 불게 했던 청춘 스타 아오이 유우가 '아오이 유우의 교토 나 홀로 여행'이란 테마로 잡지에 소개하여 또 한 번 화제가 되기도 했다. 가게 안에는 가게의 수호신인 오타후쿠가 있는데 어떤 소원이든 들어준다는 이야기가 전해진다. 믿거나 말거나.

●●● 산네이자카의 중간 즈음에 자리한 마루야마 닌교는 일본 전통 인형 가게이다. 이 집의 트레이드마크는 입구 왼쪽에 서 있는 작고 통통한 마이코 인형. 겨우 80센티미터 남짓한 작은 키에 넉넉한 배둘레햄과 보름달 얼굴을 하고 알록달록한 기모노를 입고 있는 오타후쿠 인형お多福人形이다. 행인들 열에 아홉 명은 이 인형에 시선을 빼앗기고 그중 절반은 기념 촬영을 한다. 그녀야말로 산네이자카의 숨은 명물이다.

마루야마닌교는 오동통한 몸에 호빵맨도 울고 갈 큰 머리, 하이얀 피부를 지닌 어린이 인형을 통칭하는 고쇼닌교御所人形와 넉넉한 배둘레햄과 보름달 얼굴을 지닌 포동포동한 오타후쿠닌교 전문점이다. 원래 고쇼닌교는 부유한 사람들이나 소유할 수 있었던 값비싼 인형이었는데, 1932년 인형 가게를 연 주인장 마루야마 씨는 서민들도 부담스럽지 않은 가격으로 구입할 수 있도록 독자적인 제조법을 개발해냈다.

'굳이 살 마음이 없는데 그냥 패스할까?' 하고 갈등하는 마음을 살살 달래 가게 안으로 발을 들여놓으시길. 이 가게 앞에서 윈도 쇼핑 삼매경에 빠졌지만 선뜻 안으로 들어갈 용기가 나지 않았다. 무수한 질문을 쏟아내는 직업병 탓에 한번 들어갔다 하면 이야기 삼매경에 빠지니 가게를 나올 때면 인정상 손에 뭐 하나는 들고 나와야 하는 사람이라서…. '도쿄나 오사카에서는 맘먹고 일부러 찾아가야 하는 인형 가게니까. 교토 여행 온 덤으로 돈 한 푼 안 내고 일본 인형 명품 컬렉션을 감상할 수 있다고. 나는야, 시간만 아주 많은 가난한 여행자니까!'라는 주문을 외웠다. 그러나 가난한 여행자의 가슴에는 올곧게 전통을 지키려는 교토 사람들의 문화적 자존심에 대한 부러움 반, 질투 반과 함께 손에는 집에 장식하면 복이 온다고 믿는다는 인형이 들려 있었다.

14 교토도자기회관 京都陶兹器会館

15 다니구치 谷口松韻堂
쇼인도

●●● 교토의 도자기는 천년 고도였던 만큼 전국에서 찾아온 도공들에 의해 매우 다양한 형태로 발달했고 에도시대에는 귀족들의 열렬한 지지와 경제적 지원으로 비약적으로 성장했다. 교토 도자기 족보는 크게 교토에서 생산된 도자기를 아우르는 교야키와 기요미즈데라가 있는 히가시야마 일대에서 생산된 기요미즈야키로 나뉜다. 굳이 서열을 따지자면 기요미즈야키는 교야키의 한 줄기에 해당된다.

기요미즈데라 일대는 교토 도자기 생산의 메카였다. 지금은 대부분의 도자기 공방이 외곽 지역인 야마시로 옮겨갔다는데도 여행객의 눈에는 기요미즈데라 일대가 도자기 숍 천국으로 보일 정도로 숍이 많다. 기요미즈데라로 가는 버스 정류장에 내리면 바로 건너편에 교토도자기회관이 눈에 들어온다. 교토도자기협회에서 기요미즈야키와 교야키를 한곳에 집합시킨 쇼룸으로 예전에는 구루루 고조자카라는 이름이었다.

일류 작가의 작품부터 신인 작가의 작품까지 100여 명의 도예가가 만든 1000점의 다양한 도자기와 조우할 수 있는데 교야키와 기요미즈야키의 특징이라면 특정한 스타일이 없다는 것. 즉 작가의 개성이 그대로 드러낸 풍부한 디자인으로 완전무장한 도자기들이 모두 교야키와 기요미즈야키로 통칭된다. 부르는 게 값인 국보급 도예가의 찻사발부터 화병, 식기, 젓가락 받침까지 고르는 입장에서는 선택의 폭이 매우 넓어진다.

●●● 오래된 전통가옥에서 5대째 가게 문을 열고 있는 다니구치 쇼인도는 기요미즈야키 전문점이다. 이름은 낯설어도 "나, 기요미즈데라 에어리어 걸어봤어"라고 말할 수 있는 관광객이라면 이 집에 한 번쯤 시선을 뺏기지 않고는 지나치지 못했으리라. 창문 아래에 놓인 깜찍하고 귀여운 도자기들과 도자기 안에서 행복한 듯 헤엄치는 물고기가 장식되어 있는 바로 그 가게다.

찻사발부터 냄비, 주전자, 술병, 머그, 깨갈이, 간장 종지에 이르기까지 갖가지 도자기가 세월의 먼지를 고스란히 뒤집어쓴 채 고가 안을 가득 채우고 있다. 리즈너블한 도자기부터 고가의 작품까지 가격대도 천차만별이다. 주인장은 대부분 가게 안쪽 공방에서 도자기를 만들고 있으므로 왕친절 모드로 손님을 맞는 일본식 접객 서비스를 기대하기 어려운 집이다.

Day Trip 49

16 시치미야 혼포 七味家本舖

17 이모보 いもぼう平野家本店 히라노야 혼텐

●●● 교토 사람들은 시치미와 산초 먹기 대회에 나가면 우승할 사람들이다. 시치미七味는 일곱 가지 식재료로 만든 향신료로 우동이나 덮밥 요리, 채소절임에 뿌려 먹곤 한다. 교토의 음식점 테이블 위에 시치미가 놓이지 않은 집이 거의 없다. 교료리나 오반자이에도 산초 열매나 잎 등을 넣어 독특한 일본 요리의 향을 낸다. 그 이유를 억측해보았다. 간장으로 간을 하는 도쿄를 위시한 간토 지방과 달리 교토는 소금으로 살짝 간을 한다. 그러면 식재료가 지닌 본래의 색을 밥상 위에 그대로 표현할 수 있다. 그러다 보니 맛이 너무 밍밍해져 전체적인 맛을 잡아줄 포인트가 필요하다. 교토 사람들이 애용하는 그 주인공이 시치미 또는 산초. 시치미는 맛을 잡아주고 산초는 특유의 향으로 식욕을 돋우는 게 아닐까.

기요미즈데라로 향하는 언덕길 상점가에서 가장 역사적이며 유명한 곳은 350년 전통의 시치미야 혼포다. 이 집의 명물인 시치미 도가라시는 고춧가루, 산초가루, 검은깨가루, 파래김가루, 푸른 자소가루, 깻가루, 마 열매가루를 대대로 내려오는 가게의 비법으로 섞어 만든다. 고춧가루로만 만든 이치미一味 역시 스테디셀러이며 치즈와 산초를 넣은 퓨전 스타일의 이치미와 오반자이 요리에 기본 맛을 내는 오반자이용 조미료도 판매한다.

●●● 마루야마 공원 주위를 처음 어슬렁거렸을 때 너무 궁금해서 견딜 수 없었던 게 있다. 본점이네, 분점이네 여기저기 간판을 내건 이모보 전문점 간판이었다. 이모보는 교토의 채소 에비이모새우처럼 생긴 토란와 대구포로 만든 조림으로 교토에서는 에비이모나 대구포를 설날이나 축하연에서 먹는다. 280년 전 창업주 히라노가 마루야마 공원 일대의 산기슭에 심은 것이 에비이모이고 이를 전문으로 한 음식점이 이모 히라노야 혼텐이다.

180년이 훨씬 넘은 옛 가옥의 싸리문의 주렴을 통과하여 돌길을 따라 안채로 들어가면 풍정 넘치는 방들이 나온다. 추천 메뉴는 이모보, 두부, 밥 등이 세트로 나오는 이모보 고젠. 교토에 온 기념 별식으로 먹어줄 만한데, 교토 친구 중에는 교토에서 태어나 다행이라고 생각하는 이유가 이모보 음식을 먹을 수 있기 때문이라고 너스레를 떠는 녀석도 있다.

18 도칸소 東觀莊

19 간다슈덴 神田酒店

●●● 마루야마 공원을 산책하다 보면 이 집은 무얼 하는 곳인지 궁금해지는 곳들이 많다. 객단가가 기백만 원을 호가하는 고급 요정도 있고, 별장처럼 생긴 주택도 있으며, 아주 수수한 간판을 내걸어 의도적으로 존재감을 축소시키는 음식점도 수두룩하다. 초라쿠지를 둘러보고 나오던 길에 가우뚱거리며 찾아낸 교료리 교토 스타일 일본 요리점이 도칸소이다. 길고 긴 정원을 지나 현관에 들어서자 점원이 안내하는 또 길고 긴 복도를 걸어간 끝에 한 별실로 안내되었다. 히라가나와 일본 그림이 그려진 장지문이 꽤 인상적인 방이었다.
요리로 사계절을 밥상에 올린다는 교토 사람들인지라 이 집의 음식도 시절을 물씬 풍기는 교료리를 낸다. 벚꽃 시즌에 찾으면 죽순, 봄 산채나물, 딸기 등으로 차린 봄 한정 벤토를 맛볼 수 있는데 센스 있는 요리장은 도시락 한쪽에 갓 꽃망울을 터뜨린 벚꽃 가지를 담아놓아 손님들을 감격시킨다. 가을이면 가을 식재료에 단풍 한 잎이 없어진다. 교료리는 턱없이 비싸고 몇 번 맛보면 그 맛이 그 맛이라는 타박도 이 집에서만큼은 입 밖에 낼 수 없다. 진짜 요리는 맛있는 음식만이 아니라 그 음식을 먹는 장소와 먹는 사람까지 모두 조화롭게 어울려야 하는데 도칸소에는 철마다 옷을 바꿔 입는 교료리가 있으며 그 요리를 천천히 음미할 수 있는 품격 있는 분위기가 맛깔스럽게 버무려져 있다.

●●● 술도가마다 개성이 넘쳐나는 교토의 술은 예부터 섬세하고 부드러워 애주가들 사이에서 '여자다운 술'로 여겨져 왔다. 반면 교토의 바로 옆 동네로 일본의 3대 술도가 마을로 불리는 고베의 술은 맛이 강해 '남자다운 술'로 평가를 받는다. 전철로 30~40분 거리에 있는 가까운 지역에서 생산되는 술이 여자와 남자로 대비될 만큼 전혀 다른 스타일의 술을 만들어낸다는 점이 재미있다. 만일 당신이 술 한잔에 삶의 고단함을 날려버리는 애주가라면 교토 나들이길에 '후시미'와 고베의 나다를 여행 스케줄에 넣어만야 한다.
간다슈덴은 교토에서 생산된 술 일본에서는 지자케라 부른다을 전문으로 취급하는 술 가게다. 술의 마을 후시미의 작은 술도가에서 빚은 후시미 명주 컬렉션으로 명성을 이어 왔다. 빼곡히 놓인 술들을 시음하면서 입맛에 맞는 교토 술을 기념으로 구입하고 싶을 때 이곳을 지나쳐서는 안 된다. 게다가 아무리 작은 술도가라 할지라도 떼어가고 싶어지는 개성 강한 라벨이 붙어 있으니 그것을 감상하는 재미도 쏠쏠하다.

20 초라쿠칸 長楽館

●●● 마루야마 공원의 명물 벚꽃나무 왼쪽에 우뚝 선 르네상스풍 건물은 지나가는 여행객의 호기심을 자극한다. 교토의 담배 가게 둘째 아들로 태어나 담배 행상부터 시작하며 '선라이즈'와 '히로' 등의 담배를 개발, '담배왕'이라는 별명과 함께 엄청난 재력가가 된 무라이 기치베가 지은 고급스러운 별장 초라쿠칸. 석유왕 록펠러, 영국의 국왕, 일본의 정·재계 인사가 초라쿠칸의 영빈관에서 머물렀다고 하니 과거에는 일본 사교계의 빛나는 무대였을 터. 1909년 건축된 담배왕의 옛 별장은 1986년 교토 시 유형문화재로 지정되었으며, 지금은 카페 & 레스토랑, 호텔, 웨딩 숍 등 럭셔리 멀티 공간이 됐다. 담배왕답게 담배왕이라 불리는 초호화 흡연실도 있다.

달랑 여섯 개뿐인 호텔 객실은 천연석과 산호석, 최고급 목재와 객실마다 각기 다른 가구 교토 시 유형문화재로 지정된 가구가 무려 30여 점이나 된다고 한다로 꾸며졌으며 겨울에는 벽난로로 분위기를 낼 수 있다. 호텔에 대한 자세한 정보는 교토 별장 페이지에서 확인하시길.

다음은 레스토랑과 카페. 프렌치 레스토랑 르 세느 LE CHÊNE와 테라스 레스토랑이자 캐주얼 프렌치 레스토랑인 코랄 CORAL, 초라쿠칸 카페가 있다. 레스토랑이나 카페의 인테리어 역시 서양풍의 초럭셔리 버전이다. 명물을 콕 찍으라면 카페의 애프터눈 티 세트와 코랄의 록펠러 카레. 록펠러가 초라쿠칸을 방문했을 때 특별히 고안하여 대접한 음식이 카레였는데 이를 맛본 그는 "처음으로 진짜 일본다운 음식을 맛보았습니다"라고 말하며 매우 기뻐했다는 스토리가 있는 카레다. 물론 가격은 천정부지로 뛰는 석유값만큼이나 비싸다. 로코코 양식의 드높은 천장에서 해방감을 맛보며 여유자적하게 즐길 수 있는 애프터눈 티는 본고장에 뒤지지 않을 정도로 충실하게 세팅되어 나오는데 2인 이상 주문할 수 있다. 르 세느는 6,000엔짜리 코스 요리부터 3만 엔짜리 코스 요리가 서빙되니 당연히 맛은 좋다. 아니 좋아야 한다.

21 유메지 카페 고류카쿠 夢二カフェ 五龍閣

●●● 가끔은 여행지에서 이리 기웃 저리 기웃하다 보면 단조로운 여행이 다양한 만남의 변주곡으로 바뀔 수도 있다. 교토로 여행을 온 사람들이 다 여기 있는 것 같은 착각이 들게 하는 기요미즈데라로 향하는 길. 언덕을 숨차게 올라 길가에 늘어선 기념품 숍에는 눈길을 주지 않고 앞만 보며 기요미즈데라로 향하는 이들에게는 놓치기 쉬운 곳이 있다. 100여 년 전 명성이 퇴색해 가는 기요미즈의 도자기 공방을 양식기와 사기로 만든 치아 등을 만들어 외국에 수출하였다는 기업가 쇼후 카죠의 저택이다. 1921년에 세워진 서양 건물로 고류카쿠라는 이름도 있고 국가 지정 문화재이니 귀한 몸이다. 물론 지금은 건물 1층을 카페로 바꾸고 온전히 교토 관광객들을 위한 공간으로 사용한다. 그런데 유메지 카페란? 일본인들이 로망의 시대라 부르기 주저하지 않는 다이쇼 시대의 화가 다케히사 유메지竹久夢二를 뜻한다. 단팥죽집 가사기야에 단골 도장을 찍고 독특한 화풍으로 미인도를 그렸던 화가. 가사기야에서 알게 되어 그의 미술관이 있는 도쿄까지 찾아갔을 정도로 강렬한 색채와 어딘가 우수 또는 불만에 차 있는 그가 그린 여성들의 표정을 좋아한다. 고류카쿠 한편에 그의 작품이 걸려 있고 메뉴판에도 작은 갤러리가 펼쳐져 있으니 카페 푸드며 음료가 맛이 없어도 통크게 봐줄 수 있는 넉넉한 마음이 되었다. 예상보다 메뉴는 단출하여 교토의 명물 채소로 만든 카레, 햄버그, 파스타에 두유 음료와 두부 스윗 정도다. 카레와 파스타를 맛보았는데 교토의 명물 하얀 된장과 두유로 만든 화이트 크림 소스는 레시피를 캐내어 따라해 먹고 싶을 정도다. 멜팅포트라 해도 과언이 아닌 나라에서 온전히 그들 것도 아니면서 온전히 저들 것도 아닌 메이드 인 교토가 또 하나 추가된 것이다.

교토의 명물 두부 요리를 맛보고 싶다면 카페 맞은편 오카베야를 찾으면 된다. 고류카쿠와 오카베야는 난젠지 앞의 그 유명한 두붓집 준세이에서 프로듀싱했다.

22 이노다커피 기요미즈시텐 イノダコーヒ清水支店

23 미하스 피투 Mijas Pittoo

●●● 산네이자카에는 교토의 토종 커피 브랜드 이노다커피의 기요미즈시텐이 있어 반갑다. 이곳은 세이류엔靑龍苑 안에 있다. 세이류엔은 아주 오래전 사무라이 겸 예술가였던 네네의 조카가 지낸 운둔지로 알려져 있었다. 그래서 에도시대의 유학자와 다도가, 고위 공직자들의 교류의 장이었던 동시에 서화나 다도회의 무대가 되었던 유서 깊은 곳이다. 지금은 카페와 상점, 식당 등이 들어선 풍정 넘치는 멀티숍으로 변신했지만.

커피 맛을 논하기 전에 이 문화적인 분위기로 넘쳐나는 곳에 자리한 위치 선정부터 칭찬하고 싶었다. 이노다커피의 건물은 분명 교토답지 않다. 입구에 세워놓은 붉은 커피 머신. 큰 통창에 높은 천장, 자동문, 서양식 테이블과 식기들. 그리고 연미복을 입고 서빙하는 스태프들의 모습은 서양적이다. 그런데 가장 일본적인 곳이라는 교토에서 서양에 있는 듯한 커피숍에 앉아 통창 너머로 잘 가꿔진 일본 정원을 바라보는 맛은 매우 묘하다. 석유왕 록펠러가 일본이 원조가 아니면서도 일본적인 카레를 맛보고 진짜 일본 음식을 먹었다며 기뻐했다는 에피소드가 생각난다. 나에게 이노다커피 기요미즈시텐은 진짜 교토다운 카페다.

올빼미형 인간이 무리하여 아침형 인간 모드로 기요미즈데라 등 일대를 돌러본 후 시장기가 돌면 이노다커피를 찾아 조식 세트인 교노 조쇼쿠를 먹어줘야 예의다. 교토의 아침을 맛보며 정원을 바라보다 보면 팽팽했던 여행 스트레스가 스르르 풀리기 시작한다. 이 집의 대표 커피는 모카 커피를 베이스로 이노다만의 향과 산미로 블렌딩한 아라비아의 진주란 뜻의 아라비아노 신주다.

●●● 그림책이 있는 카페와 그림책 속의 캐릭터들이 온갖 아기자기한 잡화 위를 뛰어다니는 숍이 있다. 미하스 피투는 하얀 벽과 그 안을 들여다보고 싶게 만드는 작은 창이 자꾸만 눈길을 주게 되는 잡화점이다. 지하 1층은 드레스와 백, 슈즈, 1층은 잡화와 패브릭이 차지하고 있고 2층은 잡화와 매달 서너 번만 문을 여는 그림책 카페로 오목조목 나뉘어 있다. 좁은 공간에 꽉 들어찬 잡화들은 모두 여성들이 좋아할 만한 것들로 북유럽이나 러시아에서 건너온 것들이 많다. 언제나 건강한 삐삐 언니나 하마를 닮은 무민의 캐릭터, 러시아의 전통 인형인 마트료시카 따위는 모두 하라다 오너의 깐깐한 눈 심사를 통과한 것들로 잡화 천국이라는 도쿄의 잡화점에서도 보지 못한 독특한 것들이 많다.

부정기적으로 문을 열기는 하나, 일본의 스테디셀러 그림책이나 러시아와 북유럽 그림책에 둘러싸여 향기로운 차를 마실 수 있는 북 카페도 교토를 대표하는 잡화 천국의 매력 중 하나다.

24 오후치소 메리메로 欧風馳走 meli-melo

●●● 인테리어만 번지르르한 레스토랑에서 새 모이보다 적게 느껴지는 그저 그런 코스 요리를 맛보고 거금을 계산하고 나오면 분통이 치밀어 오른다. '사람들이여! 제발 인테리어나 분위기 말고 제대로 된 맛을 평가해 스타 레스토랑으로 만들어줍시다'라는 말이 목구멍까지 차 오른다. 그래서 일본에 갈 일이 생기면 시간을 내어 물가대비 가격도 착하고 내용마저 충실한 레스토랑의 코스 요리를 즐기는데 교토에도 그런 곳이 있다. 교토 토박이들에게 사랑받는 프렌치 레스토랑 오후치소 메리메로.

어찌된 일인지 우리나라에서 문을 열면 곧장 폐업 간판을 내거는 일이 왕왕 일어나는 음식이 프랑스 요리다. 그런데 부유층이 사는 주택가도 아니고, 너도 나도 가려는 관광지를 바로 옆에 둔 것도 아닌데 10여 년 넘게 명성을 쌓아가는 프랑스 가정 요리 레스토랑이 있다니! 메리메로는 프렌치에 기본을 두었지만 호지차 아이스크림, 교야사이(교토산 채소)를 십분 활용한 음식을 내는 등 일본 맛도 가미한 열린 레스토랑이다. 런치는 1000엔대, 디너는 3000엔대부터 있으며 메인 요리는 육류, 생선 요리 중 입맛에 따라 고를 수 있다. 추천하고픈 메인 요리는 일본 쇠고기를 레드와인 소스로 조린 스테이크다.

롱런 비결은 오너 겸 셰프 신지 마키노 씨의 고집스러운 음식 철학이다. 모든 메인 요리는 원산지를 표시하고 곁들여 나오는 빵마저 매일매일 사장님이 직접 굽고 소스, 애피타이저, 메인, 디저트까지 모두 그의 손을 거친다. 화학조미료를 주방에서 몰아낸 덕에 오너 셰프의 주방에서의 모습은 번갯불에 콩 볶듯 분주하다. 그러면서도 손님들이 계산을 할 때면 부리나케 달려와 맛은 어땠는지, 개선할 점은 없는지를 묻는다. 한적한 동네 교토에서 수준급의 프렌치 레스토랑이 탄탄하게 자리를 잡고 있음이 부럽기만 하다.

Day Trip 55

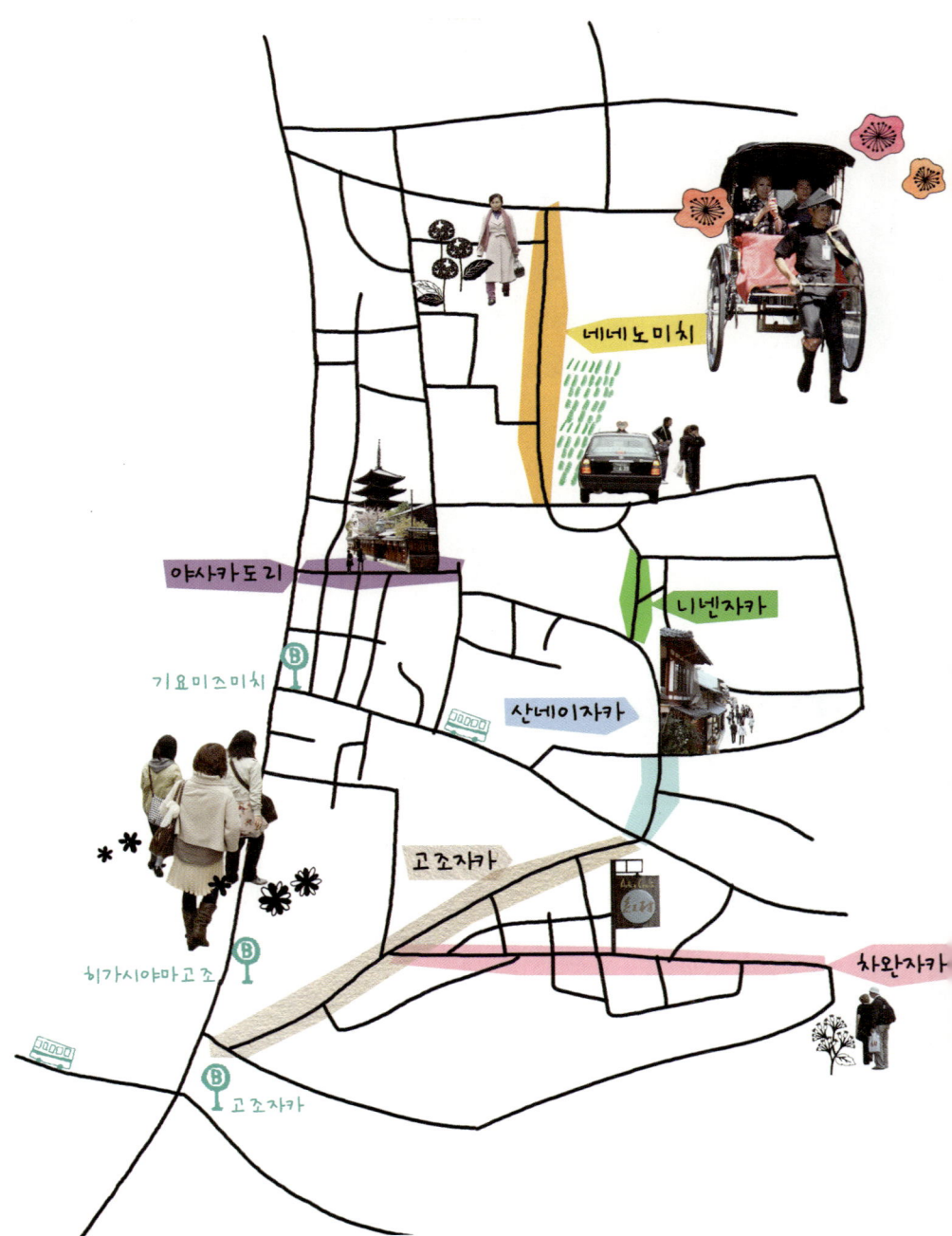

히가시야마의
걷고 또 걷고 싶어지는
산책길

교토는 산책 낙원이다. 교토 토박이들조차 왜 놓여 있는지 잘 모르겠다는 불편투성이 지하철과 전철은 교토의 메인 대중교통 수단으로 백기를 든 지 오래고 그나마 곳곳의 명소를 연결하는 버스 역시 '여기까지만 모셔다 드려 미안합니다. 목적지까지는 걸어서 가세요'를 콘셉트로 하니 튼튼한 두 발이 여행의 만족도를 좌우하는 까탈스러운 동네다. 그러나 걸을 맞이 하는 곳 또한 교토다. 산책 명소를 꼽으라면 두 손이 모자랄 정도로 부지 기수다. 그중 그림엽서 속에 나올 법한 교토의 가장 멋진 길을 산책해보고 싶다면 기요미즈데라 일대의 여러 언덕길을 놓치지 말아야 한다. 고조 자카, 차완자카, 산네이자카, 니넨자카, 네네노미치, 이시베코지…. 고맙게도 기요미즈데라에서 야사카진자 사이에 놓여 있어 산책하듯 걸으며 고도 교토를 즐길 수 있다.

매년 봄이 막 시작하려 하는 3월 중순에는 쇼렌인에서 기요미즈데라에 이르는 약 4.6킬로미터의 골목길에 등불이 밝혀지는 히가시야마 하나토로가 열린다. 기요미즈야키로 만든 도자기 등롱이나 대나무, 금속 등으로 만든 개성 넘치는 2400여 개 등에 불이 밝혀지고 인근 절이나 신사는 라이트 업된다. 낮 풍경과는 다른, 어둠 속에 감춰진 또 다른 절경이 기간 한정으로 펼쳐진다. 10여 일 동안 개최되는 깜짝 이벤트로 2003년부터 시작됐으며 매년 100만 명 이상의 관광객들에게 교토에서의 밤 산책을 부추긴다.

니넨자카 Ninenzaka

네네노미치 Nenenomichi

아직도 연호를 사용하는 일본. 다이도 2년 807년에 만들어졌다 해서 니넨자카二年坂라 부르는 돌계단이다. 이곳에서 내려다보는 전망은 교토와 사랑에 빠지게 만든다. 단층 가옥을 살짝 손바 문을 연 상점들의 모습도 정겹다. 그런데 이 계단에서 넘어지면 2년 안에 죽는다는 무시무시한 속설이 있으니 바짝 긴장하고 걸을 것. 물론 액땜도 준비되어 있다. 돌계단의 맨 아래 왼쪽을 보라. 호리병을 주렁주렁 내건 가게 효탄야 오이닌교가 있으니 그곳에서 호리병을 구입하면 된다. 호리병이 액땜을 해줄 테니.

기모노 차림의 여인이 빨간 우산을 들고 섹시한 뒷태만 보인 채 비 내리는 길을 걷고 있다. 그리고 그녀 옆에 적혀 있는 한 줄의 카피. '비와도 잘 어울리는 곳, 교토.' 매우 강렬한. 그래서 비 오는 교토에도 반해버리게 한 이 포스터의 촬영지가 네네노미치ねねの道다. 여기서 잠깐 샛길로 빠지면 나는 '비'와 '고양이' 소리만 들어도 알레르기 반응을 보인다. 10여 년 전 IMF가 터지자마자 겁 없이 오른 일본 유학길. 잔뜩 주눅 들어 있는 내게 도쿄 날씨는 일주일 내내 비를 선물했다. 폭우가 내리거나 잠깐 쯤을 내 구름 잔뜩 낀 날이라도 보여줬으면 괜찮으련만. 비는 일주일을 부슬부슬 내내 똑같은 양으로 구슬프게 내렸다. 둘째 날에는 지하철 출구를 잘못 빠져나와 손바닥만한 동네를 비를 맞으며 헤매다가 생쥐 꼴이 되어 썰렁한 기숙사로 도착하기도 했으니…. 도착한 날 가슴 속 사진기에 찍힌, 한창 만발했던 기숙사 앞 벚나무는 비가 그친 후 하얀 꽃잎을 온몸에서 떨군 채 까만 몸통과 가지만 을씨년스럽게 드러내고 있었다. 비가 선물한 급우울 모드로 시작했던 유학 생활, 그 후 비라면 아주 질색이다. 그런데 한 장의 포스터를 발견한 후 비마저도 용서하게 되었다. 교토는 팽팽하게 감긴 마음속 긴장을 느슨하게 만드는 묘한 힘을 가진 곳이다. 네네노미치의 품격은 고다이지와 갤러리처럼 들어선 상점들이 만들어낸다. 전봇대를 땅속에 묻어 전망이 더욱 좋아졌다고 하는데 마루야마 공원에서 고다이지로 향하는 길에 걸어야 더 멋있다.

3 차완자카 Chawanzaka

고조자카의 언덕길을 오르다 보면 길이 두 갈래로 나뉘는 갈림길에 서게 된다. 한적하게 기요미즈데라로 향하고 싶다면 오른쪽의 차완자카茶わん坂를 택하면 된다. 이 일대는 교토를 대표하는 도자기, 기요미즈야키를 판매하는 상점들이 몰려 있어 차완자카라 부르게 됐다. 길을 쭉 따라가다 보면 기요미즈데라의 삼층탑인 산주노토가 보인다.

4 고조자카 Gozozaka

휴양지에나 있을 법한 교토답지 않은 맨션을 지나 언덕길을 계속 오르다 보면 대형 주차장이 나온다. 길은 이내 기념품 가게 등의 상점이 밀집한 지역으로 바뀌다가 마침내 위풍당당하게 서 있는 기요미즈데라의 니오몬에 당도한다. 왁자지껄하게 여행 온 기분을 내면서 걷고 싶다면 기념품 숍의 살가운 호객 소리와 수학여행단의 웃음소리, 관광객들의 셔터 소리가 시끄럽게 버무려진 고조자카五条坂가 제격이다.

5 산네이자카 Sanneizaka

마흔여섯 단의 돌계단은 순산을 돕는 고야스노토로 향하는 참배로이었기에 산네이자카産寧坂라 한다. 다이도 3년808년에 지어서 산넨자카三年坂라고도 부르는데, 여기서 넘어지면 3년 안에 염라대왕이 나타나 "넌 이미 죽었다"고 말하거나 믿거나 말거나 전설이 있다.

6 이시베코지 Ishibekoji

네네노미치를 걷다가 중간쯤 다다르면 골목 하나가 나온다. 이 골목으로 재빨리 숨어들어 가면 속성 코스를 선택한 여행자들 대부분이 놓치고 마는 보석 같은 곳이 시베코지石塀小路가 시작된다. 왠지 이 길은 해리포터가 호그와트 마법 학교로 가는 9와 3/4 승강장처럼 느껴진다. 어깨 높이로 이어진 돌담 안에는 교토를 발칵 뒤집어놓았던 절세미인의 게이코 상이나 기요미즈부타이에서 뛰어내려 극락왕생을 찾아간 사람들, 그리고 음양사들이 사는 딴 세상이 펼쳐져 있을 것만 같으니. 범인들의 출입을 정중히 거절하고 있는 돌담 안에는 료칸과 음식점들이 조용히 영업을 하고 있다. 이시베코지를 걷다 보면 길의 끝이 어디인지 또 어떤 진풍경과 마주치게 될지 가슴을 두근거리게 하는 스릴도 있다. 우리네 인생처럼.

7 야사카도리 Yasakadori

대로인 히가시오지도리東大路通り에서 야사카노토로 이어지는 언덕길인 야사카도리八坂通り에는 생활의 활기를 띤 상점들이 길 양쪽에 늘어서 있다. 마이코 상 분장을 하거나 인력거꾼들의 모습이 자주 눈에 띄어 마치 과거의 교토로 빨려들어온 듯 착각을 일으킨다. 어린 시절 폭 빠져 살았던 스티븐 스필버그의 '어메이징 스토리'의 한 장면이 곧 시작될 것 같은 곳이다. 그러니 인력거를 탄 마이코 상이 말을 걸어도 무시하고 걸어가길.

02

게이코 상과 마이코 상이
사는 신비로운 거리

기온 에어리어
Gion Area

교토를 찾은 외국인들에게 "왜 교토였나요?"라고 물으면 대부분은 "가장 일본적인 곳이기 때문이죠. 특히 기온은 아주 흥미진진한 곳이에요. 그곳에서 우연히 게이샤를 만나게 된다면 정말 행운이 날아온 거라니까요"라는 대답이 돌아온다. 그렇다. 교토에는 예부터 게이샤들이 명성을 떨친 6대 하나마치花街가 존재했다. 하나마치는 게이코 상교토에서는 게이샤라는 단어 대신 게이코 상이라 부른다이 나오는 요정이 몰려 있는 화류가를 말한다. 정·재계 인사들을 불러 모으며 일본을 좌지우지하던 한창때에는 기온 코부祇園甲部, 기온 히가시祇園東, 미야가와초宮川町, 본토초先斗町, 가미시치켄上七軒, 시마바라島原에 이르기까지 각각 개성 넘치는 곳이 존재했었다. 이 중 지금도 그 명맥을 이으며 외국인 관광객의 혼을 쏙 빼놓는 지역은 기온祇園이다. 시내 한복판에 있으면서 전통 건축물 보존 지역으로 지정되었기 때문인지 시계의 시침이 열두 배쯤은 느리게 가는 듯 여겨지는 이상한 동네이기도 하다.

야사카진자에서 교토 최고의 번화가인 시조 가와라마치까지 이어지는 반듯한 기온 상점가와 붉은 등, 교토의 전통가옥에 간판을 내건 하나미코지의 오차야お茶屋와 음식점, 그리고 바쁜 관광객들에게는 쉽게 모습을 보여주지 않는 신마치도리, 여기에 교토의 쇼핑 특구 시조 가와라마치 상점가와 밤이 되면 화려해지는 밤 골목 본토초, 본토초보다 한적하여 주머니 두둑한 교토의 직장여성들이 찾는 기야마치까지 지척에 두고 있어 낮에도 밤에도 오감을 만족시킨다.

천년 고도의 밤문화를 슬쩍 엿볼 수 있는 기온으로 가면 새하얀 얼굴에 외꺼풀의 작은 눈, 새빨간 입술, 화려한 기모노, 딸각거리는 게다를 신고 종종걸음으로 걷는 게이코 상과 게이코 상이 되기 위해 수련 중인 마이코 상을 만날 수 있다. 여행자들과 다른 삶의 시계를 갖고 살아가는 듯한 교토의 그녀들. 지붕 없는 박물관이라 불리는 교토에는 세계 그 어느 박물관에서도 소장하고 있지 못한 가장 교토다운 보물들이 있다. 게이코 상들이 사는 추억의 성지 기온으로 간다.

또각, 또각.
딸각, 딸각.

MAP
GION
祇園

- Ⓑ 버스 정류장
- Ⓗ 게스트하우스
- 卍 절
- ⛩ 신사(진자)
- ⓘ 관광 안내소

01 기온 코부&기온 히가시 祇園甲部&祇園東
02 야스이 콘피라구 安井金比羅宮
03 교토 시조 미나미자 京都四條南座
04 본토초 先斗町
05 기야마치 木屋町
06 기온 코너 祇園 コーナー
07 소바 도코로 오카루 そばところおかる
08 이즈주 いづ重
09 소혼케 니신소바 마츠바 総本家にしんそば松葉
10 잇센 요소쿠 壹錢洋食
11 기온 고모리 ぎをん小森
12 오우치고항 고코라야 본토초텐 おうちごはん ここら屋先斗町店
13 기온 고이시 祇園小石
14 요로즈야 萬屋
15 기온 키나나 祇園きなな
16 기온 도쿠야 ぎおん徳屋
17 간센도 甘泉堂
18 오쿠 갤러리&카페 OKU Gallery&Cafe
19 구로마메차안 기타오 기온텐 黒豆茶庵北尾祇園店
20 니혼요리 도쿠오 日本料理とくを
21 무라야마 조우스 村山造酢
22 요지야 기온텐 よーじや 祇園店
23 기오노 모리타 祇園のもりた
24 글라스 스튜디오 Glass Studio
25 치리멘 사이쿠칸 기온텐 ちりめん細工館祇園店
26 기레노하나 혼텐 きれのはな本店

ACCESS
교토 역에서 100·206번 버스를 타고 기온祇園
정류장에서 바로, 220엔

01 기온 코부&기온 히가시 祗園甲部&祗園東

●●● 새하얀 얼굴 때문에 더 도드라져 보이는 붉은 입술, 머리에는 화려한 장식을 달고 족히 20킬로그램이 넘는다는 기모노를 차려입고 잰걸음으로 지나가는 게이코 상. 이런 범상치 않은 차림의 신비로운 게이코 상이나 마이코 상의 모습을 종종 볼 수 있는 곳이 교토다. 그런 그녀들이 기온 코부를 드나드는 이유는 일터가 그곳에 있어서다. 게이코 상들이 공연을 하고 술자리 시중을 드는 곳을 오차야お茶屋라 하고 그런 차야들이 몰려 있는 곳을 하나마치라 한다.
교토 거리를 걷다가 진짜 게이코 상이나 마이코 상을 발견하게 되면 오늘은 왠지 좋은 일이 생길 것 같은 예감이 든다. 그도 그럴 것이 교토를 상징하는 그녀들이지만 운이 좋아야 그 모습을 먼발치에서나마 훔쳐볼 수 있어서다. 기온 거리나 기요미즈데라 일대에서 빈번하게 출몰하는 기모노 차림의 그녀들은 모두 일일 체험 중인 게이코 상이나 마이코 상이다. 한마디로 말해 가짜들이지만 그녀들조차 관광객들의 카메라 세례를 받는다.
〈교토 하마나치의 경영학〉이라는 흥미로

운 책에 따르면 현재 교토에는 196명의 게이코 상과 77명의 마이코 상이 존재한다는데 교토에서 진짜 게이코 상이나 마이코 상을 만날 기회가 가장 높은 지역은 기온 코부와 기온 히가시다. 기온 코부는 시조 거리에서 시작하여 겐닌지까지 이어지는 하나미코지花見小路 일대로 야사카 진자 앞에 있었던 신사나 절 참배객들을 대상으로 한 찻집. 미즈차야水茶屋가 원조로 알려져 있다. 기온 히가시는 시조 거리 건너편의 동쪽 지역을 일컫는데 에도시대에는 오차야가 500곳에 달했고 문인이나 정치가 등이 드나들 정도로 문화, 정치의 심장부로 번성했다고 한다. 당시 게이코 상과 마이코 상, 몸을 파는 기생을 합쳐 1000명 이상이 활동했을 정도로 메이

지 시대1868~1912년에 들어 기온 코부와 분리되어 한때는 기온 오츠부祇園乙部라 불린 적도 있었지만 1945년 이후 지금의 이름으로 정착됐다.

교토의 상징을 넘어 일본의 문화 아이콘으로 세인들의 시선을 한몸에 받고 있는 게이코 상과 마이코 상. 예술가로서 그녀들의 모습을 보려면 정말 대단히 큰마음을 먹어야 한다. 그녀들의 춤사위와 노랫가락을 들으려면 기백만 원의 거금이 필요하므로, 다행히 매년 봄이면 기온 코부에서 미야코 오도리가, 가을이면 기온 히가시에서 기온 오도리가 개최되니 이때를 놓치지 마시길.

옛 도읍에 벚꽃이 만발할 때 막이 올라 딱 한 달 동안만 모습을 드러내어, 티켓 입수 전쟁을 치러야 하는 미야코 오도리의 기원을 슬쩍 귀띔하고 싶다. 도쿄 천도로 남은 것이라고는 천년 수도였다는 자존심밖에 남지 않은, 이빨 빠진 호랑이가 되어버린 교토의 부흥을 위해 전람회를 개최했는데, 전람회의 여흥을 즐길 요량으로 미야코 오도리가 시작됐다고 한다.

수도를 잃은 교토 사람들의 마음을 달래던 마이코 상들의 춤사위는 이제 교토의 관광 상품이 되어 옛 수도를 먹여 살린다.

Day Trip 65

02 야스이콘피라구 安井金比羅宮

●●● 신사 경내에 들어서자마자 문득 일본 드라마 '아네고'의 노다 나오코 언니가 떠오른다. 외모도 괜찮고 성격도 좋으며 '언니에게 다 맡겨'를 삶의 모토로 살아온 덕에 직장 선후배들의 무보수 인생 상담도 겸임하는 멋진 언니다. 그러나 여우 같은 삶을 살지 못한 덕에 서른을 훌쩍 넘기고도 데이트 한 번 못하는 외로운 싱글이다. 제 발에 떨어진 불도 못 끄는 주제에 남의 고민이나 해결해주는 스스로를 한심하게 여길 즈음 나오코 언니에게 후배 남편이 아주 젠틀하게 추파를 던진다. 불륜만은 절대 용서할 수 없다며 결의를 불태우던 언니가 우여곡절 끝에 후배 남편과 여행을 떠나게 된 곳이 교토였다. 그리고 두 사람은 한 신사를 찾아 악연을 끊고 인연을 부르는 의식을 치른다. 불륜 커플인 주제에 말이다. 그 무대는 악연을 끊는 신사로 유명한 야스이콘피라구. 좋은 인연을 맺어주는 신사야 셀 수 없을 정도로 수두룩하지만 악연을 끊어주는 신사라니 귀가 번쩍 뜨일 노릇이다.
나오코 언니를 추억하며 찾은 야스이콘피라구. 기대보다 소박한 규모의 신사 한

가운데에 바람에 나풀거리는 하얀 부적을 온몸에 붙인 둥그런 바위 하나가 놓여 있다. 1.5미터 높이에 폭이 3미터나 되는 이 바위는 연을 끊고 연을 이어주는 바위로 한가운데에 난 구멍을 앞쪽에서 뒤쪽으로 기어 통과하면 악연이 끊어지고 다시 뒤쪽에서 앞쪽으로 우아하게 기어나오면 좋은 인연이 맺어진다고 한다. 바위를 통과하기에 앞서 해야 할 일이 있다. 바위 옆에 있는 부적 판매대에서 부적을 사서 하는 내용을 적은 다음 그 부적을 들고 바위를 통과한 후 부적을 바위에 착 붙여두어야 한다.

다른 사람들은 어떤 소원을 썼을지 잠깐 곁눈질해 보았더니 '지금 짝사랑하고 있는 ○○와 결혼하게 해주세요'라는 평범한 글귀부터 '남편과 내연녀의 인연을 싹둑 잘라주세요', '잘생기고 돈 많고 매너가 좋지만 명은 짧은 남자와 결혼하여 행복하게 살다가 남편의 엄청난 유산을 물려받게 해주세요'라는 내용까지 적혀 있으니 신령님이 대략 난감하실 것 같다.

많은 이들이 지나치곤 하는데 신사 내에는 에도시대 1603~1867년부터 봉납된 다양한 에마를 집합시킨 에마칸 絵馬館도 있다. 에마란 소원을 적거나 소원이 이루어졌을 때 신사나 절에 봉납하는 그림이 그려진 나무판으로, 그림이 그려진 반대편의 나무판에 소원을 적어 에마를 걸어두는 곳에 묶어두면 된다. 나라시대 710~794년에는 신이 타고 다닌다고 여기는 말을 봉납했다고 하는데 말이 워낙 비싸니 궁여지책으로 나무나 종이, 흙으로 만든 말 모양의 도구로 대신하게 되었고 헤이안시대 794~1185년부터 나무판에 말 그림을 그려 넣으며 말을 그렸다는 뜻에서 에마라 불리게 됐다는 사연이다. 그런데 요즘 에마는 각 신사를 대표하는 그림이 그려져 있으니 신사의 에마 순례도 이색적인 여행코스가 될 듯하다. 예를 들면 후시미이나리다이샤의 에마는 삼각형에 여우 모양, 야사카진자의 에마는 기온 마츠리, 학문의 신을 모시고 있어 학생들의 발길이 끊이지 않는 기타노텐만구의 에마는 검은 소, 아라시야마에 있는 노노미야진자는 일본 최고의 연애소설로 불리는 <겐지모노가타리>의 그림. 우지 보도인의 에마는 봉황이 그려져 있다. 그렇다면 야스이 콘피라구의 에마는 어떤 그림이 그려져 있을까? 다른 신사나 절에서는 좀처럼 볼 수 없는 임팩트 강한 그림이 그려져 있으니 기대하시라!

사람들의 욕망을 우아하게 포장해낸 에마를 한곳에서 둘러볼 수 있는 에마칸의 1층은 주로 큼직큼직한 에마가 전시되어 있고 2층에는 '아톰'을 그린 데츠카 오사무 등의 만화가와 작가, 탤런트 등 유명인의 에마가 걸려 있다.

새해 첫날부터 3일간 1만여 명의 사람들이 악연을 싹둑, 싹둑 끊어버리고 간다는 악연을 끊어주는 신사. 인연이든, 악연이든 무수한 사람들 속에서 내게 다가와 길든 짧든 같은 시간을 걸어갔던 사람들. 그들로 인해 나란 사람의 특별한 존재감을 알아차렸을 텐데…. 그렇게 싹둑, 싹둑 끊어버리려 몸부림치기보다는 마음속 칠흑 같은 어둠 속에 잔뜩 웅크리고 있는 화를 놓아버리면 되지 않을까. 교토에서 만난 마법 같은 인연 하나. 교토에서는 마음이 한없이 너그러워진다.

03 교토 시조 미나미자 京都四條南座

●●● 혹 기온에서 번화가인 시조 가와라마치로 이어지는 시조 대교의 오른쪽에 서 있는 기모노를 입고 있는 여인상을 본 적이 있는가? 가부키의 원조인 이즈모노 오쿠니의 동상이다. 1603년 이즈모 신사의 무녀였던 그녀가 교토의 기타노텐만구에서 남장을 한 채 유행가에 맞춰 선보인 춤이 가부키의 원형이라고 한다. 노能나 교겐狂言이 귀족이나 무사들이 즐기던 예술이었다면 가부키는 서민들에게까지 전파된 대중 공연이었다.

그러나 오쿠니가 선보인 가부키는 지나치게 관능적이어서 1629년 에도막부는 풍기문란을 이유로 가부키에 여성의 출연을 금지시켰다. 그러한 배경으로 등장한 것이 미소년 가부키 배우였는데, 남색을 파는 일이 비일비재해지자 1652년에는 미소년의 출연도 금지했다. 이후 가부키는 여러 형태로 변모하며 오늘에 이르러 여성의 역할도, 남성의 역할도 모두 남성들이 독차지하고 있다. 남자들만의 성지로 견고하게 구축된 가부키는 노, 교겐 등의 경쟁자를 물리치고 일본을 대표하는 전통 연극으로 살아남아 유네스코의 세계무형유산으로도 지정되었다.

일본 문화의 슈퍼스타 가부키의 성지는 기온 거리에 위풍당당하게 서 있는 교토 시조 미나미자. 일본의 3대 가부키 극장으로는 미나미자와 도쿄의 가부키자, 오사카의 신가부키자가 있다. 교토와 오사카에서는 주로 사랑을 소재로 한 작품을, 도쿄에서는 남성적인 역사물이 공연된다니 흥미롭다.

가부키는 영화처럼 친절한 자막도 없고 일본어 좀 한다고 해도 고어를 사용하기 때문에 일본 사람들조차 알아듣기 어렵다고 한다. 그렇지만 평생 딱 한 번 정도는 볼 만한 공연이다. 배우들의 독특한 분장과 기모노 감상만으로도 기억에 오래 남을 터이니 거액을 낼 가치가 있다. 어디 이뿐이랴. 공연 중간, 막과 막이 바뀔 때 먹는 마쿠노우치벤토幕の内弁当를 까먹는 재미도 쏠쏠하다. 마쿠노우치 벤토는 하얀 밥에 여러 가지 반찬을 담은 도시락인데, 가부키보다 벤토에 푹 빠져 있는 가부키 마니아도 제법 있다는 이야기도 들린다.

어쨌든 가부키 발상지 교토에 있는 유서 깊은 가부키 전용극장 미나미자가 가장 주목을 받는 시기는 12월. 고요히 잠들어 있는 듯 보이는 건물 정면에 굵은 검은 글씨로 적힌 나무판이 비늘처럼 촘촘히 걸리기 시작하면 미나미자는 생기로 꿈틀거린다. 예술품처럼 보이는 이 나무판은 가오미세고쿄顔見世興行라는 가부키 최고 공연에 출연하는 배우들의 이름을 적은 간판으로 마네키라고 부른다. 11월 25일을 전후한 길일을 택해 미나미자에 이 간판을 거는데 공연이 없는 날에는 낮 시간에, 공연이 있는 날에는 공연이 끝난 저녁에 걸어야 하는 룰도 있다. 더욱 놀라운 것은 장인들의 마을. 교토에는 이 간판의 글자를 적는 일을 업으로 하는 장인도 존재한다는 것. 교토 사람들은 미나미자에 마네키가 걸리면 한 해를 마무리할 시기가 왔음을 알아차린다고 한다. 역시 전통문화의 수도 교토다운 풍경이다.

04 본토초 先斗町

●●● 두 사람이 손을 잡고 걷기 딱 좋은 좁은 길이 교토의 번화가인 시조가와라마치부터 산조까지 길쭉한 장어처럼 놓여 있다. 교토의 밤을 즐기려는 관광객들은 해가 지기 시작하면 이곳으로 몰려든다. 에도시대 초기에는 오차야, 여관 등이 들어서 게이코 상이나 마이코 상들의 거주지로 이용되기도 했는데 지금은 음식점, 술집들이 좁은 길을 사이에 두고 빽빽하게 처마를 맞대고 있다. 여름이 되면 강가 쪽으로 자리한 가게들은 넓은 들마루인 노료 유카納涼床를 설치해 교토의 여름 풍물시를 연출한다. 좁은 길 바닥에는 돌이 깔려 있다. 가모가와의 범람을 막기 위해 설치했다고 하는데 이 돌들이 밤 나들이의 풍경을 그럴싸하게 연출한다. 모리미 토미히코가 쓴 〈밤은 짧아 걸어 아가씨야〉에도 신비롭게 등장하기도 하는 거리. 그러나 교토 피플들은 다른 지방에서 놀러온 친구나 친척들이 가고 싶어하거나, 내 돈을 내지 않아도 되는 회사 회식 때나 찾는다고 속삭인다. '교토에 사는 우리에게 그곳은 그런 곳이에요'라고.

교토의 밤의 얼굴인 이 거리 이름은 본토초. 본토초는 포인트의 포르투갈어인 폰타에서 유래했다는 설이 있지만 확실히 밝혀진 것은 아니고 그렇게 추정할 뿐이다. 그러면 어떠리, 저러면 어떠리. 밤이 찾아온 교토라는 도시에서 마시는 낯선 술맛은 달다. 어쩌면 고약한 고리대금업자이지만 사랑스러운 술꾼 이백 씨와 만나게 될지도 모른다. 본토초에서라면.

Day Trip

05 기야마치 木屋町　　　　　06 기온 코너 祇園 コーナー

●●● 기야마치는 니조도리에서 시치조까지 남북으로 길고 좁게 놓여 있는데 에도시대 중기부터 술집이나 음식점, 여관 등이 들어선 거리였다고 한다. 원래 이름은 고리키마치였지만 다카세 강에서 운반해온 목재를 보관할 목재 창고가 들어서 있어 언제부터인지 모르지만 기야마치라고 불리게 됐다고 한다. 〈료마가 간다〉를 쓴 시바 료타로가 "일본에서 유일하게 세상에 드러내놓고 자랑할 만한 인물이다"라고 말한 사카모토 료마 등의 막부 말기에 활약한 지사들이 밀회를 가졌던 동네로도 유명하다. 신센구미를 스타덤에 올린 이케다야 사건도 기야마치에서 벌어졌다. 이케다야는 그 후 사라졌는데 얼마 후 이케다야가 있던 자리에 술집이 들어섰다. 이후 그 자리에는 새로운 가게가 문을 열었다가 다시 문을 닫는 일이 반복되고 있다.

본토초의 술집을 고스란히 관광객들에게 내준 교토 사람들은 풍정을 더해 술 한잔을 기울이고 싶을 때 기야마치를 찾는단다. 썩 훌륭한 맛의 안주를 내는 서민적인 술집과 바텐더와 이야기를 나눌 수 있는 바, 예약하기가 하늘의 별 따기만큼 어려운 식당 등이 곳곳에 숨어 있다. 만일 당신이 교토 리피터라면 기야마치에 단골 술집 한 곳쯤은 마련해두시길. 다른 도시보다 훨씬 정직하고 착한, 수행의 여행을 하는 건 아닌지 반문하게 되는 교토에서 밤 문화를 즐길 조그만 틈이 되어줄 술집으로.

●●● 〈론리 플래닛〉 한국판의 표지는 족두리를 쓰고 분홍빛 부채를 든 채 미소를 짓고 있는 소녀 무희가 등장한다. 만일 〈론리 플래닛〉의 교토판 표지를 춤추는 무희로 표현해야 한다면 당연히 춤추는 마이코 상이다. 우리의 부채춤에 외국 사람들이 열광하듯이 교토를 찾은 외국인들 역시 마이코 상의 전통 춤에 열광한다. 교마이라 부르는 마이코 상의 춤에 다도, 꽃꽂이, 샤미센, 아악, 분라쿠, 교겐이 더해진 교토 전통문화 공연 종합선물세트를 관람할 수 있는 곳이 기온 코너. 일본 사람이 찾으면 별난 사람으로 취급 받을 정도로 객석을 가득 채우고 있는 이들은 모두 외국 사람들이다. 하루에 딱 두 번, 오후 7시와 8시에 공연을 여는데 50

07 소바 도코로 오카루 そばところおかる

분 동안 일곱 가지의 일본 문화를 맛보기로 시연한다. 가장 박수갈채를 받는 공연은 단ен코 교마이. 화려한 의상과 머리 장식, 신비로운 표정으로 춤을 추는 마이코 상들의 무대는 일순간 관객석에 고요를 불러온다. 일본어를 몰라도 충분히 즐길 수 있는 공연이지만, 모든 자리가 자유석이므로 미리 와서 기다렸다가 입장과 동시에 앞자리를 차지하는 게 성공적인 관전 포인트가 될 것이다. 그러나 만일 봄에 교토를 찾았다면 미야코 오도리나 기타노 오도리 등에 흥미를 갖길. 오도리의 티켓은 공연장에서 현장 판매하며 다카시마야 백화점이나 다이마루 백화점 등에서 예매하면 더 좋은 자리에서 관람할 수 있다.

●●● 교토 친구가 마이코 상들의 단골 우동집이 있다며 소개한 곳은 기온의 요상한 뒷골목에 있는 소바 도코로 오카루였다. 창업한 지 90여 년 된 노포 우동집으로 친구의 말대로 마이코 상들의 사인이 들어 있는 부채가 가게의 주요 인테리어를 차지한다. 옛날 한 게이코 상이 소바나 우동을 만들어 오차야를 대상으로 하여 배달만 하는 집으로 시작했다는 소문이 있는데, 가게 이름이 가부키에도 등장할 정도로 유명했던 오카루라는 유녀가 가게 근처에서 살았던 것에서 유래한다고 하니 꾸며낸 이야기만은 아닌 듯싶다.
오카루의 자랑거리는 쫄깃한 면발이 아니라 끝내주는 국물이다. 홋카이도산 천연 다시마와 최고급 고등어, 가다랑어포 등으로 푹 우려낸 국물이 오카루의 필살기다. 토종닭을 넣은 오야코돈도 이 집에서만 맛볼 수 있는 특별한 메뉴지만 뭐니 뭐니 해도 최고 인기는 카레 우동과 치즈 카레 우동이다. 카레 우동은 마이코 상과 현지인들에게도 인기라는데 맛의 중독성이 강하다. 단, 면발이 끝내주는 사누키 우동에 입맛이 길들여진 사람에게는 기대 이하의 맛일지도 모르겠다. 교토 사람들은 우동에 점수를 줄 때 쫄깃쫄깃하고 차진 면보다 국물 맛에 후한 점수를 주는데 오카루의 우동 역시 면의 찰기는 다소 떨어진다. 밥때에 가든. 밥때를 피해 가든 항상 단골들로 붐비는 기온의 요상한 뒷골목에 숨어 있는 우동집이다.

Day Trip

08 이즈주 いづ重

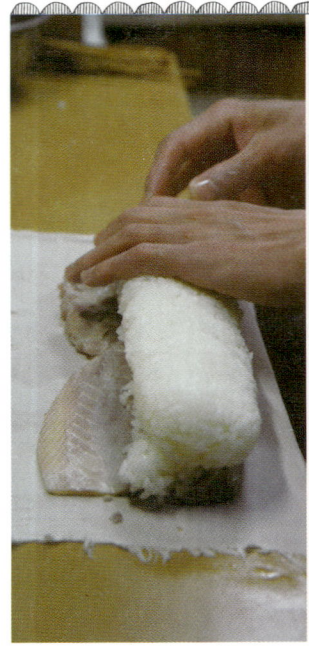

●●● 세계적 트렌드를 이끄는 뉴요커들을 매료시키며 글로벌 푸드로 등극한 초밥. 과거에는 에도니기리, 오사카 하코즈시, 교토 사바즈시가 일본의 3대 스시로 꼽혔었다. 에도니기리는 에도도쿄의 옛 이름 지방에서 즐겨 먹던 초밥으로 일본 초밥 하면 떠오르는 스타일이다. 즉 적당량의 밥을 손에 쥐어 모양을 잡은 후 와사비를 얹고 그 위에 각종 해산물 등을 올려 간장에 곁들여 먹는 초밥이다. 오사카의 하코즈시는 상자를 뜻하는 하코라는 단어 그대로 초밥을 나무틀에 넣고 그 위에 간을 한 생선살을 얹은 후 나무틀의 뚜껑을 덮고 꾹 눌러 적당한 크기로 잘라 먹는다. 사바즈시는 바다를 끼고 있는 도쿄나 오사카와 달리 분지였던 교토의 지리적 한계를 넘어 탄생한 음식이다. 사바는 일본어로 고등어. 즉 사바즈시는 고등어초밥이다. 교통수단이 발달하지 않았던 먼 옛날. 북쪽의 동해 바다에서 갓 잡은 고등어를 제아무리 빠른 걸음으로 교토로 가져온다 해도 쉽게 상해버린다. 그래서 교토 사람들은 소금 간하여 교토까지 온 고등어로 초밥을 만들어 먹었다. 고등어를 소

금과 식초로만 간을 한 후 김밥 말듯 둥글게 말아 다시마로 감아 두었다가 먹기 직전에 썰어 다시마를 벗겨 먹는다. 성질이 급하여 잡자마자 죽어버리는 고등어의 비린 맛을 어떻게 잡느냐에 따라 사바즈시의 맛이 갈린다. 재미있는 것은 옛날 동해 바다에서 교토로 이어진 고등어길교토 사람들은 고등어의 길이란 뜻으로 사바카이도라 부른다에는 교토의 명점 못지않게 뛰어난 맛을 자랑하는 사바즈시 맛집이 많다. 그러니 혹 산속에 있는 음식점에서 '명물 고등어초밥'이란 깃발이 나부껴도 의심의 눈초리로 쳐다보지 마시길.

교토 시내에 있는 사바즈시 명점은 여러 곳 있다. 220여 년의 긴 역사를 지닌 이즈우いづう라는 기온에 있는 사바즈시 노포도 있고 교토 스타일의 일본 요리를 내는 교료리 전문점에서도 대개 여름철이면 사바즈시를 코스 요리에 꼭 넣는다. 축제 천국인 교토에서는 축제 음식도 고스란히 전해져 내려오는데 기온 마츠리의 대표 음식이 바로 사바즈시다. 기온 마츠리가 열리는 7월이면 교토 사람들은 사바즈시와 찰밥을 먹는다. 얼마나 좋아하는지 기온 마츠리가 열릴 때면 고등어값이 금값이 될 정도다.

자주 찾는 고등어 초밥집은 기온 마츠리가 열리는 야사카진자 바로 앞에 있는 이즈주いづ重다. 입구 왼쪽에 고등어초밥을 만드는 작은 주방이 있어 사바즈시를 만드는 모습을 지켜볼 수 있다. 이 집은 팔딱팔딱 살아 있는 고등어를 공수하여제주도 인근에서 잡은 고등어도 사용한다고 한다 소금과 식초만으로 간을 한 후 안쪽 주방에서 장작불로 지은 가마솥밥으로 초밥을 만든다. 아무리 작다고 해도 교토 번화가 한복판에 장작불로 밥을 짓는 집이 있다니 놀라울 뿐이다. 쌀은 인근 시가 현에서 생산된 것으로 밥에 윤기가 자르르 흐르고 차지고 단맛이 난다. 사실 사바즈시는 숙성시킨 생선 특유의 맛과 향이 꽤 강해 에도 니기리 스타일의 초밥에 익숙한 사람에게는 곤혹스러운 음식이 될 수도 있다. 하지만 한 번 사바즈시의 맛에 눈을 뜨게 되면 와사비가 없어도 초밥이 맛있다는 진리를 깨닫게 될 것이다.

명물 요리인 사바즈시 외에 이나리즈시유부초밥, 가을에는 산마즈시꽁치초밥, 겨울에는 무시즈시밥 위에 표고버섯이나 채소, 붕장어를 올려 찐 초밥 등 계절 한정 초밥도 맛볼 수 있다.

Day Trip 73

09 소혼케 니신소바 마츠바 総本家にしんそば松葉　　10 잇센 요소쿠 壹錢洋食

●●● 사계절을 맛볼 수 있는 교료리, 교토풍 가정식 백반인 오반자이, 난젠지 절 인근에서 태어난 두부 요리인 유도후 외에 교토에서만 맛볼 수 있는 요리가 또 있는데, 바로 니신소바다. 니신소바는 음식 족보가 확실한 교토의 명물 요리 중 하나다. 그래서 원조 시비에 휘둘릴 필요도 없다. 기온의 미나미자 바로 옆에 자리한 소혼케 니신소바 마츠바総本家にしんそば松葉가 어느 누구도 토를 달지 않는 원조집이니까.

온통 산으로 둘러싸인 분지였기에 해산물을 맛보기 어려웠던 교토 사람들은 머리와 꼬리를 자르고 등뼈를 따라 두 쪽으로 포를 뜬 후 햇볕에 말린 담백한 맛의 청어를 보존식으로 애용했다는데, 1860년 마츠바의 2대 점주가 말린 청어를 소바에 넣어 먹는 니신소바를 고안했다.

우동 대접에 간이 밴 청어 반 토막이 소바에 파묻혀 나오는데 의도적으로 깔끔하게 낸 국물과 함께 소바를 반쯤 먹은 후에 젓가락으로 소바를 잘게 자른 후 국물에 섞으면 한꺼번에 두 가지 맛을 즐길 수 있다. 소바 맛보다는 메인 식재료인 청어의 맛이 기가 막힌데 간이 적당히 배고 달달한 맛이 은은하게 감돈다. 니신소바 맛에 반했다면 1층 계산대 옆 판매 코너에서 진공 포장된 니신소바 세트를 구입하면 된다.

●●● 콧대 높은 기온에서 옛날부터 교토의 서민들이 먹던 교토만의 음식을 맛볼 수 있는 집이 있다. 잇센 요소쿠. 맛국물을 넣은 밀가루를 크레이프처럼 얇게 부친 후 으깬 생선살을 구운 치쿠와, 교토를 대표하는 구조네기라는 파, 쇠고기, 붉게 물들인 생강 다진 것 등을 넣고 부침개처럼 부쳐 소스를 끼얹어 먹는 잇센 요소쿠一錢洋食가 간판 메뉴다. 1900년대 초반 교토의 서민들 사이에서 선풍적인 인기를 얻은 부침개로 1전-錢이면 허기를 달랠 수 있어서 어느새 1전에 먹을 수 있는 서양의 음식이라는 뜻으로 잇센 요소쿠라는 별명으로 불리게 됐다.

이 집은 재미난 캐릭터로도 시선을 끄는 곳이다. 가게 앞에는 흰둥이 개가 바지를

11 기온 고모리 ぎをん小森

물어뜯어 엉덩이와 고추를 드러낸 채 오코노미야키를 들고 도망가는 소년의 마네킹이 놓여 있다. 이 집의 명물인 잇센 구타로 군이다. 또 가게 안에는 나 홀로 음식을 먹어도 외롭지 않도록 기모노를 입고 있지만 외모만큼은 서양인인 마네킹 언니들이 테이블에 유유자적하게 앉아 있다. 100여 년 전 교토 서민들이 일본과 서양의 식문화를 짬뽕시켜 즐기던 소울푸드를 일본과 서양의 문화가 뒤엉킨 이색적인 분위기에서 맛보니 마치 시간 여행자가 된 느낌이다.

●●● 하나미코지를 빠져나와 큰길을 건너 북쪽을 향해 열 걸음 정도면 건널 수 있는 야마토 다리가 나온다. 그 다리를 건너자마자 오른쪽을 바라보면 하나미코지와는 사뭇 다른 정취가 다가온다. 시라카와白川라 불리는 작은 수로가 있고 수양버들 사이로 전통가옥에 문을 연 레스토랑이나 료칸의 모습이 슬쩍 보인다. 고개를 오른쪽으로 돌리면 국가의 중요 전통적 건축물 보존지구로 선정된 교토의 작고 낮은 집들이 소인국의 나라처럼 옹기종기 모여 있다. 교토다운 그 길을 따라 걸으며 시라카와에서 가장 근사한 사진을 건질 수 있는 명소 다츠미바시巽橋를 지나 신바시新橋까지 걸어가면 기온 고모리가 보인다.

봄이면 벚꽃, 여름이면 푸른빛 버드나무, 가을이면 단풍, 겨울이면 하얀 눈으로 뒤덮인 시라가와의 멋진 정취를 즐기며 산책한 후 달달한 일본 전통 디저트를 맛볼 수 있어 좋아한다. 교토에 놀러 온 일본 친구에게도 알려주어 칭찬받은 곳이고, 모 잡지에서 진행한 교토 커리너리 투어 때도 쟁쟁한 교토 카페를 물리치고 소개한 곳 중 한 집이지만 사실 기온 고모리는 꼭꼭 숨겨두고 싶은 카페였다.

옛날 게이코 상이 일했던 오차야의 1층을 찻집으로 운영하는데 한쪽으로는 시라가와 강을, 다른 한쪽으로는 아담한 중정이 바라보이는 공간이 명당이다.

명물은 밤과 경단. 씹히는 맛이 느껴지는 팥에 녹차즙이나 콩가루를 뿌려 먹는 고모리 안미츠, 한 끼 밥값에 해당하는 사치스러운 카페 나들이지만 만약 이 집을 도쿄 한복판에 옮겨놓았다면 몇 달 동안 대기자 명단에 이름을 올린 후에야 겨우 입장을 허락할 만큼 호평받으리라.

12 오우치고항 고코라야 본토초텐 おうちごはん ここら屋先斗町店

13 기온 고이시 祇園小石

●●● 교토에는 괜찮은 밥집, 아니 술집이 있다. '나는 교토 편'이라고 선언한 곳들을 심하게 편애하는 사람에게 교토 채소가 팔딱팔딱 뛰노는 채소 술집을 그냥 지나칠 리 없다. 이름이 너무 길어 그냥 고코라야ここら屋로 부르련다. 교토의 한 카페에서 알게 된 친구가 있는데, 핸드폰으로 긴급 오픈 소식을 전해온 가게 중 한 곳이었다. 뜬금없이 도착한 메일에는 갖가지 채소가 집 앞에서 호객 행위를 하는 사진 두 장과 함께 '시내를 걷다가 발견한 집이에요. 아마도 새로 문을 연 가게인 것 같아요. 교토산 채소를 중심으로 소박한 밥과 술을 파는 것 같은데…. 조만간 맛을 보고 괜찮으면 추천할게요'라는 고마운 소식이 날아온 것이다. 일주일이 지나지 않아 맛을 봤더니 꽤 훌륭하다며 부디 책에 소개해 달라며 가게 위치와 오픈 시간, 휴무일까지 알려주는 게 아닌가. 교토살이를 하던 시절, 나의 교토살이 전반전을 종료할 때쯤 이 고마운 메신저는 히로시마로 전근을 가버렸다. 히로시마에 가면 술이나 한잔하자고 했지만 그 후 네 번이나 히로시마에 갔지만 얼굴도 못 보고 왔다. 언젠가 이 채소 술집에서 교토다운 밥과 술을 나눌 수 있기를….

●●● 전통미로 넘실대는 기온에서 일본 전통 찻집으로 이름을 날리는 곳이 기온 고이시다. 가게 이름은 기온의 작은 돌쯤으로 해석되나, 이 겸손한 스위트 숍은 기온의 다이아몬드다. 교아메라는 사탕을 판매하는 가게의 안쪽과 2층을 카페로 운영하는데 주말이면 기다린 후에야 입장이 가능하다. 건너편에 있는 카페 츠지리보다는 짧지만…. 부산에 가면 자갈치시장에 들러줘야 하고, 전주에 가면 전주비빔밥을 먹어줘야 여행 온 맛이 나듯 일본 사람들은 이 가게의 파르페를 먹어야 교토에 온 실감이 난다고들 한다. 재미있는 것은 우리나라 사람들에게는 시큰둥한 파르페를 일본 사람들은 사족을 못 쓸 정도로 좋아한다는 사실. 그래서 교토의 웬만한 카페에서는 파르페 메뉴를 선보이고 있다. 여기에 조금 더 센스 있는 카페라면 가까운 녹차 산지인 우지의 녹차를 넣은 녹차 파르페

14 요로즈야 萬屋

를 빼놓지 않는다.

파르페 중에서 가장 사랑받고 있는 메뉴는 검은 꿀과 흑설탕 젤리, 흑설탕 시폰 케이크, 바닐라와 말차 아이스크림, 찹쌀 경단 등을 그득하게 담은 구로토 시폰 파르페.

달콤한 향에 기분 좋은 단맛으로 무장한 흑설탕이 빚어내는 맛의 향연에 미각 세포는 여지없이 허물어지고 '파르페는 느끼해'라는 고정관념은 항복을 고한다.

1층 계단대 옆에는 알록달록한 색감에 앙증맞은 크기의 별사탕이 줄줄이 놓여 있어 입가심용, 선물용으로 여러 개 사버리게 된다. 가게를 나오기도 전에 냉큼 별사탕을 까먹고 기온 일대를 걷게 되니 기온 산책길은 언제나 달콤하다.

●●● 우리도 그러하지만 일본은 같은 음식이라 해도 지역마다 각기 독특한 스타일이 있다. 대표적인 음식이 우동과 라면이라 할 수 있는데, 요로즈야는 교토가 자랑하는 우동집이다. 이 집의 대표 우동은 네기 우동. 구조네기라는 교토산 명물 파쪽파와 비슷한데 쪽파보다 더 큰 편이다를 어슷하게 썰어 우동 위에 3~5센티미터 두께로 수북하게 올려 먹는다. 신기한 것은 우동 한 가닥을 입에 넣는 마지막 순간까지 싱싱한 파 맛을 즐길 수 있다는 것. 육수의 맛은 아주 깔끔하다. 간 생강의 향이 폴폴 나면서 파가 씹히는 질감, 파의 질감을 즐길 수 있도록 부드럽게 삶아낸 우동 면이 잘 어울린다. 이 집의 특제 시치미를 뿌려 먹으면 더 맛있다.

교토 사람들은 교토만의 무엇인가를 조심스럽게 만들어내고 지켜내려는 의지가 강한 사람들로 느껴졌는데 요로즈야는 구조네기라는 교토의 파를 우동에 넣는 실험 정신을 발휘하여 멋지게 성공시켰다. 네기 우동 한 그릇이면 기온 일대에 문을 연 교토요리 전문점의 값비싼 요리가 부럽지 않다.

대개 음식점에 들어가서 "제일 맛있는 게 무엇인가요?"라고 물으면 "다 맛있어요"라든가, "글쎄요…"라는 빤한 대답이 돌아오기 마련. 더욱이 확실히 표현하는 것을 극구 꺼리는 일본 사람들임을 상기하고 네기 우동과 낫토 우동 중 무엇을 추천하고 싶냐고 물었더니 단박에 "네기 우동입니다"라는 대답이 돌아왔다. 그만큼 자신 있는 메뉴라는 이야기다. 4인용 테이블 세 개, 2인용 테이블 한 개가 고작인 아주 작은 우동집에서 나 홀로 맛본 네기 우동은 책 《우동 한 그릇》만큼이나 운명적이며 감격적인 맛이었다.

Day Trip

15 기온 키나나 祇園きなな

●●● 고만고만한 전통가옥들이 지붕을 맞대고 있는 하나미코지 안쪽에는 무한 친절, 고객 감동 서비스는 전혀 관심 없는 듯 손바닥만한 간판 하나를 달랑 걸어둔 채 찬바람 쌩쌩 도는 아이스크림 가게가 있다. 갈 때마다 기억을 더듬으며 긴장하며 찾아야 하는 이 집은 교토발 명품 스위트 숍이라 맘대로 이름 붙여준 기온 키나나. 독자적인 제조법으로 만든 무첨가, 무보존료, 저칼로리 아이스크림을 만들어낸다. 아이스크림을 꽁꽁 얼리지 않은, 비유하자면 냉장 보관한 생고기 또는 생맥주 같은 개념이다. 그래서 간판 메뉴는 '갓 만들었어요, 키나나'란 뜻의 데키다테 키나나. 팥 맛, 쑥 맛, 흑설탕과 꿀 맛, 말차 맛, 콩가루 맛이 전부. 한 달 내내 새로운 맛을 선사하며 골라 먹는 재미가 있는 그 아이스크림 가게보다 선택의 폭은 좁지만 동양 전통의 맛에 집중할 수 있는 아이스크림이라 반갑다. 첨가제나 보존료를 넣지 않고 최소한의 재료로 심플하게 만든 덕분에 아토피를 앓는 아이들도 부담 없이 먹을 수 있어 일본 각지에서 연일 주문 공세에 시달린다.

아이스크림은 입에 넣는 순간 사르르 녹아버린다. 입안에 감도는 단맛은 함께 딸려 나온 호지차 한잔으로 날려버리면 된다. 교토에 있는 가게 아니랄까봐 근사한 찻주전자에 향 좋은 호지차를 제대로 내놓으니 과연 일본 다도의 심장부에 있구나를 실감케 한다.

파르페 메뉴도 금메달감이다. 기온 언저리에는 기온 고이시나 츠지리, 기온 고모리에 이르기까지 파르페 하면 목에 힘주는 카페가 많은데, 기온 키나나의 파르페는 세련된 도시 아가씨 같다. 요구르트와 라즈베리, 블루베리를 넣은 베리베리 키나나, 젤라토의 탄생지 이탈리아의 맛을 재현하고자 티라미수를 넣은 키나나 이탤리언, 세 종류의 키나나에 와라비모치를 넣은 일본풍 파르페인 키나나 하폰도 이곳에서만 만날 수 있는 오리지널 메뉴다.

16 기온 도쿠야 ぎおん徳屋

●●● 교토가 관광객 물결을 이루는 벚꽃철이나 단풍철, 마츠리의 계절, 수학여행철, 주말 등에 기온 도쿠야를 찾게 되면 하얀 주름을 넘어 집 안으로 들어서기까지 꽤 인내심이 필요하다. 시간이 넉넉하지 않은 여행자에게 자리가 날 때까지 하염없이 기다리는 시간은 지옥이나 마찬가지일 것이다.

교토 친구의 늦은 생일 파티를 마치고 2차로 끌려 간 곳이 이 가게였다. 명물 와라비모치를 맛보고자 기온 거리가 바라보이는 야외 의자에 앉아 보슬보슬 내리는 장맛비를 맞으며 기꺼이 기다려줬다. 그러나 기다림은 여기서 끝이 아니다. 주문과 동시에 고사리가루에 특제 설탕을 섞어 반죽하여 굳히기 때문에 주문을 하고 또 기다려야 한다. 기다리고 기다린 끝에 얼음과 함께 담겨 투명하게 빛나는 와라비모치를 한입 맛보았다. 대개 와라비모치는 이미 굳혀 먹기 좋은 크기로 썰어놓은 고사리가루에 주문하면 콩가루만 뿌려 파는데 이 집에는 모양도 삐뚤빼뚤 마음대로 굳어버린 고사리가루에 방금 간 향긋한 콩가루나 흑꿀에 찍어 먹는다. 의지

17 간센도 甘泉堂

대로 젓가락질을 하기도 힘들 만큼 보들 보들한 와라비모치는 입에 넣는 순간 살 살 녹다가 끝끝내 콩가루의 향과 함께 희 미하게 사라져버린다. 한여름 교토의 기 온이 40도 가까이 치솟을 때 맛보면 딱 좋을 디저트이지만, 혹서의 기온 거리에 서 줄을 설 각오를 하고 찾아야 한다. 하 얀 주름을 경계로 천국과 지옥을 경험하 게 되는 집이다.

●●● 절이나 신사가 셀 수 없을 정도로 많은 교토에는 역시 셀 수 없을 만큼 많 은 화과자점이 있다. 라이프스타일이 서 구화되면서 간사이 사람의 입맛도 변하며 옛날에 비하면 교토의 화과자점 수도 많 이 줄었다는 푸념도 들리지만, 그 어느 도 시보다 개성적인 간판 메뉴를 하나쯤 갖 고 있는 화과자점은 아직도 교토에 즐비 하다. 기요미즈데라나 야사카진자, 아라시 야마, 우지 등 이름난 관광지에 경쟁적으 로 지점을 열며 체인 화과자점을 연 곳도 더러 눈에 띄지만 주택가 속에 숨어 혹은 뒷골목에 숨어 교토 토박이들을 대상으 로 현대인의 입맛에 타협 불가 딱지를 내 건 용감한 집도 더러 있다. 그중 한 곳이 기온의 뒷골목에 있는 간센도이다. 120여 년 전에 창업하여 모 나카나 양갱, 생과자 등을 만들고 있는데 가을과 겨울에만 한정 판매하는 밤 양갱과 오색 빛깔 모나카가 스테디셀러다. 형형색 색의 모나카는 속에

네 가지 종류의 소가 들어 있는데 제각각 맛이 다르고, 주문한 후에 소를 넣기 때문 에 향기로운 냄새로 과식을 부른다.
기온 뒷골목에 꼭꼭 숨어 있는 집이라 교 토의 의리 있는 단골손님들이 주로 찾으 나 일본의 잡지에 꾸준히 소개되면서 일 부러 기온의 뒷골목까지 찾아오는 호기심 강한 여행객들도 제법 있다. 그들이 반하 는 것은 장인정신이 빚어낸 명품 과자와 그 과자를 수십 년 동안 반갑게 먹어주는 단골손님들의 의리가 만들어낸 교토 화과 자의 미학이 아닐까.

Day Trip 79

18 오쿠 갤러리&카페 OKU Gallery&Cafe

19 구로마메차안 黒豆茶庵北尾祇園 기타오 기온텐

●●● 계절감 풍부한 세련된 요리로 명성을 쌓아온 교토의 유명 료칸 미야마소美山莊가 프로듀싱하여 오픈 전부터 화제를 모은 오쿠 갤러리&카페. 교토에서 전통은 여러 가지 모습으로 나타난다. 일절 타협하지 않고 오직 하나의 맛 또는 제품을 꿋꿋이 이어나가는 집도 있고, 시대의 흐름을 전통에 반영하여 전통에 창조를 불어넣어 새로운 스타일을 탄생시키는 곳도 있다. 오쿠는 후자에 해당된다.
교토의 전통가옥에 화이트를 주조로 한 인테리어, 벽 한쪽을 통창으로 내고 그 앞에는 하늘이 열려 있는 작은 중정을 만들어놓았다. 전통과 현대, 일본과 세계가 만나는 공간이다. 이런 의식은 오쿠에서 내고 있는 음식에도 고스란히 녹아 있다. 메인 메뉴는 각 시절 음식으로 만든 네 종류의 오반자이와 밥과 된장국이 세트로 딸려 나오는 런치 메뉴, 물론 어느 계절에 찾느냐에 따라 맛볼 수 있는 런치 메뉴는 네 가지로 나뉜다. 시골 마을에서 자란 닭이 낳은 달걀에 최고급 크림을 넣어 만든 농후한 맛의 푸딩과 와라비모치, 쑥 아이스크림, 마카롱 같은 말차 과자가 예쁘게 세팅되어 나오는 가토 세트도 평판이 좋다. 인테리어나 음식만큼 힘을 준 게 하나 더 있으니 식기다. 화이트와 블랙의 심플한 컬러에 모던한 디자인의 식기에 금세 마음을 빼앗겨버리고 만다. 다행히 가게 입구에서 식기를 전시, 판매하므로 마음에 홀린 그릇이나 다기가 있다면 구입할 수 있다. 예술품이라 가격이 만만치 않지만.

●●● 갈 때마다 새로 생기는 가게로 어지러운 도쿄와 달리 교토는 문을 닫고 새로 여는 가게의 속도조차 느린 곳이다. 그래도 조금 그 속도가 빠른 곳이라면 시조가와라마치의 시내와 기요미즈데라 에어리어 정도랄까. 구로마메차안 기타오는 기요미즈데라 에어리어에서 소개한 콩 요리 전문점이었는데 안타깝게도 기요미즈데라점은 문을 닫았다. 구로마메차안 기타오는 교토를 대표하는 콩 요리 전문점으로 나는 검은콩 찻집이라고 부른다. 온통 실패와 후회뿐이었던 첫 교토 여행에서 검은콩밥, 검은콩 낫토튀김, 검은콩 된장국 등으로 교토란 곳의 음식 맛을 처음 맛본 가게라는 인연까지 꺼내지 않아도 소개할 이유는 충분하다.

20 니혼료리 도쿠오 日本料理とくを

교토는 두부가 유명하고, 그 두부 요리의 명성을 받쳐주는 명품 식재료는 콩이다. 교토에서 "그건 단바의 콩으로 만든 거예요"라고 말하면 핏대 세우고 깎으려들던 알뜰한 주부도 조용히 지갑을 연다. 이 찻집에서 사용하는 콩은 일본의 콩 명산지의 농가에서 저장해놓은 씨를 공급 받아 신품종을 개발했다고 한다. 더욱 풍미가 깊어진 콩으로 만든 두부와 낫토, 아이스크림, 콩떡 등을 내놓는 메이드 인 교토의 식당이자 찻집. 기온을 걷다가 출출하거나 잠깐 걸음을 멈추고 쉬고 싶을 때 검은 콩 찻집에서 교토의 고소한 맛으로 여행의 쉼표를 찍으시길.

●●● 멋을 부리지 않은 일본 요리를 맛볼 수 있는 니혼료리 도쿠오. 카운터 석 몇 개와 프라이빗 룸 한 개가 고작인 작은 곳이지만 음식 맛, 술맛은 흠잡을 데가 없다. 단정한 일본 요리를 콘셉트로 한 도쿠오의 요리를 맛보고 싶다면 코스 요리만 한 것도 없다. 코스라고 하여 요리명이 정해져 있는 것은 아니고, 제철 식재료로 만든 데이 스페셜 요리를 내놓는다. 마지막 요리로는 교토 사람들이 아주 좋아하는 별미밥과 채소절임이 어김없이 등장한다. 하얀 쌀밥 위에 잔멸치와 알싸한 맛이 한번 중독되면 헤어나오기 어려운 산초를 듬뿍 뿌려 나온다.

바지런한 주인은 새벽시장에 장을 봐오는 것부터 그 날 그날의 요리 메뉴를 짜고 식재료를 준비하여 요리를 하며 카운터석에 앉은 손님들과 대화도 하는 멀티 플레이어다. 바쁜 주인이 심혈을 기울여 골랐다는 일본주 리스트는 도쿠오의 음식과 아주 잘 맞는데, 잔 술로 마실 수 있어 반갑다. 대표적인 일본 주는 일본 술 마니아들에게는 너무나 유명한 구보타, 추천하고픈 소주로는 '백년의 고독'을 마시는 것 같다는 햐쿠넨의 고토쿠이. 코스 요리 외에 매일 아침 시장에서 들여온 신선한 생선으로 만든 생선회, 구이 요리 등 술맛을 돋우는 40여 가지의 일품요리도 싱싱하다.

21 무라야마 조우스 村山造酢

22 요지야 よーじや 祇園店
기온텐

●●● "교토에는 오래된 노포를 지탱해 주는 가게들이 있지. 된장 가게, 간장 가게, 기름집도 유명하고…. 아, 그렇지, 산조의 식촛집도 한번 가보게." 교토의 음식 장인들이 알려준 곳은 무라야마 조우스라는 식촛집이었다. 270여 년 교토의 요리를 지켜온 식초 공방. 일본의 고서 〈본조식감本朝食鑑〉에는 식초는 긴키, 특히 교토의 후시미가 좋다고 기록되어 있다고 하는데 교토의 요리라는 이름마저 있는 교토의 전통 음식에 식초 역시 빼놓을 수 없는 약방의 감초와도 같은 존재인가 보다. 그런데 역사를 거슬러 올라가니 교토의 식초는 비단에 화려한 무늬를 염색하는 것과도 인연이 깊었다. 염색에 식초를 사용하였는데 식용보다 염색에 사용되는 식초의 양이 훨씬 많아 교토가 기모노로 번성하던 때에는 교토 시내에 식촛집이 수를 헤아리기 어려울 정도였다고 한다.
무라야마 조우스는 사실 가게 이름보다 치도리千鳥라는 상표로 더 유명한데 단골 리스트에는 일본 각지의 요리사들도 많다고 한다. 나도 몇 번 일본의 잡지에서 이 집의 식초를 애장품으로 소개하는 셰프나 푸드 스타일리스트들을 본 기억이 있다. 오래된 식촛집에서 만들어지는 제품이라야 치도리 식초와 섞어 사용하는 간로치도리 식초와 식초 된장이 전부다. 게다가 번듯한 매장도 없어 본사 사무실 작은 창 앞에서 식초를 판매한다. 그러나 쌀로 만들어 수백 년 동안 살아남은 효모가 녹아들어 숙성시킨 이 집의 식초 맛을 보면 식초 한 병에 담긴 역사의 깊이에 감동하게 된다. 교토는 식초마저 역사란 단어를 품고 산다.

●●● 어느 순간부터 교토의 상징 하면 이 숍의 트레이드마크가 떠오르기 시작했다. 거울을 보고 있는 새치름한 표정의 교온나教女성의 일러스트로 가장 교토답다라는 찬사를 듣는 요지야よーじや. 요지야는 여성을 메인 타깃으로 화장품과 소품을 판매하는 뷰티 숍과 레스토랑, 카페까지 오픈하여 성공시킨 멀티숍이다. 1904년 창업한 당시에는 일개 잡화점에 불과했으며 요지라는 브랜드의 칫솔을 개발하여 판매하면서 칫솔집이란 이름의 요지야란 애칭으로 불리게 됐다. 교토에서 탄생해 교토에서 성장한 요지야의 얼굴 마담은 기온점이다. 매장 수가 많지 않았을 때는 한꺼번에 너무 많은 손님들이 찾아 입장객 수를 제한했던 해프닝도 벌어졌었다고 하는데 지금은 교

23 기온노 모리타 祇園のもりた

토 시내에만 십여 개의 매장이 있으며 하네다, 간사이 공항, 나리타 공항에도 입점해 있다.

요즘 요지야 하면 떠오르는 것은 기름종이다. 교토는 가부키의 성지이며 영화 촬영소로도 번성하여 배우들이 사용하는 이색 화장품도 속속 개발됐는데, 그중 하나가 금가루가 들어간 기름종이. 강한 조명 아래 연기를 하다 보면 아리따운 여배우의 얼굴에도 몹쓸 기름이 장악하곤 했는데, 이에 착안하여 만들어낸 기름종이는 시대를 초월하여 요지야를 먹여 살리는 간판 상품이 됐다.

깐깐한 교온들에게 사랑받는 대표 선수는 기름종이 외에 비누와 핸드크림도 있다. 특히 핸드크림은 피부에 촉촉하게 스며들 뿐 아니라 오리엔탈적인 향으로 교온들 사이에서 갖고 싶은 선물 리스트에 꼭 포함될 정도. 기초 스킨케어와 색조 화장품까지 다양한 제품을 아우르는데 요지야 화장품은 피부에 자극이 적은 천연 화장품을 지향한다.

●●● 기념품 숍이나 오래된 노포 카페가 장악하고 있는 기온 거리에서 지나쳐 버리기 쉬운 보석 같은 가게는 기온노 모리타. 교토 토박이들이 축하용 종이봉투나 각종 문구류를 사러 오는 문구점 겸 기념품 가게다. 마이코 상이 가모가와 킨카쿠지 등을 배경으로 서 있는 책갈피 세트나 교토의 사계절 풍경을 담은 그림엽서 혹은 달력, 가부키 배우나 후지산, 풍경 등을 그린 우키요에 코스트, 겐지모노가타리의 명장면을 담은 미니 병풍 등 교토다운 소품들이 제법 많다.

옛날부터 게이코 상이나 마이코 상들의 발길도 잦은 편지와 함께 동봉하면 편지를 받은 사람에게 좋은 향기가 전해지는 문향 文香이 날개 돋친 듯 팔려나갔다고 한다. 그런데 문향의 향은 글로는 표현하기 어려운. 정말 교토적인 향이

다. 그 이야기를 듣고는 품격 있는 문화를 지닌 그녀들을 부러워하면서 문향을 여러 개 구입하고 말았다. '인스턴트나 패스트 푸드 같은 무미건조한 이메일로 사람과의 허기를 때우던 내가 과연 꾹꾹 눌러 쓴 손글씨 편지에 문향을 담아 보내는, 슬로푸드 같은 인연을 지어낼 수 있을까?'라고 반신반의하면서.

교토와 기온노 모리타는 여행자에게 삶의 향기도 한 수 가르쳐준다. 느리게 사는 게 결코 나쁜 것만은 아니라는 진리도.

Day Trip

24 글라스 스튜디오 Glass Studio

25 치리멘 사이쿠칸 기온텐 ちりめん細工館祇園店

26 기레노하나 혼텐 きれのはな本店

●●● 기온의 한 전통가옥을 손봐 2002년 문을 연 글라스 스튜디오는 교토의 전통과는 전혀 무관한 그리스에서 핸드메이드로 만들어지는 글라스 식기 브랜드인 글라스 스튜디오의 상품을 전시, 판매하는 쇼룸이다. 접시나 볼, 트레이, 화병 등 좀처럼 보기 힘든 세련된 디자인의 스타일리시한 식기를 교토에서 만날 수 있다. 감각 있는 주인장의 눈에 합격점을 얻은 테이블웨어는 한국에서는 구경조차 하기 힘든 것들뿐이다.

명품 식기는 교토로 건너오자마자 바로 고수들에게 간택되어 웨스턴 미야코 호텔이나 미야마소, 기온 오쿠무라 등에서 애용되고 있다. 숍 중앙의 메인 테이블에는 계절마다 옷을 갈아입는 테이블 세팅 공간도 마련되어 있어 살림 좀 한다는 소리를 듣는 교토 귀부인들의 발길도 잦다.

●●● 치리멘 사이쿠칸 기온텐은 전통의 도시 교토에서도 전통적인 소품만을 모아놓아 관광객들을 자연스럽게 불러들이는 숍이다. 주머니, 가방, 앙증맞은 일본 인형에 이르기까지 이 집의 모든 상품은 치리멘이라는 천으로 만든다. 치리멘은 오글오글하게 잔주름이 간 비단을 말하는데, 유난히 교토와 오사카, 고베가 있는 간사이 지방에서 오랜 세월 사랑을 받은 원단이다.

알뜰살뜰한 교토의 어머니들은 낡아빠져 더 이상 입을 수 없게 된 기모노 천을 인형이나 집 안을 장식할 작은 소품으로 만들어 다시 생명력을 불어넣었다. 이름 없는 교토 어머니들이 만들었던 그 소품들을 재현하면서 자연스럽게 전통까지 살려낸 숍이 교토에 있다.

●●● 무명씨들의 문화를 교토다운 발상으로 살려내 입에 침이 마르도록 칭찬한 치리멘 사이쿠칸 기온텐의 자매점 기레노하나 혼텐도 눈여겨봐야 한다. 알록달록하다 못해 요란하기까지한 기모노 자투리 천으로 일본의 사계절 풍물이 깜찍하게 태어나는 곳이니 말이다. 이곳에서 판매하는 것은 판매라기보다는 갤러리에 전시된 작품처럼 보이지만 손바닥만한 혹은 더 작은 일본 봉제 인형들이다. 신년이 되면 교토의 전통가옥 대문 앞을 장식하는 소나무 장식은 1월을, 겨울 추위를 뚫고 꽃망울을 터뜨린 매화나무는 2월을, 사람들을 벚꽃향에 취하게 하는 벚꽃은 3월을, 그리고 사가노의 대나무 숲을 꼭 빼닮은 대나무 장식품은 교토의 여름을 상징한다. 일 년 열두 달, 달이 바뀔 때마다 안방이나 거실에 놓는 장식품을 바꿔가며 계절의 맛을 즐기는 교토 사람들의 운치를 축소지향의 일본인답게 재구성해놓다니. 매장을 한 바퀴 둘러보면 교토의 사시사철과 일본 사람들의 풍습이 일목요연하게 정리되어 기억의 상자 속에 저장될 것이다.

Japanese style Tea Party
©tomide

Kyoto Style *1

게이코 상과 마이코 상
그녀들의 이야기

'동양 여성의 신비로움'이라 불리는 게이코와 마이코들의 본거지 교토. 연회에서 샤미센이라는 일본 전통 악기를 연주하거나 춤으로 흥을 돋우는 여성인 게이코. 그녀들이 월드 스타로 부각된 것은 신비로움과 여성미를 풍긴 푸치니의 오페라 '나비부인'과 영화 '게이샤의 추억'을 통해서였다. 사실 게이코들의 본거지인 교토를 여행한다고 해도, 일생의 특별한 경험이라고 치고 거액의 돈을 들여 게이코가 있는 오차야에서 꿈같은 시간을 보낸다 해도 그녀들의 가려진 일상을 쉽게 파악할 수는 없는 노릇이다. 교토의 게이코는 여전히 신비로운 존재로 남아 있기 때문이다. 도움말•교토마이코 모노가타리 www.marikiku.com

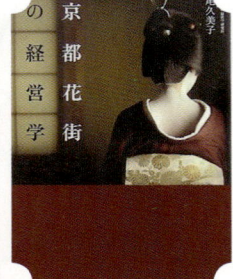

© JNTO, Kyoto Travel Guide

1. 게이코란?

게이코芸子는 무용이나 음악 등으로 연회자리에서 흥을 돋우며 손님을 접대하는 여성을 말한다. 도쿄에서는 게이샤, 교토에서는 게이코 상이라 부른다. 게이코는 사랑은 해도 성은 팔지 않는 존재로 알려져 있으며, 춤과 노래, 악기 연주, 매너와 화장법, 다도, 서예는 기본이며 최근에는 영어 회화 실력까지 겸비해야 한다. 그러나 뭐니 뭐니 해도 중요한 것은 화술과 교양이다. 일본의 전통문화부터 정·재계 핫 이슈까지 두루두루 폭넓은 교양을 쌓아 남성 고객들의 말동무가 되어 마음을 달래주어야 노련한 게이코로 인정을 받을 수 있기 때문이다. 또한 고객이 말한 대화 내용은 누구에게도 발설하지 않아야 하는 특유의 침묵은 역시 게이코가 평생 지켜야 할 숙명이다. 참고로 오이란은 에도시대 유곽에서 가장 높은 신분을 가진 유녀를 가리키는 말로 게이코와는 또 다른 부류라 할 수 있다.

2. 마이코란?

마이코舞妓는 게이코가 되기 위해 수련 중인 소녀들을 말한다. 마이코라는 단어는 교토에서만 사용하고, 도쿄에서는 오샤쿠나 한교쿠라 부른다.

중학교를 졸업하면 마이코로 데뷔하고, 스무 살이 되면 게이코로 데뷔하는 것이 일반적. 마이코를 수련시켜 게이코로 데뷔시키기까지는 몇 년의 시간과 막대한 비용이 필요하다고 한다. 기모노만 해도 한 벌에 수천만 원을 호가하니 한 명의 마이코를 게이코로 데뷔시키기까지 수억 원이 필요하다는 얘기.

하얀 얼굴에 붉은 입술을 칠한 그로테스크한 화장도 마이코만의 트레이드마크. 수련을 한 지 채 일 년이 되지 않은 수련생들은 붉은 립스틱을 아랫입술밖에 칠하지 못하는 룰이 있다. 윗입술에 붉은 립스틱을 칠하게 되면 더욱 신비로운 표정을 지닌 마이코로 거듭나며 이는 혹독한 수련을 견뎌내고 있음을 드러내는 징표다.

3. 게이코가 되기까지의 수련은 혹독하다고 하는데?

오키야라고 부르는 마이코들의 숙소에서 수련생들과 한방에서 생활해야 하며 특유의 헤어스타일이 자리 잡기까지는 몇 년이 걸리는데, 가체의 무게가 만만치 않아 정수리가 벗겨지는 경우가 많다고. 마이코들은 이를 '영광의 상처'라 부르는데, 게이코로 데뷔할 즈음이면 영광의 상처도 사라진다고 한다. 옛날에는 한겨울에 문 밖으로 쫓아내 손가락에 피가 날 때까지 샤미센 연주를 시켰다는 등의 혹독한 일화도 많다.

마이코는 게이코가 되고 나서도 가냘픈 체구에 18킬로그램이나 되는 가체와 너무 무거워 걷기조차 힘든 공포의 기모노를 차려입고 춤을 춰야 하며, 머리가 헝클어지지 않도록 나무 베개만 써야 한다. 본명은 사라지고 게이코로서의 이름만 남으며 신상은 철저하게 비밀에 부쳐진다.

4. 게이코와 마이코, 지금은 몇 명?

게이코 단체인 오키니재단에 따르면 한때 1000여 명에 달했던 게이코의 수는 1950년대 절반으로 줄어든 후 점점 그 수가 줄어들었고, 게이코의 수련생인 마이코는 2004년 기준 58명이라고 한다.

5. 게이코의 고객은?

일본 정·재계의 실력자들. 비용이 만만치 않기 때문에 평균 한 사람당 200만 원이 넘는다 오차야 출입은 일본에서는 출세한 남자들의 상징이기도 하다.

6. 교토가 배출한 유명 게이코는?

메이지 시대 1868~1912년에는 오유키라는 게이코가 미국의 재벌 조지 모건과 결혼하여 모건의 유키라는 별명으로 불렸다고 한다. 또 나츠메 소세키나 다자키 준이치로 등의 문학계 인사와 교류를 하며 '문학 게이코'라는 별명을 가진 게이코도 있었다.

7. 처음 오차야에 들어가기가 매우 어렵다던데?

대부분의 오차야에서는 소개한 이가 없으면 오차야 안에 들어갈 수 없는 '처음 온 손님은 사양합니다 一見さんお断り'라는 독특한 풍습이 있다. 최근에는 고급 료칸이나 호텔에서 소개해주면 방문이 허락되는 곳도 많이 늘어났다고 하나 격식을 따지는 곳에서는 대부분 단칼에 거절한다. 이러한 풍습은 단골손님과의 깊은 신뢰 관계에 기반하고 있음을 상징한다. 또 접대를 받은 당일에는 그 자리에서 절대 돈을 지불하지 않는 독특한 계산 방식을 염두에 둔 것 같다. 계산은 며칠 후 우편으로 이루어지기 때문이다.

손님 역시 다니는 오차야는 한 곳만이라는 암묵적인 룰이 있다. 신용이 생명인 하나마치에서 가게를 바꾸는 것은 가게를 배신하는 의미와 마찬가지라고 여긴다. 단, 오차야가 달라도 마음에 드는 마이코나 게이코를 부를 수 있다.

8. 기모노를 입혀주는 직업도 있다던데?

마이코는 기모노의 색이며 무늬가 매우 화려하며 소매 길이가 길다. 그리고 허리띠인 오비를 길게 늘어뜨리는 것이 특색인데, 이 오비를 묶는 방법은 너무 어려워 혼자 힘으로는 불가능하기 때문에 오토코시男衆라 부르는 기모노를 입혀주는 일을 전문으로 하는 남성의 도움을 받기도 한다. 반면, 게이코의 복장은 대체로 검은색 등의 어두운 색이 자주 눈에 띄며 반소매의 기모노를 입는다.

9. 게이코, 마이코 학교가 있다던데?

야사카 뇨코바 가쿠켄八坂女功場学園은 기온의 마이코, 게이코에게 예의나 춤, 노래 등을 가르치기 위해 1872년에 개교한 전문 학교이다. 춤, 악기, 다도, 샤미센의 네 가지 필수 과목에 조루리에도시대에 샤미센 반주에 의한 이야기와 음곡을 통창한다, 전통 예능극인 노, 꽃꽂이, 서예 등 선택 과목이 개설되어 있다. 학생은 열다섯 살의 마이코부터 여든이 넘은 게이코까지 다양하며 기예를 닦는 수련장으로 명성을 이어오고 있다.

★ 게이샤의 삶을 말하다, 이와사키 미네코

한 게이코의 춤과 노래에 매료된 영국 찰스 왕자는 그녀의 부채에 사인을 해

주었다. 그러나 그게이코는 왕자가 신성한 부채를 더럽혔다며 그가 떠나자마자 부채를 버렸다고 한다. 열다섯 살 때 게이코로 데뷔하여 미야코 오도리의 주역으로 늘 활약했고, 엘리자베스 여왕의 연회에 참석하기도 했으며, 소니의 창업자나 찰스 황태자, 패션 디자이너 구치 등 일본과 세계의 유명 인사를 접대했다. 〈게이샤의 삶〉이란 책을 통해 게이코의 신비로운 베일을 벗긴 실존 인물 이와사키 미네코가 그 주인공이다.

Travel Tip 교토의 오도리

미야코 오도리 都をどり
When 4월 1~30일
Where 기온 코부 가부렌조 祗園甲部歌舞練場

교 오도리 京おどり
When 4월 초순~하순
Where 미야가와초 가부렌조 宮川町歌舞練場

기타노 오도리 北野をどり
When 4월 15~25일
Where 가미시치켄 가부렌조 上七軒歌舞練場

가모가와 오도리 鴨川をどり
When 5월 1~24일
Where 본토초 가부렌조 先斗町歌舞練場
교토의 하나마치에서 상연 횟수가 가장 많음

기온 오도리 祗園をどり
When 11월 1~10일
Where 기온카이칸 祗園会館
유일하게 가을에 열리는 공연

03

계속 머물고
싶어지는 길

철학의 길 에어리어
Detsugakunomichi Area

콧대 높기로 이름난 교토 사람들은 별나다. 자신에게 맞는 속도만 지키면 도로가 정체되어도 신경 쓰지 않으며 경제 분야를 제외하고는 아직도 교토를 일본의 도읍지라 여기는 분위기가 강하다. 수준급 문화가 자부심과 결합되어 더욱 견고해지고, 여기에 자유로운 사고와 행동이 가능한 교토 특유의 애매성이 더해지며 독특한 문화로 넘쳐흐른다. 그래서 세상은 교토를 중심으로 돌아간다는 교토 중화사상이란 표현도 거침없이 사용된다. 그러니 현재 수도에서 살고 있는 도쿄지엥을 탐탁지 않게 여기는 경향도 다분하다.

이런 교토 중화사상에 최근 힘을 실어주는 것 중 하나가 노벨상이다. 노벨상 수상자를 대거 배출한 명문 교토대학과 노벨상 수상에 일조한 빛나는 산책길이 교토에 있다. 집 밖으로 나가 걷기만 하면 그 어디든 훌륭한 산책길이 되는 기묘한 동네에서 가장 유명한 산책로는 난젠지에서 긴카쿠지은각사로 이어지는 철학의 길, 데츠가쿠노미치다. 콧대 높은 교토 사람이든 잠시 들르는 이방인이든 그 길을 걸으면 사색의 달콤함을 맛보게 되는 것은 매한가지다. 여행을 와서 문화유산 관람과 기념사진 촬영에 힘을 빼고 친근감 넘치지만 역시 낯선 길을 걷게 되는 생각지도 못한 재미와 만나게 된다. 그게 바로 교토의 숨은 매력 중 하나가 아닐까 한다.

교토의 학자들을 매료시킨 철학의 길을 걷고, 온통 붉은 헤이안진구 일대를 또 걷고, 난젠지에서 태어난 교토의 명물 두부 요리를 맛보고, 근처에 박혀 있는 감각 만점의 숍과 카페에서 교토의 진짜 매력에 단단히 홀리게 될 것이다. 단언컨대! 사람 냄새 폴폴 나는 교토의 소박한 산책길은 최첨단 유행으로 둘러싸인 도쿄의 화려한 밤보다 백만 배 아름답다!

MAP
BETSUGAKUNOMICHI
哲学の道

🚏 버스 정류장
Ⓗ 게스트하우스
卍 절
⛩ 신사(진자)
ⓘ 관광 안내소

01 데츠가쿠노미치 哲学の道
02 헤이안진구 平安神宮
03 난젠지 南禅寺
04 에이칸도 永観堂
05 시센도 詩仙堂
06 엔코지 圓光寺
07 무린안 無鄰菴
08 교토대학 京都大学
09 게이분샤 이치조지텐 恵文社 一乗寺店
10 호호호자 ホホホ座
11 도안 데츠카쿠노미치텐 陶葊 哲学の道店
12 가제노 야카타 風のヤカタ
13 소혼케 유도후 오쿠탄 난젠지텐 総本家ゆどうふ 奥丹 南禅寺店
14 난젠지 준세이 南禅寺 順正
15 히노데 우동 日の出うどん
16 오멘 긴카쿠지 혼텐 おめん銀閣寺本店
17 효테이 瓢亭
18 로쿠세이 六盛
19 로쿠세이 사테이 六盛茶庭
20 료테이 야치요 料庭八千代
21 교노츠쿠네야 京のつくね家
22 가와미치야 요로 河道屋養老
23 오무라야 하쿠만벤텐 Omuraya Hyakumanbenten
24 요지야 카페 긴카쿠지텐 よ-じやカフェ銀閣寺店
25 모안 茂庵
26 센타로 데츠카쿠노미치텐 仙太郎 哲学の道店
27 교토 나마 쇼콜라 오가닉 티 하우스 Kyoto 生 Chocolat Organic Tea House
28 이치조지 나카타니 一乗寺中谷
29 다케무라 교쿠스이엔 혼포 竹村玉翠園本舗
30 기사라도 きさら堂
31 네코마치 猫町
32 라 부아튀르 LA VOITURE
33 피자리아 나폴리타나 다 유키 Pizzeria Napoletana Da Yuki
34 고스페루 GOSPEL
35 긴카쿠지 칸디텐 銀閣寺キャンデー店
36 치세 ちせ

ACCESS

철학의 길 ★ 교토 역에서 5・17・100번 버스를 타고
긴카쿠지미치金閣寺道 정류장에서 도보 5분, 220엔

헤이안진구 ★ 교토 역에서 5・100번 버스를 타고
교토카이칸 비주츠칸마에 京都会館美術館前
정류장에서 도보 3분, 220엔

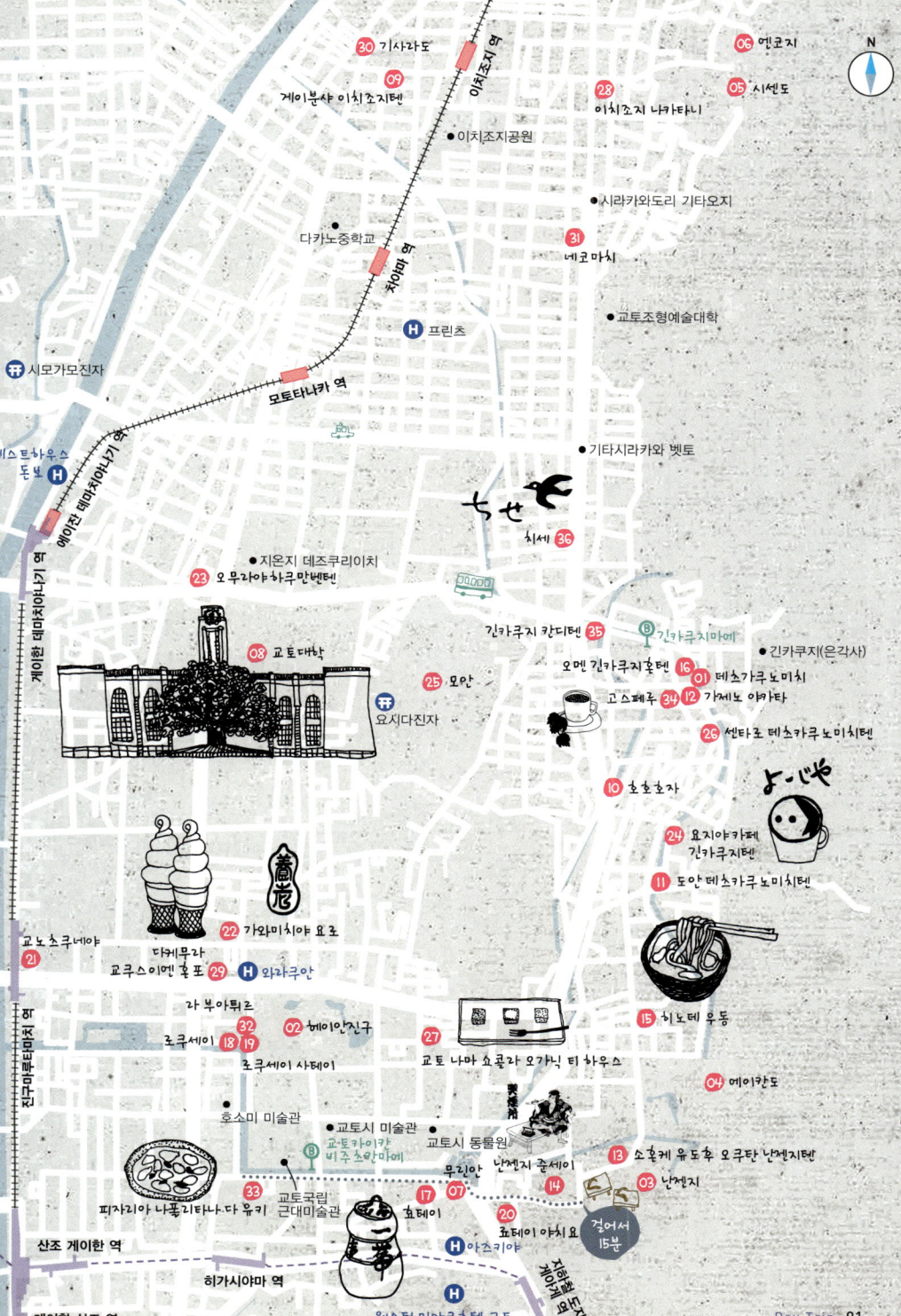

01 데츠가쿠노미치 哲学の道

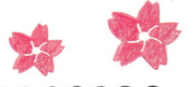

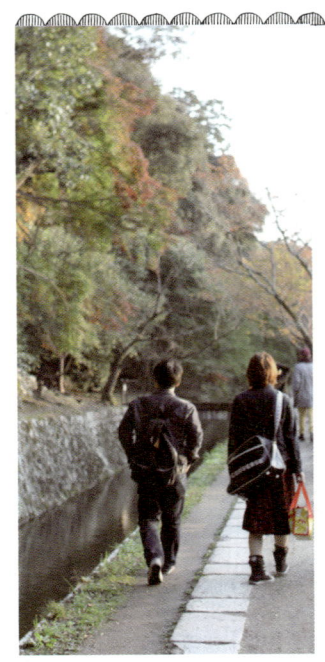

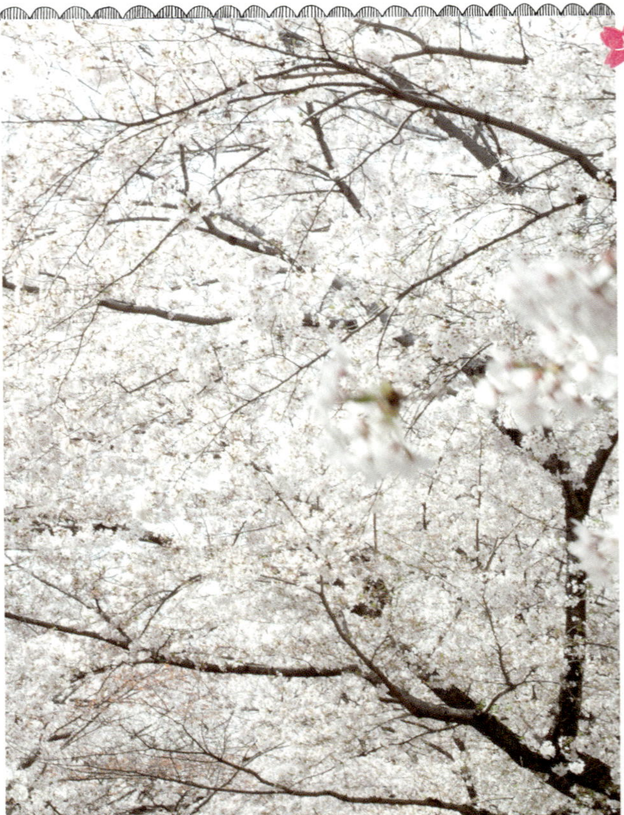

© Hwang Seung Hee

●●● 데츠가쿠노미치. 우리말로는 철학의 길. 다분히 철학적인 이름에, 인생 대충 살고 있어도 여기서만큼은 철학적인 사고를 다짐한 이들에게만 통행이 허락될 것 같은 길…. 맨 처음 교토를 찾아 '그래도 긴카쿠지은각사 먼저!'를 외치며 헛다리 짚은 여행자에게 날아온 행운의 여행지였다. 벚꽃비가 물러간 지 한참 지나 연둣빛 새싹이 봉긋봉긋하게 올라온 나른한 봄 오후였는데, 이 길이 너무 좋아서 별표 다섯 개 그려놓으며 의지를 불태웠던 킨카쿠지금각사와 료안지를 포기하고 해가 질 때까지 정처 없이 걸었던 기억이 있다.

긴카쿠지 참배로 앞에 놓인 다리에서부터 난젠지 근처의 냐쿠오지바시若王子橋까지 약 2킬로미터에 달하는 철학의 길은 주택가 한가운데 비와코 수로를 따라 소란스럽지 않게 놓인 산책로이다. 벚꽃이나 단풍 시즌이 아니면 산책자의 우수도 맛볼 수 있는 산 아래에 놓인 한적하고 평온한 길이다.

구불구불한 수로를 따라 심어진 벚나무 가로수길은 어느 계절에 찾아도 나름대로 운치가 있고 곳곳에 아기자기한 기념품

숍과 카페가 자리해 산책의 고단함을 풀어낼 수 있다. 해가 갈수록 개성적으로 변해가는 상점이나 카페에 한눈을 팔지 않는다면 한 시간 정도면 느긋하게 둘러볼 수 있다.

객관적으로 말해서 철학의 길이 가장 고매하게 빛날 때는 사탕과자처럼 만개한 벚꽃이 피는 봄이다. 어떤 꽃이든 보는 장소와 시간에 따라 가슴에 스며드는 것이 있게 마련인데 철학의 길에 풍성하게 핀 벚꽃은 무수한 사람들 물결 속에서도 꽃구경의 행복을 전해준다. 세상 사람들이 모두 이곳으로 몰려들어도 용서할 수 있을 만큼 매혹적이다. 다만 벚꽃 시즌에는 그야말로 인산인해를 이루니 한 학파를 형성했을 만큼 고매한 인격과 높은 교양을 지닌 철학자일지라도 우수를 느끼며 산책하기가 힘들어진다. 대신 사람 물결에 떠밀릴 때 비로소 깨닫게 되는 군중 속의 고독은 충분히 즐길 수 있을런지도. 5, 6월에는 중간 지점에 놓인 데라노마에바시寺の前橋 주변에 반딧불이가 날아다니고 가을에는 좁은 수로를 따라 떠내려가는 단풍잎도 볼 수 있다.

늦어졌지만 길 이름에 대한 유래를 이야기하지 않고 넘어갈 수가 없다. 철학의 길은 교토대학 교수이자 철학자 니시다 기타로西田幾多郞 1870~1945년가 이곳에서 산책을 즐겼기에 '데츠가쿠노미치'란 아주 평범한 이름이 붙여졌다.

우리나라에도 〈선의 연구〉란 번역서로 잘 알려져 있는 니시다는 교토학파의 창시자이자 일본 최고의 철학자 중 한 사람. 선수행 끝에 불교의 사상적 전통에 기초를 두고 서양의 사상과 근대 과학을 수용, 극복하며 절대무絶對無 철학을 완성했다. 그런데 철학의 길에 반한 사람이 어디 니시다 교수뿐이랴. 1981년 노벨 화학상을 받은 후쿠이 겐이치 교수도 철학의 길 마니아로 알려져 있는데 마니아보다 더한 오타쿠 수준이라고 한다. "아침에 눈을 떴을 때 혹은 산책하면서 드는 생각을 메모하라, 사색하기 좋은 경사가 약간 있는 곳을 걸어라." 노벨상을 수상한 비결에 대한 질문 공세에 담담히 밝힌 두 가지 습관이었다. 후쿠이 교수가 걸으며 생각을 정리한 곳이 철학의 길이었다.

교토대학의 총장도 국내 언론사 인터뷰를 통해 교토에서 유별나게 여러 명의 노벨상 수상자가 배출된 이유에 대해 "교토는 지형적으로 동쪽이 약간 높아 산책하기에 좋은 환경을 지니고 있으며 자유와 여유를 강조하는 교토대학의 연구 풍토와 사회에 대한 공헌을 강조하는 학풍이 노벨상의 비결"이라고 밝히기도 했다. 노벨상과 산책, 그리고 교토의 상관관계는 퍽 흥미롭다. 이러다 철학의 길이 과학의 길로 이름이 바뀌는 건 아닐지 또 쓸데없는 기우가 '불쑥' 엄습한다.

철학의 길에 있지만 대부분의 관광객들은 지나쳐 가는 철학의 길 설명 푯말에는 '1920년대 후반 교토대학교의 교수로 후에 오사카 경제대학교의 초대 학장을 지내게 되는 고쿠쇼 이와오 선생님이 독일의 하이델베르크에 있는 철학자의 길을 본떠서 이렇게 명명했다고 합니다'라고 적혀 있다.

Day Trip 93

02 헤이안진구 平安神宮

●●● 무엇보다 멋진 것은 신사의 정원을 분홍빛으로 수놓은 만개한 벚꽃이다. 이곳의 벚꽃은 교토의 봄을 대표한다고 해도 과언이 아니다. 신사의 정원 입구에 들어서자마자 만발한 벚꽃의 분홍 빛깔이 치에코의 가슴 밑바닥까지 가득 피어나는 듯했다.
'아아, 올해도 이렇게 교토의 봄을 맞이하는구나.'
가와바타 야스나리는 교토를 사랑한 문인 중 한 사람이다. 그가 교토를 무대로 쓴 〈고도〉는 참 위험한 소설이다. 섬세하고 아름다운 글맛에 이끌려 머릿속에서 제멋대로 그려진 영상을 확인하는 명분으로 당장 교토로 달려가고 싶어지니까. 한 편의 소설에 눈이 멀어 이렇게 몇 번씩 교토로 달려온 이도 있지만….
〈고도〉에 등장하는 교토의 명소 중 가와바타 야스나리가 가장 좋아한 벚꽃 나들이 명소는 헤이안진구. 노벨 문학상 수상 작가답게, 게다가 신비적 애수의 아름다움이 담긴 극도의 서정성을 보여주는 작가라는 수식어답게 헤이안진구의 벚꽃이 요염하게 묘사되어 있다.

헤이안진구는 1895년에 교토 천도 1100년을 기념해 세워진 신사이다. 수도를 도쿄에 내준 교토에는 상실감이 도시 전체에 어둡게 드리웠는데 이런 우울한 옛 도읍을 부활시키기 위해 단행한 여러 프로젝트 중 하나로 헤이안진구가 세워졌다.
역사를 거슬러 올라가 794년 나라에서 교토로 도읍을 옮기고 헤이안쿄 平安京라고 명명한 간무 천황은 2년 후 다이고쿠덴 太極殿에서 신년 축하연을 벌였다고 전해지는데 교토 천도 당시의 왕궁을 본떠 세워진 신사가 헤이안진구다. 신사로 향하는 참배로에는 24.2미터 높이의 거대한 붉은 도리이가 위풍당당하게 서 있고, 신사 경내는 붉게 옻칠한 기둥과 초록색 기와가 극명한 색대비를 보이는 다이고쿠덴과 혼덴 本殿 등 인상적인 건물이 들어서 있다.
100년은 역사 축에도 끼지 못할 정도로 오래된 고찰과 신사가 많은 교토에서 역사로 따지면 어린아이에 불과한 신사일지 모르나, 북쪽의 현무 가미가모진자, 동쪽의 청룡 야사카진자, 서쪽의 백호 마츠오타이샤, 남쪽의 주작 조난구와 함께 교토를 수호하는 5대 신사라는 점에서 교토의 상징성을 지닌다.
6만6000평방미터 약 2만 평의 넓은 면적 중 절반은 일본 정원 헤이안진구 신엔 平安神宮神苑이 차지하고 있다. 다이고쿠덴과 혼덴 뒤쪽에 펼쳐져 있는 신엔에는 네 개의 정원이 있고 이 중 귀족들이 뱃놀이를 즐겼다는 큰 연못이 있는 히가시신엔 東神苑은 교토고쇼에서 옮겨온 다이헤이가쿠 泰平閣와 쇼비칸 尚美館도 세워져 있다. 나카신엔 中神苑에는 도요토미 히데요시 때 만든 산조 대교와 고조 대교의 교각으로 만든 징검다리 가류쿄 臥龍橋가 유명한데, 건너는 사람들이 '용의 등에 올라 연못에 비치는 하늘의 구름 사이를 날아다니는 듯한 기분'을 느꼈으면 하는 정원사의 풍류가 담겨 있다.
헤이안진구에는 주목할 만한 볼거리가 하나 더

있다. 5월의 아오이 마츠리, 7월의 기온 마츠리와 함께 교토의 3대 축제 중 하나인 지다이時代 마츠리가 매년 10월에 개최된다. 교토의 3대 축제 중 가장 역사는 짧지만 1000년 동안 도시의 풍속사를 가장 행렬을 통해 보여주는 이색적인 축제다. 특히 학계 전문가와 교토의 의류 장인들이 철저한 고증을 통해 구현한 일본의 천년 복식사를 한 번에 눈요기할 수 있는 절호의 기회다. 가부키의 창시자인 이즈모노 오쿠니, 헤이안시대794~1185년의 여자 무사인 도모에 고젠, 평생을 연애하듯 살았다는 절세미인 오노노 고마치, 일본 최고의 연애소설로 추앙받는〈겐지모노가타리〉의 무라사키 시키부를 위시한 역사적인 여성들부터 봉건전쟁을 종식시킨 오다 노부나가, 임진왜란을 일으킨 도요토미 히데요시의 대역 등이 등장하여 흥미를 불러일으킨다. 예전에는 가부키처럼 남자들만 가장행렬에 참가했다는데 1950년부터 여성들도 축제에 참가할 수 있게 되면서 축제는 더욱 화려하고 감각적으로 변했다.

아직 역사에 있어서는 겸손해야 할 신사이지만 이미 교토의 스폿으로 굳건히 자리매김한 헤이안진구. 운이 좋으면 전통 혼례를 올리는 신랑신부의 모습을 보게 될지도 모른다. 그리고 적선여경을 한 사람에게는 "자세히 보니 정말 여성적이군. 늘어진 가느다란 가지하며 꽃도 아주 부드럽고 풍만하고…. 꽃이라고 하면 이곳의 붉은 벚꽃이 단연 최고이지"라는 가와바타 야스나리의 표현 그대로 아련하게 보랏빛까지 띠고 있는 여덟 겹의 분홍 벚꽃과 조우하게 될지도 모른다. 피었나 싶으면 3일을 넘기지 못한다는 벚꽃의 천국 교토에서, 가와바타 야스나리가 가장 아끼는 교토의 벚꽃 명소에서.

03 난젠지 南禅寺

04 에이칸도 永観堂

●●● 22미터의 2층짜리 호쾌한 산문三門과 고보리 엔슈의 정원, 가노파의 화풍이 남겨진 후스마에장지문에 그린 그림, 붉은 벽돌로 쌓은 수로각. 봄 벚꽃과 가을 단풍 등 볼거리가 풍성한 사찰 난젠지. 임제종 난젠지파의 총본산으로 교토를 대표하는 사원 중 하나다.
마음대로 꼽은 난젠지 제대로 즐기는 법은 '절경이구나, 절경이로세'라는 유행어를 낳은 산문에서 교토 시내 내려다보기. 특히 가슴이 답답한 사람이라면 500엔이나 쥐어주고 현기증을 일으키는 가파른 계단을 올라야 하는 산문에 입장해야 한다. 마지막 계단을 올라서면 가슴을 뻥 뚫리게 하는 바람이 분다. 고쇼에서 옮겨온 국보 호조에서 후스마에 엿보기, 새끼 호랑이가 건너는 정원이라는 애칭을 지닌 호조 정원에서 고보리 엔슈처럼 감상하기도 빼놓을 수 없다.
그리고 하나 더. 단풍이 모두 떨어진 초겨울에 찾기. 마음 설레게 했던 연둣빛 새순이 바람에 나뒹굴고 이리저리 밟히다가 조용히 생을 마감한 난젠지 산책로는 국보급 애수로 젖어든다. 기억세포는 난젠지를 소리로 저장해두었다. 사각사각. 꾹꾹.

●●● 어느 가을, 어느 골목길 담벼락에 붙은 '가을은 에이칸도에서'라는 포스터의 한 줄 카피에 이끌려 에이칸도를 찾았다. 아미타여래상의 얼굴이 왼쪽 뒤를 향하고 있어 '뒤돌아보는 아미타'라고 불리는 사찰이다. 조그만 암자일 거라고 멋대로 상상하고 찾았으나 853년 창건된 역사가 증명하듯 큰 건물이 여러 채나 되고 경내는 넓기만 하다. 산기슭에 건물들이 들어앉아 건물 사이에는 나무로 만든 회랑이 놓여 있는데 산의 지형을 따라 높아졌다 낮아진다. 가류로臥龍廊의 곡선은 가히 압권이다. 산의 기복을 따라 지었기에 꿈틀거리는 용의 몸속을 걷고 있는 듯 묘한 기분을 맛볼 수 있다. 다시 에이칸도의 트레이드마크인 단풍 이야기로 넘어가면, 바로 옆에 긴카쿠지나 난젠지가 있음에도 어찌하여 '에이칸도적 단풍'이라는 과한 칭찬이 나돌 만큼 유독 이곳의 단풍이 더 곱게 물드는지 참 이상한 일이다. 명탐정 셜록 홈즈가 되어 단서 찾기에 나서듯 에이칸도를 거닐었다. 그런데 이 절은 단풍 감상을 위해 의도적으로 지은 것마냥 곳곳에 비밀들이 숨어 있었다.

05 시센도 詩仙堂

우선 아담하니 아름다운 히가시야마東山를 든든한 뒷배경으로 두고 있고 시선보다 훨씬 높은 곳에 다보탑이 있다. 각 건물은 산기슭에 세워졌으며 경내 곳곳은 휴양림인 양 나무들로 빼곡하다. 눈에 보이는 곳곳이 모두 노랗고 빨간 단풍잎 천지였다면 오히려 쉽게 질리고 말았을 텐데 단풍잎을 감싼 무성한 초록군단과 교토의 맑고 푸른 공기가 더해지며 에이칸도의 단풍은 노란 별처럼 반짝반짝 빛난다. 게다가 단풍 시즌에는 주위에 노란 등이 켜지며 몽환적인 분위기를 연출하는 연못까지 있었으니…. 빨간 우산 활짝 펼쳐놓고 빨간 마루에 걸터앉아 차를 맛보는 일본 사람들의 풍류도 모두 단풍 짓이다. 이쯤해서 에이칸도의 단풍 명성에 흠집 내기를 그만두자고 생각하며 가라몬唐門으로 향했다가 절망하고 말았다. 시선과 정확히 수평을 이루는 가라몬의 격자문 사이로 비집고 들어온 붉고 노란 단풍잎은 여봐란 듯 바람에 나부끼며 황홀한 춤사위를 벌이고 있다.
'아! 가을은 역시 에이칸도에서….'

●●● 교토에는 만원버스처럼 사람들로 미어터지는 사찰이 있는가 하면 주요 관광지에서 조금 떨어져 있어 한가로운 여행이 가능한 사찰도 있다. 1986년 당시 영국의 찰스 왕세자와 고 다이애나 비가 방문했다는 시센도도 비교적 사람들이 적은 곳이다.
국어사전에 시선詩仙은 신선의 기풍이 있는 천재적인 시인, 또는 세상일을 잊고 시 짓기에만 몰두하는 사람, 두보를 시성이라 이르는 데 상대하여 이백을 이르는 말이라고 풀이되어 있다. 교토의 시센도에는 중국의 한·진·당·송 시대의 시인 36명의 초상과 그들의 시가 걸려 있는 다다미방이 있다. 초상화는 일본 화단의 거장인 가노 탄유狩野探幽가 그리고 시는 이시카와 조잔이라는 에도시대 문인이 썼기 때문에 더 유명하다. 에도시대 막부의 어용 화가였던 가노의 걸작들은 다이토쿠지, 묘신지, 난젠지 등 교토 곳곳에 걸려 있으니 가노 탄유의 걸작을 찾아 떠나는 여행도 흥미로울 듯하다.
시센도는 다다미방에 앉아 연신 물을 채웠다 비워내며 청명하게 울리는 대나무 물통 소리정식 명창은 소우즈라 한다를 들으면 저절로 시상이 떠오를 만큼 운치 있는 공간이다. 이시카와 조잔이 여생을 보낼 곳으로 지었다는데 정원 역시 그의 손에서 만들어졌다고 한다. 영산백이 피는 5월과 단풍이 아름다운 11월에는 정원을 보러 온 사람들로 인산인해를 이룬다. 붉은 동백꽃이 돌계단 위에서 짧고도 찬란한 꽃 인생을 마감하는 모습을 보며 들어서야 하는 시센도의 늦은 봄도 시 한 수 읊고 싶어지게 한다.

06 엔코지 圓光寺

07 무린안 無鄰菴

●●● 단풍이 곱기로 유명한 교토는 가을이 되면 거리 곳곳에 단풍 포스터가 나붙는다. 가을에 교토를 찾았다면 아마 이 곳의 풍경을 담은 포스터와 마주한 적이 있을 것이다. 엔코지는 11월이면 불타는 단풍놀이를 즐길 수 있는 단풍 명소다. 혼도에서 바라보는 가을 정원과 정원을 차지한 세이류우치라는 큰 연못이 담아낸 엔코지의 가을은 황홀하다. 나무가 우수수 잎들을 털어낼 즈음 찾으면 낙엽 융단을 걷는 행운도 얻을 수 있다.
임제종 난젠지파의 수행도장인 이곳은 우리와 인연이 있었다. 1601년 도쿠가와 이에야스의 명령으로 후시미에서 학교로서 시작된 엔코지는 1667년 지금의 자리로 이전해온다. 에도막부를 연 도쿠카와 이에야스는 우리에게 약탈해 간 문장이나 목판 활자를 이곳에 기부하여 많은 책을 인쇄하도록 시켰다고 한다. 지금도 5만여 개의 목판 활자가 남아 있으며 모두 중요문화재로 지정되었다. 본존인 '천수관음상'이나 에도시대의 화가인 마루야마 오우쿄가 그린 '죽림도 병풍' 등 다수의 일본미술품을 소장한 절로도 유명하다.

●●● 내로라하는 일본 정원들이 가장 밀도 높게 자리한 교토, 수행의 일환으로 없어서는 안 될 존재였던 군더더기 없는 사찰 정원을 필두로 손바닥만한 공간이라도 있으면 차고 대신 정원을 만드는 교토 사람들. 개인 정원 중 가장 근사한 곳이 교토동물원 맞은편, 비와코 수로를 따라 놓인 대지에 펼쳐진 무린안이다.
이웃집이 없는 초가란 뜻을 지닌 무린안은 야마가타 아리토모山縣有朋1838~1922년의 별장이었다. 과거형으로 표현하는 것은 지금은 그의 별장이 아니기 때문. 우선 멋진 정원 찬사에 앞서 별장의 전 주인에 대한 소개부터 해야겠다. 야마가타는 의회 제도 체제 아래 최초의 총리를 역임한 정치가이자 일본 육군을 창설한 군인이다.

근대식 지방 자치제도를 도입하는 등 일본의 근대화를 이끈 인물로, 만년에는 원로 중의 원로로 존경받으며 배후에서 막강한 영향력을 발휘했다. 이토 히로부미와 함께 메이지유신기에 성공한 대표적인 인물이기도 하다.

주로 도쿄에서 활동하던 그는 1894년 돌연 교토에 별장을 짓는다. 2년 후에 완공된 별장은 안채, 차실, 2층의 서양관, 넓은 정원으로 구성됐다.

당대 최고 권력가였던 만큼 근대 일본 정원의 선구자로 알려진 정원사 오가와 지헤이에게 정원을 만들어줄 것을 청했다. 헤이안진구 신엔, 마루야마 공원, 닌나지 정원, 다이토쿠지 정원 등 교토의 이름난 정원들은 모두 그의 손을 거쳐 탄생했다.

당대 최고의 권력가에게 정원을 의뢰받은 당대 최고의 정원사는 히가시야마를 차경으로 끌어들이고 비와코 수로의 물을 끌어들여 만든 치센카이유시키 정원을 선보였다. 무린안의 정원은 메이지시대 1868~1912년 정원 양식을 대표할 뿐만 아니라 근대적인 일본 정원의 효시라고 평가 받는다. 야마가타 사후 1941년 유족들은 무린안을 교토 시에 기증했으며 10년 후에 국가 명승지로 지정되었다.

교토 한복판에 그것도 한쪽으로는 차들이 쌩쌩 속도를 내는 도로를 끼고 있으면서도 이곳의 정원에 들어서면 산속에 온 듯 고요함과 적막감마저 감도니 오가와 지혜이란 정원사는 정말 천재임이 분명하다. 우선 신발을 벗고 안채 다다미방에서 정원을 질릴 만큼 바라본 후 정원을 한 바퀴 둘러본다. 그런 후에 찻값을 지불하고 안채에서 말차를 한잔 마시면 무린안 둘러보기가 고요하게 마무리된다.

그냥 지나치고 싶지만, 무린안과 다소 어울리지 않는 서양관은 역사적인 장소로서도 의미를 가지므로 무거운 발걸음을 옮겼다. 1903년 4월 21일 서양관 2층에서 야마가타, 이토 히로부미, 총리, 외무대신 네 명의 실세가 모여 무린안 회의를 열었다. 총리와 외무대신은 남하정책을 전개하고 있는 러시아에 대해 만주의 권리는 인정하더라도 조선에 대한 일본의 권리는 인정받자고 어필했다. 이것이 어려울 경우 러시아와의 전쟁도 불사하겠다며 야마가타와 이토 히로부미에게 동의를 구했다고 한다. 일본이 러일전쟁을 결의한 무린안 회의가 열린 서양관 2층에는 당시 사용했다는 테이블과 의자가 지금도 그대로 놓여 있다. 이 어두침침하고 은밀한 방에서 역사의 비극이 탄생한 것이다.

08 교토대학 京都大学

●●● 일본 최고의 명문대학은 도쿄대학이다. 교토대학 역시 바늘 구멍만 한 입시지옥을 뚫어야 할 정도로 손꼽히는 명문대학이지만 안타깝게도 지방 국립대학이라는 한계는 부인할 수 없는 사실이다. 예산 규모도 도쿄대학의 60% 수준에 불과하다고 한다. 그런데 교토 사람들은 교토대학을 '교다이京大'라는 약칭으로 부르며 매우 자랑스럽게 생각한다. 그도 그럴 것이 자연과학계열 노벨상 수상자에 있어서는 교토대학이 도쿄대학을 6대2로 크게 앞지르고 있다. 과학기술논문인용색인 현황을 살펴봐도 매년 세계 10위권 내를 유지하며 이미 세계적인 명문대학의 반열에 올라섰다. 홍콩의 한 시사 잡지가 조사한 아시아 대학 랭킹에서도 도쿄대학에 이어 2위를 차지했다. 하드웨어 측면에서 교토대학은 도쿄대학과 함께 양대 명문대학임이 분명하지만 좀 더 면면을 훑어보면 매우 흥미로운 대학이기도 하다.

대학 엠블럼이기도 한 요시다 캠퍼스 시계 앞의 녹나무. '초의욕적 니트'라든가 '사람들이 오른쪽이라면 나는 왼쪽', '우리들이 교토대학생이다. 더 이상의 이성은 없다' 등의 젊은이다운 축제 테마로 늘 흥미를 유발하는 11월의 대학 축제와 대학의 전신이었던 한 고등학교의 초대 교장 동상 앞의 낙서 사건, 지역 뉴스에 매년 보도될 정도로 명문대학으로서의 상식을 깨는 유니크한 졸업식, 돌담 카페 등이 교토대학을 상징하는 단어들이다.

교토대학이 낳은 슈퍼스타들도 많다. 일본 최고 권위의 문학상인 아쿠타가와 상을 최연소 수상하며 미시마 유키오의 재림이라는 평가를 받은 히라노 게이치로, 교토를 무대로 지브리 애니메이션풍 청춘소설 〈밤은 짧아 걸어 아가씨야〉를 쓴 모리미 토미히코, 똑똑한 연예인이 필요한 퀴즈 프로그램에 단골로 출연하는 개그맨 우지하라 후미노리 등이 내가 좋아하는 교다이 졸업생이다.

2005년에 발발한(?) 돌담 카페 이야기를 꺼내지 않고는 넘어갈 수 없다. 대학 측이 돌담을 철거하고 도로를 확장하려 하자 학생들이 반발하며 돌담을 점거, 한 잔에 50엔짜리 커피를 24시간 판매하는 돌담 카페를 열었다. 정치적 주장이나 동아리 활동을 공지하는 간판을 세워두는 목적으로 활용되던 돌담이 허물어지는 것을 용납할 수 없다는 입장에서였다. 사실 교토대학 근처를 지날 때면 돌담에 죽 세워진 대형 간판들을 읽곤 했었다. 돌담 간판에는 젊은 지성인다운 날카로운 시대 비판의 글도, '뭐 저런 동아리도 다 있나?'라는 의문을 들게 한 다양한 동아리 소개로 늘 문전성시였으니까. 결국 돌담 대첩은 학생들이 승리를 거뒀다. 학생 측이 제안한 돌담과 고목을 보존하면서 보행자와 휠체어 사용자를 위한 숲속의 작은 길을 설치하는 것으로 사건은 일단락되었는데 철거일이 참 교토답다. 학생들은 조상신을 저 세상으로 배웅하는 8월 16일 오쿠리비에 맞춰 돌담 점거를 자진 철거했다고 한다.

09 게이분샤 이치조지텐 惠文社 一乘寺店

신좌익 운동권들이 대학의 좌익 교수들이 충분히 혁명적이지 않다고 연구실에 감금해버렸다는 풍문이 떠도는 그 학교. 이렇듯 자유로운 학풍과 괴짜 학생들이 빚어내는 교토대학의 문화는 아주 독특하고 매혹적이라 늦깎이 유학생으로 입학하고 싶어질 정도다. 역사박물관, 도서관, 레스토랑 등 일반인에게 공개하는 시설이 많은 대학이므로 여행길에 들러 대학문화를 체험해보는 건 어떨까.

●●● 교토의 명물 책방을 이제야 소개하게 되었다. 에이덴 전철 이치조지역 근처에 자리한 책방으로 외관부터 호기심을 자극한다. 색을 칠한 나무에 히라가나로 책방 이름이 적혀 있는데 교토는 물론 일본 각지에 이곳의 팬이 있을 정도라고 들었다. 또 책방 하면 책들이 가나다순이나 출판사 이름 순서로 나뉘어 빼곡히 꽂혀 있게 마련인데 이곳의 책들은 좀 다르다. 책방에서 선택한 책들이 주제별로 여유롭게 놓여 있다. 앤티크 가구와 따뜻한 빛을 내뿜는 조명 아래. 수도 헤아릴 수 없을 만큼 많은 책 중에 이곳에 놓일 수 있는 행운을 쥔 책들을 둘러보는 재미가 대단하다. 잠깐 구경하고 갈 심산으로 찾았다가 혹시 놓친 책은 없는지 뱅글뱅글 돌며 몇 시간이고 보내게 되는 곳이다. 책방이긴 하지만 생활잡화나 문구류를 파는 공간이 있어 그곳까지 구경하다 보면 게이분샤라는 책방의 매력에 푹 빠지게 된다. 몇 년에 한 번씩 찾아도 단골이라 우기고 싶어질 정도다.

Day Trip

10 호호호자 ホホホ座

●●● 건물을 뚫고 나오다 끼어버린 것 같은 빨간 자동차. 충격적인 외관의 책방은 교토에서 철학의 길이나 기요미즈데라, 긴카쿠지, 킨카쿠지만큼이나 유명했던 가케쇼보가 호호호자ホホホ座란 이름으로 간판을 바꿔 달고 자리도 옮겼다. 천장에 그려진 그림이나 저울 위에 얹어진 책, 아이언맨 같은 로봇 마스크가 걸려 있는 CCTV 등 책방 곳곳에 유니크한 분위기가 흘러넘친다. 좀처럼 상상할 수 없는 장르의 책들이 뒤섞여 있는데 하나 하나 모두 빛나는 보석 같다. 신간이나 베스트셀러를 중심으로 방대한 책을 소장한 서점은 아니지만 주인의 안목과 취향대로 고른 책들이 놓여 있는 작지만 강한 책방이다. 때문에 다른 서점에서는 좀처럼 눈에 띄지 않지만 이곳에서 반짝반짝 빛나는 책이 있기 마련. 그걸 노리고 찾는 책벌레들이 많다는 후문이다.
비단 책만이 아니라 인디 밴드의 CD나 잡화 등도 판매하니 교토의 서브컬처 발신지이기도 하다. 잡화점이라는 표현이 딱 어울리는 빌리지 뱅 가드의 책 셀렉션과는 느낌이 다르다. 그래서 가케쇼보나 게이분샤를 주인공으로 규모가 작은 동네 책방이 어찌 살아남을 수 있었는지를 분석한 이도 있다. 밖에서 한 번, 안에서 한 번 쇼크 펀치를 맞게 되는 참 신나고 재미있는 책방이다.

11 도안 陶菴 哲学の道店
데츠카쿠노미치텐

●●● 교야키 전문점 도안陶庵은 1914년 창업하여 지금은 3대째 가업을 잇는 교토의 도자기 전문점이다. 도안의 도자기는 야사카노토, 도지 등 교토의 풍물을 담고 있는 교토색 짙은 찻잔이나 화병 등이 많다. 도자기 형태는 심플하고 스타일도 다양하지는 않으나, 벚꽃이나 수선화 등 화려한 꽃무늬를 갖가지 컬러로 표현한 화려함이 특징. 모두 수작업으로 만들기 때문에 가격은 만만치 않지만 교토 여행을 기념할 만한 선물용으로는 이보다 더 좋을 순 없다.

특이하게도 긴카쿠지 지점은 봄과 가을에만 한시적으로 문을 연다. 문을 닫는 여름과 겨울에 찾았다면 니시키 시장점이나 야사카노토 정면에 있는 숍을 찾으면 도안만의 컬러풀한 도자기를 만날 수 있다.

12 가제노 야카타 風のヤカタ

●●● 철학의 길을 처음 거닐어본 후배는 이런 말을 했다. "작은 수로를 따라 난 산책길에 고요한 주택가. 그리고 중간 중간 눈에 띄는 가게들. 이런 대단한 관광지가 가게들로 점령당하지 않았다는 것에 놀랐어요. 우리 같았으면 온통 가게들 천지였을 텐데…. 교토의 알 수 없는 문화 파워를 느꼈어요." 가만 보니 그렇다. 철학의 길에는 유명세에 비하면 가게가 그리 많지 않고 폐점이나 개점의 요란함도 적다. 철학의 길을 산책할 때 만나면 반가운 가게가 있었다. 보기만 해도 마음이 시원해지는 바람개비나 모빌이 매달려 있던 '가제노칸'. 바람의 집은 사라지고 대신 가제노 야카타가 철학의 길에서 산책 중인 여행자들에게 바람의 소리를 눈으로 보여준다. 축소지향의 일본 문화를 고스란히 반영한 소품들은 여전히 바람의 집에 그득하다.

13 소혼케 유도후 오쿠탄 난젠지텐 南総本家ゆどうふ 奥丹 南禅寺店

●●● 라이벌인 준세이와 선의의 경쟁을 펼치며 난젠지의 유도후를 알리는 메신저는 소혼케 유도후 오쿠탄 난젠지텐이다. 정식 이름이 길어서 줄인 애칭으로 부르기를 좋아하는 교토 사람들을 따라 그냥 오쿠탄이라고 불러야겠다.

운이 없어 두 번이나 면전박대를 당한 아픔 절절한 유도후집이다. 바다 건너온 이방인은 오쿠탄의 명성은 익히 알고 있었으나 부지런한 사람들과의 경쟁에 밀려 '두부가 품절되어 오늘은 문을 닫습니다'라는 푯말만 보고 말았으니. 오쿠탄은 매일 일정 분량의 두부만 직접 제조하므로 손님이 많으면 오후 2~3시에도 문을 닫아버린다. 다행히 기요미즈데라 근처에 지점을 열어 맛볼 수 있을 확률이 높아졌지만 그래도 난젠지텐이 더 좋다.

360년 전통이 낳은 요리는 두부 만들기부터 깐깐하다. 교토의 바로 옆 시가 현의 계약 농가에서 무농약으로 재배한 대두를 교토의 맑은 물로 빚은 특제 두부를 사용한다. 유도후는 목면 두부와 푸딩처럼 말캉말캉한 두부의 중간쯤의 질감으로 푸딩 같은 준세이의 두부와는 텍스처가 다르다. 오쿠탄 두부는 치즈 케이크같이 조금 더 단단한 편이고 콩 냄새도 진하지만 속은 부드럽다.

육수는 다시마와 가다랑어포로 우린다. 소스도 특제 간장 국물에 구조네기와 교토 사람들이 즐기는 일곱 가지 향신료를 넣은 시치미를 넣어 데운 두부를 찍어 먹는다. 메뉴는 유도후와 참깨 두부, 튀김, 밥 등으로 구성된 유도후 히토도리뿐이다. 옛날에는 명사찰 난젠지에 들어갔다는 옛날 제조법으로 만든 '무카시 유도후 옛날 유도후'도 판매했다.

'너무 배가 불러 다 먹지도 못하는 두부 요리 한 상을 비싼 돈 주고 먹을 필요가 있느냐'는 의견이 분분하지만 나는 이왕 교토를 찾은 김에 별미로 먹어보자파에 줄을 서련다. 난젠지의 명물 두부 요릿집 앞까지 와서 발길을 돌리는 것은 한국에 여행 온 외국인이 비빔밥을 먹지 않고 가는 것과 매한가지라 생각하므로. 두부라면 자다가도 벌떡 일어나는 사람이 아니라면 한 번으로 족하지만….

Day Trip 103

14 난젠지 준세이 南禅寺 順正

●●● 물이 맑은 교토에는 맛있는 두붓집이 많다. 교토의 맑은 물은 맛있는 두부를 만들 수 있게 했고 교토 사람들은 육수에 두부를 넣고 살짝 익혀 먹는 유도후湯豆腐란 명물 음식을 탄생시켰다. 맛의 9할은 물맛이라 할 정도로 첫째도, 둘째도 좋은 물을 절대 조건으로 하는 유도후이기에 예부터 손꼽히는 지하수로 둘러싸인 교토의 유도후가 높은 명성을 얻을 수 있었다. 관광객들은 일 년 내내 유도후를 외치고 교토 사람들은 뼛속까지 추운 겨울에 유도후를 떠올린다.

교토에서 태어난 유도후. 더 자세한 족보를 찾아가면 유도후 탄생지는 난젠지 일대다. 난젠지는 임제종 사찰로 호국과 황실 번영 등을 기원하며 천황이 세운 일본 최초의 절. 따라서 일본 각지에서 참배객들의 방문이 끊이지 않았다. 그래서 난젠지로 향하는 참배로에는 사찰 음식점이나 찻집이 늘어섰고 사찰 음식의 하나였던 유도후가 특화되어 명성을 얻은 듯하다.

제멋대로 뽑은 유도후 부문 교토 맛집은 난젠지 근처의 준세이와 오쿠탄. 료안지 경내에 있는 세이겐인. 아라시야마의 세

이잔소도이다. 난젠지와 아라시야마 근처에 유도후 맛집들이 치열한 전쟁을 벌이고 있다.

유도후 순례길에 두 번째로 들른 집이 준세이順正. 예약을 하지 않으면 웨이팅 리스트에 이름을 올리고 기다린 후에야 입장이 허락되는 잘나가는 집이다. 전신은 1839년에 세워진 의학교였는데, 다양한 미술가와 문화인이 모이는 살롱 같은 공간이기도 했다. 지금은 음식점 안에 당시 이곳을 아지트로 삼았던 예술가들의 서예와 미술품이 걸려 있다.

국가지정 유형문화재인 준세이 서원에서 파란 하늘이 도드라져 보이는 일본 정원을 바라보며 맛보는 유도후는 신선의 음식이다. 콩은 매년 흉년과 풍년이 심해 계약 농가의 콩만 믿고 있다가는 낭패를 볼 수 있는 작물. 그래서 준세이는 매년 종주 방장이나 사장이 전국을 돌며 질 좋은 콩을 공수한다. 이렇게 전국에서 선발되어 교토로 수송된 콩은 핫토리 두부라는 두부 가게로 보내진다. 두부 장인에게 준세이만의 두부 레시피를 전달하면 두부 장인은 하루에 사용할 분량만큼만 준세이 특제 두부를 만든다.

준세이의 유도후는 목면 두부와 푸딩처럼 말캉말캉한 기누코시 두부의 중간쯤 되는 질감의 두부다. 마치 푸딩 같아 입안에서 살살 녹지만 입에 들어가기 전까지는 절대 부서지지 않는 게 매력. 이 푸딩 두부는 홋카이도산 상질의 다시마로 우려낸 육수에 살짝 담갔다 먹는다. 겨울에는 향긋한 유자를 띄워 두부에 은은하게 유자 향이 밴다. NHK의 실험에 따르면 유도후는 70도의 육수에 익힐 때 가장 맛있다고 한다. 즉, 속은 따끈한 상태, 겉은 뜨거운 정도가 가장 맛있는 온도다.

유도후의 맛을 좌우하는 두 번째 요소인 양념 소스아쿠미라 함는 교토의 명물 채소인 구조네기라는 파에 간장물을 섞은 것이다. 유도후 정식을 주문하면 여덟 덩이 정도의 유도후 외에 참깨 두부, 채소찜, 튀김, 채소절임과 밥, 된장 양념을 바른 두부구이 등으로 한 상 거하게 차려진다.

여기에 칭찬해주고픈 또 하나의 테이블 위의 센스가 있다. 교토의 옛날이야기를 정감 넘치는 손글씨와 일러스트로 그린 나무젓가락 포장지. 갖가지 색깔의 종이에 20여 가지의 교토 이야기를 담은 나무젓가락 포장지는 손님들의 폭발적인 요청으로, 정문 옆 기념품 숍 판매대에도 얼굴을 내밀게 되었고 날개 돋친 듯 팔리며 교토 여행을 자랑할 만한 기념품으로 등극했다.

배불리 유도후를 먹은 후에는 준세이 서원과 음식점을 한 바퀴 산책해야 한다. 신사의 붉은 도리이 모양의 독특한 창과 흡연석임을 알리는 일본 민화, 별실의 화려한 후스마에, 두부 타일을 붙인 화장실 등 곳곳에 교토만의 감각적인 디자인이 숨어 있다.

15 히노데 우동 日の出うどん

●●● 철학의 길로 산책을 나섰다가 가볍지만 맛있게 한 끼를 해결하고 싶으면 냉큼 찾는 히노데 우동. 우리말로 굳이 풀이하면 해돋이 우동집이 되겠다. 해돋이 우동집의 특기는 카레 우동. 강황과 생강, 후추 등등을 블렌딩하여 만드는 카레는 어떤 향신료를 얼마만큼 배합하느냐에 따라 맛이 달라진다. 히노데 우동집의 카레도 이 집만의 비법으로 블렌딩한다. 야마가케 카레 우동에는 다시마, 설탕, 맛술 등으로 만든 특제 맛국물에 달달하게 간이 배도록 조린 유부를 넣어 먹는다. 매콤한 카레와 달달한 유부, 쫄깃함을 버리고 부드러움을 택한 우동 면과 가다랑어 포와 다시마로 우린 진한 국물이 어우러져 그 맛이 가히 중독적이다. 일본 여러 곳에서 카레 우동을 맛보았지만 히노데 우동의 카레 우동에는 알 수 없는 깊이가 느껴진다. 가업을 잇기 위해 회사를 버리고 고향집으로 돌아온 주인 아저씨의 요리혼이 실려서 그런 건 아닐까.

이제 이 우동집은 교토를 넘어 일본에서도 유명해져 긴 행렬이 생기는 스타 맛집이 됐다. 따라서 줄 설 각오는 기본이다.

16 오멘 おめん銀閣寺本店 긴카쿠지 혼텐

●●● 오멘 おめん. 긴카쿠지의 우동집 하면 열에 아홉은 이 집을 얘기할 것이다. 긴카쿠지 못지않게 유명한 맛집인 오멘에서는 나다이 오멘을 맛봐야 한다. 국물에 말아 먹는 우동 면이 아니라 교토의 명물 채소에 깨를 듬뿍 넣고 간장물을 부은 독특한 소스에 우동 면을 담갔다가 혹은 간장물을 부어 후루룩후루룩 먹는 우동이다. 잘게 썬 대파나 데친 배추, 우엉 등의 채소는 씹히는 식감에서 차이가 있는데 보드라운 우동 면과 어우러져 입맛을 돋운다.
맛은 아주 담백하다. 조미료로 범벅인 어딘가의 우동이 생각났는데, 오멘의 담백 우동은 깔끔하고 정돈된 교토의 정취와 어딘지 모르게 닮아 있다. 우동에 곁들이는 채소는 계절색을 드러내는 교토 명물 채소 위주로 만들어져 한 그릇만으로도 교토의 사계절을 체험할 수 있다.

17 효테이 瓢亭

●●● "효테이의 아침 죽을 후루룩 맛보며 소나무를 스치는 바람 소리를 들으면 마음도 상쾌해진다."

만년을 교토에서 보낸 가인歌人 요시이 이사무는 한 요릿집의 아침 죽을 맛보고 죽보다 더 맛깔스러운 와카 한 수를 읊었다. 이 와카는 교토의 다섯 살 꼬맹이도 알고 있을 만큼 유명하다. 오죽하면 교토 관광 검정시험에도 단골로 출제될까. 사실 인지도는 이 와카보다 효테이란 교토 전통 요릿집이 훨씬 높다. 〈뉴타임〉지가 일본 최고의 가이세키 요릿집이라 극찬한 집이다. 400여 년 전 난젠지 근처에서 참배객들을 대상으로 장사를 하던 찻집으로 간판을 내건 이래 지금은 무린안 바로 옆에서 교토 요리의 전통을 꿋꿋하게 지키고 있다. 신기한 것은 효테이의 정문만 바라봐도 이 집에서 쉬어 가고 싶다는 생각이 든다는 사실. 행인의 발걸음이 뜸한 키 낮은 전통가옥 앞에는 늘 들마루 위에 정갈한 방석이 놓여 있어서일 것이다.

교토에서는 너무 당연한 이야기라 언급할 가치도 없다는 제철 식재료를 사용한 교토의 가이세키 요리가 효테이를 대표하는 요리다. 모두 개별실인 본관에서의 음식값은 일인당 점심 23,000엔부터, 저녁 27,000엔부터 시작되고 봄이나 가을이면 유명 게이코 상이 특별 게스트로 등장하는 이색 이벤트를 종종 여니 아무 생각 없이 들렀다가는 지갑이 거덜 날 집이다. 게다가 음식을 담는 도자기나 칠기, 젓가락 등도 모두 박물관에 전시되어야 마땅할 장인들의 값비싼 작품들이다. 그래도 본관보다는 리즈너블한 가격으로 효테이의 음식 삼매경에 빠질 수 있는 별관이 있어 참으로 다행이었다.

본관 바로 옆에 있는 별관은 아침 죽과 도시락만 판매하는데, 워낙 유명하여 교토를 찾은 일본 관광객들의 대기 행렬이 펼쳐지니 꼭 예약을 해야만 한다.

효테이 명물 아침 죽, 아사카유는 1868년부터 메뉴에 이름을 올리기 시작했다고 한다. 옛날 기온에서 밤놀이를 한 사람들이 아침이 되자 난젠지의 한 찻집으로 게이코 상을 데리고 와 간단히 먹을 것을 부탁하였고 그들에게 내놓은 것이 죽이었다. 표주박 모양의 3단짜리 도자기에 나물, 흰살 생선찜 등의 요리와 찻집을 하던 시절부터 명물이었다는 효테이 반숙 달걀이 서빙된다. 메인인 죽은 작은 항아리에 나무 뚜껑을 덮어 교토의 채소절임과 함께 내온다. 다시마와 가다랑어포로 우린 육수에 연한 간장으로 맛을 낸 쌀죽은 담백하고 고소하다. 아침 죽치고는 사치스럽고 포만감이 느껴지는 코스 요리다.

아침형 인간을 거부하고 올빼미 인간으로 지내던 어느 늦가을의 교토에서 가까스로 새벽에 일어나 이름난 아침 죽을 맛본 후 남은 코스는 딱 하나. 맑은 공기로 가득 찬 난젠지 일대 산책하기. 그것도 셰리 언니가 귀띔해준 참배로 뒷골목의 작은 수로를 따라서~

18 로쿠세이 六盛

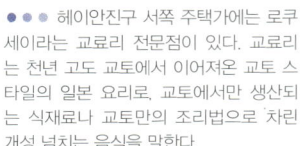

19 로쿠세이 사테이 六盛茶庭

●●● 헤이안진구 서쪽 주택가에는 로쿠세이라는 교료리 전문점이 있다. 교료리는 천년 고도 교토에서 이어져온 교토 스타일의 일본 요리로, 교토에서만 생산되는 식재료나 교토만의 조리법으로 차린 개성 넘치는 음식을 말한다.

로쿠세이는 1899년에 문을 열었으니 100년이 넘은 노포로, 보통 음식값이 1만~3만엔을 호가한다. 여행자에게는 작정하지 않고는 발을 들이기 어려운 집이지만 그나마 3500엔에 다른 교료리 전문점에서는 찾아볼 수 없는 자신만의 요리를 주문할 수 있으니 바로 데오케 벤토이다.

2대 점주인 호리바 씨가 우연히 기온에 있는 데오케 전문점 다루겐たる源을 지나다가 데오케를 보고 음식을 담아보고 싶어졌다고 한다. 데오케는 물을 길어 두거나 나를 때 사용하는 나무통이다. 호리바 씨는 둥근 나무통 속에 대나무 그릇을 한가운데 놓고 무침 요리, 어묵, 완두, 생선구이, 토란, 고사리, 새우 등의 교토 요리를 맛있게 담는 법을 겨우겨우 찾아냈다. 그리고 죽순, 완두콩 등 계절을 느낄 수 있는 식재료로 지은 계절밥, 교토 명물인 채소절임, 된장국을 곁들여 데오케 벤토를 완성했다. 창의성 풍부한 점주에 의해 고안된 데오케 벤토는 교료리의 거품을 살짝 덜어내며 많은 관광객들에게 교토 요리의 진수를 선보인다. 음식값보다 도시락통 가격이 몇 배는 더 비싸니 도시락통에도 눈길을 주시길. 이 집에서 사용하는 데오케는 아이디어의 원천이 된 다루겐에서 주문 제작하는데 인간문화재의 손에서 태어난 또 다른 교토의 명품이다.

데오케 벤토에 이어 현 점주의 손에서 태어난 또 하나의 명물 요리가 있으니 헤이안 시대의 궁중음식을 요즘 입맛에 맞게 변형시킨 창작 헤이안 왕조 요리, 소사쿠 헤이안오초 료리다. 다만 만들기까지 대단히 손이 많이 가는 음식인지라 하루 선착순 12명에게만 제공하고 있어 맛을 보려면 2인 이상, 3일 전까지 예약이라는 조건이 붙는다.

●●● 교토 카페에 열광하는 이유를 곰곰이 생각해보니 집집마다 '확연히 드러나는 개성'이었다. 같은 이름의 간판을 내건 분점. 지점일지라도 카페가 자리한 동네의 분위기를 십분 받아들여 전혀 다른 느낌의 카페로 탄생했다. 교토에서 일본과 서양 문화가 만난 이색 카페라면 로쿠세이 사테이를 꼽겠다. 눈치 빠른 독자라면 벌써 알아챘을 것이다. 그렇다. 로쿠세이 사테이는 교토의 명망 높은 교료리 전문점 로쿠세이가 운영하는 카페다. 굳이 로쿠세이의 후광을 입지 않아도 '교토의 수플레 카페'로 명성이 자자하지만.

수플레를 팔면서 한쪽에서는 다도를 마스터한 스태프가 정공법으로 일본 차를 만들어준다. 겉모습은 유럽의 카페 같으나 안으로 들어서면 작은 다리와 함께 일본식 정원과 신사 건축물의 상징물들을 끌어들였다. 딸기·바나나·초콜릿 수플레 등 10여 가지의 수플레를 입맛대로 골라 먹을 수 있는데 완성하기까지 30분 정도 소요되므로 시간이 넉넉하고 배가 고프지 않을 때 찾아야 낭패를 보지 않는다.

유니크한 카페는 창업 110년의 역사를 지

20 료테이 야치요 料庭八千代

닌 로쿠세이의 선대의 아이디어로 태어났다. 수플레를 맛보고 감격한 할아버지는 수플레 전문 카페를 구상한다. 그러나 품격 높은 교토 사람이다 보니 여기에 교토적인 요소를 가미시켰다. 수플레에 교토의 명물 채소를 가미한 것이었다.

교료리점에서 카페를 열자 재미있는 현상이 벌어졌다. 로쿠세이 사테이를 찾아 만족한 손님들은 로쿠세이로, 로쿠세이의 음식을 맛본 손님은 로쿠세이 사테이로 발걸음을 옮긴다. 일본식과 서양식의 만남으로 이어지고, 다양한 연령대의 손님들이 순환을 시작했다. 바로 선대의 머릿속에서 이미 정밀하게 계획된 프로그램이었다고 한다.

●●● 왕왕 한적하고 좁은 교토의 이름 모를 골목을 걷다 보면 온다 리쿠나 히가시노 게이고의 미스터리 판타지 소설에 묘사되지 않았을까 싶을 만큼 신비로운 기운이 느껴질 때가 있다. 어느날 기묘한 도시 교토에 머물며 괴담 소설을 발표한 스타 작가를 찾아냈다.

국학자이자 작가, 다도 등 다방면에서 활동한 우에다 아키나리 上田秋成 1734~1809년. 괴담 소설집 《우게츠 모노가타리雨月物語》가 그의 불멸의 대표작. 죽음으로 약속과 신의를 지키는 무사의 이야기나 욕망에 흔들리면서도 끝내 이를 물리치는 남자 등의 이야기가 탁월한 구성과 기괴하고 신비로운 분위기 속에서 그려진다. 2007년 요리우미 신문 독자 추천 '에어컨 없이 시원한 여름을 보낼 수 있게 하는 책'에서 이 고전을 당해낼 책은 없다는 평가를 받았고, 1953년 베니스 영화제에서 은사자상을 수상한 동명 영화의 원작이기도 하다. 1776년 발행 당시에는 그다지 주목을 받지 못하다가 사후에야 베스트셀러가 되었다.

오사카에서 태어난 작가는 여생을 교토에서 보냈는데, 난젠지 참배길에 있는 료칸 야치요八千代에는 아직도 그의 흔적이 남아 있다. 스타는 떠났어도 료칸은 변함없이 문을 열고 있고, 바로 옆에 있는 음식점에서는 '우게츠 벤토'라는 교토 스타일의 도시락을 선보인다. 난젠지의 명물 두부 요리, 채소조림과 튀김, 생선회, 밥과 국이 곁들여지는, 교토에서는 흔히 볼 수 있는 교료리이지만 근대 괴담 소설의 작가와 깊은 인연을 맺은 곳이라서 그런지 더욱 특별한 맛이 난다. 교가이세키 벤토 우게츠는 요리에 따라 유키, 하나 등 네 가지 종류로 하루에 30명분씩만 준비하므로 미리 예약해두는 게 좋다. 난젠지에서 시작된 유도후의 원형 그대로를 살린 유도후를 맛볼 수 있는 하나나 토쿠베츠 콘다테도 추천하고 싶다. 교토 가든 레스토랑을 표방하는 만큼 자랑할 만한 정원도 소유하고 있다. 무린안과 헤이안진구 신엔의 정원을 만든 오가와 지헤이 小川治兵衛의 손길이 닿은 정원이 무려 2644평방미터약 800평의 대지에 펼쳐 있다.

21 교노츠쿠네야 京のつくね家

22 가와미치야 河道屋養老
요로

●●● 일본에 들락날락거리며 맛본 덮밥은 8할 이상이 저가의 동네 밥집을 내건 요시*야. *츠야의 패스트 덮밥이었던 터라. 덮밥 이미지는 가격만큼 서민적이었다. 한 끼 간단하게 때우는 음식이었던 덮밥을 만든 이에게 존경을 표하는 음식 대열에 끼워준 곳이 교노츠쿠네야. 의심의 여지가 없는 안전한 사료를 먹이고, 방사해서 키운 닭이 낳은 달걀임이 분명한 신선한 달걀로 오야코돈親子丼을 만들어 파는 덮밥집이다.

오렌지 빛이 감도는 신선한 날달걀 두 개와 부드러운 닭고기, 하얀 쌀밥의 절반을 침투하고 있는 간장 베이스의 소스가 어우러진 오야코돈親子丼은 "한 그릇 더"를 외치고 싶은 메뉴 중 하나다. 밥 한 그릇이 이렇게 감동적일 줄이야. 너무 맛있어서 안 마르면 눈물을 흘릴 뻔했다. 다만 밥 속에 산초가 섞여 있으니 산초를 그다지 즐기지 않는 이에게는 한 소리 들을 수도 있다.

점심에만 선보이는 닭고기튀김 정식, 가라아게 테이쇼쿠는 스태프들이 오야코돈 다음으로 추천하고 싶다는 음식이다. 200그램 정도의 닭다리를 튀기는데 잡냄새도 나지 않으며 보드라운 육질이 일품이다. 이외에 닭다리를 소금만으로 심플하게 구운 시오야키, 자가제 특제 소스로 구운 타레야키는 닭고기를 좋아하는 사람이라면 꼭 거쳐야 할 필수 코스다.

●●● 140년 된 멋진 전통가옥에서 100년 전 문을 연 소바집 가와미치야 요로. 지붕에 장식용으로 얹어놓은 소바 소스를 담던 항아리와 계절의 변화를 느낄 수 있는 정원 등 음식 맛을 상승시키는 여러 가지 요소로 둘러싸인 집이다. 시라가와에 터를 잡고 있던 농가 건물을 그대로 옮겨와 건축해서인지 낡은 집이 주는 알 수 없는 따스함이 전해진다. 잘 가꿔진 정원을 둔 덕에 고급 요정 같은 분위기지만 소바 가격은 1000엔대.

다다미방에서 중정을 바라보며 맛본 덴자루 소바는 코를 훅 스치고 들어오는 소바 향은 없지만 교토의 일반적인 소바집의 소바보다 탄력이 강한 편이고, 소바를 찍어 먹는 맛국물은 약간 진한 편이다. 면에만 집중할 수 있는 자루 소바나 양념 간하여 말린 청어를 국물에 말아 먹는 니신 소바도 있다. 유명한 소바집이지만 냄비에 유바, 닭고기, 새우, 파, 쑥갓 등을 넣고 끓여 먹다가 소바와 기시멘이라는 가는 국수로 마무리하는 요로나베도 명물이다.

23 오무라야 하쿠만벤텐 おむら家百万遍店

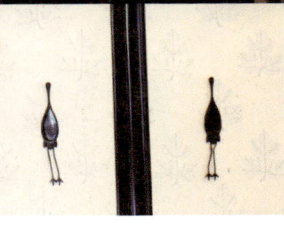

●●● 왁자지껄하게 분위기가 무르익은 밥집 겸 술집에서 대학가 특유의 활기를 느낄 수 있는 오무라야おむら家. 오믈렛 전문점 오무라 하우스에서 운영하는 오반자이 체인점이다. 교토대학 근처에 있는 오무라야 하쿠만벤텐은 교토의 전통가옥을 낭만의 시대로 불리는 1920년대 다이쇼 시대로 리뉴얼하여 친구집에서 밥을 먹는 듯 편안한 분위기를 자아낸다.

역시 대학가의 음식은 '훌륭한 가격대비 만족도'라는 기대를 저버리지 않는다. 세 가지의 오반자이를 고를 수 있는 오반자이 모리아와세부터 교토대생들이 좋아한다는 스키야키. 주문하면 바로 튀겨 나오는 오카라 고로케까지 메뉴가 워낙 많아 무얼 먹을지 고민하게 만든다. 단 근처 대학생들이 저녁밥도 먹을 겸 한잔하러 오는 이자카야 같은 오반자이집이므로, 분위기는 시종일관 왁자지껄하다. 교토의 음식값답지 않게 저렴하면서 볼륨감 있는 요리에 교토에서만 한정 판매되는 맥주를 한잔 곁들이면 현지인들에 파묻힌 이방인도 그들 속에 동화되어 교토 어머니의 맛을 제대로 음미할 수 있다.

근처 지온지에서 플리마켓이 열리는 매달 15일은 그날 딱 하루만 팬서비스 데이로 지정하고 점심에도 문을 연다. 그날은 점심시간대를 피해 찾아도 대기석이 기다리고 있음을 기억해두길. 니조 성 근처에 호리카와 고이케점도 있다.

24 요지야 카페 긴카쿠지텐 よーじやカフェ 銀閣寺店

●●● 철학의 길을 수놓고 있는 많은 카페 중 딱 한 곳만 방문이 허락된다면 한 치의 망설임 없이 택할 요지야 긴카쿠지텐. 여성 고객을 타깃으로 부티 숍과 레스토랑, 카페를 교토 곳곳에 오픈해 새로운 트렌드를 이끌고 있는 요지야의 카페는 전통가옥 안에 있다. 나에게 다다미 언니네란 별칭으로 불리는 이 카페는 도쿄의 OL Office Lady들도 열광한다는 교토 카페의 조용한 카리스마를 온몸으로 느낄 수 있는 공간이다.

넓은 다다미방으로 들어가 방석에 앉아 다리가 방바닥에 붙어 있는 듯한 키 작은 일인용 칠기 소반을 앞에 두고 손님들은 오직 한 곳만을 바라보아야 한다. 통창을 통해 보이는 군더더기 없는 일본 정원만을. 단아함을 엿볼 수 있는 일본 정원을 바라보면서 맛보는 말차 카푸치노 한잔은 교토에서의 고풍스러운 사치다. 카푸치노 위에는 식상한 나뭇잎이나 하트 모양의 장식이 아니라 거울을 보고 있는 교토 여인의 얼굴이 그린 빛으로 얹어 있

25 모안 茂庵

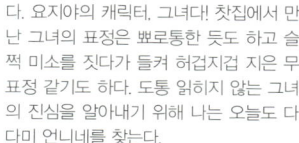

다. 요지야의 캐릭터, 그녀다! 찻집에서 만난 그녀의 표정은 뾰로통한 듯도 하고 슬쩍 미소를 짓다가 들켜 허겁지겁 지은 무표정 같기도 하다. 도통 읽히지 않는 그녀의 진심을 알아내기 위해 나는 오늘도 다다미 언니네를 찾는다.

●●● 빌딩숲 도쿄나 오사카에는 이름난 전망대나 스카이라운지가 수두룩하지만 교토는 한심할 만큼 눈에 띄지 않는다. 50년 후에도, 100년 후에도 빛날 교토를 목표로 하기에 옛 도읍의 운치를 해치지 않도록 건축물 높이를 제한하기 때문이다. 어쨌든 낮음을 지향하는 교토에서 맛있는 교토의 차를 마시며 여행의 여운을 만끽할 수 있는 산속 카페를 찾아내고 쾌재를 불렀다. 느긋하게 시간과 마주할 수 있는 교토의 무수한 카페 중 가장 좋아하는 곳이 큰맘 먹고 찾아야 하는 모안. 교토대학 근처, 요시다 산 정상 부근에 교토 출신 실업가가 세운 다원茶苑 중 100년이 넘은 2층짜리 별장을 개조하여 문을 연 일본 스타일의 카페다.
1층은 다도회 전용 공간, 2층은 카페로 사용되는데 시원스럽게 난 2층 유리창을 통해 내려다보는 교토 시가지의 풍경은 가슴이 펑 뚫릴 정도로 아름답다. 전통 가옥과 고찰이 많아 도시 빛깔이 검은색에 가까운 교토 시내가 하얀 눈을 두껍게 뒤집어 쓴 겨울 풍경은 주인장이 꼽는 명장면이다.

풍경 감상에 더 맛을 돋우는 것은 모안만의 스페셜 메뉴들. 말차는 교토 남쪽에 있는 차 산지 우지의 특제품을 사용해 우리 입맛에도 무난하게 즐길 수 있는 부드러운 맛이다. 추천 메뉴는 말차와 계절 케이크, 그리고 에비스 생맥주. 노을이 지고 있다면 주저 말고 글라스 와인을 주문해야 한다.
도자기나 글라스 제품, 교토 관련 디자인 북 등도 전시, 판매하는데 모안 한정품이 대부분이다. 그러나 모안을 찾을 계획이라면 절대 잊어서는 안 될 한 가지가 있다. 라스트 오더는 오후 5시까지, 6시면 카페 문을 닫는다.

26 센타로 데츠카쿠노미치텐 仙太郎 哲学の道店

●●● "요즘 우리들의 푸드 붐은 센타로 모나카야. 교토에 대해서라면 우리보다 더 잘 아는 경자 상이라면 벌써 먹어봤겠지? 뭐야? 정말? 그 유명한 센타로를 몰라? 단팥 소가 빛이 나는 모나카라고!!!"라며 교토 친구들은 나를 백화점 지하 매장으로 데리고 가 모나카를 사줬다. 그 맛이란 조금 과장을 하면 〈신의 물방울〉처럼 온갖 미사여구를 동원해줘야 예를 표할 맛이었다. 아름다운 화과자보다는 맛있는 화과자를 선보이고 싶다는 화과자 가게에서 장인 정신이 느껴지는 대단한 모나카를 만들어낸다.

팥을 품고 있는 과자는 바삭해도 너무 바삭하다. 뜬금없이 먹을 때마다 에쿠니 가오리의 〈웨하스 의자〉란 소설이 떠오르는 건 왜일까? 콘 아이스크림을 주문해 아이스크림만 먹고 콘을 버렸던 경험이 있는 사람이라면 이 과자 맛에 경이를 표할 것이다. 이 레시피를 들여와 아이스크림 장사를 해도 대박을 칠 수 있을 정도다. 바삭한 모나카 속에 든 팥은 또 어떤가. 교토 친구의 표현 그대로 '팥이 빛난다'. 볼륨감도 엄청나서 네모난 모나카 하나의 무게가 90그램. 교토 인근의 질 좋은 콩 산지에서 나는 팥을 얼음사탕에 졸이면 수분이 줄어들면서 알맞은 농도가 된다고 한다. 반짝반짝 빛나는 이유는 얼음사탕 덕이다.

맛있는 기간은 단지 3일. 빛나는 모나카를 한국의 지인들에게 맛보여 주고 싶었던 나는 손을 대는 순간 온갖 잡동사니를 토해낼 것 같은 트렁크의 공간을 어렵게 확보해서 교토를 떠나기 전날 모나카를 산다. 그리고 가격대비 만족도가 매우 높지만 간사이공항에서는 절대 팔지 않는 아자리모치와 포장에 혹하여 꼭 사고 마는 오구라산소의 과자도 트렁크에 담기는 교토 화과자들이다. 한편 센타로 모나카 하나로는 허기를 채우기 어려우며 색다른 맛을 탐색하는 취미가 있다면 산초가루를 팍팍 뿌려주는 산초떡에 도전해보시길.

고맙게도 모나카집은 철학의 길에도 문을 열었다.

Day Trip 113

27 교토 나마 쇼콜라 오가닉 티 하우스 Kyoto 生 Chocolat Organic Tea House

●●● 교토의 또 다른 이름은 장인들의 마을이다. 야외에 펼쳐놓는 붉은 우산 노다테카사를 만드는 장인, 가부키 극장 미나미자에 걸리는 배우들 이름을 적은 간판만 만드는 장인, 복잡하고 까다로워 혼자서는 무리인 게이코 상에게 기모노를 입혀주는 장인 등 교토에는 무수한 장인들이 산다. 최근에는 유니크한 젊은 장인들도 가세하여 문화 수도 교토를 이끌고 있다. 교토 나마 쇼콜라 오가닉 티 하우스는 젊은 장인의 즐거운 일터이다. 뉴욕 총영사관에서 셰프로 일하던 나카니시 씨는 아티스트인 금발의 여인 셰리 언니와 만나 결혼한 후 핸드메이드 문화가 일본에서 가장 하이 레벨이라는 이유 하나만으로 교토의 낡은 전통가옥을 개조하여 세상에서 하나뿐인 카페를 열었다. 100년이 넘은 낡은 집에는 자그마한 정원이 두 개나 되고 안쪽 정원의 가장자리에는 대나무를 심어 마음으로 흐르는 신선한 바람소리를 끌어들였다.
카페 이름에 솔직하게 드러나 있듯 매일매일 만든 초콜릿과 오가닉 커피를 필살 메뉴로 하며 스위트나 간단한 오가닉 런

치도 메뉴에 이름을 올리고 있다. 갓 만든 초콜릿이 주는 달콤 쌉싸래한 맛이 매우 신선한데 이미 교토의 구어메이들 사이에 조심스럽게 소문이 났다.

매일 한정된 수량만 만드는 초콜릿은 비터, 말차, 스위트 세 가지 맛으로 미리 예약하면 포장도 가능하다.

생초콜릿의 중독적인 맛도 맛이지만 교토 나마 쇼콜라 오가닉 티 하우스라는 긴 이름의 카페를 제집 드나들듯 찾고 틈만 나면 지인들에게 마구 입소문을 내고 다니는 이유는 '특유의 편안함' 때문이다. 다다미방에서 양쪽으로 트인 정원을 바라보며 앉아 있다 보면 마음이 사뿐히 내려앉는 게 느껴진다. 파문을 일으키며 흔들리던 마음의 파장이 점점 잦아들며 어느 순간 사라져버린다. 가모가와에 이어 또 하나의 신비로운 장소에 이끌려버린 것이다.

이런 기묘한 경험은 나만 하게 되는 건 아닌가 보다. 손님 대부분이 한 번 앉았다 하면 일어날 줄 모른다고 하니까. 규슈에서 여행 온 아리따운 한 아가씨는 카페의 편안함에 폭 빠져 다다미방에 누워 코까지 골며 잠까지 잤다고 한다. 그것도 무려 두 시간이나. 배려심 많은 셰리 언니와 다른 손님들은 단잠에 빠진 잠자는 규슈 공주를 위해 조심조심 귓속말을 주고받았다는 일화가 전해진다.

교토 나마 쇼콜라는 교토의 문화 살롱이기도 하다. 매년 6월이 되면 전통가옥에 사는 사람들이 일반인에게 집을 개방하는 라쿠마치라쿠이에(楽町楽家)라는 이벤트를 연다. 이 카페에서도 아주 독특한 행사가 열리는데, 교토의 셀러브리티들에게는 놓칠 수 없는 스페셜 파티라고 들었다. 이름하여 '조선 음악과 프렌치의 만남'. 국악을 좋아하는 부부가 지인인 재일교포를 초청하여 국악 공연을 열고 베테랑 셰프인 나카니시 씨가 간단한 요리를 선보인다.

교토 지인의 소개로 알게 된 셰리 언니의 교토 인맥은 책 한 권을 낼 수 있을 정도로 막강했는데 종종 지인들과 국악 연주나 파티 등을 열며 교류를 하고 있었다. 그런데 우연히 알게 된 한국 친구를 위해 깜짝 국악 파티를 열어주었다. 국적도, 나이도, 하는 일도 각기 다른 사람들이 모여 아름다운 아리랑 가락에 눈물을 훔치고, 서툴지만 일본어와 영어로 도란도란 이야기를 나누며 공감대를 형성하는 특별한 경험. 더욱이 항상 셰리 스타일의 기모노 차림이던 언니가 그날은 하늘색 한복을 입고 맞이했던 감동은 지금도 잊을 수 없다. 표연히 여행을 떠난 사람 앞에 소중한 인연이 표연히 나타났다.

Day Trip 115

28 이치조지 나카타니 一乘寺中谷

29 다케무라 교쿠스이엔 혼포 竹村玉翠園本舗

●●● 시센도 참배길 입구, 교토의 화과자 가게를 배경으로 한 만화〈후쿠야도의 딸들〉의 로케지로 딱이다 싶은 전통가옥 한 채가 홀연히 서 있다. 그 집에는 대를 이어 50년 전통의 화과자를 빚는 남편과 앙증맞고 달콤한 서양 디저트를 굽는 아내가 산다. 이치조지 나카타니는 교토에서도 보기 드문 화과자, 양과자점이다. 그것도 아주 맛있고 예쁜 맛의 보석들이 빛나는.

명물은 데치요캉. 단바산 팥과 고시히카리 쌀을 섞어 대나무 잎으로 싸서 찐 양갱으로, 이 마을에서 에도시대1603~1867년부터 먹어온 족보 있는 화과자다. 하지만 요즘 대세는 화과자와 양과자의 컬래버네이션 아몬드 크림과 흰팥 위에 색색의 콩을 올린 산시키 오마메노 타르트는 갓 구워 따끈하게 먹어도 맛있고 냉장 보관해서 차게 먹어도 맛있다. 두유로 구운 나뭇잎 모양의 과자로 말차와 바닐라 맛 두 가지 중 골라 먹을 수 있는 도뉴 피낭세 등도 조용히 명성을 쌓아온 스테디셀러.

가게 한쪽은 화과자와 양과자, 커피와 말차 등을 마실 수 있는 카페로 운영 중이다.

창밖을 바라보며 차를 홀짝거리며 앉아 있자니 지척에 있는 이치조지 사가리마츠가 떠오른다. 일본의 검객 미야모토 무사시와 숙적인 요시오카가 목숨을 내걸었던 싸움터. 일본 사람들에게 교토의 이치조지란 마을은 미야모토 무사시를 떠올리게 하지만, 이방인에게 아무래도 나카타니로 기억될 듯하다.

●●● 1921년에 창업한 우지차 전문점 다케무라 교쿠스이엔 혼포. 카페는 아니지만 카운터석에 앉아 각종 차를 부담 없이 시음할 수 있다. 과거에는 차, 술, 벌꿀까지 판매했다는데 2대째부터 차 전문점으로 탈바꿈한 뒤 양질의 우지차를 저렴한 가격으로 판매하는 집으로 명성을 쌓았다. 우지의 차 농가와 직접 계약을 터서 중간상을 거치지 않기 때문에 손으로 딴 햇차는 50그램에 3,000엔대. 한국에서는 공수하기 어려운 말차는 40그램에 2,000엔대에 구입할 수 있다. 또 판매 중인 60여 가지의 차 중 입맛에 맞는 차를 찾아낼 수 있는 테이스팅도 가능하다.

녹차를 유난히 좋아하는 교토 사람을 대상으로 단골장사를 하는 차 가게이지만 말차 모나카 덕분에 더욱 이름을 날린다. 가족들이 하루 판매할 만큼만 직접 만든다는 모나카는

30 기사라도 きさら堂

질 좋은 녹차를 넉넉히 넣고, 녹차의 쓴맛을 중화시키는 동시에 맛을 돋우는 팥을 가미해 나이, 성별, 국적 불문하고 인기다. 티 인스트럭터인 맏딸에게 차에 대한 지식이나 정보도 얻을 수 있다. 그녀는 5월에서 6월 중순 교토에 들르게 되면 꼭 햇차를 맛보라고 귀띔했다. 지금까지 맛본 차들이 허접해질 것이라는 무시무시한 경고를 덧붙이면서.

이어지는 그녀의 차 수다에 따르면 좋은 차는 투명한 녹색 빛깔이 감돌며, 보관은 냉장고가 아니라 서늘한 곳에 둘 것. 맛있게 마실 수 있는 기간은 햇차는 딱 두 달. 일반차는 여섯 달이 한계선이며 개봉한 후에는 2주 이내에 마셔야 제맛을 즐길 수 있다.

●●● 오가닉 카페 기사라도는 소박하지만 개성 넘치는 갤러리이기도 하다. 오픈 키친과 복도에 책걸상을 일렬로 내놓은 듯 길쭉한 하얀 벽에 붙어 있는 2인용 나무 테이블이 놓인 공간이 나타난다. 벽이며 장식을 할 수 있는 곳에는 빈틈없이 누군가의 작품이 걸려 있거나 그저 무심하게 놓여 있다. 수다를 떨도록 자리를 빌려주고 간단한 음료 따위를 파는 흔해빠진 카페라기보다는 독서실이나 교실 같은 느낌이랄까.

데마치야나기 역에서 교토의 뒷골목을 구석구석 누비는 전철을 타고 교토 라멘의 신격전지인 이치조지 일대를 산책하다 출출해지면 기사라도에 들러 교노고항을 맛보아야 한다. 자연식 지향파에게 후한 점수를 받을 무농약, 저농약, 제철 식재료를 간간하게 따지는 집이므로, 밥과 국, 메인 요리, 샐러드, 채소절임이 쟁반에 담겨 나오는 교토의 가정식 백반은 먹고 나면 상쾌한 포만감이 든다.

Day Trip

31 네코마치 猫町

32 라 부아튀르 LA VOITURE

●●● 누구나 아킬레스건이 있기 마련이다. 넘치는 역마살과 보기와는 다르게 시차와 음식 적응 기간이 필요 없는 최적화된 여행자 신체를 가졌다는 소리를 듣는 이에게도 치명적인 약점은 있다. '고'라는 소리만 들어도 온몸에 소름이 돋는… 고양이는 나의 아킬레스건이다. 그런데 교토에 고양이가 등장하는 꽤 훌륭한 카페가 있다는 풍문이 들렸다. 교토조형예술대학 근처의 카페 네코마치. '아니 이름이 고양이 마을이라니, 애완견 카페를 카피한 고양이 카페?' 아니면 고양이 소품으로 가득한 카페? 온갖 상상력이 더해지며 첫 방문은 초긴장 상태로 찾았으나 뚜껑을 열어보니 기우에 지나지 않았다.

'사람은 내 이야기를 냉소하며 시인의 병적인 착각이며 말도 안 되는 망상의 환영이라고들 한다. 그렇지만 나는 확실히 고양이만 살고 있는 마을, 고양이가 인간의 모습을 하고 가로에 군집해 있는 마을을 본 것이다'라는 하기와라 사쿠타로의 단편소설 '네코마치'

의 문학 세계를 현실 세계로 이미지한 카페였다. 전통가옥에서 가져온 목재로 만든 카운터, 일본의 앤티크 천이나 괘종시계로 장식한 에스닉한 분위기. JBL 스피커에서는 재즈 선율이 계속 흐른다. 앵앵거리며 비행기처럼 쏘다니던 여행자의 시간이 발밑으로 툭 떨어져 묵직하게 지나는 느낌이다.

그릴 조리법이 활약한 햄버그 스튜나 커리, 오므라이스 따위의 양식 메뉴가 주를 이룬다. 이 집 역시 계약농가에서 공수한 무농약 채소나 지역 생선 가게에서 들여오는 자연산 생선, 일본산 고기를 고집한다.

●●● 소문이 자자한 타르트 카페, 라 부아튀르. '프랑스의 디저트인 타르트가 어찌하여 교토에서 화제가 되는가?'라는 의문을 품고 찾았다. 서빙된 타르트 타탄은 약간 따끈하고, 그 위에는 걸쭉한 요구르트가 끼얹어져 있다. 장시간 설탕과 버터에 조린 사과의 텍스처와 산미, 단맛이 어우러져 행복감을 느끼게 한다.

타르트 타탄을 고안한 이는 의외로 여든이 넘은 노부부였다. 40여 년 전 프랑스 여행길에 한 레스토랑에서 맛본 사과로 구운 과자에 영혼을 빼앗겨 교토에 타르트 타탄 전문점까지 여셨단다. 대단한 열정이다. 한 홀의 타르트 타탄을 만들기 위해서는 열여섯 개에서 열여덟 개의 사과가 필요하다. 그래서 사과 과자란 별명이 생겼을 정도. 라 부아튀르는 일본산 사과에 설탕과 버터를 넣고 네 시간 정도 끈질기게 조린다. 생지에는 설탕을 넣지 않는다는 원칙은 예나 지금이나 고수하고 있는 철칙이다. 설탕을 넣으면 사과가 지닌 자연 단맛이 사라지기 때문. 여기에 모방과 창조의 지혜가 발휘되니 걸쭉한 요구르트와의 협연이다. 노부부는 프랑스 사

33 피자리아 나폴리타나 다 유키
Pizzeria Napoletana Da Yuki

과보다 산미가 적은 일본 사과의 환상적인 짝꿍이 요구르트임을 오랜 연구 끝에 찾아냈다.

하지만 안타까운 일은 타르트 타탄은 한정 수량만 판매한다는 것. 손이 매우 많이 가므로 하루에 두 홀 정도만 만들고 한 테이블에 한 조각 주문을 원칙으로 한다. 혼자 가면 한 조각 몽땅, 둘이 가면 절반씩, 셋이 가면 3분의 1…. 식신에게 라 부아튀르의 타르트 타탄은 한 조각으로는 부족한데 이를 어쩌란 말인가. 찾아낸 묘안은 매일 혼자서 발도장 찍기.

●●● 유키는 일본어로 '용기'라는 뜻이다. 교토 국립근대미술관 맞은편에 있는 '피자리아 나폴리타나 다 유키'는 용기라는 단어를 곱씹어보게 하는 피자집이다. 헤이안진구와 난젠지 등 교토만의 정서로 흘러넘치는 곳에 겁 없이 이탈리아 피자 전문점을 내고 거침없이 인기몰이 중인 다 유키. 따라서 '교토에서 무슨 나폴리 피자?'라며 만만하게 보고 예약 없이 찾았다가 쓰디쓴 두 가지 맛을 먼저 보았다. 문전박대와 후회막심.

피자의 본고장 이탈리아 나폴리에서 피자 수학을 한 이치로, 가마타 씨가 다 유키의 주인장들이다. 피자는 주문이 떨어지면 30센티미터 크기의 얇은 반죽을 만들어 신선한 토핑을 올린 다음 나폴리제 화덕에서 부리나케 구워진다. 그래서인지 겉은 바삭바삭하고 속은 부드러운 피자를 맛볼 수 있다.

요리 고수의 실력은 기본 메뉴에서 판가름 나듯 유키의 피자는 토마토소스에 바질이 듬뿍 올라간 마르게리타나 모차렐라 치즈의 농후한 맛이 제대로 발휘된 마르게리타 D.O.C 등이 맛있다. 피자 생지로 만든 파니니도 호평 받는 메뉴이고 티라미수에도 만만치 않은 내공이 들어 있다. 처음 찾은 날, "여자 혼자 피자 한 판은 많지 않겠어요? 남으면 포장해주시나요?"라며 파워 퍼프 걸을 닮은 스태프 언니에게 요조숙녀처럼 물었던 기억이 있다. 포카혼타스를 닮은 그 요조숙녀는 결국 피자 한 판을 가뿐하게 먹어치웠고 디저트에 커피까지 즐기고 떠났다. 그 후 파워 퍼프 걸 언니는 요조숙녀가 찾을 때마다 반갑게 맞아주었다. "피자 한 판 다 먹은 포카혼타스'를 떠올리며.

교토 대학생들의 주 무대인 대학가도 아니고, 젊은이들이 모여드는 시내도 아닌, 자리 잡기 만만치 않은 곳에 당당히 문을 연 나폴리 피자집. 그 용기에 감탄하고 맛에 빠져 교토에 놀러 온 지인들, 교토 친구들과 자주 찾아 식탐을 충족시켰다. 전혀 교토답지 않아 보이지만, 고집스러운 장인이 사는 교토와 제법 잘 어울리는 다 유키. 교토에 대한 맛의 기억을 고소한 피자 한 판으로 채워준다.

34 고스페루 GOSPEL

35 긴카쿠지 칸디텐
銀閣寺キャンデー店

●●● 고스페루는 담쟁이 넝쿨로 뒤덮인 영국풍의 하얀 건물 2층에 문을 연 우아한 카페다. 삐걱거리는 나무 계단을 올라가면 약간 어두운 조명 아래 창가를 향해 앤티크 테이블과 의자가 적당히 놓여 있고 한쪽 벽면을 차지한 오픈 키친이 눈에 들어온다. 편안한 카페 분위기에 휩쓸려 자리에 앉으면 여행길을 재촉하고 싶어지지 않는 이상한 카페다. 별다방이나 콩다방에서는 흉내 낼 수 없는 독특한 분위기가 흘러넘친다. 일단 근사한 외관과 분위기를 지녔으니 흔하고 흔한 커피 중심의 '평범한 메뉴를 내놓아도 용서해줄까'라는 무른 생각을 해버렸다. 그러나 고스페루는 메뉴마저 감동적이다. 우선 유명 파티시에가 카페의 스위트를 책임진다. 텃밭에서 기른 허브를 우린 티와 수제 케이크를 내고 타르트는 날마다 메인 식재료를 바꾸어 가며 굽는다. 포트로 서빙되는 홍차에 곁들이는 스콘도 수준급이다. 여기에 어지간한 카페에서는 메뉴에 올리기 힘든 카페 칼바도스마저 선보인다. 드링크와 디저트 메뉴의 보기 좋은 균형감각에 투데이스 런치 에비 그라탱, 치킨 카레도 반갑다.
교토 최고의 산책길에서 펼쳐지는 카페 대첩에서 늘 필승 중인 고스페루. 일단 맛을 보면 백기를 들게 된다.

●●● 외국 관광객들은 조우할 기회가 극히 희박하지만 어지간한 교토 가이드북이나 잡지에는 단골로 등장하여 사랑받는 아이스크림 가게가 있다. 아이스케키를 떠올리게 하는 수제 아이스크림 가게 긴카쿠지 칸디텐. 각양각색의 컬러가 몽땅 모여 있는 크레파스처럼 다양한 색깔의 캔디가 이 집의 트레이드마크. 딸기를 넣은 핑크색 아이스 캔디나 키위를 넣은 초록색 아이스 캔디 등 과일을 넣은 아이스 캔디 시리즈는 일찌감치 품절되곤 한다. 불량식품 같은 느낌도 들지만 맛만큼은 달콤 시원한 아이스 캔디는 교토에서 '향수'라는 콘셉트 하나로 로컬 피플과 관광객들 모두의 입맛을 유혹한다. 달달한 맛에 푹 빠져 길거리에서 아이스크림을 핥기에는 좀 민망한. 나이를 잊게 만드는 이 집의 아이스 캔디는 교토에서 찾아낸 매직 푸드다.

36 치세 ちせ

●●● 우리나라에서는 힐링, 일본에서는 자연식 열풍이 현재진행형인 지금, 교토에서도 젊은이들을 중심으로 한 자연주의 먹을거리와 입을거리를 추구하는 슬로 라이프가 점점 뿌리를 내리고 있다. 매달 15일에 열리는 플리마켓 구경에 나섰다가 교토를 본거지로 활동하는 슬로 라이프 예술가들과 친구가 되었다. 그리고 그들의 꿈의 가게인 치세를 방문했다.
내추럴 & 메테리얼을 추구하는 치세는 홋카이도에 살던 원주민인 아이누족의 집을 뜻하는 단어. 그 집에는 수제를 너무 사랑하는 주인이 살고 있고 그 주인은 매일 부지런히 근사한 물건을 만든다. 알맞게 구워진 맛있는 빵, 꽃향을 은은하게 머금은 벌꿀, 과일과 채소의 맛이 꽉 차 있는 잼,

대를 물려 써도 좋을 따뜻한 느낌의 나무 가구들, 주인을 빛내줄 액세서리, 소박하지만 아름다운 도자기들…. 치세라는 조그만 숍에는 생활 속에 슬그머니 녹아들어 매일을 조금씩 특별하게 해줄 값진 보물들이 그득하다. 내가 찾아낸 보석은 공기 맑은 산에서 양봉을 하는 부모를 둔 귀여운 형제와 그 아이들의 눈에 비친 자연이 그려진 그림엽서이다.
2층에서는 손으로 명품을 빚는 작가들의 요란스럽지 않은 전시회가 날마다 열린다.

Kyoto Style #2

매일매일이 축제,
교토만의 세시풍습과 마츠리

혹자는 교토를 문화유산의 무덤으로 뒤덮인 야외 박물관이라고까지 혹평했지만 교토야말로 알면 알수록 묘한 매력에 점점 빠져들게 되는 도시다. 특히나 교토에서는 계절 감각에 무뎌져 있던 온몸의 촉감이 깨어나 다소 당황할 수도 있다. 본격적으로 먹어볼까라고 마음먹으면 금세 자취를 감춰버리는 제철 식재료와 철마다 바뀌는 일본 전통과자 가게의 간판 메뉴들, 무늬만 봐도 지금이 몇 월쯤인지 딱 떠오르게 하는 계절 감각 물씬 풍기는 기모노 차림의 여인들, 과하게 부풀린 게이코 상들의 까만 머리에 계절색을 물씬 풍기며 매달려 있는 헤어 장식, 교토역 관광안내소나 거리 곳곳에 나붙는 계절 한정 볼거리 포스터에 이르기까지 점점 경계가 희미해져가는 봄, 여름, 가을, 겨울에 확실한 선을 긋는다. 덕분에 교토 나들이는 그 밥에 그 나물이기 마련인 메트로폴리탄의 철 모르는 투어보다 훨씬 생생하고 자극적이다. 거의 매일 어딘가에서 반드시 의미 있는 행사가 열리는 교토의 365일을 즐길 차례다.

1 January 하츠모우데의 달

일본의 새해는 양력 1월 1일이다. 미리 준비해놓은 오세치 요리와 오조니라는 떡국을 가족들과 함께 먹고 아이들에게 오토시다마라는 새뱃돈을 주는 풍습이 있다. 그러나 뭐니 뭐니 해도 일본 사람들에게 새해의 상징은 하츠모우데初詣라는 신사 참배다. 일본 열도에 하츠모우데라는 국민적 행사가 대중화된 것은 불과 100여 년 전부터라는 흥미로운 방송을 본 기억이 난다. 도쿄를 중심으로 한 사철私鐵 회사들이 승객 확보를 위해 신문에 전면광고도 내고 전철 안에서 차를 대접하는 서비스를 벌이며 하츠모우데를 대대적인 이벤트 분위기를 몰아갔으며 불황 타개책으로 올림픽의 성공적인 개최보다 더욱 큰 성공을 거두었다. 그도 그럴 것이 이제 일본 사람들에게 새해에 신사를 참배하는 일은 설날 떡국을 먹는 일만큼이나 자연스러운 통과의례로 정착했다. 원래 하츠모우데는 가장들이 조상신이 모셔진 신사를 찾아 섣달그믐 밤부터 새해 첫날 아침까지 머물며 새해를 맞이하는 관습이 이어진 것이라고 한다.

만일 일본에서 새해를 맞이하고 싶다는 욕망이 있다면 그 장소는 당연히 교토여야만 한다. 역사와 전통이 살아 숨 쉬는 살아 있는 박물관에서 새해 첫날 사람들로 복작거리는 대표적인 명소는 기온의 야사카진자. 일본 최고의 상업 번성의 신을 모시고 있는 후시미 이나리타이샤, 천 년 고도의 상징 헤이안진구, 학문의 신을 모신 기타노텐만구 등이다. 특히 후시미 이나리타이샤의 새해 연휴 3일간 참배객 수가 100만 명을 넘는다는 사실은 코흘리개도 알고 있을 만큼 유명하다.

1월 1~3일
오부쿠차 大福茶
로쿠하라미츠지 六波羅蜜寺 075-561-6980
교토에는 섣달그믐 밤부터 새해 첫날에 걸쳐 야사카진자에서 가져온 불씨로 물을 끓여 매실과 다시마, 산초 등을 넣은 복이 담긴 차를 마시는 아름다운 풍습이 있다. 이 차의 이름은 오부쿠차大福茶로 새해에 마시면 악한 기운을 막아준다고 전해지는데, 이 풍습은 로쿠하라미츠지의 오부쿠차에서 시작됐다.

2 February 악귀 퇴치의 달

겨울의 끝자락에서 교토 사람들은 세츠분節分을 맞는다. 이날은 교토 각 신사에 도깨비들이 출몰하고 사람들은 갖가지 방법으로 도깨비 퇴치에 나선다. 헤이안시대794~1185년 궁중에서는 섣달그믐 밤이면 악귀를 쫓아내는 의식이 있는데, 12월에서 1월로 해가 바뀌는 섣달그믐에 도깨비가 나타난다고 믿었던 사람들은 도깨비를 퇴치하고 편안한 마음으로 새해를 맞도록 기원했다. 이러한 풍습은 24절기 중 음력 정월에 해당하는 입춘 전날인 세츠분에 악귀를 쫓는 풍습을 낳았다. 인간의 세 가지 독을 상징하는 세 도깨비가 출몰하는 로잔지, 요시다진자 등에서 이색적인 도깨비 퇴치 풍습을 구경할 수 있다.

2월 23일
고다이리키 손닌노우에五大力尊仁王会
다이고지醍醐寺 075-571-0002

교토의 남동쪽에 자리한 다이고지는 벚꽃으로도 유명한 사찰이다. 매년 2월이면 힘에 자신 있는 사람들이 하얀 떡 위에 붉은 떡이 얹어진 떡판을 들어 올려 누가 오래 들고 있나를 겨루는 시합이 벌어진다. 떡 무게가 남자 150킬로그램, 여자 90킬로그램에 달하니 어지간한 장사가 아니고는 도전하기 쉽지 않은 경기다. 참가자들이나 관객들이나 이 행사를 통해 건강을 기원한다고 하며 천하장사에게는 대형 떡이 부상으로 수여된다.

3 March 히나 마츠리의 달

3월 3일 여자아이들의 축제인 히나 마츠리雛まつり가, 5월 5일에는 남자아이들의 축제인 고이노보리가 열린다. 매년 3월 3일이면 딸아이를 둔 일본 가정에는 히나 인형과 한창 피기 시작하는 복숭아 꽃, 복숭아, 떡이나 화과자를 올려놓은 붉은 단이 장식된다. 기모노를 차려입은 여자아이들이 종이 인형을 강물에 띄워 보내는 모습도 이날 볼 수 있다. 여자아이의 건강과 행복을 기원하는 조금은 소란해 보이는 히나 마츠리의 풍경이다.

히나 마츠리는 일본 전국에서 열리는 행사지만 지역색이 강하다. 교토의 각 신사에서는 다양한 이벤트가 개최되며 밥 위에 양념한 생선을 얹은 바라즈시나 피조개와 새조개를 된장과 식초로 무친 뎃파이, 진주조개라는 뜻의 화과자인 히나 가시를 온 가족이 함께 먹는 풍습이 아직도 이어지고 있다.

그런데 이날 음식을 나누어 먹지 않거나. 축제가 끝났는데도 천황과 황후, 궁녀들의 인형이 놓인 히나 마츠리 장식을 치우지 않으면 딸이 늦게 결혼하거나 결혼을 못한다는 무시무시한 풍설도 전해진다.

3월 마지막 일요일
하네즈 오도리はねず踊り
즈이신인隨心院 075-571-0025

매화 정원 앞에서 꽃보다 아름다운 소녀들이 추는 춤이 하네즈 오도리. 헤이안시대 여류 가인으로 '여자 중에 여자, 미녀 중에 미녀'라는 수식어가 따라다니는 오노노 고마치小野小町의 비련의 러브 스토리를 모티브로 한 춤사위다. 그래서인지 경내에 그득 핀 옅은 붉은 빛깔의 매화에는 아련한 슬픔이 함께 묻어나는 듯하다.

© Kyoto Travel Guide

4 April 벚꽃놀이의 달

일본 문화의 본거지인 교토는 춘사월이면 일본 전국을 들썩이게 하는 '꽃놀이'가 시작된다. 원래 '꽃 하면 매화'였다지만 헤이안시대부터 매화에서 벚꽃으로 꽃놀이 주연이 바뀌었다고 한다. "만일 세상에 벚꽃이 없다면 봄의 마음은 얼마

나 한가롭겠는가"라는 근사한 와카처럼 교토의 봄은 벚꽃 전선을 따라다니는 것만으로도 바쁘고 벅차다.

카메라 세례로 녹초가 되는 마루야마 공원의 우뚝 벚꽃. 가와바타 야스나리의 사랑을 한 몸에 받은 헤이안진구 신엔의 수줍은 벚꽃. 헤이안시대부터 꽃놀이 명소의 자리를 지키는 히라노진자의 고매한 벚꽃. 강물로 벚꽃비가 흘러가는 가모가와의 가로수 벚꽃. 부립식물원의 라이트 업 벚꽃. 닌나지의 땅꼬마 벚꽃. 벚꽃 반에 사람 반이라는 표현인 딱 들어맞는 철학의 길의 사람물결 벚꽃. 한 량짜리 꼬마전철을 타고 아라시야마로 향하다 보면 수백 그루의 벚꽃들이 만들어내는 터널 벚꽃에 이르기까지. 그러나 '교토의 벚꽃은 사흘을 넘기지 못한다'는 말이 있으니 봄이면 벚꽃만을 노려도 시간은 후다닥 지나간다.

4월 10일
오카사이桜花祭
히라노진자平野神社 075-461-4450

벚꽃 명소인 히라노진자는 985년 4월 10일 당시 천황이 직접 신사에 벚꽃을 심었다고 한다. 그 후 봄이 되면 천황이 타는 가마를 비롯하여 화려한 귀족 의상을 입은 행렬이 등장하는 축제가 열린다. 어찌된 일인지 히라노진자의 벚꽃은 은은한 달빛이 비추는 밤에 더 아름답게 빛나 밤 벚꽃 나들이에 나선 낭만객들로 북적댄다.

4월 21일~29일
미부다이넨부츠 교겐壬生大念仏狂言
미부데라壬生寺 075-841-3381

지금으로부터 700여 년 전인 가마쿠라 시대. 미부데라에서는 불교를 알기 쉽게 전파하기 위해 무언극을 시작했다. 피리와 북 장단에 맞춰 몸짓과 손짓만으로 권선징악과 인과응보를 표현한 교겐은 서민 오락으로서도 훌륭한 역할을 담당해왔으며, 지역 유지들의 지원으로 수백 년이 지난 지금까지도 전통이 계속되고

있고 국가의 유형문화재로 지정되었다. 여기에 한 가지 빅 이벤트가 시선을 끄는데 액막이로 가내안정 등의 기원이 적힌 접시 모양의 둥근 도자기 1000여 장을 무대에서 떨어뜨려 산산조각 내는 장면이다. 매년 8톤의 흙으로 만든 도자기가 액막이로 사용된다고.

5 May 아오이 마츠리의 달

교토를 포위했던 벚꽃 물결이 종적을 감추면 곧바로 연둣빛 신록이 점령해 간다. 유난히 산과 나무가 많은 교토의 5월은 날마다 쑥쑥 커가는 신록 덕분에 통통한 아이 볼처럼 부풀어 오르기 시작한다. 온통 푸른 교토의 5월을 붉고 하얗고 파랗고 빨간색으로 물들이는 화려한 축제가 열리니 아오이 마츠리다. 아오이는 일본어로 접시꽃. 접시꽃을 장식한 500여 명의 사람들이 헤이안시대의 복장을 하고 교토고쇼를 출발하여 시모가모진자를 거쳐 가미가모진자로 이동해 가는 모습이 장관이다. 6세기경 오곡풍년을 기원하며 말에 방울을 달아 달리게 한 의식이 축제의 시작이라고 한다. 헤이안 시대에 마츠리 하면 아오이 마츠리를 꼽았을 정도로 대단한 파워를 지니고 있었지만, 그 후 기온 마츠리와 지다이 마츠리가 시작되며 교토 3대 마츠리의 하나로 전락하고 말았다. 재미있는 것은 아오이 마츠리의 히로인은 교토 한정 벼락 스타가 된다. 올해는 어디에 사는 누가 히로인으로 선정되었다며 지역 뉴스로 자세히 방송할 만큼 교토 사람들에게는 미스코리아와 같은 존재다. 단 교토에 거주하는 미혼 여성에게만 자격이 주어진다.

6 June 우중지화, 꽃나들이 가는 달

교토는 비와도 잘 어울리는 동네다. 고찰들은 빗물에 젖어들어 더욱 짙고 깊은 색을 피어내고, 신사의 도리이나 건물들은 더욱 붉은빛으로 선명함을 드러낸다. 센스쟁이 교토의 여인들은 화려한 벚꽃이 그려진 기모노를 던져버리고 여름과 어울리는 꽃이나 문양이 들어간 기모노로 갈아입는다. 교토의 장마는 교토 여행을 불편하게 만드는 존재가 아니라, 다른 눈으로 교토의 매력을 발견하게 하는 고마운 존재다. 그래서 교토의 장마는 신선하고 따뜻하다.

우중 산책을 감행하게 하는 수국도 교토의 6월을 책임지는 홍보대사다. 장마 때 피기 시작하여 장마와 함께 이별을 고하는 수국들의 향연. 오하라의 산젠인, 마츠오다이샤, 우지의 미무로토지의 수국이 아름답다.

그런데 교토 사람들은 6월을 물이 없어 가문 달을 뜻하는 미나즈키水無月라 부른다. 한술 더 떠서 6월 30일에는 삼각형 모양의 쌀가루 위에 설탕 등을 넣고 찐 것—마치 얼음처럼 보인다—에 통팥을 얹은 화과자를 즐겨 먹는다. 정말 그럴까 싶어 속뜻을 찾아보니 '장마로 하늘의 물이 없어지는 달'이라는 의미이고, 팥은 역병과 악귀를 퇴치하는 주술적인 의미를 지녀 팥으로 만든 미나즈키라는 화과자를 만들어 먹었다고 한다. 옛날 궁중이나 권세가들은 얼음을 입에 넣고 더위를 떨쳐버리는 의식을 행했다는데 값비싼 얼음을 손에 넣을 길 없었던 서민들은 묘책을 고안했다. 얼음을 대신하여 얼음 모양으로 만든 미나즈키를 만들어낸 것이다. 교토에서 6월에 먹는 미나즈키는 얼음보다 시원한 것 같기도 하고, 한편으로는 짠하기도 하다. 장마를 멋지게 즐기는 교토 사람들과 내 생애 가장 특별한 6월을 스케치해보면 어떨까. 우중 산책 후에 가짜 얼음과자를 맛보면서.

6월 30일
나고시노하라에夏越祓
시내 각 신사

한 해의 절반. 1월부터 6월 말까지 지은 죄를 씻고 남은 반 년 동안 무병을 기원하는 의식이 교토 시내 각 신사에서 치러진다. 풀로 장식한 크고 둥근 원을 빠져나가는 액막이로 나라시대710~794년부터 이어온 전통 있는 행사다. 옛날 일본의 한 신神이 여행길에 소민 쇼라이라는 가난한 남자에게 하룻밤 재워줄 것을 청했는데 가난했지만 마음이 따뜻했던 쇼라이는 신을 정성껏 대접했다. 이에 감동한 신은 역병에 걸리지 않을 것이라며 풀로 엮은 둥근 장식을 문에 걸어두라고 했다는 전설에서 유래했다. 한편 교토 사람들은 각 신사에서 액막이를 끝낸 후 화과자인 미나즈키를 먹으며 6월을 보낸다.

©Kyoto Travel Guide

7 July 기온 마츠리의 달

마츠리는 신에게 제사를 지내는 축제로 천신에게 제사를 지낸 후 신령을 모신 가마와 수레를 들고 마을 곳곳을 돌면서 행진을 한다. 장마가 끝나면 역병이 창궐했기에 야사카진자의 신에게 건강을 빌기 시작했는데 그 의식은 지금까지 고스란히 이어진다.

한 달 내내 교토 구석구석까지 파고들어 이제는 교토 사람들 모두 즐기는 생활 축제이자 교토를 대표하는 관광 아이콘이 된 기온 마츠리. 그래도 백미는 17일에 열리는 야마 호코 순행이다. '움직이는 미술관'이라고도 불리는 화려하게 장식된 신이 타는 가마 서른두 채가 시조 가라스마와 시조 가와라마치, 가와라마치 오이케, 오이케 신마치 등 교토 중심가를 순례하는데, 고요한 듯했던 교토 사람들의 활력을 그대로 감지할 수 있다.

그리고 후끈 달아오르는 분지의 여름을 조금이나마 시원하게 해주는 청량음료

같은 존재가 하나 더 있다. 가모가 강가를 향해 여름철에만 반짝 선을 보이는 가와유카川床. 해 질 녘에야 겨우 시원한 바람을 내어주는 가모가와의 일본풍의 전등이 켜진 들마루에 앉아 교료리를 맛보는 교토 사람들의 여름 풍경은 너무 더워서 숨 쉬기도 버거운 교토의 여름을 흔쾌히 용서할 수 있는 적당한 핑곗거리다. 부채와 팥빙수, 유가타가 어울리는 교토에서 맞이하는 여름 풍물시는 너무 다양하고 무수하다.

7월 1일~31일
기온 마츠리祇園祭
야사카진자八坂神社 075-561-6155
17일 신코사이를 지낸 후 신사를 빠져나간 신들이 다시 신사로 돌아오는 24일까지 일주일간 누구와도 대화를 하지 않고 무언으로 제신이 순행할 때 임시 거처로 참배를 가면 소원이 이루어진다고 한다.

8 August 오쿠리비의 달

강이나 바닷가가 보이는 곳에서 여름 밤하늘을 수놓은 폭죽을 보면서 일본인들은 더위를 잠시 잊는다. 그런데 교토 시내에서는 불꽃놀이가 자체가 열리지 않는다. 귀족들의 별장지였던 우지에서 소박한 불꽃놀이가 열릴 뿐이다. 대신 불꽃놀이보다 더욱 몽환적이며 인상적인 불 관련 행사가 이방인의 마음을 불타오르게 한다. 교토를 둘러싼 다섯 개의 산에서 펼쳐지는 고잔 오쿠리비五山の送り火. 기온 마츠리가 교토의 여름을 알리는 축제라면 오쿠리비는 교토의 지리한 여름이 가고 있음을 알리는 신호탄이다.
오쿠리비는 음력 7월 15일에 조상의 영을 기리는 일본의 명절인 오봉お盆에 이 세상을 찾은 선조들의 영령을 저세상으로 보내는 의식으로, 불교 행사였던 우라본이 일본의 신도와 결합하여 탄생한 것으로 추측된다. 8월 16일 오후 8시 히가시야마의 긴카쿠지 뒷산에 대大 자부터 시작하여 8시 10분에는 묘妙와 법法 자가, 5분 후인 8시 15분에는 선형船形과 다이키다야마에서 대大 자, 8시 20분에는 조

거형鳥居形 자가 점화된다. 약 1시간에 걸쳐 교토를 감싼 다섯 개의 산에 의미심장한 불꽃이 피었다 사라진다. 안타까운 점은 교토 북부의 후나오카 산에서만 조거형 자를 뺀 네 곳의 문자를 조망할 수 있다는 것. 다섯 개 산에서 붉게 피어오르는 글자는 절대 한 번에 볼 수 없다는 이야기다. 그래서 교토 사람들은 오쿠리비가 열리기 전에 올해는 어느 명당에서 어떤 글자를 볼지 미리 정하고 그곳을 찾는다. 다카노가와 제방에서는 묘와 법자, 가미가모진자의 서쪽 제방에서는 선형. 킨카쿠지 주변에서는 8시 15분에 점화되는 대 자, 세료지에서는 조거형 자가 잘 보인다.
고매한 교토 사람들은 대문자大文字도 마신다. 술잔에 불타오르는 대 자를 담아 마시면 중풍에 걸리지 않는다는 오랜 미신 때문이다. 미신이든 아니든 교토 사람들은 모두 한여름 밤을 가장 우아하게 보낼 수 있는 묘책을 찾아내어 즐겼던 풍류가들이었음이 틀림없다.

8월 11일~16일
노료 후루홍 마츠리納凉古本まつり
시모가모진자 내 다다스노모리糺の森
시모가모진자에는 다다스노모리라는 원시림이 있다. 매년 여름 나무 그늘 아래에는 귀중한 옛 책들의 좌판이 펼쳐진다. 오쿠리비와 함께 교토의 여름을 사랑하게 만드는 고서 축제가 열리는 것이다. 희소 가치가 있는 잡지나 만화, 미술서 등의 고서 80만여 권이 전국에서 몰려들고, 한 권의 고서를 손에 넣기 위해 일본에서도 가장 덥기로 소문난 교토까지 고서적 마니아들도 벌떼처럼 몰려든다.
모처럼 다다스노모리를 찾았다면 근처 찻집에서 미타라시 단고みたらし団子를 맛보아야 한다. 하얀 찹쌀떡을 꼬치에 다섯 개 정도 꿰서 살짝 구운 다음 간장을 넣은 시럽을 끼얹어 먹는데 가모미타라시차야加茂みたらし茶屋를 추천한다.

9 September 달 보는 달

헤이안 귀족들은 은빛으로 세상을 감싸는 금빛 달을 보며 마음의 거울을 아름답게 닦았다고 한다. 초가을 교토의 주인공은 누가 뭐래도 달님이다. 음력 8월 15일 밤하늘을 꽉 채우는 보름달은 교토 사람들에게 '중추의 명월'이란 근사한 이름을 선물 받았다. 달 풍경이 끝내주는 교토의 절에는 가을의 달을 감상하려는 사람들로 분주해진다. 다이가쿠지에서는 연못에 배를 띄워 달을 감상하고, 시모가모진자에서는 아악을 들으며 달을 감상하며. 기타노텐만구에서는 보름달이 다 차오를 때쯤 수확하는 토란을 넣은 음식을 공양하는 행사가 열린다.
세계에서 가장 근사하게 365일을 보내는 교토 사람들은 9월 9일이면 달맞이 후에 금빛 국화주를 마시며 불로장생을 꿈꾼다.

9월 넷째 주 월요일
구시마츠리櫛祭
야스이 콘피라구安井金比羅宮 075-561-5127
악연을 끊어주는 신사에서 초가을에 열리는 유니크한 행사. 오래 사용한 빗에 감사의 마음을 담아 공양하는 축제로 각 시대별 특징적인 의상을 입고 헤어스타일로 변신한 마이코 상 등의 여성들이 벌이는 화려한 행렬로 기온 일대가 들썩거린다.

10 October 지다이 마츠리의 달

브라질에 리우 카니발이 있다면 일본에는 교토 지다이 마츠리가 있다. 규모나 인지도 면에서는 감히 리우 카니발과 필적할 상대가 되지 못할지도 모르지만 전통을 이으며 또 다른 전통을 만들어가는 지다이 마츠리는 앞으로 쭉 주목받아 마땅한 축제다.
나라에서 교토로 도읍을 옮긴 794년 10월

22일을 기념하여 천년 고도를 살다간 귀족부터 서민에 이르기까지 다양한 신분과 사람들을 표현한 가장 행렬이 야외 거대 박물관인 교토 시내를 휘저으며 과거의 교토로 안내한다. 2000여 명의 교토 시민들이 2킬로미터의 길이로 교토고쇼를 정오에 출발해 가라스마, 마루타마치, 오이케도리, 가와라마치, 산조, 헤이안진구로 돌아오는 두 시간 30분 정도의 행렬로, 특별관람석이 진즉에 동날 정도로 인기가 많다. 특히 패션이나 복식 연구가들에게는 일본 고전의상의 바이블처럼 대접을 받는다. 그도 그럴 것이 행렬에 선보이는 1만2000여 벌의 의상과 장신구는 옷감 직조법, 염색도 각 시대의 방법을 고수하며 각 분야 전문가들의 철저한 고증을 통해 재현된다. 외국인의 눈에도 그 깊이감이 충분히 전해지니 전문가들이 전율이 느껴질 정도라며 호들갑을 떠는 것도 이해가 된다.

한편 일본의 10월은 신이 없는 달이라는 뜻의 간나즈키 神無月라 부른다. 매년 10월 11일부터 17일까지 일본 각지의 신은 돗토리 현의 이즈모다이사라는 신사에 모여 회의를 하므로 신사를 비우게 되어 신이 부재중인 달로 여기게 됐다는 일화가 전해진다.

10월 22일
구라마노 히마츠리 鞍馬の火祭
유키진자 由岐神社　075-741-3788

교토의 축제 중 남성다움, 용맹함을 엿볼 수 있는 희귀한 불 축제. 해가 진 오후 6시경, 횃불을 손에 든 아이들이 행진을 하며 축제는 시작된다. 무사의 짚신을 신은 마을 사람들이 어른 크기만한 큼지막한 횃불을 들고 '사이레, 사이레' 라는 구호를 외치며 니오몬 앞에 모여들면 그 불꽃 사이를 신을 태운 가마가 통과해 신사를 떠났다가 23일에 신사로 돌아온다.

11 November 단풍놀이의 달

일본 사람들은 누구나 교토 여행을 꿈꾼다 해도 거짓말이 아니다. 인구 150여만 명의 도시에 해마다 5000만 명의 관광객들이 몰려드니까. 그런데 일본 사람들은 만추의 교토를 더욱 동경하는 듯하다. 봄에는 집에서 가까운 벚꽃 명소를 찾고 여름이면 불꽃놀이를 즐기면서 가을에는 교토의 단풍을 눈에 담고 싶어 한다. 분명 천년 고도의 화려한 이력을 지닌 교토의 분위기는 생명이 움트는 봄보다는 또 다른 봄을 준비하기 위해 떠나야 하는 늦가을과 더 잘 어울린다. 막 피기 시작한 벚꽃보다 이제 곧 나뭇가지에서 떨어질 운명에 놓인 벚꽃이 더 찬란한 것과 같은 느낌이랄까.

강렬했던 여름 햇살이 엷게 교토에 가라앉기 시작하면 어느새 신록의 교토는 다른 색깔들로 물들기 시작한다. 유난히 나무와 산이 많은 교토에서도 손에 꼽을 수 있는 단풍 명소가 있다. 북쪽에서 단풍 전선을 몰고 오는 산비와 조용히 불타오르는 오하라의 산젠인, 서쪽에는 대자연과 협주를 벌이며 장관을 연출하는 아라시야마와 사가노의 산속 사찰들. 동쪽으로는 기요미즈데라와 난젠지, '교토의 가을은 에이칸도에서'라는 카피로 대박을 친 철학의 길의 에이칸도가 있다. 남쪽에는 절경의 절경을 연출하는 교토의 단풍 심벌인 도후쿠지….

꽃망울을 터뜨린 후 사흘을 기다려주지 않는다는 성질 급한 벚꽃과 달리 온몸을 남김 없이 불태워 사람들의 눈을 즐겁게 하는 단풍은 근 한 달간 화려한 퍼포먼스를 안겨주고 다시 자연으로 회귀한다.

11월 30일경
마네키 아게 まねき上げ
미나미자 南座　075-561-1155

일본에서 가장 긴 역사를 지닌 가부키 극장인 미나미자. 에도시대 1603~1867년부터 극장과 가부키 배우들의 계약이 음력 11월부터 시작되었고 새 배우들을 인사시키는 행사를 열어왔다. 그래서 극장 건물에는 배우들의 이름이 적힌 나무 간판 수십여 개가 촘촘히 걸린다. 이 간판의 이름은 마네키. 검은색이라 더욱 도드라져 보이는 글씨는 힘이 넘치는데, 좋은 연을 부른다는 서체를 특별히 사용한다고 한다.

12 December 해넘이의 달

전통문화의 향수가 짙게 배어 있는 교토, 한 해를 마무리하는 연말을 맞는 교토 사람들의 한 달은 매우 분주하기만 하다. 지인에게 보낼 연하장과 감사 선물 준비하기, 새해맞이 집 안 대청소와 니시키 시장에서의 장보기, 새해에 집 밖과 집 안을 장식할 장식품을 구입하거나 만들기, 교토의 각 사찰에서 동시다발로 열리는 제야의 종소리 듣기, 해넘이 소바 먹기, 그리고 야사카진자에서 오케라 마이리 참가하기 등 숨 가쁜 일정이다.

교토에서만 가능한 특별한 행사를 꼽으라면 제야의 종과 야사카진자 참배다. 제야의 종은 인간이 지닌 108가지의 번뇌를 의미하여 108번을 타종한다. 교토의 30여 개의 사찰에서는 미리 예약하면 제야의 종을 직접 칠 수 있는 기회도 주어지지만, 지온인의 타종 행사가 가장 유명하다. 그래서 섣달그믐 밤 일본 매스컴은 지온인으로 몰려들어 108번의 타종 행사를 일본 전국에 생중계한다. 지온인의 제야의 종 타종으로 해넘이 풍경을 스케치한 후에 해맞이는 후지산 일출이라는 흔해 빠진 공식이 텔레비전에서 매년 반복된다.

야사카진자에서는 좀 더 교토다운 은밀한 행사가 벌어진다. 섣달그믐 밤부터 새해 첫날 새벽까지 짚으로 엮은 긴 줄에 경내에 타고 있는 불을 옮겨 붙여 빙빙 돌리며 집으로 돌아가 떡국이나 차를 끓이는 불씨로 이용하면 한 해 동안 병에 걸리지 않고 건강하게 지낼 수 있다고 한다. 바로 오케라 마이리다. 교토 사람들은 옛날에 비하면 오케라 마이리가 겨우 명맥만 이어갈 정도라고 푸념을 늘어놓지만 요즘도 적지 않은 이들이 오케라 마이리를 시도하고 있다.

12월 7일~8일
다이코다키・죠도에호요 大根炊き•成道会法要
센본샤카도 千本釈迦堂　075-461-5973

석가모니가 깨달음을 얻기 시작한 12월 8일에 법요가 열리는 센본샤카도에서는 전날인 7일부터 큰 가마가 걸리고 그 안에 무를 조리기 시작한다. 가마쿠라시대 1185~1333년에 이 절의 승려가 무를 자른 단면에 범梵 자字를 써 넣어 액막이를 기원한 것에서 유래한 축제다. 요즘에도 범 자를 써 넣는데 이 무를 먹으면 감기에 걸리지 않는다는 믿음이 전해진다.

04

역사에게
길을 묻다

교토고쇼 에어리어
Kyotogosho Area

1200여 년 전 중국 장안을 모방하여 네모반듯하게 건설된 고도 교토의 심장부는 천년 수도의 면모를 그대로 간직한 옛 왕궁 교토고쇼가 떡하니 자리를 차지하고 있다. 다른 거대 도시와 비교하면 회색 빌딩숲보다는 전통가옥의 까만 지붕, 사찰이나 신사의 건축물이 즐비한 이상한 마을 교토. 옛 궁전은 네모반듯한 까맣고 푸른 숲 속에 숨어 있다. 하얀 담장을 높게 둘러치고 아무에게나 입장을 허락하지 않지만, 일단 입궁하게 되면 고고한 자태와 카리스마를 마구 내뿜는다. 이방인에게는 마음의 빗장을 늦게 풀지만 친해지고 나면 정 많은 지인으로 돌변하는 교토 사람들과 닮은 구석이 있다.

교토고쇼의 서쪽에는 에도막부와 도쿠가와 이에야스를 상징하는 니조 성이 여봐란듯이 서 있다. 그 근처에는 교토에서 가장 안전한 숙소인 니조진야와 헤이안시대의 흥망성쇠를 보여주는 신센엔도 있다. 또 니조 성에서 좀 더 서쪽으로 떨어진 곳에는 일본 역사상 최대 격동기였던 메이지유신 전후에 혜성처럼 나타났다 사라진 사무라이 집단 신센구미의 흔적이 남은 미부데라라는 사찰도 있다. 그래서 이 일대를 둘러볼 때마다 역사 다큐멘터리의 현장을 직접 걷고 있는 역사학자라도 된 것처럼 학구파 모드로 급전환된다. 일본사에 등장하는 역사적 건물과 걸출한 영웅 또는 원흉들을 따라가는 역사 기행 코스를 떠나기에 앞서 필요한 것은 불편하기 짝이 없었던 일본의 역사를 객관적으로 바라보겠다는 의지와 멈추지 않는 호기심이다. 서둘러, 교토란 거대한 역사 박물관으로 타임 슬립! 1200년 동안 일본사의 메인 무대였던 교토, 그 뒷무대에 감춰진 비밀이 하나, 둘 움직이기 시작한다.

MAP
KYOTO GOSHO
京都御所

🚏 버스 정류장
Ⓗ 게스트하우스
卍 절
⛩ 신사(진자)
ℹ 관광 안내소

01 교토고쇼 京都御所
02 교토교엔 京都御苑
03 센토고쇼 仙洞御所
04 혼노지 本能寺
05 니조 성 二条城
06 오가와케 주타쿠 小川家住宅
07 고오진자 護王神社
08 신센엔 新泉苑
09 교토문화박물관 京都文化博物館
10 산조도리 三条通リ
11 미부데라 壬生寺
12 도시샤대학 同志社大学
13 이레몬야 교토 IREMONYA KYOTO
14 로잔지 盧山寺
15 교토 벤리도 京都便利堂
16 다이기치 大吉
17 무라카미 가이신도 村上開新堂
18 고토바노 하우토 ことばのはおと
19 스마트 코히텐 スマート珈琲店
20 유케이 살롱 드 테 遊形サロンドテ
21 갸라리 유케이 ギャラリー遊形
22 치쿠유안 다로야츠모리 竹邑庵太郎敦盛
23 교아메도코로 호쇼도 京あめ処豊松堂

ACCESS

교토고쇼 ★ 교토 역에서 지하철 가라스마 센을 타고 이마데가와今出川 역 도보 5분, 250엔
교토 역에서 59·102·201·203번 버스를 타고 가라스마 이마데가와烏丸今出川 정류장에서 도보 5분, 220엔

니조 성 ★ 교토 역에서 지하철 가라스마 센을 타고 가리스마 오이케烏丸御池 역까지 간 후 도자이東西 센으로 갈아타고 니조조마에二條城前 역으로 가면 바로, 210엔, 또는 교토 역에서 9·12·50·101번 버스를 타고 니조조마에二條城前 정류장에서 바로, 220엔

미부데라 ★ 교토 역에서 28번 버스를 타고 미부데라미치壬生寺道 정류장에서 도보 1분, 220엔

01 교토고쇼 京都御所

●●● '천년 고도'라는 타이틀이 꼬리표처럼 따라다니는 교토. 교토가 품격 있는 도시로 대접을 받는 이유는 바로 천 년 동안 한 나라의 수도였기 때문이다. 그리고 고도古都 교토를 교토답게 치켜세워주는 존재는 궁이다. 교토 시내 한복판, 교토교엔 중앙에 자리 잡고 있는 교토고쇼는 옛 도읍지였던 교토의 최고 심벌이다. 그러나 794년 간무 천황이 교토에 헤이안쿄平安京를 건설하고 헤이안 천도를 감행했을 당시 세워진 궁은 지금의 교토고쇼가 아니었다. 헤이안쿄의 북쪽 중앙지금의 니조성부근에 건설한 다이다이리大内裏라는 궁전과 그 안에 들어선 정전正殿 다이코쿠텐大極殿이 교토의 첫 번째 궁이었다. 그러나 권력의 상징인 이 궁전은 시도 때도 없이 발발한 정변이나 화재 등으로 전소와 재건을 숙명처럼 여기다 1227년 궁성이 대부분 전소하는 큰 화재가 일어난 후에는 아예 재건되지 않은 채 황무지화되어 갔고 지금은 궁터 자리에 민가들이 들어섰다. 옛 궁터는 니조 성에서 북쪽으로 조금 올라간, 센본 마루타마치 교차로 부근에 남아있다. 또 그 모습을 보고 싶다면 다이코쿠

텐을 8분의 5로 축소하여 건축한 헤이안 진구로 가면 된다.

1869년까지 천황이 살던 궁이자 집무소였던 교토고쇼는 1331년 고덴 천황이 궁 이외 천황이 거주하던 저택을 궁으로 지정하면서 사용하기 시작했다고 한다. 530여 년 동안 궁으로 사용된 교토고쇼는 에도시대 1603~1867년에만 여덟 번이나 재건됐다고 하며 현존하는 건물은 1855년에 헤이안 양식으로 다시 세운 것이다.

교토고쇼는 아무 때나 방문할 수 없다. 봄이나 가을 특별 공개 기간을 제외하고는 인터넷이나 엽서 등으로 미리 신청을 한 후 가이드의 인솔하에 정해진 시간에만 입장이 가능하다. 예약을 하려고 교토교엔 안에 있는 궁내청 사무실을 찾았다가 특별 공개 중이라는 것을 알게 됐고 어렵지 않게 교토고쇼에 입궁할 수 있었다.

국빈이나 일반 공개 등의 특별한 행사 때에만 사용된다는 정문인 겐레이몬建禮門을 지나 즉위식 등이 개최된 시신덴紫宸殿, 천황의 거처였던 세료덴清涼殿, 오이케니와御池庭나 고아니테이御内庭 등의 정원을 둘러보았다. 그중 인기 스폿은 시신덴으로, 너도나도 시신덴을 배경으로 기념사진을 찍어대는 통에 행렬이 정체될 정도였다. 인파에 떠밀려가며 둘러본 교토고쇼는 밖에서 볼 때는 황금 건물이라도 여러 채 있을 것 같았는데 의외로 규모도 작고 건물도 소박했다. 그러나 곳곳에 헤이안시대 귀족들이 살고 있을 것만 같은 느낌이 들었고 이해를 돕기 위해 곳곳에 배치한 헤이안시대 옷을 입은 마네킹 때문이었는지, 머물수록 알 수 없는 우아함이 전해졌다. 특히 스타일이 다양한 후스마에는 눈에 가장 많이 저장해두고 싶었던, 마음을 홀리는 명작들이었다. 일반 공개 때는 시간에 구애받지 않고 자유롭게 관람할 수 있고, 사전 신청을 통해 관람할 때는 인솔 가이드의 설명이 곁들여진다.

Travel Tip

교토고쇼, 센토고쇼, 가츠라리큐, 슈가쿠인리큐 관람은 온라인에서 일본어와 영어로 신청할 수 있다.

http://sankan.kunaicho.go.jp/sankan/servlet/recept/initPlace

02 교토교엔 京都御苑

03 센토고쇼 仙洞御所

●●● 분지에 자리 잡은 교토는 유난히 산과 나무가 많은 녹색 도시다. 게다가 시내를 관통하는 가모가와라는 강도 있으니 교토 사람들은 집 밖으로 나가면 바로 푸른 숲이나 푸른 강변과 만날 수 있다. 시내 한복판에는 도시마다 으레 있기 마련인 회색 빌딩숲 대신 녹색으로 뒤덮인 드넓은 휴식처가 있다. 교토의 동서남북이 모이는 한가운데에 교토교엔이 있다.

1869년 수도가 도쿄로 옮겨간 후 교토고쇼 주변에 들어섰던 조정 대신이나 왕실 저택들은 빈집이 되어 급격히 황폐해졌다. 8년 후 이 모습을 보고 안타깝게 여긴 천황은 고쇼 보전 명령을 내렸고 세월이 더 흘러 1949년에 교토고쇼 주변은 교토교엔이란 이름으로 교토 시민들에게 개방됐다. 동서 700미터, 남북 1.3킬로미터에 62만 평방미터(약 19만 평)의 교엔 안에는 교토고쇼, 오미야고쇼, 센토고쇼, 궁내청 교토사무실 등이 있다. 수령이 100년이 넘은 고목부터 벚나무, 단풍나무 등 5만 그루의 나무가 빽빽이 심어져 있어 시내 한복판에 있는 이상한 섬 같은 느낌이다. 이 푸른 교엔 덕분에 그나마 작게 느껴지는

교토 시내의 회색 빌딩숲은 그 빛을 잃은 지 오래됐다.

봄 벚꽃이 한창일 때 찾은 교엔도, 단풍이 막 물들기 시작한 가을에도 교엔은 한적한 시간을 즐기려는 사람들로 붐볐다. 전통 혼례복을 입고 웨딩 촬영 중인 신랑신부나 외국 관광객들의 모습도 간혹 보이긴 했지만, 교엔을 차지한 사람들은 대부분 교토 사람들이었다. 아이들과 나들이를 나온 주부들, 나 홀로 벤치에 앉아 밥을 먹거나 책을 읽거나 드러누워 하늘을 보거나 자는 사람들…. 여유롭게 시간을 보내는 현지인들 속에서 그들을 따라 파란 하늘 혹은 푸른 녹음을 바라보면, 다시 힘차게 교토 걷기 고행을 시작할 수 있는 에너지가 충전된다.

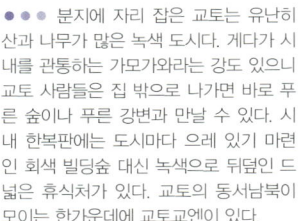

●●● 교토교엔 안에는 교토고쇼, 오미야고쇼, 그리고 센토고쇼의 세 개의 궁이 있다. 센토고쇼는 퇴위한 천황의 거처로, 17세기 초에 고미즈노 천황을 위해 세워졌다. 중국의 도교에서 불로장생을 얻은 사람을 나타내는 선인仙人이 사는 곳을 의미하는 센토에, 귀인이 사는 고쇼라는 단어를 붙여 센토고쇼라는 이름으로 불리게 됐다고 한다.

궁 안에는 고보리 엔슈가 만든 드넓은 치센카이유池泉回遊식 정원이 주인 행세를 하고 있다. 유독 정원만 도드라져 보이는 이유는 다실을 빼고는 이렇다 할 건물이 눈에 띄지 않기 때문이다. 센토고쇼는 1854년에 화재로 소실된 후 주 건물들을 재건하지 않았다. 그래서 당시의 모습을 상상할 수 있도록 돕는 것은 정원과 다실뿐이다.

남쪽 연못과 북쪽 연못으로 나뉜 정원의 연못 가장자리에는 단풍나무가 심어져 있어 늦가을에 찾으면 별세계가 펼쳐진다. 교토 친구의 귀띔에 따르면 연못의 수면 위로 빗방울이 내려앉는 날의 센토고쇼도 꽤 아름답다고 한다. 개인적으로는 남쪽 연못 주변에 모래알같이 깔린 둥글고 평

04 혼노지 本能寺

평한 모양의 무수한 자갈들이 좋다. 해변이나 강가의 물결을 표현하기 위해 사용된 자갈의 수는 무려 11만 개! 어디서 쌍둥이처럼 닮은 돌을 가져왔는지 궁금하여 찾아보았더니 고다와라라는 사람이 기증한 돌이라고 했다. 그는 자신이 다스리는 영지의 해안에서 자갈 하나에 쌀 한 되씩을 주고 모았다고 하는데, 그래서 11만 개의 자갈들은 '한 되 자갈'이라고도 불린다. 한 되 자갈들은 어떤 때는 내 마음속의 근심 같기도 하고, 어떤 때는 희망의 징표처럼 느껴지기도 하니 돌이 돌이 아니다.
센토고쇼는 가츠라리큐와 달리 사진 촬영에 제한이 없지만 관람하려면 교토고쇼, 가츠라리큐, 슈가쿠인리큐와 마찬가지로 궁내청에 미리 신청을 해야 입장이 허락된다.

●●● 전국시대에 이름을 떨친 오다 노부나가, 도요토미 히데요시, 도쿠가와 이에야스. 이들의 각기 다른 카리스마를 읊은 하이쿠는 유명하다. '두견새가 울지 않는다면 울게 만들어라' 도요토미 히데요시, '울 때까지 기다려라' 도쿠가와 이에야스, '울지 않는다면 죽여야한다' 오다 노부나가. 오다 노부나가는 엔랴쿠지를 불 태우며 불교 세력과 대립각을 세우고 기존의 권위와 세력을 무력으로 억눌러 광기의 혁명자라고 평가 받는다. 반면 신분에 얽매이지 않고 인재를 등용하거나 기독교에 관심을 보였으며 자유무역 정책, 토지조사 등을 단행하여 일본 근세의 기반을 확립한 난세의 지도자라고도 평가 받는다. 오다 노부나가의 묘는 바로 혼노지에 있다.
혼노지. 1582년 일어난 사건으로 일본 역사의 주요 무대의 한 곳이 됐다. 전국 통일을 목전에 둔 오다 노부나가는 모리 가를 공격하기 위해 진군하던 중 숙소였던 혼노지에서 부하의 습격을 받는다. 100여 명의 호위군이 전부였던 오다 노부나가는 만 명의 반란군과 맞섰지만 결국 혼노지에 불을 지르고 스스로 불길로 걸어 들어가 자결을 한다. 바로 혼노지의 변이다. 그러나 노부나가가 자결한 곳은 현재의 혼노지가 아니라 시조 니시노토인 근처다. 혼노지의 변 이후 전국을 통일한 도요토미 히데요시의 명령으로 혼노지는 현재의 위치로 옮겨지게 됐다고 한다.
1719년 일본은 도쿠가와 요시무네가 쇼군에 오른 것을 축하하기 위해 조선에 통신사 파견을 요청하여 사절단 중 346명이 혼노지에서 숙박했던 역사가 있다. 조선통신사 눈에 비친 혼노지는 어떤 모습이었을까? 조선통신사 신유한은 '혼노지의 그 장엄함은 비교할 곳이 없다'라는 감상을 남겼다고 한다.

Day Trip

05 니조 성 二条城

●●● 니조 성은 일본사에서 매우 역사적인 장소이다. 아이러니컬하게도 에도막부의 시작과 끝을 상징하는 성이란 꼬리표가 붙었으니까. 도쿄를 정치 근거지로 한 에도막부가 개막되면서, 1603년 도쿠가와 이에야스가 교토 방문 시 머물 목적으로 축성된 성이 니조 성이다. 당시에는 현재의 니노마루고텐二の丸御殿 정도만 세워졌을 뿐이고, 현재 규모로 완성된 것은 1626년에 이르러서라고 한다.

일본 역사상 가장 강력했던 에도막부의 수장이 머무는 성은 전쟁의 최후 보루로서의 기능보다는 숙소와 상징성에 더 무게를 두고 세워진 듯하다. 일본의 많은 성들이 전략적으로 유리한 높은 지대에 축성되고 해자를 이중, 삼중으로 깊고 넓고 많이 파는 경향이 있는데 니조 성은 교토 고쇼의 옆 평지에 자리 잡고 있고, 외호와 내호 두 개의 해자가 있지만 적들을 위협할 정도는 아니다. 그리고 남아 있는 망루도 두 개뿐이고, 성의 핵심 건물인 덴슈카쿠天守閣도 없다. 세월이 흘러 1867년 10월, 15대 쇼군인 도쿠가와 요시노부는 니조 성 니노마루의 오오히로마 이치노마로 신하들을 불러 모은 후 대정봉환을 발표했다. 대정봉환이란 실질적 통치 세력이었던 막부가 천황에게 국가 통치권을 돌려준 역사적 사건으로 260여 년의 영화를 걷던 에도막부는 역사 속으로 사라졌고, 가마쿠라막부부터 시작되어 670여 년간 지속되어온 일본의 봉건제도는 끝이 났다.

1994년 유네스코 세계유산으로 지정된 니조 성의 볼거리는 니노마루와 혼마루 건축물과 니노마루고텐의 후스마에이다. 니노마루는 항상 공개되지만 혼마루는 봄과 가을의 특정 기간에만 일반에게 공개된다. 니노마루고텐은 히가시 오테몬이라는 검은 철문을 통과해 성 안으로 들어가면 가장 먼저 나타나는 건물이다. 3300평 방미터에 여섯 개 동의 건물이 하나로 연결되어 있다. 성으로 인사를 드리러 오는 신하들의 대기소였던 토자무라이노마遠待の間, 신하들이 쇼군 직속 신하에게 인사를 했던 시키다이노마式台の間, 쇼군이 지방 무사들과 대면하는 방인 오히로마大広間 이치노마, 쇼군의 친척 및 공신들이 대면하는 방 구로쇼인黒書院, 쇼군의 거실 겸 침실인 시로쇼인白書院, 쇼군의 집무실로 주노마本中の間 등으로 나뉜다.

방의 개수는 모두 서른세 개이며 각 방마다 호랑이, 표범, 기러기, 백로 등 각기 다른 후스마에가 그려져 있고, 금속 장식물로 화려하게 꾸며져 있다. 그런데 길게 이어진 나무 복도를 따라 걷다 보면 민망하게 '삐걱, 삐걱' 소리가 계속 들려 여간 신경이 쓰이는 게 아니다. 관람객들이 꽉 어차고 그들의 걸음걸이가 빨라지기라도 하면 삐걱거리는 소리에 정신이 혼미해질 정도이다. 꾀꼬리 소리가 난다며 꾀꼬리 마루라고도 불리는 이 나무 복도는 암살자의 침입으로부터 쇼군을 보호하기 위해 설치한 방어 시스템이라고 한다.

06 오가와케 주타쿠 小川家住宅

07 고오진자 護王神社

●●● 니조 성 근처에는 니조 성보다 더 흥미로운 볼거리가 있으니, 통칭 니조진야二条陣屋로 더 알려진 오가와케 주타쿠라는 민가다. 1944년 일본에서는 두 번째로 중요문화재로 지정된 유서 깊은 집이다. 무엇이 그리 대단하길래 민가가 일본의 중요문화재로 지정됐을까? 이 집에는 황금술사라도 산단 말인가?
오가와케 주타쿠는 1660년대에 세워진 일본의 전통가옥으로, 겉으로 볼 때는 평범한 고택으로밖에 보이지 않는다. 그러나 오래된 옛집에서 사는 주인 할아버지의 안내를 받으며 집 안 구석구석을 둘러보면 깜짝 놀라게 된다. 이 집은 암살자의 침입과 방화를 막기 위해 특별히 고안된 구조로 만들어졌다. 적들을 교란시키는 함정 계단, 천장에 매달린 숨은 계단, 수호무사가 숨어 있는 대기실, 비밀 탈출구가 있고 방문의 미닫이에도 비밀 장치가 달려 있다. 설사 적들이 이 집의 구조를 눈치 채 내부 잠입을 포기하고 방화를 하려 해도 쉽게 뚫을 수는 없는 요새다. 벽에는 불을 견디내는 회반죽을 발랐고 격자창은 이중으로 설계하여 불 화살이 집 안으로 날아 들어오는 것을 미연에 방지했다. 수백 년 전 당시의 최첨단 기술을 사용할 수 있는 재력과 뛰어난 두뇌를 지닌 집주인의 설계하에 태어났을 이 독특한 민가가 아직도 건재하다니 놀랍기만 하다. 오가와케 주타쿠는 니조 성에 머무는 쇼군을 알현하기 위해 교토를 찾은 지방 다이묘이나 공관들이 찾던 숙소였다.
목숨을 지키는 요새 같은 집에서 의외의 존재는 다실이었다. 그것도 크고 작은 여러 개의 다실이 있는데 나무판자를 걷어내면 노 무대로 변신하는 다실도 있다. 또 각 방의 후스마에나 족자, 화병 따위의 소품들이며 욕실도 모두 문화재급이다. 건축에 대해 문외한이며, 전혀 관심이 없어도 꼭 한 번 둘러보라고 떼를 쓰고 싶어지는 집인데, 하루에 고등학생 이상의 성인 딱 40명에게만 공개하고 있으며, 예약은 전화로만 받는다.

●●● 교토고쇼의 서쪽에 있는 고오진자는 요통과 발 건강을 기원하는 부적을 판매하는 신사로 유명하다. 헤이안시대 794~1185년의 공신, 와케노 기요마로코우노미코토와 그의 누이 와케노 히로무시히메노미코토를 제신으로 모신다. 와케노 기요마로코우노미코토는 헤이안쿄 천도, 일본 최초의 사립학교 설립에 전념한 헤이안시대를 대표하는 조정 대신이었다.
멧돼지와의 인연은 다리가 온전하지 못해 설 수조차 없었던 기요마로에게 멧돼지가 수호신이 되어 일어서서 걸을 수 있게 됐다는 고사에서 유래한다. 그래서 고오진자는 멧돼지 신사라는 친근한 별명으로 불린다. 신사 입구는 물론 경내 곳곳에 멧돼지 상이 세워져 있고 신사 안에는 전국에서 기증한 멧돼지 관련 물건도 전시되어 있다. 혼덴本殿 옆에는 발바닥 모양의 돌이 있는데 그 위에 올라가 발을 대고 건강을 기원하는 사람도 많다.

08 신센엔 新泉苑

09 교토문화박물관 京都文化博物館

●●● 헤이안시대794~1185년의 흥망성쇠, 도읍지 교토의 사라진 영화를 온몸으로 보여주는 곳이 신센엔이 아닐까 한다. 헤이쿄 건설 당시 늪지를 개간하여 조성한 정원으로 항상 샘물이 솟아 신센엔이라는 이름을 얻게 됐다고 한다. 그 면적이 동서로 약 200미터, 남북으로 약 400미터에 달했다고 하나, 니조 성 건설 때 대부분의 연못이 메워져 니조 성에 편입되어 지금의 규모는 작은 연못 정도로 축소됐다. 헤이안시대에는 왕족과 귀족들이 배를 띄워 물놀이를 즐기거나 꽃놀이, 궁도, 씨름 대회 등 연회 장소로 이용된 왕실 전용 정원이었다.

신센엔은 헤이안쿄 건설 당시 호국 사찰로 건립된 도지와 사이지의 주지들의 법력 대결 전설로 전해진다. 도지의 고보 대사와 사이지의 슈진 다이토쿠는 라이벌 관계였다고 한다. 824년 여름이 되자 교토에는 비가 한 방울도 떨어지지 않는 가뭄이 계속되었고 당시 천황은 고보 대사에게 신센엔에서 기우제를 지낼 것을 명령하였는데 사이지의 슈진 다이토쿠가 먼저 자신이 기원을 드리고 싶다고 간청했다. 그래서 그는 일주일 동안 기원을 드렸지만 메말라 있던 도읍지의 땅을 촉촉하게 적시기에는 턱없이 적은 양만 내렸을 뿐이다. 이번에는 고보 대사가 나서서 기우제를 연다. 그러나 어찌된 일인지 일주일 동안 기도를 드려도 비 한 방울 내리지 않는 게 아닌가. 슈진 다이토쿠가 비가 내리지 않도록 기원을 하고 있음을 알아챈 고보 대사는 천황의 재가를 얻어 이틀 더 기우제를 지내게 됐고, 교토에는 촉촉한 비가 내렸다. 기우제는 도지의 고보 대사의 승리로 끝났고, 이후 사이지는 역사 속으로 영원히 자취를 감추게 됐다. 도지는 아직도 호국 사찰로 건재함을 뽐내고, 신센엔의 관리도 맡고 있다.

신센엔이 왕실 정원이었을 때는 신성한 곳으로 여겨져 아무나 출입할 수 없었다고 하나, 지금은 간간이 찾아온 여행자들만이 한적하게 산책을 즐길 뿐이다. 현재 신센엔은 도지의 사원으로 혼도本堂와 호조方丈 건물과 신사가 세워져 있고, 신센엔 헤이하치神泉苑平八라는 식당도 들어서 일본에서 가장 면이 두꺼운 우동을 판다.

●●● 교토의 역사와 문화를 보여주는 교토문화박물관은 1988년에 문을 열었다. 다목적 홀과 아트 숍이 있는 별관은 구 일본은행 교토지점의 근대 건축물을 리뉴얼 했기 때문에 교토 사람들에게 교토문화박물관은 이 붉은 벽돌 건물로 인식된다.

전시실은 2층 역사 전시실, 3층 미술·공예 전시실, 4층 특별 전시실. 3층의 영상홀과 영상 갤러리 등으로 나뉘어 있다. 헤이안 천도를 감행했을 당시 교토 시내의 모습과 지금은 터만 남은 라조몬이나 왕궁 등을 복원해놓아 헤이안시대 초기 교토의 역사를 쉽게 이해할 수 있도록 돕는 역사 전시실은 1층 안내 데스크에서 신청하면 무료 영어 가이드를 받을 수 있다. 상설전 외에 특별 기획전이 일 년 내내 열리는데, 이름 그대로 특별한 전시가 끊임없이 열린다.

〈겐지모노가타리〉천년 기념 행사가 열린 해에는 〈겐지모노가타리〉천년기전, 읽고 보고 즐기는 〈겐지모노가타리〉의 세계, 노能 속의 〈겐지모노가타리〉, 천년 전 교토로 타임 슬립 등이 열려 호평을 받았다. 특별 전시는 교토의 문화를 중심으로 한

10 산조도리 三条通り

기획전이 대부분이지만 종종 서양 미술의 거장전 등도 기획된다.
박물관 1층에는 뮤지엄 아트 숍과 교토에서는 이름만 대면 다 아는 교토의 노포들을 집합시킨 명점가와 음식점도 입점해 있고, 별관에는 옛 은행의 창고를 개조한 레트로 분위기의 카페가 있어 잠깐 쉬어 가기 좋다.

●●● 교토의 산조도리는 교토 시내에 가로로 놓인 거리 중 하나로 동쪽의 시조에서 시작하여 서쪽의 아라시야마에 이른다. 교토 피플 사이에 산조도리 산책은 여전히 인기가 있으며 이 거리만 소개한 책이 있을 정도로 볼거리가 다양하다. 그런데 산조도리는 옛 모습을 간직한 고풍스런 교토의 느낌과는 사뭇 거리가 다르다. 서양 건물들과 교토의 전통적인 가옥의 모습으로 건축된 상가들이 혼재해 있다. 데마치도오리에서 가라스마도오리까지는 일방통행의 좁은 길로 메이지시대에는 교토의 메인 스트리트였다. 그래서 구 일본은행 교토지점(현재의 교토문화박물관 별관), 중앙우체국 등 근대 건축물이 많이 남아 있다. 마이코 상들도 커피를 마시고 가는 이노다커피 본점과 교토 젊은이들의 쇼핑 놀이터인 신푸칸, 쉼 없이 교토다운 전시를 여는 교토문화박물관, 산조카이 상점가 등은 산조도리 산책 때 들러야 할 명물들이다.

산조 산책은 도쿄와 교토를 잇는 도카이도의 종착점인 산조대교에서 시작하여 서쪽으로 걸어가면 된다. 산조대교에는 〈도카이도츄히자쿠리게 東海道中膝栗毛〉라는 1800년대 쓰여진 골계 소설에 등장하는 주인공인 야지 상과 기타 상이 있다. 두 사람이 도카이도를 여행하며 일어나는 에피소드를 회화체로 그린 여행담을 담고 있다. 동상 옆에는 교토를 찾은 여행객들의 안전을 기원하는 돌이 놓여 있다.

Day Trip

11 미부데라 壬生寺

●●● 미부데라는 막부 말기 혼란했던 역사의 소용돌이 속에 등장했다 사라진 무사 집단 신센구미新選組와 깊은 관계가 있는 사찰이다. 신센구미는 1863년부터 1868년까지 교토에서 활약한 에도막부를 신봉, 수호한 검객 집단이었다. 260여 년간 일본을 통치해온 에도막부는 개국을 둘러싸고 왕정복고 세력과 무능한 막부타도 세력이 연합한 반대파들의 공격에 뿌리째 흔들리기 시작했다. 존왕양이尊王攘夷를 주장하는 유신파들은 교토로 숨어들어 요인 암살과 방화 등을 일삼으며 에도막부와 첨예하게 대립한다. 에도막부는 공황 상태에 이른 교토의 치안을 확보하고 규슈의 사츠마와 초슈를 중심으로 세력을 형성한 반대 세력을 진압하기 위해 쇼군의 호위 무사로 조직된 신센구미를 이용한다. 대다수 20대 젊은 무사들이었던 신센구미는 성誠 자가 쓰인 깃발을 들고, 톱니 무늬가 새겨진 옷을 입고 다녔다. 국장은 곤도 이사미, 부장은 히지카타 도시조 등이 맡았고 10번까지 번호를 매긴 행동조를 구성하여 조직적으로 행동했다. '사적으로 결투하지 말 것', '무사도를 어기지 말 것' 등 엄격한 규율로 할복, 처형당한 조직원들이 매우 많았다고 전해지며, 급료가 많아 소속 없는 떠돌이 무사들도 대거 참가했다고 한다.

신센구미는 1864년 6월 벌어진 이케다야 사건으로 유명해졌다. 산조 기야마치에 자리한 이케다야는 유신파들이 이용하던 여관이다. 그곳에서 교토 궁에 불을 지르고 천황을 옹립할 것을 모의하는 유신파들의 정보를 입수하여 이케다야를 습격, 격전 끝에 아홉 명을 살해하고 스무 명을 체포하여 교토 대방화 작전을 수포로 돌아가게 했다. 한 일본학자는 이케다야 사건을 메이지유신을 일 년 늦춘 대사건으로 평가하기도 한다.

이케다야에서 유신파의 주요 인사를 살해하여 에도막부와 천황으로부터 훈장을 받고 최전성기를 맞으며 조직원이 200여 명까지 늘어났지만, 교토 근교에서 유신세력의 전투에서 패하고, 하코다테에서 전멸당하면서 역사 속으로 사라졌다.

급변하는 역사 속에서 여러 인간군상의 드라마틱한 삶을 보여준 신센구미는 작가들의 상상력이 더해지면서 소설, 만화, 드라마, 영화 등을 통해 부활했다. 아사다 지로의 <칼에 지다>나 시바 료타로의 <신센구미 혈풍록> 등의 소설을 읽으면 신센구미에 대해 쉽게 이해할 수 있다.

그런데 역사는 신센구미를 어떻게 평가할까? 근대화라는 시대 조류에 역행하여 무사 중심의 낡아빠진 막부 체제를 신봉하는 수구파 집단이었다는 부정적인 평가가 지배적이다. 또한 칼을 든 집단이지만 자존과 품격을 지니고 특정 가문에 속한 사무라이와 다른, 떠돌이 무사들을 결집한 무사 집단에 지나지 않았다고 폄하하는 시각도 있다. 그런데 2004년 방영된 드라마 한 편이 신센구미에 대한 관심을 고조시키고 그들을 재평가해야 한다는 화두를 던졌다. NHK의 대하드라마 '신센구미'는 주인공 곤도

이사미 역에 SMAP의 멤버 가토리 싱고를 내세우고 20대 인기 배우들을 대거 등장시켰다. NHK의 대하드라마 치고는 파격적인 캐스팅으로 방영 전부터 비상한 관심을 받은 이 젊은 대하드라마는 방영되는 일 년 동안 젊은 세대를 브라운관 앞으로 끌어들이는 데 성공한 것은 물론 신센구미 신드롬을 일으키며 숱한 화제를 낳았다. 경기는 끝도 모를 장기 침체 상태에 빠져 있고, 자본주의 양극화의 폐해가 속출하던 때 사회 변혁기의 패배자 집단을 재조명한 NHK의 전략은 일본 국민들의 관심을 받을 수밖에 없었다.

드라마 종영 후, 일부 젊은이들 사이에서는 '일본사의 아이돌적 존재'로 신센구미 붐이 일었다. 소니는 신센구미라는 게임을 출시했고, 여행업계는 신센구미 역사 기행 코스 상품도 내놓았다. 그즈음 주목을 받은 사찰이 신센구미 대원들의 무덤이 있는 미부데라壬生寺였다. 신센구미는 교토의 치안 유지를 위해 경찰서에 해당

하는 돈쇼를 미부라는 마을에 차리고, 미부데라에서 대원들의 무술과 대포술을 훈련시켰다고 전해진다. 미부데라의 정문 북쪽에는 신센구미가 미부 마을에서 차린 또 다른 돈쇼였던 야기테이八木邸와 마에가와테이前川邸가 남아 있고, 야기테이는 일반에게 공개된다.

991년 창건한 미부데라는 교토에서는 보기 드문 율종 사원으로, 미부교겐壬生狂言이라는 무언극으로 유명하다. 중요무형민속문화재로 지정된 이 무언극은 매년 4월과 10월에 열린다. 가면을 쓴 배우가 징, 북, 피리 소리에 맞춰 화려한 몸동작, 손동작을 곁들이며 무언극을 펼친다. 권선징악의 교훈을 전하는 우화나 전병이나 종이로 만든 실을 관객석에 던지는 이야기 등 30여 가지의 레퍼토리가 있다. 1300년 미부데라에서 불교를 대중에게 전파하기 위해 고안한 연극이었는데 에도시대에는 대중오락으로 발전했다.

12 도시샤대학 同志社大学

●●● 붉은 벽돌 건물들이 캠퍼스의 아련한 로망을 발산하는 도시샤대학은 교토대학과 함께 교토를 대표하는 명문 사학이다. 간판 학과는 법학부와 문학부로, 1875년 일본인 최초로 미국의 애머스트대학교에서 학위를 취득한 이이지마 조에 의해 창립됐다. 이이지마 조는 쇄국정책을 펼치던 때에 서양 교육을 받겠다며 스물한 살 때 미국으로 밀항했고 교토로 와서 도시샤대학의 전신인 도시샤 영어학교를 세운 학자이다. 그가 맺은 미국과의 인연으로 클라크 기념관 등 도시샤대학의 초기 건물은 미국인들의 기부로 세워졌으며, 모교인 애머스트대학교 등 세계 각국 명문 대학교와의 교류도 활발한 글로벌한 대학이다. 클라크 기념관, 도시샤 예배당, 유슈칸 등 다섯 개 건물이 중요문화재로 지정되었지만 건물 안 관람은 불가능하다. 그런데 도시샤대학을 찾았을 때 먼저 눈에 들어온 것은 미안하게도 클라크 기념관이 아니었다. 교정에 늘어선 자전거 군단. 요즘 우리

나라에서는 학생들이 끌고 온 자동차로 주차난에 허덕인다는데 도시샤대학 곳곳은 자전거 물결로 넘실댄다. 빼곡한 자전거가 없었다면 붉은 벽돌 건물들이 늘어선 도시샤대학은 분명 서양의 어느 대학에 온 듯한 착각을 일으켰을 것이다.

우리에게는 윤동주 시인이 유학했던 대학으로도 알려져 있다. 문인의 길을 걸으려 했지만 부친의 반대로 뜻을 이루지 못해 단식과 가출을 했을 만큼 문학 청년이었다고 전해진다. 윤동주 시인은 영문학과 2학년 때인 1943년 사상범으로 체포되어 후쿠오카 형무소에서 복역하던 중 1945년 옥사했다. 교토고쇼 북쪽에 자리한 이마데가와 캠퍼스에는 윤동주 시인의 시비가 세워져 있고, 천재 시인의 죽음을 애도하며 추모를 오는 관광객들도 제법 많다.

'죽는 날까지 하늘을 우러러 한점 부끄럼이 없기를'로 시작하는 서시가 자필로 새겨진 시비를 보고 있으려니 울컥하는 마음을 주체할 수가 없다. 윤동주 시인의 시비 옆에는 한국 현대시의 아버지라 불리는 정지용 시인의 시비도 있다. 1923년 도시샤대학 예과에 입학하여 영문학과를 졸업하기까지 6년 동안 주옥같은 시를 발표하였다고 한다.

13 이레몬야 교토 IREMONYA KYOTO

● ● ● 이레몬야 교토는 교토에서 태어나 명성을 얻고, 도쿄로 진출한 디자인 가구와 잡화 숍이다. 1993년 파이버 박스 전문점에서 출발하여, 2001년 인테리어 전반의 상품을 취급하는 이레몬야 교토로 리뉴얼했다.

메이드 인 교토에서 메이드 인 재팬 브랜드로 자리 잡을 막강 숍의 디자인을 총괄하는 이는 교토 출신의 30대 남자 디자이너 도쿠다 마사키 씨다. 메이드 인 교토라는 캐치프레이즈로 도쿄를 점령한 교토의 디자인이 매우 궁금해지는데, 의외로 디자인은 모던하고 심플하다. 가구를 중심으로 한 인테리어 소품은 손님 마음대로 맞춤 주문할 수 있는 오더 메이드가 이 숍의 필살기. 교토나 도쿄의 트렌드세터들이 찾는 카페와 레스토랑의 테이블과 의자에는 이레몬야 교토의 로고가 박혀 있다.

교토 본점은 교토고쇼 남쪽에 있다. 100년 넘은 2층짜리 전통가옥을 개조하여 숍으로 꾸미고 베스트셀러인 테이블과 소파, 어린이 가구, 테이블웨어와 패브릭 등 오리지널 굿즈를 전시해놓은 쇼룸 겸 숍이다. 교토의 전통가옥을 채운 컬러풀한 가구와 모던한 디자인의 잡화들은 예상했던 것보다 잘 어울린다. 전통이 넘치는 마을 교토에서 태어났지만 교토다운 색채를 칠하지 않았음에도 교토다움으로 무장한 이레몬야는 북유럽 디자인 열풍이 거세게 몰아치는 일본에서 점점 마니아 층을 넓혀가고 있다.

IREMONYA DESIGN LABO

14 로잔지 | 盧山寺

●●● 로잔지를 소개하기 전에 또 이야기하지 않을 수 없는 것이 〈겐지모노가타리〉와 무라사키 시키부紫式部다. "보고 들은 것을 후세에 전하고 싶다"던 작가의 바람대로 〈겐지모노가타리〉는 천년 동안이나 읽혀져 온 일본 최고의 소설이다. 원본은 남아 있지 않지만 무수한 사본과 수많은 해설집 덕에 천년의 시간을 살아남았다. 우리나라를 비롯하여 세계 각국에서 번역되었고, 저자인 무라사키 시키부는 일본인으로는 유일하게 '세계 5대 위인'으로 꼽혀 프랑스 유네스코 본부에 등재되기도 했다.

무라사키 시키부는 973년경 지방관이었던 후지와라노 타메토키의 딸로 태어났는데, 증조부가 헤이안시대794~1185년 중기의 유명한 와카 시인이었으며 아버지 역시 한시를 지었다고 한다. 어린 나이에 어머니를 여의고 결혼한 지 3년 만에 남편을 병으로 먼저 떠나보낸 비련의 여인으로, 남편을 잃은 슬픔을 딛고 일어선 무렵부터 쓰기 시작한 것이 불후의 명작 〈겐지모노가타리〉이다. 이 소설이 호평을 얻게 되자 당시 최고 권력자의 딸이자 쇼시라는

황후의 상급 궁녀로 입궁하여 가정교사로 일한 것으로 전해진다. 무라사키 시키부는 필명으로 본명은 알려지지 않았다. 다만 아버지가 시키부란 관직을 역임한 적이 있어 무라사키 시키부라 불린 것이 아닐까 추정할 뿐이다.

무라사키 시키부가 태어나 자랐고 비록 짧긴 했지만 신혼 생활을 했으며, 1031년에 쉰다섯 살로 숨을 거두기 전까지 〈겐지모노가타리〉, 〈무라사키 시키부 일기〉, 〈무라사키 시키부집〉 등을 집필했던 저택 자리에는 로잔지라는 절이 들어서 있다. 938년 기타야마에서 간잔元三 대사에 의해 창건된 천태종 사찰 로잔지는 그 후 도요토미 히데요시의 데라마치 건설 사업 일환으로 1573년에 현재 위치로 이전하게 됐다고 한다. 그리고 1965년 한 역사 학자에 의해 무라사키 시키부가 살았던 저택터였다는 사실이 밝혀지기 전까지는 조용한 사찰이었다.

로잔지는 2월 3일에 도깨비들의 법락法樂이라는 이름으로 불리는 세츠분 행사로 유명하다. 악귀와 역병 퇴치를 기원하며 붉은색, 푸른색, 검은색의 세 도깨비에게 희고 붉은 떡과 콩을 뿌리는 이색적인 행사다. 콩과 떡 뿌리기 행사는 간잔 대사의 수행을 방해하는 악귀들을 물리쳤다는 고사에서 유래했다고 전해진다.

로잔지에는 천황의 명령으로 센토고쇼로부터 이축하여 세운 혼도本堂 안, 여러 개의 방에는 두루마리나 조개껍데기에 그려진 〈겐지모노가타리〉가 전시되어 있고, 〈겐지모노가타리〉를 영어로 번역한 번역가, 로잔지가 예전 무라사키 시키부의 옛 저택의 터임을 밝혀낸 초노다 박사의 사진도 걸려있다. 혼도에는 겐지 정원이라 불리는 정원이 있는데, 이 정원이야말로 로잔지의 백미다. 헤이안 왕조 시대 정원의 '감感'을 흰 모래와 푸른 이끼, 푸른 이끼 위에 핀 보랏빛 도라지꽃으로 표현한 인상적인 정원이다. 〈겐지모노가타리〉에 등장하는 왕조를 상징하는 꽃이 도라지꽃이라고 하는데, 로잔지의 정원에는 6월부터 9월 말까지 보랏빛 도라지꽃이 피어 유상적인 분위기를 자아낸다. 게다가 일본 관광객들은 들마루에 걸터앉아 햇살을 받으며 무심히 정원이나 하늘을 바라보거나 책을 펼쳐 들고 있으니 좀 더 이곳에 머물고 싶다는 욕망이 스멀스멀 피어오르며 무라사키 시키부의 명문장이 머릿속을 맴돈다.

"우연히 그 자태를 보게 된 것이 어떻게 된 일인지 어리둥절하여 마치 구름 속에 가려져버린 한밤중의 달과 같이, 오랜만에 보니 그 모습을 과연 본 것인지 아닌지 알 수 없는데도, 당신은 이미 돌아가버리셨군요."

Day Trip

15 교토 벤리도 京都便利堂   16 다이기치 大吉

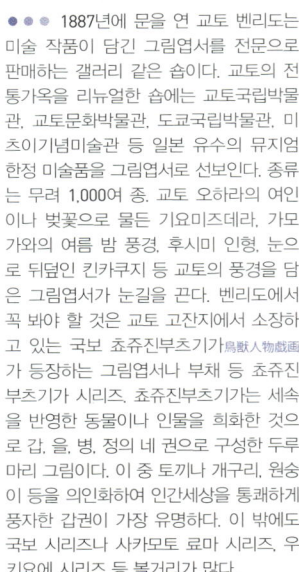

●●● 1887년에 문을 연 교토 벤리도는 미술 작품이 담긴 그림엽서를 전문으로 판매하는 갤러리 같은 숍이다. 교토의 전통가옥을 리뉴얼한 숍에는 교토국립박물관, 교토문화박물관, 도쿄국립박물관, 미츠이기념미술관 등 일본 유수의 뮤지엄 한정 미술품을 그림엽서로 선보인다. 종류는 무려 1,000여 종. 교토 오하라의 여인이나 벚꽃으로 물든 기요미즈데라, 가모가와의 여름 밤 풍경, 후시미 인형, 눈으로 뒤덮인 킨카쿠지 등 교토의 풍경을 담은 그림엽서가 눈길을 끈다. 벤리도에서 꼭 봐야 할 것은 교토 고잔지에서 소장하고 있는 국보 쵸쥬진부츠기가鳥獸人物戱画가 등장하는 그림엽서나 부채 등 쵸쥬진부츠기가 시리즈. 쵸쥬진부츠기가는 세속을 반영한 동물이나 인물을 희화한 것으로 갑, 을, 병, 정의 네 권으로 구성된 두루마리 그림이다. 이 중 토끼나 개구리, 원숭이 등을 의인화하여 인간세상을 통쾌하게 풍자한 갑권이 가장 유명하다. 이 밖에도 국보 시리즈나 사카모토 료마 시리즈, 우키요에 시리즈 등 볼거리가 많다.

●●● 골동품 가게가 많은 데라마치도리에는 골동품들을 산처럼 쌓아놓은 가게도 있고, 갤러리의 작품들처럼 애지중지 전시했다가 새로운 주인과의 인연을 맺어주는 숍도 눈에 띈다. 후자에 해당하는 다이기치大吉는 스기모토라는 젊은 부부가 운영하는 고미술품 숍 겸 찻집이다. 20년 전에 40년 된 갓포 요리점을 개조하여 고미술품 가게를 열었다고 하는데, 가게 안에는 각국에서 골라온 앤티크 도자기들이 예쁘게 전시되어 있다. 책장 같은 나무틀과 널찍한 나무 위에 주르륵 늘어놓았을 뿐인데도 주인장의 탁월한 감각이 그대로 배어나온다. 새 도자기가 풋풋한 맛이라면 앤티크 도자기들은 시간이 발효시킨 묵직한 맛을 무기로 한다. 다이기치는 묵은 맛의 진면목을 제대로 맛보게 해주는 흔치 않은 숍이다.

가게 입구 쪽에는 차를 마실 수 있는 카페 공간도 마련했다. 여섯 석이 전부인 카운터석에서 다이기치의 오리지널 커피와 허브티, 밀크 말차를 맛볼 수 있다. 골동품 가게에 딸린 카페인 데다 드링크 메뉴의 가격도 착해서 맛은 그다지 큰 기대를 하지 않았는데, 만족도는 하늘을 난다. 게다가 사용하는 그릇 모두 앤티크 도자기다. 그래서 갈 때마다 '이번에는 어떤 예쁜 잔과 만나게 될까' 하고 즐거운 기대를 갖게 한다. 카운터석에 앉으면 근처에서 가게를 하는 사장님들이나 교토고쇼를 구경 왔다가 데라마치도리를 산책 중인 관광객들이 서로 어우러져 일본어와 영어, 때로는 보디랭귀지로 날씨나 교토 명소 이야기를 자연스럽게 나누게 된다.

17 무라카미 가이신도 村上開新堂

18 고토바노 하오토 ことばのはおと

●●● 데라마치도리 상점가에는 옛 향수를 자극하는 명물 골동 양과점이 있다. 무라카미 아저씨가 과자를 굽는 무라카미 가이신도, 서양풍의 하얗고 낡은 건물 안에서 양과자를 판다. 1907년에 창업한 교토에서 가장 오래된 양과자점이다.

눈도 입맛도 단번에 앗아가는 화과자점이 즐비한 교토에서 간식거리로 롱런하고 있는 168엔짜리 러시안 케이크는 무라카미 가이신도의 효자 상품이다. 러시아 가정에서 만들어 먹는 소박하기 그지없는 비스킷을 러시안 케이크라 부르는데, 비스킷 위에 포도나 유자잼, 포도잼, 초콜릿 등 달달한 재료를 얹어 낸다. 귤 하나를 통째로 사용한 귤 젤리 고즈부쿠로 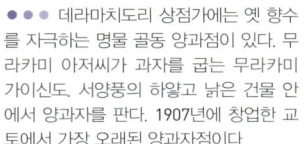 나 고풍스러운 깡통에 담긴 캔디는 교토 단골들만 알음알음 주문해 먹는다. 두 가지 모두 미리 예약해야만 맛볼 수 있기 때문에 무작정 가게를 찾으면 그 모습조차 볼 수 없는 경우가 다반사다. 고즈부쿠로는 미식가로 유명한 한 역사 소설가가 《식탁의 정경》이라는 책에 다음과 같이 소개되어 더욱 유명해졌다. "재료는 밀감이다. 그것도 기슈 지역의 큼직한 밀감 하나. 그 속을 젤

리로 만든다. 감귤 열매를 짜서 주스로 만들고 리큐어를 붓고 젤라틴으로 굳힌 것을 다시 밀감 속에 담고 기름종이로 감싼 후 귤 모양의 태그를 붙인다. 고풍스러운 그야말로 메이지, 다이쇼를 숨겨둔 디자인이지만 지금도 변함없다. 무라카미 가이신도는 메이지 말기 개업했고 고즈부쿠로는 초대 점주가 고안한 양과자이다." 고즈부쿠로는 11월부터 3월까지 맛볼 수 있는 계절 한정품이다.

일본 문화에 대한 자부심이 하늘을 찌르는 교토 사람들은 왜 서양물 넘치는 무라카미 가이신도를 어여삐 여길까? 가게 문을 열고 안으로 들어서는 순간, 어렴풋이 답을 찾아냈다. 창업 당시의 시간으로 정지된 듯한 가게 안에서 하얀 가운을 입고 하얀 모자를 쓰고 두꺼운 돋보기를 낀 채 일을 하는 무라카미 씨와 그의 가족 모습과 골동품 가게에서나 거래될 법한 낡은 쇼케이스 안에 진열된 양과자들은 옛것에 대한 그리움을 자극한다. 무라카미 가이신도의 러시안 케이크에는 '향수'라는 아주 특별한 비밀 레시피가 숨겨져 있다.

●●● 교토의 카페들은 주택가에 숨어들라는 지령이라도 받은 모양이다. '말의 날개 소리'라는 예쁜 이름을 가진 고토바노 하오토도 주택가 속에 숨어들어 애쓰고 찾아야 하는 마치야 카페다. 교토 젊은이들에게는 사치스럽고 뿌듯한 주말을 보낼 수 있는 카페로 입소문이 나 있다.
가와바타 야스나리, 미야베 미유키, 요시모토 등등의 책들도 마음껏 읽을 수 있고, 항상 누군가의 작품전이 열리며, 때로는 콘서트도 열리니 카페인 동시에 작은 문화 공화국이기도 하다. 그러나 무엇보다 고토바노 하오토를 반짝거리게 하는 것은 따뜻한 마음을 가진 나카무라 부부. 주방에서 늦은 점심을 먹고 있었음이 분명한 부부는 카페를 나서려는 손님에게 부리나케 달려 나와 무릎까지 꿇으며 정중하게 배웅을 했다. 부부의 인사는 겉치레가 아닌 정중함 그 자체였고 그 마음은 손님에게 그대로 전달됐다. 그 후 '말의 날개 소리' 카페는 다시 찾고 싶은 교토 카페 리스트에서 부동의 1위를 고수 중이다.
가장 좋아하는 카페 밥은 '청춘의 밥'이란 별명이 붙은 하오토 플레이트 런치. 여행

19 스마트 코히텐 スマート珈琲店

하면서 살고 싶다는 주인장 부부가 만든 빛나는 청춘의 시기를 보내는 사람들을 위해 만든 밥이다. 된장으로 맛을 낸 제육 볶음과 샐러드, 달걀말이, 검은깨를 솔솔 뿌린 밥이 한 접시 가득 담겨 나온다. 이 밥을 먹고 나면 스스로에게 아직 청춘은 끝나지 않았다며 위로의 말을 하게 되고, 왠지 모를 밥심이 생긴다. 카페의 특별 레시피로 직접 믹스해서 자극적인 인도 커리의 맛과 향을 덜어낸 치킨 카레나 코코넛 카레도 맛있다. 뉴욕 치즈케이크, 클래식 쇼콜라 바나나 등의 수제 스위트 메뉴도 전문점 못지않은 맛이 나며, 커피와 티 등 드링크 메뉴도 충실하다.

살짝 귀띔하면, 손바닥만한 중정을 바라보며 삐거덕거리는 좁은 복도를 따라가면 나오는 해우소를 들르시길. 작은 창에 걸어둔 예쁜 조각천 한 장, 그 아래 매달린 손바닥 절반 크기의 화분이 당신의 근심을 말끔히 털어줄 테니까.

●●● 교토에는 과거를 품은 오래된 커피숍이 제법 많다. 1932년에 창업한 스마트 코히텐 역시 교토 사람들이 아끼는 커피숍 중 하나로 문을 열었을 때부터 자가배전한 오리지널 커피인 스마트 오리지널 블렌딩 커피를 내고 있다. 이 커피숍을 즐겨 찾은 유명 인사도 많은 모양이다. 우리나라에 이미자가 있다면 일본에는 미소라 히바리가 있다고 말할 수 있는 전설적인 여가수도 이 집의 단골이었고, 교토를 배경으로 한 영화 '마더 워터'의 카세토도 영화 촬영 당시 자주 찾았다고 한다. 핫케이크와 프렌치 토스트, 달걀 샌드위치 등 푸드 메뉴도 호평을 받는다.

커피숍의 역사를 말해주는 앤티크 가구와 만석임에도 어딘지 모르게 차분해지는 분위기, 기분이 좋아지는 커피 향, 장바구니를 들고 와 조곤조곤 대화를 나누는 아줌마들, 혼자 구석에 앉아 가끔씩 커피를 홀짝이며 책을 읽고 있는 노신사…. 스마트 코히텐의 역사를 더해가는 것들이다.

데마치 상점가 寺町商店街, 혼노지 근처에 있는데 늘 사람들로 복작거리니 커피 한잔 마시려 해도 줄을 서야 할 때가 많다. 그래도 충분히 가치가 있는 교토의 오래된 명물 커피숍이다.

20 유케이 遊形サロン・ド・テ
살롱 드 테

21 갸라리 ギャラリー遊形
유케이

22 치쿠유안 竹邑庵太郎敦盛
다로아츠모리

●●● 교토에는 그 자체가 국보급인 대단한 여관이 몇 곳 있다. 교토의 전통여관하면 이름이 등장하는 다와라야에서 프로듀싱한 럭셔리 카페가 있다. 유케이 살롱 드 테YUKEI SALON DE THE. 다와라야는 지극히 교토적인 풍모를 풍기는데 반해 카페는 모던하고 심플하다. 그리 넓지 않은 공간에 테이블이 놓여 있다. 이 집의 명물은 다와라야의 와라비모치나 말차, 커피나 홍차가 아니다. 물론 가격이 만만치 않은 만큼 맛이 좋지만…. 바로 중정이다. 누군가의 작은 별장에 놀라운 듯한 착각이 드는 일본적이지 않은 카페 테이블에서 너무나 일본적인 분위기를 느끼게 된다. 햇살과 바람과 초록을 끌어드린 손바닥만한 중정 덕이다.

●●● 건물이 나라의 문화재로 지정된 300년 넘은 오래된 여관 다와라야. 유케이 살롱 드 테 바로 옆에는 다와라야가 프로듀싱한 숍이 있다. 여관에서 사용되는 물건들이 호평 행진곡을 연주하며 입소문이 나 "꼭 숙박객들만 사용할 수 있나요? 저도 써보고 싶어요?"라는 요청이 쇄도하자 다와라야 스타일의 라이프스타일 숍 갸라리 유케이를 오픈했다. 몸이 긴 장어를 닮은 교토의 전통가옥 같은 구조의 숍 1층과 2층에는 다와라야의 객실에서 사용되는 침구, 어메니티, 도자기, 차와 화과자 등과 오리지널 디자인 잡화가 갤러리의 작품처럼 여유롭게 진열되어 있다. 특히 사봉 드 다와라야Savon de Tawaraya.의 명성이 대단하다. 재스민, 로즈 등 천연 향료에 머스크 등을 더해 블렌딩한 비누로 오직 갸라리 유케이에서만 손에 넣을 수 있다.

●●● 소바는 우동과 함께 일본의 면 요리를 대표한다. 그리고 소바 하면 섣달그믐에 먹는 해넘이 소바가 떠오른다. 에도시대1603~1867년 중기부터 먹기 시작했다는 해넘이 소바는 가늘고 긴 면을 먹으며 장수와 행복을 기원하고, 뚝뚝 끊기는 소바를 먹는 것은 한 해의 나쁜 기억이나 사건을 끊기 위해서라고 한다. 섣달그믐 교토 친구들과 함께 맛본 해넘이 소바도 맛있었지만, 유난히 떠올랐던 맛은 치쿠유안 다로아츠모리竹邑庵太郎敦盛의 아츠모리 소바였다.

친구가 그려준 지도를 손에 들고 교토고쇼 주변을 두리번거리며 찾은 골목 안 소바집. 어떻게들 알고 찾아왔는지 1층 자리는 꽉 차 있었고 좁은 계단을 올라 2층 다다미방으로 안내됐다. 되박 같은 사각 나무틀에 뜨거운 물을 살짝 붓고 대나무발 얹은 후 갓 삶아낸 소바를 담아낸다. 소바의 원초적인 맛과 향에만 집중할 수 있으니 소바 마니아라면 평생 한 번은 찾아줘야 소바에 대한 예의를 다할 집이다.

23 교아메도코로 호쇼도 京あめ処豊松堂

●●● 데라마치도리의 한 사탕 가게에서 맛본 사탕은 교료리와 닮았다. 투명하고 산뜻한 교토의 사탕 맛. 교아메도코로 호쇼도의 가지각색 사탕에는 교토의 맛이 담겨 있다. 마치 레드 카펫에 선 스타들처럼 빨간 천 위에서 각양각색의 색을 뽐내는 서른여 가지의 사탕들은 모두 가게 안쪽 사탕 공장에서 오늘 만들어진 새내기들이다. 일본 사람들에게는 옛 향수를 자극하고, 우리에게는 생소하여 호기심을 불러오는 물사탕 도로아메와 알싸한 사이다 맛 사탕은 기념품으로도 제격이다.

1897년에 사탕 가게를 연 이후 다나카 일가는 창업 당시와 똑같은 방법으로 사탕을 만든다. 동 냄비에 물과 그라뉴당을 넣고 끓이다가 150도가 되면 철판 위에 부어 말랑말랑할 때까지 천천히 식혀 적당한 크기로 잘라 손으로 둥글고 긴 홍두깨처럼 둥글려 커터에 넣어 자르면 21세기에도 잘 팔리는 수제 사탕이 완성된다. 대부분의 과정이 수작업으로 이뤄지고 사탕의 맛과 형태는 그날그날의 온도와 습도에 좌우된다니 사탕 만들기가 사탕처럼 달콤한 작업은 아닌 모양이다.

사탕 달인 다나카 아키츠구 점주의 손에서는 평범하지 않은 사탕들도 탄생한다. 즉, 원하는 모양과 색을 지닌 사탕의 오더 메이드도 가능하다. 갖가지 표정을 지닌 사람의 얼굴을 한 사탕, '게게게의 기타로'(우리나라에서는 요괴인간 타요마)를 그린 만화가 미즈키 시게루 기념관에서 판매되는 기타로의 사탕을 납품하기도 했단다. 한쪽 눈은 푸석푸석한 머리로 가려져 있고 보이는 한쪽 눈만 기이하게 큰 괴상망측한 기타로의 얼굴을 사탕으로 표현해냈다니 과연 달인은 달인이다.

호쇼도의 자랑거리는 이뿐만이 아니다. 헤이안진구 등 여러 신사에서도 이 집의 사탕을 애용하고 있고, 1994년에 열린 과자박람회에서는 사탕 하나로 우리로 치면 대통령상인 총리대신상을 수상한 이력도 있다. 호쇼도의 사탕은 본점뿐만 아니라 교토 주요 관광지에 포진한 열 곳의 숍에서도 판매된다.

Kyoto Style *3

얼굴 알리기 임무를 잊다
교토의 수수한 간판들

별다방, 마끄도나루도, 31개 골라먹는 아이스크림 가게 등 교토의 무채색 거리에 내걸린 글로벌 그룹의 간판은 이색적이다. 세계유산에 빛나는 교토의 보물들을 더욱 돋보이게 하려는 교토 스페셜에 딱 걸려 본래의 임무를 잊은 수수한 간판들은 교토의 또 다른 얼굴이 되었다. 수수한 간판과 기 싸움을 벌이는 라이벌은 검은 한자를 휘갈겨 쓴 무채색 노렌(暖簾)들이다. 24시간, 365일 똑같은 자리에 눈, 바람, 비 맞으며 매달려 있는 간판은 노렌이 한없이 부러울 터이다. 교토의 노렌은 가게 영업시간 동안에만 근무하면 되는 데다 노렌을 통과하는 손님들은 너도나도 겸손하게 고개를 숙여야만 가게 입장이 허락된다. 21세기 테크놀로지의 총아 현대적인 간판과 수백 년 전이나 지금이나 한결같은 꼬장꼬장한 노렌들이 공존하는 교토의 가게들. 겸손한 간판들이 어둡지만 우아함을 뽐내는 교토의 밤은 아름답기 그지없다.

교토에서 다른 얼굴을 찾은 글로벌 간판들

교토의 거리를 걸으면 이상한 기운이 느껴진다. 31개 골라 먹는 아이스크림은 핑크빛을 잃었고, 불타오르는 마끄도나루도는 갈색이며, 화려하기 짝이 없던 편의점의 색깔 간판들도 이곳에서는 채도와 명도를 낮추며 튀지 않으려고 노력 중이다. 심지어 교토 최대의 번화가이자 쇼핑가인 시조 가와라마치의 간판들은 하얀 바탕에 검은색 글씨가 깨알같이 쓰진 네모난 백설기 같은 모습이나 초콜릿 컬러에 흰색 글씨를 새긴 직사각형 모습을 하고 있다. 절대 눈에 띄지 않는 간판만 보고 가게를 찾아 가려면 코앞에 목적지를 두고도 난감해하는 웃지 못할 시추에이션이 다반사로 벌어진다. 백화점 간판은 한술 더 뜬다. 다카시마야는 하얀 바탕에 붉은 글씨, JR 이세탄 백화점 역시 눈을 팽팽 돌리게 하는 대형 간판은 사절이다.

특별한 이유는 있다. 교토 시는 '사람의 생활이나 생업 등 전통과 문화를 표상한 것이 경관이고 그것을 보전하는 것이 교토의 진정한 전통과 문화를 지켜나가는 것'을 기본 이념으로 하는 문화 도시다. 이런 혜안과 다짐은 법으로 구현되어 1930년부터 풍치지구 지정제도를 도입하여 자연 경관이 빼어나고 녹지가 풍부한 지역을 보전해왔다. 일본 자치단체 중 최초로 시내 모든 지역의 건축물 허용 높이가 45미터에서 31미터로 낮아졌고, 전통 가옥 인근의 건축물 높이는 31미터에서 15미터로 절반이나 키가 잘렸다. 풍치, 미관 지구에 대한 규제를 더욱 강화했으며 옥외광고물 규제 조례도 변경되어 건물의 옥상광고와 네온사인은 전면 금지시켰다. 이로써 천년 고도 교토는 일찍 잠들어버리는 도시라는 기이한 별칭을 갖게 되었다. '50년 후, 100년 후에도 빛날 교토'라는 숙제 앞에서 교토는 열심히 임무 수행 중이다.

❶ 료칸 긴마타 ❷ 요릿집 와라지야 ❸ 파출소 간판 ❹ 사찰 음식점 다이토쿠지 잇큐 ❺ 화과자점 마츠야토베

거리에 마구 걸려 있는 문화재급 간판

교토에는 아직 입소문이 나지 않은 국보급 볼거리로 넘쳐나는데, 간판도 그중 하나다. 노렌이 오랜 시간 간판계를 평정한 이래 지붕 아래에 매다는 간판이나 밖에 내거는 외등 간판, 사방등 등 여러 가지 형태도 교토 거리에서 공존하고 있다. 그런데 노렌이든, 외등 간판이든 간에 필체가 예사롭지 않은 것들이 종종 눈에 띈다. 특히 교토의 노포 간판에 주목해야 한다. 노포에 드나들던 단골들 중 문인이나 화가, 덕망 높은 승려들이 써준 미술품으로서의 특별한 가치를 지닌 간판도 제법 많기 때문이다. 특히 오이케도리와 산조도리 사이에 있는 아네야코지도리(姉小路通) 일대가 교토의 간판 순례 최적지다. 특히 외등 간판인 노키토 간판은 교토에서 '번성

❻ 기름집 야마나카 아부라텐 ❼ 잡화 숍 오하리바코 ❽ 술집 도리도리

한 가게라는 징표'로 여겨진다. 대개 오랜 전통과 명성을 지닌 노포 료칸 앞에서 흔하게 목격된다. 교토에서 노키토 간판이 걸린 집이라면 대부분 후회 안 할 명점이라는 의미이니 의구심 풀고 입장하시길. 시내를 걷다 보면 노키토 간판의 후광을 얻고자 새 물건 티 팍팍 나는 짝퉁 노키토 간판을 내건 용감한 새 가게도 눈에 띄었다. 자존심에 죽고 사는 교토에서 본 블랙 코미디였다.

❶지하철명이 바뀌었음을 알리는 교토다운 포스터 ❷교토 3대 채소절임 가게 나리타 ❸❹부채 가게 아이바 ❺두부 요릿집 준세이 ❻화과자점 마메마사 ❼기름집 야마나카 아부라텐 ❽일본풍 소품 숍 오하리바코 ❾앤티크 천 가게 친기레야 ❿술도가 기지쿠라 ⓫료칸 시라우메 ⓬화과자점 진바도 ⓭화과자점 간슨도 ⓮일본풍 옷과 소품 숍 SOU·SOU 이세 모멘

교토는 아직도 노렌의 전성시대

일본 가게 출입문에는 천 위에 상호나 가문을 간략하게 적힌 천 조각이 걸려 있다. 우리말로는 주렴, 일본어로는 노렌이다. 햇살이나 바람, 추위를 막기 위해 사용하던 것이 시초로 헤이안시대 974~1185년 초기쯤 등장한 것으로 추측된다. 처음에는 마를 주로 사용했지만 염색 기술이 발전하면서 감색이나 흰색, 녹색, 주황색 등의 색을 입기 시작했다. 그런데 색이 화려해지면서 업종에 따라 내걸리는 노렌의 색이 나뉘는 흥미로운 현상이 벌어졌다. 설탕을 취급하는 화과자점이나 약방에서는 흰색 노렌이 걸렸고, 술도가나 기모노 천을 파는 가게에는 어김없이 감색 노렌이 걸렸다. 감색은 쪽으로 물을 들이는데 쪽의 향이 곤충을 퇴치해주는 기능도 갖고 있기 때문이다. 노렌의 색은 계절에 따라 대접, 혹은 푸대접도 받았다. 흰색은 주로 여름에, 색이 있는 노렌은 겨울 교토의 얼굴이 되어 내걸렸다. 하지만 흰색 노렌이든, 감색 노렌이든 공통점은 있었다. 그저 아무런 그림이나 문자도 적히지 않은 천 조각에 불과했다. 노렌 역사에 길이 남을 변화의 바람은 에도시대 1603~1867년에 일어났다. 문자가 보급되면서 노렌에 상호를 적어 넣게 되었고, 글을 읽고 쓸 줄 몰랐던 서민들은 노렌에 적힌 글씨가 무슨 뜻인지 알고 싶어 글을 배우기 시작했다는 설도 있다. 한편 에도시대에 초밥을 팔던 포장마차에는 물수건 대신 수레에 걸려 있는 노렌으로 손을 닦는 일도 허다했다고 한다. 간판이자 햇볕을 막아주는 커튼으로, 문명 퇴치의 기수와 물수건으로 대활약한 노렌의 화려한 시대는 막이 내린 듯하다. 점두간판, 옥상간판, 벽면간판, 돌출간판, 빌보드 등 업무 분할이 확실한 신진 간판에게 영웅자리를 내주었으니까. 그러나 노렌이 가게의 얼굴 노릇을 아직도 자청하는 곳이 교토다. 역사와 전통을 자랑해대도 밉지 않은 노포에도, 현대식 건물에 둥지를 튼 모던한 숍에도 노렌이 걸려 있다. 디지털 시대의 얼굴마담인 최첨단 영어 간판 대신 손으로 쓴 한자나 히라가나가 쓰여 있는 노렌. 영원히 아날로그로 있어주길 바라는 교토와 가장 잘 어울리는 단짝이다.

05

그들이
사는 세상

료안지 에어리어
Ryoanji Area

료안지를 비롯한 닌나지, 기타노텐만구, 니시진은 교토 시내의 서북쪽에 둥지를 틀고 있다. 사람 향기 폴폴 나는 서민들이 사는 마을에 교토를 대표하는 슈퍼스타들이 점점이 박혀 반짝거린다. 그 때문인지 그 슈퍼스타들은 박물관에 고이고이 모셔두어 범접하기 어려운 예술품님들이라기보다는 언제든 찾을 수 있는 친근한 존재들이다. 관광지로서의 교토와 생활 터전으로 교토의 모습을 균형감 있게 잡아낸다. 산책자들에게는 "교토야, 고마워!"라고 말해주고 싶어 안달이 날 만큼 풍정 넘치는 동네이기도 하다. 특히 니시진과 가미시치켄, 기타노텐만구에서 닌나지로 향하는 전철이 놓인 마을들은 '우리를 보고도 교토를 옛 문화재로 뒤덮인 무덤이라고 말할 테냐'라며 깜찍하게 항의를 표하는 것만 같다. 골목마다 집집마다 옛날과 오늘이, 기품 넘치는 역사와 시간과 함께 영화가 사라진 옛 도읍지에 사는 사람들의 가난한 현실이 기묘하게 얽혀 있다. 그곳들을 걷다 보면 발걸음이 느려지는 건 당연하고 바쁘게 돌아가던 마음의 리듬도 모데라토, 안단테를 지나 라르고로 아주 느리게 바뀌어간다.

모든 돌을 한눈에 담을 수 없는 료안지의 들마루에서, 다른 벚꽃이 다 지고 난 후에야 비로소 꽃망울을 터뜨리는 닌나지의 키 작은 벚꽃나무 아래에서, 덜커덕 손베틀 소리가 끊이지 않는 니시진의 이름 모를 골목에 서면 행복해진다. 교토에는, 료안지 일대에는 꾸미지 않아서 더욱 아름다운 진짜 교토가 꿈틀거린다.

MAP
RYOANJI
龍安寺

- B 버스 정류장
- H 게스트하우스
- 卍 절
- ⛩ 신사(진자)
- i 관광 안내소

01 료안지 龍安寺
02 닌나지 仁和寺
03 기타노텐만구 北野天満宮
04 묘신지 妙心寺
05 고류지 広隆寺
06 센본샤카도 千本釈迦堂
07 세이메이진자 晴明神社
08 히라노진자 平野神社
09 니시진 西陣
10 가미시치켄 上七軒
11 오리나스칸 織成館
12 도에이 우즈마사 에이가무라 東映太秦映画村
13 후지노모리료 藤森寮
14 곳토 와힌도 こっとう画餅洞
15 마츠히로 쇼텐 가미시치켄텐 まつひろ商店上七軒店
16 고노시마야 このしまや
17 고시츠 사노와 御室さのわ
18 야쿠모 식당 八雲食堂
19 사라사 니시진 さらさ西陣
20 오카라하우스 おからはうす
21 잠보 ジャンボ
22 도요우케야 야마모토 とようけ屋山本
23 도요우케 차야 とようけ茶屋
24 교토후 후지노 京とうふ藤野
25 세겐인 西源院
26 도후카페 후지노 TOFU CAFE FUJINO
27 레 토와 메종 les trois masions
28 르 프티 맥 이마데가와 Le Petit Mec IMADEGAWA

ACCESS

료안지★교토 역에서 시버스 50계통 리츠메이칸 다이카쿠마에에서 하차 도보 5분, 220엔
산조三条 역에서 시버스 59계통 료안지마에龍安寺前에서 바로, 220엔

기타노텐만구★교토 역에서 시버스 50·101계통 버스를 타고 기타노텐만구마에北野天満宮前 정류장에서 바로, 220엔
산조三条 역에서 시버스 10계통 기타노텐만구마에北野天満宮前 정류장에서 바로, 220엔

도에이 우즈마사 에이가무라★교토 역에서 JR 사가노 센嵯峨野線 하나조노花園 역에서 도보 11분 또는 우즈마사太秦 역에서 도보 13분, 190엔
교토 역에서 교토 버스 61·62·63계통 버스를 타고 우즈마사 에이가무라마에太秦 映画村前 정류장에서 바로 또는 시버스 75·91계통 우즈마사 에이가무라미치太秦 映画村道 정류장에서 도보 3분, 220엔

01 료안지 | 龍安寺

●●● 세계문화유산, 일본의 특별 명승이라는 후광을 배제하더라도 기요미즈데라, 긴카쿠지, 킨카쿠지와 함께 교토의 4대 명소 중 하나라는 점을 굳이 말하지 않아도 료안지는 죽기 전에 꼭 한 번은 가봐야 할 곳이다.

교토에서 가장 매력적인 정원을 가진 사찰 료안지의 정원에 놓여 있는 돌은 돌이 아니다. 24만7935평방미터 75평 정도의 공간을 가득 채운 흰 모래와 크기가 제 맘대로인 열다섯 개의 돌. 극도로 자제한 채색으로 더더욱 반짝이는 무채색의 강렬함…. 정밀하게 세공된 다이아몬드보다 더 빛난다.

대부분의 일본 정원은 보는 순간 숨이 멎을 듯 강렬하게 다가오는데, 료안지의 정원 역시 첫인상은 그렇다. 극도로 응축시킨 자연을 표현하는 일본 정원이 전하지 못하는 여백의 미. 그 아름다움을 료안지의 정원은 품고 있다. 다른 사람들처럼 무작정 마루에 걸터앉아 취하고 싶을 때까지 느긋하게 여유를 즐길 수 있게 해준다는 점에서는 한국의 정원과도 닮았다. 그래서 료안지의 정원을 찾으면 마음이 개운해지고 알 수 없는 힘을 얻게 된다.

그런데 료안지의 돌 정원에는 풀리지 않는 수수께끼가 숨어 있다. 정원의 어느 방향에서 보아도 열다섯 개의 돌을 한눈에 담을 수 없다는 것! 반드시 하나의 돌은 시선에서 빠져나간다. 이 정도의 면적을 지닌 정원에 열다섯 개의 돌을 배치하면 그중 하나는 숨겨져 보이지 않는 것이 당연하다는 의견을 보이는 정원 건축가도 있다.

한편 동양에서는 보름달에 해당하는 15라는 숫자를 완전함으로 보는 사상이 있고, 15에서 하나가 부족한 14는 불완전성을 표현한다는 의견도 있다. 이렇듯 의견이 분분한 가운데 '충분하지 않더라도 만족할 줄 알아야 한다'는 선종의 가르침을 표현한 것이라는 해석이 가장 설득력을 얻고 있다. 정원을 누가, 언제, 어떤 의도로 만들었는지는 아무도 모른다. 물어볼 곳도 없으니 여전히 수수께끼로 남을 것이다.

서양인들은 이를 돌 정원의 퍼즐이라고도 부르는 모양이다. 그리고 거트 밴 톤더와 마이클 라이언스라는 사람들은 굳이 찾아내지 않아도 될 수수께끼의 퍼즐을 기를 쓰고 맞추고 말았다는 소문도 들린다. 호조方丈의 방 한가운데, 딱 한 곳에서 열다

섯 개의 돌이 모두 보인다고 한다. 그러나 돌 정원을 어떻게 볼 건지는 보는 사람의 마음이 아닐까. 돌을 돌로 보든, 섬으로 보든, 다이아몬드로 보든….

정원 이야기에 빠져 있다 보니 료안지 소개가 늦어졌다. 기누가사衣笠 산기슭에 위치한 료안지는 1450년 다이묘 호소카와 가츠모토가 세운 임제종 묘신지파의 사찰이다. 호소카와는 무로마치 막부의 관령管領이자 오닌의 난 때 동군 총수를 역임했을 정도로 파워를 지닌 무사. 따라서 창건 당시에는 지금보다 훨씬 넓은 지역에 가람을 세웠다고 전해진다.

돌 정원의 감상을 즐길 수 있는 호조는 1606년에 건축된 것으로 세계문화유산으로 지정됐다. 호조 북쪽 정원에는 안뜰만큼이나 카메라 셔터 세례를 받는 존재가 있다. 둥근 돌 가운데 입구口 자 모양이 파여 있고, 그 둘레에는 '오유지족吾唯知足'이라는 한자가 한 자씩 쓰여 있는 엽전 모양으로 된 손을 씻는 물을 받아놓은 그릇이다. 오유지족은 '나는 현재에 만족할 줄 안다'는 의미라니, 료안지가 관광객들에게 던지는 화두는 '만족'인가 보다.

02 닌나지 仁和寺

03 기타노텐만구 北野天満宮

●●● 우리나라에는 그리 알려져 있지 않지만 교토에서는 매우 유명한 사찰 닌나지. 888년 우다 천황이 완공시킨 진언종 오무로파의 총본산으로, 1994년 세계문화유산으로 지정됐다. 메이지유신 전까지 로열 패밀리가 출가하던 절로 오랫동안 황실의 든든한 지원을 받아, 교토 사람들은 오무로고쇼御室御所라 부른다. 그래서 경내에는 궁정풍 건물이 많다. 고소에서 옮겨왔다는 곤도金堂, 세이료덴清凉殿에서 옮겨온 미에이도御影堂는 조용한 카리스마를 내뿜는다. 특히 곤도는 오다 노부나가와 도쿠가와 이에야스가 정권을 잡았던 아즈치모모야마 시대1568~1603년에 세워진 교토고쇼의 시신덴紫宸殿을 에도시대1603~1867년 초기에 이축한 것이다. 현존하는 가장 오래된 시신덴 구조로 당시 궁정 건축을 전하는 귀중한 건축물로 국보로 지정됐다.

이 밖에 도쿠가와 이에야스의 손자인 도쿠가와 이에미츠가 기증했다는 오층탑도 눈에 띄고, 국보인 목조 약사여래좌상이 안치된 레이호칸霊宝館과 사계절의 풍물이 어용 화가의 붓끝에서 화려하게 탄생한 후스마에를 가진 신덴神殿도 닌나지의 상징물들이다. 경내 건물 대부분이 중요문화재이니 건축 기행으로도 의미 있는 사찰이다. 그러나 레이호칸을 비롯하여 주요 건물은 봄, 가을 특별 공개 기간에만 모습을 드러내니 가능하면 이때를 맞춰 찾아야 한다.

일 년 중 닌나지가 가장 북적거릴 때는 봄이다. 교토의 다른 벚꽃들이 낙화할 즈음 뒤늦게 만개하는 키 작은 벚나무 오무로 자쿠라가 닌나지의 사랑스러운 봄 풍경을 연출한다. 200여 그루의 오무로 자쿠라는 벚꽃동산을 이루고 있는데, 교토의 마지막 봄 벚꽃으로 사랑받고 있다. 교토 사람들은 '닌나지의 벚꽃을 봐줘야 고토의 봄에 대한 의리를 지켰다'고 여기는 듯했다. 마지막이란 쓸쓸함과 아쉬움 때문인지 키 낮은 벚나무 아래에는 들마루가 놓이고 그 위에는 술잔을 기울이는 사람들, 술에 취해 벚꽃 아래 단잠을 청하는 사람들, 흥에 겨워 어깨를 덩실거리는 사람들이 있다. 흐트러지지 않는 모습을 보이는 교토 사람들의 사람 냄새가 솔솔 나는 것 같아 더욱 정겨운 풍경이다.

●●● 시내 서북쪽에 있는 기타노텐만구는 교토의 신사 중에서 학생들의 모습을 가장 많이 볼 수 있는 곳이다. 일본 전국에서 다양한 스타일의 교복을 입은 학생들이 삼삼오오 짝을 지어 이 신사로 몰려드니 일본에 있다는 것이 매우 실감나는 곳이기도 하다. 재미있는 점은 교토로 수학여행을 온 학생들은 우리나라처럼 관광버스로 수십 명씩 이동하는 게 아니라 주로 네다섯 명씩 그룹을 지어 택시를 타고 관광을 한다는 점이다. 관광도시 교토의 택시 기사들은 교토에서 가장 뛰어난 관광 메신저로, 관광지를 꿰뚫고 있는 건 기본이며 살아 있는 여행 정보를 연륜이 선물한 입담으로 전파하니 교토 여행에 감초와 같은 존재이다. 기타노텐만구에도 교복을 입은 학생들과 제복을 입고 신사에 대해 열심히 설명하는 멋진 택시 기사들을 자주 볼 수 있다. 일본의 중·고등생들은 왜 너도나도 이 신사로 몰려드는 것일까? 기타노텐만구는 일본에서 가장 유명한 학문의 신을 모신 신사이다. 원하는 학교로의 진학을 희망하는 학생들이 자신의 소원을 빌기 위해 이곳을 찾는다.

04 묘신지 妙心寺

교토 사람들로부터 "덴진상~"이나 "기타노상~"이란 애칭으로 불리는 기타노텐만구의 제신은 스가와라노미치자네. 헤이안 시대794~1185년의 학자, 한시인, 정치가였던 그를 사람들은 학문의 신이라 부른다. 참배객들은 먼저 샤덴社殿에 들러 참배를 한다. 그런 후에 합격 부적을 사거나 에마를 구입해 소원을 적어 매달고, 신사 곳곳에 있는 소상을 찾아 머리를 쓰다듬으며 다시 한 번 합격을 기원한다. 경내 곳곳에 놓인 소상은 학생들이 열심히 문지르며 합격을 기원하는 통에 머리 부분이 닳아 버린 것들이 많다. 언제부터 퍼졌는지는 알 수 없으나 제신의 사자인 소상의 머리를 문지르며 합격을 기원하기 시작했다고 한다.

기타노텐만구는 도요토미 히데요시에 의해 다도회가 열린 신사로도 유명하며, 제신의 생일이자 기일인 매월 25일에는 경내에서 덴진상이라는 플리마켓도 열린다.

●●● 하나조노 천황의 별궁을 선종 사찰로 개조한 묘신지는 임제종 묘신지파의 대본산이다. 상상 이상으로 드넓은 경내에는 선종 사찰로서는 가장 많은 마흔여덟 개의 말사가 들어서 있다. 이 중 서른여덟 곳은 묘신지 경내에, 나머지 열 곳은 경 밖에 있다. 료안지도 묘신지 밖에 있는 말사 중 한 곳이다. 각기 다른 시대에 세워진 말사에는 시대를 대표하는 독특한 정원이 남아 있지만 모두 공개되지는 않으니 아쉬움만 하다. 항상 발을 들여놓을 수 있는 말사로는 다이조인退蔵院, 다이신인大心院, 게이순인桂春院에 불과하다. 1404년 창건된 다이조인은 일본의 초기 수묵화를 대표하는 효넨즈瓢鮎図라는 국보를 소유하고 있어 유명해진 말사이다. 이 수묵화는 현재 교토국립박물관에 기탁 중이라고 한다. 효넨즈를 놓친 아쉬움은 고즈넉한 가레산스이식 정원을 바라보며 마시는 말차 한잔으로 달랠 수 있다. 다이신인은 템플스테이와 사찰 음식을 체험할 수 있는 조용한 암자와 같은 말사로 가레산스이식 정원에는 삼존불을 상징하는 세 개의 돌이 놓여 있다. 마지막으로 1598년 창건된 게이순인에는 와비 정원 등 무려 네 개의 정원이 들어서 있는데 솔이끼와 철쭉군락이 볼거리로, 국가 명승지로 지정되었다.

한편 묘신지 동쪽에 자리한 도린인東林院에서는 매주 한 번씩 사찰 음식을 배울 수 있는 요리 교실이 열리는데 사찰 요리가로 유명한 니시가와 간보西川玄坊 스님이 직접 강의에 나서 매우 인기다. 100여 년 넘게 계속되고 있는 이 강의는 교토 주부들에게 열렬한 지지를 얻어 여행자들에게는 기회가 자주 주어지지 않지만 부지런히 준비하면 일본 사찰 음식을 체험하는 진귀한 경험을 더할 수 있다.

묘신지의 주요 건물인 핫토法堂와 국보로 지정된 범종과 욕실도 꼭 한 번은 둘러보아야 할 곳들이다. 그러나 이곳들은 상시 공개되지 않으므로 정해진 시간오전 9시 10분부터 11시 40분까지, 12시 30분에 1회, 오후 1시부터 3시 40분까지 20분 간격에 맞춰 찾아야 하고 표도 따로 끊어야 한다.

05 고류지 広隆寺

06 센본샤카도 千本釈迦堂

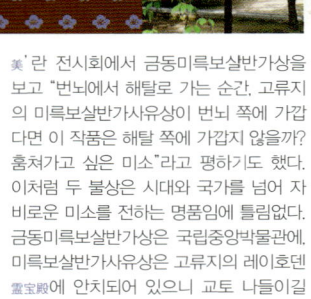

●●● 교토에서 가장 오래된 절로 한반도에서 건너간 하타 씨가 창건했다고 알려져 있다. 교토라는 도시의 탄생부터 근대에 이르기까지 역사의 뒷무대를 중심으로 독특하고 호기심 많은 시각으로 써 내려간 역사책〈교토의 수수께끼〉에 의하면 헤이안 천도는 당시 교토에서 막강한 부와 권력을 가졌던 호족 가문 하타 씨의 영향이 매우 컸다고 한다. 마츠오타이샤는 하타 씨 가문이 세운 신사이며 고류지 역시 쇼토쿠 태자에게 하사 받은 불상을 모시기 위해 세웠다고 전해지니 당시 하타 씨 가문의 권세를 짐작할 수 있는 대목이다.

고류지는 일본 국보 제1호인 미륵보살반가사유상을 소장한 사찰로 모습이 매우 흡사한 우리나라의 국보 제83호인 금동미륵보살반가상과 종종 비교가 되기도 한다. 독일의 철학자 칼 야스퍼스는 미륵보살반가사유상을 보고 "희랍이나 로마시대 이래의 서양 조각이 탈피하지 못했던 인간적 비린내를 말끔히 탈취한 초월의 경지를 보여주고 있다"고 극찬했다. 반면 한 일본인은 사진작가 준초이의 '백제의 미' 란 전시회에서 금동미륵보살반가상을 보고 "번뇌에서 해탈로 가는 순간, 고류지의 미륵보살반가사유상이 번뇌 쪽에 가깝다면 이 작품은 해탈 쪽에 가깝지 않을까? 훔쳐가고 싶은 미소"라고 평가하기도 했다. 이처럼 두 불상은 시대와 국가를 넘어 자비로운 미소를 전하는 명품임에 틀림없다. 금동미륵보살반가상은 국립중앙박물관에, 미륵보살반가사유상은 고류지의 레이호덴靈宝殿에 안치되어 있으니 교토 나들이길에 사진 촬영이 금지된 미륵보살의 미소를 눈으로 담아오는 건 어떨까.

●●● 정식 명칭은 다이호온지大報恩寺이지만 무슨 이유에서인지 센본샤카도 혹은 기타노샤카도北野釈迦堂라 불린다. 1227년에 창건된 이 사찰은 도편수와 그의 아내 이야기로 유명하다. 절에서 가장 중요한 건물인 혼도의 건축을 맡은 이는 당시 교토에서 최고의 도편수로 손꼽히는 다카츠키였다. 그러나 천하의 도편수도 실수를 하는 법. 그는 기둥 하나를 짧게 잘라 버리는 큰 실수를 저지르고 말았다. 다시 쓸 기둥도 없는 데다 상량식마저 다가오자 낙심하는 남편을 본 아내 오카메는 "차라리 주두木組 건물의 기둥 위에 얹는 네모진 나무를 써보면 어떠요?"라고 이야기했고, 아내의 조언 덕분에 무사히 상량식을 마칠 수 있었다. 준공식을 하루 앞둔 날, 여자가 말해 준 꾀로 위기를 모면한 사실이 세상에 알려지면 남편이 얼마나 괴롭겠냐며 아내는 스스로 목숨을 끊었다. 남편은 아내의 무덤에 명복을 비는 탑을 세우고 아내의 이름을 붙인 가면을 고헤이 신전에 올리거나 제사 때 사용하는 막대기 끝에 가늘고 길게 자른 흰 종이나 천을 끼운 것를 장식했다고 한다.

그 후부터 교토에서는 집을 짓게 되면 도

07 세이메이진자 晴明神社

편수들이 상량식 때 '화재 예방'과 '가내 안전과 번영'을 기원하며 오카메의 가면을 붙인 고헤이를 장식하는 풍습이 생겼다. 혼도의 오른쪽에는 오카메의 무덤과 함께 보름달 얼굴에 이마와 광대뼈가 나오고 납작한 코를 가진, 후덕한 오카메상이 세워져 있다. 기이한 일은 오닌의 난으로 대부분의 건물이 전소했는데도 불구하고, 혼도만은 기적적으로 화마를 피했다고 한다. 그 후 센본샤카도의 혼도는 교토 시내에서 가장 오래된 목조 건축이라는 타이틀을 갖게 됐으며, 국보로 지정됐다. 여러 시대의 불상이 안치되어 '불상의 보고'라 불리는 레이호덴靈宝殿도 센본샤카도를 찾았다면 놓치지 말아야 한다.

센본샤카도의 또 다른 명물은 12월에 등장한다. 석가모니가 깨달음을 얻기 시작했다는 12월 8일 법요식이 열리는데 전날부터 무병장수를 기원하며 무 공양이 벌어진다. 니시진 일대가 무 조리는 냄새에 휩싸일 만큼 교토의 12월을 대표하는 풍물 중 하나다.

●●● 교토에 와서 가장 궁금했던 것은 붉은 별 모양의 무늬가 그려진 스티커의 존재였다. 옆집에 주차되어 있는 차에도, 클로버나 코끼리를 머리 위에 붙이고 다니는 택시에도, 교토 시내 곳곳을 누비는 녹색 버스 안에도 붉은 별 모양의 스티커가 붙어 있었다. 아이 러브 뉴욕 티셔츠도 아니고, 교토 사람들은 세이메이진자를 차에 붙이고 다닐 정도로 그토록 사랑한단 말인가? 친구에게 물어보니 교통안전을 기원하는 부적이라고 했다. 그리고 세이메이진자는 헤이안시대794~1185년에 이름을 날리던 음양사 아베노 세이메이를 제신으로 모신 신사이며 재미있는 부적이 많으니 꼭 한 번 가보라고 권유했다. 그래서 역사적인 신사를 찾게 됐다.

대로변과 마주한 신사는 생각보다 넓지 않았지만 커플들과 젊은이들로 북적거렸다. 세이메이 사후 2년 후인 1007년 당시 천황이 그의 유업을 기리기 위해 그의 저택에 신사를 창건했다고 전해진다. 당시에는 각 대로와 통하며 매우 광대했지만, 도요토미의 도시 정비 등으로 점차 면적이 좁아졌던 것을 후손들이 서서히 복원하여 지금에 이르렀다고 한다. 혼덴本殿 왼쪽에는 음양사 세이메이와 라이벌이었던 아시야 도만과의 싸움을 나타낸 그림. 쓰다듬으면 운이 상승한다는 복숭아상. 샘물을 마시면 모든 질병이 치유된다고 전해지는 별 모양의 우물, 열두 신령을 봉인했다고 알려진 이치조모도리바시라는 다리도 세이메이의 유명한 볼거리다.

젊은이들이 유난히 많았던 데에도 그만한 이유가 있었다. 아베 세이메이는 헤이안시대 중기에 활약한 천재 음양사로 특히 점술과 주술에 탁월한 능력을 발휘하여 조정이나 귀족들의 신뢰를 받았다고 전해진다. 사후에도 그의 인기는 사그라지지 않았으며 1994년 한 작가가 세이메이를 주인공으로 〈음양사〉라는 연재소설을 쓰기 시작했는데, 그 소설이 크게 히트를 치며 만화, 영화, 드라마 등이 잇따라 등장해 일본에 음양사 붐이 거세게 일었다. 그 후 일본 각지에서 그를 흠모하는 팬들이 신사를 찾는다고 한다.

08 히라노진자 平野神社

09 니시진 西陣

● ● ● 대부분의 여행자의 교토 여행이 시작되는 교토 역. 늘 사람들로 붐비는데 벚꽃철이 되면 교토 역 앞에서 "나, 돌아갈래!"를 외치고 싶어질 정도다. 만약 교토 역에서 느린 버스를 타고 달팽이 모드로 가야 한데도 나에게는 절대 포기하지 않을 봄 벚꽃 명소가 있다. 귀가 따갑도록 들은 '봄 밤 벚꽃의 명소 히라노진자'다. 부적이나 에마 등 신사와 관련된 모든 것이 벚꽃 문양일 정도로 벚꽃과 인연이 깊다. 헤이안시대 중기 가잔천황에 의해 수천 그루의 벚꽃이 뿌리를 내리게 됐다고 하며 985년부터 시작되었다는 축제는 히라노 벚꽃 축제라는 이름으로 지금까지 이어진다.

50여 종류, 400여 그루의 벚꽃은 3월 중순부터 4월까지 시간을 달리하며 피는데 신사를 꽃대궐로 만든다. 이 중에는 꽃 색깔이 옛 귀족들의 연둣빛 옷을 닮았다 하여 귀족옷이라는 이름으로 불리는 초록 벚꽃이나 팝콘 같은 핑크 벚꽃 등 진귀한 벚꽃들도 많다. 벚꽃이 활짝 펴 파란 하늘을 가릴 즈음이 되면 소금에 절인 핑크 벚꽃에 따끈한 물을 부어주는 벚꽃차 사쿠라유도 등장한다. 온통 벚꽃 천지인 들마루 위에서 마시는 벚꽃차는 여행자의 근심을 잠시 잊게 하는 봄의 해우소이다.

● ● ● 니시진은 그 이름만 들어도 그립고 아련해지는 곳이다. 교토에서 가장 사람 향기 폴폴 나는 서민적인 곳이며, 작고 낡고 허름하지만 사랑스러운 오래된 집들이 서로를 기대어 살아가는 운치 있는 동네야말로 니시진밖에 없다. 행정구역상으로는 표기되어 있지 않은 니시진의 골목길을 점심 즈음에 찾아 마구 휘젓고 다니다 보면 어느덧 해가 저물어버려 서둘러 집으로 돌아가곤 했다. 우연히 알게 된 한 도쿄 출신의 편집자는 교토가 너무 좋아 교토로 이사를 왔는데, 그녀의 집은 교토에서도 가장 교토다운 니시진에 있다고 했다.

니시진을 찾으면 '골목에는 베틀 소리가 들려올 것 같은 격자문 집들이 아직도 많이 있다'라고 소개한 여행 책자의 글을 읽은 기억이 있다. 그런데 배낭 속에 항상 같은 자리에 있던 교토의 지도를 꺼내지 않고 무작정 발길 닿는 대로 변덕스러운 마음이 가는 대로 산책을 나섰던 날. 니시진의 단층집들 사이에서 '덜커텅, 탁, 탁…, 덜커텅 탁, 탁…' 손베틀 소리를 듣고 말았다. 가와바타 야스나리의 소설 〈고

10 가미시치켄 上七軒

도)에 등장하는 여주인공 치에코를 흠모하던 히데오네 집도 이 부근 어디쯤이 아니었을까. 상상의 나래를 펼치면서.

니시진은 '니시진오리西陣織'라는 단어를 탄생시켰을 정도로 일본 견직물의 독보적인 생산지였다. 지금은 기모노를 입지 않는 시대의 흐름에 떠밀려 '견직물의 마을 니시진'의 명성은 왕년의 추억으로 퇴장하는 중이다. 대신 교토의 전통가옥인 마치야가 많이 남아 있는 덕에 풍경만큼은 끝내준다. 마치야 붐과 함께 별 볼일 없던 니시진이 산책 명소로 주목을 받기 시작하자 마치야를 개조한 카페나 숍이 조용히 문을 열고 있다. 궁이나 유서 깊은 사찰과 신사가 즐비한 여느 관광지와 달리 서민의 향기로 그득한 동네의 분위기를 십분 발휘하며, 아이러니하게도 '교토에서 가장 핫한 여행지'가 됐다.

●●● 마냥 걷고 싶은 골목길 가미시치켄, 히라노진자平野神社를 둘러보고 기타노텐만구 쪽으로 걷다가 덴진도天神堂라는 떡집에서 야키모치를 사 먹으며 버스 정류장 가미시치켄까지 걷는 코스가 이방인이 찾아낸 가미시치켄을 백만 배 즐기는 법이다. 이 짧은 거리 산책은 교토의 과거로 거슬러간 듯한 착각을 일으키게 한다. 골목길의 색채가 흑백으로 바뀌고 화려한 헤어 장식을 한 게이코 상이 게다를 끌며 바삐 지나갈 것만 같다. 가미시치켄은 이런 어쭙잖은 상상력을 더하지 않더라도 충분히 교토의 정서로 흘러넘치는 골목이다. 격자창이 남아 있는 오차야お茶屋요리를 맛보면서 게이코 상들의 춤이나 노래를 들을 수 있는, 서양의 살롱이나 클럽 같은 곳이 아직도 남아 있는 교토에서 가장 오랜 역사를 지닌 하나마치이므로.

얼마 전부터 가미시치켄의 표정이 밝아졌다. 있는 그대로의 진솔한 풍경이기는 하나 사진을 찍고 나면 지워버리고 싶어지는 거미줄처럼 이리저리 얽힌 전봇줄을 감은 전봇대가 모두 사라졌다. 덕분에 하늘과 더욱 가까워진 거리는 한층 우아해졌다. 걸을 맛이 난다.

가미시치켄의 역사는 무로마치시대1336년~1573년로 거슬러간다. 기타노텐만구를 재건하고 남은 건축 자재를 가져와 일곱 곳의 오차야를 세웠는데, 이것이 가미시치켄의 유래다. 아즈치모모야마 시대 1568~1603년에는 도요토미 히데요시가 기타노텐만구에서 다도회를 열었을 때 가미시치켄의 오차야에서 헌상한 경단이 도요토미로부터 절찬을 받은 후 더욱 이름을 알리게 됐다. 그 후에는 일본 최고의 기모노 생산지로 교토에서 가장 많은 부를 축적한 니시진이 급성장하면서 하나마치로 번영할 수 있었다고 한다. 지금은 열 곳의 오차야에서 스물다섯 명의 마이코 상과 게이코 상이 활동하고 있고, 매년 봄이 되면 기타노오도리北野をどり라는 공연을 열어 출중한 기예를 뽐내며 가미시치켄의 녹슬지 않은 명성을 확인시키고 있다.

11 오리나스칸 織成館

●●● 견직물의 마을 니시진의 풍모를 보여주는 오리나스칸은 규모가 큰 마치야에 문을 연 견직물 뮤지엄이다. 니시진에서 기모노의 허리띠인 오비를 만드는 공방에서 1936년 세운 공방 겸 집의 일부를 개조하여 뮤지엄으로 문을 연 것이 1989년. 일본 각지에서 수집한 수제 직물과 일본의 고대 무늬를 되살린 국보급 기모노들. 오리나스칸에서 만든 견직물을 이용한 공예품들을 전시하는 개인 뮤지엄이다. 오리나스칸에서 컬렉트한 기모노와 오비 숫자만 600여 개에 이른다고 하며, 2층 전시실에서 부정기적으로 개최하는 직물을 주제로 한 기획전은 수준 높은 전시품으로 명성이 자자하다. 일인용 손베틀 앞에 앉아 수백 가지의 실 중 원하는 색과 무늬로 나만의 천을 짤 수 있는 천 짜기 체험은 교토의 체험 관광 상품으로 인기다.

베틀 짜기 체험 공방에서 만난 도쿄 출신의 한 언니와 함께 비공개된다는 오리나스칸의 공방에 운 좋게 들어가게 되었다. 그곳에서 손베틀과 기계베틀을 짜는 모습이나 갖가지 도안도 직접 볼 수 있었다. 교토가 좋다는 이유 하나로 도쿄에서 날아와 장기 교토 여행 중이라는 도쿄 언니는 특히나 견직물에 관심을 갖고 있었다. 그 언니 덕에 수십 년 동안 베만 짜왔다는 깐깐한 공방장 할아버지의 경계심은 무장해제되었고 사전 약속 없이 공방에 발을 들여놓았음에도 일본 무늬에 대해 이것저것 알기 쉽게 설명을 들을 수 있었다.

일본 전통문화, 기모노의 심장부 니시진에서 장인들을 만나게 되자 예전에 만났던 한국의 장인들이 새록새록 떠올랐다. 훈장처럼 가는귀를 먹은 유기장 이봉주 선생, 통영소반의 마지막 전수자, 한옥에서 한복을 입고 옛 도공들처럼 생활하며 찻사발을 만드는 도예가…. 국적을 떠나 한 가지 일에 전념하며 시간과 전통과 자신과의 치열한 싸움을 하고 있는 장인들을 만나면 알 수 없는 에너지를 받게 된다. 니시진의 오리나스칸에서도 그랬다. 그 유명한 니시진오리카이칸처럼 '500년 전통의 니시진 비단의 역사를 알 수 있는 곳이겠지'라고 가볍게 여기고 찾았다가 니시진 장인들의 장인정신에 감복하고 말았다. 교토 사람들은 아니, 교토 장인들은 무모하리만치 전통에 목을 맨다. 전통을 지키라는 숙명을 받고 태어난 전사들 같다. 비록 그 전사들의 외향은 초라할지 몰라도 돈벌이를 최고 항목에 두고 직업을 찾는 사람들한테서는 절대 풍기지 않는 대단하고 멋진 삶의 아우라로 정신이 아찔해진다. 화려하고 복잡한 데다가 도안마저 전혀 남아 있지 않은 옛 무늬를 복원해놓은 오리나스칸의 기모노를 보면서 삶이 시큰둥해질 때마다 이곳을 찾아야겠다고 다짐했다.

12 도에이 우즈마사 에이가무라 東映太秦映画村

●●● 교토로 처음 여행을 준비할 때 점 찍어둔 여행지 중 한 곳이 도에이 우즈마사 에이가무라였다. 당시 여행 패턴이 도쿄나 오사카 등의 대도시에만 머물다 왔기 때문에 일본의 전통적인 풍경을 느껴보고 싶은 욕망이 있었다. 그래서 교토 여행을 펼쳐놓고 여행 코스를 짜는데 도에이 우즈마사 에이가무라는 애매한 위치가 문제였다. 교토 시내의 다른 곳을 둘러보고 느러터진 버스를 타고 갈 생각을 하니 답이 나오지 않았다. 그래서 '여기는 다음에!'로 내쳐졌던 곳. 그러나 세상사 맘먹은 대로 되지 않듯 그 후에도 이 영화 마을만큼은 신기하게 스케줄에서 벗어나곤 했다. 그런 악연으로 버리고 버려 별러 찾은 영화 마을은 좌충우돌 많은 에피소드를 선물했다.

교토가 수도인 도쿄를 제치고 사극의 메카로 자리 잡게 된 것은 1923년 관동대지진이 일어난 이후다. 순식간에 제작 능력을 모두 상실한 도쿄의 영화업계는 교토 이전을 단행했다. 그리하여 일본 영화의 춘추전국시대는 일본의 할리우드 교토에서 시작됐다. 교토가 영화 중심지로 자리를 잡으면서 사극 의상이나 소도구, 화장품 등을 전문으로 하는 가게들도 속속 생겨나게 됐고, 그들이 만든 영화 도구들 역시 이제는 일본 최고의 명품이 됐다.

영화 마을 교토의 심벌은 도에이 교토 촬영소. 교토의 서쪽 우즈마사, 3만6000평 방미터의 땅에 에도시대를 재현한 일본 최대 규모의 대형 오픈세트장으로 사극이나 영화는 모두 이곳에서 촬영된다고 해도 과언이 아닐 정도다. 1975년에는 세트장의 일부를 일반에게 공개하는 영화 테마파크 도에이 우즈마사 에이가무라가 문을 열었다.

도쿄 인근 닛코에 에도시대 민속촌인 에도무라江戶村에서도 시대극을 공연하기도 하지만, 도에이 우즈마사 에이가무라의 명성을 따라가려면 아직 멀었다. 아니, 두 곳은 비교도 할 수 없다. 에도무라는 민속촌에서 맛보기로 시대극을 보여줄 뿐이고, 도에이 우즈마사 에이가무라는 진짜 사극이나 영화가 촬영된다. 그래서 운이 좋으면 일본 톱스타들의 명연기를 가까이에서 볼 수는 있는 특별한 기회가 주어지기도 한다. 운이 없다고 해서 낙심할 필요는 없다. 곳곳에 무궁무진하게 숨겨진 놀거리, 볼 거리를 찾아 나서면 되니까.

13 후지노모리료 藤森寮

●●● "인생이란 롤러코스터와 같아서 좋은 일만 있는 사람도 없고 나쁜 일만 있는 사람도 없다". 이 말로 위로해주는 교토 친구가 있다. 어떤 해결책을 제시해주지 않지만 이 말을 듣는 순간 번뇌가 사라진다. 내게는 위로의 응원가이다. 인생의 롤러코스터는 여행 중에도 종종 실현이 되기도 한다. 보기와 다르게 빈틈이 많아 목욕탕 카페의 쉬는 날을 체크하지 않고 길을 나선 게 낭패였다. 한없이 우울해지고 있는데 바로 옆 정체를 알 수 없는 집이 눈에 들어왔고 호기심이 발동했다. 나무로 만든 작은 세움 간판에는 한자로 '후지노모리료藤森寮, 영어로 후지노모리, 일본어로 손으로 무언가를 만드는 장인 아홉 명'이라 적혀 있었다. 목욕탕 카페 덕에 알게 된 교토 장인들의 공방이었.
교토의 낡은 전통가옥 두 채는 원래 하숙집 같은 기숙사였다가 세련되고 깨끗한 맨션이 들어서면서부터 학생들이 하나둘 떠나더니 급기야 20여 년 전에는 모두 다 사라지게 됐다고 한다. 교토의 손으로 무언가를 만드는 장인들은 비어 있던 옛 기숙사를 가엾게 여기고 재생 프로젝

트를 진행한다. 각기 다른 손재주를 가진 장인들이 방을 하나씩 얻어 공방으로 사용하며 작품을 전시, 판매도 한다. 북쪽집 1층에는 유리공방 나즈나 nazuna, 조각천으로 만든 소품이나 그릇 등을 만날 수 있는 카사네 CASAne, 좁고 경사가 있는 나무 계단을 오르면 2층에는 도자기 공방 류카 RYUKA, 펠트 작가 아내와 화가 남편이 운영하는 세레넷라노사쿠코로 セレネッラの咲くころ, 생활 잡화 공방 후쿠소메 fukusome가 있다. 두 채의 집을 연결해주는 자연 회랑 정원을 통해 남쪽집으로 가면 1층에는 허브와 아로마 교실인 가라후루리후 カラフルリーフ가 있고 2층에는 대나무 바구니나 나무 소품에 일본 종이를 붙이는 일본 전통 공예 공방 유메히토리 夢一人, 블렌드 허브티 전문점 스피카타 SPICATA가 자리한다.

교토를 몇 년 동안 유랑하며 발견한 매력 중 하나는 장인들이다. 그녀들의 모습을 보려고 해가 질 무렵 지친 얼굴로 커다란 카메라를 들고 기온 거리를 찾아드는 관광객들이 많은데 그들이 바라 마지않는 피사체보다 더 황홀하고 부러운 존재는 손으로 무언가를 만들어내는 이들이다. 교토 손 장인들의 파워는 플리마켓에서 빛을 발한다. 붐이 시작되나 싶었는데 지금은 일본 최고의, 재미있는, 다양한 플리마켓이 열리는 곳은 교토라 말할 수 있을 정도다. 큐레이터라면 명함을 건네고 당장 전시 스케줄을 잡고 싶을 정도로 천재적 감각을 지닌 장인도 있고 아직은 풋사과이지만 시간이 흐르면 많은 이들로부터 러브 콜을 받을 예비 장인도 있다. 한 땀 한 땀 시간과 공을 들여 자신과 닮은 물건을 만들어내는 장인들의 하숙집 같은 후지노모리료. 이제 곧 100세를 맞이할 옛 기숙사는 교토의 손 장인들에 의해 세련되고 우아하게 나이를 먹는다. 아! 교토가 있어 다행이다.

Day Trip 169

14 곳토 와힌도 こっとう画餅洞

15 마츠히로 쇼텐 가미시치켄텐 まつひろ商店上七軒店

●●● 곳토 와힌도는 니시진의 직물 공장을 개조하여 문을 연 골동품 숍이다. 장어의 침실이라 불리는 교토의 옛 전통가옥 구조 그대로 가게는 정면이 좁고 안으로 들어갈수록 긴, 그야말로 장어 모양이다. 직물 공장으로 사용하던 당시의 모습을 최대한 남겨두려는 의도였는지 가게 안은 낡은 나무와 건축 자재들이 그대로 노출되어 있다. 허름하고 낡은 옛 전통가옥에 골동품이 전시되어 있어 더욱 끌리는 가게다.

곳토 와힌도에는 칠기 제품, 글라스, 1900년대 초·중반의 그릇이나 인쇄물을 중심으로 동남아시아나 서양의 앤티크 제품까지 쓸모 있는 고물들을 총망라한다. 이 숍의 골동품 수집 원칙은 심플하다. 시대와 나라를 구별하지 않고 마음을 움직이는 아름다운 옛 물건만 셀렉트했다. 그래서 이곳을 찾았을 때 운 좋게 조선 시대에 만들어진 대완을 만날 수도 있다. 그래도 절반 이상이 일본의 골동품들로 채워진다고. 골동품 수집은 주인이 직접 나서기도 하고, 찾아오는 개인 소장가들의 옛 물건들을 구입하기도 한다고. 또 단순히 물건만 늘어놓고 판매하는 삭막한 가게도 아니다. 매달 재미있는 기획으로 소박한 전시도 개최하며, 깨진 도자기나 칠기 제품의 수리나 복원도 가능하다.

골동품 전문가인 젊은 주인에게 어떤 물건이 가장 마음에 드느냐고 물었더니, 말이 떨어지기 무섭게 나라 현에서 만들어진 칠기라는 대답이 돌아왔다. 주황색과 검정색이 오묘한 느낌을 풍기는 칠기 그려넣은 꽃무늬가 매우 정교하며 아름다웠다. 그곳에는 시간의 꽃이 힘겹지만 황홀하게 피어 있었다.

시간이 나이테처럼 배어 있는 것이 골동품이듯, 좋은 골동품은 역시 시간이라는 마법이 인연을 만들어준다고 생각한다. 아무리 좋은 물건일지라도 손님 눈에 들어오지 않으면 그것은 그저 쓸모없는 고물일 뿐이니까. 골동품 천국인 교토에서 나에게 간택 받기만을 애타게 기다리고 있을 천생연분 골동품 찾기에 나서보는 건 어떨까.

●●● 교토에는 일본풍 무늬나 전통을 기초로 한 기념품들이 매우 다양하다. 우리나라처럼 관광지에만 가면 여기저기서 파는 똑같은 기념품은 찾아볼 수 없다. 특히나 관광제국 교토에는 내국인에게나 외국인에게도 인기 만점인 기념품들이 치열한 격전을 벌이고 있는데, 일명 가마구치라는 똑딱이 지갑을 선보이는 마츠히로 쇼텐을 주목해야 한다.

가마구치란 물림쇠가 달린 돈지갑을 뜻하는데, 열린 모습이 두꺼비의 입과 비슷하다고 해서 가마뚜꺼비의 구치입이라고 불리게 됐다는 것이다. 가마구치 전문점인 마츠히로 쇼텐은 산조와 가미시치켄에 두 곳의 점포를 운영하고 있는데, 여유롭게 보려면 가미시치켄점을 찾아야 한다. 품격 넘치는 마치야 안에 핸드폰고리부터 대·중·소의 각종 지갑, 작은 백들이 빼곡하게 진열되어 있다. 디자인은 비교적 단출하나, 사용한 천의 무늬와 색깔이 일본의 전통 무늬부터 꽃무늬, 병아리나 원숭이 등이 프린트된 천 등 시대를 초월하고 동서양을 아우르니 하나를 선택하는 데 꽤 오랜 시간 망설여야 한다.

16 고노시마야 このしまや

●●● '전통을 고수하느냐, 시대 흐름을 따라가느냐'는 교토 사람들의 오래된 화두다. 가장 고전을 면치 못하는 교토의 전통 산업은 기모노가 아닐까. 여전히 기모노를 입어주는 의리 중만한 교토 사람들이 있지만 입다 망할 교토라는 소리는 이제 옛이야기가 되었다. 그런데 가미시치켄에는 전통과 시대 흐름 속에서 유니크한 발상과 열정으로 교토 명품을 만들어 가는 숍이 있다. 데님으로 만든 기모노와 컬러풀한 오비(기모노를 입고 허리에 두르는 띠), 기모노 천으로 만든 가방 등을 선보이는 고노시마야. 기모노를 즐겁게, 재미있게 입어주었으면 하는 바람에서 교토의 일본옷 메이커 신류샤流宗가 문을 연 브랜드다. 데님 기모노는 일본 최고의 데님 생산지인 오카야마 현 고지마 산 데 메카에 일본 기모노의 메카 니시진의 전통을 이어온 장인들의 솜씨가 더해져 탄생했다. 데님 기모노는 '데니무도스'란 이름을 붙여줬다. 아사히신문과의 인터뷰에서 신류사 사장은 이렇게 말했다. "각각의 시대, 각각의 생활에 어울리는 복장이 있습니다. 섬유산업의 역사를 읽으면 과거도 미래도 보입니다."

17 고시츠 사노와 御室さのわ

18 야쿠모 식당 八雲食堂

●●● 닌나지 바로 앞에 고시츠 사노와 란 간판이 내걸렸다. 고시츠 사노와는 교토 시내에서도 찾아보기 힘든 새로운 스타일의 재팬 모던 티 카페다. 컬렉트 숍을 운영하던 오너가 닌나지와 료안지, 킨카쿠지를 찾은 외국인 관광객들에게 일본의 차 문화를 체험할 수 있는 기회를 주고 싶어 카페를 오픈했다고 한다. 그런데 외국인들보다 오히려 일본 관광객들에게 더 큰 인기를 얻는 듯하다. 열 석의 카운터석과 테이블 하나가 고작이니 주말이나 관광 시즌에 찾았다면 오픈 시간을 노려야 느긋하게 차 한잔을 즐길 수 있다.
콘크리트가 그대로 드러난 플로어, 모노톤의 벽, 나무 테이블을 놓은 군더더기 없는 인테리어는 교토에서 주류를 이루는 다다미방 찻집과는 색다른 느낌이다. 긴 나무 테이블 위에 앉아 차를 주문하면 향긋하고 맛있는 차가 우러지는 광경을 눈앞에서 즐길 수 있다. 묵직하고 새까만 철 주전자에 물을 끓이고 모래시계까지 동원하여 정해진 시간 동안 차를 우려 재빠르고 능숙한 솜씨로 손님 앞에 내놓으니 맛있을 수밖에…. 교쿠로나 센차, 반차 등은 교토산으로 한정한 것이 아니라, '맛만 좋으면'이란 콘셉트로 차 공급지를 일본 전국으로 확대시켰다. 또 각 차의 산지가 표기되어 있어 입맛에 맞는 일본 차를 찾을 수 있고, 카페에서 판매하는 차는 모두 소량씩 포장해서 판매한다.
간판 메뉴는 센차와 팥이 들어간 롤 케이크가 세트로 제공되는 오무로, 크림에 단 팥 앙금을 넣은 롤 케이크는 사와노 한정 스페셜이다. 유명한 여성 파티시에가 사노와를 위해 개발한 롤 케이크로, 오직 이곳에서만 맛볼 수 있다. 단, 월요일을 제외한 요일에만 주문할 수 있으며 하루에 딱 열 세트만 판매한다. 이 밖에 일본 과자 아라레나 시나몬과 너트메그, 라즈베리 잼 등을 넣어 구운 오스트리아의 과자 사노와도 차와 곁들이면 좋다. 점심시간 한정 도시락도 판매하며, 기모노 천으로 만든 가방이나 명함집, 다구, 교토의 앤티크 소품 등을 전시, 판매하는 오리지널 잡화 코너도 갤러리처럼 꾸며놓았다.

●●● 교토다움으로 느릿느릿 변모하는 모습을 지켜보는 재미가 있는 동네가 있다. 후나오카 온센이라는 목욕탕이 터줏대감을 자처하는 동네. 스가마치 식당과 목욕탕 카페인 사라사 니시진, 손 장인들의 공방 후지노모리료, 그리고 겟코소 교토月光荘京都라는 게스트하우스와 야쿠모 식당. 이 식당은 저렴하게 한 끼를 해결할 수도 있고 대낮부터 술 한잔을 마실 수도 있다. 아침 9시부터 저녁 6시까지 볼 수 있는 현미밥 정식玄米定食은 현미밥에 국, 반찬 두 가지가 딸려 나오는데 교토치고는 착한 가격이다. 가까이에 있는 후나오카 온센에서 목욕을 한 다음 끼니가 될 안주에 맥주를 곁들이고 2층 게스트하우스에 올라가 하룻밤을 마감하는 코스, 야쿠모 식당에서만 가능한 특별 플랜이다.

19 사라사 니시진 さらさ西陣

●●● 나에게는 교토에 사는 참 예쁜 동생이 있다. 동글동글한 안경을 쓴 그녀는 작은 체구에도 무거운 짐을 번쩍번쩍 나르고 입맛에 맞는 찬이 밥상에 오르면 밥 세 그릇은 거뜬히 먹는다. 교토 친구들에게 푸드 파이터로 인정받은 나이지만 그녀 앞에 서면 '걸음아 나 살려라' 도망을 쳐야 한다. 느리게 사는 법에 대한 고민이 깊은 그녀의 이름이 사라사. 처음 만났을 때를 기억한다. "어머! 사라사? 교토의 그 유명한 꽃미남 카페 이름이라고!". 사라사 카페가 어디 있느냐 하면, 교토에 갈 때마다 새로 생긴 근사한 곳이 없는지 즐거운 염탐을 떠나는 동네에 있다. 사랑해 마지않는 후나오카 온천 근처에 80년 넘은 목욕탕 건물을 맛깔스럽게 수리하여 10여 년 전 문을 연 사라사 니시진 さらさ西陣. 카페 지도를 그려 모두 둘러보려 해도 한 시간이 걸리지 않는다는 소문이 무성한 교토에서 예나 지금이나 이름값 드높은 집이다. 이제는 교토를 대표하는 카페가 되었고 나는 꽃미남 카페로 부른다. 스태프들의 미모가 꽃보다 아름다워 카페에는 늘 언니들로 붐비었다는 전설의 카페이므로. 참고로 사라사 니시진은 교토에서 카페 브랜드로 이름 높은 카페 사라사 Cafe SARASA의 한 지점이다.

영화 〈센과 치히로의 행방불명〉이 연상되는 풍정 넘치는 목욕탕을 카페로 바꾸어 롱런하는 비결은 카페에 직접 가봐야 안다. 높은 천장과 일본에서 만들었다는 마조리카스타일의 알록달록한 목욕탕 타일이 붙어 있는 벽 등 인테리어가 매우 인상적이다. 소문에 따르면 마룻바닥 아래에 욕탕이 숨어 있다고 한다.

사라사 니시진이 단순히 차와 간단한 카페 푸드만 파는 곳이었다면 교토의 수많은 카페 중에서 각별히 아끼는 일은 없었을 것이다. 그곳에는 낡은 책장에 오래된 책들이 꽂혀 있고 마니아들을 줄 세울 만큼 정감 넘치는 라이브 공연이 때때로 열린다. 매주 바뀌는 런치 메뉴와 교토의 명물 두부와 파, 된장 등으로 만든 교토에서만 맛볼 수 있는 특별한 카페 푸드도 반갑다. 2000년에 문을 연 사라사 니시진은 교토의 무수한 카페의 흥망성쇠 속에서도 여전히 사람들을 불러 모으며 교토 카페 역사의 전설이 되어 가고 있다.

20 오카라 하우스
おからはうす

21 잠보 ジャンボ

●●● 무농약 혹은 유기 재배한 채소를 사용한 건강하고 소박한 밥상을 내놓는 밥집, 오카라 하우스. 묘신지와 료안지 사이에는 주택가만 빼곡할 뿐 식당이 거의 눈에 띄지 않아, 더욱 독보적인 존재다. 히가에리 런치를 주문하면 오곡밥과 된장국, 두부, 비지 등의 반찬이 나무 트레이에 담겨 나오는데, 사용하는 그릇이며 젓가락 모두 친환경적이다. 교토풍 가정식 백반값이면 한국 가정식 백반을 두 끼나 먹을 수 있겠지만, 맛은 돈이 아깝지 않을 만큼 훌륭하다. 화학조미료의 맛이 전혀 나지 않으며, 반찬은 신맛, 단맛 등으로 강약을 주어 김치가 없어도 오곡밥 한 그릇을 뚝딱 먹어치울 수 있다. 고춧가루 없이도 맛있는 한 끼를 먹을 수 있다는 것을 새삼 느끼게 한다.

대부분의 손님은 매일매일 반찬이 바뀌는 히가에리 런치를 맛본 후에는 반드시 케이크나 오가닉 커피를 주문했다. 점심을 맛있게 먹어 배가 살짝 불러도 이 집의 명물 케이크 세트를 포기하지 말아야 결코 후회하지 않는다.

●●● 교토 역에서 자전거를 타고 료안지를 둘러본 후 돌아가던 길, 동네 뒷골목을 산책하다가 길을 잠깐 잃게 되었는데 그때 발견한 맛집이 잠보. 이 집은 두 가지로 사람을 놀라킨다. 우선 언제 찾아도 만석이라는 점. 언제 찾아도 이 집의 오코노미야키는 요조숙녀 넷이 먹어도 될 만큼 빅 사이즈라는 것이다. 가게 이름대로 점보Jumbo 사이즈의 오코노미야키를 내놓는다. 게다가 물가 비싼 교토에서는 아주 착한 가격이다. 특대 사이즈의 믹스 점보야키와 야키소바 점보를 즐겨 먹곤 했는데, 먹다 남으면 싸주기까지 하니 여러 가지 메뉴를 부담 없이 주문할 수 있다.

오코노미야키는 오사카풍이다. 즉 단맛이 나는 양배추와 큼직하게 썬 오징어와 돼지고기를 밀가루 반죽과 섞은 후 뜨거운 철판에 굽다가 익으면 가다랑어포가루와 잠보의 특제 소스, 마요네즈, 파래김가루를 뿌려 먹는다. 소스도 매운맛, 단맛 두 가지 중 선택할 수 있고, 가다랑어포와 파래김가루는 원하는 만큼 듬뿍 올려 먹으라고 테이블마다 올려놓았다.

맛있고 값싸고, 양도 푸짐한 잠보의 오코노미야키는 교토로 수학여행을 온 학생들한테도 매우 인기가 높은 데다, 근처에 학교가 많아서 항상 가게 안은 각양각색의 교복을 입은 학생들 차지다. 그러나 잠보의 팬은 학생들뿐만이 아니다. 아줌마, 아저씨, 백발 성성한 어르신들도 잠보의 오코노미야키의 열혈 팬이다. 다만 그분들은 가게 안 테이블보다는 집으로 가져가 구워 먹을 수 있는 포장을 선호한다.

연말연시 연휴를 코앞에 둔 날에도 잠보를 찾았는데 오코노미야키를 먹는 동안 열네 개의 큼직한 박스에 넣어두었던 오코노미야키 재료가 동이 나는 걸 보고 왔다. 그래서 잠보의 주방에서는 양배추 써는 소리가 그치지 않고, 얼굴을 불탄 고구마로 만드는 뜨거운 철판 위에는 오코노미야키가 지글거리는 소리가 멈추지 않고, 가게 앞의 행렬도 끊이지 않는다.

22 도요우케야 야마모토 とようけ屋山本

23 도요우케 차야 とようけ茶屋

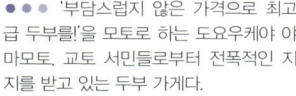

●●● '부담스럽지 않은 가격으로 최고급 두부를'을 모토로 하는 도요우케야 야마모토, 교토 서민들로부터 전폭적인 지지를 받고 있는 두부 가게다.
기타노텐만구 근처에서 3대째 가업을 잇고 있는 야마모토 사장은 말캉말캉한 식감의 니가리 기누코시 두부를 개발하거나 두유 요구르트나 시나몬 두부 등 버라이어티한 두부를 선보이며 시대에 따라 변하는 사람들의 입맛을 잡기 위한 연구도 게을리하지 않는 학구파. 야마모토 할아버지의 안내로 두부 공장을 둘러보게 되었는데, 인상적이었던 것은 품질 좋은 대두나 다른 두붓집이 가게를 정리할 오후 늦은 시간인데도 여전히 많은 두부를 만드는 광경 때문이 아니었다. 바쁘게 두부를 만들면서도 행복해 보이는 공장 식구들의 밝은 표정이었다. 맛있는 두부를 만들기 때문인지, 맛있는 두부를 많이 먹어서 그런지는 알 수 없으나 밝은 표정의 사람들이 만든 도요우케야 야마모토의 두부 한 모에는 교토의 맛있는 물맛과 콩 맛, 그리고 손맛이 응축되어 있다.

●●● 도요우케 차야는 도요우케야 야마모토에서 20여 년 전 문을 연 두부 요릿집이다. 도요우케 차야는 기타노텐만구 근처에서 손가락만한 굵은 면으로 승리한 우동집 다와라야와 함께 가장 유명한 맛집이다. 이 집은 아주 쉽게 찾을 수 있는데, 간판을 확인할 필요도 없이 기타노텐만구 앞에 긴 줄이 선 곳만 찾으면 된다. 처음에는 사람들이 버스를 타려고 서 있는 줄인 줄만 알았는데, 스무 걸음 정도 떨어진 버스 정류장은 오히려 한적하다. 시간 없는 여행자들은 긴 줄을 서면서까지 이 집의 음식을 맛봐야 하느냐고 딴죽을 걸지 모르나, 두부 맛 좋기로 유명한 교토에서 서민적인 두부 요리를 맛볼 생각이면 '잠자코 줄을 서시오'라고 조언하고 싶다. 한국에 있을 때는 두부를 잘 안 먹었는데, 교토에 가게 되면 이 집 두부 요리 생각에 입맛을 다시게 된다.
두부 가게에 딸린 자투리 공간인 1층과 1층보다 약간 넓은 2층과 3층에 자리한 서민적인 두부 요릿집의 추천 메뉴는 1000엔 전후의 두부덮밥. 도요우케돈은 잘게 썰어 조린 유바튀김과 표고버섯, 교토산 명물 실파를 잘게 썬 소스를 듬뿍 올린 스테디셀러이고, 생유바를 듬뿍 올린 나마 유바돈은 이 집 두부 요리의 내공을 짐작케 하는 스페셜 메뉴이다. 일본 음식은 재료가 지닌 본래의 맛을 최대한 이끌어내는 조리법을 중시하므로 한국인에게는 밍밍한 요리가 많지만, 이 집의 덮밥은 두부와 양념이 어우러진 풍성한 풍미를 즐길 수 있다.
두부를 주인공으로 데뷔시킨 디저트 메뉴도 쟁쟁하다. 그중 두유와 우유를 1대3의 비율로 섞은 두유 요구르트, 시나몬 소스를 듬뿍 뿌려 먹는 시나몬 두부가 추천 메뉴다.

24 교토후 후지노 京とうふ藤野

●●● 10여 년 전 도쿄에서 두부 디저트 붐이 일었던 적이 있다. 맛있는 음식을 찾아 먹고 그 음식들 때문에 찐 살을 빼기 위해 다이어트하는 데 번 돈을 모두 탕진한다는 우스갯소리를 듣는 도쿄 오피스 레이디의 전폭적인 지지를 얻으며 두부는 디저트계를 접수했다. 두부 아이스크림, 두부 케이크 등은 소화가 잘되는 콩으로 만든 식품이라는 건강한 이미지와 담백한 맛으로 단맛이 평정한 디저트계의 다크호스로 떠올랐던 화려한 과거가 있다. 두부의 도쿄 붐을 이끈 곳 중 한 곳이 교토에 본점을 둔 두부 가게 교도후 후지노다. 문을 연 지는 이제 고작 80여 년 남짓. 100년 안 된 가게는 꼬맹이라고 치부하는 교토에서 후지노가 명성을 얻고 도쿄까지 성공적으로 진출할 수 있었던 것은 시대를 한발 앞서간 도전 정신이었다. 많은 노포들이 전통 넘치는 옛 두부 맛을 필사적으로 지키고 있을 때 꼬맹이 두부 가게는 젊은 고객들의 입맛을 잡기 위해 여러 가지 아이디어 제품을 내놓았다. 두부만 파는 것이 아니라 두부가 메인으로 등장하는 두부 카페와 두부 요리 전문점도 열었다. 니시키 시장에서 테이크아웃 붐을 일으킨 두부도넛 가게를 오픈한 곳도 이곳이다. 유바 두부나 부드러운 두부와 같이 교도후 후지노의 두부부터 두부 아이스크림, 두유빵, 비지 쿠키, 콩커피 등 이색 디저트가 가게 안을 가득 채우고 있다. 두부처럼 팩에 담긴 네모난 두부 메모장, 두부로 만든 키홀더 등 두부를 응용한 기념품도 보는 재미를 더한다. 매월 12일을 두부의 날로 정하고 기발한 이벤트를 벌이고 있다.

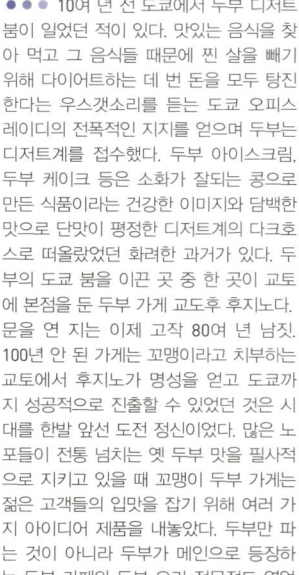

25 세겐인 西源院

●●● 료안지 경내에 있는 유도후 전문점 세겐인. 잘 가꾼 정원을 바라보며 교토의 명물 두부 요리와 사찰 음식을 맛볼 수 있다. 명물 요리는 딱딱하지도, 너무 부드럽지도 않은 식감의 모면 두부에 생면과 일곱 가지의 채소를 곁들여 먹는 나나쿠사 유도후. 나나쿠사는 일곱 가지의 채소를 의미하는데, 교토 명물 채소가 상에 오른다. 유도후에 밥, 채소절임, 산채 등으로 구성된 사찰 음식이 포함된 유도후도 평판이 좋다.

벚꽃이 피는 4월 초순부터 중순경, 눈이 시릴 정도로 풍성하게 핀 벚나무가 있는 아름다운 정원을 다다미방에서 바라보며 느긋하게 유도후를 맛볼 수 있다. 이때 정원에 있는 시시오도시의 물소리와 죽통 소리가 배경음악으로 깔린다. 대나무통에 물이 가득 차면 물이 쏟아지면서 다시 빈 대나무통이 원위치로 돌아가 다시 물을 받는다. 이때 대나무통은 지지대 역할을 하는 돌에 부딪치며 '탁' 하고 소리가 나는데 그 반복적인 소리가 마음을 청명하게 한다.

26 도후카페 후지노 TOFU CAFE FUJINO

27 레 토와 메종
les trois masions

●●● 기타노텐만구 앞에 문을 연 두부 카페 후지노는 두부 요리와 두부 디저트 천국이다. 길 건너 도요우케 차야에서 일본식 두부 요리를 선보인다면 도후카페 후지노의 요리나 분위기는 서양풍이다. 또 도요우케 차야의 손님 연령대가 약간 높은 반면 이 카페는 젊은 여성들이나 기타노텐만구를 찾은 여학생들의 발길이 잦다. 그도 그럴 것이 두부와 두유, 대두를 메인으로 한 저칼로리의 요리를 제공하기 때문이다.

메뉴를 보면 올드 푸드로만 여겼던 두부가 이렇게까지 변신할 수 있는가라고 반문하게 될 정도다. 밥 메뉴는 단출하다. 화학조미료를 일절 사용하지 않는 집으로도 유명한데, 카페 음식이라고 해서 처음에는 별 기대 없이 맛보았는데 음식 맛은 여느 음식점 못지않게 훌륭하다.

다음은 이 집의 인기 메뉴인 디저트를 주문할 차례. 항상 가장 먼저 주문을 결정해 버리는 것이 후왓후루. 바닐라 두유 아이스크림과 초콜릿, 크림치즈, 시나몬 버터 등을 올려 먹는 와플. 여기에 검은콩과 커피를 섞은 깔끔한 맛의 콩커피를 곁들이면 금상첨화다. 후왓후루는 도후카페 후지노의 대표 메뉴로 끊임없는 사랑을 받아왔다. 이름도 재미있는 화제의 일본풍 스위트 오토후노 후왓후루도 명물이다. 떡을 와플기에 넣어 와플 모양으로 만든 후 두유 아이스크림과 시럽을 뿌려 먹는데 떡의 쫄깃함이 매우 중독적이다.

두부 요리와 디저트를 몽땅 맛볼 수 있는 특별한 날도 있다. 매달 두 번씩 점심시간의 디저트 뷔페. 두부, 두유로 만든 요리와 디저트, 음료 20~30여 종을 배불리 먹을 수 있다. 단 이날을 학수고대하는 팬들이 많으니 예약을 하지 않으면 맛보기 어렵다.

●●● 도토리 키 재기하듯 고만고만한 단층 건물들이 주르르 늘어서 있는 니시진의 한 골목길에는 이름처럼 좋은 집이 있다. 프랑스어로 '세 개의 집'이란 뜻의 레 토와 메종. 이름만 들으면 서양풍의 집일 것 같지만 의외로 80년 넘은 마치야를 레노베이션한 다분히 교토다운 공간이다. 원래 직물기계 수리 공장이었던 거대한 옛 가옥으로 카페 1층은 카페와 갤러리로, 2층은 호텔로 개조했다. 도쿄의 카페 랭킹에서 밀리는 법 없는 에비스의 네프 neuf 카페, 미나미 아오야마의 NID 카페 등을 거느린 센트 트렌트 네프에서 간사이 지역에 첫 문을 연 계열 숍이다. 그런데 교토의 정서로 넘실거리는 레 토와 메종이라니 더더욱 의외일 수밖에.

카페는 테이블석과 다다미방으로 나뉜다. 예상한 대로 교토의 전통미에 도쿄의 모던함을 슬쩍 입힌 트렌디한 카페를 찾는 손님들은 20~30대의 젊은이들이었다. 혼자 찾은 나 홀로족의 모습이 많아 의외였는데 단골임이 분명한 그들은 매일 먹는 메뉴를 주문하고, 가져왔거나 혹은 카페에 마련된 책을 읽으며 이내 혼자만의

Day Trip 177

28 르 프티 맥 이마데가와 Le Petit Mec IMADEGAWA

시간 속으로 사라져버렸다. 레 토와 메종 메뉴는 파스타, 카레, 오믈렛, 크로크무슈 등 요즘 젊은이들이 좋아할 만한 메뉴들로만 뽑아놓았다. 가격은 800엔대부터이고 빵과 샐러드, 음료수가 딸려 나온다. 저녁에는 와인도 곁들일 수 있다.

테이블석에 앉은 여기 또 한 명의 나 홀로족도 카페 훔쳐보기를 시작으로 개성 넘치는 손님 구경을 하다가 카페 밖 풍경 즐기기로 이어졌고, 결국에는 마치야의 격차창으로 들어오는 늦가을의 햇살을 바라보는 재미에 빠져버렸다. 여전히 우리나라의 카페 문화를 휩쓸고 있는 별다방이나 콩다방의 시장 같은 분위기와는 너무다른 레 토와 메종에서의 몇 시간은 행복하기까지 하다. 그럴 수만 있다면 카페 근처로 이사를 와서 매일 발도장을 찍고 싶은 동네 카페 희망 단골 1순위 카페다.

●●● "어쩐지 교토까지 가서 베이커리 탐방을?"이라며 교토의 빵집을 추천해 주면 탐탁지 않아 하던 지인들에 힘입어 교토의 빵집은 소개할 엄두를 내지 못했다. 우리나라에서는 여기저기 똑같은 빵집 간판에 질려가고 있는데 교토는 갈 때마다 새로운 빵집 지도를 업데이트하느라 바쁘다. 교토의 빵집 중 꼭 소개하고 싶은 집은 르 프티 맥 이마데가와 Le Petit Mec IMADEGAWA. 길가에 정열적인 빨간 간판을 내걸고 있어 누구나 쉽게 찾을 수 있으나 금·토·일요일에만 문을 여는 관계로 가기로 마음먹었다 해서 쉽게 찾을 수 있는 곳이 아니다.

파리의 어느 빵집인 것처럼 상송이 흐르는 빵집에는 늘 빵을 사 가는 사람이나 빨간색 체크무늬 테이블클로스가 깔린 테이블에서 빵을 먹는 사람들로 북적거린다. 남녀노소 불문, 교토 현지인이나 교토에 거주하는 외국인, 여행자까지 찾는 초인기 빵집이다. 사람 숲을 뚫고 빵을 고르고 줄을 서고 계산을 하여 빵을 받아올 수 있지만 빵 맛이 좋으니 그런 수고쯤 기꺼이 감수해야 한다. 바게트나 크루아상을 비롯하여 담백하고 하드한 빵들이 많다. 서양 배나 사과 등의 타르트, 샌드위치도 맛있고 심지어 빵과 곁들여 마시는 커피마저 맛있다. 인기에 힘입어 교토 오이케에 2호점과 도쿄신주쿠 마루이 본관에도 문을 열었다.

Kyoto Style *4

없는 게 없다!
교토 신사와 절의 부적

신사에서 합장을 한 채 간절히 무언가를 비는 교토 사람들의 뒷모습. 그 모습을 보고 있자면 항상 먼발치에서 구경만 하던 나도 덩달아 무언가를 간절히 바라고 싶어지곤 했다. 간절히 기원을 끝낸 그들은 에마라 부르는 나무판에 소원을 적어서 신사 경내에 매단 다음, 마지막으로 오마모리라는 부적을 사서 소원이 이루어질 때까지 지니고 다닌다. 팔백만 신을 모신 일본의 신사에서는 제신에 따라 별의별 다양한 부적을 판매하는데, '있어야 할 건 다 있고요, 없을 건 없답니다. 라라라라'가 흥얼거려질 정도다. 바라고 또 바라면 마법이 시작된다는 교토에서 찾은 행운의 부적들이 깜짝 놀랄 만한 퍼레이드를 준비 중이다.

Love
"사랑해도 될까요?"

지슈진자의 엔무스비
인연을 맺어준다는 제신을 모시고 있는 지슈진자地主神社는 일본에서 가장 유명한 사랑의 신사. 큐피드의 화살이 박힌 빨간 부적을 지니고 있으면 백마 탄 왕자님. 유리 구두를 신은 공주님이 찾아올지도. 인연 부적은 연을 맺어준다는 의미에서 엔무스비라 부른다.

가미가모진자의 엔무스비
일본의 걸작 연애소설인 <겐지모노가타리>를 쓴 무라사키 시키부도 가미가모진자上賀茂神社 경내에 있는 또 하나의 신사. 가타야마미코진자에서 좋은 사람과 만날 수 있기를 빌었다고 한다. 가미가모진자의 인연 부적은 화살에 방울이 달려 있는 참신한 스타일.

시모가모진자의 엔무스비
제신이 가모가와에서 흘러온 화살을 주워 마루에 놓자 화살이 아름다운 남자 신으로 변신하여 결혼했다고 알려진 시모가모진자下鴨神社. 엔무스비 하면 빼놓을 수 없는 시모가모진자의 경내에는 '렌리노사카키連理の榊木'라는 명물 나무가 있다. 두 그루의 나무가 중간에서 하나로 연결된 기이한 나무다.

Health

"으랏차차! 천하장사"

고오진자의 발 건강과 요통 부적

제신인 멧돼지의 도움으로 발의 통증에서 벗어났다는 고사가 전해지는 고오진자護王神社. 경내에는 발 모양이 새겨진 바위가 있는데 그 위에 올라가면 발이 건강해진다고 한다. 또 허리에 손을 얹고 있는 여인의 모습이 담겨 있는 요통 부적도 인기다.

노노미야진자의 건강 부적

사가노의 대나무 숲 속에 자리한 노노미야진자野宮神社는 인연을 만나게 해주는 사랑의 신사로 알려져 있지만, 건강을 지켜주는 제신도 모시고 있다.

Business

"너무 잘나가서 죄송합니다"

후시미 이나리타이샤 상업 번창 부적

후시미 이나리타이샤伏見稻荷大社는 일본에서 가장 유명한 상업 번창의 신을 모신다. 매년 새해 연휴 3일 동안 250만 명의 사람들이 이 신사로 몰려들고 상업 번창 부적을 사간다. 나무판에 기원을 적어 신사 경내에 매달아두는 에마는 제신의 심부름꾼이라는 여우 얼굴. 얼굴은 사람들 맘대로 그려넣을 수 있어 다양한 얼굴을 한 여우 나무판이 매달려 있다.

구루마자키진자의 재물 부적

재물 운이 상승하는 신사로 알려진 구루마자키진자車折神社에서 기원을 하면 빌려준 돈을 돌려받을 수 있다. 제신이 사후 세계에서 염라대왕이라서 도움을 받아 빌려준 돈을 받을 수 있다는 믿음이 있다. 신석이라는 돌에 기원을 적어 소원이 이뤄지면 돌 하나를 더해 봉납한다고 한다.

미카네진자의 금운 상승 부적

황금색 도리이가 인상적인 미카네진자御金神社는 금을 모시는 신사로 자산 운용이나 증권업계에서의 성공을 기원하거나 경마나 경륜의 승리, 복권 당첨을 기원하는 에마가 봉납되어 있다.

Study

"공부가 가장 쉬웠어요"

기타노텐만구의 공부 부적

일본에서 가장 유명한 상업 번창의 신사가 후시미 이나리다이샤라면 가장 유명한 학문의 신사는 기타노텐만구北野天滿宮이다. 교토로 수학여행을 온 학생들이 빠짐없이 찾는 신사로 제신의 심부름꾼인 소의 상이 곳곳에 세워져 있다. 이 상의 머리를 쓰다듬으면 머리가 좋아진다는 설이 있다.

우지가미진자의 겐지모노가타리 부적

우지가미진자宇治上神社의 제신은 어렸을 때부터 매우 총명했다고 전해진다. 그 때문에 학문의 신사로도 두터운 신앙을 받고 있다. 〈겐지모노가타리〉의 배경이 된 우지에 위치한 신사답게 '겐지모노가타리'가 연상되는 귀족들이 그려진 에마에 소원을 적어 기원한다.

도지의 노트 부적

도지東寺가 배출한 명승, 고보 대사는 어렸을 때부터 총명했으며 사람들로부터 귀중한 사람으로 불렸다고 한다. 당나라 유학을 다녀와 진언밀교를 체계화한 고보 대사. 도지에는 '학업 성취 부적'이라고 적힌 노트 모양의 부적이 교토 학생들에게 인기를 얻고 있다.

Nurture

"튼튼하게만 자라다오"

미시마진자의 순산 부적

미시마진자三嶋神社에서 기원을 하면 아이를 잉태할 수 있으며 순산할 수 있다고 한다. 비운의 여인으로 오하라의 한 사찰에서 생을 마감한 겐레이몬인도 이곳에서 기원을 한 후 안토쿠 천황을 얻었다는 이야기도 전해진다. 임산부가 경내에 있는 돌을 만진 후 배를 쓰다듬으면 남자아이를 낳을 수 있다는 설도 있다. 제신의 심부름꾼인 장어를 모티브로 만든 토령이 인상적이다.

츠루기진자의 아이 건강 부적
츠루기진자剣神社 역시 아이를 지켜주는 신을 모시고 있다. 이 신사에서 기원을 하면 밤에 우는 아이의 울음을 그치게 한다고도 전해진다. 아이가 병에 걸리지 않도록 도와준다는 부적이 인기.

미카미진자의 머릿카락 미인 부적
일본에서도 하나뿐이라는 머리와 머리카락을 모신 미카미진자御髪神社는 돈을 받고 머리를 틀어 올려주는 일인 결발結髪의 선조를 제신으로 모시고 있다. 미용 업계 종사자들이 주로 찾아 머리빗 모양의 에마에 소원을 적고 부적을 사 간다고.

는 화재로부터 교토를 지키기 위해 세운 신사라고 한다.

Beauty
"미인이라서 행복해요"

센뉴지의 양귀비 부적
센뉴지泉涌寺는 클레오파트라와 함께 절세 미인으로 꼽히는 양귀비 관음상이 안치되어 있다. 중국에서 정변이 일어났을 때 피란차 일본으로 건너오게 됐다고 하며 양귀비의 우아한 미소가 담긴 미인 부적으로 유명하다.

야사카진자의 미인 부적
야사카진자八坂神社 내 우츠쿠시고젠샤美御前社는 미를 숭상하는 세 명의 여신을 모신 신사다. 바로 옆에는 지하 90미터에서 샘솟는 미용수가 있는데, 피부에 적시면 피부 건강을 지켜준다는 설도 있다. 게이코 상이나 마이코 상, 화장품 업계 사람들의 발길이 잦다.

와카미야 하치만구의 미인 거울 부적
미인으로 알려진 제신을 모셔 여성 참배객들이 많은 와카미야 하치만구若宮八幡宮. 외모만이 아니라 내면이 아름다워지도록 기원하라는 의미인지 부적에 작은 거울이 달려 있다.

Safety
"기적적으로 살아남으셨습니다"

가미가모진자 항공안전 부적
가미가모진자上賀茂神社의 제신은 여행의 신으로 알려져 있어 항공안전이나 여행안전 부적도 선보인다.

세이메이진자의 교통안전 부적
일본 최고의 음양사를 제신으로 모신 세이메이진자晴明神社는 교통안전 스티커 부적이 있는데, 교토의 차나 오토바이, 심지어 학생들의 가방에도 붙어 있을 정도로 교토의 빅 스타다.

아타고진자의 화재 예방 부적
세이메이진자의 교통안전 스티커만큼이나 교토 사람들로부터 사랑을 받는 필수 부적이 아타고진자愛宕神社의 화재 예방 부적. 옛날부터 아궁이 위에 붙이고 불이 나지 않기를 빌었다고 하는데, 아타고진자

Safety
"앞으로 술술 풀립니다"

세이메이진자의 행복 상승 부적
세이메이진자晴明神社에는 화살표가 별을 향해 마구 솟아오르는 모습이 인상적인 행복 상승 부적도 있다. 젊은이들에게 인기 급상승 중인 떠오르는 스타 부적이라고.

닌나지의 개운 부적
닌나지仁和寺의 부적은 벚꽃으로 유명한 사찰답게 핑크색 벚꽃 모양에 악귀를 물리친다는 방울을 달아놓은 앙증맞은 모습. 닌나지의 벚꽃은 키가 작고 꽃이 여러 겹으로 복스럽게 피기 때문에 예부터 다복을 상징하는 꽃으로 여겨져왔다고 한다.

슷세 이나리진자의 출세 부적

우리에게는 왜란을 일으킨 원흉이지만 일본에서는 역사상 가장 가파른 출세가도를 달렸다는 도요토미 히데요시. 그가 세웠다는 슷세 이나리진자出世稲荷神社에는 출세 부적이 있다.

야사카코신도의 손가락 원숭이 부적

기원 내용도, 모양도 백인백색인 교토의 부적계에 가장 특이한 모양을 꼽으라면 야사카코신도八坂庚申堂의 손가락 모양의 원숭이 부적이다. 길이도 얼굴 표정도 제각각이라 재미있는데, 원숭이는 손은 물론 발을 사용하는 동물이라 손재주가 없는 사람이나 초보 요리사들이 많이 구입한다고.

이마미야진자의 신데렐라 부적

옛날부터 11월 첫째 날, 첫 번째로 참배를 하면 반드시 좋은 인연을 만난다는 이야기가 전해지는 이마미야진자今宮神社. 채소가게의 딸로 태어나 당시 최고 권력가였던 도쿠가와에게 시집을 가며 신분 상승을 이룬 제신도 모시고 있어, 신데렐라를 꿈꾸는 여성들에게 인기다.

구라마데라의 개운 부적, 필승 부적

한 승려가 꿈의 계시대로 호랑이 달, 호랑이 날, 호랑이 시에 구라마데라鞍馬寺를 창건한 인연으로, 이 절에는 호랑이가 등장하는 부적이 많다. 입을 벌리고 있는 호랑이와 입을 다물고 있는 호랑이가 세트로 되어 있는 토령. 토령을 흔들면 복이 찾아온다고. 또 막대기에 종이가 묶여 있는 것은 필승 부적.

Hot tip 부적의 유효기간은?

부적의 유효기간은 산 날로부터 일 년이라는 둥, 그 소원이 이루어질 때까지라는 둥 혹은 소원이 이루어진 부적은 반드시 그 부적을 산 신사로 찾아가 헌납해야 한다는 둥 일본 사람들조차 부적의 유효기간에 대한 의견이 분분하다. 대부분의 일본 사람들은 이미 소원이 이루어졌거나 혹은 오래된 부적을 집에서 가까운 신사로 가져가 헌납하고 있다. 신사에서는 그렇게 모아진 부적을 특정한 날, 제를 지내며 불태운다. 교토의 몇몇 신사에도 오래된 부적을 넣을 수 있는 수거함이 설치되어 있다.

06

아오이 마츠리가
열리는 곳

●

가미가모진자 에어리어
Kamigamojinja Area

교토의 산이 가장 어여쁠 때는 비눗방울이 점점 부풀어 오르듯 나무들의 새순이 하루가 다르게 쑥쑥 자라 산을 살찌우는 봄이다. 마치 애기 브로콜리가 한순간 '펑'하고 부풀어 오른 것 같은데, 이 진풍경은 교토를 둘러싼 산들과 가까운 북쪽 마을로 가야 제대로 볼 수 있다. 가미가모진자와 엔랴쿠지는 교토에서 가장 늦게 봄이 찾아오는 동네다. 초록빛이 짙어지는 대신 관광객들의 모습이 눈에 띄게 줄어들어 여유로운 산책을 재촉하는 북쪽 마을을 상징하는 단어는 '고古'.

교토에서 가장 오래된 신사, 일본에서 가장 오래된 식물원, 교토 사람들이 마음의 고향으로 여기는 영산과 오래전 암자로 시작된 고찰, 천년 넘은 떡집과 500년 넘은 사찰 음식점…. 누군가에게는 별 볼일 없는 하찮은 일을 묵묵히 하다가 늙어갔을 뿐인데, 그 시간은 역사가 되고 전통이 됐다. 새로움을 거부하는 게 아니라 그저 전통을 지키고 있을 뿐이다. 낡았다기보다, 뒤처져 있다기보다는 '용케 살아남아 소중한 무엇인가를 지켜내고 있구나'라는 대견함과 부러움이 복잡하게 교차한다.

교토를 무대로 한 작품을 발표해 교토 작가라고도 불리는 모리미 도미히코는 "오래된 도시라면 불가사의한 일이 일어날 법하다"고 말했다. 아주 오래된 도시, 교토의 북쪽 마을에서는 해마다 봄이 되면 비밀스러운 축제가 은밀하게 벌어진다. 까마득히 먼 옛날, 헤이안시대의 아오이 마츠리 행렬 속으로 숨어들면 내 마음에도 연둣빛 새순들이 터진다.
'퐁 퐁 퐁.
뽀롱 뽀롱 뽀롱.'

MAP
KAMIGAMOJINJA
上賀茂神社

- Ⓑ 버스 정류장
- Ⓗ 게스트하우스
- 卍 절
- ⛩ 신사(진자)
- ⓘ 관광 안내소

01 가미가모진자 上賀茂神社
02 시모가모진자 下鴨神社
03 다다스노모리 糺の森
04 슈가쿠인리큐 修学院離宮
05 엔랴쿠지 延暦寺
06 다이토쿠지 大徳寺
07 이마미야진자 今宮神社
08 샤케노마치나미 社家の町並み
09 고려미술관 高麗美術館
10 교토부립식물원 京都府立植物園
11 교토부립 도판 명화의 정원 京都府立陶板名画の庭
12 후도 風土
13 이노분 기타야마텐 INOBUN 北山店
14 교토 니시진 오하리바코 京都西陣 おはりばこ
15 진바도 神馬堂
16 이치몬지야 와스케 一文字屋和助
17 다이토쿠지 잇큐 大徳寺一久
18 마츠야토베 松屋藤兵衛
19 오가와 다이토쿠지 두부 小川大徳寺豆腐
20 나리타 なり田
21 다이토쿠지 이치마 大徳寺 いちま
22 파티스리 크리앙텔 PATISSERIE ClienTele

ACCESS

가미가모진자★교토 역에서 시 버스 4・46번 계통 가미가모진자마에上賀茂神社前 정류장에서 바로, 220엔

시모가모진자★다다스노모리마에糺の森前 정류장약 25분에서 도보 3~5분, 250엔+220엔
★교토 역에서 시 버스 4・205번 계통을 타고 시모가모진자마에下鴨神社前 또는 다다스노모리마에糺の森前 정류장에서 도보 3분, 약 35분, 220엔
★게이한京阪 데마치야나기出町柳 역에서 도보 10분

다이토쿠지★교토 역에서 시 버스 101・204・206번 계통을 타고 다이토쿠지마에大徳寺前 정류장에서 도보 5분, 220엔

슈가쿠인리큐★교토 역에서 시 버스 5번 계통 슈가쿠인리큐미치修学院離宮道에서 도보 15분, 220엔

엔랴쿠지★에이잔叡山 데마치야나기出町柳 역에서 야세 히에이잔구치八瀬 比叡山口 역14분, 260엔에서 내려 케이블 야세ケーブル八瀬 역에서 케이블 히에이ケーブル比叡 역9분, 530엔까지 간 다음 로프웨이 히에이ロープウェイ比叡로 갈아타고 히에이산 比叡山頂 3분, 310엔까지 간 후 셔틀버스로 갈아타고 엔랴쿠지 버스센터延暦寺バスセンタ 6분, 160엔에서 하차
★교토 역에서 히에이산 드라이브 버스를 타고 엔랴쿠지 버스센터延暦寺バスセンタ에서 하차 65분, 750엔

★히에이잔 원데이 티켓比叡山1day チケット을 이용하면 게이한 전철과 에이잔 전철, 케이블과 로프웨이 프리 이용 가능. 데마치야마기 역을 제외한 게이한 전철 교토혼 센 각 역과 우지 센 각 역에서 3월 20일부터 11월 30일까지만 판매하며 구입 당일에만 이용 가능. 1,720엔

01 가미가모진자 上賀茂神社

●●● 가미가모진자는 야사카진자, 기타노텐만구, 헤이안진구와 함께 교토를 대표하는 신사다. 세계문화유산으로 지정된 가미가모진자는 교토 사람들에게는 시모가모진자와 함께 아오이 마츠리가 열리는 신사로 친근한 존재다. 매년 5월에 열리는 아오이 마츠리는 헤이안시대 794~1185년 귀족들의 행렬을 재현한 축제로, 헤이안 시대부터 '교토 하면 산은 히에이 산, 마츠리는 가모'라는 말이 있을 만큼 독보적인 축제였다고 한다. 그러나 지금은 교토의 여름과 가을을 들썩거리게 하는 기온 마츠리, 지다이 마츠리와 함께 교토의 3대 마츠리로 손꼽히는 데 만족한다.

가미가모진자는 시모가모진자와 함께 고대의 가모 씨의 씨족신을 모신 신사로, 678년 창건됐다. 794년 헤이안 천도 후에는 황실수호 신사로 지정되었고, 이세진구 다음의 지위를 지닌 일본 굴지의 신사다. 제신은 액막이와 낙뢰막이, 전기의 수호신으로 알려져 있다. 정식 이름은 가모와케이카즈치오가미를 제신으로 모시기 때문에 가모와케이카즈치진자 賀茂別雷神社인데, 교토 사람들조차 정식 이름을 정확히 아

는 이는 드물어 그냥 가미가모진자라 불린다.

신사의 경내는 매우 넓다. 두 개의 거대한 붉은 도리이를 통과해 안쪽으로 들어가면 호소덴細殿 앞의 원뿔 모양의 모래 기둥에 시선을 빼앗기게 된다. 신령을 상징하는 것으로 다테즈나立砂라고 하는데, 귀신들이 드나든다 하여 꺼리는 방위인 귀문을 소용돌이처럼 말아 정화시킨 모래가 기원이라고 한다.

발길을 재촉해 붉은 아치를 한 다리를 건너면 로몬樓門이 나오고 그 안쪽으로 들어가면 정면으로 혼덴本殿과 왼쪽으로 곤덴權殿이 나타난다. 1863년 세워진 혼덴과 곤덴은 일본의 국보로, 지붕에 물매를 두어 뒤쪽보다 앞쪽 지붕이 길게 경사지도록 건축한, 독특한 신사 건축양식이다. 이 외에 가미가모진자의 30여 개의 건축물이 중요문화재로 지정되어 있고, 신사 안에는 가타야마미코진자片山御子神社라는 섭사도 있다. 가미가모진자 제신의 어머니를 모신 신사로 무라사키 시키부도 연애 성취를 기원했다는 기록이 있을 만큼 인연을 맺어주고 안전한 출산을 돕는 오래된 신사로, 커플들과 싱글들의 발길이 잦다.

가미가모진자 안에는 몇 개의 좁은 시내가 흐른다. 이 중 쇼케이엔에서는 곡수연이란 천년의 역사를 지닌 행사가 유명하다. 고대 의상을 입고 물가에 앉아 술잔이 흘러오는 동안 노래를 하거나 그림을 그려야 하는데, 술잔이 흘러올 때까지 노래나 그림을 완성하지 못하면 벌칙으로 술을 마신 후 술잔에 술을 채워 다음 사람에게 띄워 보내는 귀족들의 풍류놀이다. 헤이안시대에는 가미가모진자나 아라시야마 강에서 곡수연이 열리곤 했다고 한다.

Travel tip

신사 입구에는 어디를 가나 샘이 있다. 외국인 여행객들은 약수로 착각하고 이 물을 마시는 사건(?)도 종종 벌어지는데, 일본 사람들은 참배를 하기 전에 초즈라는 이 샘물로 손을 깨끗이 씻는다. 손 씻는 법도 있으니 매너로 알아두면 좋다. 먼저 바가지를 오른손으로 쥐고, 왼손에 물을 부어 씻은 후 바가지를 다시 왼손으로 쥐고 물을 떠 오른손을 씻는다.

02 시모가모진자 下鴨神社

03 다다스노모리 糺の森

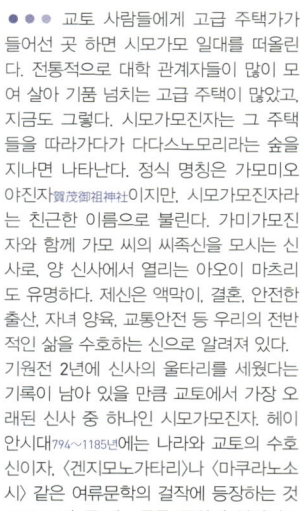

●●● 교토 사람들에게 고급 주택가가 들어선 곳 하면 시모가모 일대를 떠올린다. 전통적으로 대학 관계자들이 많이 모여 살아 기품 넘치는 고급 주택이 많았고, 지금도 그렇다. 시모가모진자는 그 주택들을 따라가다가 다다스노모리라는 숲을 지나면 나타난다. 정식 명칭은 가모미오야진자賀茂御祖神社이지만, 시모가모진자라는 친근한 이름으로 불린다. 가미가모진자와 함께 가모 씨의 씨족신을 모시는 신사로, 양 신사에서 열리는 아오이 마츠리도 유명하다. 제신은 액막이, 결혼, 안전한 출산, 자녀 양육, 교통안전 등 우리의 전반적인 삶을 수호하는 신으로 알려져 있다. 기원전 2년에 신사의 울타리를 세웠다는 기록이 남아 있을 만큼 교토에서 가장 오래된 신사 중 하나인 시모가모진자. 헤이안시대794~1185년에는 나라와 교토의 수호신이자, 〈겐지모노가타리〉나 〈마쿠라노소시〉 같은 여류문학의 걸작에 등장하는 것으로 보아 종교는 물론 문화에 있어서도 중심 신사였음을 알 수 있다.

헤이안쿄를 조영하기 전에 이 신사에서 성공을 기원하는 제를 지낸 이후 국민의 평안을 기원하는 신사로 지정됐다고 한다. 가미가모진자와 함께 칙제사勅祭社로 이세진구 다음의 지위를 지닌다. 칙제사란 천황이 칙사를 파견하여 제를 열고 신주에게 폐幣를 바치는 신사를 말한다.

경내에는 동쪽과 서쪽에 두 개의 혼덴本殿이 서 있고, 신에게 바치는 공물을 조리하는 부엌 등 55동의 샤덴社殿이 늘어서 있다. 혼덴은 국보이며 샤덴도 대부분 중요 문화재로 지정되어 있다. 또한 경내의 미다라시노이케라는 연못에서 솟아오르는 거품을 본떠 만든 '미다라시 단고'가 명물이다. 대나무 꼬치에 3~5개의 찹쌀경단을 꿰고, 설탕을 넣은 달달한 간장 소스를 끼얹은 음식으로, 옛날에는 무병장수의 기원을 담아 신에게 바치기도 했다고 한다.

●●● 가와바타 야스나리는 〈고도〉에서 '교토는 큰 도시치고는 나무들이 무척 아름답다. 슈가쿠인리큐 안이나 고쇼의 소나무숲. 유서 깊은 사찰의 뜰 안에 있는 나무들은 제외하더라도 기야마치, 다카세가와 기슭. 고조, 호리카와 등지의 버드나무 가로수 등은 여행자들의 발길을 멈추게 하기에 부족함이 없다. 정말 멋들어진 버드나무였다. 푸른 가지가 땅에 닿을 듯이 늘어져 있어 처연한 느낌도 들었다. 부드러운 원을 그리고 있는 기타야마의 적송 등도 빼놓을 수 없는 아름다운 정경이다'라고 소개했다. 여기에 다다스노모리도 끼워주고 싶다.

다다스노모리는 시모가모진자 경내에 있다. 가모가와와 다카노가와가 만나며 생긴 삼각주교토 사람들은 데마치 델타라 부른다 북쪽의 12만 평방미터의 대지잠실운동장 크기의 네 배를 차지한 울창한 원시림으로 고대부터 신에게 제를 지내는 장소였다고 한다. 도리이를 통과하면 시작되는 시모가모진자를 향해 일직선으로 놓인 참배로 양쪽에는 하늘에 닿을 듯 높게 자란 나무숲이 있다. 수령이 200년에서 600년 넘은 느티

04 슈가쿠인리큐 修学院離宮

나무, 팽나무 등의 고목들이 드높고 푸른 터널을 만들어낸다. 인정사정 봐주지 않는 폭풍우도 이 원시림만은 조용히 피해갈 것같이 포근하다.

평소에는 고요한 바람 소리와 새소리만 들리는 원시림이 떠들썩해질 때도 있다. 5월 15일에는 화려한 아오이 마츠리 행렬을 감상할 수 있도록 나무 그늘을 만들어 주고, 한여름에는 고서점 축제를 위해 기꺼이 숲을 내어준다. 아낌없이 주는 나무숲에서 찾아낸 놀이는 고개를 쳐들어 나뭇잎 사이로 보이는 파란 하늘 올려다보기이다.

●●● 교토에는 가츠라리큐 외에 또 하나의 별궁이 있다. 우리나라든, 일본이든, 영국이든 나라에 상관없이 모든 여행 책자에는 '가을 단풍이 아름다운 곳'이라는 똑같은 수식어가 적혀 있는 슈가쿠인리큐다. 17세기 중반 학문과 예술에 깊은 조예를 지닌 고미즈노 상황의 지시로 지은 별궁으로, 54만 평방미터의 드넓은 땅에 세 개의 다실과 각 다실에 속한 정원이 멋지게 점재되어 있다.

황실 별궁이지만 번쩍거리는 왕궁의 화려함을 잔뜩 기대했다가는 교토고쇼와 마찬가지로 실망이란 말만 되풀이하게 될 곳이다. 게다가 사전에 관람을 신청한 부지런한 사람에게만, 그것도 가이드 인솔하에 방문을 허락하는 깐깐한 입장 심사에 원성은 하늘 높은 줄 모르고 치솟을지도 모른다. 물론 가을 단풍이 절정일 때 찾으면 번쩍거리는 황금보다 훨씬 황홀한 풍경에 외마디 감탄사가 작렬하게 될 곳도 슈가쿠인리큐다.

뷰 포인트는 린운테이 隣雲亭에서 요쿠류치 浴龍池를 눈 아래로 내려다보는 것. 그런데 속세의 번뇌마저 잊게 하는 슈가쿠인리큐의 뷰 포인트에서 문득 옛 주인이 떠올랐다. 고미즈노 상황은 에도막부와 조정 간의 대립 사건인 시에 紫衣 사건과 당시 에도막부의 수장이었던 도요토미 이에미츠의 유모가 조정 일에 간섭하는 등 천황의 권위를 실추시키는 행동을 계속하자 퇴위를 결심한 것으로 알려진 인물이다.

옛날부터 일본에서는 종파를 불문하고 덕이 높은 승려나 비구니의 '시에'라 부르는 법의나 가사를 조정에서 하사했다. 그러나 에도막부는 사찰이나 승려를 압박함과 동시에 조정과 종교계의 관계를 대등하게 할 목적으로 법의나 가사를 받기 전에 막부의 승인을 받는 규칙을 정했고, 이에 반발하는 승려들을 먼 곳으로 유배를 보냈다. 그로부터 2년 후에는 아예 조정에서 법의나 가사를 하사하는 것마저 금지시켰다. 이에 격노한 고미즈노 상황은 막부에 대한 항의 표시로 퇴위하게 된 것이다. 고미즈노 상황은 린운테이에서 자신이 꾸민 절경을 바라보면서 어떤 생각에 잠겼을까 궁금해졌다.

05 엔랴쿠지 延暦寺

●●● 교토 시내 동북쪽에는 교토와 시가 현에 걸쳐 있는 히에이 산이 우뚝 솟아 있다. 오랜 공들임 끝에 세계유산이 된 후지 산이 일본 사람들의 영산이라면 히에이 산은 옛 도읍지 사람들의 영산이다. 새해에는 성지 히에이 산에서 일출을 맞이하려는 교토 사람들로 인산인해를 이루고, 주말이면 8.1킬로미터의 히에이 산 드라이브웨이에서 데이트를 즐기는 교토 커플들로 활기를 띤다.

해발 848미터로 아주 높은 산은 아니지만 정상에 서면 교토 시내와 옆 동네 시가 현의 비와코라는 호수가 발아래로 내려다보인다. 그리고 그 산에는 일본 천태종의 총본산이며 일본의 역사와 종교에 깊은 영향을 준 사찰 엔랴쿠지가 있다. 산 전체가 사찰이자 천연기념물로 지정된 이 사찰에는 1200년 동안 한 번도 꺼지지 않았다는 불멸의 법등이 오늘도 불을 밝히고 있다. 한 친구는 엔랴쿠지는 교토 시내에 있는 사찰들과는 또 다른 감동이 있다며 방문을 적극 권유했다. 덧붙여 엔랴쿠지에서 일본 최초의 오미쿠지가 탄생한 곳이라며, 머리에 뿔이 난 도깨비 그림을 보여주는 게 아닌가. 그 친구집 대문에 붙어 있던 유니크한 부적이었다. 그렇지 않아도 가볼 심산이었던 엔랴쿠지 여행은 친구의 부추김으로 더 앞당겨졌다. 그러나 엔랴쿠지 가는 길은 만만치 않았다. 걷고, 지하철을 타고, 노면 전철로 갈아타고, 로프웨이로 또 갈아타고, 케이블카로 또 또 갈아타고, 버스를 탄 끝에 도착하는 히에이 산 엔랴쿠지 가는 길은 고단하기만 하다. 아니 눈요기를 위한 여행자에게 가벼운 수행을 체험시켰다. 그래도 교토 사람들의 마음의 고향, 수행의 성지, 많은 명승을 배출한 성산이므로 기꺼이 받아들이기로 했다.

엔랴쿠지는 사이초 대사最澄大師를 빼놓고 이야기할 수 없다. 당나라에서 불교 유학을 마치고 돌아온 사이초는 788년 일본 최초의 천태종 사찰을 창건했다. 사이초

는 열아홉 살 되던 해 도다이지東大寺로부터 구족계具足戒를 받았지만 고향에 암자를 짓고 참선과 독경에만 전념했다고 한다. 그러던 중 당시의 경전에 틀린 글자와 누락된 부분이 많음을 한탄하여 도지東寺를 창건한 구카이와 함께 당나라로 유학을 떠나 천태종의 보살계를 받았다고 한다. 일 년 후 일본으로 돌아와 엔랴쿠지를 창건하고 일본 불교의 여러 종파를 통일하는 데 힘썼다고 전해진다.

엔랴쿠지가 '일본 불교의 모산母山'으로 불리는 데는 그만한 이유가 있다. 천태종은 물론 일본 정토종, 일련종, 임제종 등을 개조한 승려들이 모두 엔랴쿠지에서 수행한 승려들이었다. 또한 불교 건축물이나 그림, 공예품 등 10개의 국보, 60여 개의 중요문화재를 소유한 고대 불교 문화의 산실이며 일본 불교를 대표하는 성지로서 세계문화유산으로 지정됐다.

인간의 한계를 뛰어넘어야 하는 엄격한 수행이라는 십이롱산행十二籠山行과 천일회봉행千日回峯行 등이 아직도 지속되는 사찰로 유명하다. 롱산행은 삼배를 올리는 큰절로 오체투지라고도 하는데 엔랴쿠지에서는 하루 삼천 배의 오체투지를 행한다. 고대 인도에서 행해지던 수행법에서 유래한 것으로 양 무릎과 팔꿈치, 이마의 신체 다섯 부위가 바닥에 닿는다는 것에서 오체투지라는 이름이 생겼다고 한다. 천일회봉행은 헤이안시대794~1185년 초기부터 엔랴쿠지에서 시작된 수행법. 행자들이 사는 곳인 무도지無動寺를 기점으로 하여 산속을 걸으며 수행을 하는데, 날마다 점점 거리를 늘려 1000일째 되는 날에 교토고쇼에 도착해야 비로소 수행이 끝난다.

엔랴쿠지는 수천 명의 승병을 거느렸던 사찰로도 유명하다. 일본의 승려는 대규모 토지에 기반한 특권 세력인 동시에 독립적인 세력이었는데, "가모가와의 범람과 주사위 패, 엔랴쿠지의 승병은 나도 어쩔 수 없는 것"이라던 시라카와 천황의 말이 남았을 정도다. 따라서 왕실과 귀족들로부터 막강한 비호를 받으며 불교 문화를 꽃피웠던 헤이안시대 이후에는 권력자들과 묘한 관계에 놓이기도 했는데, 1571년 오다 노부나가는 자신의 세력 확대를 지지하지 않은 아시카가 요시아키와 내통했다는 이유로 사찰을 초토화시켰다. 그로 인해 엔랴쿠지의 역사적인 가람이 잿더미로 사라졌고, 현재의 가람은 대부분 그 이후에 재건됐다고 한다.

히에이 산을 순환하는 셔틀버스를 타고 사람들에게 "엔랴쿠지가 어디에 있나요?"라고 물으면 대략 난감한 표정을 지으며 머뭇거리는 반응을 보게 될 것이다. 엔랴쿠지는 히에이 산 전체이기 때문이다. 그래도 주요 건물이 몰려 있는 요카와橫川, 사이토西塔, 도토東塔 세 지역으로 크게 나뉘어 있고, 각 지역은 셔틀버스로 연결된다. 요카와, 사이토, 도토 순으로 둘러보는 게 가장 편하다.

요카와 에어리어는 요카와추도橫川中堂와 일본 최초의 오미쿠지가 탄생한 간잔다이시도元三大師堂가 있다. 간잔 대사는 헤이안시대 승려로 천태종을 중흥시킨 인물이다. 법명은 지에 대사지만 입적한 날이 정월 3일이라서 간잔 대사라는 애칭으로 불리게 됐으며, 액막이 대사로 불린다.

일본의 절이나 신사에 가면 대개 길흉을 점치기 위해 뽑는 제비인 오미쿠지가 있게 마련이다. 번호를 붙인 100개의 나무

막대기를 구멍이 좁은 나무통에 넣어 기원하면서 그중 하나를 꺼내면 나온 번호에 대한 오언사구의 한시로 길흉을 판단하는 것이 시초라고 하는데, 그 기원이 간잔다이시도다.

뿔 달린 도깨비 그림이 새겨진 비석에는 '984년 전국에 역병이 창궐하여 많은 사람들이 차례로 병마에 쓰러져갔다. 간잔 대사가 사람들을 구하기 위해 큰 거울 앞에서 모습을 비추고 조용히 눈을 감고 좌선에 들어가자 점점 몸이 변하더니 뼈만 남은 도깨비가 됐다. 이를 지켜보고 있던 제자 중에 묘후 아자리라는 승려가 그 모습을 훌륭하게 그려냈다. 간잔 대사는 그 그림을 보고 목판으로 만들어 부적을 찍어내라고 명령하고, 자신도 부적으로 진리를 깨달았다. 완성된 부적을 일시에 집집마다 출입구에 붙이도록 명령하자, 그 부적이 붙여진 곳에서는 역마가 사라졌다. 그 후 1000여 년 동안 이 부적을 뿔대사라 칭하고 간잔 대사의 부적으로, 병마를 퇴치하고 액을 면하는 영험한 부적으로 전국적으로 숭상됐다'라는 유래가 새겨져 있다.

사이토 에어리어는 삼나무숲으로 둘러싸인 고요한 산사로, 엔랴쿠지에서 가장 오래된 건물인 샤카도 釈迦堂와 두 개의 불당이 회랑으로 연결되어 있는 벤케이노 니나이도 弁慶のにない堂가 들어서 있다. 이 신기한 건축은 법연과 염불은 일치한다는 것을 표현한 것이라고 한다. 고지린 居士林에서는 1박2일과 3박4일 코스로 템플스테이 체험이 가능하다.

도토 에어리어는 혼도라 할 수 있는 천태종의 독특한 불전 양식으로 1624년 개축된 곤폰추도 根本中堂가 있는데, 사이초는 지금의 곤폰추도에서 엔랴쿠지를 창건했다고 한다.

국보로 지정된 곤폰추도는 건물 양식부터 이채롭다. 〈법화경〉을 기초로 하여 법당 안에 또 하나의 법당을 세웠는데 마치 연꽃 봉오리 같다. 그 안에는 사이초 대사가 제작했다는 비불 약사여래입상이 봉안되어 있고, 1200년 동안 한 번도 꺼진 적이 없다는 불멸의 법등이 법당을 밝히고 있다. 불멸의 법등으로 가려면 건물 바깥쪽에서 신발을 벗고 '번뇌의 바다'라고 부르는 넓은 공간을 가운데 두고 양쪽으로 난 회랑을 돌아서 들어가야 한다. 도호쿠 지방에서 관광버스를 대절해 온 아줌마 아저씨들 틈에 끼어 마이크를 든 스님의 법당과 불멸의 법등에 대한 설명을 들을 수 있었다. 곤폰추도를 나오자 어디선가 마음에 부딪히는 종소리가 계속 들려왔는데, 알고 보니 다이코도 大講堂 앞에 세워진 개운의 종이 울려 퍼지는 소리였다. 줄을 선 사람들은 개운을 기원하면서 종을 있는 힘껏 치고 그 바람 소리는 히에이 산 곳곳으로 퍼진다.

06 다이토쿠지 大德寺

●●● 무슨 다도회라도 있는지 기모노를 곱게 차려입은 할머니의 행렬을 따라 다이토쿠지로 가던 중 절 앞에 세워진 푯말을 읽게 됐다. '다이토쿠지 절에는 조선의 외교사절이 네 차례 걸쳐 숙박하였다. 1509년에 도요토미 히데요시의 일본 통일 축하와 일본의 국정 정찰을 위해서였다. 임진왜란이 끝난 후, 1607년에 국교 회복을 위하여 도쿠가와 이에야스의 서한에 대한 조선 국왕의 답신 국서를 지닌 약 500명의 사절단 그리고 1617년, 1624년에도 같은 사절단이 에도로 가는 도중 체류하였다. 당시 절에는 전쟁 중에 포로가 된 조선인들이 찾아와서 사절단으로부터 고향의 소식을 듣고 대성통곡하였다고 한다.' 이 푯말을 읽고는 미미즈카를 방문했을 때만큼이나 가슴이 먹먹해졌다. 그리고 다이토쿠지에 도착해서야 조선통신사와 관련된 절이라는 것을 알게 된 것이 한없이 부끄럽기만 했다.

임진왜란 후 조선과 일본은 관계 회복을 위해 공식적인 외교사절 교류를 펼쳤다. 막부의 새로운 쇼군이 결정되면 조선에서는 300~500명으로 구성된 사절단을 일본으로 파견했다. 조선통신사는 부산에서 대마도를 거쳐 시모노세키로 들어간 후, 오사카와 교토로 들어갔다. 조선 전기에는 쇼군이 교토에 있어서 교토까지만 갔지만 후기가 되자 에도로 쇼군의 거처가 옮겨졌으므로, 통신사의 종점도 도쿄로 바뀌었다. 조선의 국왕이 막부 쇼군에게 국서를 전달하기까지는 대개 6개월에서 일 년여의 시간이 소요됐는데, 통신사에 대한 화려한 접대는 일본의 재정을 압박하는 원인이 됐을 정도라고 한다. 조선통신사가 머물렀던 교토의 사찰은 다이토쿠지, 혼코쿠지本国寺, 혼노지本能寺의 세 곳으로 비교적 옛 모습을 간직하고 있는 것은 다이토쿠지뿐이라고 한다.

1315년에 창건된 임제종 다이토쿠지파의 대본산인 다이토쿠지는 다도에 심취했던 오다 노부나가와 도요토미 히데요시 시대에 번창한 선종 사찰이다. 잇큐 선사 등 명승을 배출한 사찰로 이름이 있으며 무라타 주코, 고보리 엔슈, 센노리큐, 다케노 쇼오 같은 다도가들과도 관계가 깊다. 경내에 들어선 스물세 개의 사원 가운데 항상 일반 공개되는 곳은 고토인高桐院, 다이센인大仙院, 료겐인龍源院, 즈이호인瑞峯院 네 곳뿐이다. 이 중 백미는 다이토쿠지에서 가장 오래된 탑두인 료겐인과 그 안에 있는 모래와 돌로 자연을 표현한 세 개의 가레산스이枯山水식 정원들이다. 동쪽에 있는 도테키코東滴壺는 일본에서 가장 작은 돌 정원이라는데 한 방울의 파문에서 시작된 바다의 광대함을 표현하고 있다.

Day Trip 195

07 이마미야진자 今宮神社

08 샤케노마치나미 社家の町並み

●●● 이마미야진자는 역병 때문에 세워진 신사다. 994년 역병이 유행하자 후나오카 산에서 제를 지냈지만 다시 역병이 만연한 1001년 지금 신사 자리에 신전을 세우고 역병이 사라지기를 기원하면서 창건됐다.

경내에는 빨간 방석에 앉아 있는 아호카시상阿呆賢さん이라는 신비로운 돌이 있다. 손바닥으로 가볍게 세 번 툭툭 친 후에 들어 올리면 무겁고, 마음속으로 소원을 빌면서 세 번 쓰다듬은 후에 들어 올리면 가볍게 들리면서 소원을 이뤄준다는 돌이다. 또 돌을 쓰다듬은 손으로 몸의 아픈 부위를 만지면 병이 낫는다고도 한다.

매년 4월 둘째 주 일요일이 되면 이 마미야진자에서 역병을 퇴치하는 야스라이 마츠리가 열린다. 봄꽃이 떨어질 때 역신이 따로따로 흩어져 사람을 괴롭힌다는 미신에서 시작됐

다. 마츠리 행렬의 선두가 들고 있는 꽃으로 장식한 우산 밑으로 들어가면 일 년 동안 병에 걸리지 않는다고도 하며, 아부리 모치라는 떡을 먹으면 역병에 걸리지 않는다는 미신도 전해진다.

●●● 가미가모진자의 남쪽 언저리에는 전통가옥들이 늘어선 고풍스러운 풍경을 볼 수 있는 샤케노마치나미가 있다. 나지막한 돌담 위에 흰 벽으로 둘러싸인 집 앞에는 수로가 지나고, 집집마다 돌다리가 하나씩 어김없이 놓여 있다. 샤케노마치나미는 샤케라 부르는 신관들과 그 가족들이 모여 살던 집촌이다. 지금은 400미터 길이의 수로를 따라, 30여 채가 남아 있어 중요 전통적 건조물군 보존지구로 선정됐다. 이 독특한 마을은 무로마치 시대1336~1573년에 형성됐다고 하며, 가장 많았을 때는 300여 채가 들어서기도 했다고 한다. 집집마다 빼어난 정원을 갖추고 있다는데, 돌담 밖으로 보이는 잘생긴 정원수들만 보아도 이 마을이 예전부터 고급 주택가였음을 알 수 있다. 그러나 아쉽게도 정원과 집 안을 관람할 수 있는 곳은 니시무라케 벳테이西村家別邸라는 집뿐이다. 1181년 가미가모진자의 신주가 만든 정원이 볼 만한데, 현존하는 신관의 집들 중 가장 오래된 정원이라고 한다.

09 고려미술관 高麗美術館

"교토에 가면 꼭 한번 들러보세요"라고 간곡히 부탁드리고 싶은 미술관이 있다. '웬 교토에 고려미술관이람?'이라며 의아하게 생각하는 이도 있고 이런 곳이 있는 줄 모르는 이도 있고 이곳을 좋아하는 교토 친구도 있다. 교토 여행서를 쓰겠다며 교토의 이곳저곳을 전전하며 살던 시절, 고려미술관은 늦가을에 지낼 동네로 찾은 기타야마의 숙소에서 큰길 하나만 건너면 되는 곳에 있었다. 그리고 그 늦가을에 오지랖 넓은 카페 여주인의 소개로 고려미술관 관계자분들과 인사를 나눌 기회를 갖게 됐다. 그런데 〈때때로, 교토〉에는 이제야 소개하게 되었다.

고려미술관. '손에 넣을 돈도 없으면서 보지 않고는 못 배기고, 보면 만지고 싶어서 안절부절못하고, 그것이 괜찮은 물건이다 싶을 때는 손에 넣지 못하면 병에 걸리고 마는 정도'였다고 평가받는 사람이 사재를 털어 세운 사립 미술관이다. 청동거울, 통일신라의 기와, 모란 무늬가 새겨진 고려 상감청자, 조선시대 백자, 나전으로 장식한 목공예품, 산수도와 화조도, 민화에 이르기까지 1955년부터 30여 년간 일본에서 모은 한국 문화재 1700여 점은 1988년 개관한 '고려미술관'의 소중한 컬렉션이 됐다.

고려미술관의 창립자는 단순히 한국 미술품을 탐낸 수집가나 미술에 조예가 깊은 성공한 실업가가 아니다. 고려미술관의 창립자는 정조문鄭詔文. 경북 예천 출신으로 여섯 살에 조국을 떠나 일본살이를 시작한 그는 초등학교를 졸업하고 나서 항만노동이나 토목공사, 인력거꾼 등을 전전하다 서른셋이 되던 해에 교토에서 파친코 사업을 시작했다고 한다. 이후 선술집이나 고깃집, 초밥집, 찻집으로 사업을 넓혀갔다. 그러던 그의 눈에 조선 백자가 들어오는데 그때 그가 본 것은 표면적인 아름다움이 아니라 존재감이었다고 한다. 1955년 당시 가격은 50만 엔. 그는 일 년에 걸쳐 나눠 갚기로 하고 조선 백자를 품에 안고 집으로 돌아왔다. 그 후 임진왜란이나 일제강점기 때 일본으로 흘러들어간 우리 문화재를 되찾아야겠다는 집념에서 미술품을 사들이기 시작했다고 한다. '조국이 다시 하나가 되면 이것들과 함께 돌아가자'고 생각하기도 했다고 한다.

생애 마지막 순간이 다가오는 것을 느꼈던 것일까. 그는 '모든 나라 사람들이 조국의 문화와 역사를 올바르게 이해하고 동포들이 조국의 평화통일에 대해 대화하는 자리를 마련하고 싶다'는 바람에서 1988년 전재산을 재단법인에 기증하여 고려미술관을 개관하였다. 그러나 그는 생전에 한 번도 고향땅을 밟아보지 못했다. 둘로 나뉜 조국에 통한을 느낀 그는 통일이 되기 전에는 바다를 건너지 않겠다고 다짐했다고 한다. 미술관 이름도 우리나라 최초의 통일 왕조였던 '고려'를 앞세웠다. '내 스승은 일본의 고미술상'이라고 했다는 미술관 창업자의 이야기는 〈정조문과 고려미술관〉이란 책으로 출간되었으니 관심 있는 사람들은 찾아 읽어보길 바란다.

10 교토부립식물원 京都府立植物園

● ● ● 교토 어르신들의 데이트 명소로 이름을 날리다가 지금은 그 손주들의 놀이터로 여전히 사랑을 받는 곳.〈어린 왕자〉의 바오밥나무의 흰 꽃을 볼 수 있고, 손바닥만한 하얀 꽃이 피는 손수건 나무가 있고, 누군가가 훔쳐가 신문기사에 실린 적도 있다는 럭비공 모양의 신기한 식물이 있는 곳. 열정적인 원장이 직접 그린 식물원 지도가 있고 가와바타 야스나리가〈고도〉라는 소설에서 여덟 번이나 언급했던 곳은 교토부립식물원이다.

1924년 1월 1일에 개원한 일본 최초의 식물원인 교토부립식물원은 1946년부터 12년 동안 연합군의 영지로 사용되다가 1961년 재개관한 역사를 지니고 있다. 고시엔 야구장의 여섯 배에 해당하는 24만 평방킬로미터의 부지에 1만2000 품종. 5만5000그루의 식물이 뿌리를 내리고 있으며, 연간 60만 명의 사람들이 찾는다. 명물은 바오밥나무와 럭비공 모양의 식물. 럭비공 식물 도난사건으로 온실 내에는 CCTV가 설치됐다고 한다.

뷰 포인트는 온실 앞에서 바라보는 히에이 산의 아스라한 풍경이다. 히에이 산을 차경으로 끌어들이고 그 시선 사이에 구조물을 배치하지 않았다. 온실도 찬찬히 뜯어보면 교토의 명소 중 한 곳과 닮았다. 연못에 떠 있는 킨카쿠지를 이미지했고 온실 지붕은 기타야마 연봉의 실루엣으로 표현했다. 꽃보다 아름다운 온실 지붕의 곡선은 마치 한옥이나 한복의 둥근 곡선처럼 느껴진다. 온실 안에는 4500종 2만 5000그루의 난대성 식물을 관람할 수 있는데, 5월과 10월 중순부터 하순까지 가장 많은 꽃들이 피어 아름답다.

교토부립식물원에서는 전 세계의 다양한 식물을 관람할 수 있지만, 일본에 온 만큼 일본에서만 볼 수 있는 식물생태원을 구경하는 재미도 쏠쏠하다. 1970년 문을 연 식물생태원은 일본이 원산지인 나무와 원예식물 1000여 종을 자연에 가까운 상태로 재배하는데, 인공적으로 만든 식물원이라기보다는 숲 같은 곳이다. 가미가모 진자와 시모가모진자 구경길에 들른 교토부립식물원에서 상쾌한 초록 샤워를 맘껏 즐기다가 본 이 세상에서 가장 아름다운 꽃은 유치원 아이들의 스케치북에 펼쳐진, 서툴게 핀 꽃들이었다.

11 교토부립 도판 명화의 정원
京都府立陶板名画の庭

●●● 교토부립식물원 옆에는 아주 특별한 정원이 있다. 동·서양의 명작을 도자기판에 전사하여 전시하는 독특한 옥외 미술관이다. 안도 타다오가 설계한 지붕이 없는 미술관에는 모네의 '수련'과 '아침', 미켈란젤로의 '최후의 심판', 레오나르도 다빈치의 '최후의 만찬', 르누아르의 '테라스에서', 조르주 쇠라의 '그랑드 자트섬의 일요일 오후', 일본의 국보인 '조수인물희화鳥獣人物戯画', 중국의 '청명상하도淸明上河図'가 전시되어 있다. 따사로운 햇살을 받으며 때로는 비나 바람을 맞으며 세기의 작품과 조우할 수 있다. 원화를 촬영한 필름을 도자기판에 전사하면 변색이나 부식이 생기지 않아 옥외에 설치해도 영구 보존이 가능하다고 한다.

12 후도 風土

●●● 교토에는 손맛이 배어 있는 소품을 딱 한 가게에서만 판매하는 일이 비일비재한 바람직한 동네다. 후도는 펠트 작가 우라타 유미코 씨와 남편이 운영하는 셀렉트 숍으로, '바람이 사계절을 낳고 땅의 힘이 자연을 키운다'는 시적인 가게 이름이 매력적이다.

낡은 쌀가게를 개조한 숍 안에는 남부철기를 제조하는 공방에서 가져온다는 까만 주전자와 냄비, 오프너, 글라스 제품, 나무로 만든 오브제나 스푼, 흙으로 빚은 도자기, 은 공예품, 펠트 인형 등이 진열되어 있다. 우라타 부부가 전국을 돌며 발품을 팔아 셀렉트한 젊은 작가들의 생활 공예품들이다. 소품은 가짓수는 적지만 공통점을 찾기 어려울 정도로 개성이 강한데, 이 집의 콘셉트인 '손으로 만든 잡화'라는 조건을 만족시켜 후도에 입성하게 됐다. 계절마다 대대적인 소품 교체를 하므로, '다시 찾아야지' 다짐해도 한 치 앞을 알 수 없는 게 삶인지라, 마음에 드는 물건이 있다면 냉큼 구입하는 것이 똑똑한 쇼핑법이다.

13 이노분 기타야마텐
INOBUN 北山店

●●● 교토에는 골목마다 크고 작은 잡화점이 더러 있다. 교토 북쪽에 자리한 조용하고 자연친화적인 주택가인 기타야마에는 알파벳을 비롯하여 핸드메이드 숍이 몇 곳 있는데 상품이 다양하기로는 이노분만한 곳이 없다. 교토를 대표하는 생활잡화점인 이노분INOBUN에는 심플, 내추럴, 베이식을 모토로 여성들의 지갑을 열리게 하는 머스트 아이템들이 층층이 쌓여 있다. 가드닝, 리빙 용품을 비롯하여 여성 의류나 가방, 액세서리, 테이블웨어, 키즈 용품, 스테이셔너리까지 갖추고 있고 가격도 저렴한 편이며 이노분 한정 상품도 제법 많다. 1814년 종이 매매를 하는 회사로 창업한 이노분은 현재 교토와 오사카 등 간사이 지역에 10여 개의 점포를 두고 있으며 미국의 잡화를 취급하는 네오 마트, 네오 마트 빈티지 스타일이란 계열 브랜드도 성업 중이다.

14 교토 니시진 오하리바코 京都西陣 おはりばこ

15 진바도 神馬堂

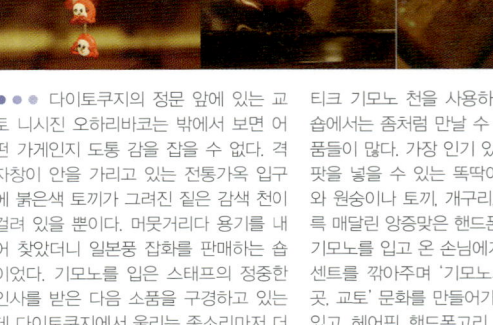

●●● 다이토쿠지의 정문 앞에 있는 교토 니시진 오하리바코는 밖에서 보면 어떤 가게인지 도통 감을 잡을 수 없다. 격자창이 안을 가리고 있는 전통가옥 입구에 붉은색 토끼가 그려진 짙은 감색 천이 걸려 있을 뿐이다. 머뭇거리다 용기를 내어 찾았더니 일본풍 잡화를 판매하는 숍이었다. 기모노를 입은 스태프의 정중한 인사를 받은 다음 소품을 구경하고 있는데 다이토쿠지에서 울리는 종소리마저 더해지면서 교토에 있음을 다시 한 번 실감시켰다.

오하리바코는 우리말로 반짇고리라는 뜻 그대로 바느질로 만든 소품을 선보인다. 똑딱이지갑과 핸드폰고리, 헤어핀과 장식품, 명함지갑, 귀고리 등 80여 가지의 오하리바코 오리지널 상품은 모두 수작업으로 만든다. 모양은 같아도 천이 다르기 때문에 세상에서 하나뿐이다. 그러므로 마음에 들면 바로 사버려야 두고두고 후회하지 않는다. 또 일본 소품 숍에서 볼 수 있는 갖가지 천에도 진귀한 것과 대중적인 것이 있는데, 오하리바코에서 볼 수 있는 기모노 천은 지금은 찾아보기 힘든 앤티크 기모노 천을 사용하기 때문에 다른 숍에서는 좀처럼 만날 수 없는 진귀한 상품들이 많다. 가장 인기 있는 상품은 아이팟을 넣을 수 있는 똑딱이지갑 가마구치와 원숭이나 토끼, 개구리, 물떼새가 쪼르륵 매달린 앙증맞은 핸드폰고리다.

기모노를 입고 온 손님에게는 소비세 5퍼센트를 깎아주며 '기모노가 잘 어울리는 곳, 교토' 문화를 만들어가는 데 일조하고 있고, 헤어핀, 핸드폰고리, 향 주머니를 직접 만들어볼 수 있는 체험교실도 열고 있다.

●●● 주말이면 가모가와 산책을 즐기곤 했는데, 기야마치 부근에서 시작된 자전거 산책은 종종 가미가모진자까지 이어지기도 했다. 가미가모진자 근처에는 가미시치켄의 덴진도와 함께 교토의 2대 야키모치집으로 통하는 진바도가 있다. 이 집의 명성을 확인하자며 집을 나서긴 했지만, 승률은 바닥을 기었다. '다 팔리면 문을 닫습니다'를 가장 모범적으로 보여주는 가게이다 보니 강변에서의 산책놀이에 한눈을 팔다가 겨우 정신을 차리고 도착한 이방인을 기다려줄 리 만무했다.

1872년에 가게 문을 열고 야키모치라는 철판에 굽는 찹쌀떡 하나만 우직하게 구워온 진바도. 노포의 풍모를 발산하는 가게 앞에는 자전거를 타고 오거나 차를 타고 와 "좋은 아침이에요. 오늘은 열 개만 부탁할게요"라고 인사를 건네는 동네 사람들과 가게 앞에서 머뭇거리거나 지도를 펼쳐 들고 찾아온 관광객들로 문전성시를 이룬다. 진바도는 '남자는 괴로워'라는 영화에 등장하면서 더욱 유명세를 탔는데, 가게 안에는 영화 촬영 당시의 흑백사진과 단골 게이코 상들의 모습이 담긴 사진

16 이치몬지야 와스케 一文字屋和助

도 걸려 있다. 지금도 가게 안 좁은 주방에서 가족들이 직접 떡을 빚고 주인 할아버지가 철판 위에서 떡을 구워낸다. 지름 4~5센티미터 크기에 2센티미터 두께의 찹쌀떡은 안에 팥소가 들어 있고, 양면은 신부의 볼에 연지라도 찍은 것처럼 옅은 갈색으로 동그랗게 구워져 먹음직스럽다. 야키모치 중독을 부르는 주범은 씹을 때마다 입속을 감도는 탄 맛이며, 맛있는 기간은 단 하루! 찹쌀떡이 딱딱해지기 때문에 교토 안에서만 참맛을 느낄 수 있는 귀한 몸이다.

한 개에 125엔인 이 떡의 진짜 이름은 가미가모진자의 신사 문양인 아오이접시꽃에서 유래한 아오이모치이지만 그렇게 부르는 이는 아무도 없었다. 오후 2~3시면 품절되므로 아침 일찍 찾거나 전화로 예약한 후에 찾는 것이 선수들의 기술이다. 아쉽게도 가게 안에서는 시식할 수 없고 포장만 가능하다. 시내 다이마루 백화점 지하 식품매장에서도 판매하고 있지만 따끈따끈한 야키모치는 아니다.

●●● 가미가모진자의 진바도, 시모가모진자 데마치 후타바, 도지의 도지모치…. 화과자 천국 교토에는 사찰이나 신사 근처에 유명한 떡집들이 있다. 이치몬지야 와스케는 이마미야진자 앞에서 아부리모치를 파는 명물 가게이다. 교토 사람들도 이 집이 꽤나 마음에 드는지 '이치와 상'이라는 애칭으로 부른다.

한번 맛보고 반해버린 아부리모치는 엄지손톱만하게 자른 찹쌀떡을 20센티미터 정도의 가는 대나무 꼬치에 푹푹 꿰어 콩가루를 뿌려 숯불에 구운 다음 걸쭉한 하얀 된장 소스를 끼얹은 떡이다. 교토 사람들이 먹는 달콤한 하얀 된장과 살짝 탄 찹쌀떡의 향은 입맛을 다시게 한다. 꼬치 열다섯 개가 한 접시인데 500엔이니 둘이서 나눠 먹기에 딱 좋다. 이치와 상의 아부리모치는 개업한 이후 24대째 변함없이 국산 찹쌀을 부엌에서 쪄 떡을 치고, 창업때부터 써온 우물물로 센차를 끓이는 전통을 이어오고 있다.

떡집 앞에 있는 이마미야진자에서 시작된 아부리모치는 야스라이 마츠리 때 먹으면 역병에 걸리지 않는다며 아주 오래전부터 먹어온 명물이다. 떡에 꿰는 대나무 꼬치는 이마미야진자에 봉납한 이쿠지작은 대나무 가지에 종이 등을 오려 붙여 신에게 바치는 물건를 사용한다고 한다. 무수한 대나무 꼬치를 넓은 발 위에 얹어 햇볕에 말리는 광경도 진풍경이다.

이치와 상 바로 앞에는 아부리모치를 파는 또 하나의 가게 가자리야かざりや도 있다. 아부리모치의 산증인이라 할 수 있는 이치와 상은 천년이 넘은 노포이고, 가자리야는 문을 연 지 400년이 넘었다. 영원한 동지이자 세상에서 하나뿐인 라이벌 관계에 있는 두 떡집은 떡 찧는 법이나 굽는 상태, 된장 소스의 배합이 달라 맛도 미묘하게 다르다. 그러나 노포들이 구워내는 아부리모치 향은 이마미야진자 일대에 향긋하게 진동하며 오늘도 천년 넘게 아부리모치 중독자들을 양산해내고 있다.

17 다이토쿠지 잇큐 大德寺一久

●●● 무로마치 시대 1336~1573년 임제종의 고승인 잇큐 선사는 수많은 일화를 남긴 매우 독특한 인물이었다. 어느 날 동자승을 데리고 외출을 하게 된 잇큐 선사는 음식점에서 생선 굽는 냄새가 나자, "음, 맛있는 냄새로군" 하고 말했다고 한다. 그 집을 지나 먼 길을 왔을 때 "스님, 생선 굽는 냄새가 맛있다고 하셨는데, 스님이 그런 말을 하셔도 됩니까?"라는 동자의 물음에 "너는 그 생선을 여기까지 들고 왔느냐?"라고 물었다고 한다. 잇큐 선사에 얽힌 재미난 일화는 이것뿐만이 아니다. 무로마치 막부의 3대 쇼군이 잇큐 선사를 시험할 생각으로 "병풍에 그려져 있는 호랑이가 매일 밤 병풍 밖으로 나와 난폭하게 구니 퇴치해주시오"라고 하자 잇큐 선사는 "그러하시다면 내가 붙잡아드릴 테니 호랑이를 병풍 그림으로부터 좀 꺼내주시오"라고 되받아쳤다고 한다. 또 하루는 잇큐 선사가 산길을 걷다가 떠돌이 중과 만나게 됐다. 이 중은 잇큐 선사를 시험할 목적으로 다짜고짜 시비를 걸었다. "불법이 어디 있느냐?" 그 물음에 잇큐 선사는 앞섶을 내밀며 "내 가슴속에 있소

이다"라고 대답하자, 화가 난 떠돌이 중은 단도를 들이밀며 "정말 네 가슴속에 불법이 있는지 열어봐야겠다"라고 협박하며 달려들었다. 잇큐 선사는 빙그레 웃으며 시 한 수를 읊었다. "때가 되면 해마다 피는 산 벚꽃, 벚꽃나무를 쪼개봐라. 그 안에 벚꽃이 있는지" 하고 대답했다는 일화도 있다.

스물일곱에 스승으로부터 깨달음을 인정받았다는 잇큐 선사의 '잇큐'라는 이름을 지닌 다이토쿠지 잇큐大德寺一久는 다이토쿠지 앞에 문을 연 사찰 음식 전문점이다. 예상대로 가게 이름은 잇큐 선사가 지어준 것으로, 500년이란 장구한 세월을 사찰 음식 하나만으로 대를 이어왔다.

사찰 음식은 점심시간인 낮 12시부터 오후 3시까지만 먹을 수 있는 후지타카모리緣高盛와 세 가지 스타일의 혼젠本膳으로 구성되어 있다. 깊어가는 어느 가을날, 역사가 느껴지는 다다미방에서 가을 색으로 물들어 있는 고즈넉한 정원을 바라보며 후지타카모리를 맛보았다. 제철 채소와 두부가 사각형 도시락에 모양 좋게 담겨 나오는데, 매실과 채소절임의 맛에는 감

동할 만한 깊이가 있고, 집된장으로 끓인 된장국도 여느 일본 음식점에서나 맛볼 수 있는 것이 아니었다. 고기나 생선 요리 없이도 기분 좋게 포만감을 느낄 수 있는 도시락이다. 밥을 다 먹은 후에는 말차, 화과자와 함께 이 집의 또 다른 명물 다이토쿠지 낫토가 등장한다. 달달한 화과자를 맛보고 쓴 말차를 마신 후 짭짤한 낫토 몇 알을 입에 넣으면 깔끔하게 식사가 마무리된다.

기억해야 할 것은 전날부터 준비해둬야 서서히 맛이 드는 요리도 있기 때문에 사찰 음식은 예약을 해야만 먹을 수 있다. 가격은 비싸지만 일본의 사찰 음식을 한 번쯤 체험하고 싶다면 다이토쿠지 잇큐의 슬로 푸드를 맛보길 권한다.

돌아가는 길에 교토 친구에게 선물할 낫토를 샀다. 다이토쿠지 잇큐의 특허품인 환 모양의 낫토는 보통 알고 있는 끈적끈적하며 가는 실이 생기는 낫토와는 다르다. 생김새는 청국장환과 똑같다. 검정색으로 씹어 먹으면 짭짤하면서도 콩의 담백한 맛이 입안에 감도는데 그냥 먹어도 좋고, 단 음식을 먹을 때 곁들여 먹으면

더욱 좋다. 이 낫토는 중국에서 건너온 승려가 전래하였기 때문에 사찰의 낫토라고도 불렸다고 하며 다이토쿠지에는 잇큐 선사가 전한 것으로 알려져 있다. 그래서 다이토쿠지 앞에는 이 낫토를 파는 가게가 여럿 있다.

18 마츠야토베 松屋藤兵衛

19 오가와 小川大德寺豆腐 다이토쿠지 두부

●●● 다이토쿠지 근처 마츠야토베는 행인들이 많은 버스 정류장 앞에 있어 주의를 기울이지 않으면 지나치기 쉬운 화과자점이다. 건물이나 간판에서 풍기는 포스만으로 노포임을 단박에 알아챌 수 있는데 에도시대1603~1867년에 창업했다. 다 도회에 사용할 화과자를 주문하기 위해 찾는 기모노 차림의 교토 귀부인의 모습도 자주 볼 수 있는 교토다운 풍경으로 흘러넘치는 가게다.
가게 안으로 들어가면 낡은 쇼케이스 안에 명물 무라사키노 미소 마츠카제紫野味噌松風와 몇 개 안 되는 화과자가 놓여 있다. 마츠카제는 에도시대에 차를 마시면서 곁들일 만한 과자로 고안한 것이라고 한다. 보기에는 카스텔라와 비슷하지만 맛이나 식감은 완전히 딴판이다. 엷은 생지는 폭신폭신 부드러우면서도 쫄깃하고, 참깨와 매년 직접 담근다는 다이토쿠지 낫토를 넣어 고소하면서도 짠맛이 나는 독특한 과자다. 명물이자 인기 과자이므로 빨리 찾지 않으면 금세 품절되는데다. 맛있게 먹을 수 있는 기간도 겨우 이삼 일뿐이다.

후쿠미미福耳라는 숨겨진 화과자도 있다. 마츠카제를 만들 때 식빵의 네 귀퉁이처럼 네 면을 잘라낸 것을 모아 비닐봉지에 담아 판매하는 화과자다. 네 귀퉁이에 된장 맛이 농축되어 매우 맛있다고 하는데 세시간에 겨우 한 개가 나오는 진귀한 먹을거리라 맛본 사람보다는 맛을 못 본 사람이 태반이지만 맛있다는 소문만큼은 교토를 넘어 일본 전역으로 퍼졌다.

●●● '가모메 식당'이나 '풀' 등에 열광했던 사람이라면 한번쯤 찾아보았을 영화 '마더 워터'. 교토를 무대로 한 이 영화는 무척이나 교토와 닮아 있다. 누군가는 지루하기 짝이 없어 졸다가 다 보지 못했다고 하는데 나는 영화의 속도감과 곱씹어 보면 명언이나 다름없는 일상적인 대화가 가슴을 울렸다. 영화에 등장했던 곳 중 한 곳은 두붓집이다. 주인공들이 두부를 사서 두붓집 앞에서 햇볕을 쪼이며 두부를 먹는다. 차분하고 평온하게. 그 두붓집은 다이토쿠지 앞에 있다. 오가와 다이토쿠지 두부小川大德寺豆腐. 교토의 동네 두붓집이 그렇듯 겉모습은 소박하지만 맛은 각별하여 다이토쿠지에서 대놓고 먹는다고 한다. 삼대째 국산콩으로 정직하게 두부를 만든다는데 간판 두부는 보들보들하면서도 잘 부수어지지 않는 목면 두부와 기누 코시라 부르는 연두부. 칡으로 유명한 나라의 요시노에서 난 칡을 넣어 요시노부란 이름을 가진 칡 두부도 평판이 좋다. 물론 영화처럼 두붓집 앞에서 두부를 맛볼 수는 없다.

20 나리타 なり田

21 다이토쿠지 이치마 大德寺 いちま

●●● 채소절임, 츠케모노로 유명한 교토에서 시바즈케, 센마이즈케와 함께 3대 츠케모노로 꼽히는 것이 스구키즈케. 가을철에 수확한 순무를 소금으로 절여 발효시켰다가 겨울철에 먹는 별미 음식이다. 스구키즈케는 에도시대 1603~1867년 초기부터 가미가모의 특산물로 매년 초여름이 되면 신관들에 의해 만들어져 교토 시내로 보내졌다고 한다. 교토고쇼를 시작으로 공관이나 문인 등 상류 계층에서 '여름의 진미'로 각광받았다. 상류층이 즐기던 스구키즈케는 세월이 흘러 교토 서민들의 밥상에 없어서는 안 될 존재가 됐다. 꼬들꼬들하게 씹히는 순무는 씹을수록 특유의 감칠맛이 배어나와 한두 번 먹다 보면 스구키 마니아가 됐음을 인정하지 않을 수가 없다. 그냥 썰어서 밥반찬으로 곁들여 먹고, 잘게 썰어 시치미와 간장을 뿌려 먹기도 하는 스구키즈케는 우리네 된장, 간장, 고추장, 김치 맛이 집집마다 다르듯 가게마다 맛이 다르다. 교토 사람들에게 스구키즈케라는 말을 꺼내면 "스구키는 나리타"라는 대답이 돌아온다. 1804년에 창업한 나리타 なり田는 가미가모진자 부근에 본점을 둔 채소절임 가게다. 나리타의 스구키즈케는 순무와 소금, 딱 두 가지 재료만으로 담근다. '스구키즈케만 300년'이란 전통은 발효균이 자아내는 독특한 풍미가 정점에 이르는 순간을 잡아냈다.

무게에 따라 값을 정하므로 무게에 따라 600엔대에서 1000엔대까지 다양한데, 교토 사람들은 순무절임 한 봉지를 사려고 일부러 느려터진 버스를 타거나 자전거를 끌고 나리타를 찾는 수고를 마다하지 않았다. 그런데 지금은 교토 시내에 아네코지 사카이미치점姉小路堺町店, 다카시야마 백화점과 이세탄 백화점에 점포를 열어 먼 본점까지 일부러 찾지 않아도 된다. 그리고 아네코지점에는 싱싱한 생선회 대신 간이 잘 밴 츠케모노를 올린 츠케모노 초밥을 내놓는다. 한입에 교토 맛을 즐길 수 있는 별미는 채소절임 가게에서도 탄생해 메이드 인 교토 리스트에 이름을 올렸다.

●●● 스시 마니아로 오사카로 스시 원정을 떠나는 한 교토 친구는 교토 스타일의 스시에 맛도 좋고, 납득할 만한 가격의 스시집 추천을 부탁하자, 다이토쿠지 이치마大德寺いちま를 적어주었다.

최상품의 고등어를 두툼하게 올려 빛이 나는 사바즈시나 나무 상자에 쌀과 양념한 생선. 달걀노른자를 올려 쪄 먹는 상자초밥, 하코즈시도 있지만 이 집의 명물은 데마리즈시手毬寿. 한입에 쏙 들어가는 부담 없는 사이즈에 참치, 광어, 새우, 연어알 등 일곱 가지의 싱싱한 해산물이 올라간 스시와 김밥 세 개가 네모난 검정색 칠기에 예쁘게 담겨 나온다. 생선을 잡아 숙성시키기 때문에 부드러우면서 감칠맛이 배어난다. 카운터석에 앉으면 현란한 칼솜씨 퍼포먼스를 펼치는 스시 장인들이 생선을 손질하거나 스시를 만드는 모습을 덤으로 즐길 수 있다.

Day Trip 205

22 파티스리 크리안텔 PATISSERIE ClienTele

●●● 교토의 북쪽 기타야마北山는 신흥 주택가다. 그래서 인지 이 일대에는 곳곳에서 전통, 오래됨이란 교토의 이미지가 풍기지 않는다. 현대적이고 세련된 동네이지만 가장 교토답지 않은 곳이다. 도쿄로 치면 지유가오카, 서울로 치면 신사동 가로수길이나 삼청동 느낌이랄까. 어째서인지 알 수 없으나, 거리와 잘 어울리는 스위트 숍도 유난히 많다. 따라서 치열한 스위트 전쟁은 누구도 말릴 수 없는 기세다. 교토에 그치지 않고 전국구 명성을 쌓아가던 양과자점이 몇 년을 버티지 못하고 문을 닫기도 하였다. 또 최근에는 손님들의 줄을 세우다 급기야 주말이나 공휴일에는 줄을 세우는 임무를 담당하는 경비원을 둘 정도로 대단한 스위트 숍이 속속 문을 열기도 했다. '기타야마 스위트 대첩'에서 승전보를 울리는 곳 중 한 곳이 파티스리 크리안텔이다. 프랑스 양과자점 크리안텔은 동화 속에 튀어나올 것 같은 아기자기한 숍에서 교토의 꽃미남 파티시에 오빠들이 달콤한 케이크와 과자를 만든다. 서양 골동 양과자점이나 커피 프린세스 1호점 같다.

일본인이 가장 사랑하는 조각 케이크의 대명사 딸기 쇼트 케이크도 파티스리 크리안텔의 명물이다. 딸기 쇼트 케이크는 일본에서 시작된 케이크다. 모방과 창조의 땅 일본에서 스펀지 케이크 위를 흰 생크림으로 뒤덮고, 빨간 딸기를 한 개 얹은 독특한 스타일로 탄생했다. 우리네 식당에 꼭 김치찌개 메뉴가 있듯 일본 케이크 숍에는 딸기 쇼트 케이크가 반드시 있다. 딸기 쇼트 케이크 외에 프랑스산 밤 페이스트를 넣은 몽블랑을 비롯하여 르제노와르, 얼그레이 케이크 등 우리나라에서는 대중적이지 않은 이색 케이크가 진열대에 빼곡하게 담겨 있다. 르제노와르는 이 집의 명물 무스 케이크로 핑크색 마카롱 위에 얹어진 쇼콜라와 피스타피오의 빛깔이 아름답다. 마치 제철과일처럼 선보이는 계절 한정 케이크도 인기가 있지만, 갈레트나 타르트 등 프랑스 양과자 종류도 충실하고 맛도 좋다. 단골들에게 평판이 좋은 계절 젤리 맛도 보아야 한다. 라벤더 허브 젤리, 복숭아 젤리 등 맛도 색깔도 개성적인 젤리는 선물용으로 인기가 높다.

진열장에서 케이크나 양과자를 고른 후에 2층으로 향하는 나무 계단을 뱅글뱅글 올라가면 오빠 파티시에들이 주문한 음료와 양과자를 갖다 준다. 2층 전체를 이트 인 Eat in 공간으로 마련해, 맛난 케이크를 먹으며 더 맛깔스러워 보이는 수다를 떠는 교토 언니들과 자주 마주하게 된다.

Kyoto Style #5

콧대 높은 교토 사람들이 사는 그윽한 공간
마치야 탐방

서민들의 전통가옥인 교마치야京町家가 늘어선 옛집 단지를 산책하다 보면 감흥에 젖어들게 된다. 마치 민속 마을에 온 듯하기도 하고, 영화 세트장에 서 있는 것 같기도 하다. ○○빌라, ○○펜션같이 서양풍의 고급 주택단지 바로 옆에서도 기죽지 않고 당당하게 서 있는 마치야는 머리를 쓰다듬어주고 싶을 만큼 기특하다. 살짝 시들시들해진 게이코 상 체험놀이를 제치고 교토 여행의 스페셜리스트로 등극한 마치야 탐방. 장어의 침실, 그 은밀한 문이 열린다.

에도시대1603~1867년 중기부터 보급된 교토의 마치야는 출입구는 좁고 건물은 남북으로 길게 뻗어 있다. 마치 장어처럼 가늘고 길고 까맣다. 이런 기이한 형태 때문에 교마치야는 '장어의 침실'이라는 탐탁지 않은 별명으로 불리기도 한다. 그런데 왜 이런 형태였을까? 별명을 붙여준 이는 도요토미 히데요시다. 오닌의 난으로 잿더미가 된 교토를 부흥하기 위해 대대적인 정비 사업을 벌인 그는 세금 정책도 수정했는데, 집 정면의 폭에 따라 과세를 매겼다고 한다. 정면 폭이 넓으면 그만큼 세금을 많이 내야 했으므로 정면은 좁아지고 안쪽으로 갈수록 길어지는 독특한 구조를 갖게 된 것이다.

현재 교토 시내에는 약 2만5000여 채의 마치야가 남아 있다고 한다. 교토 시가지 안에 있는 마치야들은 1864년 교토에서 일어난 대화재로 거의 불타버려 그 후에 새로 지은 집들이 많다. 그래서 150년 이상 된 낡은 마치야는 교토 외곽에 많이 분포한다.

마치야는 여름에 덥고 겨울에 추우며 생활하기 불편할 뿐만 아니라 한 번 개수와 보수를 할 때마다 돈도 많이 들며 무엇보다 전문 일꾼을 구하기가 쉽지 않다고 한다. 그 불과 10여 년 전까지는 아무도 살려고 하지 않아 폐허처럼 버려진 빈집도 부지기수였다. 그런데 몇 년 전부터 교토에 기이한 현상이 벌어졌다. 젊은이들을 중심으로 마치야 붐이 인 것이다. 마치야에 살고 싶어하는 사람도 늘었고 마치야를 쓱 손봐 문을 연 레스토랑, 카페, 숍 등이 교토 한정 핫 트렌드로 인기 고공행진 중이다. 그 탓에 천덕꾸러기 신세였던 마치야의 몸값도 천정부지로 뛰었다.

교마치야란?
일반적으로 길가에 면해 이웃집과 지붕을 맞대고 늘어선 상점 겸 가옥일체형 집이다. 목조 가옥에 다다미방이 중심 공간. 내부는 현관에서 안뜰까지 길게 이어진 통로가 있고 그 중간에 부엌이 있다. 다다미방이 몇 개인가 있고 안쪽에는 창고를 둔 경우가 많다. 대략적인 크기는 정면 약 3.6미터, 길이 약 18~22미터.

1. 통로
출입구에서 집 안쪽까지 길게 연결되어 있는 공간. 교마치야는 통풍 등을 고려하여 이 공간의 천장을 2층 높이까지 높게 설계했는데, 정원과 함께 바람이 통하는 길이기도 하다. 우물이나 부뚜막을 설치하기도 하나 대부분 다용도실처럼 생활소품을 양쪽에 보관하며, 안쪽에 아주 작은 정원을 만들기도 한다.

2. 우물
지금도 수질이 좋은 지하수가 흐르는 교토에는 집집마다 우물을 갖고 있는 마치야가 많다.

3. 토방
현관과 안뜰 사이에 있는 공간으로 굵은 자갈을 깔거나 타일, 콘크리트로 마감한다. 또 현관과 토방 사이에는 손님에게 집 안이 보이지 않도록 출입구를 설치하거나 주렴을 걸기도 한다.

4. 부엌

화덕이 설치되어 있고, 그 위에는 아타고진쟈愛岩神社에서 받아 온 화재예방 부적이 붙어 있다. 그 위쪽에는 선반을 설치하여 화덕의 신으로 알려진 호테이상을 올려놓는다. 호테이상은 해마다 2월 중에 열리거나 이나리타이샤에서 제사를 드릴 때 하나씩 사 일곱 개까지 모으는데, 모으는 도중 사람이 죽으면 처음부터 다시 모아야 한다고 한다.

집에 따라서는 부엌 안으로 우물을 끌어들이는 곳도 있으며, 공기가 잘 통하도록 2층 지붕까지 높게 만들어진 것이 특색이다.

5. 중정

아주 작지만 채광과 통풍에 숨통을 트여 주는 존재로 벽이나 담으로 둘러싸인 경우가 많다.

6. 안방

교마치야의 중심은 자시키라 부르는 안방과 정원. 규모가 제일 큰 안방은 벽면에 그림이나 화병 등으로 장식한 도코노마. 불단 등이 놓이기도 하며 집 안에서 정원이 가장 잘 보이는 곳에 위치한다. 손님을 맞이하거나 대접하는 방인 동시에 주인이 주로 생활하는 공간이기도 하며 침실의 역할도 한다.

7. 엔가와

엔가와緣側는 안방과 정원, 방과 중정 사이 등에 놓인 폭이 좁고 길이가 넓은 복도이다.

8. 정원

정원은 안방과 함께 집의 가장 안쪽에 위치해 안쪽에 있는 정원이라는 뜻으로 오쿠니와라 부르기도 한다. 이 안뜰은 규모는 크지 않지만 정원석이나 석등 등으로 격조 있게 꾸민 집이 많다.

9. 무시코마도

마치야의 중 2층을 보면 긴 직사각형에 나무를 세로로 설치한 독특한 창이 보인다. 지붕 안쪽 공간에 넣어두었던 장작 등을 잘 보존하기 위해 설치한 것으로 공기의 흐름을 원활하게 하는 통기구로서의 역할도 한다.

10. 코시

외관상 교마치야에서 도드라져 보이는 것은 코시라 부르는 격자창이다. 안에서 밖은 보이지만 밖에서 안은 잘 보이지 않는 기능과 빛을 끌어들이는 기능을 동시에 수행한다. 흥미로운 점은 이 격자창의 형태가 직업에 따라 다양한 스타일로 변화했다는 것. 쌀가게, 술 가게, 염색 가게, 직물 가게, 숯 가게의 모양이 모두 다르다. 특히 니시진에서 종종 볼 수 있는 실 가게는 위쪽 부분의 나무 살을 없애 빛이 많이 들어올 수 있도록 고안하여 기모노의 무늬가 잘 보이도록 했다. 또 오차야의 격자창은 매우 촘촘하게 나무 살을 대어 밖에서 안이 거의 보이지 않는다.

11. 이누야라이

외벽을 대나무나 나무 울타리로 둘러싸서 빗물이 벽에 튀어 나무가 썩는 것을 방지하는 묘책으로 도둑이 집 안으로 들어오지 못하도록 하는 기능도 겸했다고 한다.

12. 밧타리 쇼기

주로 상점 겸용 마치야에서 자주 눈에 띄는데, 건물 바깥쪽 정면에 설치한 접이식

평상이다. 상품을 진열하거나 손님과 이야기할 때 펼쳐 의자로 사용한다.

여행객들에게도 출입을 허락하는 마치야 박물관

1. 하타케 Hatake

하타케秦家는 1959년 교토 시 유형문화재로 지정됐다. 나가에케 주타쿠와 마찬가지로 건물 안에 상점과 주거 공간을 두 개의 정원으로 연결시킨 구조를 지닌 교토의 전통가옥으로, 1864년 화재로 소실된 것을 1869년에 재건했다. 하타케는 옛날 소아용 약을 팔던 상점으로, 반드시 사전에 예약을 해야만 견학할 수 있다.

★075-351-2565 ★www.hata-ke.jp
★09:30~16:30 ★견학 전날까지 사전 예약
★1,000엔 ★교토 역에서 50번 버스를 타고 니시토인 붓코지佛光寺 역에서 도보 2분

2. 시오리안 Shiorian

에도시대 후기 의원으로 사용하던 건물을 1926년 호상 이노우에가 일본 전통가옥에 서양의 샹들리에를 단 서양관을 신축한 곳이 시오리안紫織庵. 교토 시 유형문화재로 지정됐는데, 계절마다 기획전을 여는 노코노마의 장식을 주목해야 한다. 현재는 메이지시대부터 다이쇼시대의 무늬를 되살려낸 기모노를 만들어 판매하는 숍으로 운영된다.

★075-241-0215 ★10:00~17:00
★부정기 휴무 ★500엔
★교토 역에서 지하철 가라스마烏丸 센을 타고 가라스마 오이케烏丸御池 역에서 도보

3. 나가에케 주타쿠 Nagaeke Jutaku

나가에케 주타쿠長江家住宅는 상점 겸 주택으로 교토 시의 유형문화재로 지정됐다. 정면 폭은 13미터, 길이는 54미터로 전형적인 장어의 침실 스타일로, 교마치야의 교과서적인 존재이다. 200평 규모의 넓은 규모 집에는 전통미 넘치는 기모노 가게의 모습을 고스란히 간직하고 있다.

★075-351-1029 ★10:00~16:00 ★금·토·일요일, 공휴일에만 견학 가능. 7월 10~20일, 8월 14~16일, 12월 28일~1월 4일 휴무
★600엔
★교토 역에서 지하철 가라스마烏丸 센을 타고 시조四條 역에서 도보 5분

리틀 교토에서 만끽하는 로망

아라시야마·사가노 에어리어
Arashiyama·Sagano Area

헤이안시대부터 벚꽃과 단풍의 명소였던 이곳에 귀족들은 앞다투어 별장을 지었고, 올곧은 품성을 지닌 문인묵객들은 어지러운 세상을 피해 아라시야마(嵐山)와 사가노(嵯峨野)의 산속으로 숨어들었다. 최소한 반나절, 넉넉하게 하루를 고스란히 투자해야 하는 아라시야마와 사가노가 쟁쟁한 교토 볼거리들을 누르고 요 몇 년간 핫 스폿으로 떠오른 데는 그만한 이유가 있다. 세계유산으로 지정된 고풍스러운 명사찰과 일본 배우가 반평생을 바쳐 가꾼 산장, 대나무숲과 도게츠쿄라는 리프레시 공간, 계곡을 누비는 도롯코열차와 급류타기의 로망, 사찰 음식과 명물 두부 가게, 여행자를 부르는 카페가 한데 몰려 있으니 놀 거리 테마파크 디즈니랜드가 부럽지 않다. 게다가 이 모든 볼거리에 아라시(嵐)라는 한자를 등에 달고 비가 오나 바람이 부나 일대 명소를 누비는 인력거꾼들의 입담이 더해지니 아라시야마와 사가노는 축복받은 땅임이 분명하다.

도게츠쿄와 대나무숲에서 들리는 바람 소리, 도롯코열차와 꼬마전철에서 들리는 로맨틱 여행의 함성 소리, 무명씨들의 석불이 들어찬 사찰에서 들리는 마음 소리, 사가노의 낯설고 좁은 산길을 타박타박 걷는 여행자의 외로운 발자국 소리…. 아라시야마와 사가노는 아름다운 풍경 소리가 되어 바람과 함께 마음에 불어와 잠깐 머물다 사라져버린다.

MAP
ARASHIYAMA · SAGANO
嵐山嵯峨野

- B 버스 정류장
- H 게스트하우스
- 卍 절
- 神 신사(진자)
- i 관광 안내소

01 오코치 산소 大河内山荘
02 아다시노 넨부츠지 化野念仏寺
03 도게츠쿄 渡月橋
04 라쿠시샤 落柿舎
05 덴류지 天竜寺
06 치쿠린 竹林
07 가츠라리큐 桂離宮
08 마츠오타이샤 松尾大社
09 노노미야진자 野宮神社
10 게곤지 華厳寺
11 조잣코지 常寂光寺
12 세료지 清涼寺
13 사가 도리이모토 마치나미 호존칸 嵯峨鳥居本町並み保存館
14 사가노 도롯코렛샤 嵯峨野トロッコ列車
15 호즈가와 쿠다리 保津川下り
16 게이후쿠 아라시야마 역 京福嵐山駅
17 이우라닌교텐 井浦人形店
18 아이토와 アイトワ
19 세이잔소도 西山艸堂
20 사가도후 모리카 嵯峨豆腐森嘉
21 아라시야마 요시무라 嵐山よしむら
22 시게츠 篩月
23 갸아테이 ぎゃあてい
24 사가노유 SAGANO-YU

ACCESS
덴류지 ★ 교토 역에서 JR 사가노 센을 타고 JR 사가 아라시야마嵯峨嵐山 역에서 도보 10분, 230엔
★교토 역에서 28번 버스를 타고 아라시야마 덴류지마에嵐山天龍寺 정류장에서 도보 3분, 220엔
★시조 오미야四条大宮 역에서 게이후쿠京福 전철을 타고 아라시야마嵐山 역에서 도보 3분, 200엔

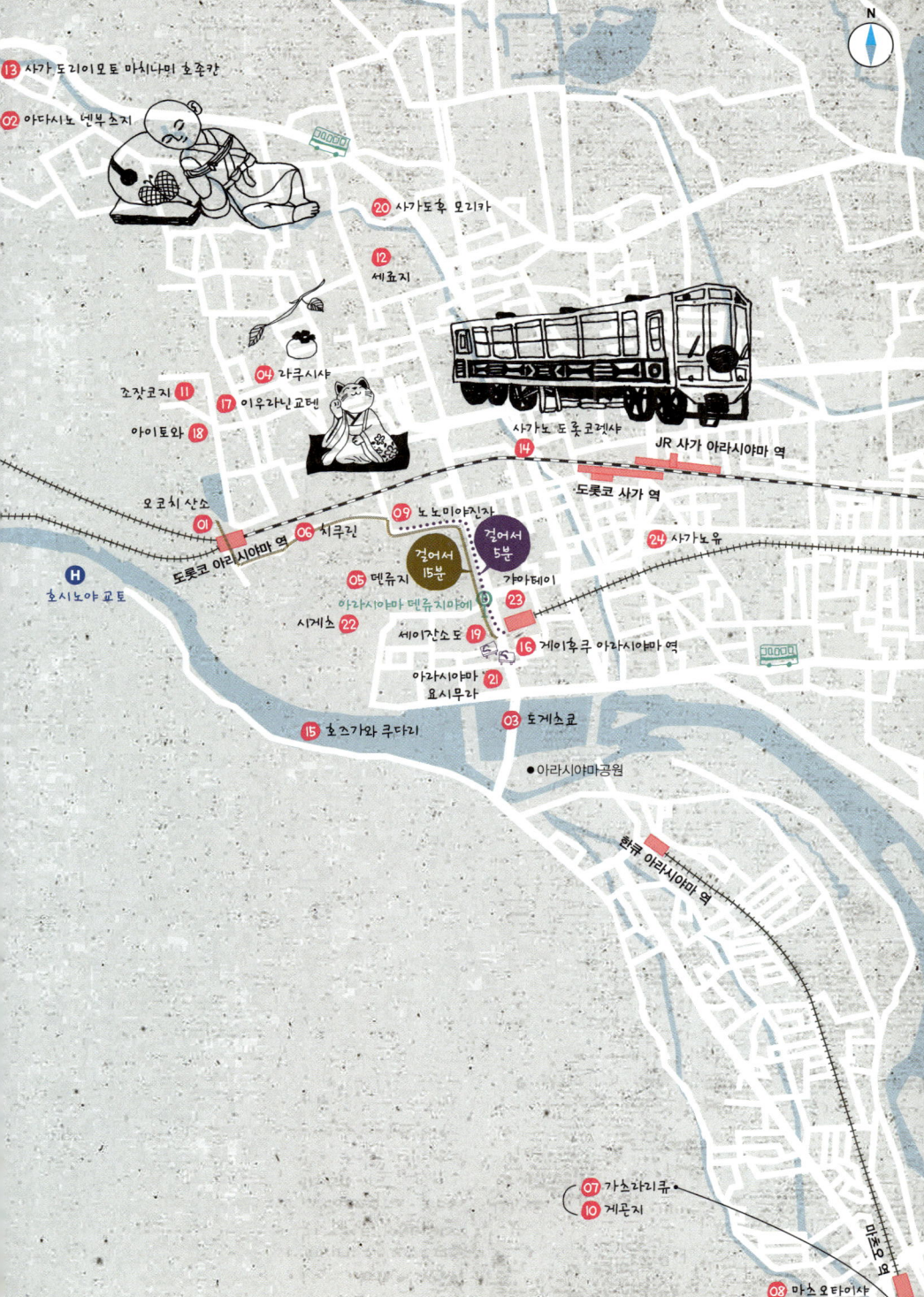

01 오코치 산소 大河內山莊

●●● 아라시야마의 봄 맛은 한 산장에서 맛본 쓰디쓴 말차 맛이다. 바람 따라 정처 없이 지상으로 낙하하는 벚꽃비가 찻사발 안으로 나풀나풀 스며드니 대낮부터 차 한잔에 취해버렸다.

치쿠린이라는 대나무숲 산책을 끝내자 눈앞에 삼거리가 펼쳐졌고, 각각의 길을 알리는 푯말이 꽂혀 있었다. 잠깐 망설였지만 산장이란 단어에 이끌려 발을 들여놓게 됐다. 매표소에서 티켓을 건네 받으며 물으니 유명 배우의 산장이라고 했다. 산장 입구부터 주 건물까지 수십 분을 걸어가야 하는, 전용 비행장마저 갖춘 초호화판 별장이 아닐까 적잖이 걱정이 되었다. 모처럼 자연에 취해 최고점을 찍기 직전인 여행 기상도에 먹구름이 몰려오는 듯했다. 그러나 그따위 값싼 별장이 들어서는 것을 너그럽게 봐줄 아라시야마가 아닐 것이라는 믿음으로 산장에 발을 들여놓게 됐다.

몇 채 되지도 않는 산장 속 목조 건물들은 풍성한 나무숲 사이에 은밀히 숨어들어 자연과 한 몸을 이루고 있다. 너무 촘촘하지도 그렇다고 민둥민둥하지도 않을 만큼

딱 적당히 벚나무와 단풍나무, 소나무가 어우러져 피톤치드를 뿜어댄다. 저 멀리 교토 사람들에게 마음의 성지로 여겨진다는 히에이 산과 교토 시내가 내려다보였다. 그 뒤편으로는 봄맞이 준비로 한창 바쁜 아라시야마의 산과 계곡이 펼쳐져 있다. 이 절경을 흠모하게 된 이는 나 혼자만이 아니었다.

시대극에서 이름을 날리던 한 배우가 아라시야마의 아름다운 경치에 반해 1만 9900평방미터6,000여 평의 드넓은 산에 별장을 짓고 정원을 가꾸었다. 이 산장은 주인의 성을 따서 오코치 산소라는 이름을 얻었다. 오코치 덴지로大河内傳次郎 1898~1962년는 서른네 살 때부터 세상을 뜨기까지 30여 년의 세월과 돈과 열정을 산장에 쏟아부었다. 독실한 불교신자였던 그는 직접 설계한 일본 정원에서 불경을 읽거나 '나무아미타불'을 염불하는 등 마음 수행으로 말년을 보낸 것으로 알려져 있다.

일화에 의하면 오코치가 당시 장기 보존이 불가능했던 필름을 보고 영원히 사라지지 않는 미를 추구하기 위해 아라시야마의 무릉도원 건설을 꿈꾸기 시작했다고 한다.

초록 신록이 짙어갈 때, 산장 전체가 짝사랑하는 이에게 마음을 들켜버린 아가씨의 볼처럼 발그레한 가을 정취에 취해 비몽사몽 중에 보게 되는 무릉도원이 오코치 산소에 있다.

02 아다시노 넨부츠지 化野念仏寺

●●● 지도 한 장 들지 않고 발길 가는 대로 사가노의 산책을 즐기던 어느 봄날. 뭔가에 홀린 듯 아다시노 넨부츠지를 찾게 됐다. 그만 돌아갈까 하던 찰나. 절 앞 푯말에 적힌 글을 읽고 발을 들여놓지 않을 수 없었다. '아다시노 주변은 예부터 도리베노, 렌다이노와 더불어 장지로 알려져 있다. 아다시노의 이슬은 인생무상의 상징으로 시조 등의 소재로 자주 등장한다. 사찰에 전해오는 바에 의하면 1100여 년 전 고보弘法 대사가 이곳에 묻힌 사람들의 명복을 빌기 위해 1000개의 석불을 묻고 불당을 한 채 건립하여 고치잔 뇨라이지五智山如来寺라고 칭한 것이 시초라고 전해진다….'

아다시노란 단어에는 '슬픔의 땅', '허망한 곳'이라는 의미가 내포되어 있다. 헤이안시대794~1185년 교토 사람들의 장지였던 슬픔이 깃든 땅. 돌계단을 올라 경내에 다다르니 보이는 거라곤 온통 석불과 석탑 천지였다. 슬픔을 누르고 눌러 더욱 슬픈. 기묘한 분위기가 느껴졌지만. 시간이 좀 지나자 오히려 편안해졌다. 그 후에야 비로소 석불들을 하나씩 찬찬히 들여다

볼 용기가 생겼다. 오랜 세월에 걸쳐 비바람에 풍화되어 아무것도 새겨져 있지 않은 바위처럼 평평하게 된 석불도 있고, 이끼와 공생하는 석불도 있었으며, 목이 떨어져나간 석불도 있다. 사찰을 빽빽하게 채우고 있는 석탑과 석불은 1903년경 근처에서 출토한 것을 배치한 것으로 무려 8000여 개에 달한다고. 교토 사람들이 이 모습을 사이노 카와라西院の河原라 부른다. 부모보다 먼저 죽은 아이가 저승에서 부모 공양을 위해 돌을 모아 탑을 쌓는다는 삼도천과 강변의 자갈밭을 뜻하는 불교 용어, 사이노 카와라賽の河原를 모방했기 때문이다. 쌓는 족족 악귀가 나타나 이를 무너뜨렸는데 결국 지장보살이 구해주었다는….

매년 8월 23일과 24일에는 석불에 수천 개의 촛불을 밝히고 연고 없는 석불들의 명복을 비는 센토쿠요千灯供養가 열린다. 오후 5시 30분부터 세 시간 동안 등불이 켜지며 경내를 은은하게 밝히는데, 늘 고요하던 아다시노 넨부츠지는 이날만큼은 많은 사람들이 찾아 활기를 띤다.

사망한 태아의 명복을 비는 미즈코 지조 손水子地藏尊도 눈에 띈다. 우리말로 하면 태아 지장보살. 초가지붕 아래 불상이 놓여 있고 미키마우스며 도라에몽 같은 아이들이 좋아하는 인형이 빼곡하게 장식되어 있다. 한 젊은 부부가 이곳을 찾아 아무 말 없이 합장을 하고 작은 곰인형을 공양한 후 또 아무 말 없이 천천히 사라진다.

벚꽃이 만개한 아다시노 넨부츠지에서 목도한 석불군은 겨울과 봄, 생과 죽음의 교차로다. 그리고 머릿속에서는 요시다 겐코의 츠레즈레구사徒然草 한 대목이 계속 맴돈다.

'생명이 있는 것을 보면 사람만큼 오래 사는 것도 없다. 하루살이는 저녁을 넘기지 못하며 여름 매미는 봄과 가을을 모른 채 삶을 마감한다. 곰곰이 한 해를 살다 보면 그 시간조차도 꽤 길게 느껴지는 법이다. 언제까지나 애석해하며 천년을 산다 하더라도 하룻밤 꿈처럼 짧게 느껴지지 않겠는가?'

03 도게츠쿄 渡月橋

●●● 아라시야마에는 쏴아~ 쏴아~ 우렁찬 소리로 힘차게 흘러가는 강물 소리를 들으며 마음 사워를 할 수 있는 명당 자리를 내주고 학처럼 고고하게 선 다리가 있다. 런던의 타워 브리지, 뉴욕의 브루클린 브리지, 시드니의 하버 브리지, 그리고 아라시야마의 도게츠쿄는 도시와 마을을 상징하는 다리들이다. 교토 시내에서도 좀 떨어진 아라시야마는 작은 마을의 소박한 다리를 이름 자체가 파워 브랜드인 세계 톱 브리지와 함께 무리수를 두어가며 끼워준 것은 그들보다 훨씬 매력적이기 때문이다. 덴류지의 승방에서 비 오는 도게츠쿄를 건너는 수행승들의 모습을 한 폭의 그림으로 담은 수묵화를 본 적이 있는데, 가슴이 요동치는 울림이었다. 한낮 관광 스폿 정도로 치부하던 도게츠쿄의 진정한 카리스마를 뒤늦게 깨달았다고나 할까.

일본 귀족들의 별장지였던 조용한 마을에 살포시 놓인 도게츠쿄는 '달님이 건너는 다리'라는 어여쁜 이름을 가졌다. 9세기경 한 승려가 현재의 위치보다 200미터쯤 상류에 다리를 놓은 것이 시초라는데, 당시에는 다리 근처의 사찰 이름을 따서 호린지바시法輪寺橋나 큰 다리란 뜻의 오하시大橋 등으로 불렸다고 한다. 400여 년 후, 1272년 가메야마라는 천황이 나들이에 나섰다가 "환한 달이 다리를 건너는 듯 하구나"라고 탄성을 자아낸 후 도게츠쿄라는 근사한 새 이름을 얻었다.

지금은 봄 벚꽃, 가을 단풍의 명소이면서 봄과 겨울에는 아라시야마 하나토로라는 등불 축제의 주 무대로 사용된다. 등불 축제가 열리면 250미터 길이의 도게츠쿄에 어두운 아라시야마의 밤을 환하게 비추는 등불이 켜지며 여행자들을 밤의 축제로 유혹한다.

오래된 다리에는 재미난 이야기도 전해진다. 한큐 전철역 쪽에 있는 사찰 호린지는 열세 살이 된 아이가 성인이 된 의례로 이 절을 방문하는 관습이 있었다. 열세 살의 액막이를 하고 지혜를 얻어 가는 교토의 오랜 풍습 중 하나. 그런데 절을 나와 도게츠쿄를 건너는 동안 아이가 다리를 다 건너기 전에 뒤를 돌아보면 절에서 받은 지혜를 모두 잃게 된다는 무시무시한 저주가 서려 있다고. 그렇다고 뒤를 돌아본 아이가 정말 바보가 되는 것은 아니다. 사람들은 이러한 전설을 통해 이제 열세 살이나 되었으니 세상이 정한 약속을 지키며 살아야 한다는 가르침을 전한 것이라고 한다.

04 라쿠시샤 落柿舍

●●● 새 단장을 하는 터라 담을 수 없었던 아라시야마의 숨겨두고 싶은 명소를 이제야 소개할 수 있게 됐다. 5·7·5의 음률을 가진 17자의 정형시로 세계에서 가장 짧은 시라고 불리는 하이쿠를 빼놓고는 이야기할 수 없는 초막이다. 하늘로 뻗은 감나무와 소박하기 이를 데 없는 초막이 어찌하여 여행자들의 발길을 끌어들이는가 하면 하이쿠의 대가 마츠오 바쇼와의 인연 때문이다. 초막의 주인은 무카이 쿄라이, 마츠오 바쇼를 스승으로 모신 하이쿠 시인이다. 일본인에게 바쇼 하면 떠오르는 이미지는 '지팡이 하나에 의지하여 길을 걷다가 마음 내키는 대로 머무는 방랑 시인'이라고 한다. 2000년 아사히신문의 '천년의 일본 문학가 인기투표'에서 6위를 차지하기도 했다. 그는 이 감나무집에서 머물며 〈사가일기嵯峨日記〉를 남겼다. 바쇼가 찾았던 시절에는 40여 그루의 감나무가 있었다고 하며 도읍에서 온 상인에게 감을 팔기로 약속하였는데 태풍으로 감이 모두 떨어져버렸다. 그 후 이 초막은 감 떨어진 집이란 뜻의 라쿠시샤落柿舍로 불리게 됐다고 한다.

초막의 흙벽에는 짚으로 엮어 만든 도롱이와 삿갓이 걸쳐 있는데 제주도의 정낭처럼 사람이 있고 없음을 나타내는 표시라고 한다. 집도 그러하거니와 도롱이와 삿갓으로 존재 유무를 표현한 참으로 시적인 집이라 할 수 있다. 대나무로 만든 투고함에 하이쿠를 적어 넣으면 선정된 글은 계간지 〈라쿠시샤〉에 게재되는 영광도 안을 수 있다는 소문도 나돈다.

감나무집이 있었던 장소도, 집도 마츠오 바쇼가 찾았을 때와는 다르다고 하나 그러면 어떠하리. 속세를 초월해 자연에 몰입한 방랑 시인의 하이쿠를 읊어보는 것만으로도 좋다. 잘생긴 나무의 그루터기에 걸터앉아 최소한의 상징과 여백만으로 이야기하는 하이쿠 같은 삶을 살고 싶어질지도 모를 일이다. '이 길인가. 가는 이 하나 없는 늦가을.'

05 덴류지 天竜寺

●●● 아라시야마에 가면 무조건 덴류지로 달려가야 한다. 1345년 창건되었으며 아라시야마에서 유일하게 세계유산으로 지정된 임제종 덴류지파 사찰이라는 빛나는 타이틀 때문은 아니다. 일본 정원의 교과서 같은 존재인 멋진 정원과 핫토法堂를 지키고 있는 운룡도雲龍図는 꼭 봐줘야 아라시야마를 찾은 의리를 지켰다고 할 수 있을 테니.

일본 최초의 특별명승지로 지정되며 덴류지를 더욱 유명한 사찰로 만든 것은 소겐치 정원曹源池庭園. '일본 정원의 교과서'나 '명원 중의 명원'으로 불리는 데는 그럴 만한 이유가 있다. 이 정원은 소겐치라는 연못을 중심으로 한 치센카이유池川回遊식 정원. 한 방울의 물은 생명의 근원이며 모든 사물의 근원이라는 의미의 '소겐치 잇테키曹源一滴'라는 네 글자에서 유래했다. 선승, 무소 소세키夢窓疎石 1275~1351년가 정원을 만들기 위해 연못의 진흙을 팠더니 소겐치 잇테키라는 글자가 새겨진 돌이 발견됐다고 한다. 소겐치는 선수행의 한 방법으로 각지에 정원을 만들었다고 한다. 이끼 정원으로 더 유명한 사이호

지 西芳寺의 정원 역시 그의 작품이다.
소겐치 정원은 주변의 산을 차경으로 끌어들이고, 연못의 물가 근처는 우아한 곡선으로 처리했으며, 흰 모래와 신록의 극명한 색대비를 연출했다. 그러나 뭐니 뭐니 해도 백미는 용문 폭포. 바위들을 하늘로 향하도록 세워놓은 3단 폭포를 잉어가 올라가면 용이 되어 하늘로 승천한다는 중국 설화를 구현해놓았다.
여기에서 나온 단어가 그 유명한 등용문이다. 한편 폭포 아래에는 일본에서 가장 오래된 세 개의 자연석으로 쌓은 돌다리가 놓여 있는데, 이후 이 돌다리를 모델로 한 수많은 돌다리가 일본 각지의 정원을 장식했다.

3이란 숫자의 의미는 고사에서 시작된다. 깊은 산속에 은거하던 한 승려는 손님을 배웅할 때 호계라는 시냇물을 건너지 않는 걸 계율로 정하고 지키고 있었다. 그러던 어느 날 두 사람의 객이 찾아왔고, 세 사람은 대화를 나누다가 어느덧 이야기에 빠져버렸다. 이야기에 빠져 객들과 함께 시냇물을 건너버린 승려에게 호랑이가 나타나 으르렁거리자 승려는 스스로 정한 계율을 어겼음을 깨닫고 객들과 함께 웃었다는 줄거리다.

정원의 조형미나 아름다움으로 쳐도 어디 하나 빠질 곳 없는 완벽한 일본 정원이지만 소겐치 정원에 더욱 매료되는 이유는 우연히 이야기를 나눈 덴류지의 한 고승 덕분이다. 교토가 비구름으로 옴짝달싹 못하던 장마철 이른 아침에 홀로 서서 정원을 바라보고 있는데, 지나던 고승이 발길을 돌리더니 무턱대고 마룻바닥에 앉으라고 권했다. 차디찬 마룻바닥에 앉았더니 이게 웬일인가? 정원의 모습이 달라졌다. "교토에 왜 아름다운 정원이 많은 줄 아시오? 곰곰이 생각해보구려. 대개 이름난 정원은 사찰 안에 있소이. 교토의 정원은 관광객들을 위한 관람용으로 만들어진 게 아니라오. 매일 마음을 닦아야 하는 수행승들의 수행을 돕기 위한 자연 수행장인 거요. 이른 새벽에 나는 이 정원에서 수행을 하며 저기 저 녀석과 대화를 한다오. '오! 잉어군. 좋은 아침일세! 오늘은 폭포를 올라가서 하늘로 승천해야지?'라고 말이오. 잠시 후면 관광객들로 붐빌 테니 조용히 더 정원을 즐기시오, 그럼…."

마음먹기에 따라 세상이 달라짐을 일깨워주며 마음의 키를 한 뼘 더 성장시켜준 덴류지의 소겐치 정원은 그래서 더욱 특별한 존재다.
정원에 대해 주절주절 칭찬을 늘어놓았지만 덴류지는 정원 외에도 눈여겨볼 만한 곳들이 많다. 덴류지의 기원은 별궁이다. 고다이고 천황의 명복을 빌기 위해 별궁을 절로 창건한 것이 1339년의 일. 천황의 후광을 등에 업고 넓은 대지에 150여 개의 부속 사원이 들어서 거대 가람을 이룬 화려한 시절도 있었던 듯하다. 그러나 잇따른 화재 등으로 창건 당시의 건물은 소실되었으며 절의 면적도 10분의 1로 확 줄었다.

봄에 덴류지를 찾으면 다호텐多宝殿 앞에 우뚝 선 벚나무와 일대 꽃동산에서 뿜어내는 봄 향기에 취할 수 있고, 또 80미터의 지하에서 샘솟는 샘물을 마시면 '사랑과 행복'을 얻을 수 있다고 전해지니 사랑과 행복과 목의 갈증도 풀 수 있다.
매월 둘째 주 일요일에는 누구나 참여할 수 있는 좌선회가 열린다.

06 치쿠린 竹林

07 가츠라리큐 桂離宮

●●● 아라시야마·사가노 홍보 포스터나 교토 관광 포스터에 빠지지 않고 얼굴을 내미는 이곳은 치쿠린이라 불리는 대나무숲 길이다. 하늘을 향해 쭉쭉 늘씬하게 뻗은 푸른 대나무 길은 노노미야진자부터 오코치 산소의 입구까지 이어진다. '노다메 칸타빌레'에서 우리의 치아키 센빠이가 주연으로 열연한 '사슴남자' 등의 일본 드라마나 일본 연예인의 화보집 로케지로도 종종 등장하며 로망 여행지로 선망받는 그곳이다. 늘 배터리가 간당간당한 저질 체력도 대나무숲에서의 짧은 산책으로 백만돌이로 탄생시키는 파워 스폿이다.

생각했던 것보다 길지 않은 숲길에 대나무보다 늘 많은 사람들로 제대로 된 사진 한 컷 건지기 힘들다. 혼자서 흥분 모드로 대나무숲 전세 나들이에 성공하려면 평일 이른 아침에 찾아야 한다. 아침형 인간 일지라도 아침에 약해질 수밖에 없는 고단한 여행길이지만 부지런을 떨면 대나무 사이를 빠져나가는 시원한 바람 소리를 들을 수 있다. 억세게 운이 좋아 비님이라도 살포시 내려오시는 날이면, 트레비 분수에 동전을 던지면 다시 찾게 된다는 전설처럼 대나무숲을 꼭 한 번 더 찾을 수 있도록 맘속으로 기도하게 될지 모른다.

●●● 건축가인 친구로부터 "교토에서 딱 한 곳만 둘러볼 수 있다면 어디를 찍어줄 거야?"라는 난감한 질문을 받았다. 널려 있다고 해도 과언이 아닌 무수한 절과 신사와 일본 정원과 꼭 한 번만 살아보고픈 교토의 전통가옥들…. 첫사랑을 고백하느냐 마느냐로 불면의 밤을 지새우는 소심한 소년 혹은 소녀처럼 고심 끝에 추천한 것이 가츠라리큐. 별궁이란 뜻의 리큐는 일반적으로 왕족이나 황족 등이 거주하는 궁전을 의미한다. 현재 교토에 남아 있는 별궁은 가츠라리큐와 슈가쿠인리큐 두 개뿐이다. 에도시대 1603~1867년까지는 산장이나 차야 등으로 불리다가 메이지유신 이후 교토 보존정책의 일환으로 리큐라는 명칭을 사용하게 됐다고 한다. 명품에는 무수한 수식어들이 꼬리표처럼 따르기 나름이지만 가츠라리큐는 '일본 최고의 명정원'이라는 절대 극찬을 한 몸에 받는 곳이다. 유리 파빌리온으로 국제적 명성을 얻은 독일 건축가 부르노 타우트로부터 "울고 싶어질 만큼 아름답다"는 찬사를 들은 이후 일본 정원 하면 빼놓지 않고 회자되는 명소가 됐다.

가츠라리큐는 천황의 이복형제에 의해 1615년부터 3대에 걸쳐 하치조노미야 가문의 별장으로 조성됐다고 한다. 5만6000평방미터의 땅에 고쇼인古書院, 나카쇼인中書院, 신고덴新御殿의 서원군과 치센카이유식 정원이 조화를 이루고 있으며. 직선의 군더더기 없는 절제미를 보여주는 서원 건축은 한껏 꾸며낸 아름다움을 압도하고도 남는다. 고쇼인의 툇마루에서 달 구경을 할 수 있도록 더욱 밖으로 튀어나가도록 설계한 츠키미다이月見台라는 이색적인 구조물이 특히 유명하다. 딱 부러지게 표현하기는 어려운 일본의 미의식인 '와비사비'를 조금은 깨닫게 하는 공간이다.

산책을 즐길 수 있는 정원은 인근 가츠라가와에서 끌어온 물로 채워진 연못을 중심으로 네 개의 다실과 돌과 흙을 쌓아 산처럼 만든 축산築山, 다리, 석등롱 등이 배치되어 있다. 돌 하나에도 선禪사상이 담겨있을 만큼 세밀한 부분까지 사전에 철저하게 계산되었음에 혀를 내두르게 한다.

부르노 타우트는 건축물로서 가츠라리큐를 일본 제일이라고 칭했지만, 많은 이들은 말한다. 하치조노미야 가에서 후세까지 전달하고 싶었던 핵심 코드는 달이다. 예부터 가츠라는 〈겐지모노가타리〉 등 많은 문학작품에 달 명소로 소개되어 있다. 여기서 또 한 번 등장하는 한반도에서 건너간 하타 가의 파워. 하타 가에서 현재의 가츠라 일대를 중국의 월계月桂의 고사에서 착안하여 '가츠라桂'라는 지명을 붙였다고 전해진다.

그러나 가까이하기에 너무 먼 당신이라서 더 소중한 존재로 여겨지는 법. 죽기 전에 한 번은 봐줘야 할 가츠라리큐는 궁내청에 사전 신청을 해야만 관람할 수 있다. 관람 소요시간은 한 시간 정도로 마이크를 든 안내원 아저씨로부터 굉장히 정중한 가이드를 받을 수 있다.

Travel Tip

오타쿠 문화의 나라 일본에서는 가츠라리큐를 100분의 1로 축소한 페이퍼 크라프트 북 〈페이퍼 건축모형 복원 가츠라리큐 서원군ペーパー建築模型 復元桂離宮書院群〉도 발행됐다.

Travel Tip

가츠라리큐와 함께 가츠라의 2대 명물로 불리는 화과자점 나카무라켄中村軒 075-381-2650도 방문해줘야 예의다. 추천 메뉴는 으깬 팥을 말랑말랑한 흰 떡으로 반달 모양으로 감싼 후 콩가루를 뿌린 무기테모치다.

08 마츠오타이샤 松尾大社

●●● 〈명가의 술〉이라는 일본 만화가 있다. 나츠코라는 스물두 살의 아가씨는 '달의 눈물'이라는 최고의 술을 만들고 싶었던 오빠의 유지를 받들어 낙향한다. 비록 만화였지만 술을 위해 평생을 바치는 여러 인물들이 등장하여 다큐멘터리급 감동을 안겨주었던 명품 만화다. 어쩌면 〈명가의 술〉에 기막히게 묘사된 니혼슈日本酒에 매료되어 주당이 됐는지도 모르겠다. 그런데 만화를 읽으며 참으로 신기했던 것이 술의 신이라는 존재였는데, 팔백만 신의 나라 일본에는 정말로 술의 신을 제신으로 모신 신사가 있었다. 교토의 마츠오타이샤와 나라의 오미와진자大神神社가 열도에서 가장 이름난 술의 신을 모신 신사다. 술도가의 처마 끝에 달아놓은 둥근 방울은 사카바야시酒林라 하는데, 일본의 많은 술도가에서는 나라의 오미와진자에서 매년 11월에 열리는 술 기원제에 참가한 후 새로운 사카바야시를 받아와 내건다. 이 삼나무는 굳이 말하지 않아도 누구나 다 아는 술도가의 간판이 된 지 어느덧 600년의 세월이 흘렀다고 한다.

명주 마을 후시미를 가까이에 둔 마츠오

224

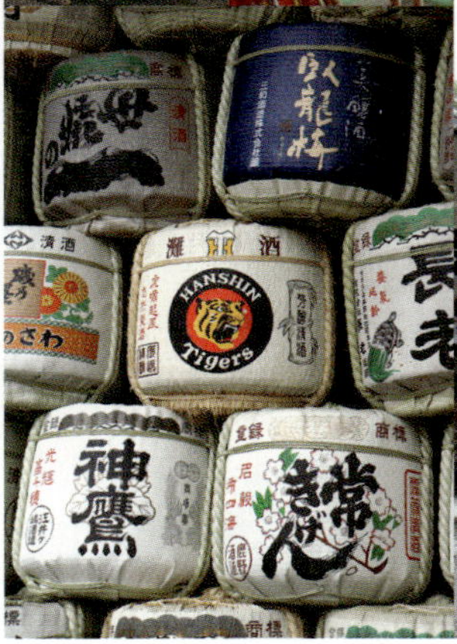

타이샤도 술의 신 오야마쿠이노카미를 제신으로 모시고 있다. 각지의 양조장에서 헌납한 술통이 산처럼 쌓여 있어 색다른 풍경을 연출한다. 경내에는 술을 빚을 때 섞어주면 술이 상하지 않는다고 전해지는 명수가 샘솟으며, 고대 술 제조 도구와 당대 최고의 도예가들이 빚은 문화재급 술잔 등이 전시된 술 자료관도 있으니 과연 술의 신을 모신 신사답다.

술의 신사인 마츠오타이샤는 후시미 이나리타이샤와 마찬가지로 우리와 깊은 인연을 지닌 신사다. 일찍이 교토에는 한반도에서 건너가 서쪽 일대에 터전을 잡으며 강력한 힘을 과시하던 호족 가문 하타 씨秦氏가 있었다. 관개와 용수를 위한 대규모 제방을 쌓아 농업혁명을 불러왔고, 씨족 사찰로 고류지, 씨족 신사로 이나리진자와 지금의 마츠오타이샤도 건립했다. 헤이안 천도에도 영향을 미쳤다는 하타 씨의 영향력으로 씨족 신사였던 마츠오타이샤는 당시 황실의 지지를 받아 가모진자와 함께 황실 수호 신사로 지정되기에 이른다.

이런 기록은 마츠오타이샤에도 찾아볼 수 있다. '5~6세기경 신라에서 일본으로 건너온 도래인 하타 씨는 마츠오야마의 신을 씨족신으로 삼았다고 한다. 701년에는 하타노이미키토리가 현재의 위치에 건물을 짓고 1868년 신직의 세습이 금지되기 전까지 하타 씨 가문이 신직을 맡았다. 전해지는 바에 따르면 일본에 술 제조 기술을 전한 이는 하타 씨로, 중세 이후부터 마츠오 신은 술의 신으로 널리 알려졌다'고 신사 홈페이지에 소개하고 있다. 또한 한반도와의 교역을 꾀한 하타 씨는 안전한 항해길을 위해 물의 신도 제신으로 모셨다고 한다.

마츠오타이샤에는 독특한 건축물이 있어 신사 건축에 관심을 가진 건축 학도들에게는 죽기 전에 꼭 둘러보아야 할 곳으로 꼽힌다. 중요문화재로 지정된 혼덴本殿의 지붕을 보시라! 단, 정면에서 말고 측면에서.

최고의 가든 디자이너라 칭송받는 시게모리 미레이重森三玲 1896~1975년의 유작 정원 쇼후엔松風苑도 있다. 독학으로 일본 정원 만드는 법을 터득한 천재적인 정원 건축가는 마츠오타이샤에 무려 세 개의 정원을 만들고 세상을 떠났다. 강한 임팩트를 주는 정원석의 배치와 모던한 이끼의 구획으로 특징 지어지는 시게모리 스타일의 가레산스이枯山水 정원이 자리 잡고 있다. 세 정원 모두 나름의 미학과 맛을 지니지만 작정가 시게모리 미레이의 이름을 걸고 심혈을 기울인 정원은 태고의 정원으로 해석하고픈 '쇼코노 니와上古の庭가 아닐까' 하고 처음 보자마자 그런 생각이 들었다. 이 정원을 처음 봤을 때의 감동은 료안지의 정원과 맞먹을 정도의 충격이었고, 이후 교토에 머물며 시게모리가 만든 정원 산책으로 이끈 동기가 되었다.

09 노노미야진자 野宮神社

●●● 교토 사람들은 노노미야진자 하면 1000년 전에 쓰여진 일본 최고의 장편소설 〈겐지모노가타리〉부터 떠올린다. 이 작품은 헤이안시대(794~1185년)의 화려한 귀족 사회를 무대로 히카루 겐지라는 황태자의 파란만장한 사랑과 고뇌에 찬 인생을 다루고 있다. 이 소설 한 대목에 대나무숲 속에 고즈넉하게 자리 잡고 있는 노노미야진자가 등장한다.

〈겐지모노가타리〉의 주인공 겐지가 흠모했던 연상의 여인 로쿠조노 미야스도코로는 그에 대한 모든 미련을 버리고 딸과 함께 이세진구로 갈 것을 결심한다. 이때 다른 사람과 이미 결혼한 겐지는 이를 안타까워하며 깊어가는 가을날, 노노미야진자를 찾아 그녀와 아쉬운 이별을 한다. 이 이야기는 〈겐지모노가타리〉 54첩 중 제10첩에 그려져 있다. 노노미야진자는 옛날 즉위한 천황을 대신하여 일본의 건국 신인 아마데라스오미가미를 모신 이세진구(伊勢神宮)로 봉양을 하러 가는 임무를 부여받은 사이구(斎宮)가 머물던 곳이다. 미혼의 황녀나 여왕 중에서 선발된 사이구는 660년간 74명의 천황을 대신하여 이세진구로 향했다. 사이구가 되면 우선 궁에서 일 년 남짓, 노노미야진자에서 3년간 심신을 정결히 한 후에야 이세진구로 출발할 수 있었다고 한다.

사이구는 역사 속으로 사라진 지 오래지만 노노미야진자에서는 10월이 되면 100여 명의 사이구 행렬이 이세진구로 떠나는 모습을 재현한 의식이 펼쳐진다.

노노미야진자는 인연을 맺어주는 신과 자녀를 갖게 해주는 신을 모시고 있다. 그래서 기념품으로 사랑 부적이나 순산 부적을 사가는 이나 사랑 점을 치는 사람들의 모습도 눈에 띈다. 그리고 경내에는 문지르면서 소원을 빌면 일 년 안에 소원이 이뤄진다는 돌도 있다. 또 하나 볼거리는 검은 도리이. 일본 신사의 상징은 신사 앞에 세워져 있는 붉은 도리이일 터. 그러나 노노미야진자에는 상수리나무 껍질을 벗겨내지 않고 그냥 사용한 검은 도리이가 세워져 있다. 원시적인 형태의 도리이로 일본에서 가장 오래됐다. 푸른 대나무숲 사이에 숨어든 검은 도리이 때문인지 신사 경내는 더욱 고즈넉하게 느껴진다.

10 게곤지 華厳寺

‘씨이익~, 씨이익~' 방울벌레는 가을에만 울어야 하건만, 일 년 내내 사찰 경내에 방울벌레 울음소리가 울려 퍼지는 게곤지는 스즈무시데라(방울벌레사)라는 이름으로 더 알려져 있다. 1723년 화엄종의 부흥을 위해 창건된 사찰로 현재는 대일여래상을 본존으로 안치한 임제종의 사찰이다.

가파른 언덕에 여든 개나 놓여 있는 돌계단을 올라 갸쿠텐(客殿)으로 들어가면 7000에서 9000마리의 방울벌레가 살고 있는 수족관 같은 유리관에 뒤집어진 기억자 모양의 벽에 바짝 붙어 늘어서 있다. 한 스님이 마이크를 잡고 절 이야기부터 소원 비는 법, 세상을 살아가는 지혜 등에 대해 30여 분 정도 유머러스하게 설법을 편다. 선사상을 알기 쉽게 설파하는 일명 '방울벌레 설법'이다. 공연 관람하듯 인원이 찰 때까지 기다렸다가 한꺼번에 다다미방에 앉은 사람들은 절에서 내온 차와 짭짤 달콤한 게곤지 수제 화과자 '스즈무시'를 맛보며 방울벌레 소리를 배경음악으로 설법에 귀를 기울인다. 방울벌레의 울음소리를 가만 들어보면 마음이 차분해지는 기이한 일이 벌어진다. 그렇다고 로밍한 핸드폰으로 마음을 사워해주는 방울벌레 소리를 한국의 지인에게 들려주겠다는 야무진 욕심은 내려놓으시길. 방울벌레 소리는 절대 전화로는 들리지 않는다고 하니.

설법을 들은 후에는 오죽과 삼각형 모양 또는 사각형 모양의 대나무 등 갖가지 희귀한 모양의 대나무가 심어진 정원 산책을 즐길 차례다. 정원 깊숙한 곳에는 교토 시가지를 전망할 수 있는 명당이 숨겨져 있다.

그런데, 최근 방울벌레의 인기가 남부럽지 않을, 게곤지의 또 다른 스타가 탄생했다. 일본에는 "아무리 걸어도 닳지 않는 쇠 짚신을 신고 찾는다"는 속담이 있는데, 얻기 힘든 사물을 끈질기게 찾아다닌다는 뜻으로 풀이된다. 절 입구 왼쪽에는 이 속담을 떠오르게 하는 짚신을 신은 행복보살이 있다. 노란 행복 부적을 양손에 꼭 쥐고 간절히, 간절히 소원을 말한 후 이름과 주소를 이야기하면 행복보살님이 그 사람의 집까지 행차하여 반드시 그 소원을 들어주는 것으로 유명하다. 다만 소원은 현세에서 이루어질 만한 것이어야 하며, 딱 한 가지만 말해야 하고 매일 그 소원을 비는 조건이다. 소원이 이루어지면 다시 절을 찾아 부적을 반납하면 이번에도 딱 한 가지 소원을 더 빌 수 있단다.

하지만 소원이 이루어지기 전에 이사를 가게 되면 행복보살님께 주소 이전 신고를 해야 하는데 나는 이 조항에 걸려버렸다. 교토살이를 마치고 돌아왔더니 우리 집이 갑자기 이사를 해버린 것이었다. 행복보살님, 서울까지 해외 출장 오셨다가 헛걸음하셨다. 더욱 한심한 노릇은 행복보살님께 무슨 소원을 빌었는지 잘 기억이 나지 않는다는 것이다. 어쨌든 내가 기억하는 것은 방울벌레 우는 소리가 아름답게 들리는 아라시야마의 한 사찰에서 행복해지고 싶었다는 사실뿐이다.

Day Trip 227

11 조잣코지 常寂光寺　　　12 세료지 清涼寺

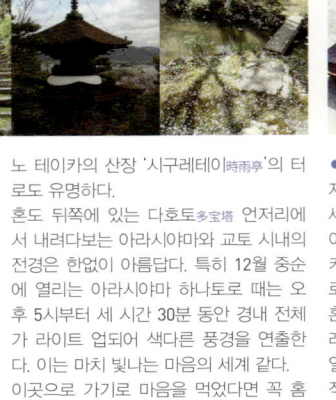

●●● 교토의 가을이 에이칸도에서라면. 아라시야마와 사가노의 가을은 조잣코지에서라고 말하고 싶다. 조잣코지는 1596년에 창건된 일련종 사원으로 아라시야마와 교토 시내가 한눈에 바라다보이는 오구라야마小倉山의 중턱 기슭에 자리하고 있다. 니오몬仁王門에서부터 혼도本堂까지 이어지는 가파른 돌계단 양쪽에 늘어선 단풍나무가 아름답게 물들며 주홍빛 터널을 만들어 나들이객들로 몸살을 앓기도 한다. 혼도 서쪽 정원의 작은 연못에는 수면이 보이지 않을 정도로 단풍이 후두둑 소리 없이 떨어져 쌓여 아름답고도 쓸쓸한 정취를 자아낸다. 그러나 아무리 사람들이 많아도 특유의 존재감으로 시끄러운 소리마저 흡수해버리는 사가노에 있으므로 미리 겁먹을 필요는 없다. 하지만 가람이 산 중턱에서 정상을 향해 놓여 있으므로 가파른 길을 오르내릴 각오는 필요하다.

경내에는 헤이안시대794~1185년부터 가마쿠라시대1185~1333년까지 가인 100명의 와카和歌를 한 수씩 뽑아 '오구라 햐쿠닌 잇슈小倉百人一首'라는 가집을 만든 후지와라 노 테이카의 산장 '시구레테이時雨亭'의 터로도 유명하다.

혼도 뒤쪽에 있는 다호토多宝塔 언저리에서 내려다보는 아라시야마와 교토 시내의 전경은 한없이 아름답다. 특히 12월 중순에 열리는 아라시야마 하나토로 때는 오후 5시부터 세 시간 30분 동안 경내 전체가 라이트 업되어 색다른 풍경을 연출한다. 이는 마치 빛나는 마음의 세계 같다.
이곳으로 가기로 마음을 먹었다면 꼭 홈페이지를 보고 가야 한다. '왜?' '어째서?'라는 생각이 들면 조잣코지로!

●●● 정토종 사찰인 세료지는 987년 왕자 미나모토노 도오루의 별장에 불당을 세운 것이 그 시작이다. 미남으로 알려진 이 왕자는 〈겐지모노가타리〉의 주인공 히카루 겐지의 살아 있는 모델이었다는 설로 유명하다.

혼도本堂에는 160센티미터 높이의 석가여래입상이 안치되어 있는데 인도와 중국. 일본 불교문화의 특색을 모두 갖춘 이색적인 불상으로 이름 나 있다. 석가모니의 서른일곱 살 때의 모습으로, 봄과 가을 특별 공개 기간에만 모습을 드러내는 국보이자 일본 3대 여래상의 하나로 손꼽힌다. 이 석가여래상은 사람들로부터 '삼국에서 전래된 살아 있는 부처님'으로 불린다. 초넨 대사가 중국 송나라로 건너갔을 때 인도에서 석가모니가 서른일곱 살 때의 살아 있는 모습을 새겼다는 단향목으로 만든 상이 실크로드를 통해 중국으로 건너온 것을 보고 그와 같은 모습으로 제작된 석가여래상을 일본으로 가져왔다고 한다. 1953년에는 몸 안에서 중국의 비구니가 넣었다는. 비단으로 만든 오장육부가 발견되어 화제가 되기도 했다.

13 사가 도리이모토 마치나미 호존칸 嵯峨鳥居本町並み保存館

14 사가노 도롯코렛샤 嵯峨野トロッコ列車

●●● 사가 도리이모토 마치나미 호존칸은 교토 변두리에서 살던 서민들의 집을 찬찬히 둘러볼 수 있는 소중한 공간이다. 메이지시대 1868~1912년 초기에 건축된 민가를 1992년 교토 시가 사들여 약간 손을 봐 무료로 개방하고 있다. 교토 여행을 할 때마다 옛집들의 속살을 구경하고 싶었는데, 교토에 사는 지인이나 친구가 없으면 매우 어려운 일이었다. 우리네보다 훨씬 프라이빗을 중시하는 교토 사람들이므로. 이 보존관은 비록 사람이 살지 않는 마네킹 같은 집이기는 하지만 밖에서 훔쳐보며 상상만 하던 교토 사람들의 생활 터전을 외국인에게도 출입을 허락해주니 반가울 따름이다. 다만, 세로로 길어 장어의 침실이라 부르는 교토 시내의 집과 달리 이 집은 세로가 좁고 가로가 긴 형태라는 점이 다르다.

집 안으로 들어서자마자 부엌을 둘러보았다. 부엌에는 우물과 나무를 때어 밥을 짓고 음식을 만드는 아궁이가 놓여 있고 우리의 조왕신처럼 교토의 부엌 신도 눈에 띈다. 생활의 냄새가 깊게 배어 있었을 옛 아궁이는 어디론가 사라지고 한 번도 불로 데워진 적 없었을 전시용 아궁이가 궁색 맞게 놓여 있다. 방으로 들어서면 집 밖에 있는 넓은 정원이 시야를 확 트이게 하는 다다미방과 좁고 길게 뺀 복도가 나온다. 다다미방에 앉아 꾸미지 않은 자연을 보고 있으면 거금을 내고 들어가는 사찰의 이름난 정원이 주지 못하는 편안함이 느껴진다.

쇼와 시대 1926~1986년 초기 마을의 모습을 정밀하게 재현한 조형물도 한자리 차지하고 있어 사가 도리이모토의 옛 모습을 상상할 수 있다.

●●● 아라시야마와 사가노를 로망 여행지로 등극시키는 데 일조한 것은 도롯코 열차이다. 레일 위를 오가며 시멘트나 목재 등을 운반하는 차를 도롯코라 하는데, 일본에서 탄생한 신조어 '도롯코열차'는 객차 위쪽이 개방된 차량에 승차하여 관광지나 자연경관을 전망할 수 있는 관광열차를 의미한다. 그런데 일본 사람들은 어쩐 일인지 도롯코열차를 아주 좋아한다. 홋카이도의 라벤더 밭을 달리는 후라노·비에이의 후라노 센의 도롯코열차, 도야마의 구로베 협곡을 달리는 도롯코열차, 1984년부터 운행되며 도롯코열차의 효시로 알려진 시코쿠 여객철도 요도 센의 도롯코열차 등 홋카이도부터 큐슈까지 도롯코열차는 일본의 절경이 있는 곳이라면 어디든 놓여 있다고 해도 과언이 아니다.

구로베 협곡의 도롯코열차와 인기 쟁탈전을 벌이는 곳이 도롯코 사가노 역과 도롯코 가메오카 역의 7.3킬로미터를 25분에 주파하는 사가노 도롯코렛샤. 호즈 강의 협곡을 따라 봄에는 벚꽃나무 터널, 여름이면 신록과 바람, 가을에는 단풍 속을 달린다. 관광 열차이니 달리는 중간 중간 넉

Day Trip 229

15 호즈가와 쿠다리 保津川下り

살 좋은 아저씨의 압축된 관광 정보 설명과 구수한 노랫가락도 곁들여진다. 도롯코열차를 타면 이유 없이 마냥 기분이 좋아지니 일본 사람들이 도롯코열차에 빠져 있는 이유를 알 것도 같다.

"한 해에 20만 명이나 타면 다행이지"라든가 "3년도 못 가 문을 닫게 될 거야"라는 우려 속에 1991년 첫 운행을 시작한 도롯코열차는 첫 해에만 68만 명, 지금까지 1400만 여명이 승선했으며 봄이나 가을 관광 시즌에는 예약하지 않으면 두서너 시간을 기다렸다 타야 할 정도로 사가노의 명물이 됐다. 도롯코열차를 타고 가메오카 역까지 갔다가 돌아올 때는 도롯코열차를 배신하고 사공 아저씨가 노를 저으며 호즈 가와를 내려오는 나룻배로 갈아타야 아라시야마의 로망 여행이 완성된다.

●●● 아라시야마와 사가노의 풍류는 호즈가와 쿠다리다. 가메오카 역 부근의 호즈가와 상류에서 아라시야마 도게츠쿄 언저리까지 16킬로미터의 협곡을 두어 시간 동안 내려오는 뱃놀이로, 암전한 양반 도시 교토에서는 좀처럼 체험하기 어려운 스릴 만점의 즐길 거리다. 물론 전통미 물씬 풍기는 옷을 입고 개그맨도 울고 갈 입담으로 손님들의 여행 기분을 상승시켜주는 뱃사공이 동승한다. 보통 스무 명 남짓한 승객과 세 명의 사공이 한 배를 타게 되며, 개구리 바위, 거울 바위, 사자 바위 등의 기암괴석과 로망을 싣고 달리는 도롯코열차, 아름다운 협곡의 경치에 빠져 있다 보면 꿈같은 두 시간은 강물보다 더 빨리 흘러간다.

이 뱃놀이 코스는 원래 400여 년 전부터 교토 서북쪽 지역의 목재나 연료, 특산품을 운송하던 수로로 요긴하게 사용되어 왔다고 한다. 그러나 육상 교통이 발달함에 따라 목재 등을 나르던 뗏목은 점점 자취를 감추었고 호즈 강은 활기를 잃었다. 1895년부터 쓸쓸하던 호즈 강에 관광용 나룻배가 띄워졌고, 지금은 연간 30만 명이 뱃놀이를 즐긴다. 그중에는 초특급 유명 인사도 눈에 띄는데 루마니아나 영국의 황태자 등도 승선 리스트에 이름을 올렸으며, 나츠메 소세키나 미시마 유키오 등의 문학가들은 그들의 작품에 뱃놀이를 소개하기까지 했다. 대표적인 작품이 나츠메 소세키의 〈구비진소虞美人草〉다.

'두 사람은 단바행 표를 사서 가메오카에서 내렸다. 호즈가와의 물살이 센 여울은 이 역에서 하류로 흘러가는 것이 정해진 법도다. 응당 흘러가야 할 눈은 눈앞에서 아직 초록빛으로 느릿느릿 흐르며 풍취를 자아낸다. 물가가 열리고 마을 아이가 뛰는 뱀밥도 자란다. 뱃사공은 배를 물가에 대고 손님을 기다린다…'

뱃놀이를 하면 너도나도 모두 멋들어진 시 한 수를 읊어대는 풍류가로 거듭나는가 보다. 호즈가와 쿠다리는 아라시야마와 사가노의 순수한 자연을 있는 그대로 눈에 담을 수 있는 교토만의 풍류 체험이다.

16 게이후쿠 아라시야마 역 京福嵐山駅

●●● 아라시야마로 가는 방법은 여러 가지가 있다. JR 교토 역에서 사가노 센을 타는 가장 빠른 법, 버스나 한큐 전철로 가는 법. 그러나 낭만을 아는 사람이라면 란덴嵐電이라는 귀여운 애칭으로 불리는 게이후쿠京福 전철의 아라시야마 혼센嵐山本線 또는 기타노 센北野線을 이용하라고 권하고 싶다.

아라시야마 혼센은 시조 오미야四条大宮 역에서 아라시야마 역까지 7.2킬로미터 구간, 기타노 센은 기타노 하쿠바이초北野白梅町 역에서 가타비라노츠지帷子ノ辻 역까지 3.8킬로미터에 놓여 있다. 하루짜리 프리티켓을 500엔에 구입하면 교토의 서민 마을을 속속들이 볼 수 있다.

100년 전부터 교토의 서북쪽 마을에 놓인 노면을 달리는 한 량짜리 꼬마열차에는 교토다운 정서가 녹아 있다. 제복을 입고 모자까지 썼으며 명찰까지 단 반듯한 직원은 운전수도 되었다가 손님이 내릴 때면 검찰원으로 일하느라 바쁘다. 몇몇 을 제외하고는 역마다 개찰구도 없다. 어쩐지 교토 서민들과 자연스럽게 섞여 자유로운 여행을 하고 있다는 뿌듯함도 준

다. 이렇게 란덴은 교토의 낭만을 실어 나른다.

서 있는 사람보다 앉아 있는 사람이 항상 많은 썰렁한 열차가 만원사례로 몸살을 앓는 때가 있다. 벚꽃이 만개하면 나루타키鳴滝 역에서 우타노宇多野 역까지 밤벚꽃 임시열차가 운행된다. 객차의 불을 모두 끈 채 조명등으로 빛나는 새하얀 벚꽃 터널을 뚫고 달려 나간다. 200미터의 벚꽃 사이를 시속 15킬로미터로.

낭만 여행의 종착지이자 출발점은 아라시야마 역嵐山이다. 역사는 유명 인테리어 디자이너가 사가노의 대나무숲을 이미지하여 3000개의 대나무를 사용하여 만들었고, 1층에는 교토 기념품 숍, 2층에는 레스토랑이나 카페가 입점해 있다. 그러나 누가 뭐래도 이 역의 명물은 개찰구 안쪽 끝에 있는 아시유足の湯. 신경통과 근육통. 피로 회복에 효능이 있는 온천수에 발을 담그고 있으면 하루 피로가 싹 사라진다.

Travel Tip 세상에서 가장 아름다운 전철표
아라시야마로 향하는 란덴에서도 〈겐지모노가타리〉천년을 기념한 프리미엄 이벤트가 진행됐다. 겐지모노가타리 병풍 54폭 중 1폭에서 6폭까지를 옮긴 티켓을 한정 수량, 한정 기간에 발매한 것. 겐지모노가타리 그림으로 객차 전체를 색칠하고 아라시야마로 향하는 란덴에 탔다가 바로 구입하고 말았다. 세상에서 가장 우아하고 아름다운 티켓을~

Travel Tip 아라시야마의 온천
2004년 온천 개발에 성공한 아라시야마. 호즈 강 근처에 문을 연 몇 곳의 료칸에서 온천욕을 즐길 수 있다. 대욕장과 노천온천을 갖추고 있으며, 대여 노천온천도 가능한 료료칸 아라시야마 벤케이嵐山 辨慶나 전망 좋은 곳에 노천온천이 딸린 객실이 있는 노포료칸 도게츠테이渡月亭에서는 온천욕과 요리를 묶은 패키지 상품을 이용할 수 있다. 온천수는 어느 곳이나 동일하며 신경통, 근육통, 오십견, 피로 회복 등에 효능이 있다고 한다.

17 이우라닌교텐 井浦人形店

18 아이토와 アイトワ

●●● 사가노의 라쿠시샤楽柿舎 근처에 도착하면 5·7·5의 3구 17음절로 된 일본 고유의 짧은 시, 하이쿠가 떠오르고 잇달아 마츠오 바쇼松尾芭蕉가 떠오른다. 삼월 삼짇날 굽이도는 물에 잔을 띄워 그 잔이 자기 앞에 오기 전에 시를 짓던 놀이, 유상곡수 못지않게 풍류미로 넘실거리는 하이쿠. 하이쿠의 대가 마츠오 바쇼는 1691년에 제자 무카이 쿄라이의 암자 라쿠시샤에 머물면서 〈사가노 일기〉라는 작품을 썼다. 그런데 오사카의 상인에게 주렁주렁 열린 감을 보고 팔기로 약속했으나, 강풍으로 하룻밤 만에 탐스러운 감이 몽땅 떨어져 '감이 떨어진 집'이란 뜻의 운치 있는 이름을 가지게 됐다는 라쿠시샤보다 맞은편에 있는 이우라닌교텐으로 자주 발길이 향했다.

70년의 역사를 지닌 사가 인형 가게로, 원숭이, 호랑이, 개, 뱀, 용, 양 등 십이지신 인형이 앙증맞은 방석에 앉아 주인을 기다린다. 재물을 불러온다는 개구리와 너구리, 흔들어 소리를 내며 복을 부르고 악을 물러가게 한다는 토령도 보인다. 사가노의 풍토를 담은 소박한 스야키 인형들이 손바닥만한 가게를 가득 채우고 있다.

스야키는 유약을 바르지 않고 약한 불에 구운 도자기를 말하는데, 그래서 이우라닌교텐의 인형들은 유약을 발라 구운 도자기 인형들과 다른, 흙을 닮은 소박한 빛깔을 지니고 있다.

모든 인형은 가게 뒤쪽 살림채에 딸린 공방에서 가내 수공업으로 만든다고 한다. 점토를 반죽해 미리 만들어둔 틀에 찍어 형태를 만든 후 햇볕에 말려 가마에 구워 색을 그려 넣으면 완성. 이 가게는 하나부터 열까지 모두 가족들의 수작업으로 만드는데 인형이 깔고 앉은 방석까지도 직접 제작한다.

무엇보다 신나는 일은 인형을 사면 사랑의 시를 덤으로 받을 수 있다는 사실. 주인 아주머니가 그 유명한 오구라 햐쿠닌잇슈에서 뽑은 와카를 붓글씨로 직접 써준다. 시간에 쫓기지 않는 여행자라면 주인 아주머니의 자랑거리인 방명록에 답하고 갈 수 적고 오시길.

●●● 조잣코지로 가다 보면 숲 속에서 신비로운 표정을 지닌 아이가 말을 걸어올 것만 같은 서양풍 전원주택이 나타난다. 그 아이는 사가노의 인형 공방 겸 카페 테라스 아이토와에 산다. '사랑이란?', '사랑과 환경', '사랑은 영원한'이란 여러 의미를 지닌 이 인형 공방은 창작 인형을 만드는 모리 사요코森小夜子 씨가 1986년부터 운영하고 있다. 모리 사요코 씨는 일본 각지의 마츠리를 표현한 인형전, 〈겐지모노가타리〉천년을 기념한 인형전, 창작 인형전 등을 개최하며 교토를 중심으로 활동하고 있는 인형 작가이다. 원래는 니트웨

19 세이잔소도 西山艸堂

ⓒアイトワ

어 디자이너였는데 실크로드 여행길에 올랐다가 소수민족에 매혹되어 신비로운 표정에 아름다운 의상을 입은 창작 인형 실크로드 시리즈를 만들기 시작했다고 한다. 모리 씨의 작품 세계를 보려면 갤러리를 꼭 감상해야 한다. 갤러리에는 눈이 마주치면 영혼을 빼앗겨버릴 듯 강렬하고 매혹적인 인형들의 왕국이 세워져 있으므로. 입장료는 따로 없지만 소품 숍에서 인형 사진이 박힌 기념엽서를 구입하면 된다. 왼쪽 2층짜리 건물이 작업실 겸 갤러리이고, 오른쪽 건물은 카페 겸 작은 소품 숍이다.

●●● 아라시야마는 난젠지와 함께 유도후두부 육수에 살짝 익혀 맛간장에 찍어 먹는 교토의 명물 요리를 명물로 내는 요리집이 많다. 덴류지 경내에 있는 세이잔소도 역시 맛으로 보나, 역사로 보나 아라시야마에서 손꼽히는 유도후집이다. 세이잔소도는 덴류지의 탑두의 하나인 묘치인妙智院의 별칭으로, '서쪽 산 깊은 풀숲에 서 있는 당堂'이라는 의미를 지녔다.

일본 정원이 바라다보이는 서원의 다다미 방에서 요리를 내는 만큼 유난히 고즈넉한 사찰이 내뿜는 정취도 음식 맛을 돋운다. 메뉴는 유도후 데이쇼쿠 하나뿐이다. 흙으로 빚은 냄비 속에는 다시마로만 우린 국물과 아라시야마에서 모르면 간첩이라는 소리를 듣는 명물 두붓집 모리카의 두부가 한가득 담겨 나온다. 콩 냄새가 거의 나지 않지만 콩 맛만큼은 농후한 모리카의 두부도 아라시야마를 찾은 보람을 느끼게 하는 진미 중 하나이다. 이 집에서만 맛볼 수 있는 두부 초밥 또한 매우 인상적이었다. 두부를 만들 때 생기는 얇은 막인 유바를 밥, 김, 유바 순으로 올렸는데 유바의 쫄깃하고 담백한 식감이 식탐을 부른다. 하지만 유도후에 참깨 두부, 모둠 채소 튀김, 두부 초밥, 두부튀김, 밥과 채소절임까지 딸려 나오니 결코 적지 않은 양이 아님을 명심할 것. 일본 정원이 바라보이는 특등석에 앉으려면 예약은 필수다.

20 사가도후 모리카 嵯峨豆腐森嘉

●●● 사가도후 모리카는 교토의 두부를 전국적으로 알리는 데 큰 공헌을 한 두부 가게다. 교토의 유명 사찰이나 요리점을 단골 리스트로 갖고 있으며 정기 휴일인 수요일에는 모리카의 두부로 만든 요리를 선보이는 근처 두부 전문점들도 줄줄이 문을 닫을 만큼 막강한 카리스마를 지닌 노포다. 물론 노벨 문학상 수상작가인 가와바타 야스나리가 〈고도古都〉라는 소설을 통해 모리카의 두부를 소개한 후광도 무시하지 못한다.

교토 사람들은 전통을 고수하는 것에 그치지 않고 시대를 반영한 새로운 요소도 전통에 접목시키기도 한다. 모리카에도 그런 교토의 정서가 흐른다. 간수를 구하기 어려웠던 제2차 세계대전 때 4대 점주가 고심 끝에 고형제의 유산칼슘을 사용한 두부를 완성했는데, "이렇게 부드러운 두부를 누가 먹겠냐!"며 3대 점주의 반대가 이만저만이 아니었다고 한다. 시간이 흐른 지금은 4대 점주가 고안한 기누코시 絹こし 두부는 목면 두부의 명성을 제압하며 모리카의 대표 두부로 사랑받고 있다.

모리카는 새벽 1시경 공장 문을 열어 수십 명의 직원이 수작업으로 두부를 만들기 시작한다. 예나 지금이나 맷돌에 콩을 갈고, 가마솥에 장작불을 지펴 농후한 콩물을 끓여 두부를 만드는 것은 변함이 없다. 백화점 입점도 사절이며 지점도 없으니 오직 두부 한 모 사러 사가노까지 찾아가야 한다. 맛을 최대한 이끌어내는 수고를 아끼지 않으면 맛은 좋을 수밖에 없으며, 쉽게 맛볼 수 없으면 그 가치는 더욱 상승하기 마련이다. 모리카 두부가 승승장구하는 비결은 여기에 숨어 있다는 생각이 든다.

판매대도 따로 없이 두부 공장 한쪽에 자연스럽게 줄이 늘어서고 스태프에게 원하는 제품을 말하면 하얀 봉투에 담아 건네준다. 백합 뿌리와 은행을 넣고 간 반죽을 동글동글하게 튀긴 히류즈도 인기지만 가장 먼저 품절되는 것은 백두부인 시로 도후. 처음 방문했을 때 무얼 사야 하나 고민하다가 단골로 보이는 아주머니가 "최고는 시로 도후야"라는 말을 귀동냥하여 모리카의 명성을 어렵지 않게 확인할 수 있었다. 다른 두붓집 두부의 두 배 크기에 목면 두부보다는 훨씬 투명한 흰 빛깔이 나고 훨씬 부드러운 맛이 난다. 그러나 손으로 집어도 쉽게 부서지지 않으니 모리카 두부는 맛의 연구대상이다.

21 아라시야마 요시무라 嵐山よしむら   ## 22 시게츠 篩月

●●● 씹는 맛으로 먹는 소바? 아니다. 아니다. 소바는 향으로 먹는 음식이다. 메밀 향이 콧속을 훅 하고 들어와 입속에는 고소하면서도 미묘하게 씁싸래한 맛이 감돈다면 명인이 소바를 만들고 있다는 증거다. 아무리 좋은 메밀가루를 손에 넣었다 할지라도 반죽할 때 주의하지 않으면 향은 모두 사라져버리고 만다. 입에 넣기도 전에 툭, 툭 끊어지는 맛은 없지만 팔딱팔딱 살아 있는 싱싱한 소바를 선보이는 곳이 아라시야마에도 있다. 운이 좋으면 2층의 창가 자리에서 흐르는 강물과 도게츠쿄를 바라보며 소바를 먹을 수 있는 아라시야마 요시무라다.

직영 소바 공방을 두고 하루 사용할 분량의 소바만 매일 공수해온다. 교토의 명물 채소를 얹어 사각사각 씹히는 맛이 재미있는 교노 야사이소바, 자루 소바에 소바 씨를 넣은 샐러드, 자소 잎을 넣은 밥, 채소절임이 딸려 나오는 아라시야마젠을 추천한다. 단, 초등학생 이상만 입장이 가능하다.

●●● 일본에서는 사찰 음식을 쇼진료리 精進料理라 하는데, '고기를 삼가고 채식함', '일심으로 불도를 닦아 게으리지 않는 일'이란 뜻을 내포한다. 채식 식단으로 구성된 사찰 음식이 일본의 젊은 여성들 사이에서도 다이어트식으로 인기를 얻고 있다는데, 사원 도시 교토에나 와야 먹을 수 있으니 붐까지는 아닌 듯하다.

교토에는 사찰 음식으로 이름난 전문점이 몇 곳 있는데 덴류지 경내에 있는 시게츠가 그중 한 곳이다. 덴류지의 소겐치 정원을 만든 무소 국사가 세운 시게츠켄 篩月軒이라는 암자에서 이름을 따왔다고 한다. 시게츠켄은 사찰의 대숲에서 보이는 히가시야마의 달빛이 마치 발이 고운 체를 빠져나오는 것처럼 보였다는 근사한 풍경에서 유래했다.

다다미방에 일자로 깔린 붉은 천 위에 무릎을 꿇고 앉아 있으면 유바와 유도후, 교토산 제철 채소가 중심이 된 사찰 음식이 붉은 옻칠을 한 그릇에 담겨 나온다. 사찰 음식이라고 하면 맛이 밍밍할 것 같지만 게다가 간장과 설탕을 주 양념으로 하는 일본의 달짝지근한 맛과 맞물려진다면 음식 테러에 가까울 것이라 억측한 지인도 있었다. 천연 양념과 식재료가 지닌 본래의 맛을 음식 솜씨로 이끌어내 어지간한 일본 음식보다 만족도가 높을 것이다. 게다가 양도 딱 기분 좋은 포만감을 느낄 수 있을 정도. 바로 옆에 앉아 있던 도쿄 OL언니들은 "우와, 이거 뭐니? 생각보다 훨씬 맛있는걸"을 추임새로 넣어가며 체면 불구하고 빠른 속도로 그릇을 비웠다.

시게츠에서 맛볼 수 있는 요리는 달랑 세 가지의 코스 요리로 눈이란 뜻의 유키는 국 한 가지에 다섯 가지 반찬, 달이란 뜻의 게츠는 국 한 가지에 여섯 가지 반찬, 꽃이란 뜻의 하나는 국 한 가지에 일곱 가지 반찬이 딸려 나온다. 봄이나 가을철에는 예약을 하지 않아도 먹을 수 있지만 점심시간에만 반짝 문을 여니, 예약을 하고 찾아야 한다.

23 갸아테이 ぎゃあてい　　24 사가노유 SAGANO-YU

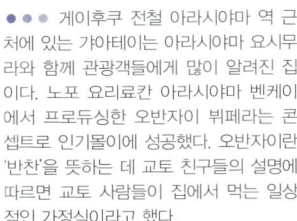

●●● 게이후쿠 전철 아라시야마 역 근처에 있는 갸아테이는 아라시야마 요시무라와 함께 관광객들에게 많이 알려진 집이다. 노포 요리료칸 아라시야마 벤케이에서 프로듀스한 오반자이 뷔페라는 콘셉트로 인기몰이에 성공했다. 오반자이란 '반찬'을 뜻하는 데 교토 친구들의 설명에 따르면 교토 사람들이 집에서 먹는 일상적인 가정식이라고 했다.
아라시의 명물 유도후는 물론 호박, 무, 달걀찜, 교토의 제철 채소로 만든 30여 가지의 요리를 1시간 한정으로 맛볼 수 있다. 아라시야마에 밥집이 별로 없어 더 인기다. 갸아테이는 〈반야심경〉의 일부로 '생각한 대로 해라'라는 뜻이라고 한다.

●●● 집들보다 사람보다. 나무나 풀이 훨씬 많은 아라시야마와 사가노에는 숲 속에 숨어든 멋진 카페가 수두룩하다. 게다가 토요일이나 일요일에만 문을 여는 이상한 카페가 많으니 돈을 많이 벌려는 목적으로 카페를 운영하는 건 아닌 듯하다. 아라시야마와 사가노에 들르면 무리를 해서라도 찾는 카페가 있다. 다이쇼시대 1912~1926년에 지은 대중목욕탕을 레노베이션한 카페 사가노유다.
밤을 새워서라도 칭찬해주고 싶은 것은 인테리어. 촌티 폴폴 나는 오래된 목욕탕을 화이트를 주 컬러로 세련되고 모던한 공간으로 탈바꿈시켰다. 그러나 안목 없는 주인이라면 당장 갖다버렸을 타일 벽화와 욕조, 손으로 돌려서 사용하는 불편한 수도꼭지, 광고가 붙어 있는 사각 거울. 나무로 된 앤티크 옷장과 신발장 등을 곳곳에 남겨두었다. 매몰차게 버려졌을 옛 문화유산은 혜안을 지닌 주인을 만나 세련된 옷으로 갈아입고 카페의 그윽한 풍경으로 녹아들었다.
미닫이 나무 문을 열고 1층으로 들어서면 키친웨어와 카페에서 직접 구운 스콘이나 스낵, 차 등을 전시, 판매하는 공간이 나타나고 안쪽으로 더 들어가야 앉을 수 있는 공간이 나온다. 높은 천장 문 사이로 하늘이 보이는 소라 시트, 인공미 넘치는 대나무 정원이 보이는 엔가와 시트, 정원을 조망할 수 있는 니와 시트, 연못 물소리를 즐기는 가든 시트, 테라스와 갤러리 시트로 여러 공간을 오목조목 꾸며놓았다. 흰 나무 계단을 올라가면 갤러리로 운영되는 2층이 있다.
사가노유는 교토의 카페답게 계절 메뉴가 많은 편이고, 카페에서 모든 메뉴를 직접 만든다. 오픈 키친에서 직접 구운 두툼한 팬케이크에 벚꽃과 팥, 흑꿀 시럽을 얹은 팬케이크는 오직 봄에만 판매한다. 여름이 되면 여름 식재료로 만든 메뉴가 선보이고 가을이 되면 또 가을 풍취 가득한 메뉴가 메뉴판에 이름을 올린다.
가벼운 식사와 함께 일본 차와 오리지널 브랜드 커피 등도 판매한다. 티 전문가가 리스트 업한 홍차는 포트로 서빙되며 오렌지주스도 오렌지를 통째로 갈아 내올 만큼 정도를 고집하니 또 찾을 수밖에 없다. 고민 끝에 추천하는 메뉴는 말차 라테

와 팬케이크. 특히 봄에만 잠깐 맛볼 수 있는 벚꽃 팬케이크.

교토 카페 순례를 하다가 단순히 음료만 파는 카페는 거의 없다는 점을 알아차리게 됐다. 카페에 음료도 팔고 다섯 손가락으로 꼽을 만큼 가짓수가 적은 간단한 음식을 곁들이는 것은 특색 축에도 못 낀다. 주인이나 혹은 지인이 직접 만든 제품, 한 가지 테마로 컬렉트한 소품을 전시하면서 판매하는 멀티카페들이 전성시대를 구가 중이다. 잘나가는 사가노유 역시 예외는 아니다. 사가노유의 키친웨어는 깔끔하고 유니크한 카페의 이미지와 잘 어울리는 화이트 컬러의 접시나 테이블 매트, 나무 소재의 쟁반과 스푼, 글라스 제품을 모아놓았는데 모두 카페에서 사용 중인 제품들이다. 환율이라는 강적이 있긴 하지만 우리나라에서 구입하는 수입품보다는 저렴한 편이다.

Kyoto Style *6

일본 사람에게도 낯선
교토의 기묘한 지명

손님들을 배려하여 어디서든 누를 수 있도록 30여 개의 벨을 구석구석 달아놓은 교토의 초록버스 안. 교토역에서 가미가모진자로 향하는 버스 안에서 한 도쿄 커플이 가이드북을 큰 소리로 읽기 시작했다. "아, 여기는 어디지? 가. 라…스. 마…오이…케. 본…토…초…, 아…, 너무 어렵다"라고 말하는 것이 아니겠는가? '오빠랑 언니? 혹시 문맹?'이라고 생각했다. 그러나 교토에 살지 않는 일본인 친구들에게 물어보니 교토의 지명은 일본인인 자기들도 단번에 쉽게 읽을 수 없다고 했다. 일반적인 일본어 발음으로는 예외적인 지명이 많다고 푸념했다. 지명마저도 까칠한 교토. 떠나기 전에 미리 알아두고 가면 여행이 즐거워진다.

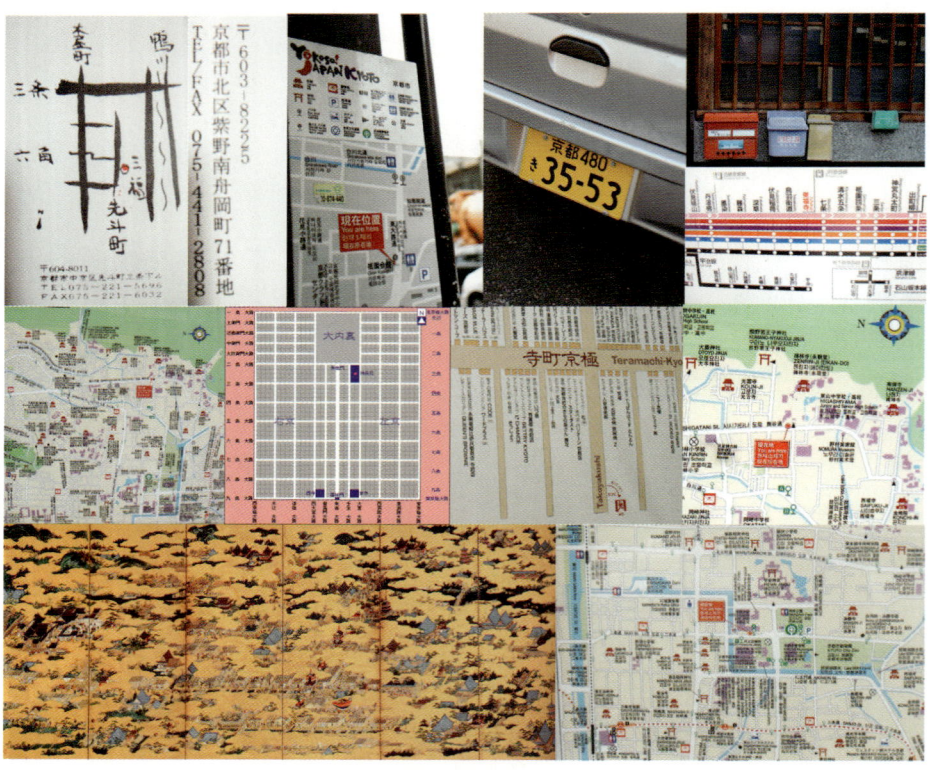

교토 지명 공식

교토의 주소는 도쿄나 오사카와 비교할 때 아주 길고, 오른쪽에 있는데 왼쪽이라는 지명이 붙어 있어 헛갈릴 뿐 아니라 읽는 것도 힘들다. 가라스마도리烏丸通나 본초토先斗町 등을 한 번에 읽을 수 없는 일본인도 있다. 이 기묘한 지명의 수수께끼를 풀려면 교토의 역사를 살펴보아야 한다.

교토 시가지의 중심부는 794년에 헤이안쿄, 즉 지금의 교토를 건설할 때 당나라의 장안을 모델로 4분의 1로 축소하여 만들어 바둑판처럼 조성됐다. 북쪽 중앙에 궁궐을 짓고 그 앞에 남북으로 연결된 중앙로인 주작대로를, 좌우에 동서 4.5킬로미터, 남북 5.2킬로미터의 시가지를 조성했다. 주작대로의 끝에는 라쇼몬을 세웠다. 또 주작대로를 기준으로 동쪽으로는 좌경左京, 서쪽으로는 우경右京이 위치한다. 원래 동쪽이 우경, 서쪽이 좌경이어야 하나. 궁궐에서 바라보면 반대가 되는 것이다. 시가지는 사방 약 120미터의 구역으로 나누고 초町, 동서 방향의 네 개의 초를 묶어 조条라고 불렀다. 또 남북 방향의 열네 개를 묶은 것을 보坊라고 하였다. 가로로 난 지명과 세로로 난 지명을 알아두면 아주 쉽게 위치를 파악할 수 있는 곳 또한 교토였다.

그런데 교토 지명을 복잡하게 만든 이가 있었으니 도요토미 히데요시다. 도시 정비라는 이유로 사찰들을 한 지역으로 몰거나 불어나는 인구에 맞춰 도시를 확장시키며 새로운 지명을 탄생케 했다. 그렇지만 바둑판 모양의 계획도시 헤이안쿄를 기본 뼈대로 하므로 조금 복잡해지기는 했지만, 동서로 난 길 이름과 남북으로 난 길 이름을 알면 쉽게 지리를 파악할 수 있다. 예를 들면 시조 거리와 가라스마 거리가 만나는 지점이 시조 가라스마 거리이고, 이마데가와 거리와 호리카와 거리가 만나는 지점이 이마데가와 호리카와이다. 또 남북으로 뻗은 길 이름 뒤에는 아가루올라감, 사가루내려감로, 동서로 뻗은 길 이름 뒤에는 히가시이루동쪽으로 감, 니시이루서쪽으로 감로 표기하기도 한다.

교토를 여행하다 보면 행정구역상에는 없지만 교토 사람들이 자주 사용하는 지명이 종종 들려온다. '라쿠요', '라쿠추', '라쿠호쿠'…. '라쿠요洛陽'는 수도를 뜻하는 단어이며, '라쿠추洛中'는 교토 시내의 중심지인 가미쿄上京, 나카쿄中京, 시모쿄下京 지역을, '라쿠호쿠洛北'는 기타 구北区의 가미가모에서 기타오지로도리 부근까지를 가리킨다. 이 밖에 긴가쿠지 부근부터 히가시야마 구東山区 일대를 지칭하는 라쿠토洛東 혹은 히가시야마東山, 라쿠추의 주변 지역을 뜻하는 라쿠가이洛外, 교토 시내의 서쪽 지역을 칭하는 라쿠사이洛西 혹은 니시야마西山, JR 교토 역을 기준으로 남쪽 지역을 라쿠난洛南이라고도 부른다.

교토 아이들이 부르던 이상한 동요

♪마루 다케 에비스니 오시 오이케
丸太町, 竹屋町, 夷川, 二条, 押小路, 御池
마루타마치, 다케야마치, 에비스, 오시코지, 오이케

아네 산 롯카쿠 타코 니시키♪
姉小路, 三条, 六角, 蛸薬師, 錦小路
아네야코지, 산조, 롯카쿠, 타코야쿠시, 니시키코지

♫시 아야 붓 다카 마츠 만 고죠
四条, 綾小路, 仏光寺, 高辻, 松原, 万寿寺, 五条
시조, 아야노코지, 붓코지, 다카츠지, 마츠바라, 만주지, 고조

교토 역 앞에 있는 책방에 갔는데, 동요 비슷한 특이한 노래가 계속 울려 퍼졌다. '아, 저 노래 도대체 무슨 말이야, 데라고코가 무슨 뜻이지?'라고 머릿속이 한참 복잡해진 후에야 겨우 알아차렸다. 교토의 거리 이름을 쉽게 기억할 수 있도록 옛날부터 교토 아이들이 불러왔다는 동요였다. 남북으로 뻗은 거리와 동서로 뻗은 거리를 조합한 두 가지 버전이 있지만 지금은 없어진 지명도 더러 생겼다. 20대의 교

토 친구들에게 물으니 어렸을 때 할머니가 부르시는 걸 들어본 적은 있지만 완벽히 부를 수는 없다고 했다. 그들은 이미 20년 넘게 교토에 살아온 터라 굳이 동요를 부르지 않아도 교토 시내를 손바닥 들여다보듯 볼 수 있다.

교토의 별난 지명들

무로마치 도리 Muromachi dori 室町通
1378년 '꽃의 궁전'이라 불리는 무로마치 궁궐을 지어 일본의 역사 중 한 시기인 무로마치막부의 유래가 됐다. 오닌의 난으로 무로마치막부가 쇠퇴하기 전까지 정치, 문화의 중심지였다. 에도시대부터는 포목점이 늘어서며 상점가로도 발전했다고 하며 지금도 당시 창업한 포목점들이 다수 존재한다.

데라마치 도리 Teramachidori 寺町通
교토고쇼의 동쪽으로 난 길로 도요토미에 의해 교토가 대정비됐을 때 오다 노부나가가 부하의 배신으로 죽음을 맞이한 혼노지 등의 사원들을 이곳으로 옮기도록 지시를 내렸다. 사찰이 있는 마을이란 뜻의 데라마치 도리라 불리게 되었는데 이렇게 사원들을 집합시킨 이유는 세금 징수를 효율적으로 하고 동쪽으로 진입하는 적들의 사기를 떨어뜨리기 위함이었다고

한다.

하나야초 도리 Hanayacho dori 花屋町通
히가시혼간지 위쪽, 동서로 난 길. 히가시혼간지와 니시혼간지와 접해 있어 절에 꽃을 공양하려는 참배객을 대상으로 한 꽃집이 많았기 때문에 꽃집 동네길이라는 이름이 생겼다고.

고로모노타나 도리 Koromonotana dori 衣棚通
1590년경 대대적으로 진행된 교토 대정비에 의해 개통된 거리로 산조 도리 주변에 법의를 판매하는 가게가 많았기 때문에 지명이 유래됐다고 한다.

료가에마치 도리 Ryogaemachi dori 両替町通
역시 1590년 도쿠가와 대 정비 때 새로 난 길로 에도시대에 은화를 만들던 관청이나 환전상이 늘어선 금융가였기 때문에 환전마을이라는 이름이 생겼다고. 마을 사람들은 대부분 부유했으며 료우가에마치풍이라는 생활 양식을 남기기도 했다.

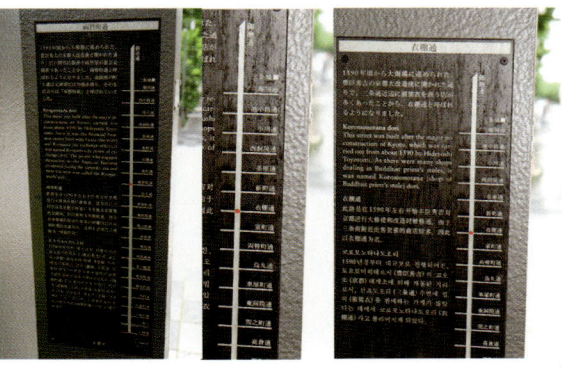

08

터벅터벅
산길을 걷는 즐거움

오하라 에어리어
Ohara Area

그립고 또 그리운 마을 오하라! 귀족들의 은둔지였던 아라시야마 차 향기가 흐르는 품격 있는 우지에 반한 여행자들도 많은 듯하지만 나는 소박하기 이를 데 없는 산마을 오하라에 홀려버렸다. 먹먹해진 가슴속으로 느닷없이 비집고 들어온 오하라大原. 교토 시내에서 느러터진 버스를 타고 12킬로미터를 굽이굽이 돌아 들어가는 산골이어서 좋고, 관광객 물결이 넘실대든 말든 밭을 일구며 열심히 생활하는 시골 사람들의 순박함도 여행자의 마음을 편하게 한다. 무엇보다 일본 꽃미남들보다 더 카리스마 넘치는 오하라메 언니들이 사는 마을이라 더 마음이 쓰인다. 새 생명 움트는 봄이면 봄 나름대로 멋이 있고 빽빽이 우거진 나무숲의 색이 짙은 초록으로 조금씩, 조금씩 바뀌는 여름과 빨갛게 물드는 산과 황금물결 넘실대는 가을, 하얀 눈을 뒤집어쓴 채 잠자코 봄을 기다리는 산골의 겨울 풍경에 반하지 않을 수 없었다. 교토 사람들의 마음의 고향이라는 오하라에 이렇게 쉽게 마음을 빼앗겨버릴 줄이야. 오하라로 향하는 17번 갈색 버스만 보아도 가슴이 두근거리는 여행자를 어쩌란 말인가!

세계문화유산으로 지정된 즐비한 문화재와 보물들만으로도 벅찬 교토 여행에 긴 쉼표를 찍어주는 곳, 오하라. 바람도 쉬어 가는 산골 마을을 정처 없이 터벅터벅 걷고 있으면 삶이 조심스레 말을 걸어온다.

"밤은 짧아, 걸어 아가씨!"

MAP
OHARA
大原

- B 버스 정류장
- H 게스트하우스
- 卍 절
- ⛩ 신사(진자)
- i 관광 안내소

- 01 잣코인 寂光院
- 02 산젠인 三千院
- 03 호센인 宝泉院
- 04 짓코인 実光院
- 05 세료 芹生
- 06 오하라 아침 시장 大原ふれあい朝市
- 07 시바큐 志ば久
- 08 오하라고보 大原工房
- 09 아시유 카페 足湯カフェ
- 10 민슈쿠 오하라산소 民宿大原山荘

ACCESS
★교토 역에서 교토 버스 17·18번을 타고 오하라大原 정류장에서 하차. 약 65분, 580엔
★지하철 가라스마 센 고쿠사이카이칸国際会館 역에서 19번 버스로 갈아타고 오하라大原 정류장에서 하차. 약 25분, 340엔

01 잣코인 寂光院

●●● 오하라 동쪽에 산젠인이 있다면 서쪽에는 잣코인이 있다. 교토에서 가장 슬픈 절이다. 적어도 내게는 그렇다. 잣코인을 방문하기 전 마루야마 공원에 있는 초라쿠지와 시모노세키의 단노우라 해협에서 그녀의 이야기를 들었기 때문이리라. 이 절은 일본의 피비린내 나는 역사와 깊은 관계가 있다. 일본 무사들의 권력 다툼이 촉발시킨 겐페이源平 전쟁에서 패한 헤이케 가는 멸족된다. 세 살에 외할아버지의 권력을 등에 업고 최고 권력가가 된 안토쿠 천황은 전쟁에 패해 시모노세키까지 도망치다가 대대로 내려오는 세 가지 신기를 안고 단노우라라는 해협으로 뛰어들게 되는데 당시 그의 나이는 여덟 살이었다. 아이 스스로 자결했다느니 혹은 그 어린아이가 스스로 자결할 수 있겠느냐며 바닷속에는 용궁이 있고 그곳에 가면 어머니와 외할아버지를 만날 수 있다는 말로 꾀어 바다에 빠지게 했다는 설이 분분하지만 어쨌든 여덟 살 아이는 단노우라에서 죽고 말았다. 권력의 덧없음을 일생을 통해 증명한. 비운의 스토리 한가운데 있는 사람이 안토쿠 천황의 어머니인 겐레이몬인建礼門院 1155~1213이다. 잣코인은 그녀가 마지막으로 택한 절이었다. 바다에 몸을 던졌으나 구사일생으로 목숨을 건진 겐레이몬인은 당시 수도였던 교토로 압송되어 초라쿠지에서 기거하게 되었지만 가문을 멸족시킨 적들이 사는 곳이자 세상 사람들의 이목이 너무도 괴로워 북쪽 산골 마을인 오하라의 잣코인으로 피해 이곳에서 여생을 보냈다. 절 근처에는 그녀의 무덤이 있다.

한때 국모였지만 아버지와 남편, 어린 아들을 먼저 저세상으로 떠나보내고 비구니로 여생을 보내는 겐레이몬인을 위로하기 위해 어느 해 봄날, 천황이 잣코인을 찾았다고 한다. 그때의 모습은 일본 문학을 대표하는 고전문학 〈헤이케 모노가타리平家物語〉에 묘사되어 있다. 〈헤이케 모노가타리〉는 헤이케 가문의 흥망성쇠를 열두 권의 서사시로 풀어낸 역사소설이다. '으스대는 사람은 오래가지 못하느니 권세란 한갓 봄밤의 꿈과 같다'는 명문장을 남긴 〈헤이케 모노가타리〉에는 불교적 제행무상諸行無常觀이 일관되게 흐른다.

천하 권력을 휘두르던 국모가 목숨을 부지하기 위해 숨어들 듯 찾은 잣코인. 오랫동안 아픔을 간직한 이 사찰에 2000년 늦봄 또 한 번 슬픔이 찾아든다. 규모는 크지 않지만 400여 년간 위용을 자랑하던 혼도本堂가 누군가의 방화로 소실되었고 바로 옆에 있던 15미터 높이의 천년 노송도 불타버리고 말았다. 혼도 안에 있던 3000여 개의 목조 지장보살입상도 대부분 화마에 흉물스럽게 녹아버렸다. 5년 후 혼도는 다시 세워졌지만 아직도 방화범은 붙잡히지 않았고, 일본 중요문화재인 목조 지장보살입상은 수장고에 보관하여 특별한 날에만 공개된다.

504년 쇼토쿠 태자가 창건했다고 전해지는 천태종 사찰 잣코인. 어제도, 오늘도 큰 슬픔을 간직한 채 그저 침묵하고 있을 뿐인 산사의 경내는 봄이면 벚꽃, 가을이면 단풍 천지가 되어 때론 고요하게 때론 화려하게 제행무상을 전한다. '권세란 한갓 봄밤의 꿈과 같다.'

02 산젠인 三千院

●●● 오하라 편애 모드로 구는 이유는 동네 전체에 놓여 있는 산책길이 마음에 쏙 들어서다. 머릿속이 시끌시끌해지면 무작정 걷는 버릇이 있는데, 고요하고 적막한 산길을 오직 계곡을 흐르는 물소리와 마음에서 울리는 소리에만 집중할 수 있도록 배려해주는 멋진 동네가 오하라. 오하라의 보석 같은 존재인 산젠인으로 가는 길 역시 상쾌하다. 민가와 계곡 사이에 조심스럽게 놓인 참배로와 쭉쭉 뻗은 삼나무, 그리고 노송나무의 숲. 푸른 이끼 정원이 어우러진 고요한 사찰이 뿜어내는 묘한 공기는 과히 일본 대표급 사색 공간이다. 그래서 산젠인은 만신창이가 되어버린 사람들의 근심을 스르르 풀어주는 '해우소 같은 절'이다.

일본에 천태종을 전한 사이초 대사가 세운 절로 알려져 있는 산젠인. 8595평방미터2600평에 세워진 여러 건물 중 백미는 오조고쿠라쿠인이다. 일본의 중요문화재로 지정된 오조고쿠라쿠인에는 아미타여래 좌상 등이 안치되어 있다. 화려하지 않으나 심상치 않은 카리스마를 내뿜는 오래된 건물이 정원 속에 보석처럼 박힌 채 존

재감을 각인시킨다. 갸쿠텐客殿에서 보는 오조고쿠라쿠인과 유세이엔有清園이라는 정원의 풍경은 고요함 그 자체다. 마음의 앵글 속에 오랫동안 남을 이 명장면은 교토 관광 포스터에도 단골로 등장할 정도로 유명하다. 갸쿠텐의 마루에 걸터앉아 이끼가 낀 정원과 삼나무의 거목 사이로 비추는 햇살을 보고 있노라면 잠이 밀려온다.

갸쿠텐에서 산젠인의 풍경을 지겨울 만큼 바라보았다면 이제 정원으로 내려가 천천히 발을 내딛어 길을 따라 걸으면 된다. 오조고쿠라쿠인에서 우아하며 자비로운 불상으로 다시 한 번 마음의 때를 씻고 푸른 이끼 천지인 정원으로 가면 땅속에서 머리만 빼꼼하게 내민 귀여운 지장보살이 방긋이 웃고 있다. 미혹의 세계에서 사람들을 구원한다는 지장보살은 깊은 자비를 지녔으며 어린이들의 수호신으로 널리 추앙받아왔던 존재다. 철쭉이 피는 봄이면 철쭉의 붉은색과 푸른 이끼, 짙은 회색의 지장보살이 어우러져 신비로운 향기를 자아낸다. 지장보살 근처에는 복과 장수를 준다는 약수도 흐른다.

일본의 사찰에 감탄사가 절로 나오는 근사한 정원이 반드시 딸려 있는 이유는 물론 있었다. 일본의 불교는 잘 가꿔진 정원을 바라보면서 수행을 하는 것을 중시한다. 산젠인 신덴의 기둥에도 '수행승은 푸른 이끼를 통해 단풍을 만나 조화를 이루고 푸른 이끼에 녹아 떨어지는 한 잎의 단풍은 푸른 이끼와 하나가 되어 동화되는 마음의 경지'라는 글귀가 걸려 있다. 속세의 사람들에게는 그저 아름다울 뿐인 정원의 또 다른 임무는 수행을 돕는 도장이었던 것이다.

좀 더 안쪽으로 들어가면 장마철에 파란색과 보라색의 수국 3000그루가 산젠인을 물들이는 수국 정원이 나오고, 거기서 더 위쪽으로 올라가면 붉은 건물 옆에 봉납된 관세음보살에 깜짝 놀라게 될지도 모른다. 손바닥보다 작은 관세음보살이 도서관의 수많은 장서처럼 빽빽하게 들어서 있는데 후시미 이나리타이샤에 놓인 붉은 도리이처럼 사찰의 산을 모두 차지할 기세처럼 느껴진다.

봄 철쭉, 여름 수국, 가을 단풍, 겨울 눈꽃으로 일 년의 모습이 표현되는 산젠인의 선명한 계절색. 이 중 단풍이 깊은 가을에 가장 많은 참배객들이 몰리지만, 겨울 추위를 이기고 힘겹게 옅은 연두색 잎사귀를 밀어내는 나무와 이름 모를 수많은 식물들이 봄맞이 준비로 한창 바쁠 때 가장 사랑스럽다. 이리도 아름다운 산젠인을 보고 교토대학에서 수학한 소설가 이노우에 야스시도 명문을 건네지 않을 수밖에 없었나 보다. 일본 대하소설의 거성으로 불리는 이노우에는 산젠인을 '동양의 보석상자'라고 극찬했고, 그의 그런 수식어에 이끌려 산젠인을 찾는 일본 사람들도 꽤 많다고 한다.

03 호센인 宝泉院

●●● 호센인은 보물찾기를 하는 것처럼 재미있는 절이다. 처음 손에 쥔 정보라고는 '일본을 대표할 만한 멋진 대나무 정원을 가진 사찰'이라는 한 줄이 전부였다. 오하라 버스터미널에서 한눈팔지 않고 찾은 산젠인에 이어 두 번째로 찾은 호센인. 산젠인의 거대한 정원이 준 충격이 가시기도 전에 호센인의 너무도 일본적인 정원에 다시 한 번 당했다. 2미터 높이, 4미터 폭의 객전 기둥 사면이 액자를 대신하고 그 안에는 곧게 뻗은 짙푸른 대나무 풍경이 한 폭, 왼쪽으로 고개를 돌리면 수령 700년이 넘었다는 노송이 연출한 또 한 폭의 풍경이 펼쳐진다. 입구에 들어설 때는 짙푸른 잎만, 건물 안쪽에서 바라보면 구불구불한 가지를 몽땅 드러내 보여 야누스를 떠올리게 하는 노송은 교토 시의 천연기념물인 동시에 교토를 대표하는 3대 소나무 중 하나라고 한다.

다다미 위에 깔린 빨간 천에 앉아 달달한 화과자로 입속에 쓴맛 주의보를 울리며 짙푸른색의 말차 한잔을 마시면서 자연과 인간이 빚은 꿈틀거리는 풍경화를 감상하다 보면 여행 중이라는 사실도 망각하

게 된다. 똑딱똑딱 열심히 임무를 수행 중인 시계의 초침 소리도 먼 북소리처럼 아득해지고, 가만히 눈을 감으면 대나무 잎을 스치는 바람 소리가 들린다. 이렇게 30여 분을 몽상가로 있다가 현실 세계로 돌아왔더니 문득 호센인이란 절에 대해 더 알고 싶어진다. 얼핏 짐작하기에는 돈 좀 있는, 고매한 품격을 지닌 사람의 근사한 별장인 것 같기도 하다. 호센인은 산젠인과 호센인 사이에 자리한 쇼린인勝林院이란 사찰 주지의 숙소다. 소박하고 아담한 사찰로 헤이안시대794~1185년 말기에 세워졌으며 지금의 건물은 에도시대1603~1867년 초기에 재건된 것이란다.

오하라는 불교 음악이 태동한 곳으로도 유명한데, 쇼린인이 대표적인 사찰이다. 입구에 놓인 다리를 건너면 불가의 극락정토를 펼쳐놓았다는 쇼린인의 경내에 다다른다. 불교 의식이나 법회에서 승려가 부르는 성악을 총칭하는 불교 음악으로 일본 전통음악의 원류이기도 한 쇼묘声明의 근원 도장으로 번영을 이어온 곳이다. 혼도本堂를 경문을 읊는 소리가 사방에 아름답게 울려 퍼지는 곳이지만 관광객들은

바로 옆 호센인이나 산젠인에만 눈길을 줄 뿐이다.

다시 호센인의 아름다운 정원 이야기로 돌아가면 일 년 중 가장 아름다운 때는 파란 하늘 아래 놓인 푸른 대나무숲에 붉은 단풍이 덧칠을 하고 야간 조명이 더해져 몽환적인 분위기를 자아내는 11월이다. 바람과 햇살의 흐름에 따라 일 년 365일 한시도 같은 모습을 보여주지 않는 살아 숨 쉬는 액자 정원 감상에 앞서 입구 가까이에 있는 호라쿠엔宝楽園 정원을 둘러본 후 건물 안을 감상하는 코스를 즐긴다. 호라쿠엔은 불교와 신의 세계인 낙원을 바위와 흰 모래, 꽃과 나무로 표현한 아담한 정원이다. 다만 정적인 공간에서 정원을 감상하기를 바라는 것은 로또 대박을 꿈꾸는 것과 매한가지다. 아름다운 곳이 세상에서 아름다울 때에는 항상 사람들이 가만두지 않으니까.

'나야말로 전형적인 일본 정원'임을 뽐내는 액자 정원도 호센인으로 자꾸 마음이 가게 하는 주인공이지만 여행객의 마음을 홀리는 또 하나의 존재가 있다. '은은함'이란 단어의 뜻을 곱씹어보게 하는 스이킨쿠츠水琴窟. 대나무 정원 앞쪽에 두 개의 대나무가 땅으로 꽂혀 있는데 대나무 구멍에 귀를 대고 가만히 있으면 여리고 여린 물방울 소리가 들린다. '똑… 똑… 똑….'

땅속에 물 항아리를 묻고 물을 떨어뜨려 수면에 부딪치는 물소리를 즐기는 장치가 스이킨쿠츠. 일본을 방문한 빌 게이츠 회장의 마음을 단숨에 빼앗아 다시 이름 값을 드높인 메이드 인 재팬이다. 품격 높은 문화의 도시 교토에는 사찰은 물론 식물원에도, 밥집에도 심지어 기념품 숍에도 스이킨쿠츠가 놓여 있을 정도로 전성시대를 이루고 있다. 사심이 8할을 차지함을 인정하면서, 교토에서 순도 100퍼센트의 소리를 내는 곳은 호센인의 스이킨쿠츠. 귀를 기울이고 있으면 어느새 마음이 따뜻하게 끓어오르며 생채기가 스르르 아물어버릴지도 모른다. 호센인의 스이킨쿠츠는 마음의 감기를 낮게 하는 감기약이다. 그 감기약, 매일 먹고 싶어지니 이를 어찌해야 하나….

04 짓코인 実光院

05 세료 芹生

●●● 오하라에는 헷갈리는 절이 두 곳 있다. 짓코인과 잣코인寂光院이다. 산젠인 근처에 있는 절이 짓코인으로 헤이안시대 794~1185년에 창건된 쇼린인의 승원僧院이다.
이 작은 절에는 두 가지 볼거리가 있다. 하나는 갸쿠텐客殿에 일본 산쥬롯카센가조 三十六歌仙画像를 똑같이 묘사한 초상이 걸려 있다. 산쥬롯카센은 헤이안시대 중기 긴토라는 가인歌人이 뽑은 일본을 대표하는 서른여섯 명의 가인이다. 짓코인에 걸려 있는 서른여섯 명의 초상은 에도시대 1603~1867년 중기 일본 미술계에서도 보기 드문 최대 화파이자 보수적인 화풍으로 정의되는 가노파狩野派 화가의 필치로 태어났다. 참고로 가노파의 그림은 난젠지 세이로덴清凉殿의 후스마에도 남아 있다.
짓코인의 초상화는 일 년 내내 관람할 수 있지만 늦가을부터 초봄까지만 모습을 드러내는 볼거리도 있다. 신기하게도 춘삼월이 아니라 만추의 계절에 만개하는 벚꽃이다. 정원 한가운데 뿌리를 내리고 있는 벚나무는 단풍이 물들기 시작하는 초가을에 꽃망울을 터뜨리고 단풍이 절정을 이룰 때 만개했다가 이듬해 봄에 또 꽃을 피우는 희귀종. 그래서 고즈넉한 절이지만 후단자쿠라가 피기 시작하면 꽃보다 많은 사람들이 작은 절을 가득 메운다. 정원을 붉게 수놓은 단풍나무는 화려한 벚꽃에 밀려 카메라 세례는커녕 눈길도 제대로 받지 못하는 신세가 되니 단풍나무의 인생 참 처량하기 짝이 없다.
절 동쪽에는 치센칸란시키池泉観賞式 정원이, 서쪽에는 가이유시키回遊式 정원도 잘 가꿔져 있다. 우선 갸쿠텐에 앉아 동쪽 정원을 바라보며 차 한잔으로 마음을 고요하게 한 후 정원을 걸으며 오하라의 자연을 음미하는 코스를 추천하고 싶다. 가을 단풍 시즌만 제외하면 사람이 그리워질 만큼 한적한 사찰이라 나 홀로 사색의 세계에 빠져 있는 여행자들의 모습을 자주 볼 수 있다. 정문에서 작은 정원을 지나면 범종이 놓여 있으니 그 종을 크게 치고 잠시 기다리면 안내원이 나오니 무작정 기다리지 마시길.

●●● 교토대학 근처의 고서점가에서 책 삼매경에 빠져 있던 중 한 권의 진귀한 책과 조우하게 됐다. 〈교토의 맛〉이라는 심플한 제목이 달린 음식책이었는데 교토의 한 귀부인이 추천하는 맛집 책이다. 이 책을 통해 또 한 번 교토의 저력에 놀라움을 금치 못하게 됐는데, 1970년대에 출판된 책에 소개된 맛집의 70~80퍼센트가 현존한다는 사실이었다. 그것도 떵떵거리며 성업 중인 곳이 많았다.
'명물 세료 벤토는 산채를 재료로 하여 우아한 용기에 담겨 나온다. 국은 제철 채소, 팽이버섯 밥, 반찬으로는 생표고버섯, 막 싹을 틔운 파릇파릇하게 데친 고사리, 죽순, 무채, 달달하게 조린 매실 등 한적한 시골 향기로 가득하다'라는 소개글 그대로 명물 3단 도시락인 미치쿠사 벤토三千草弁 는 오하라의 산채 요리가 중심이 된 슬로 푸드다. 오하라는 마음의 근심을 털어낼 수 있는 해우소이고, 세료의 산채 요리는 몸의 근심을 털어내는 디톡스 푸드다.

06 오하라 아침 시장 大原ふれあい朝市

●●● 오하라에는 매주 일요일 아침 6시부터 9시경까지 아침 시장이 반짝 열렸다 사라진다. 이름하여 오하라 후레아이 아사이치 大原ふれあい朝市. 명물 시바즈케나 스구키같이 오하라의 비옥한 밭에서 길러져 손맛 좋은 오하라 할머니들이 발효시켜 만든 채소절임. 토종닭, 오하라의 들과 산에서 수확한 산나물로 빚은 떡, 야생화 등이 총출동한다. 이 아침 시장에 가면 꼭 사오는 것이 있다. 오하라의 전설적인 채소절임 달인이 만든 순무절임인 스구키다. 사카타 할머니표 스구키는 잘게 썰어 하얀 쌀밥에 얹어 먹으면 꼬들꼬들하게 씹히는 맛이 별미다. 교토 친구들은 무 줄기는 난타 칼질을 선보이며 잘게 다져 간장을 조금 치고 시치미를 양껏 뿌려 먹는다. 교토의 명물 채소절임인 스구키는 건강에 좋다며 텔레비전 프로그램에 소개되면서 한때는 교토의 채소절임 가게마다 '여러분 대단히 죄송합니다만 스구키는 딱 한 개씩만 구입해주세요'라는 정말 죄송해서 어쩔 줄 몰라 하는 안내문도 나붙었다고 한다. 그런 교토의 스구키 중 사카타 할머니의 스구키가 가장 맛있다. 교토의 유명 레스토랑 주인들도 할머니에게 굽실거리며 스구키를 구해 간다는 소문도 파다하다. 그도 그럴 것이 할머니는 할아버지와 함께 직접 무 농사를 지어 소금과 물만으로 정직하게 채소절임을 담근다. 달인의 창고에 가면 오래된 술도가의 창고처럼 곳곳에 발효균들이 춤을 추는 듯 독특한 향이 감돌았다.

한번은 스구키를 사러 갔다가 한국에서 들고 간 김을 선물했는데 크리스마스 선물을 받은 아이처럼 좋아하셨다. 장을 보고 있는데 할머니가 시장 사람들 몰래 품속에 뭔가를 넣고 와 건네는 게 아닌가. "귀한 선물을 받았네, 김 맛있게 잘 먹을게요"라는 말과 함께 건네 받은 것은 스구키가 담긴 비닐봉지였다. 때때로 교토 시내를 걷다가 조미로 팍팍 넣은 스구키를 보면 이렇게 외치고 싶어진다. "니들이 스구키 맛을 알아!"라고.

Day Trip 249

07 시바큐 志ば久

●●● 오하라에서는 헤이안시대(794~1185년) 때부터 시바즈케라는 가지절임을 만들어 먹어왔다. 가지를 한입 크기로 썰어 다진 붉은 자소 잎과 소금물을 부어 절인 음식으로 스구키(순무절임), 센마이즈케(순무를 아주 얇게 썰어 절인 것)와 함께 교토의 3대 채소절임으로 불린다. 800여 년 전 비운의 왕비 겐레이몬인이 잣코인으로 출가하면서 예부터 오하라에서 먹어온 채소절임에 '시바즈케'라는 이름을 붙여주었다.

시바즈케는 예나 지금이나 같은 방법으로 담근다. 가지가 제철인 여름에 많은 양을 이듬해까지 서서히 절인다. 일본 음식에 약방의 감초처럼 쓰이는 자소의 향은 우리에게는 좀 낯설다. 하지만 자소 맛에 길들여지기 시작하면 시바즈케의 중독적인 맛에서 헤어나오기 쉽지 않다. 오하라 사람들은 하얀 쌀밥에 간장을 끼얹은 시바즈케 한 그릇만 있으면 밥 한 공기를 뚝딱 먹어치운다고 한다.

오하라에서 가장 유명한 가게는 시바큐. 오하라에서 재배한 채소로 담근 채소절임만 파는 가게다. 산젠인으로 향하는 계곡의 언덕길 한쪽에 가게를 열고 있는데

오하라에서 시바큐 모르면 간첩 소리를 듣는다. 여수에 가면 갓김치, 순창에 가면 순창고추장, 강원도에 가면 감자나 옥수수를 사오듯 일본 사람들은 오하라에 오면 시바큐의 시바즈케를 기념품으로 사들고 간다.

1945년 문을 연 시바큐는 가게 바로 옆에 텃밭과 공장을 두고 있다. 모든 재료는 오하라에서 생산된 것만 고집하는데, 시바즈케의 맛과 질을 좌우하는 핵심 식재료인 자소는 직접 농사를 지어 충당한다. 그런 노력 때문인지 입소문이 나면서 요즘엔 전국에서 주문이 밀려든다. 시바즈케 외에 무절임, 죽순절임, 유채절임 등 다양한 채소절임도 판매한다.

시바즈케의 명성에는 못 미치지만 이 집의 명물이 또 하나 있는데, 바로 '아이스큐리'. 더운 여름이건 추운 겨울이건 일년 내내 어른 허리까지 오는 높이의 거대한 나무통에 얼음물을 붓고 꼬치에 꽂은 오이를 넣어 판다. 시바즈케보다 매스컴을 많이 탔을 정도로 인기다. 아삭아삭 시원한 오이라는 특별한 먹을거리를 고안해낸 구보타 사장 할아버지는 가게 앞에서 펼치는 호객 행위도, 디자인 안목도 뛰어난 멀티플레이어다. 시바큐는 예쁜 포장으로 정평이 나 있는데, 판매하는 수십 가지의 채소절임을 예쁜 일러스트로 그려 포장지로 사용한다. 교토의 오래된 화과자점의 앙증맞은 포장에 결코 뒤지지 않는다. 또 채소절임을 구입하면 컬러풀한 비닐봉투 중 맘에 드는 색에 담아 준다. 그 할아버지 참 센스쟁이다.

참고로 오하라에는 시바큐 외에 도이시바즈케 土井志ば漬라는 노포도 매우 유명하다. 오하라로 향하는 버스에서 왼쪽을 바라보면 집 앞 마당에 엄청나게 많은 나무통과 돌들이 쌓여 있어 시선을 빼앗기게 되는 바로 그 집이다. '도이시바즈케 土井志ば漬'의 시바즈케, 나리타 なり田의 스구키, 다이야스 大安의 센마이즈케'가 교토 사람들이 구축한 교토 명물 채소절임 상점 공식이었다.

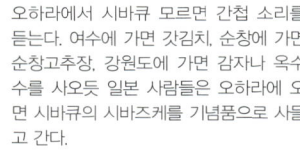

08 오하라고보 大原工房

●●● 오하라의 자연을 그저 바라만 보는 것이 아니라 손으로 직접 만지며 만끽할 수 있는 오하라고보. 오하라의 들풀과 들꽃들로 천을 물들여 새로운 생명을 불어넣는 천연 염색 공방이다. '자연', '천연', '진품'을 콘셉트로 하는데, 오하라와 천연 염색에 마음을 잃은 주인 부부가 운영하는 소박하고 아담한 일터다. 목면 재배부터 염색, 직조, 디자인에 이르기까지 하나부터 열까지 직접 손을 거쳐야 직성이 풀린다는 우에다 부부는 오하라를 대표하는 슬로 라이프 운동가다.

뜨거운 물에 염료를 풀고 염색과 물에 씻는 과정을 몇 번 반복하다 보면 천에 고운 자연 빛깔이 입혀진다. 봄이면 민들레나 쑥 같은 자연색이 주연이고 가을이면 단풍잎도 염료로 거듭난다. 염색 체험은 손수건이나 스카프 혹은 털실을 염색하는 코스로 나뉘어져 있는데 간혹 재료가 떨어지기도 하므로 예약한 후 찾는 편이 좋다. 실크 스카프라면 한두 시간만 투자하면 세상에서 하나뿐인 나만의 스카프를 손에 넣을 수 있고, 낡은 티셔츠 등의 의류를 가져가 원하는 색으로 염색할 수도 있다. 공방 한편에는 스카프나 염색한 천으로 만든 옷이나 모자 등을 전시, 판매하는 작은 갤러리도 마련돼 있는데, 환경을 중시하는 일본 사람들이 늘면서 가족 선물로도 큰 인기다.

오하라고보는 걷고 보고 먹고 쉬는 코스로 짜인 오하라 여행에 체험이라는 키워드를 추가해준 덕에 최근에는 작정하고 공방을 찾는 관광객들의 수도 늘었다고 한다. 후덕한 인상의 안주인은 욘사마와 한국 드라마의 왕팬이라며 따뜻하게 맞이했는데 한국 손님이 찾아오기 시작하면 드라마로 배우고 있는 한국어 실력이 늘어날 거라며 아주 기뻐했다. 시골 염색 공방에서 염색을 하면서 한국어로 수다 한판이 가능할지도 모르겠다.

09 아시유 카페 足湯カフェ

●●● 오하라산소 입구 왼쪽에는 아담한 카페가 있다. 도예와 족욕 체험도 가능하고 맘에 드는 도자기도 구입할 수 있는 멀티숍이다. 그런데 교토 사람들은 이 카페를 그냥 '오하라의 아시유'라 부른다. 오하라의 아시유 카페 하면 모르는 젊은이가 없을 정도다. 온 동네가 데이트 명소로 그 득한 교토에서도 사랑해 마지않는 데이트 장소이기 때문이리라.

드링크 메뉴를 주문하면 40분 동안 족욕을 할 수 있고 일본 온천 전문가가 귀띔한 정보에 따르면 족욕은 15분에서 20분 정도가 적당하다고 한다. 하얀 타월도 무료로 제공된다. 4인용 테이블이 두 개 놓여 있는데 무릎 아래까지 따뜻한 물에 지친 발을 담그고 있으면 이내 눈꺼풀이 무거워지기 시작한다. 고즈넉한 산동네에 있어 배경음악은 새소리, 물소리가 전부다.

지친 발에 족욕 선물을 한 후에는 손에게 선물할 차례다. 카페 절반은 도자기 공방으로 사용된다. 족욕과 함께 즐길 수 있는 체험이 도자기 교실. 초벌구이 머그, 접시, 꽃병, 다완 등 30여 가지의 샘플 중 맘에 드는 걸 골라 그림을 그려 넣는 누구나

10 민슈쿠 오하라산소 民宿大原山荘

할 수 있는 체험이다. 10분 정도면 완성되므로 체류 일정에 쫓기는 여행자라도 기분 좋게 도전할 수 있고 식기, 화병, 찻잔 발 등도 전시, 판매한다. 새끼손톱보다도 작은 청개구리도 판매하는데 지갑에 넣고 다니면 재물운을 부른다고 하기에 기념품으로 여러 마리가 간택됐다. '복돼지 핸드폰고리와 사이좋게 지내야 할 텐데…'라고 염려하면서.

●●● 잣코인의 참배길을 걷다 보면 몇 개의 민박이 나타나는데 그중 한 곳이 민슈쿠 오하라산소다. 교토에는 온천이 없다고 생각하는 이들이 의외로 많은데, 그렇지 않다. 오하라, 구라마, 아라시야마에 엄연히 온천이 있다. 옆 동네인 아리마 온센처럼 온천수의 효능을 따지기 시작하면 목소리는 작아지게 마련이지만….

오하라에는 삼나무들이 뿜어내는 피톤치드를 들이마시며 노천 온천욕을 즐길 수 있는 곳이 몇 군데 있다. 민슈쿠 오하라산소와 오하라노사토, 료리료칸 세료 정도인데 원천수는 모두 동일하다. 이 중 가장 맘에 드는 곳이 민슈쿠 오하라산소. 료칸도 함께 운영하며 당일치기 온천욕은 물론 목욕탕을 통째로 빌릴 수도 있고, 온천욕을 끝낸 후에는 오하라의 토종닭으로 끓인 스키야키 등의 오하라 향토 요리도 맛볼 수 있다.

욕탕은 총 세 개가 있는데 하나는 대여 온천이다. 나머지 두 개의 탕은 동시에 10여 명이 이용 가능하며 자그마하지만 고즈넉하게 즐길 수 있는 노천 온천을 갖추고 있다. 온천수는 지하수를 이용해 데워 사용

한다는데 오하라의 자연환경 덕분에 물이 매우 맑고 깨끗하다. 산길을 걷는 즐거움에 잘 느끼지 못하지만 오하라 산책 코스는 꽤 하드한 스케줄이다. 산젠인과 호센인을 필두로 동쪽을 둘러본 후 서쪽의 잣코인까지 둘러보면 지치는 게 당연한데 다행히 여독을 풀어주는 온천이 있어 고마울 따름이다.

오하라로 향하는 국도가 30여 분 정도 떨어진 데마치야나기 역부터 정체를 보이는 단풍 시즌을 제외하면 온천욕을 즐기는 관광객들의 수도 적어 호젓하게 온천욕을 즐길 수 있다. 온천 후에는 오하라의 깨끗한 자연환경이 키운 닭을 각종 채소와 함께 하얗게 끓여 먹는 지자케 스키야키를 잊지 마실 것. 명물 된장과 교토산 채소로 끓인 미소나베도 평판이 좋다. 또 객실에서 내려다보이는 오하라 마을의 아침이나 저녁 풍경은 동화 속의 한 장면같이 아름다우니 오하라에서의 하룻밤을 꿈꾼다면 기억해두시길.

Day Trip 253

Kyoto Style *7

교토의 아름다운 여인들
교온나와 오하라메

교온나 Kyoonna

물, 미즈나, 여자, 생면, 유젠, 두부, 장어, 송이버섯….
에도시대부터 불러왔다는 동요에 등장하는 교토의 명물들이다. 그런데 교토의 명물 중 '여자'도 들어 있으니 또 호기심이 발동한다. 우리나라에 남남북녀라는 말이 있듯 일본에는 '아즈마오토코니 교온나東男に京女'라는 말이 있다. 교온나는 교토에서 태어나 자란 여성이나 여성스러운 여성을 일컫는 대명사 격인 단어이고, 한자로는 동쪽의 남자라 쓰고 아즈마오토코라 읽는 단어는 도쿄의 남자를 지칭한다. 그래서 일본인들은 천상 여자인 교온나와 남자다운 도쿄의 남성이 만나면 천생연분이라는 속설을 아직도 믿고 있는 듯하다. 도쿄는 에도막부의 본거지였으므로 무사들의 본거지에 사는 남자들은 당연히 용맹과 카리스마가 트레이드마크였을 것이다. 그래서 남성미 넘치는 남자를 가리킬 때면 아즈마오토코라는 수식어가 단골로 사용되었다. 그러나 막부 말기인 19세기 후반이 되자 아즈마오토코는 더욱 남성다운 면모를 과시한 사츠마오토코薩摩男에게 빛나는 타이틀을 넘겨주고 말았다.
그렇다면 교토의 여자들은 얼마나 예쁘길래 이런 과한 칭찬이 생겼고, 강산이 수백 번 바뀐 지금도 부동의 1위를 지키고 있는 것일까?
한 일본인은 "부의 권력은 오사카로, 정치적 실권은 에도로 이전되었다. 교토로 말할 것 같으면 의연하게 교토가 지닌 힘이라고는 옛 수도였다는 지나간 영광 외에는 그 무엇도 없었다. 다만 천년 동안 문화의 무게를 짊어지고 온 이땅에는 자연스럽게 형성되어 흘러넘치는 세련된 안목과 기품이 있을 뿐이다. 이 빛나는 전통문화가 집약되어 하나의 모습으로 나타난 것이 교온나다"라고 말했다.
일본인들이 떠올리는 교온나라는 말의 이미지는 단순히 얼굴만 예쁜 미인을 가리키는 것은 아니다. 교온나는 재능, 인정, 미모를 두루 갖춘 이상적인 여성상을 상징한다. 물론 교토에는 말 그대로의 미인들이 많았다. 한 나라의 도읍지였으니 천하의 미인들이 몰려드는 건 당연한 결과라는 견해도 많다.
게다가 일본에는 우네메采女라는 독특한 제도가 있었다. 천황이나 황후를 모시며 식사 등의 잡무를 맡은 여성 관리로, 전국의 호족이나 지방 행정관 남매나 딸들 중 기량이 뛰어난 이들을 선발하였다. 궁에 살았던 우네메들은 일종의 인질들로 그 중에는 천황의 아이를 낳은 이도 있었다고 한다. 그런데 우네메의 모집 기준이 첫째 13세 이상 30세 미만일 것, 둘째 출신은 호족이나 지방 행정관의 남매나 딸일 것, 셋째 용모와 자태를 엄선할 것이었으니 그 미모는 상상이 되고도 남는다. 뛰어난 미모를 지닌 우네메는 사오 년의 임기를 마친 후 대부분 교토 남자와 결혼하여 교토에 정착했기 때문에 미인 혈통이 옛날부터 이어졌다고 주장하는 이도 있다.
여하튼 우리나라에서도 셋째 딸은 얼굴도 안 보고 데려간다는 우스갯소리처럼 일본에서 "저는 교온나입니다"라고 말하면, 그 이유 하나만으로 후한 점수를 얻는다고 한다.

여자들은 아침에 죽 한 그릇을 떠 먹고 오전 내내 걸어 교토에 도착한다. 그리고 교토의 장을 찾아 거기서 나무를 판다. 나무 한 단이래야 요즘 돈으로 불과 몇천 원. 여자들은 그 몇천 원의 돈으로 보리 한 홉을 사서 다시 오하라로 돌아간다. 오후 내내 걸어야 해가 질 때쯤 오하라에 도착할 수 있는 것이다.

오하라 마을엔 어린 자식들이 어머니가 돌아오기를 눈이 빠지게 기다리고 있다. 어머니의 보리 한 홉이 있어야 그날 저녁을 먹을 수 있기 때문이다. 오하라의 여자는 서둘러 집으로 돌아가려 한다. 그러나 보리죽 한 그릇을 먹고 점심을 건너뛴 발걸음은 천근만근이다. 오하라로 나가는 교토의 데마치 거리에 떡집이 있다. 떡을 팔지 않았다. 그러나 곧 이들이 오하라 마을의 나뭇단 장수인 것을 알게 되었다. 여자들이 내민 동전 한 푼이 얼마나 소중한 것인가를 눈치 챈 것이다. 그 후부터 떡집 주인은 오하라 여자들이 사 먹는 콩떡은 좀 더 크고 실하게 만들었다.

___〈오사카 상인들〉홍하상 지음, 효형출판사에서

오하라메 Oharame

교토 역에서 버스로 한 시간여를 내달리면 보이는 것이라고는 산뿐인 조용하고 한적한 산마을 '오하라'에 도착한다. 예부터 오하라에 오하라메 大原女라는 이름으로 불리는 생활력 강한 여자들의 마을이었다. 아름다운 외모에 기품 있는 자태를 뽐내는 교온나와는 비교 대상이 될 수 없을 만큼 힘 세고 생활력 강한 여자의 상징이 오하라메.

그녀들이 사는 곳은 어디를 보아도 나무뿐인 산간 마을이었으니 끼니 걱정을 평생 달고 살아야 했다. 그래서 오하라의 아낙들은 산나물이나 채소, 혹은 집 주위에 지천으로 널린 잡목을 부지런히 모아 머리에 잔뜩 이고 대여섯 시간은 족히 걸리는 교토까지 걸어 팔러 다녀야 했다. 생활고로 행상을 다닌 교토의 아낙들이 어디 오하라메뿐이랴. 기타시라가와에서 계절마다 피는 들꽃을 꺾어다 팔러 온 시라가와메, 기타야마의 산속 마을에서 나무로 만든 무거운 상을 머리에 이고 온 하타노오바, 떡을 팔러 온 가츠라메도 있다. 그러나 역사적으로는 오하라메가 옛날부터 유명했다.

오하라메는 화려한 옷으로도 유명하다. 감색 천에 하얀 잔무늬가 들어간 앞치마를 두르고 옅은 핑크색 벨트와 하얀 각반에 버선과 짚신을 신는다. 팔에는 감색 천으로 만든 토시를 끼고 머리에는 하얀 두건을 둘러야 비로소 오하라메가 된다. 일하는 여성의 옷이라고 하기에는 매우 청초하고 화사하며 여성스러운 분위기다. 오하라메의 의상은 헤이안시대 794~1185년 말기 헤이케 平家가 멸망한 후 홀로 살아남아 오하라의 잣코인에서 은거 생활을 한 천황의 어머니 겐레이몬인 建禮門院과 관련이 있다고 전해진다. 그녀를 모시던 시녀 아와노나이시가 땔감과 채소를 도성으로 팔러 나갔을 때의 풍아스러운 모습에 반한 마을 아낙들이 그녀가 입은 옷을 그대로 따라해 오하라 여성들의 독특한 차림으로 정착했다고 한다.

1950년대까지는 비록 그 수가 많지 않았지만 교토로 행상을 가는 오하라메를 심심찮게 볼 수 있었다고 한다. 그러나 지금은 모두 사라졌다. 혹 오하라 여행 중에 오하라메 옷을 입은 여자들과 만나도 감격하지 마시길. 그녀들은 오하라메의 전통의상을 빌려 입고 매년 5월에 열리는 오하라메 마츠리를 즐기는 관광객들이다.

Hot Tip 오하라메 마츠리

매년 5월과 10월이면 조용한 오하라 마을이 시끌벅적해진다. 오하라메 마츠리가 열리기 때문이다. 오하라메가 입었던 전통 의상을 빌려 입고 오하라 마을을 걷는 이색적인 체험이 단연 인기 넘버원이다. 오하라 포토 콘테스트도 매년 열리는데 당선작들을 둘러보는 것만으로도 오하라의 아름다운 자연과 순박한 산골 사람들의 때 묻지 않은 마음을 느낄 수 있다.

일본주의 마을

후시미 에어리어
Hushimi Area

교토 역에서 전철을 타고 남쪽으로 10여 분만 가면 후시미伏見라는 마을에 도착한다. 별다른 감흥 없이 복작대기만 하는 역 근처 상점가를 빠져나가면 한적하고 서민적인 주택가로 접어들게 된다. 하얀 외벽에 검은 지붕을 인 이국적인 분위기의 술도가들은 주택가 사이에 뿔뿔이 흩어져 조용히 둥지를 틀고 있다. 술을 빚고 있는 사람도 그 술로 고달픈 하루를 위로받는 동네 사람들도 호들갑을 떨며 감동하는 관광객들을 전혀 의식하지 않는다. 그저 묵묵히, 무뚝뚝하게 일상을 살아가는 그들의 모습이 후시미만의 묘한 풍경을 자아낸다. 이렇게 술이 익어가는 후시미의 뒷골목을 걷고 있으면 바람결에 날아온 은은한 술 향기가 폐 깊숙한 부분까지 들어차버린다. 일본주의 마을이라는 수식어를 달고 사는 후시미가 사랑스러워지기 시작한다.

가끔은 빡빡한 여행 스케줄을 과감히 포기하고 마음 내키는 대로, 발길 가는 대로 가는 엇박자 여행이 훨씬 안도감을 줄 때가 있다. 그래서 한 나그네, 술에 취한 구름도 땅으로 낮게 내려앉아 시간의 바람과 함께 흘러가는 후시미로 간다.

♪ 강나루 건너서 밀밭 길을 구름에 달 가듯이 가는 나그네
길은 외줄기 남도 삼백리 술 익는 마을마다 타는 저녁놀.

MAP
HUSHIMI
伏見

🚌 버스 정류장
Ⓗ 게스트하우스
卍 절
⛩ 신사(진자)
ℹ️ 관광 안내소

- 01 겟케이칸 오쿠라기넨칸 月桂冠大倉記念館
- 02 후시미 오테스지 상점가 伏見大手筋商店街
- 03 고코노미야진자 御香宮神社
- 04 짓코쿠부네 十石舟
- 05 데라다야 寺田屋
- 06 교카시츠카사 도미에이도 京菓子司 富英堂
- 07 카페 구리쿠마 Cafe 九里九馬
- 08 도리세이 혼텐 鳥せい 本店
- 09 다이츄 大中
- 10 기자쿠라 갓파 칸츄리 Kizakura Kappa Country

ACCESS
★ 교토 역에서 JR 나라奈良 센을 타고 모모야마桃山 역. 11분, 190엔
★ 교토 역에서 긴테츠 교토近鐵京都 센을 타고 모모야마 고료마에桃山御陵前 역. 10분, 250엔
★ 게이한京阪 산조三條 역에서 게이한혼京阪本센을 타고 후시미 모모야마伏見桃山 역 또는 주쇼지마中書島 역. 약 14분, 260엔

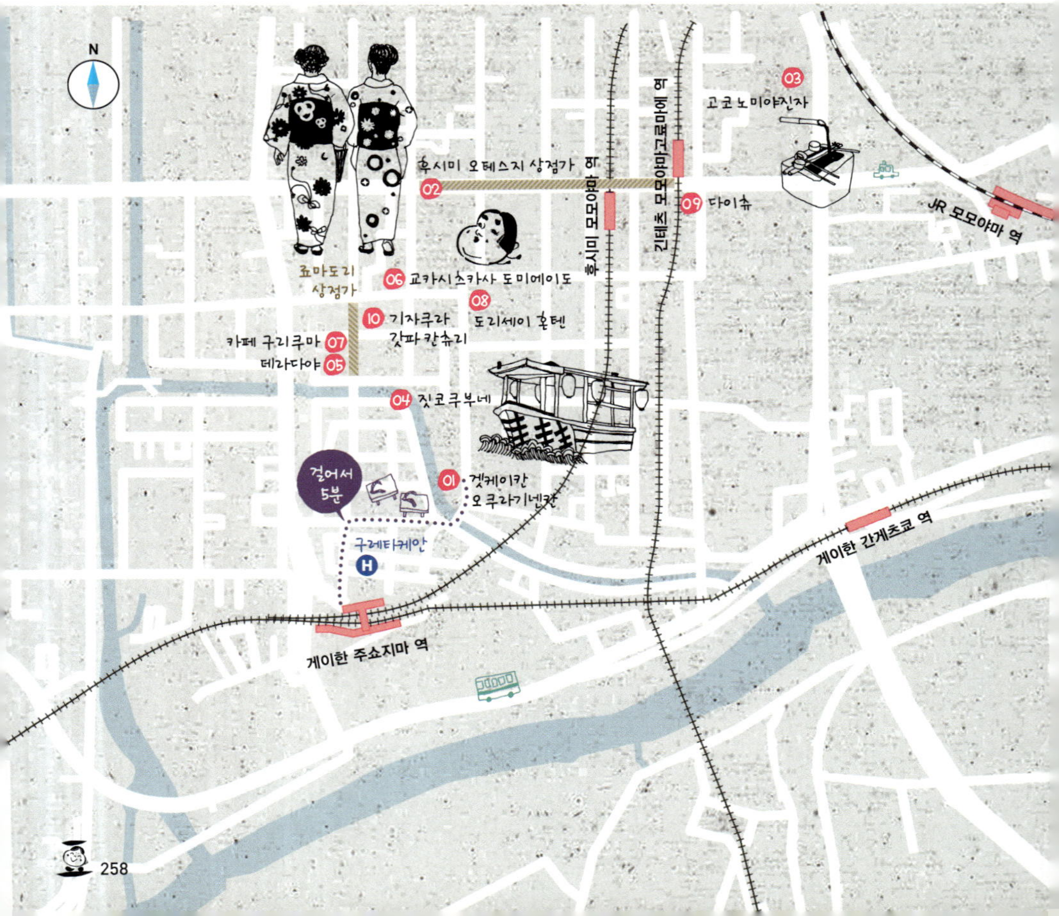

258

01 겟케이칸 오쿠라기넨칸 月桂冠大倉記念館

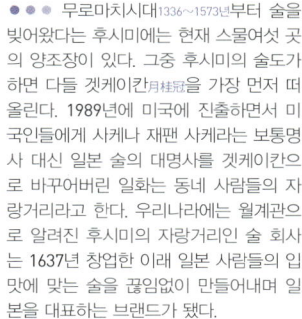

● ● ● 무로마치시대1336~1573년부터 술을 빚어왔다는 후시미에는 현재 스물여섯 곳의 양조장이 있다. 그중 후시미의 술도가 하면 다들 겟케이칸月桂冠을 가장 먼저 떠올린다. 1989년에 미국에 진출하면서 미국인들에게 사케나 재팬 사케라는 보통명사 대신 일본 술의 대명사를 겟케이칸으로 바꾸어버린 일화는 동네 사람들의 자랑거리라고 한다. 우리나라에는 월계관으로 알려진 후시미의 자랑거리인 술 회사는 1637년 창업한 이래 일본 사람들의 입맛에 맞는 술을 끊임없이 만들어내며 일본을 대표하는 브랜드가 됐다.

옆 동네인 고베 나다의 하쿠츠루 슈조白鶴酒造와 일본 술 판매량 1위 자리를 놓고 혈투를 벌이는 겟케이칸에서는 아직도 놀랄 일이 벌어지고 있다. 수백 년을 이어온 전통적인 방법으로 만드는 100퍼센트 핸드메이드 술이 지금도 생산되고 있는 것이다. 겟케이칸의 전속 술 장인들은 4월부터 10월까지는 고향에서 농사를 짓다가 벼 수확이 끝날 무렵 양조장으로 와 겨우내 술을 만들다가 벚꽃이 필 때쯤 다시 고향으로 돌아간다. 겟케이칸이 자랑하는 다이긴조와 긴조의 고급 술 일부는 그들의 손에서 만들어진다. 비록 생산량은 얼마 되지 않지만 겟케이칸은 핸드메이드 술맛도 계속 잇고 싶다고 했다.

대형 술 회사이면서 까다로운 수제 술도 고집하는 겟케이칸. 그 술맛의 비밀을 알아내려면 연간 11만 명이 찾는다는 오쿠라기넨칸大倉記念館으로 가야 한다. 메이지시대1868~1912년 때 사용하던 술 창고를 개조하여 일본 술의 역사와 제조법 등을 소개하고, 교토 시로부터 유형민속문화재로 지정된 6000여 점의 주조용 도구 중 400여 점을 전시하고 있는 술 박물관이다. 겟케이칸의 역사와 그동안 발매된 술병들, 회사 로고, 포스터, 간판 등도 전시되어 있는데 재미있는 전시품들이 상상 외로 많다. 가장 흥미를 끈 것은 기모노를 입은 교양미 넘치는 여성이 등장하는 그림 포스터들. 그런데 유독 튀는 포스터 하나가 있었다. 하늘거리는 얇은 옷을 위험하게 걸친 채 달 위에 요염하게 앉아 있는 술의 여신. 이 포스터가 곳곳의 술집에 붙여진 것이 1933년이라고 하니 당시로서도 파격적인 포스터였을 것이다. 야구선수가 술병을 들고 달려오는 촌스러운 간판도 눈에 들어온다. 1934년 전설의 홈런왕 베

Day Trip 259

이비 루스의 일본 방문을 기념하여 제작한 세움 간판이라는데 술 판매점의 입구에 세워져 많은 인기를 끌었던 왕년의 스타였다.

전시관 입구 오른쪽에는 사카미즈라는 약수가 샘솟는다. 청량감이 느껴지는 물인데, 왠지 이 물에도 술 향기가 배어 있는 듯했다. 이 물은 겟케이칸에서 술을 만들 때 사용하는 원천수로 누구나 마실 수 있다. 물맛을 본 후에는 술맛을 봐야 한다. 기념관 한편에 무료 시음부스가 마련되어 있고 세 가지 술을 테이스팅할 수 있다.

기념관에는 반갑게도 직영 숍이 운영된다. 겟케이칸의 대표 술이 대부분 진열되어 있고, '교토 한정'이라는 딱지가 붙은 진귀한 술도 제법 많다. 그러나 무엇보다 추천하고픈 것은 살아 있는 술, 나마자케生酒다. 일본 술은 보통 만들어진 후 가열 처리하여 저장, 숙성시켰다가 병입할 때 다시 한 번 가열 처리를 하는데 나마자케는 일절 가열 처리를 하지 않는다. 이 나마자케를 차게 해서 마시면 한국에서 맛보았던 일본주 대부분이 허접하게 느껴질 것이다. 다만 구입해서 빨리 마셔야 하므로 기념품으로 한국까지 공수하기에는 무리가 따른다는 점이 아쉽기만 하다. 일본 출장길에 오르면 '매일 밤 에비스 맥주 한 캔의 행복'을 외치던 한 지인도 나마자케 맛에 눈을 뜬 후에는 에비스를 버리고 '오! 나마자케여'를 부르짖을 정도니 술의 마을 후시미를 찾았다면 나마자케를 잊지 말아야 한다.

술로 만든 화장품도 눈에 띈다. 꽤 오래 전부터 술을 원료로 만든 자연 화장품이 일본 여성들에게 인기라 어지간한 규모의 술도가에서는 앞다투어 자가 브랜드의 화장품을 내놓고 있다. 겟케이칸의 화장품 브랜드는 '모이스처 문'. 술 발효액이나 쌀겨 진액 등을 넣은 스킨, 로션, 보습 크림 등의 기초 라인과 클렌징 제품을 전략 상품으로 선보인다. 맛난 술로 만든 모이스처 문은 피부 자극도 적고 보습력이 뛰어나 빠른 속도로 마니아 층이 증가하고 있다고.

술 박물관의 즐거운 관람을 마친 후 다음 행선지로 정한 곳은 나룻배가 기다리고 있는 선착장이다.

Travel Tip

후시미 최고의 포토 스폿은 마츠모토 주조松本酒造. 1791년 창업한 술도가는 검은색의 고풍스러운 술 창고와 붉은 벽돌로 쌓은 연통이 인상적이다. 봄이 되면 술 창고 앞 공터에 노란 유채꽃이 흐드러지게 피어 매우 이국적인데, 몇 편의 시대극이 촬영되면서 전국적으로 알려졌다. 그 앞에 서면 셔터를 누르지 않고는 견딜 수 없을 테니 지칠 만큼 사진을 촬영한 후에는 가까운 술 가게에 들러 마츠모토 주조의 술을 구경해야 한다.

부담 없는 값에 충실한 맛을 지닌 마츠모토 주조의 술은 후시미 사람들에게 절대적인 지지를 받고 있다. 대표 브랜드는 히노데자카리日出盛와 모모노 시즈쿠桃の滴. 특히 나마자케가 맛있다.

02 후시미 오테스지 상점가　伏見大手筋商店街

03 고코노미야진자
御香宮神社

●●● 교토 최고의 술 동네는 고만고만한 낮은 가옥들이 들어선 주택가에 흩어져 있다. 사람 사는 풍경이 술맛을 당기는 그런 곳이다. 사람 사는 곳이니 큰 시장도 있다. 후시미 모모야마 역에 내리면 후시미 오테스지 쇼텐가 伏見大手筋商店街라 부르는 400미터 길이의 상점가가 보인다. 서민들의 먹을거리, 입을 거리, 관심거리를 염탐할 수 있는 여행서에는 좀처럼 등장하지 못하는 소박한 여행지다. 후시미의 술을 파는 아부라초 油長도 있고 교토 채소를 맘껏 구경할 수 있는 대형 마트나 100엔숍, 책방, 은행, 패스트푸드점과 반찬 가게, 커피숍 등 없는 게 없다. 특히 옛 모습 그대로 간직하여 동네 사람의 옛 향수를 자극하는 곤베 ごん平라는 오코노미야키집이야말로 상점가 최대 명물이다. 도쿄풍 오코노미야키와 야키소바를 골동품 같은 실내에서 맛볼 수 있다.

쇼핑하기 편하라고 마주보고 있는 상점과 상점 사이에 대형 아케이드를 설치했고 일본에서 최초로 태양광 발전 패널이 부착된 에코 시스템을 자랑한다. 그러나 동네의 몇몇 주민들은 교토 수족관이나 교토 역만큼이나 못마땅해한다. 아케이드가 생기기 전에는 하늘이 보이는 자연적이고 정겨운 시장이었는데 지금은 마네킹 같아졌다고 푸념들이다.

재래시장은 우리나 일본이나 설 자리가 점점 없어지는 모양이다. 무엇 무엇 100선 만들기 좋아하는 일본인들은 재래시장에도 이런 개념을 도입했는데 이 상점가는 2009년에 새로 노력하는 상점가 77선에 선발되기도 했단다.

●●● 술의 마을, 물의 마을 후시미는 옛 지명을 후시미즈 伏水라 표기했을 정도로 좋은 물이 나는 동네로 지금도 후시미 7대 명수가 샘솟는다. 기자쿠라 기념관 내에는 후시미즈가 샘솟으며 이 물로 만든 일본주와 맥주가 생산된다. 도리세이혼텐 옆에도 샘이 하나 있는데 마을 사람들은 시간 날 때마다 이곳을 찾아 물을 받아 간다. 이 물은 하쿠기쿠스이라는 이름을 가졌다. 고코노미야진자에도 후시미를 대표하는 물이 난다. 862년 신사 경내에 향기가 좋은 물이 샘솟자 세이와 천황은 고코노미야진자라는 이름을 내렸다고 한다. 그 후 미모로진자는 고코노미야진자로, 이름 없던 샘물은 고코스이 御香水라 불리게 됐다.

그런데 아주 오래전부터 후시미 사람들은 이 물을 마시면 병이 낫고 소원을 빌면 소원이 이뤄진다는 영험한 물로 여겨왔다고 한다. 혼덴 동쪽의 대나무 통에서 졸졸 흘러내리는 고코스이는 일본의 명수 100선으로도 선정됐다.

04 짓코쿠부네 十石舟

05 데라다야 寺田屋

●●● 물의 마을이란 애칭도 지닌 후시미. 옛날에는 도읍지 교토와 간사이 지방 최대의 상업도시인 오사카의 물길을 잇는 수상 요지로 떵떵거리던 시절이 있었다. 당시 후시미의 물길을 수놓던 주역은 술이나 쌀 등을 싣고 오사카를 오가던 나룻배 짓코쿠부네와 객선 산짓코쿠부네三十石船. 강 위에 떠 있는 이 배들의 숫자를 세어보면 후시미의 경제 상황을 한눈에 파악할 수 있었다고도 한다. 그러나 정취가 가득한 이 나룻배들은 육상 교통이 발달하면서 메이지시대1868~1912년 중기 이후 자취를 감추었다. 그렇게 세월이 흘러 1998년, 짓코쿠부네와 산짓코쿠부네는 후시미항 400주년을 기념해 부활했고 그들의 새로운 임무는 물의 도시 후시미를 상징하는 유람선이었다.

짓코쿠부네는 겟케이칸 오쿠라기넨칸 뒤편 선착장에서 후시미 항 공원 부근까지 50분간 왕복하는 코스로 하루에 열여섯 편이 운항된다. 4월부터 5월 초순까지, 10월부터 11월까지만 한시적으로 운항되는 산짓코쿠부네는 데라다야 부근 선착장에서 후시미 항 공원을 40분간 왕복하는 코스다. 조그만 나룻배 짓코쿠부네에 타면 하얀 외벽이 인상적인 수도가 창고가 늘어선 수로를 따라 후시미 미나토 광장에서 내려 미스코몬三栖閘門이라는 갑문과 갑문자료관을 둘러보게 된다. 미스코몬은 우지 강과 호리 강의 수위를 조절하여 선박들이 왕래할 수 있도록 1929년에 세운 구조물이다. 지금은 거의 쓸모없어진 갑문에서 그나마 이름값을 하는 것은 12미터 높이의 게이트 두 개뿐이다. 뱅글뱅글 돌아가는 계단을 따라 정상에 오르면 후시미 시가지와 후시미 모모야마 성, 우지 강 등이 눈 아래에 펼쳐진다. 탁 트인 전망대 위에서 낯선 도시의 상징물을 찾는 놀이는 언제든 재미있다.

짓코쿠부네 나들이가 가장 즐거울 때는 따로 있다. 수로 주변에 핑크빛 벚꽃이 꽃망울을 터뜨리는 4월과 칠흑같이 어두운 수로가 등롱에서 뿜어내는 노란 불빛으로 가득 차는 한여름 밤이다. 이때가 되면 짓코쿠부네도 기꺼이 야간 운항을 단행하여 후시미의 밤 산책길을 안내한다.

●●● 후시미에 사는 사람인지 아닌지를 구별하는 방법이 있다. "료마가 머물렀던 료칸이 어디인가요?"라고 물으면 된다. '유신은 데라다야의 한 객실에서 시작됐다'라는 말처럼 데라다야는 메이지유신의 중요 무대였다. 교토와 오사카를 잇는 교통의 요지로 사츠마 번의 지사들이 자주 머물렀고, 메이지유신의 영웅 사카모토 료마 암살 미수 사건으로 더욱 유명해졌다.

'료마=데라다야'를 떠올리게 하는 암살 미수 사건의 전말은 이렇다. 1866년 3월 8일, 료마는 2층 객실에서 일행들과 담소를 나누고 있었다. 이때 2층으로 올라가려는 자객들의 낌새를 눈치 챈 것은 1층에서 목욕 중이던 오료お龍라는 여성이었다. 급한 마음에 목욕 중이라는 사실도 잊고 실오라기 하나 걸치지 못한 채 2층으로 올라가 료마에게 상황을 알렸고, 료마 일행은 난투 끝에 그를 탈출시키는 데 성공했다. 후에 료마는 오료를 아내로 맞이했고, 그들은 일본 최초로 신혼여행을 다녀온 부부가 됐다.

데라다야의 우메노마梅の間에는 료마의 초

06 교카시츠카사 도미에이도 京菓子司富英堂

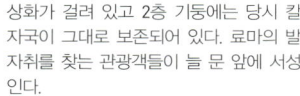

● ● ● 교토에는 명물 과자가 많다. 후시미에도 명물 과자를 만드는 화과자점이 있다. 술의 마을로 자타가 공인한 후시미이니 명물 화과자도 어떤 것일지 대충 짐작이 간다. 후시미를 대표하는 화과자 '사케 만주'는 교카시츠카사 도미에이도에서 처음 선보인 술빵이다. 1894년 창업한 도미에이도는 2대까지는 차도에 사용하는 차과자와 요릿집에 들어가는 과자, 신사나 절에 헌상되는 과자를 주로 만들어왔다고 한다. 사케 만주를 만들어낸 것은 4대 점주다. 20여 년 전까지만 해도 이 마을에는 후시만의 특징을 지닌 자랑할 만한 명물 과자가 없었다. 4대 점주는 지역 사람들에게 사랑받는 지역 술이 존재하듯 지역 사람들이 찾는 명물 과자를 선보이고 싶었다고 한다.

술지게미를 넣은 쫄깃한 빵 같은 사케 만주. 표면에는 '주酒'라는 한자가 갈색으로 찍혀 있어 입맛을 돋운다. 지금은 사케 만주에게 유명세를 내주긴 했지만 오래전부터 터줏대감으로 지내온 화과자가 있다. 이름도 어여쁜 '에가오'. 에가오는 일본어로 웃는 얼굴을 뜻한다. 마카롱 맛과 비슷한 두 개의 카스텔라 사이에 팥이 박혀 있다. 에가오는 살포시 웃음을 띤 여자의 얼굴이 그려진 포장지로 싸여 더욱 정겹다. 이 과자를 보면 잔뜩 찌푸렸던 마음도 뽀송뽀송하게 펴진다. 그러므로 후시미에 가면 에가오를 잊지 말아야 한다.

상화가 걸려 있고 2층 기둥에는 당시 칼자국이 그대로 보존되어 있다. 료마의 발자취를 찾는 관광객들이 늘 문 앞에 서성인다.

Day Trip

07 카페 구리쿠마 Cafe 九里九馬

08 도리세이 혼텐 鳥せい 本店

●●● 카페 구리쿠마는 물 동네 후시미를 찾으면 꼭 가봐야 할 커피숍이다. 흰 벽과 서양풍의 창, 커피를 마시는 사람의 일러스트가 그려진 독특한 외관은 일본풍이 휩쓸고 있는 후시미의 서민적인 거리에서 더욱 도드라진다. 문을 연 지 40여 년이 넘은 카페의 실내에는 서양의 앤티크 테이블과 의자가 놓여 있고 재즈 선율이 나지막이 흐른다. 여기까지는 유럽의 카페 같다. 그러나 찬찬히 둘러보면 일본적인 요소도 어우러져 있음을 알 수 있다. 주방 입구에는 기모노 여인이 프린트된 주렴이 걸려 있고, 창가 쪽 바닥에는 교토 시내를 달리던 옛 전철의 선로로 깔려 있던 돌들이 박혀 있다. 그리고 구리쿠마의 트레이드마크인 오너 야마다 씨를 빼놓을 수 없다. 백발성성한 교토의 할머니가 꽃무늬 앞치마를 두르고 커피를 내온다. 그 모습이 한없이 정겹기만 하다.

할머니가 가져다준 커피는 보기에는 샷을 서너 번 추가한 듯 진해 보이지만, 마셔보니 매우 순하고 부드러운 맛이다. 두어 번 더 찾았다가는 커피 맛에 중독되어 매일 찾지 않고는 행복한 하루를 보낼 수 없을 것처럼 느껴질, 위험한 집이다. 사장 할머니의 설명에 따르면 근처 술도가에서 술을 만들 때 사용하는 물로 커피를 끓이기 때문에 커피 맛이 더 좋다고 한다. 후시미는 물맛이 좋아 그 물로 술을 만들면 술맛도 좋고 커피를 끓이면 커피 맛도 좋다며 할머니는 모든 공을 후시미 물에게 돌렸다. 또 커피는 창업 이래 쭉 오사카의 다이아몬드상사의 원두만 고집하고 있어서 한결같은 커피 맛을 유지할 수 있다는 게 구리쿠마의 자랑이라고 덧붙였다.

기본에 충실한 구리쿠마의 커피는 500엔 동전 하나면 맛볼 수 있고, 점심때에는 샐러드와 커피가 포함된 카레 세트도 주문할 수 있다.

교토를 찾으면 후시미의 숙소에 머물곤 했는데 그때마다 구리쿠마의 안부를 확인하곤 했다. 지난봄 찾았을 때 꽤 긴 임시휴업 중이라는 푯말이 걸려 있었다. 어서 빨리 구리쿠마의 커피와 만나고 싶다.

●●● 후시미에서 이름난 맛집 중 여전히 줄이 길게 늘어서고 웨이팅 시간이 길다. 도리세이혼텐은 후시미의 야마모토혼케山本本家라는 술 회사에서 운영하는 닭요리와 일본 술 전문점. 1966년 교토 기야마치 시조에 닭꼬치 전문점 도리세이를 개점한 이후 후시미와 오사카에도 문을 열었다. 야마모토혼케의 오래된 술 창고를 개조한 술맛 돋우는 실내에서 가게를 가득 메운 사람들 틈에 끼어 후시미의 명주를 마시는 맛은 기가 막힌다. 야마모토혼케는 후시미의 7대 명수 중 하나로 꼽히는 하쿠기쿠스이白菊井라는 샘물이 솟는 자리에서 1677년에 창업한 오래된 술 회사다. 대표 브랜드는 신세神聖. 도리세이는 신세를 비롯한 야마모토혼케의 다양한 술을 잔술로 부담 없이 마실 수 있다. 닭 요리도 요릿집에 뒤지지 않을 정도로 맛있다.

09 다이츄 大中

●●● 후시미에는 술지게미를 넣은 깔끔한 라멘을 선보이는 라멘 겐야ラーメン玄屋라는 유명한 라멘집이 있다. 술도가 외에 알려진 관광지가 적은 후시미에서 라멘 겐야는 스타 맛집이다. 술지게미와 간장을 끼얹어 먹는 겐야의 라멘도 맛있지만 다이츄의 라멘 맛에 반해버렸다. 긴테츠 교토 센 모모야마 고로마에桃山御陵前 역 바로 앞 상가건물에 자리한 허름한 라멘집이지만 모 잡지의 '간사이 라멘 랭킹'에서 최고 자리를 거머쥔 집이다.

날마다 두 종류의 돼지 뼈와 세 종류의 닭 뼈를 섞어 24시간 동안 푹 고아 우려낸 깔끔한 국물에 면을 만다. 우동도 라멘도 국물 맛에 조금 더 신경 쓰는 교토풍 라멘 스타일이라 부드러운 면은 국물 맛을 돕는 조연 역할에만 충실하겠다는 자세다.

라멘을 주문하면 여러 가지 선택의 시간이 주어진다. 우선 수프는 돈고츠돼지 뼈로 우린 국물 맛과 일본풍 돈고츠 간장 맛 두 가지 중 선택해야 한다. 다음으로 수프의 농도와 숙주나물의 양, 차슈라멘 위에 얹어 먹는 양념한 돼지고기의 두께, 달걀과 김치를 넣을 건지 말 건지…. 배고플 때는 고역이긴 하지만 일본의 라멘 체인점 이치란처럼 나만의 라멘을 주문해 먹을 수 있어 좋다. 게다가 실파, 김치, 숙주나물 등의 토핑은 무료이며 가게 곳곳에 사용하는 식재료의 원산지를 꼼꼼하게 표시해 두었다. 김치의 고춧가루는 비싼 한국산으로 담근다고 한다. 그래서인지 이 집의 김치에는 일본 김치 특유의 느끼함이 덜 난다. 기름 둥둥 라멘에 한국 김치를 곁들여 먹으니 감칠맛이 배가된다. 그런데 이 집 김치는 한국인인 내가 먹어도 맛있다. '위험하다, 김치종주국의 위상이…'라는 우려도 되면서 제대로 된 김치 맛을 일본 사람들에게 알리려는 주인장의 음식 철학을 칭찬해주고 싶기도 한 복잡한 마음이 되어버렸다.

가격도 저렴해 밥때가 되면 긴 줄이 늘어서고 주머니 가벼운 학생들이 진을 치고 있는 학생식당 같은 곳이 되었다. 허름하지만 엄마 손맛 나는 백반집, 아니 '라멘집 다이츄'가 좋다. 바쁜 데도 웃음을 잃지 않고 즐겁게 일하는 스태프 아저씨들도 좋다. 그래서 후시미에 들를 일이 있으면 꼭 찾게 된다.

10 기자쿠라 갓파 칸츄리 Kizakura Kappa Country

●●● 갓파河童는 일본 사람들이 물속에 산다고 믿는 요괴이자 상상 속의 동물이다. 아이의 모습에 온몸은 녹색 아니면 붉은색에다 등에는 거북이 등껍질 같은 게 달려 있고 손발에는 물갈퀴가 있다고 한다. 또 머리에는 접시가 붙어 있고 그 접시는 항상 물에 젖어 있단다. 그런데 접시의 물이 마르거나 깨지면 갓파는 힘을 잃게 된다는 소리도 들린다. 이 요상한 동물이 등장한 '갓파쿠와 여름방학'이란 애니메이션이 우리나라에서 개봉된 적도 있다. 일본의 어느 현에서는 갓파를 잡을 수 있는 허가서를 관광 상품으로 판매하여 화제가 되기도 했다. 갓파가 궁금하다면 후시미에 있는 아주 특별한 곳을 찾으면 된다.

1925년 창업한 술도가 기자쿠라黃櫻에서 문을 연 기자쿠라 갓파 칸츄리キザクラカッパカントリー에는 갓파 자료관資料館이 있다. 자료관을 한 바퀴 둘러보면 갓파라는 동물이 대강 파악될 것이다. 그런데 기자쿠라는 술 회사와 갓파는 어떤 관계이길래 기념관까지 만들어놓은 것일까? 기자쿠라에서 판매되는 술병의 스티커에 정답이 숨어 있다. 기자쿠라의 마스코트는 물속에 산다는 갓파다. 갓파 자료관이 있는 기자쿠라 갓파 칸츄리는 재미있는 공간이다. 굳이 정의하자면, 기자쿠라의 일본주와 지역 한정 발매 맥주를 교토의 오반자이를 안주 삼아 맛볼 수 있는 이색 술 테마파크. 갓파 자료관, 갓파텐고쿠 기자쿠라 사카바, 기자쿠라 갤러리 갓파 숍 등으로 오목조목 나뉜 공간에서 편안하게 술잔을 기울일 수 있다. 이렇듯 후시미의 술도가는 술 제조와 판매에만 열을 올리는 것이 아니라 술 문화를 형성해야 한다는 의무감으로 무장되어 있는 듯하다. 겟케이칸은 술 박물관을, 야마모토혼케는 이자카야를, 기자쿠라는 갓파 칸츄리를 오픈했으니 말이다. 게다가 일본주만 고집하지 않고 변화하는 고객들의 입맛에 맞추어 맥주나 매실 와인 등 다양한 술도 속속 선보인다는 점도 주목할 만하다. 기자쿠라 갓파 칸츄리에서도 자랑할 만한 맥주가 있다. 교토대학, 와세다대학과 공동으로 개발한 나일 시리즈. 원재료의 일부를 고대 이집트가 원산지인 밀을 사용한 화이트 나일 외에 블루 나일, 루비 나일의 세 종류가 있어 입맛대로 골라 마실 수 있다.

Kyoto Style *8

교토에서 술 한 잔 어때요?
바&이자카야

불야성을 이루는 고층 빌딩숲도 없을뿐더러 고도의 풍취를 지키기 위해 제정한 법 때문에 네온사인도 제약을 받아 다른 도시들보다 훨씬 일찍 잠들어버리는 교토. 그럼에도 불구하고 술맛 당기는 술집은 아주 많다. 교토의 주당들이 몰려드는 아지트는 기야마치와 본토초, 교토 역 언저리, 그리고 술 동네 후시미. 교토에서 나 홀로 혹은 친구들과 찾아 한잔 술을 기울이던 단골 바와 이자카야들.

혼자 찾아야 즐거운 곳

오카유상 바 교라쿠

오카유상 바 교라쿠 お粥さんBar京楽는 가장 부담 없이 찾을 수 있는 아주 작고 아담한 술집이다. 아트 스페이스 기노 엔초 Art space 其の延長 바로 옆에 딸린 카운터석만 있는 바로, 항상 기모노를 차려입은 젊은 여사장이 술동무가 되어준다. 사실 이 집은 술이 고플 때보다는 말동무가 그리워질 때 찾게 되는 소중한 곳이다.

술 종류도 매우 다양하다. 맥주부터 쌀, 보리, 고구마로 만든 갖가지 소주, 양주, 칵테일, 와인, 샴페인, 매실주 등의 과일주까지 입맛대로 골라 마실 수 있다. 안주도 동서양을 아울러 교토의 모둠 채소절임이나 모둠 치즈는 물론 주변에 있는 음식점에서 오므라이스부터 야키소바 같은 다양한 배달 음식을 주문할 수도 있다.

바가 문을 연 레이호쿠 회관은 바, 음식점, 갤러리 등 다양한 상점이 입점해 있는데 예전에는 교토의 서브컬처의 발신지였다고 한다. 그러한 건물의 부활을 위해 현역 예술대생인 오너 시미즈 유키 씨가 갤러리와 바를 열어 미술 관계자를 시작으로 다양한 백그라운드를 지닌 손님을 한 잔의 술로 집합시켰다. 맛있는 음식에 술과 좋은 음악을 곁들이면서 사람들의 마음이 빗장이 스르 풀리는 순간, 아트란 존재가 친숙하게 다가온다는 예술 철학을 지닌 오너의 독특한 발상에 주당은 즐거울 뿐이다.

★075-241-3831 ★20:00~03:00 ★월요일 휴무
★http://www.nashinokatachi.com

유니크한 발상이 빛나는 교토다운 술집

네기야 헤이키치 다카세가와텐

네기야 헤이키치 다카세가와텐 葱や平吉高瀬川店은 '교토 채소 이자카야'라는 별명으로 부르곤 했다. 다카세가와의 좁은 수로 옆에 자리한 3층짜리 고풍스런 일본 가옥에서 술을 마실 수 있다. 교토의 명물 채소인 구조네기라는 파와 일본 각지의 이름난 '파'로 만든 파 요리를 중심으로 교토의 명물 채소들이 안주의 주인공으로 대거 등장한다. 파구이, 마구이 등 심플한 채소 안주는 채소 본래의 맛에 새롭게 눈을 뜨게 할 만큼 맛있다. 교토표 채소 안주와 잘 어울리는 술은 역시 심플한 일본주가 최고다. 술 종류가 다양해서 호기심 삼아 한 잔, 두 잔 맛보다 보면 가랑비에 옷 젖는다는 말처럼 예상치 못하게 과음을 할 수도 있으니 긴장하시길.

교토의 특성을 음식으로 가장 잘 살려낸 집인 데다 헬시 푸드를 콘셉트로 하여 교토 사람들에게 대단히 인기다.

★075-342-4430 ★17:30~22:00

일본주 마니아로 거듭나게 되는 곳

니혼슈 바 아사쿠라

교토의 미식가들 혹은 주당들 사이에서 분 일본주 붐의 발신지는 니혼슈 바 아사쿠라 日本酒BAR あさくら. 일본에 가게 되면 와타미나 시로키야 같은 체인점에서 술 마시는 일도 종종 있었는데, 안주가 메인인 그런 곳 말고 술맛이 기가 막히게 좋은 일본주 전문점을 단골로 갖고 싶다는 바람도 강했다. 아사쿠사야 말로 한 모금만 마셔도 일본주의 이미지를 확 바꿔버리는 술집이다. 일본주를 너무 좋아하는 주인이 셀렉트한 명주들은 한 잔으로는 부족할 만큼 개성적이다. 교토에 문을 연 일본주 바라 해서 교토산 술에만 너그러운 것은 아니다. 주인의 입맛에 맞는 일본주라면 어느 지방에서 생산되었든 아사쿠라의 쟁쟁한 술 리스트에 이름을 올릴 수 있는 기회가 주어진다. 인기 안주는 의외로 프랑스산 모둠 치즈. 상상조차 해본 적 없는 일본주와 치즈의 궁합이 궁금하다면 아사쿠라로! 주인이 셀렉트해 주는 일본주 리스트가 너무도 훌륭하여 생각 없이 마시다 보면 얼근하게 취하게 될 경우가 많으니 주의해야 한다.

★075-212-4417
★19:00~02:00
★화요일 휴무

Travel Tip
교토의 여름 풍물시, 노료유카

늦은 봄부터 초가을까지 교토를 찾았다면 보게 될 풍경. 가모가와를 풍경 삼아 음식과 술을 마시는 풍정 넘치는 교토 사람들을 만날 수 있다. 교토 시내를 가로지르는 강가에는 5월부터 9월까지 임시 들마루인 노료유카納涼床가 설치된다.

Travel Tip
교토의 물 좋은 라이브하우스

학원 도시이기도 한 교토에는 숫자는 적지만 열광적인 밤을 보낼 수 있는 라이브하우스도 몇 곳 있다. 기야마치에 있는 UrBANGUILD075-212-1125, 18:30-03:00, 2,000엔부터는 교토와 오사카, 고베를 중심으로 활동하는 젊은 아티스트들뿐만 아니라 재팬 투어에 나선 해외 아티스트들의 공연도 자주 열린다.
★ http://urbanguild.net

Hot Tip 교토의 무료 술집
산토리 위스키 공장과 맥주 공장

주당들에게 고한다. 교토에는 맛 좋은 위스키와 맥주를 무료로 퍼주는 인심 넉넉한 술 공장이 있음을. 너무나 바람직하여 만방에 알리고픈 교토의 숨겨진 관광 스폿이다.

물맛 좋은 교토이니 물맛이 맛을 좌우하는 위스키나 맥주 공장이 들어선 건 당연한 이치다. 산토리 위스키 공장정식 명칭은 산토리 야마자키 증류소을 찾았을 때는 점심때도 되지 않았는데 밥 대신 술을 마시는 이들이 많았다. 그도 그럴 것이 세계의 희귀한 위스키를 비롯하여 산토리의 대표 위스키를 잔술로 저렴하게 마실 수 있으니 일부러 찾아오는 주당들도 많은 듯하다. 산토리 위스키나 산토리 맥주 공장 옆에 살지 않은 게 천만다행이라고 생각한다. 그렇지 않으면 만날 술독에 빠졌을 테니까….

산토리 위스키 공장에는 주말이면 주당들이 몰려드니 예약을 해두는 게 안전하다. 정해진 시간이 되면 유니폼을 입은 가이드 언니를 따라 제조 공정을 둘러본 후 숙성실을 지나 폭포가 흐르는 일본풍 정원을 지나 무료 시음장으로 안내된다. 정원의 폭포는 산토리 위스키의 맑은 물을 상징한다고 한다. 공짜로 나눠준 물을 마셔보니 맛나긴 하다. 무료 시음장에서는 산토리 위스키를 대표하는 옅은 황금빛 하쿠슈와 소다를 탄 야마자키 10년산을 맛보았다. 일행 중 위스키 고수클럽 회원분들은 야마자키 18년산을 록으로 받아왔는데 야마자키 10년은 전패당할 맛이었다. 대낮부터 한 시간 여의 위스키 투어를 끝낸 후 고마운 위스키 공장을 부리나케 빠져나와 향한 곳은 산토리 맥주 공장이다.

물복 받은 교토의 산토리 맥주 공장은 죽순 산지로도 유명한 나가오카쿄에 자리한다. 역시 맥주의 황금빛을 상징한다는 노란색 유니폼을 입은 가이드 언니를 따라 공장을 둘러보게 되는데 오크통들이 들어선 위스키 공장보다는 볼거리가 없었던 맥주 공장이었다. 관람객들도 점점 흥미가 떨어져가는 듯 보였고 '어서, 빨리 신선한 맥주를 배 터지도록 마시고 싶구나'라는 마음이 표정으로 드러나 있었다. 그럼에도 불구하고 산토리 맥주의 우수성을 녹음기처럼 말하는 가이드 언니. 산토리 맥주의 간판은 더 프리미엄 몰트인데 맥주에 '프리미엄'이라는 단어까지 거침없이 쓰는 까닭은 아로마 호프에 천연수를 넣어 만든 명품 맥주이기 때문이라고 그들은 말했다. 세계 술 품명회에서 3년 연속으로 상을 수상했다던가, 1분에 1만 개의 캔맥주가 생산된다던가…. 졸음을 애써 참고 일행을 따라가니 눈 앞에 보이는 건 마치 산맥을 이루고 있는 듯한 빈 맥주통들. '그 많던 맥주는 누가 다 마셨을까?'라는 말이 절로 나오는 풍경이었다. 정답은 토리아에즈 비루 족들이 벌컥벌컥 마셨을 게다. 일본 사람들은 대부분 우선 맥주토리아에즈 비루로 입가심을 한 후 본격적으로 술을 마시기 시작한다. 나도 빈 맥주통 산맥 형성에 동참하리라 다짐하며 찾은 무료 시음장. 시음은 무제한이나 시간이 제한되어 있기 때문에 벌컥벌컥 마시지 않으면 쏜살같이 사라지는 시간이 미워질지도 모른다. 왜냐하면 여기서 공짜로 마시는 맥주는 생맥주인 데다 갓 만든 맥주이기에 공장 밖에서 사 마시는 맥주와 맛이 다르다. 더 프리미엄 몰트를 받아들고 '저 꺼지지 않는 거품을 보라', '코끝을 훅 하고 쳐들어오는 향이여~'라며 난리 블루스를 치며 홀짝홀짝 마시다 보면 견학 끝.

아~ 교토는 분명 물과 술로 축복을 받은 도시임이 분명하다. 교토에, 건배를!

★ 075-962-1423(위스키)
★ 075-952-2020(맥주)
★ www.suntory.co.jp/factory
★ 연말연시 휴무

access 산토리 위스키 공장
교토 역에서 JR 야마자키山崎 역으로 가서 도보 10분 또는 한큐 가와라마치河原町 역에서 오야마자키大山崎 역으로 가서 도보 10분

access 산토리 맥주 공장
JR 교토 역에서 나가오카쿄長岡京 역으로 가서 무료 셔틀버스로 20분 또는 한큐 가와라마치河原町 역에서 나가오카텐진長岡天神 역으로 가서 무료 셔틀버스로 10분.

귀족들의 별장지, 차의 마을로 태어나다

우지 에어리어
Uji Area

우지宇治는 교토 시내에서 동남쪽에 있는 전원주택지 같은 마을이다. 우지를 상징하는 두 가지 코드가 있는데 헤이안 귀족과 우지차. '화려함'이란 단어로 대변할 수 있는 헤이안 귀족들은 궁중을 중심 무대로 문예와 풍류를 즐기면서 화려한 귀족 문화를 꽃피웠던 이들로 우지를 흠모했다. 귀족들은 우지에 별장을 짓고 봄, 여름, 가을, 겨울 시도 때도 없이 우지 나들이를 즐겼다. 헤이안 왕조 문학의 꽃이라거나 일본 최고의 러브스토리라는 〈겐지모노가타리〉의 후반부는 수려한 자연 풍경을 지닌 우지를 무대로 했다. 고매한 인품을 최대 덕목으로 쳤을 귀족들이 경망스럽게 우지에 러브콜을 보낸 이유가 궁금하면 일단 우지 나들이에 나서고 볼 일이다.

귀족들이 떠나간 자리는 우지차가 꿰찼다. 우지에 발을 들여놓으면 그윽한 차 향이 마을 전체를 감싸고 있음을 단박에 알아챌 것이다. 만일 여행의 기억을 후각으로 남겨둔다면 우지는 가장 향긋한 추억으로 남을 정도로.

신록이 무럭무럭 커가는 5월에는 우지의 크고 작은 차밭에서 연둣빛 찻잎도 쑥쑥 자란다. 차의 마을이라는 빛나는 타이틀답게 햇차 시기가 도래하면 마을 전체는 부산스러워진다. 차밭에는 어깨를 들썩거리게 하는 찻잎 따기 노래가 울려 퍼지고 차 공방에서는 차를 덖는 기계 소리와 찻잎을 가는 맷돌 소리로 요란해지기 시작한다. 푸른빛 우지 강물을 닮은 것 같기도 하고, 맑은 하늘을 닮은 것 같기도 하고, 순박한 차 농부들의 마음을 닮은 것 같기도 한 우지차 한잔에는 우지의 햇살과 사계절이 응축되어 있다.

"우지에서 차 한잔하실래요?"

MAP
UJI
宇治

- B 버스 정류장
- H 게스트하우스
- 卍 절
- ⛩ 신사(진자)
- i 관광 안내소

01 미무로토지 三室戸寺
02 만부쿠지 満福寺
03 뵤도인 平等院
04 우지가미진자 宇治上神社
05 다이호안 対鳳庵
06 우지 시 겐지모노가타리 뮤지엄 宇治市源氏物語ミュージアム
07 초엔 혼텐 通圓本店
08 호리 시치메이엔 堀井七茗園
09 아카몬차야 赤門茶屋
10 나카무라 토기치 혼텐 中村藤吉本店
11 소바도코로 나카노 そば処 ながの
12 아이소 鮎宗
13 노토노죠 이나후사 야스카네 能登樓 稲房安兼
14 셰 아가타 Chez Hagata

ACCESS
★교토 역에서 JR 나라奈良 센을 타고 우지宇治 역. 17~29분, 230엔
★게이한京阪 기온 시조祇園四条 역에서 주쇼지마中書島 역까지 간 후 우지宇治 센으로 갈아타고 우지宇治 역. 30분, 300엔

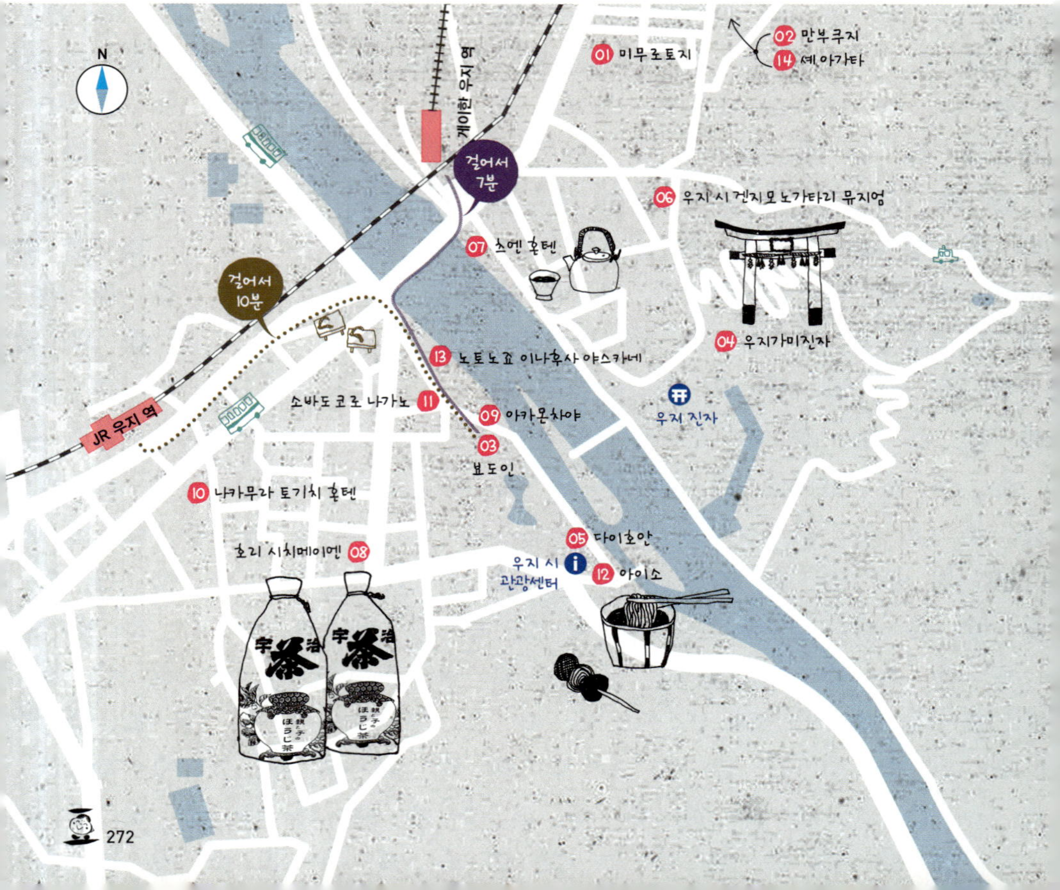

01 미무로토지 三室戸寺　　02 만부쿠지 滿福寺

●●● 지리한 장맛비가 내리면 그곳으로 가야 한다. 장마철에 가기 좋은 곳이 있다며 교토 친구들 여러 명에게 추천을 받은 곳은 우지의 미무로토지. 장마가 시작되면 피어 장마가 끝날 때쯤 꽃을 떨군다는 수국이 아름다워 수국 사찰로 불리는 곳이다. 드넓은 정원에서 2만 그루의 철쭉과 1만 그루의 수국이 피고 진다. 철쭉과 수국이 떠난 자리를 이어받는 것은 6월 하순에서 8월 초순까지 피는 100여 종의 연꽃. 마치 극락정토에 있는 것 같다고 한다. 가을에는 단풍잎이 꽃처럼 피어 옛날부터 단풍이 예쁜 절로 이름을 날렸다는데 아름다운 것을 보면 '미모로토의 단풍'이라는 표현이 있을 정도다. 아름다운 자연에 둘러싸인 사찰임에는 틀림없다. 휘파람새의 청명한 울음소리마저 더해지면 산사는 이미 별세계다.

사찰의 역사도 깊다. 1200여 년 전에 천황의 칙령으로 창건됐으며 혼도와 삼층탑 등이 자리한다. 경내에는 방랑 시인 마츠오 바쇼의 글귀 山吹や宇治の焙炉の匂ふ時가 새겨진 바위도 있으니 찾아보시길.

●●● 교토의 절을 세다가 새우게 세게 될지도 모를 일이다. 교토의 무수한 절 중 만부쿠지는 좀 특이한 사찰이다. 황벽종 黃檗宗 본산으로 중국 명나라의 가람 배치 양식을 따르고 있다. 황벽종은 중국 불교 선종의 한 파로 중국 황보산에서 시작되었다. 교토의 만부쿠지는 일본을 찾은 명나라 승려의 요청으로 1661년에 창건됐다고 한다. 건축물이나 불상, 사찰 음식까지 중국풍이다. 불경 역시 독특하여 중국어를 기본으로 읽는다고 한다. 〈반야심경〉을 예로 들면 일본에서는 '마카한냐하라미타신교'라 읽는데 이 절에서는 '보제보로미토신킨'이라 읽는다고. 후차료리라 불리는 이 절의 음식 역시 중국의 영향을 받아 식물성 기름을 많이 사용하며 큰 접시에 담아 개인 접시에 나눠 먹는 스타일. 후차료리를 맛보려면 3일 전에 전화로 예약을 해 두어야 한다. 하루 또는 1박2일, 2박3일의 일정으로 좌선과 경전 베껴 쓰기 등으로 구성된 템플스테이도 체험할 수 있다.
20여 동의 건물이 중요문화재로 지정되었으며 불교 미술과 공예품도 다수 소장하고 있다. 물고기는 잠을 잘 때에도 눈을 감지 않아 수행자도 밤낮으로 쉬지 않고 정진하라는 뜻으로 만들었다는 이야기가 전해지는 목어도 달려 있는데 거대한 크기는 만부쿠지와 닮았다. 지온인의 산문 정도가 아니고는 어지간해서 표현하기 어려운 웅대함이 이상하게 만부쿠지에서 느껴진다. 가만 생각해보면 꼭 크기가 커서 웅대한 느낌이 드는 것은 아닌 것 같다.

03 보도인 平等院

●●● 우지를 찾는 관광객들의 여행 패턴은 몇 가지로 압축된다. 우지차 혹은 우지차로 만든 음식을 맛보는 구어메이 투어, 우지 강 주변을 산책하면서 마음에 찌든 독소를 빼내는 디톡스 투어, 그리고 일본의 10엔짜리 동전 뒷면에 등장하는 보도인 방문이다. 이 중 최고 여행지를 꼽으라면 세계문화유산으로 지정된 보도인이다. 구어메이 투어나 산책은 식탐가나 마음이 시끌시끌한 사람을 제외하고, 우지의 심벌인 보도인을 보러 온 김에 덤으로 즐기면 된다. 우지 하면 보도인, 보도인 하면 호오도鳳凰堂라 부르는 봉황당이다. 아침 해를 맞이하는 동쪽을 향해 세운 봉황당은 천여 년의 세월을 견뎌내며 우아하고 기품 있게 늙었다. 노송나무 건물은 그냥 봐도 멋지지만 연못 수면에 그 모습이 아스라이 비치는 정면에서 봐야 더 낭만적이다. 원래 이름은 아미타도阿彌陀堂이나 에도시대1603~1867년 초기부터 호오도라는 이름으로 불린다고 한다. 왜 그런 이름이 생겼는지 지붕 위를 살펴보면 해답이 보인다. 동으로 만든 봉황 한 쌍이 곧 하늘로 날아오를 듯 박진감 넘치게 서 있다. 그런데

이 모습, 어디서 많이 본 것 같지 않은가? 그렇다! 일본의 1만 엔 지폐 뒷면에 그려진 그 봉황이다. 이번에는 10엔짜리를 확인해봐야 한다. 뒷면을 살펴보면 봉황당이 새겨져 있다. 우지의 심벌은 우연히 일본의 지폐와 동전에 실리며 일본의 관광대사가 됐다. 한편 봉황이 날개를 펼친 것처럼 주 건물의 양쪽에 행랑이 딸린 부당을 배치한 건물의 형태가 봉황을 닮았기 때문이라고 해석하는 이도 있다. 봉황당이란 이름의 유래에 대해서는 설들이 분분하지만, 여하튼 호오도는 보도인의 상징이자 헤이안시대794~1185년 예술의 정수라는 극찬에는 이설이 없다.

지금은 천태종과 정토종 두 개의 사원이 공동으로 관리하는 독특한 불교사원인 보도인은 원래 〈겐지모노가타리〉의 모델로 여겨지는 도오루가 세운 별장이었다. 그 후 이 별장은 황족에게 넘어갔고, 1052년 당대 권세가였던 후지와라 요리미치가 아버지의 별장을 절로 만들었다. 당시 헤이안 귀족들 사이에서는 말법사상末法思想이 널리 퍼져 극락왕생을 기원하며 극락정토의 교주가 된 아미타여래를 본존으로 하는 불당 건립이 성행했다고 전해진다. 후지와라도 그중 한 사람이었다. 헤이안 귀족이나 황족들은 교토 전역에 그들의 권세를 상징하는 대규모 사원을 건축하기도 했다는데 시대를 풍미했던 대가람은 천

여 년이 흐른 지금 대부분 자취를 감추었다. 다만 보도인만이 헤이안시대의 건물과 불상, 벽화, 정원까지 기적적으로 지켜냈다는 점에서 그 존재 가치가 더욱 빛난다. 화려했던 귀족 문화를 그리워하는 듯 봄이 되면 헤이안 귀족과 〈겐지모노가타리〉를 떠오르게 하는 후지라는 꽃이 봉황당 바로 옆에서 꽃망울을 터뜨린다. 수령 280년이 넘은 고목에서 포도송이처럼 주렁주렁 매달린 보라색 꽃은 수줍은 듯 땅만 향하고 있다. 후지 꽃잎 사이로 비친 봉황당은 "극락정토가 바로 눈앞에 있구나"를 외치게 한다.

이제 국보로 지정된 봉황당의 내부를 볼 차례다. 입장료 300엔을 더 내고 선착순 50명 안에 든 여행자들, 안내원과 함께 봉황당 안으로 들어갔다. 가장 먼저 눈에 들어오는 것은 본존이자 국보인 아미타여래좌상. 알 수 없는 신비로움으로 가득한 얼굴과 특유의 헤어스타일과 보는 장소에 따라 다른 색으로 보이는 백호…. 1053년 헤이안시대 최고의 불상 제작자가 나무를 짜 맞추고 금박을 옻칠로 접착시키는 기법으로 완성한 278.8미터의 불상이자, 현존하는 그의 유일한 작품이라고 한다.

본존을 둘러싼 삼면의 벽 위쪽에는 북이나 생황, 비파 등 열여덟 종류의 악기를 들고 있거나 가무를 펼치는 목조 운중공양보살상이 수십 개 걸려 있다. 가장 큰

상이 고작 90센티미터 정도라는데 풍기는 포스는 세계문화유산급이다. 국보로 지정된 목조 운중공양보살상은 52체가 남아 있는데 이 중 26체는 보도인 뮤지엄 호쇼칸平等院 ミュージアム鳳翔館에 전시되어 있다.

본존과 목조 운중공양보살상. 봉황당 안에서 밖의 경치를 감상하고 봉황당을 나오기 전 볼거리가 하나 더 남아 있다. 당시 귀족들이 꿈꾸었을 극락정토 그림이 남아 있는 문과 판벽이다. 세월을 이기지 못한 그림들은 아예 자취를 감춘 부분도 더러 있고 색이 바래서 점점 사라지는 부분도 있다. 하지만 아쉽게도 정면 문의 그림은 천년 이상 된 것은 아니라고 한다. 1670년 수리하면서 새로 문을 달 때 복원한 문으로 원래 문은 떼어내 보도인 뮤지엄 호쇼칸에 보관되어 있다.

보도인 경내에는 당초 문양에 비행하는 천인天人 문양, 사자 문양이 새겨진 범종도 있다. 봉황당과 같은 시기에 제작된 것으로 추정되는데 일본 3대 종의 하나로 유명하다. 물론 진품은 보도인 뮤지엄 호쇼칸에 있다. 2001년 개관한 보도인 뮤지엄 호쇼칸은 국보 미술품을 공개하는 박물관이다. 현대적인 스타일의 단층 건물로 뮤지엄을 지하로 끌어들여 경내 경관을 크게 해치지 않으면서 자연광 대신 은은한 조명을 설치해 아늑한 느낌이 든다.

Day Trip 275

04 우지가미진자 宇治上神社

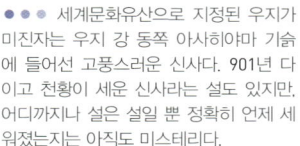

●●● 세계문화유산으로 지정된 우지가미진자는 우지 강 동쪽 아사히야마 기슭에 들어선 고풍스러운 신사다. 901년 다이고 천황이 세운 신사라는 설도 있지만, 어디까지나 설은 설일 뿐 정확히 언제 세워졌는지는 아직도 미스터리다.
어느 봄날, 고즈넉한 분위기에 빠져 있는 이 신사를 찾았을 때 하이덴拜殿에서 전통혼례가 시작되고 있었다. 함께 간 일본 친구가 "결혼식도 보게 되고, 오늘은 운이 좋겠네"라고 귀띔해줬다. 교토 시내의 한 신사를 찾았을 때도 우연히 먼발치에서 결혼식을 본 적이 있는데, 왠지 우지가미진자의 결혼식이 더욱 성스럽게 느껴졌다. 그도 그럴 것이 하이덴은 헤이안시대 794~1185년의 주택 양식이 녹아들어 있는 역사적인 건물 안에서 열 손가락으로 꼽을 수 있을 만큼의 사람들만 참석한 채 시종일관 엄숙하게 진행됐기 때문이다. 신자도 아니면서 해외의 멋드러진 성당이나 교회에서 결혼을 감행하는 일본 사람들이 전부라고 오해했었는데, 이렇게 '소박해 보이지만 성스러운 결혼식을 올리는 커플도 있구나' 하며 감동을 받았다.

결혼식이 마무리될 때쯤 신사를 둘러보게 됐다. 일 년 내내 채도만 다를 뿐 늘 푸른 산으로 둘러싸여 있는 신사에는 주 건물이라야 국보로 지정된 혼덴本殿과 하이덴이 전부였다. 그러나 건물 안에 세 개의 내전을 세운 독특한 혼덴과 헤이안시대의 주택 양식이 녹아들어 있는 하이덴 덕분에 우지가미진자는 세계문화유산으로 지정됐다고 한다. 측면에서 보면 지붕의 곡선이 매우 우아한 혼덴은 일본에서 현존하는 가장 오래된 신사 건축이라는 타이틀을 갖고 있다.
규모가 작은 우지가미진자에 또 유일하게 현존하는 것이 있으니 기리하라미즈桐原水라는 샘물이다. 다른 명수들은 모두 말라버렸는데, 아직도 샘솟는 우지의 마지막 7대 명수라고 한다.

05 다이호안 対鳳庵

●●● 이왕 우지까지 왔는데 흔해 빠진 카페에서 흔해 빠진 차 한잔은 사양하고 싶었다. 기모노를 입고 정중하게 차를 만들어내는 '일본의 다도 문화를 체험할 수 있는 곳이 없을까'라고 생각했는데, 우지 시 관광센터에 갔다가 뜻밖의 수확을 얻었다. 우지 시는 일반인들도 부담 없이 다도 체험을 할 수 있는 찻집 다이호안을 운영하고 있다. 관광센터에 500엔을 내고 계절 생과자와 차 한잔을 마실 수 있는 차 티켓을 받아 바로 옆에 있는 다이호안으로 가면 된다.
우지 시 다도연맹 회원들이 날을 바꿔가며 다도를 시연하기 때문에 매일매일 찾아도 차 맛이며 분위기는 제각각이다. 하이톤으로 인사를 하며 다다미방에 앉는 순서부터 차 마시는 법 등을 꼼꼼하게 일러주는 동네 아주머니 스타일의 선생부터, 최소한의 말만 건네며 격식 있는 자세로 차를 만드는 사감 선생 스타일의 분도 있으니까. 그러나 품격 있는 우지차를 편안한 공간에서 저렴한 가격으로 체험할 수 있다는 점은 어제도, 오늘도, 내일도 똑같다.

06 우지 시 겐지모노가타리 뮤지엄 宇治市源氏物語ミュージアム

●●● 무라사키 시키부라는 여류 작가가 쓴 〈겐지모노가타리〉는 천년의 세월 동안 일본 사람들에게 읽혀졌다. 필명이 무라사키 시키부인 작가의 본명도 알 길이 없고 원본도 사라졌지만 일본 최고 명작소설로 사랑받고 있다. 이 소설은 제1부는 33첩, 제2부 8첩, 제3부 13첩으로 구성되어 있다. 1부는 주인공 히카루 겐지의 온갖 영화를 다루고 있고 2부는 고뇌 속에서 생을 마치는 이야기, 3부는 겐지의 아들 가오루의 비련의 인생을 그린다. 이 중 3부의 마지막 10첩 우지주조의 무대가 우지다. 뵤도인이 있는 우지 강의 왼쪽 일대는 궁궐의 귀족들이 모여 즐기는 호사스러운 장소로, 오른쪽 강가는 하치노미야와 공주들이 조용히 사는 비애의 땅으로 매우 대조적으로 묘사되어 있다.

이 최고의 러브스토리를 기념한 뮤지엄이 1998년 문을 열었는데 대부분의 무대가 됐던 교토 시내가 아니라 우지에 있다. 우지 시 겐지모노가타리 뮤지엄을 찾으면 화려했던 헤이안 귀족 문화를 체험할 수 있다. 겐지가 살았던 로쿠조인을 모형으로 복원했으며 또한 당시 귀족들의 생활 양식이나 정장이었던 주니히토에(열두 겹의 기모노)를 전시해놓은 공간도 있다. 우지주조에 등장하는 명장면을 꾸며놓은 공간도 있고, 영상 상영실에서는 우지주조의 한 장면을 실사체와 컴퓨터 그래픽으로 결합하여 상영하기도 한다.

관내 도서관 서가에는 〈겐지모노가타리〉의 현대어 번역본, 해외 번역본, 만화판 등 3000여 권의 〈겐지모노가타리〉 관련 도서를 소장하고 있다. 뮤지엄을 찾기 전에 숙제가 하나 있는데, 더 재미있게 뮤지엄을 즐기려면 반드시 〈겐지모노가타리〉를 읽고 가야 한다.

Travel Tip

우지를 대표하는 차 가게로 400년 전통의 간바야시(かんばやし)도 빼놓을 수 없다. 오직 우지에만 본점을 비롯해 세 개의 지점을 열고 있으며 본점에는 차 박물관인 간바야시 기념관도 운영한다.

한편 6월 중순부터 9월 하순까지 우지의 여름밤 풍물시인 우카이(鵜飼)라는 행사가 우지 강에서 열린다. 가마우지라는 새를 이용하여 고기를 잡는 이색 행사로 헤이안시대 귀족들도 즐겼던 놀이라고 한다.

07 츠엔 혼텐 通圓本店   08 호리 시치메이엔 堀井七茗園

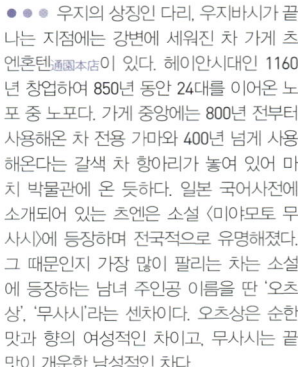

●●● 우지의 상징인 다리, 우지바시가 끝나는 지점에는 강변에 세워진 차 가게 츠엔혼텐通圓本店이 있다. 헤이안시대인 1160년 창업하여 850년 동안 24대를 이어온 노포 중 노포다. 가게 중앙에는 800년 전부터 사용해온 차 전용 가마와 400년 넘게 사용해온다는 갈색 차 항아리가 놓여 있어 마치 박물관에 온 듯하다. 일본 국어사전에도 소개되어 있는 츠엔은 소설 〈미야모토 무사시〉에 등장하며 전국적으로 유명해졌다. 그 때문인지 가장 많이 팔리는 차는 소설에 등장하는 남녀 주인공 이름을 딴 '오츠상', '무사시'라는 센차이다. 오츠상은 순한 맛과 향의 여성적인 차이고, 무사시는 끝맛이 개운한 남성적인 차다.
강가를 따라 난 카페에서는 우지 강을 내려다볼 수 있는 차가 주인공으로 등장하는 디저트를 맛볼 수 있다.

●●● 우지의 많은 차 가게 중 역사로 보나 명성으로 보나 차 맛으로 보나 빼놓을 수 없는 집이 있다. 이 집을 소개하려면 우선 우지의 차에 대한 수다부터 늘어놓아야 한다. 기후와 풍토에서 차 재배지로 합격점을 받은 우지는 오래전부터 차를 재배해왔으며, 장인들의 노력으로 차 제조기술도 매우 발달한 자타공인 명산지다. 즉 차에 있어 천, 지, 인의 축복을 받은 땅이 우지다. 그러나 재배 면적이 그리 넓지 않기에 말차나 교쿠로 같은 고급 차를 중심으로 생산하며 우지차란 브랜드 가치를 상승시키는 전략을 펼쳐왔다.
무로마치시대1336~1573년에는 막부 수장 아시카가 요시미츠의 강력한 지원을 등에 업고 우지차 최고의 전성기를 구가했던 화려한 시절도 있었다. 아시카가는 우지에 막부가 허가한 일곱 곳의 차밭, 우지 시치엔宇治七園을 열었다. 이름 자체가 파워 브랜드로 통했던 우지 시치엔 중 현존하는 차밭은 '오쿠노야마' 한 곳뿐이다. 그리고 그 차밭에서 차를 재배하는 곳이 호리 시치메이엔. 차밭을 소유하고 직접 차를 재배할 뿐만 아니라 직접 개발한 특제 차 기계로 고급 차를 만들며 판매까지 직접 하는 야무진 차 기업이다. 650년이 넘는 차나무 2000여 그루를 20년에 걸쳐 품종을 개량하여 말차용 '나리노', 교쿠로용 '오쿠노야마'라는 두 종류의 신품종도 만들어내며 1993년 전국차품평회에서 최고상인 '농림수산대신상'을 수상하기도 했다. 차 품질에만 신경을 쓰는 것도 아니다. 자신들이 정성을 들여 만든 차를 가장 맛있게 즐길 수 있도록 다관도 개발해 판매하고 있다. 규스急須라 부르는 호리 시치메이엔표 다관은 차를 따를 때 물 떨어짐이 좋고 초보자들도 맛있는 차를 우릴 수 있도록 아이디어를 숨겨놓았다.
호리 시치메이엔의 차는 품질이 좋기로 유명하지만 찻값이 턱없이 비싼 고가 정책을 펼치지는 않는다. 또 차 가게에서는 정원이 보이는 팔각형의 테이블에서 센차를 맛있게 우리는 법을 배울 수도 있고, 우지의 최고급 말차를 맛볼 수도 있다.
한편 가게에서 도보로 10분 거리에 있는 명물 차밭 오쿠노야마와 차 공장은 미리 예약하면 누구나 견학할 수 있다.

09 아카몬차야 赤門茶屋

●●● 혼자 찾아도 눈치 안 보고 술을 마실 수 있는 단골집이 있었으면 좋겠다고 생각한 적이 있다. 세상사 즐거울 때나 괴로울 때마다 단골집을 찾아 술을 마시다 남으면 키핑해두었다가 술 한잔이 간절해지면 또 찾게 되는 그런 곳. 그런데 우연히 보도인 오모테몬表門 앞의 아카몬차야에서 차 한잔을 마신 후 단골 술집에 이어 단골 찻집도 갖고 싶다는 욕망이 더해졌다.

우지 산책에 나섰다가 차 한잔 마실 곳을 물색하던 중 '차 한잔하실래요?'라는 글귀를 보고 말았다. 그리고 운 좋게 동네 아저씨의 끝나지 않는 수다를 웃으며 받아주는 찻집 아주머니도 보았다. 저런 따뜻한 마음을 가진 분이 내주는 차라면 가장 싼 찻잎으로 끓여도 그윽한 맛이 날 것이라는 직감이 들었다.

가게 안에는 응당 따닥따닥 배치되어 마땅한 테이블과 의자는 거의 눈에 띄지 않고, 대신 차와 차 도구가 갤러리의 작품처럼 전시되어 있었다. 고심 끝에 고른 교쿠로가 정중히 서빙되고 차 경단이 덤으로 딸려 나오자 감동은 배가됐다. 반찬 하나도 돈을 내고 먹어야 하는 에누리 없는 일본에서 이게 웬 횡재인가 싶었다.

따끈한 물에 찻잎이 열리기를 기다리고 있자니 주인 아주머니가 조심스럽게 말을 건넨다. 이방인이 차에 관심을 가졌다는 것을 알게 되자 우지차 이야기이며 차를 맛있게 우리는 법을 세세하게 알려주었다. 잠깐 목이나 축이고 가려던 것이 사람 향기에 매료되어 꽤 오랜 시간 머물고 말았다. 그러다 알게 됐다. 이 찻집에서는 차 키핑이 가능하다는 것을. 250여 년의 역사를 지닌 노포라는 것을. 교토나 오사카에서 오는 단골들도 많고 나고야나 도쿄에서 차 원정 투어를 감행하는 단골들도 제법 있는 모양이었다. 우지에서 살고 싶다는 생각이 불현듯 스치고 지나갔다. 아카몬차야에 보랏빛 후지 꽃이 소박하게 필 때 "저, 또 왔어요"라고 반갑게 인사를 건네고 싶다.

10 나카무라 토기치 혼텐 中村藤吉本店

●●● JR 우지 역에서 내려 신호등을 건너기 시작하면 녹차 향이 그윽하게 감돌기 시작한다. 그 향을 따라갔더니 둥근 원 안에 십자가 모양의 문양이 그려진 노렌을 내건 집이 나타났다. '나카. 무. 라 토… 기치…'. 그 유명한 나카무라 토기치혼텐이다. 차 마을 우지에서도 손꼽히는 차 가게로 1859년에 문을 연 노포. '차연영일향 茶烟永日香'이란 가훈으로도 유명한 집이다. 창업주인 나카무라 토기치 사장이 메이지 시대1868~1912년에 이름을 날리던 가츠 가이슈라는 사람에게 받은 차연영일향이란 단어에는 "대대로 우지 땅에서 차에만 정진하여 우지차의 향긋한 향이 끊어지지 않도록"이란 의미가 담겨 있다.
오지 차에만 집중하겠다는 정신은 차에도 그득 담겨 있다. 말차, 센차, 호지차, 반차까지 대표적인 일본 차를 모두 선보이고 있으며 가격대도 다양하게 내놓으며 높은 콧대만 고집하지도 않는다. 여러 명품 차 중 센차, 교쿠로 등 일곱종류의 찻잎을 블렌딩한 나카무라차中村茶를 꼭 소개하고 싶다. 간편하게 찬물로 우려 마셔도 되고, 따끈한 물을 부으면 센차, 끓여서 차게 식

히면 교쿠로의 맛이 난다. 집안 대대로 내려오는 차 블렌딩법으로 만들어 나카무라 집안의 특별한 행사에만 마시던 스페셜티였는데, 1995년 헤이안 천도 1200년을 기념하기 위해 과감히 세상에 내놓았다고 한다.

노렌을 젖히고 안으로 들어가면 오른쪽에는 판매대가, 왼쪽에는 차 항아리와 불단이 놓여 있는 기다란 다다미방이 있다. 200년 넘은 노송이 심어진 정원을 마주한 안쪽 건물은 카페 공간이다. 정식 이름은 토기치 카페 우지혼텐이나 사람들은 그냥 '나카무라 토기치 카페'라 부른다. "이 집의 차와 차로 만든 스위트만을 먹을 생각으로 우지를 찾아요"라고 말하는 열혈 팬도 적지 않다. 그 혹은 그녀들을 사로잡은 이유는 단 하나. 나카무라의 이름을 걸고 내는 명품 차와 차로 만든 스위트 때문이다.

봄에는 고사리가루를 굳혀 네모지게 썰어 녹차가루를 잔뜩 뿌린 와라비모치와 프리미엄 차인 벳세 하츠무카시가 잘 어울린다. 이 말차는 짙은 녹색에 맛도 아주 진한데, 우리로 치면 농림부장관상을 수상한 '우지의 빛'이라는 찻잎과 한 잎 한 잎

손으로 딴 우지산 찻잎을 블렌딩한 나카무라 토기치만의 명품 차다. 푸른 대나무를 하얀 성가 길 때까지 얼려 그 안에 녹차 젤리와 아이스크림 한 덩이씩, 하얀 경단 세 알과 팥 한 숟가락을 담은 달달한 디저트 나마차 젤리는 나카무라 토기치의 여름 간판 메뉴다. 오리지널 말차로 만든 아이스크림은 단맛과 쓴맛의 조화가 절묘하고 아무 곳에서나 맛볼 수 없는 생녹차 젤리는 일품이다. 겨울에 맛보면 좋을 메뉴는 말차 카페라테에 팥과 하얀 경단을 넣은 말차 미르쿠 시라타마 젠자이후. 이밖에도 맛있는 차 디저트가 너무 많아 주문할 때마다 애를 먹곤 한다.

1985년 문을 연 본점과 우지 강가에 자리한 보도인점, 교토 역 니시카이사츠구치[西改札口] 앞 '스바코 JR 교토 이세탄' 3층에도 지점이 있다. 우지와 나카무라 토기치를 처음 찾았다면 당연히 본점으로 가야 하고, 벚꽃이 절정일 때는 우지 강가에 핀 벚나무를 질리도록 볼 수 있는 보도인점을 찾는 게 정답이다. 보도인점은 옛 호상의 별장이자 메이지 천황이 우지 방문길에 머물렀던 료칸을 개조한 만큼 우지 강

의 풍경이 끝내주는 곳에 들어서 있다. 우지에 갈 짬이 없다면 눈물을 머금고 교토 역점으로 가야 한다. 나카무라 토기치는 본점이냐, 지점이냐에 따라, 그리고 계절에 따라 다른 메뉴를 내기 때문이다.

11 소바도코로 나가노 そば処 ながの

12 아이소 鮎宗

●●● 점심 즈음 보도인 참배로를 지나다 보면 수타 소바를 만드는 푸드 퍼포먼스와 만나게 될지도 모른다. 소심하고 수줍은 일본 관광객들은 먼발치에서 바라보고 있고, 우리나라 관광객들은 전문 사진 작가처럼 연신 사진을 찍어대고, 서양 관광객들은 수타 면을 뽑는 할아버지에게 함께 기념촬영을 해줄 것을 요구한다. 소바도코로 나가노의 하루가 시작된 것이다. 나가노는 홋카이도산 소바가루에 우지의 말차를 넣어 만든 차 소바를 판다. 탱탱하고 탄력 있는 초록색 차 소바는 메추리알을 깨뜨려 넣은 맛국물에 찍어 먹는데 매끄럽게 목으로 넘어가는 맛이 좋다. 한 그릇 비울 때까지 수타 면 뽑는 소리와 칼로 써는 소리, 손님들이 후루룩거리는 소리가 배경음악으로 깔리며 먹는 속도는 더 빨라진다.

나가노의 주문 공식은 반드시 일인당 한 가지 메뉴를 주문할 것. 테이블이 많지 않고 그날 분량의 수제 소바 면이 다 팔리면 오후에 문을 닫아버리는 나가노만의 룰이다.

단골들은 메뉴판에 없는 보라색과 연두색, 흰색 소바가 한 접시에 담기고 차를 넣은 유부초밥이 세트로 나오는 우키후네 테이쇼쿠나 〈겐지모노가타리〉를 쓴 여성 작가를 떠올리게 하는 보라색 소바, 무라사키 시키부를 주문해 먹는다는 첩보를 입수했다. 다만 보라색 소바는 최소한 이틀 전에 전화로 예약해야 맛볼 수 있다고.

●●● 차 소바, 차 초콜릿, 차 아이스크림 등 우지에는 차로 만든 명물이 많다. 어른 아이 할 것 없이 인기몰이 중인 차 경단도 우지를 상징하는 먹을거리다. 차 경단 하면 말차를 넣은 녹색 경단이 일반적인데, 짙은 녹색말차, 연두색센차, 갈색호지차 경단이 한 꼬치에 꿰인 삼색 차 경단도 있다. 삼색 차 경단은 아이소라는 요리료칸에서 처음 선보였다고 한다. '우지의 기념품이라고는 고작 상자에 담긴 차밖에 없다'고 생각한 주인 할아버지가 친구와 함께 일 년여 동안 공들인 끝에 개발한 우지의 신 명물이다. 색깔이 제각각이듯 맛도 다른 이 경단을 거리에서 들고 다니며 먹는 관광객들도 종종 눈에 띈다.

우지 강가에 일렬로 늘어선 벚나무가 핀 봄이나 교토에서 유일하게 불꽃놀이가 펼쳐지는 여름에 더욱 인기가 치솟는 강가 명당자리를 꿰찬 아이소의 간이식당에서는 간단한 식사도 즐길 수 있다. 메뉴판을 보았더니 대활약을 펼치는 것은 역시 차. 우지차를 넣고 직접 뽑은 자루 차 소바나 차 니신소바도 있다.

13 노토노죠 이나후사 야스카네 能登栂 稲房安兼

14 셰 아가타 Chez Hagata

● ● ● 차 마을 사람들은 차로 만든 다양한 스위트로 여행자들의 입을 즐겁게 한다. 언뜻 비슷비슷해 보이는 차와 스위트를 팔지만 맛은 큰 차이를 보이는 많은 우지의 찻집 혹은 스위트 숍 중 차 경단 분야 최고 랭킹은 이 집이다. 노포 이나후사 야스카네稲房安兼. 단맛이 강하지도 그렇다고 차 맛만 많이 나지도 않으며 이에 들러붙지도 않는 부드럽고 쫄깃한 차 경단은 집안 대대로 내려오는 비법으로 만든다고. 흰쌀을 햇볕에 말려 맷돌에 갈아 말차와 설탕을 넣고 찌는데 설탕의 양을 어떻게 배합하느냐에 따라 맛이 달라진다고 한다. 맛있게 먹을 수 있는 기간도 불과 이삼 일, 특히 6월 말부터 9월 중순까지는 "오늘 안으로 드셔야 해요"라는 당부를 몇 번이고 되풀이한다. 그러나 차 경단은 이 화과자 가게의 명물이 되었지만 대를 이어 만든 지 불과 100년이 되지 않았다고 한다. 1716년에 창업하여 양갱이나 센베이 등을 만들다 다이쇼시대1912~1926년에 차 경단을 만들기 시작했다. 눈에 잘 띄지도 않는 간판에 어떨 때는 "계세요"라며 손님이 주인을 찾아야 할 때도 있지만 가게 곳곳에 걸려 있거나 놓여 있는 물건들에서 노포의 힘이 조용히 전해진다. 노토노죠能登栂는 닌나지에서 하사 받은 이름이라고 하니 대대로 맛난 화과자를 만들어왔나 보다. 경단집과는 어울리지 않으나 차나무를 깎아 화려한 색을 칠한 차 인형도 판매한다. 차 인형은 차를 따는 우지의 여인 모습을 하고 있는데 차나무는 크기가 작은 편이라 인형도 미니 사이즈다.

● ● ● 우지의 지도를 펼쳐 보이며 미무로토지를 꼭 가보라고 추천한 지인은 근처에 맛있는 스위트 숍이 있다고 귀띔해주었다. 미무로토지 역에서 내려 큰 길을 따라 걸어가니 쉽게 찾을 수 있었다. 얼마 전 텔레비전 프로그램에 소개되어 유명해졌다는 셰 아가타. 명물은 말차 테린. 말차에 설탕, 밀가루, 달걀, 버터, 화이트 초콜릿을 섞어 만든다는데 화과자라고도 케이크라고 말하기 어려운 독특한 스위트다. 우지만의 스위트, 우지를 대표하는 말차로 만든 스위트를 개발하고 싶어 오랜 시간 공들여 만들어낸 것이라고 하는데 요즘은 인기 스타가 되어 온라인 숍에서는 두어 달은 기다려야 맛볼 수 있고 매장에서는 수요일과 첫째·셋째 주 일요일에만 한정 판매된다. 말차 테린 외에 플레인과 말차 맛 등을 골라 먹을 수 있는 스틱 치즈 케이크도 맛있다. 봄에는 벚꽃을 넣은 계절 한정 과자나 빵도 굽는다.

Kyoto Style *9

따르고 마시고 취하고!
우지차 별곡

일본 차의 2대 산지는 우지와 시즈오카. 우지는 소량 생산에 고급 차를, 시즈오카는 대량 생산에 대중적인 차를 내는 곳이란 이미지가 강하다. 우지는 시즈오카에 비해 차 재배 면적도 턱없이 적을 뿐만 아니라 손으로 일일이 찻잎을 따야 하는 말차나 교쿠로 같은 고급 차 위주로 생산한다. 게다가 이렇게 소량 생산된 차들은 '다도의 수도' 교토에서 사용하기도 부족할 정도라고 한다. 이 때문에 우지차는 일부러 우지까지 가야 비로소 손에 넣을 수 있는 명품 차가 됐다.

우지차는 무로마치막부 정권의 든든한 지원을 받으며 급성장했다. 무로마치막부가 사라지자 큰 타격을 받기는 했지만 다도를 즐긴 도요토미 히데요시의 지원으로 명성만큼은 유지할 수 있었다. 매년 햇차가 생산되면 에도막부가 있던 도쿄로 차를 진상하는 어전 행렬도 계속됐다는데 교토에서 도쿄까지 어전 행렬이 지나가는 마을 사람들은 그 행렬을 달가워하지 않았다고 한다. 행렬이 마을을 지나가기 전에는 생업을 포기한 채 마을 청소에 시간을 빼앗겨야 했고 행렬이 지나갈 때는 모두 길에 엎드려 존경을 표해야 했다. 그들을 욕하는 노래까지 유행할 정도였다고 하니 어전 행렬의 횡포가 어느 정도였는지 짐작할 수 있다.

명품 차로 인정받는 우지차의 꽃 중의 꽃은 에도막부에 진상됐던 햇차다. 우지에 햇차 향이 도래하는 시기는 봄. 팔십팔야 찻잎 따기 행사가 열리면 교토 사람들은 올해의 햇차 맛에 대한 기대감으로 들뜬다. 입춘이 지나고 88일째 되는 날부터 우지 사람들은 코흘리개 손이라도 빌리고 싶을 만큼 바빠진다. 찻잎을 따야 하기 때문이다. '여름도 가까운 팔십팔야~♪'라는 찻잎 따는 아낙들이 부른 노래 가사대로 팔십팔야는 우지 사람들에게 신년 못지않게 중요한 날이다.

팔십팔야에는 교토부 차협동조합차업센터, 교토부립차연구소 등에서 연구용으로 가꾸는 차밭을 일반인에게 공개한다. 찻잎 따기 체험은 물론 티 인스트럭터가 차를 맛있게 타는 법을 알려주는 차 강좌, 갓 딴 차를 손으로 덖는 체험, 차 공장 견학 등 다양한 행사가 열린다. 우지 지역에서 생산된 차 제품과 채소 등을 판매하는 간이 특산품 판매점도 차밭 앞에 등장한다. 이 행사는 참가 자격, 참가비, 사전 예약도 필요 없다. 교토 시내 곳곳에 나붙는 포스터로 일정을 확인하고 행사 당일 JR 우지 역에 내려 무료 셔틀버스를 타고 행사장으로 가면 된다.

일본 차 Big 4

말차 Matcha
찻잎을 찐 후 건조시켜 바수어 잎맥 등의 불순물을 골라낸 후 맷돌에 곱게 간 말차抹茶. 은은한 향과 감칠맛이 나면서도 쌉싸래한 끝 맛을 지닌 최고급 일본차이다. 맛이 진해 단맛이 강한 화과자와 즐겨 먹는데 치즈 케이크나 초콜릿과도 궁합이 잘 맞는다.

센차 Sencha
센차煎茶는 달이다煎じる센지루라는 단어의 어원 그대로, 증기로 쪄서 찻잎의 효소 발효가 일어나지 않도록 제조한다. 1783년 우지의 나가타니 소엔이 15년간의 연구 끝에 개발해냈다. 당시 부유층은 값비싼 말차를 마셨지만 서민들은 검붉은 색에 맛도 변변찮은 차를 마셨다고 한다. 나가타니는 찻잎을 찐 다음 비비면서 건조하는 법으로 맛도 뛰어나고 녹색을 띤 센차를 만들어냈다. 그는 이 제차법을 누구에게나 공개했고 빠른 속도로 전국으로 금세 퍼져나가 이제는 일본에서 물처럼 마시는 대중적인 차가 됐다. 센차는 아련하게 전해지는 감칠맛이 미세한 떫은맛과 조화를 이룬다.

교쿠로 Gyokuro
교쿠로玉露는 직사광선을 검은 막으로 차단시킨 환경에서 자란 찻잎에서 얻은 신비로운 차이다. 우지의 한 차 농부가 검은 막을 친 찻잎의 맛이 다름을 발견했고, 1835년 츠지리 에몬이라는 사람에 의해 교쿠로의 제조법이 완성되었다고 한다. 직사광선을 차단시킨 채 찻잎을 자라게 하면 센차의 맛 성분으로 알려진 아미노산은 증가하고 떫은맛을 내는 카테킨이 감소한다. 많은 일본 차는 야부기타라는 차나무에서 얻지만 교쿠로는 아사히, 야마카이, 오쿠미도리, 사에미도리 등 개성이 강한 품종의 차나무에서 난다.

교쿠로는 파래 김과 같은 독특한 향이 나고 마시면 점점 입안 전체로 퍼지는 감칠맛이 인상적이다. 신기하게도 떫은맛은 거의 느껴지지 않는데, 적은 양으로도 그 맛을 충분히 느낄 수 있는 농후한 맛을 지니고 있다. 우지 사람들은 교쿠로를 마실 때는 화과자를 곁들이지 않고 차 맛 자체만 즐긴 후 남은 찻잎은 식초를 넣은 맛간장을 뿌려 먹는다.

반차 Bancha
제조법은 센차와 같지만 찻잎의 수확 시기가 센차보다 늦다. 즉 고급 차로 치는 첫 번째 찻잎과 두 번째 찻잎으로 센차를 만들고 그 이후에 수확한 찻잎이나 줄기 등으로 만든 차가 반차番茶이다. 쓴맛이나 떫은맛이 거의 없으며 찻잎을 볶아 만든 호지차ほうじ茶, 볶은 현미를 넣은 겐마이차玄米茶 등이 있다.

일본 차 맛있게 우리는 법

차의 종류	교쿠로	센차	반차
찻잎의 양	10g	10g	12g
물의 온도	50~60도	80도	100도
추출 타이밍	1분 30초	1분	30초

천년 고도에
들어서다

교토 역 에어리어
Kyoto Station Area

'어랏? 천년 고도니 일본의 고향 어쩌고 하더니…. 기차를 잘못 탔나? 여긴 교토 아니고, 도쿄인 거 아니야? 이거, 이거 너무 하잖아!'
10년 전 교토 역을 처음 밟았을 때 나도 모르게 이런 푸념이 튀어나왔다. 도지의 오층탑 같은 멋들어진 문화재와 기요미즈데라의 웅장한 나무 지붕 모양의 역사가 반겨주었으면 하는, 그런 기대에 부풀어 교토 역에 내렸던 것이다. 그러나 너무나 현대적이고 거대한 교토 역은 그 생경스러움과 웅장함으로, 의기양양하여 교토를 찾은 풋내기 여행객을 주눅 들게 했다. 게다가 역 앞에 우뚝 서 있는 교토타워의 을씨년스런 모습은 종합선물세트로 절망감을 안겨주었다. 순박한 시골 처녀에게 따끈따끈한 신상 명품 백을 억지로 손에 쥐어준 것 같은 그런 부조화라고 악담을 퍼부어대며 교토 역에 눈길 한번 주지 않고, 기념사진 한 장 남기지 않고 서둘러 역사를 빠져나갔었다. 그러나 그렇게 시작한 첫 교토 여행은 절반의 실패만 남겼다. 여기 찍고, 저기 찍고, 찍고 또 찍고 발도장 남기기를 목표로 하는 숨 가쁜 여행 패턴으로는 절대 느낄 수 없는 대단한 감동이 교토 역 근처에 숨겨져 있다는 사실을 새까맣게 몰랐다. 모르는 게 병이었다.
바람에 이끌려, 꽃에 이끌려 표연하게 걸으며 진정 여유로운 여행이란 걸 하고 싶어 멋지게 사표를 날리고 날아온 교토. 교토 역 근처에 숨겨진 보물들부터 찾아 나서기로 했다. 천천히, 어슬렁어슬렁, 느릿느릿!

MAP
KYOTO STATION
京都駅

- B 버스 정류장
- H 게스트하우스
- 卍 절
- ⛩ 신사(진자)
- i 관광 안내소

01 라조몬 터 羅城門跡
02 도후쿠지 東福寺
03 도지 東寺
04 교토 역 京都駅
05 교토타워 京都タワー
06 후시미 이나리타이샤 伏見稲荷大社
07 산주산겐도 三十三間堂
08 미미즈카 耳塚
09 시마바라 島原
10 가와이 간지로 기념관 河井寛次郎記念館
11 교토국립박물관 京都国立博物館
12 신부쿠 사이칸 혼텐 新福菜館 本店
13 교토 다카바시 혼케 다이이치 아사히 京都 たかばし 本家 第一旭
14 미스터 교자 ミスターギョーザ
15 갓포 이이무라 割烹 いいむら
16 네자메야 ねざめや
17 도지모치 東寺餅
18 도지 나루미모치 鳴海餅東寺

ACCESS

● 간사이공항에서
★리무진버스를 타고 교토 역 하치조구치八条口 정류장, 약 1시간 30분~2시간, 편도 2,600엔, 왕복 4,000엔
★MK셔틀택시https://shuttle.mk-group.co.jp/kyoto로 교토 시내의 원하는 장소까지, 약 1시간 30분~2시간, 3,500엔

● 오사카에서
★JR 신오사카新大阪 역에서 교토 역까지, 신쾌속으로 약 25~30분, 540엔
★한큐 우메다梅田 역에서 교토 가와라마치河原町 역까지, 특급으로 약 45분, 390엔

01 라조몬 터 羅城門跡   02 도후쿠지 東福寺

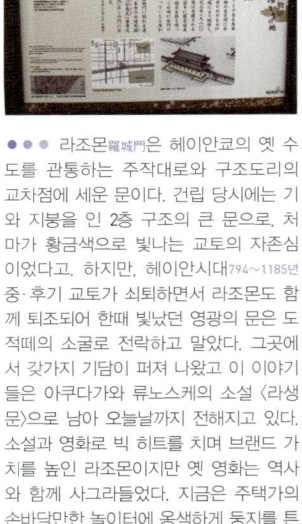

●●● 라조몬羅城門은 헤이안쿄의 옛 수도를 관통하는 주작대로와 구조도리의 교차점에 세운 문이다. 건립 당시에는 기와 지붕을 인 2층 구조의 큰 문으로, 처마가 황금색으로 빛나는 교토의 자존심이었다고. 하지만, 헤이안시대(794~1185년) 중·후기 교토가 쇠퇴하면서 라조몬도 함께 퇴조되어 한때 빛났던 영광의 문은 도적떼의 소굴로 전락하고 말았다. 그곳에서 갖가지 기담이 퍼져 나왔고 이 이야기들은 아쿠타가와 류노스케의 소설 《라생문》으로 남아 오늘날까지 전해지고 있다. 소설과 영화로 빅 히트를 치며 브랜드 가치를 높인 라조몬이지만 옛 영화는 역사와 함께 사그라들었다. 지금은 주택가의 손바닥만한 놀이터에 옹색하게 둥지를 튼 표석만이 역사의 흔적을 힘겹게 알리고 있을 뿐이다.

역사와 함께 잊혀진 교토의 옛 명소가 한 곳 더 있으니 라조몬의 서쪽에 세워졌던 절, 사이지西寺이다. 도지와 함께 교토의 서쪽 지역의 포교를 위해 창건된 사이지는 번성한 도지와 달리 1233년 화재로 전소되어 자취를 감췄다.

●●● "교토에 벚꽃이랑 단풍 명소가 많다지요? 그중 어느 곳이 볼 만한가요?"라며 딱 부러지게 대답해달라는 요청에도 절대 딱 부러지게 말하지 못한 채 에둘러 말하는 교토 사람들. 심각하게 고민하더니 결론은 한 곳으로 모아졌다. 벚꽃은 마루야마, 단풍은 도후쿠지. '꽃보다 남자 파이널'에서 고풍스럽고 오래된 도시의 심벌로 등장했던 바로 그 절이다.

일 년 365일 중 단 며칠만 감상을 허락하는 단풍님들이다 보니 도후쿠지 관광의 출발점인 도후쿠지 역에서부터 사람 물결에 정처 없이 떠밀려 가야 한다. 상상보다 훨씬 거대한 가람인 도후쿠지에는 계곡을 따라 붉은 단풍나무들이 울창하고 츠텐쿄, 가운쿄, 엔게츠쿄의 세 개의 다리가 놓여 있다. 발아래에서 구름 한 점 없는 청명한 푸른 하늘로 붉게 타들어가는 단풍을 보고 있노라면 어느새 인파 속에서도 온전히 나 혼자인 것 같은 경지에 다다른다.

봄과 가을에만 반짝 공개하는 절의 비밀스러운 볼거리도 있다. 조경가로 유명한 시게모리 미레이가 만든 정원이 있는 료긴안龍吟庵이다. 도후쿠지의 3대 주지인 다이민大明 국사가 머물렀던 곳으로 무로마치시대(1336~1573년)에 지어졌다고 하며, 교토 대부분의 문화재를 잿더미로 만든 오닌의 난도 용케 피하고 화려한 문화를 꽃피웠던 무로마치시대의 건축양식을 고스란히 후세에 전하고 있다. 일본에서 현존하는 가장 오래된 방장으로 국보로 지정됐다.

료긴안에서 만날 수 있는 정원은 세 곳으로 동·서·남쪽으로 건물을 둘러싸고 있다. 가장 카리스마가 넘치는 곳은 용이 검은 구름을 타고 승천하는 모습을 돌과 자갈로 표현한 서쪽 정원. "건물 서쪽, 녹색 지역을 느릿느릿 걸으면서 감상하면 마치 용의 머리가 걷는 사람들의 방향으로 움직이는 것처럼 표현하고 싶었다"는 시게모리의 바람을 담아 1964년에 조영됐다고 한다.

또 다른 교토를 엿볼 수 있는
뷰 포인트 view point

01.
기요미즈데라

가파른 오르막길을 살짝 땀이 날 정도로 오르면 가까운 곳에서 교토 시내를 바라볼 수 있는 특별한 선물을 안겨준다. 국보로 지정된 본당에서 바라보는 교토 시내는 벚꽃이 필 때와 단풍이 물들 때, 그리고 하얀 설경이 펼쳐지는 날 찾으면 더욱 감동적이다.

02.
고다이지

교토의 아름다운 길 중 하나인 네네노미치를 따라 고다이지 경내와 연결된 돌길을 올라 오른쪽 주차장으로 가면 교토의 숨은 뷰 포인트가 등장한다. 교토타워와 야사카노토, 히가시야마의 낮은 전통가옥들이 시선 아래로 펼쳐진다.

03.
료젠 고코쿠진자

나라를 지키는 신사라는 고코쿠진자. 도쿠가와 막부 정권을 근대국가로 나아갈 수 있었던 일본 역사의 큰 획이 된 메이지유신의 기념비와 메이지유신의 디자이너로 불리는 사카모토 료마의 무덤으로 유명하다. 료마의 무덤 앞에서 교토 시내의 모습이 내려다보인다.

04.
오코치 산소

교토 시내 서북쪽에 아름다운 자연의 땅, 아라시야마에도 대단한 뷰 포인트가 있다. 저 멀리 아스라이 모습을 드러낸 히에이 산과 히가시야마 삼십육 봉, 다이몬지는 그 어느 때보다 고상하고 우아하다. 아라시야마 일대가 벚꽃으로 뒤덮이는 벚꽃 시즌에 찾으면 눈이 부신 풍경에 혼을 잃게 될지도.

05.
조잣코지

교토 굴지의 단풍의 명소인 아라시야마의 조잣코지 벚꽃이 한창일 때 니오몬에서 가파른 돌계단을 단숨에 올라 숨을 헐떡이며 바라본 풍경도 좋았는데, 단풍이 절정일 때 조잣코지에서 바라보는 사가노의 모습은 아름답다 못해 사랑스럽기까지 하다.

06.
카페 모안

요시다진자의 뒷산을 올라가면 근사한 카페 모안   이 숨어 있다. 2층 카페에서 내려다보이는 교토 시가지의 풍경이 교토에서 가장 로맨틱하게 느껴진다. 다만 카페가 오후 6시에 일찌감치 문을 닫으므로 서둘러 찾는 게 좋으며 닭살 커플들의 데이트 성지이므로 외로운 싱글로 찾았다가는 절경을 눈앞에 두고 쓰린 속을 달래야 할지도 모른다.

03 도지 | 東寺

●●● 교토 역 근처에서 가장 이름난 관광지는 도지이다. 교오고코쿠지孝王護国寺란 정식 명칭 대신 라조몬의 동쪽에 있는 절이라 하여 동쪽의 절이란 너무도 평범한 이름으로 불리는 곳. 그러나 평범한 이름 뒤에는 일본을 대표하는 명찰로서의 면모를 유감없이 과시하는 사찰이다. 헤이안 천도와 함께 라조몬의 동쪽 지역의 포교를 위해 796년 세워졌으며, 각 시대 위정자들의 각별한 보호를 받은 진언종의 총본산이다. 헤이안 천도를 단행한 간무 천황은 사원 세력의 융성을 경계한 인물로 유명한데 그는 도지와 사이지를 제외하고 헤이안쿄 내에 사찰 건립을 불허했다. 그래서 일본 불교가 민간신앙과 결합하게 된 것도 이 시기부터라고 한다.

823년 사가 천황의 명으로 고보 대사弘法大師 쿠가이空海에게 하사된 이후 교오고코쿠지로 이름을 바꾸고 중흥기를 맞이했다. 고보 대사 쿠가이는 히에이 산의 엔랴쿠지를 창건한 천태종의 사이조와 함께 당나라로 가 불교 공부를 한 후 일본으로 돌아와 일본 진언종의 창시자가 됐다. 그는 빈민의 자제도 차별받지 않고 공부

할 수 있도록 일본 최초의 사립학교인 슈게이슈치인을 세웠으며 빈곤한 사람에게 온정을 베풀며 불교 포교에 나섰다. 서민들은 그런 그를 따르며 도지를 '대사님의 절'이란 애칭으로 불렀다.

대사님의 절의 심벌은 누가 뭐래도 오층탑이다. 약 55미터의 목조 탑으로 일본에서 가장 큰 탑이자 일본의 국보. 그러나 화재에 약한 목조로 지어진 탑은 낙뢰에 의한 화재와 원인을 알 수 없는 화재로 전소와 재건을 반복하며 세월을 이어왔다. 현재의 탑은 1644년 도쿠가와 이에미츠에 의해 재건된 다섯 번째 탑. 특정 기간에만 개방하는 오층탑 내부의 중심 기둥 꼭대기의 상륜相輪에 석가모니의 유골이 봉안되어 있다. 1층 내부는 형형색색 화려한 색으로 칠해진 천장의 문양과 중심 기둥 앞의 대일여래상이 시선을 끈다.

국보로 지정된 곤도金堂 안에는 본존인 약사여래좌상과 일광보살, 월광보살이 안치되어 있는데, 지금의 건물은 1603년에 재건되었다. 고도講堂는 중요문화재인 대일여래를 중심으로 국보 오대보살상, 오대명왕상, 사천왕립상 등이 있다. 이 불상들은 일본 최고의 밀교 조각상으로 헤이안시대794~1185의 초기 밀교 미술의 보고라 일컬어진다. 고보 대사 쿠카이가 기거했으며 입적 후에는 국보인 그의 목조상을 모셔놓았다고 해서 미에이도御影堂라고도 불리는 다이시도大師堂가 경내 서북쪽에 자리한다. 다이시도는 신덴즈쿠리, 즉 헤이안시대 귀족 저택의 건축양식으로 신덴이라 부르는 중심 건물이 남쪽의 정원과 마주 보도록 지으며 부속 건물을 동서로 배치하여 이들을 잇는 복도를 만들고 부속 건물을 남쪽으로 돌출되게 만든 독특한 구조가 특징인데, 이곳 역시 국보로 지정됐다.

간치인観智院은 1308년 고우다 법황이 도지 사이인西院에서 3년간 기도를 올리고 건립한 스물한 개의 사원 중 하나로 대대로 학승들이 거주하며 도지의 탑두 중에서 가장 격식이 높은 곳이다. 많은 경문과 서적을 소장하고 있는 현재의 건물은 1605년 완공된 객전을 비롯하여 본당, 서원 등이 모두 에도시대1603~1867의 건축물이다. 고보 대사에 의해 만들어진 정원이 있으며, 국보인 객전에는 '독수리 그림'과 맹장지 그림 '죽림도'가 있는데 전설적인 사무라이면서 예술에도 능했던 미야모토 무사시가 그린 것으로 알려졌다. 간치인은 봄과 가을의 특별한 시기에만 공개한다.

1200년 된 사찰 도지는 수차례의 화재로 창건 당시의 건물은 남아 있지 않지만 난다이몬南大門, 곤도, 고도 등 남쪽에서 북쪽으로 일직선으로 정렬하여 늘어선 가람의 배치 양식과 각 건물의 규모는 헤이안시대 그대로다. 서민들에게 신망이 두터웠던 고보 대사의 기일로 법회가 열리는 매월 21일에는 많은 참배객들이 사찰을 찾아오면서 자연스럽게 경내에 장이 서기 시작했다. 고보이치弘法市란 이름의 이 장은 기타노텐만구의 덴진상, 햐쿠만벤 지온지의 데즈쿠리시와 함께 교토의 3대 플리마켓으로 유명하다. 선승은 죽어서도 고보이치를 통해 중생들에게 불법을 전하고 있다.

Day Trip

04 교토 역 京都駅

●●● 하루 이용객 수가 63만여 명으로, 교토 관광의 심벌인 동시에 각 교통기관의 허브로서의 역할도 충실히 하고 있는 교토 역.
교토 역은 중앙 홀을 중심으로 역전 고급 호텔을 표방하는 그랑비아 호텔과 교토게키조라는 극장, 이스트 존, 복합 쇼핑몰인 포르타와 더 큐브가 있는 센트럴 존, JR 교토 이세탄 백화점, 미술관 에키, 라멘코지가 들어서 있는 웨스트 존으로 구성된 복합 공간이다. 출구는 코앞에 교토타워가 보이는 북쪽의 가라스마구치烏丸口, 리무진 버스 정류장이 있는 남쪽의 하치조구치八条口 딱 두 개다. 얼마 전 남쪽 출구에 대형 쇼핑몰이 문을 열면서 두 출구를 연결하는 지하 통로가 개통되어 양 출구의 이동이 좀 더 편리해졌다.
교토 역은 건축학적으로도 높은 평가를 받고 있는데, 그도 그럴 것이 일본은 물론 세계 유수의 건축상을 수상한 하라 히로시의 역작이기 때문이다. 오사카의 새로운 관광 스폿으로 떠오른 우메다 스카이 빌딩과 삿포로 돔 또한 하라 히로시의 걸작품들이다. 불운인지, 행운인지는 단언

하기 어려우나 교토 역 역사가 종이 한 장 차이로 일본을 대표하는 건축가인 안도 타다오의 손을 외면했다는 사실!

1877년 일본에서 두 번째로 개업한 교토와 고베 간 철도의 종착지로 건축된 교토 역은 1994년 헤이안 천도 1200년 기념사업의 일환으로 네 번째 새로운 역사 건립 프로젝트가 시작되었다. 교토 역사 건립은 당시 대단한 기대와 관심을 모았는데, 일곱 명의 세계적인 건축가들이 참가한 건축 설계 경기라는 흥미진진한 방식으로 진행됐기 때문이다. 그 결과 하라 히로시, 안도 타다오, 제임스 스털린 세 사람의 건축가로 압축된 후 하라 히로시의 설계안이 최종 채택됐다.

교토 역 주변은 고도 120미터까지의 건축물만 건설을 허가하는 규정이 있었는데, 교토 역에만 높이 제한을 완화할 경우 교토의 경관을 해친다는 사람들의 반대의견이 뿌리 깊어 주변 환경과의 조화를 꾀하는 안이 선발 기준이었다고 한다. 그의 설계안은 최대 높이를 60미터로 억제하고 남북 방향의 도로에 맞추어 건물을 분할하는 등 여러 가지 묘안이 담겨 있

었지만, 반투명 유리나 알루미늄 패널을 사용한 번쩍번쩍한 외관은 교토와 엇박자를 낸다는 혹평도 만만치 않다.

중앙 홀을 중심으로 왼쪽의 에스컬레이터를 타고 위로 올라가면 맞은편 JR 교토 이세탄 백화점과 연결된 스카이 워크가 나타난다. 역사의 양쪽 맨 꼭대기 층에 오르면 교토의 전경을 무료로 관람할 수 있다. 교토 역의 중앙 홀에서 JR 교토 이세탄 백화점 쪽으로는 끝이 보이지 않을 만큼 긴 계단과 에스컬레이터가 놓여 있는데 매년 2월 셋째 주 토요일이면 'JR 교토 역 빌딩 계단 뛰어오르기 대회'도 열린다. 너무도 세련되고 현대적이라 사람들에게 냉대를 받고 있는 교토 역. 그래도 교토 역을 내딛는 순간 가슴을 두근거리게 하는 교토 여행의 시작점이자, 교토의 대표적인 기념사진 촬영 명소임에 틀림없다. 하루에도 수백만 번의 플래시가 터지는 그곳, 교토 역에서 기념사진 한 장. '찰칵!'.

Travel Tip

교토의 관광지는 교토 역을 기점으로 북쪽에 몰려 있으므로 가라스마구치를 자주 이용하게 된다. 가라스마구치를 나오면 교토의 시내버스와 일본 각지로 연결되는 시외버스 정류장이 들어서 있다. 관광안내센터는 2층에 있다.

05 교토타워 京都タワー

Hot Tip

12세기 우시와카마루라는 이름으로 불린 무사 미나모토 요시츠네와 무사시보 벤케이가 고조 대교에서 맞닥뜨려 싸움이 벌어졌는데, 미나모토 요시츠네가 승리하여 무사시보 벤케이는 미나모토의 충직한 가신이 됐다는 이야기가 전해진다.

●●● "차나 한잔하실래요?"

만일 교토 사람이 이렇게 권했다면, 아주 깊이 생각한 후 대답하는 게 좋다. "네, 좋습니다"라고 대답하면 '인사치레로 한 말인데 좋다고 하다니 무례한 사람이군'이라는 빈축을 사게 되고, "아닙니다. 됐습니다"라고 말하면 '사람의 성의를 단칼에 잘라버리다니 무례한 사람이군'이라는 소리를 듣게 된다고 한다. 이게 바로 교토 사람들이 지닌 독특한 문화다. 그래서 일본인들 사이에서도 교토 사람들은 아주 매력적이나 좀처럼 친해지기 어려운 깍쟁이로 불린다. 그런데 까탈스러워 보이는 교토 사람들은 교토의 명소에 애칭을 붙여주기를 좋아하는 모양이다. 기요미즈데라는 '기요미즈 상', 기온의 야사카진자는 '기온 상', 도지는 '도지 상', 기타노텐만구는 '텐진 상', 히가시혼간지는 '오히가시 상'이라는 평범하지만 애정이 듬뿍 담긴 닉네임을 붙여줬으니 말이다. 그런데 교토타워에는 쌩한 찬바람만 분다.

교토타워는 1964년에 세워진 131미터의 타워로, 일본 무도관을 지은 건축가 야마다 마모루가 설계했다. 원통 모양의 흰 기

둥이 하늘로 솟아 있고 윗부분은 우주선 모양의 둥근 고리가 끼워져 있는 모습으로, 바다가 먼 교토 시내를 비추는 등대를 이미지하였다고 한다. 설계 당시에는 31미터의 고도 제한이 있어 9층 건물을 지은 후, 옥상에 전망대나 전파탑을 설치하려는 구상이 있었지만 현재의 모습은 아니었다. 그런데 당시 의뢰자였던 교토산업관광센터의 한 임원이 요코하마의 마린 타워를 보고 교토에도 타워를 짓자는 아이디어를 내어 사각형 건물 위에 하얀 타워가 세워지게 됐다는 후문이다.

지하 3층에는 대형 목욕탕과 미용실, 지하 1층은 식당가, 지상 1층은 교토산 기념품점이 입점한 타워 명점가, 2층에는 100엔숍과 은행, 3층은 서점과 치과, 5층부터 9층까지는 교토타워호텔로 운영되는 복합 빌딩인 교토타워. 최고의 전망을 자랑하는 12층과 13층에는 레스토랑과 바가 입점한 스카이라운지 '구우空'가 교토 커플들의 데이트 명소로 애용되고 있다.

그러나 교토는 화려한 네온사인과 밤에도 불을 밝히는 초고층 빌딩이 불야성을 이루는 다른 도시와 달리 밤이 되면 도시 전체가 잠드는 곳이다. 게다가 높은 빌딩도 거의 없으니 해가 진 후 교토타워를 찾으면 어두컴컴한 교토의 모습에 실망할 수도 있다. 교토타워 100퍼센트 이용법을 귀띔하면 하늘이 맑은 날, 해가 뉘엿뉘엿 질 때 올라갈 것.

그런데 한 교토 친구는 '일부 교토 사람들에게 교토타워는 수치와 굴욕의 건축물'로 여겨진다고도 귀띔했다. 교토타워의 사진을 찍는 것은 매우 창피한 행위로 교토 역, 고조 대교의 우시와카마루와 벤케이상牛若丸弁慶像과 함께 사진을 찍으면 창피한 교토의 3대 치욕으로 불린다니 말이다. 교토 토박이들은 건축학적으로도 훌륭하며 사계절 꽃과 나무로 뒤덮인 절과 신사를 가까이 두고 살아왔기 때문에 타 도시에 비해 미의식이 높고, 교토 사람들조차 이를 부인하지 않는데 그런 이들에게 교토타워는 허락할 수 없는 존재라는 이유에서라고.

교토타워는 창립 40주년을 기념해 다와라 짱이라는 캐릭터를 만들고 교토타워 한정 기념품에 꽝 박아가며 친근한 이미지로 다가가려 안간힘을 쓰고 있지만, 아직도 교토 사람들에게는 달갑지 않은 존재인가 보다.

하지만 나에게 교토타워는 시간이 갈수록 미운 정이 드는 존재였다. 낮에는 존재감이 희박하지만 라이트 업을 하면 도시 전체가 화려하지 않은 교토 시가지에 생동맞은 등대처럼 시선을 확 끈다. 나라나 고베, 오사카 등 근교로 나 홀로 원정 놀이를 다녀와 어두컴컴한 밤 교토 역에 도착하는 열차 안에서 저 멀리 교토타워가 보이면 고향에 온 듯 반가웠으니까. 어쨌든 도쿄에는 도쿄타워가 있고 교토에는 미움을 받든 아니든 교토타워가 있다.

06 후시미 이나리타이샤 伏見稲荷大社

●●● 교토의 베스트 명소 중 한 곳으로 콕 짚어주고 싶은 곳이 후시미 이나리타이샤. 영화 '게이샤의 추억'의 촬영지로, 교토만이 아니라 일본을 대표하는 풍경을 지녀 일본의 관광 홍보 포스터에도 단골로 등장하는 신사다.

711년 세워진 후시미 이나리타이샤는 상업 번창과 가내 안전의 수호신인 '오이나리상お稲荷さん'을 모신다. 그래서 '상업이 번창하는 신사'로 명성을 날려왔으며, 일본 전국에만 3만여 개가 있는 이나리진자의 총본산이다. 한국에서 건너가 교토 천도에 큰 영향을 준 것으로 알려진 하타 가가 창사한 신사로 알려져 있기도 하다.

옛날에는 풍작과 국가 안녕을 기원하거나 기우제를 지내기도 했는데, 시대가 흐르면서 상업 번창, 가내 안녕, 교통 안전 등의 수호신으로 유명해졌다. 매년 새해가 되면 250만 명의 사람들이 이 신사로 몰려든다. 교토 인구 147만 명보다 100만 명이 더 많은 엄청난 수치다. 매년 5월 3일에 열리는 이나리 마츠리도 새해 첫 참배 못지않게 유명하다.

신사는 아주 큰 붉은 도리이를 지나 1589

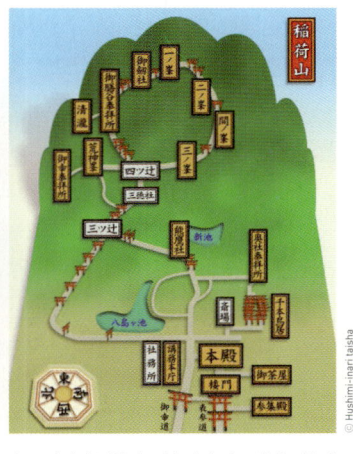

년 도요토미 히데요시가 어머니의 쾌유에 대한 감사의 의미로 기증했다는 화려한 사쿠라몬을 지나면 비로소 본전이 나타난다. 본전도 역사의 소용돌이에 휩싸인 오닌의 난으로 소실된 것을 1499년에 재건하였으며 중요문화재로 지정되어 있다.

그러나 신사 경내를 휙 둘러보며 기념사진 찍고, '상업 번창'이란 글귀가 적힌 기념품만 사고 돌아가면서 "아, 후시미 이나리타이샤 잘 봤다"라는 말을 하는 것은 서울역에서 서울타워 보고 서울 관광을 끝냈다는 말과 같은 수준이다. 왜냐하면, 후시미 이나리타이샤의 본전 뒤쪽에는 카리스마 넘치는 붉은 도리이로 넘쳐나는 산이 있기 때문이다. 그 산을 오르지 않고는 감히 후시미 이나리타이샤를 가봤다고 말하는 것은 실례다.

본전 뒤로 가면 드디어 센본도리이千本鳥居가 모습을 드러낸다. 상업이 번창하기를 기원하며 신사에 헌납한 붉은 도리이의 수가 수천 개에 달해 천 개의 기둥이란 의미의 센본도리이라 불리기 시작했다. '통과하다', '뚫리다'라는 말의 일본어 발음이 '도오루'인데 신사의 입구에 세워진 도리이와 발음이 비슷하여 에도시대 이후에 자신의 바람을 담아 도리이를 봉납하는 관습이 생겼다고 전해진다.

하나, 둘 기증된 도리이는 신이 머문다는 뒷산을 휘휘 돌아 정상을 향하고 있으며 약 1만 개가 신사부터 제신이 산다는 산 정상 바로 아래까지 서 있다. 붉은 기둥에 적힌 기업 혹은 사람들의 이름을 훑어보면서 한두 시간 남짓의 산행 내내 인간의 욕망의 끝은 어디일까? 하는 생각을 하게 한다.

신사 정문을 빠져나오면 한 번 더 감동 이벤트가 준비되어 있다. 산속에서는 바벨탑을 연상시키는 새빨간 붉은 도리이밖에 보이지 않았는데 시내 쪽으로 걸어가면서 뒤돌아보면 그저 평범한 산일 뿐이다. 밖에서는 정상으로 향하는 붉은 도리이 물결이 전혀 보이지 않는다. 인간의 욕망은 그렇게 간절하지만 타인에게는 드러내고 싶지 않은 은밀한 것일까.

Day Trip **299**

07 산주산겐도 三十三間堂

08 미미즈카 耳塚

●●● 천수관음상 등 1032개의 국보와 중요문화재를 소장한 산주산겐도 역시 교토 역 에어리어에서 빼놓을 수 없는 곳이다. 120미터 길이의 본당 정면의 기둥과 기둥 사이의 공간이 33개라 하여 산주산겐도라 불리는데, 렌게오인 蓮華王院이라는 정식 명칭이 있다. 그러나 이를 아는 이는 교토 사람조차 드물 정도라 교토국립박물관과 마주하고 있는 긴 담벼락에도 '산주산겐도 참배 입구'라는 문구를 걸어두었다.
1164년 창건했지만 약 80년 후 소실되어 1266년에 재건. 그 후 700년간 재건 후 모습 그대로 보존되어왔는데, 지진이 잦은 일본의 지형적 특색을 건축에 반영했다는 점이 이채롭다. 땅을 모래, 흙, 모래, 흙 순으로 두껍게 쌓은 후 건물을 올렸고 각 기둥도 지진에 견딜 수 있도록 고안되었다. 옛날부터 지진을 견뎌내는 건축 공법으로 설계된 본당은 건축의 비밀을 캐내려는 건축 학도들의 단골 성지로 알려져 있다.
산주산겐도의 관광 스폿은 뭐니 뭐니 해도 120미터나 되는 본당 안에 있는 관음상이다. 중존을 중심으로 좌우에 500개씩 층층이 놓인 1001개의 관음상을 본존이라 하는데, 이 관음상이 내뿜는 카리스마는 보는 이들을 압도한다. 번개라도 치는 날, 이곳을 찾는다면 그동안 지은 죄를 하나도 남김 없이 참회하고 싶어질지도 모른다. 그러나 아쉽게도 내부 촬영은 금지. '조용히 관람해주세요'라고 하지 않는 데도 모두들 목소리를 낮추고, 발소리도 최대한 조심해서 감상에 빠진다.
관음상의 정식 명칭은 십일면천수천안관세음. 재료는 편백나무로 신체의 여러 부분을 따로 만든 후 조립했다고 한다. 관음상의 머리 위에는 열 개의 얼굴이 있고 몸통 양쪽에 나와 있는 손의 개수는 관음상당 40개. 그러나 손 하나나 모두 똑같은 것이 없다 하니 천수관음상의 손을 보는 재미도 쏠쏠하다. 손 하나하나가 각각 25가지 고통으로부터 인간을 구제한다는 의미라고, 40개 곱하기 25개는 1000개. 그래서 천수관음상이라 부른다고.

●●● '역사상 이 전쟁처럼 슬픈 것은 없다. 병사들이 가는 곳마다 살육을 일삼고 불을 지르니 그 연기가 마을마다 가득하였다. 조선 사람의 머리와 코를 대바구니에 담으니 대바구니가 가득했고 병사들은 모두 피투성이가 된 바구니를 허리춤에 달고 싸웠다.' 이는 일본의 한 승려가 임진왜란 당시를 기록한 것이다. 이 역사적 만행의 원흉은 일본 전국을 통일하고 대륙 진출의 야심을 품고 조선을 침략한 도요토미 히데요시다. 그의 부하들은 전쟁에 공을 세웠음을 증명하기 위해 우리 조상들의 코와 귀를 닥치는 대로 베어 갔고, 군 감찰관에게 가져가 그 수를 증명 받는 코 수령증까지 발급 받았다고 한다. 현재 남아 있는 코 수령증만 해도 10여만 개 이상이 될 것이라고 추정한다.
역사 시간에 배웠던 귀 무덤, 미미즈카 耳塚는 교토의 국립박물관 근처에 있다. 미미즈카의 안내판에는 한글로 다음과 같이 적혀 있다. '히데요시가 일으킨 이 전쟁은 한반도 민중들의 끈질긴 저항에 패퇴함으로써 막을 내렸으나 전란이 남긴 이 귀 무덤은 전란하의 조선 민중의 수난을 역사

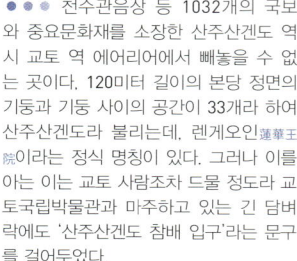

09 시마바라 島原

의 교훈으로서 오늘날까지 전하고 있다'라고. 아이러니하게도 미미즈카의 가까운 곳에는 일본을 수호한다는 호국신사가 세워져 있어 더욱 마음이 착잡해졌다. 미미즈카를 뒤로하면서 성악설에서 말한 방임이 얼마나 잔혹한 역사로 왜곡되는가를 보여주는 증명이 여기에 있다고 '성악설 인정증'이라도 발행하고 싶었다.

●●● 일 년 내내 잘 차려입은 귀부인처럼 한 치의 허점도 없어 보이는 반듯한 도시 교토, 고색창연한 사찰과 신사들. 어른이 양팔을 쭉 뻗으면 닿을 만큼 비좁은 골목길에도 휴지보다 100엔짜리 동전을 찾는 게 더 빠를 정도로 빈틈없어 보이는 곳. 그런 교토에도 천년의 수도였으니 유곽이란 게 있을 터였다. 시마바라를 통해 기모노 속에 감춰진 교토의 속살을 훔쳐보고 싶어 길을 나섰다. 교토에는 가미시치켄, 본토초, 기온코부, 미야카와, 기온히가시의 하나마치가 알려져 있지만 그 외에 유곽으로 이름을 날렸던 시마바라도 빼놓을 수 없다. 시마바라의 잃어버린 이름은 니시신야시키西新屋敷. 교토 재건을 진두지휘했던 도요토미 히데요시가 니조야나기노 반바란 곳에 유곽이 들어서는 것을 허가했고, 훗날 히가시혼간지의 북쪽 지역으로 이전되어 더욱 번성하게 됐다고 한다. 그 후 1641년 지금의 자리로 옮기게 되었는데, 번갯불에 콩 볶듯 갑작스럽게 진행된 유곽 이전 사업이 당시 규슈 시마바라에서 일어난 난리처럼 혼란스럽다 하여 시마바라라고 부르게 됐다. 격자

난간이 인상적인 스미야角屋는 1641년에 지어진 시마바라에 남은 유일한 요정이다. 옛날에는 일본 고유의 정형시인 와카. 와카의 한 형식으로 익살스러운 하이카이 등을 읊는 문화 살롱의 역할도 톡톡히 했다고 한다. 그 수준은 시마바라파가 형성될 정도였다. 또 막부 말기에는 사이고 다카모리 등의 왕존파가 비밀회의를 열었던 역사적인 장소였고, 신센구미新選組의 유흥 장소였다고도 전해진다. 스미야는 현재 스미야 모테나시 문화미술관으로 탈바꿈하여 내부를 공개하고 있다. 당시에는 해자를 파고 담을 쌓았으며 포주집이 약 50채, 요정이 20채 정도 있었다고 하는데, "여기가 정부의 공인을 받은 교토 유일의 유곽 지대입니다"라는 것을 알 수 있는 상징물은 유곽의 입구에 덩그러니 서 있는 오몬大門이라는 문 하나뿐이다. 유녀들이 모두 사라진 지금 스미야와 유녀들의 숙소로 사용된 곳만이 아주 작은 일본식 전통 여관과 대중목욕탕. 서민들의 주택 속에 살아남아 교토의 하루를 이어가고 있다.

Day Trip 301

10 가와이 간지로 기념관 河井寬次郎記念館

●●● 기요미즈데라 일대에는 교야키京燒나 기요미즈야키淸水燒라 불리는 교토를 대표하는 도자기 공방이 밀집해 있다. 그리고 주택가가 밀집한 곳에 일본의 민예운동을 주도한 유명 도예가인 가와이 간지로 기념관이 있다. 1937년 가와이 간지로가 작업실 겸 집으로 직접 지은 곳으로, 교토의 전통가옥 구조인 마치야의 전형적인 스타일에서는 살짝 벗어나지만 천재 도예가의 재기 넘치는 지혜가 곳곳에 숨어 있다. 특히 집 안쪽에 남아 있는 계단형 가마는 보는 이들로 하여금 입이 떡 벌어지게 한다. 그러나 아쉽게도 시내에 자리하여 자칫하면 대형 화재가 발생할 수 있다는 이유로 1971년부터 불씨가 꺼졌다고 한다. 친정어머니와 함께 기념관을 지키고 있는 외손녀 다마에 씨의 설명에 따르면, 예전에는 기념관 근처에 도자기 공방이 많았지만 지금은 하나둘 자취를 감추었고 가마터는 주차장이나 맨션으로 임무를 바꾸었다고 한다.

1층 마루에는 우리나라의 소반이 놓여 있고, 마룻바닥은 우리네 대청마루의 구조와 같은 우물 마루깔기식으로 놓여 있다.

깜짝 놀라 물었더니 가와이 간지로는 수차례 찾았을 정도로 우리의 전통문화에 매료되어 있었다고 한다. 그래서 집의 마루를 한국의 대청마루처럼 만들고 소반 등 한국 소품도 애용했다고. 그의 손때가 묻은 소반은 주인이 세상을 떠난 지금도 기념관 한쪽을 지키고 있다.

가와이 간지로는 옆집 할아버지 같은 후덕한 인품을 지닌 사람으로도 유명했다. 도자기, 목공예, 글에 이르기까지 다방면에 뛰어난 재능을 보인 천재 예술가였지만, 아직도 그를 흠모하여 기념관을 찾는 열혈 팬들이 많단다. 어느 날 한 제자가 가마에서 갓 구운 도자기를 실수로 떨어뜨려 산산조각내고 말았다. '천재'라는 이름이 평생 따라다닌 그였으니, 당연히 제자의 부주의함을 꾸짖었을 법하다. 그러나 가와이는 오히려 제자가 다치지 않았는지 먼저 살피고 나서 풀이 죽어 있는 제자에게 "도자기야 다시 만들면 되는 거지. 가장 중요한 것은 앞으로 좋은 도자기를 만들어야 하는 자네의 손일세"라고 다독거린 다음 더 이상 제자를 책망하지 않았다는 일화는 교토의 도예가들 사이에서 유명하다.

손녀 다마에 씨도 외할아버지의 인품에는 손사래를 친다. 사실 작업실 겸 주거 공간으로 지은 2층집이었건만 이 집에서 사람답게 살아본 기억은 불과 몇 년에 지나지 않는다고 회상했다. 늘 많은 객식구들로 들끓었으며, 먼 길 온 이들에게 흔쾌히 안방까지 내주고 몇 날 며칠 밥까지 챙겨 먹이는 일을 귀찮아하지 않았던 가와이 씨와 그의 아내가 있었기 때문이다. 천재 도예가의 작품보다는 인품에 매료되어 찾아오는 이들에 밀려 가와이 일가는 진짜 집을 객식구들에게 내주고 집 근처에 셋집을 얻어 살아야 했을 정도였단다. 그런데 그 아버지에 그 딸이라더니, 가와이 씨의 외동딸인 기념관의 관장도 마음씀씀이가 아버지 못지않다. 무릇 도자기라 함은 대중과 함께할 때 진정한 가치가 있다면서 대중적인 도자기를 목표로 다작을 남긴 가와이 씨의 작품이 집 안 곳곳에 남아 있어, 혹 양상군자라도 거쳐가지 않았는지 궁금하여 물었던 차였다.

"세 번인가 도둑이 들었어요. 한 번은 도둑을 잡아 훔친 물건을 모두 돌려받았고, 한 번은 도둑은 잡았는데 그가 훔친 물건은 아직도 돌려받지 못했어요. 관장인 어머니는 할아버지의 작품을 찾는 것을 기대하지 않으셨어요. '그 도둑도 목숨을 걸고 이 높은 담을 넘었을 텐데…. 그걸로 됐다'라고 말씀하셨지요."

40여 년 전 타계하였지만 아직도 그를 흠모하는 팬들이 십리를 멀다하지 않고 찾는 곳, 가와이 간지로 기념관. 그곳에서 인상 좋은 할아버지가 남긴 국보급 가마터와 주인을 닮은 푸근한 도자기, 2층에 놓여 있는 일명 신사 의자에 앉아 교토의 파란 하늘을 바라보며 포근한 햇살을 즐겨보는 건 어떨까.

11 교토국립박물관 京都国立博物館

12 신부쿠 사이칸 혼텐 新福菜館本店

●●● 도쿄, 나라, 규슈와 함께 일본의 4대 박물관으로 손꼽히는 교토국립박물관. 1897년 중요문화재로 지정된 지금의 특별전시관에서 제국교토박물관이라는 이름으로 개관하여 1952년에 교토국립박물관으로 이름을 바꿨다. 교토박물관을 상징하는 특별전시관은 붉은 벽돌로 지은 고풍스러운 그러나 역시 교토에서는 좀 튀는 건물이다. 일본 유일의 궁정 건축가인 가타야마 토쿠마가 설계했는데 나라국립박물관 역시 그의 손에서 탄생했다.

도쿄국립박물관의 현관 위 장식판에 불교미술을 대표하는 비수갈마와 기예천의 모습이 조각되어 있어 동서양의 오묘한 조화가 인상적이다. 어찌됐든 서양식 건물 안에는 일본의 유물들이 자리를 잡고 일년 내내 관람객들을 반긴다. 가장 일본적인 컬렉션을 만날 수 있는 곳. 오직 이 기획전을 보기 위해 먼 거리의 일본인들이 비싼 입장료를 내면서까지 구경을 올 정도니 교토국립박물관을 방문할 예정이라면 특별전시관의 프로그램 내용부터 챙겨야 한다.

특별전시관과 대비되며 더욱 평범해 보이는 상설전시관에는 고서, 도자기, 그림, 칠기 등 1만2000여 점이 전시되어 있다. 이중에 국보가 27점, 중요문화재가 181점이다. 작품 보호를 위해 임시 전시 형식으로 공개하는 작품을 자주 교체한다. 따라서 몇 차례는 찾아야 소장된 작품을 모두 관람할 수 있다는 말씀!

중요문화재로 지정된 정문 바로 앞에는 분수가 있고 그 유명한 로댕의 '생각하는 사람'의 작품도 놓여 있다.

교토국립박물관은 작품을 건물 안에 꽁꽁 숨겨두지 않았다. 가마쿠라시대의 석등롱, 13층석탑, 극락정토를 상징하는 아미타삼존석상, 지장보살좌상 등이 남북으로 길게 놓여 있는 정원 곳곳에 전시되어 있다. 어떤 기구한 운명으로 이곳에 왔는지 알 수 없으나, 조선의 분묘표식석조유물도 일본의 유물 사이에 놓여 있다.

●●● 교토 친구에게 맛있는 라멘집을 좀 추천해 달랬더니 대뜸 "식사 시간을 비켜간, 비가 오는 궂은 날에도 줄 설 각오를 할 수 있어?"부터 물었다. 맛만 좋으면 반나절도, 하루도 흔쾌히 줄 설 각오가 된 식신에게 그 정도 수고야 대수롭지 않은 일이다. 그렇게 소개받은 곳이 교토를 대표하는 라멘집으로 츄카소바를 간판 메뉴로 내건 신부쿠 사이칸혼텐이다.

닭과 돼지 뼈를 푹 곤 다음 간장을 넣은 이 집만의 육수는 색이 진하다 못해 먹물처럼 보일 정도다. '용서하시게나' 짠 국물을 들이켜게 될 목에게 사과부터 구한 후 소심하게 면부터 집어 먹기 시작했다. 이름에 소바, 즉 메밀국수라는 이름이 붙었지만 면은 메밀국수가 아니라 생면이다. 생면은 적당히 삶아내는 게 맛을 좌우하는데도 점심시간도 비켜간 오후 3~4시에 줄을 섰다 먹어야 할 만큼 손님이 바글거리는 집의 생면 맛이 예사롭지 않다. 적당히 탄력이 있으며 적당히 부드럽다. 그 자리에서 까만 육수라 이름 붙여준 육수는 보기와는 달리 짜지 않으며 깔끔한 맛이 난다. '후루룩, 쩝쩝'이 스테레오로 들리는

13 교토 다카바시 혼케 다이이치 아사히
京都 たかばし 本家 第一旭

라멘집에서 츄카소바 한 그릇을 국물까지 싹 비우고 말았다.

테이블 회전율이 빠르므로 대기 시간이 살인적이지는 않다. 추천 메뉴는 물론 츄카소바 한 그릇이다! 나중에 알게 된 사실인데, 교토 출신의 모 가수가 교토를 찾을 때 이 라멘집 순례를 빼놓지 않는다고 한다. 어쩌면 그 유명 가수가 옆자리에서 '후루룩, 쩝쩝'거리며 라멘을 먹을지도 모른다.

●●● 교토 친구가 어렸을 때부터 다닌 유명한 라멘집이 있다며 일러준 곳이다. 재미있는 것은 바로 옆에 빨간 간판을 단 라멘집이 있는데 이 집의 간판은 노란색이다. 빨간 간판 라멘집은 까만 간장 라멘, 노란 간판 라멘집은 하얀 라멘이 명물이다. 닮은 점이라면 두 집 앞에는 식사 시간과 관계없이 줄이 선다는 것. 교토 역 근처 라이벌 라멘집은 매일매일 손님 전쟁을 치른다.

노란 라멘집의 라멘에는 송송 썬 파가 면발을 완전히 덮고 있었다. 파를 살살 헤쳐 면발을 건지니 숨어있던 차슈가 비로소 전신을 드러내고 옆집보다는 옅은 간장 국물색이 드러난다. 그리고 기름도 동동. 라멘 맛을 좌우하는 간장은 후시미의 간장집에서 가져오는 듯하고 라멘 위를 덮은 파는 구조네기라는 교토의 명물 파다. 실파와 비슷한데 파 특유의 진이 적고 씹히는 맛이 훨씬 보드랍다. 이 파는 11월부터 2월까지가 제철이라고 하니 이 시기에 찾으면 더 특별한 라멘을 맛볼 수 있다. 누군가는 이 집의 라멘을 옛날 라멘이라고 했다. 50여 년 전부터 영업을 하고 있

으니 아빠 손에 이끌려 라멘 외식을 즐기던 꼬마 손님들은 이제 자식과 손주들을 데리고 찾는단다.

Day Trip

14 미스터 교자 ミスターギョーザ

●●● 일부러 찾지 않으면 관광객으로서는 도저히 찾을 수 없는 만둣집 미스터 교자는 도지 근처의 주택가에 꼭꼭 숨어 있다. 노란색 대형 간판에 주인 할아버지의 일러스트가 그려져 있고, 입구 오른쪽에는 교토 사람들이 애용하는 자전거 행렬이 진을 치고 있으며 왼쪽으로는 테이크아웃용 교자를 팔기 위한 전용 판매대가 나 있다. 얼마나 맛있길래 가게 밖에 매대까지 설치했을까 싶었다.

가게 안으로 들어서자 손님 자리만큼이나 넓은 주방에서 네댓 명의 아저씨들이 만두를 만들고 있다. 산처럼 쌓여 있는 만두소와 단체급식소에서나 사용할 법한 만두구이 기계 두 대가 놓여 있고 그곳에서는 연신 따끈따끈하게 구워진 만두들이 쏟아져나왔다.

만두를 주문했더니 곧 한쪽 면이 바삭바삭하게 구워진 군만두 여섯 개가 하얀 플라스틱 접시에 담겨 서빙됐다. 간장 소스에 찍어 먹으려는 순간 한 점원이 주방에서 나와 터벅터벅 걸어오더니 "된장 소스에 드셔보시죠"라고 무뚝뚝하게 딱 한마디 하더니 고개를 갸우뚱하며 다시 주방으로 가버린다. 고베의 그 유명한 먹을거리 성지인 차이나타운 난킨마치 만둣집이 만두에 된장을 찍어 먹는데, 이 집도 고베 스타일인가 보다.

일본에서는 교자로 부르는 만두 맛은 명성 그대로 훌륭했다. 돼지고기와 마늘, 양배추 등 소 재료의 질이며 궁합도 충실하고 소를 감싸고 있는 얇은 피도 잘 구워져 바삭바삭, 말랑말랑한 식감을 동시에 즐길 수 있었다. 1971년부터 만둣집 간판을 내걸었지만 라멘도 팔고 있고 가격도 다른 라멘집보다 서민적이고 맛도 괜찮다.

가게를 나오려는데 문 앞에는 퇴근길에 집에서 먹을 요량으로 만두를 포장해 가려는 사람들로 장사진이었다. 문 닫는 시간은 오후 10시 30분이라 말은 하나 만두가 다 팔리면 대낮이든 저녁이든 상관없이 셔터를 내리는 집이다.

15 갓포 이이무라 割烹 いいむら

●●● 교토의 가정식 백반이 맛보고 싶어졌다. 비가 후두둑후두둑 내리던 날, 오전 11시부터 우산을 받쳐 들고 집 근처 교토 역 주변을 배회했다. 주의 깊게 보지 않으면 딱 지나치기 좋은 좁고 긴 문 앞에 '오늘의 메뉴는 돈가스, 제철 채소튀김, 밥, 된장국, 채소절임입니다. 단, 한정 수량 650엔'이라는 글귀가 눈에 들어왔다. 고개를 들어 간판을 보니 갓포 이이무라라고 적혀 있다. 교토를 걷다 보면 음식점 이름 앞에 '갓포'라는 단어가 붙은 곳을 자주 발견하게 되는데 갓포는 음식점이라는 의미다.

갓포 이이무라는 제철 식재료를 셰프 마음대로 만든 교료리 오마카세 메뉴(주방장 맘대로 메뉴)로 유명한 집이다. 전채에 메인 음식, 후식에 술까지 곁들이다 보니 저녁 음식값은 비쌀 수밖에 없다. 그런데 점심시간에는 아주 착한 가격으로 백반을 서비스한다. 교토에서 몇 끼 음식을 사 먹으면 느끼게 된다. 교토의 음식은 아주 예쁘고 전통이 가득 담겨 있지만 '덤, 덤, 음식덤'이 많은 한국인에게는 너무 심할 정도로 적은 양에 가격도 비싸다는 것을.

16 네자메야 ねざめや

이이무라의 런치 스페셜은 어른 혼자 먹어도 배부를 정도로 넉넉한 양이며 가격 대비 만족도도 훌륭하다. 손님은 주로 근처 회사원이나 가족 단위로 찾은 교토 사람들이며 간혹 여행서를 손에 꼭 쥐고 온 일본인 관광객이다. 단, 평일 50인 한정 수량이므로 문을 열자마자 찾아야 교토 사람들이 즐겨 찾는 이이무라의 감동 백배 백반을 맛볼 수 있다.

●●● 게이한 후시미이나리 역에서 후시미 이나리타이샤로 걸어가다 보면 음식점 앞에서 식욕 당기는 냄새를 폴폴 풍기며 참새를 굽는 명물 가게가 있다. 후시미 참새구이집으로 유명한 네자메야 ねざめ家의 가게 앞 가판은 장어구이나 참새구이를 테이크아웃하려는 동네 사람들로, 가게 안은 후시미 이나리타이샤를 찾은 관광객들로 문전성시를 이룬다.
점심시간이 지나 찾았더니 명물 참새구이는 품절된 지 오래다. 하는 수없이 주인장이 추천하는 장어 덮밥을 주문했다. 큼직한 장어를 주문이 끝나자마자 석쇠에 구워 하얀 쌀밥 위에 척 얹어 내오며 꼭 시치미를 뿌려 먹으란다. 시치미는 이 집에서 제조한 특제품으로 워낙 인기가 있어 고객들의 강력한 요청으로 판매도 하고 있었다. 장어구이는 부드럽고 약간 달달한데, 시치미를 뿌려 먹으니 맛의 균형이 잡혔다. 사바즈시 고등어초밥나 이나리즈시 유부초밥, 일본의 3대 술도가 중 하나인 후시미산 청주도 맛볼 수 있다.
이 집은 450여 년 전부터 지금의 자리에서 음식점을 해왔다는데, 후시미 이나리타이샤를 찾았던 도요토미 히데요시가 '네자메야'라는 이름을 지어줬다고 한다. 후시미 이나리타이샤 일대에서 가장 유명한 집이다.

17 도지모치 東寺餅   ## 18 도지 나루미모치 鳴海餅東寺

●●● 도지 근처 게이가몬 버스 정류장 앞에 있는 떡 가게 도지모치. 가게 이름은 심플하기 그지없어 도지의 떡이란 의미로 1910년부터 지금의 자리에서 가게 문을 연 후 그 자리에서 창업 당시와 똑같은 방법으로 떡을 만들고 있다.

이 집의 대표 메뉴는 복을 불러온다는 대복大福떡. 지름이 6~8센티미터는 족히 되는 큼지막한 떡으로, 아주 고운 팥을 소로 넣은 쫄깃한 찰떡이다. 과자박람회에서 대상을 수상한 명품 떡으로 도지 고보이치가 열리는 매달 21일에는 즉석에서 떡을 구워 판매한다. 현지인들에게 더 인기 있는 이 떡의 이름은 구운 떡이라 하여 야키모치라고도 불린다. 흰 찰떡과 쑥 찰떡 두 종류로 쑥 향이 은은하게 도는 쑥떡인 요모기모치를 추천한다. 이외에도 수십 종의 떡과 전통 과자를 가게 안쪽 주방에서 매일매일 만들어 판매하는 제대로 된 떡집이다.

●●● 도지 나루미모치는 교토의 전통 과자 가게이다. 봄이면 벚꽃 잎을 가니시로 얹거나 가루 내어 만든 사쿠라모치, 겨울이면 팥으로 만든 아즈키 등 계절 감각을 느낄 수 있는 다양한 과자를 선보이지만 이 집의 별미는 두말할 것도 없이 미나즈키水無月다. 미나즈키는 6월을 뜻하는 말로, 쌀가루로 찐 삼각형 모양의 과자 위에 통팥을 뿌린 아주 소박한 모양의 화과자. 이 과자는 도쿄 사람에게는 낯설지만 교토 사람들에게는 우리의 수수팥떡만큼이나 친숙한 존재다. 교토에서는 6월 30일이면 미나즈키를 먹는 풍습이 있다. 가미가모진자나 기타노텐만구 등의 신사에서 식물이나 짚으로 만든 커다란 원 모양을 통과하거나 종이 신주를 신사 내의 강에 띄워 보내는 의식이 행해지는데 6월 그믐날 행하는 액막이 제사다. 역사는 헤이안 시대794~1185년까지 거슬러 올라간다.

도지 나루미모치의 미나즈키는 다른 전통 과자의 기본 미나즈키에 녹찻가루를 넣어 연두색 빛깔의 과자 위에 붉은 통팥을 뿌려 눈으로부터 오감을 만족시킨다. 지나치게 단맛을 녹차의 쓴맛으로 살짝 눌러 단 일본 과자 맛이 익숙하지 않은 우리네 입맛에도 별미로 인정할 만하다. 이 집의 미나즈키는 말차와 함께 먹어야 제맛이 난다. 보존료 거부를 선언한 집이라 맛있는 기간은 겨우 하루뿐.

환하게 웃는 모습이 인상적인 가게 안주인은 책에 소개되는 걸 한사코 거절하다가 어렵게 수락하더니 "가능하면 아주 조그맣게 소개해주세요"라고 부탁했다. 소개되어 갑자기 손님들로 문전성시를 이루면 매일 한정수량만 수작업으로 만드므로 일부러 찾아온 손님들에게 민폐가 되며 단골손님들에게도 예의가 아니라는 생각에서란다. 영업 시간도 그리 길지 않고 그날 만든 수량이 다 팔리면 문을 닫는 집이지만 맛 하나로 모든 게 용서가 된다.

Kyoto Style *10

종이 위에 그린 또 하나의 교토
교토의 책과 책방

"그 두붓집은 가와바타 야스나리가 〈고도〉에 소개하면서 더 유명해졌어요"라거나 "〈겐지모노가타리〉에 등장하는 신사예요. 인연을 맺어주는 신사로 알려져서 많은 여성들이 찾아와요"라는 등 교토를 여행하다 보면 여기도 〈고도〉 저기도 〈고도〉, 여기도 〈겐지모노가타리〉, 저기도 〈겐지모노가타리〉 이야기를 귀에 못이 박히도록 들어야 한다. 역시 아는 만큼 보이고, 아는 만큼 느낄 수 있는 것이 여행이라는 말처럼, 어설프고 얕은 지식으로 교토를 여행하다 보니 간절하게 공부라는 게 하고 싶어졌다. 우아하며 고풍스러운 도시를 더 즐기기 위해서는 교토가 등장하는 책을 읽고 예습을 해 가면 좋다.

교토의 책

1. 밤은 짧아, 걸어 아가씨야

"그냥 살고 있는 것만으로도 좋지."
이백 씨가 그런 말을 한 것 같았습니다.
"맛있게 술을 마시면 돼. 한 잔, 한 잔, 또 한 잔."
"이백 씨는 행복한가요?"
"물론."
"그건 정말 기쁜 일이에요."
이백 씨는 빙그레 웃고 작게 한마디 속삭였습니다.
"밤은 짧아, 걸어 아가씨야."

작가가 작정하고 쓴 〈이상한 나라 앨리스〉의 교토 버전. 작고 가냘픈 몸매, 가지런히 자른 검은 단발머리, 고양이처럼 변덕스러운 걸음걸이, 위험한 순간마다 날리는 '친구 펀치', 주당들을 단번에 제압해버리며, 삼척동자도 속지 않을 거짓말에도 언제나 눈망울을 깜빡이며 속아넘어가는 서클 후배 '그녀'와 밤낮으로 그녀의 뒤를 쫓으면서도 그녀 앞에만 서면 머릿속이 백지장이 되어버리는 우유부단한 '선배'가 〈밤은 짧아, 걸어 아가씨야〉의 주인공들. 그들이 봄밤의 본토초, 여름 시모가모진자의 헌책 시장, 가을 교토대학의 축제, 겨울의 이백감기를 통해 안내하는 교토는 한없이 풋풋하고 말랑말랑한 젊은 도시이다.

2. 모리미 도미히코의 교토 빙글빙글 안내

'언젠가는 나오지 않을까?', '나왔으면 좋겠네'라고 생각했던 교토 소설가의 교토 여행서가 드디어 나왔다. 〈밤은 짧아, 걸어 아가씨야〉를 쓴 모리미 도미히코가 안내하는 교토는 어떤 모습일까. 가모가와 델타, 시모가모의 고서 시장, 기야마치 등 그의 소설에 등장한 명소들이 유혹한다. 한 손에 이 책을 들고 교토를 유랑해 보리라.

3. 후쿠야당의 딸들

서양골동 양과자점이 동성애 코드를 세련되게 터치하며 남자들의 일과 사랑을 그린 도쿄풍 만화라면 〈후쿠야당의 딸들〉은 여성들의 일과 사랑에 대해 슬며시 말을 걸어오는 교토풍 만화로. 교토 히가시야마에서 450년, 17대를 이어온 화과자점 후쿠야당으로 시집을 온 며느리는 젊은 나이에 남편을 잃은 후 홀로 세 자매를 키우며 가게의 전통을 잇는다. 장녀로 태어나 자신의 속내를 드러내지 않고 순종하며 대를 잇는 히나. 술과 도박과 싸움 빼면 시체일 정도로 자유분방하게 자란 둘째 아라레, 신이 주신 쭉쭉빵빵 외모를 가졌지만 항상 키 작은 남자를 사랑하는 유전자를 타고난 셋째 하나가 엮어가는 이야기. 이 만화를 읽은 후 교토에 가면 '저 집이 후쿠야당은 아닐까?'라는 망상에 사로잡혀 교토 뒷골목을 기웃거리게 될지 모르니 요주의!

4. 라쿠타비 시리즈
교토의 로컬 출판사에서 선보이는 교토 여행이 즐거워지는 여행 시리즈. 교토의 뒷골목 탐험, 사계절 데이트 명소, 명물 두부 가게, 불상 순례, 신사와 절 앞 명물 음식 등 다양하고 기발한 기획으로 교토의 구석구석을 안내한다. 포켓 속에 들어가는 손바닥만한 사이즈의 얇은 책으로, 책값은 500엔짜리 동전 한 개면 충분하다.

6. 고도
작가 역시 〈고도〉는 나의 이상야릇한 소산"이라고 밝혔듯 섬세하고 몽환적인 가와바타 야스나리만의 소설 세계가 고도, 교토를 무대로 펼쳐진다. 한날한시에 태어났지만 다른 운명으로 살아야 했던 쌍둥이 자매의 이야기를 다룬 줄거리도 줄거리지만, 대단한 미의식을 가진 작가가 봄꽃, 기타야마의 삼나무, 기온 마츠리, 가을빛, 늦가을의 자매, 겨울 꽃으로 표현한 교토의 명소와 마츠리는 교토로의 탈출을 마구 부추긴다.

7. 겐지모노가타리
1000여 년 전에 탄생한 여류작가의 소설이 세계적인 명작으로 손꼽히는 이유는 그 등장이 빨랐던 장편소설이라는 점과 일본적 정서 속에서 인간의 보편성도 담고 있기 때문이다. 〈겐지모노가타리〉는 여러 명의 작가에 의해 현대어번역판도 등장했지만 세토우치판이 가장 많은 사랑을 받았다. 우리나라에도 세토우치판이 번역됐으니 교토 여행길에 나서기 전에 읽어보시길.

5. 교토의 값어치
교토를 값어치로 매기면 얼마일까? 소메이 명수 0엔, 긴키의 히로우스 50엔, 다이야 식당의 우동 300엔, 마루타케의 주카소바 600엔,…. 일본의 유명 에세이스트가 교토의 숙소, 먹을거리, 산책 스폿, 쇼핑 등을 0엔부터 최고가까지 가격별로 안내하는 기이한 한 권.

8. 마이 교토 모정
교토 출신 일러스트레이터 미우라 준이 안내하는 지극히 사적인 교토. 청춘을 성장시킨 영화관이나 매일 먹어도 질리지 않는 타누키 우동집 등 미우라 준 스타일의 교토 여행이 시작된다. 소설가, 뮤지션, 평론가, 라디오 DJ, 라이터, 해설자 등 다양한 직업을 가진 그가 안내하는 교토의 모습이 무척 궁금하다.

교토의 책방

메리 고 라운드 교토 Merry Go Round Kyoto
대형서점에서 쉽게 찾을 수 있는 셀러들보다 좋은 책이지만 일반 독자에게 알려지지 않은 책들을 찾아내어 독자들과 만날 수 있도록 메신저 역할을 자처한다. 어린이 책방이라는 이미지가 강하지만, 모토는 태아부터 100세까지. 임산부부터 어린이, 어른들도 읽을 수 있는 그림책을 중심으로 총 3500여 권을 비치하고 있다.

★ 075-352-5408
★ www.merry-go-round.co.jp
★ 10:00~19:00 ★ 목요일 휴무

02.
My Favorite Trip

01

교토를 거닐다

산책
take a long Walk

교토는 여행자들을 겸손하게 만든다. 다양한 빛깔의 시간과 공간을 만나려면 무조건 걸어야 하는 곳이므로. 발은 혹사를 당하지만 그 덕에 눈과 마음은 호사를 누린다. 느리게 걷기는 교토를 제대로 둘러보는 오래된 공식이다. 반칙이나 변칙이 난무하는 세상사, 교토에서는 모두 내려놓고 일단 걸어야 한다. 걷다 보면 구석구석 열리기 시작하는 빈틈으로 사유思惟가 비집고 들어온다. 여행을 핑계로 얻은 마음 수행이다.

걷고, 걷고
또 걷고싶은 그 길

가모가와 Kamogawa

●●● 산으로 둘러싸인 분지에 터를 잡은 교토는 지독히 덥고, 지독히 춥다. 그러나 혹서와 혹한 대신 자연에게 받은 선물이 있으니 바로 맑디맑은 물이다. 도심 한복판에 즐비한 절이나 신사의 경내에는 맑은 물이 샘솟고 교토 사람들은 그 물을 길러 약수로 마신다. 더욱 놀라운 일은 강바닥이 훤히 보일만큼 깨끗한 1급수의 강물이 교토 시내를 관통하며 흐른다는 사실. 며칠 교토를 둘러보면 슬슬 지겨워지는 절이나 신사가 눈을 즐겁게 하는 여행지라면, 상류부터 하류까지 도심 한복판을 흐르는 가모가와는 귀와 마음을 '쿵'하고 울리는 숨겨진 명소다.
어느 봄날 완전 필 꽂혀 잦은 애정표현으로 동네방네 소문난 나의 베스트 여행지 가모가와. 가모가와의 잘 닦인 산책길에서 자전거 페달을 마구 밟으면 바람을 가르는 소리가 난다. 머릿속에 덕지덕지 눌어붙어 있던 잡념들은 '뽕, 뽕' 거리며 비눗방울처럼 사라진다. 물빛 황홀한 가모가와를 찾으면 매일 마법의 순간이 펼쳐지니 내일도, 모레도 달려갈 수밖에.
가모가와에 마실 나온 교토 사람들이 가

장 많이 찾는 곳은 시조 대교에서 산조 대교의 양 둑길이다. 왠지 교토는 나이든 도시라는 느낌이 강한데, 그런 선입견을 보기 좋게 허물어 주는 곳이다. 중간 중간 걸린 다리 밑에는 신기하게도 일정한 간격으로 앉아 강가의 낭만을 즐기는 커플들과 마땅한 놀 거리가 없을 때를 지어 찾은 대학생들이 진을 치고 있다. 취기에, 객기에 취한 그들은 가끔 고래고래 노래를 부르기도 하고, 아마추어 연주가들은 거리 공연에 나서기도 한다. 시모기타자와나 하라주쿠에서 만나게 되는 거리 연주가들과 비교하면 교토의 연주가들은 범생이 스타일이다. 가끔 만취한 녀석들이 강물로 뛰어들기도 하는데, 다행히 강물은 플라잉 낚시를 즐길 수 있을 만큼 깊지 않다. 이런 맑은 물이 흐르는 낭만 도시에서 청춘을 보내는 그들이 한없이 부러워지는 건 왜 일까. 가모가와, 난 내게 반했어!

이피시 efish

●●● 가장 가까이에서 가모가와를 느긋하게 즐길 수 있는 특등석이 마련된 카페는 바로 이곳이다. 프로덕트 디자이너인 니시호리 씨의 손길을 거쳐 탄생된 이피시는 옛날이었다면 교토에서 이름깨나 날리던 모던 보이가 자주 출몰하지 않았을까 싶을 만큼 트렌디하다. 빨갛고 노란, 하얗고 검은 컬러풀한 카쿠 체어가 놓여 있는 1층이 가모가와를 코앞에서 감상할 수 있는 명당. 특히 밤 불빛이 휘청거리는 고조 대교를 코앞에서 바라보는 밤 풍경은 여행자의 마음을 단번에 홀려버린다. '아! 고요히 잠들어 있는 교토의 밤은 홍콩이나 고베의 휘황찬란한 밤보다 아름답구나!' 그래서 1층 좌석은 늘 사람들로 북적댄다. 1층이 말괄량이 둘째 같은 느낌이라면 2층은 마음 씀씀이가 넓은 맏이 같은 공간이다. 시골 할머니집의 다락방에 앉아 있는 듯 포근한 공간에서 소녀처럼 수줍게 난 작은 창으로 가모가와를 발 밑에서 내려다볼 수 있다.

우리나라에서는 손에 꼽을 정도이지만, 교토에서는 지극히 일반적인 자가 블렌드 커피와 매일 바뀌는 히가와리 케이크, 오너 부부의 감각 테스트를 거쳐 선발된 세련된 잡화도 풍경에 반해 자꾸 발걸음을 하는 이방인을 사로잡는다.

★ 075-361-3069
★ 11:00~21:30
★ 부정기 휴무

스타벅스 산조 오하시 Starbucks Coffee Sanjo ohashi

●●● 좋아하지만 애정도 리스트에서 번번이 차에 밀려 냉대를 받는 커피. 게다가 한때 중독됐던 적도 있는 별다방 커피와는 소원해진 지 오래다. 그럼에도 불구하고 가장 사랑해 마지않는 가모가와를 소개하면서 시큰둥한 관계인 별다방을 끌어들이는 속셈은? 이쯤해서 고백하면 교토에 머물면서 자주 별다방을 찾았다. 이유는 단 하나. 가모가와와 교토 거리를 가장 숨통이 트이는 공간에서 대놓고 바라볼 수 있는 최적의 입지를 꿰차고 있어서다. 가모가와 강가를 따라 데이트족과 관광객을 유혹하는 카페들의 도토리 키 재기 다툼이 치열하지만…. 구불구불 긴 머리를 헤쳐 풀고 있는 여신. 사이렌이라는 인어가 그려진 초록색의 강렬한 로고를 앞세워 세계 곳곳에 초록 깃발을 꽂고 있는 별다방. 교토는 그러한 글로벌 커피 체인마저 교토다움으로 녹아들게 했다. 전통을 꼿꼿이 지켜내면서도 현대를 거부하지 않고, 비일본적인 문화마저 일본적으로 녹여내는 그 기묘함. 내가 별다방에 단골 도장을 찍게 만든 가장 큰 이유다.

★ 075-213-2326
★ 08:00~24:00 월~목요일
★ 08:00~01:00 금·토요일
★ 08:00~24:00 일요일·공휴일
★ 부정기 휴무

도코보&카페 가모가마 Tokobo&Cafe Kamokama

●●● 도자기 교실을 운영하는 도예 공방이자 카페인 가모가마. 교토 사람들이 알음알음 찾는 곳이다. 교토의 많은 관광지에서 마주쳤던 외국 관광객들이 자취도 없이 사라진 가모가와 상류의 한적하고 편안한 동네. 1층 공방에서는 도예 교실이 열리고 2층에는 나른하게 시간이 흐르는 카페가 있다.

교토를 대표하는 카페이니 메뉴에도 교토 스타일로 넘쳐난다. 화들짝 놀란 메뉴이자 늘 이 카페를 떠올리게 했던 교토의 채소절임으로 만든 츠케모노 햄버그. 깨와 잡곡을 넣은 투박한 모닝빵에 짭짤한 채소절임을 소로 넣은 이색적인 음식이었는데 이제는 메뉴판에서 이름을 감추었다. 대신 카페 인근 가모가와 농가에서 재배한 채소를 사용한 음식 몇 개를 낸다. 카페에서 직접 만들었다는 교토 된장을 넣어 비벼 먹는 덮밥도 맛있다. 도예가들이 구운 작품 같은 그릇에 담겨 나오는 풍정은 여전하다. 가모가와의 향긋한 바람이 불어오는 테라스석에서 카페 타임을 즐기는 맛은 교토가 주는 사치다.

이곳의 즐거움 하나 더. 공방 입구에는 명함꽂이나 수반 등 작은 액세서리류나 멀쩡한 데도 고객 서비스 차원에서 몸값을 턱없이 낮춘 냄비나 컵, 밥공기 등을 구입할 수 있다.

★075-723-0554
★www.kamogama.com
★10:00~18:00
★수요일 휴무

Travel Tip

교토의 대표적인 여름 마츠리인 다이몬지 오쿠리비大文字 送り火. 가모가와의 가모 대교 근처 강가에서 교토의 여름밤을 운치있게 즐길 수 있다. 여름이면 일본의 다른 도시는 화려하고 시끌벅적한 불꽃놀이를 벌이지만 우아한 교토에서는 먼 산에 '대大', '묘법妙法' 자 등을 새겨 불로 태우며 조상신을 하늘로 배웅하는 행사를 연다. 8월 16일 저녁 8시경 가모가와로 가면 된다.

데마치 후타바 Demachi Hutaba

●●● 다다스노모리에 감동을 받고 들뜬 기분으로 교토의 봄날을 구경하며 게처럼 고개를 옆으로 돌리고 걷다가 철 기둥에 정면으로 부딪쳤다. 머리 위에는 별들이 돌고 철 기둥에 부딪힌 이마와 무릎은 이제는 더 이상 주인과 공생하기 싫다며 주인 바꿔달라며 아우성이었다. 몸의 아픔보다는 얼굴 팔림이 더 아파 얼결에 일어나 앞으로 마구 달려갔다. 그러다 운 좋게 만난 곳이 데마치 후타바出町ふたば다. 상점가 한가운데 딱 한 집에만 사람들이 겹겹이 서 있었다. '오호! 맛집 발견!' 횡단보도 앞에서 교토에 거주하는 것으로 추정되는 할머니에게 이 집의 맛을 한 번 검증할 요량으로 물으니 "아주 유명한 떡집이라우. 줄을 서서라도 맛보고 가슈. 줄 선 시간이 아깝지 않다우. 내가 보장하네." 사실, 이런 우여곡절이 없었어도 이곳은 교토에서 지낸다면 언젠가 한 번쯤은 찾아야 할 떡집이었다.

데마치 후타바의 명물은 찹쌀 콩떡인 마메모치. 찹쌀떡 안에 곱게 간 팥을을 듬뿍 넣고 소금 간한 붉은 팥을 꾹꾹 눌러 박아놓았다. 창업 당시부터 만들던 방식 그대로 역사를 이어오고 있다는데, 맛의 비밀은 팥의 단맛을 살짝 눌러주는 소금을 뒤집어쓴 팥 알갱이다. 긴 줄을 기다렸지만 코앞에서 "다 팔렸습니다"라는 이야기를 들을까봐 고개를 길게 빼고 차례를 기다리는 사람들은 마음속으로 이렇게 외치는 듯하다. '제발, 나까지만…. 나까지만….' 드러내놓지는 않았지만 떡을 만드는 장인들을 볼 수 있는 작업실, 떡이 일렬종대로 담겨 있는 큼직한 나무판, 직원들이 입고 쓰고 있는 촌티 날리는 하얀 셰프복, 찾아보기도 어려운 옛 물건이 된 속이 훤히 보이는 포장용기와 고무 밴드…. 향수를 자극하는 옛날 물건과 옛날부터 교토 사람들이 배신하지 않고 먹어온 옛날 떡은 교토에 또 찬사를 보내게 한다. 지금은 사라진 오하라메들도 이 집의 마메모치로 허기를 달래지 않았을까.

★ 075-231-1658
★ 08:30~17:30
★ 화요일, 넷째 주 수요일 휴무

Travel Tip 가모가와 공원

가모가와와 다카노가와高野川가 만나며 생긴 삼각주를 교토 사람들은 데마치 델타라 부르는데, 자그마하지만 공원도 있다. 시조에서 산조의 가모가와는 젊은이들이 장악하지만 이 일대는 평일엔 벤토 타임을 즐기는 비즈니스맨이나 OL들이, 주말엔 도시락 싸들고 애완견까지 총출동하여 나들이를 나온 가족들이 접수한다. 가모가와 상류로 올라갈수록 너비가 넓어지고 물에 낙차가 생기도록 설계하여 물소리도 더 다이내믹하다. 잔디 광장이나 조깅 로드, 산책길도 잘 꾸며져 있다. 게스트하우스 돈보 주인장의 귀띔에 의하면 한여름 델타 주변에 반딧불이도 볼 수 있다고 한다. 도심 한복판에서.

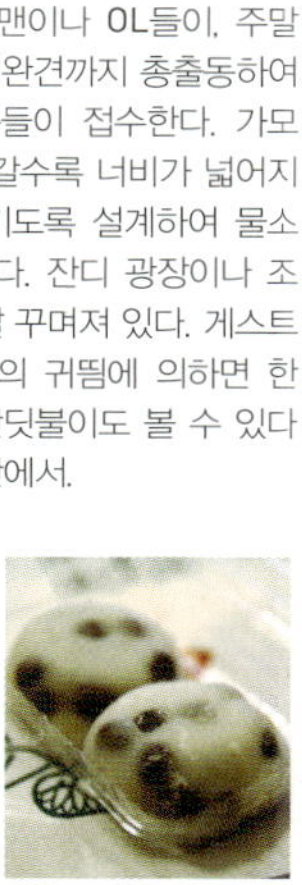

키라키라 히카루 Kirakira Hikaru

●●● 반짝반짝 작은 별 ♪ ♫ 이 레스토랑의 이름을 되뇌이면 '작은 별' 노래가 세트처럼 떠오른다. 가모가와에 흐드러지게 핀 벚꽃을 넓은 통창에서 조망할 수 있는 키라키라 히카루きらきらひかる. 이름 그대로 '반짝반짝 빛나는' 자연식 밥집이다. 요 몇 년간 일본에서는 '자연식'이 히트 상품이다. 인근 지역에서 제철에 난 식재료를 천연 조미료로 만든 자연에 가까운 음식을 내는 키라키라 히카루. 오하라에서 재배한 채소를 중심으로 오반자이 스타일의 소박하지만 건강한 밥상을 차려준다. 가모가와를 향해 시원스럽게 난 통창에 나무 테이블과 의자, 천천히 주문 받고 천천히 움직이는 스태프들…. 화학조미료와 설탕을 듬뿍 넣은 달달한 음식에 입맛이 길들여진 현대인에게 밍밍하지만 건강한 음식으로 용감하게 밥집을 선언한 키라키라 히카루. 밥 한 공기를 다 먹어갈 즈음이면 '왠지 건강해진 느낌이야. 슬슬 슬로푸드 밥상으로 바꿔볼까?'라는 생각에 미치게 한다. 그 때문인지 단골 고객은 여성들이 압도적이다.

★ 075-791-2111
★ http://kirakirahikaru.com
★ 11:00~15:00, 17:00~22:30
★ 화요일 휴무

episode 02.

꼭꼭 숨어라, 유자 마을

미즈오 Mizuo

●●● 깨끗한 물이 샘솟는 마을이라는 뜻을 지닌 미즈오水尾.〈때때로, 교토〉를 내고 나서 당분간 교토가 아닌 다른 곳으로 여행을 떠날 줄 알았는데 어째서인지 교토를 더 자주 찾게 됐다. 그럴 때마다 여행 기간의 절반 이상은 좋아하는 곳을 다시 찾고 나머지 반의 반은 교토 별장에서 뒹굴거리며 쉬고 나무로 지은 숙소의 2층 방에서 후두둑 빗소리를 듣는 맛은 정말 최고다. 나머지는 새로운 교토를 찾아나서곤 한다. 벚꽃을 보기에는 이른 초봄 교토의 별장에 누워 '어디 좋은 곳 없을까?'라고 생각하던 차에 교토 친구가 데리고 간 곳이 이 산골 마을이다.

끝물 유자만이 대롱대롱 매달린 유자밭에는 나무를 돌보는 할아버지뿐이고 마을 사람들은 지긋지긋한 유자 농사를 끝내고 관광버스 대절하여 단체 여행이라도 간 모양이었다. 마을을 한 바퀴 돌고 두 바퀴 돌아도 인적이 없다. 그 고요에 반했다. 어디를 봐도 눈이 맑아지는 자연이라 좋았다. 관광객이 오히려 마을 사람들에게 구경꾼이 되는 마을이라 사랑스러웠다. 이런 미즈오에 반한 천황도 있었다. 세이와 천황은 불교 수행 중 마을을 찾게 되었는데 완전히 반해버리고 말았다고 한다. 이곳에서 생을 마감하고 싶다는 유언을 남겼다고 전해지며 그는 마을이 한눈에 보이는 산속에 묻혔다. 그 후 미즈오 천황이라 불리게 됐다. 내가 아는 한 여행기자는 세계를 여행하면서 여생을 보낼 곳을 찾는다고 했었다. 그의 입에서 튀어 나온 낯선 지명들. 그는 아직도 여생을 보낼 곳을 찾아 방랑 중이다. 문득 이 마을을 소개하고 싶어졌다.

미즈오에서 가장 유명한 것은 유자. 마을 뒷산인 아타고 산에서 흐르는 맑은 물과 한랭한 기후가 만나 향이 짙은 유자가 열린다고 한다. 마을 사람들은 유자 농사를 짓고 유자차와 유자 된장을 만들고 유자를 목욕탕에 가득 띄운 목욕탕을 관광객들에게 내주며 먹고산다. 유자탕은 유즈부로柚子風呂라 부른다. 우리나라 마이산이 보이는 곳에는 홍삼탕이 있는데, 교토에는 유자탕이다. 그런데 유자 마을 산책을 끝내고 향긋한 유자탕에 몸을 담그고 싶다고 하여 누구나 목욕탕 입장이 허락되는 게 아니었다. 유자탕에 들어가려면 인덕이나 재력이 필요하다. 왜냐하면 유자탕은 4인 이상만 예약제로 운영한다. 목욕을 한 후에는 닭 스키야키를 세트로 먹어줘야 한다는 조건이 붙는다. 한 가지 더 귀띔하면 철이 있는 유자이니 신선한 유자 향을 맡으려면 10월 말부터 3월까지 찾아야 한다.

나 홀로 찾아 발이 퉁퉁 부르틀 때까지 걷다 보면 마음이 상쾌해지는 마을인데 '고독 여행'은 마을 사람들에게 거절당하는 곳이다. 여럿이 왁자지껄 찾아 조용한 마을에 생기를 불어넣는 일, 샛노란 유자가 익어가는 마을에서 필요한 여행의 법칙이다.

access
아라시야마에서 차로 약 30분. JR 호즈쿄保津 역에서 버스 운행(08:05, 09:10, 14:45, 16:05, 18:00). 약 10분 소요, 편도 250엔, 호즈쿄 역에서 걸어가면 1시간 정도.

Travel Tip
유자탕 예약은 미즈오 보슈카이
075-861-2373

My Favorite Trip 325

episode 03.

북쪽으로 튀어!

구라마와 기부네 Kurama & Kibune

●●● 나무들이 울창한 교토의 북쪽 산골에는 요괴가 산다. 빨간 얼굴에 피노키오처럼 큰 코를 가졌으며 게다를 신고 도사처럼 옷을 입었으며 자유롭게 하늘을 날아다니며 나쁜 짓을 꾸미고 다닌다. 교토 사람들이 재미로, 또는 진짜로 믿는 요괴의 이름은 덴구. 사실 덴구는 일본의 요괴로 각지에서 부르는 이름도 다르고 목격담도 다양하다. 교토의 북쪽 산골. 그러니까 구라마鞍馬에서는 구라마덴구가 산다. 교만하기 이를 데 없었던 고승이 사후 덴구가 되었다는 이야기가 전해진다. 때문에 다른 덴구보다 신통력이 강하며 헤이안시대 말기의 무사인 미나모토노 요시츠네에게 검술을 가르쳤다는 옛날 옛적 전설도 있다. 캐릭터가 강한 구라마덴구는 1969년부터 2008년까지 NHK의 드라마로 줄기차게 방송되었으니 '구라마' 하면 당연히 '덴구'가 튀어나온다.

여느 일본의 시골 마을처럼 거리에는 휴지조각 담배꽁초 하나 굴러다니지 않는 조용한 마을. 덴구가 사는 신비로운 산골 마을의 여행은 에이잔 전철의 종점인 구라마 역에서 시작된다. 나무로 지은 낡고 오래되었지만 기풍이 넘치는. 어딘가 쓸쓸한 느낌마저 드는 역사를 빠져나오면 대형 덴구가 여행객들을 환영한다. 관광객들이 맨 처음 향하는 곳은 구라마데라鞍馬寺라는 절이다. 원래 천태종 소속이었다가 1947년에 독립하여 구라마 쿄쿄鞍馬弘教로 개종했다고 한다. 첩첩산중에 자리한 사찰이니 가람 배치에도 스케일이 크 산책이라기보다는 등산에 가깝게 땀을 빼면서 구경을 해야 한다. 이 절에서 무술 수행을 했다는 미나모토노 요시츠네가 목을 축였다는 샘과 키를 쟀다는 바위가 남아 있으며 〈마쿠라노소시枕草子〉에 등장하는 꼬부랑길도 있다. 덴구만큼이나 유명한 명물은 불 축제. 250여 개의 나무 횃불을 들고 "사이레야, 사이료"라고 외치며 시작되는 불 축제의 정식 명칭은 구라마노히마츠리다. 매년 10월 22일 밤에 개최되는데 교통이 불편한 산골에 있어 물 건너 온 관광객들은 좀처럼 구경하기 어려운 진귀한 축제다.

절을 빠져나와 역과 반대 방향으로 걷다 보면 천연 유황 온천수가 샘솟는 구라마 온천이 있다. 당일치기가 가능한 노천 온천이니 잠시 온천욕을 즐기는 것도 좋다. 온천은 산속에 있어 하늘로 뻗은 담벼락을 칠 필요가 없으니 하늘과 산과 나무만 보면서 온천욕을 할 수 있다. 봄에는 벚꽃이 피고 가을에는 단풍꽃이 피어 아름답다지만 뭐니 뭐니 해도 새하얗게 눈꽃 피는 겨울이 가장 좋을 듯하다.

구라마와 이어진 교토의 명소는 기부네貴船. 여름이 되면 반딧불이가 날아다니는 심산유곡이다. 분지라서 여름이 정말 화끈하게 더운 교토, 교토 사람들은 옛날부터 여름에도 시원한 골짜기의 개울가에 나무 평상을 펼치고 음식을 맛보며 운치 있고 시원하게 여름을 보내는 풍습이 있다. 그래서 교토 사람들에게 여름 하면 기부네. 고요했던 마을이 여름이 되면 해수욕장이나 유원지처럼 떠들썩하니 교토 토박이들은 어지간해서는 기부네 근처에 얼씬도 하지 않는다고 들었다. 대신 나무 평상을 채우는 것은 호들갑스런 방송단과 외지에서 온 관광객들이라고. 그런데 호들갑 방송을 보면서 '혹하면 안 돼, 암, 안 되고 말고'를 외치다 결국 '아~ 저기서 여름을 보내고 싶구나'라는 생각이 저절로

드니 바보상자의 위력은 참으로 대단하다. 물가 들마루에 앉아 대나무 통을 흐르는 소면을 집어 먹는 풍류도 체험할 수 있다. 그래도 어쩐지 번잡한 곳을 피하는 성격인지라 기부네를 찾은 건 한창 봄꽃을 따라다니며 봄 마중을 하던 시절이었다. 깊은 산골 마을에는 장쾌하게 흐르는 개울만 있을 뿐이었다. 더위를 식혀줄 차디찬 물과 음식, 반딧불이 대신 고요를 손에 쥐고 좋다고 히죽히죽.

그래도 여기까지 왔는데 싶어 찾은 기부네의 사시사철 명소는 기후네진자貴船神社. 물의 신을 모시는 이 신사는 언제부터 시작됐는지 알 수 없다고 한다. 옛날에는 한자로 기생근氣生根이라 쓰고 기후네로 읽었다 하는데 기가 생기는 근원의 땅이라 여겨져왔다고 전해진다. 따라서 교토 사람들은 기후네진자를 찾아 원기 왕성과 소원 성취를 빌고 간다. 그리고 헤이안시대 여류 시인도 이곳을 찾아 기원을 한 후에 연을 끊었던 남편과의 관계가 좋아졌다는 전설이 전해지며 인연의 신사로 젊은 여성 참배객들을 유혹한다. 신사는 혼구本宮, 겟샤結社, 오쿠노미야奥宮의 세 개의 지역으로 나누어 있고 가장 안쪽 깊숙한 오쿠노미야에는 교토시 천연기념물인 계수나무가 숲을 이루고 있다.

교토 토박이들은 한여름 기부네를 멀리하지만 가을이 되면 또 언제 그랬냐는 듯 안부를 묻는다. 산골짜기 곳곳에 핀 단풍꽃이 지나치게 아름답다는 이유로.

access
구라마 에이잔덴샤叡山電車 구라마鞍馬 역에서 5분
기부네 에이잔덴샤叡山電車 기부네구치貴船口 역에서 걸어서 25분 또는 역에서 교토 버스 33번을 타고 기부네貴船 정류장에서 5분

Travel Tip
구라마데라 09:00~16:30, 200엔
기후네진자 09:00~16:30
구라마온천 075-741-2131, 10:00~21:00, 1000엔
* 구라마데라와 기후네진자는 약 820m 정도 떨어져 있다. 해가 일찍 지며 비교적 관광객들의 발길이 뜸한 지역이므로 너무 늦은 시간에 찾지 않는 것이 좋다.

episode 04.

봄꽃 마중

조난구 Jonangu

●●● 교토에서 '나, 무슨 꽃 봤어'라며 잘난 체는 하지 않는 게 좋다. 봄꽃 따라 다니다 보면 가는 줄도 모르고 짧은 봄을 떠나보내고 마는 꽃동네이니까. 봄이 되면 지하철이나 전철역에는 교토의 꽃 포스터표가 나붙고 꽃들이 20퍼센트 정도 피었는지 절반 정도 피었는지 만개했는지를 알려주는 꽃 모양 스티커를 붙인다. 일본에서 가장 아름다운 꽃구경을 할 수 있는 교토에서 봄꽃 명소는 너무 많아 헤아리기 어려울 정도인데 대부분이 벚꽃이다. 벚꽃보다 먼저 피어 봄을 알리는 교토의 전령사는 매화. 옛날 옛적 일본 사람들의 봄꽃 구경은 흐드러지게 피었다가 깔끔하게 죽음을 맞는 벚꽃이 아니라 매화였다고 한다. 일본에서 꽃구경이라는 풍류가 시작된 것은 나라시대710~794년로 중국에서 전해진 문화라고 하는데 헤이안시대 사가 천황 이후 갑자기 벚꽃이란 스타가 등장한다. 사가 천황은 우연히 보게 된 벚꽃에 단단히 홀려 타고 있던 가마를 세 번이나 돌려 다시 벚꽃을 구경하였고 이후 헤이안 귀족들은 앞다투어 벚꽃을 심게 되었으며 '봄 꽃구경 하면 벚꽃'을 제일로 치게 되었다고 전해진다. 지금은 교토의 곳곳에 자리한 벚꽃에 명성을 빼앗겼으나 한 번 보고 두 번 봐도 자꾸만 보고 싶어지는 매화의 황홀한 춤사위는 여전하다. 교토의 매화 명소로 말할 것 같으면 조난구와 기타노텐만구를 꼽을 수 있다. 특히 조난구의 홍매화는 수양버들처럼 가지가 땅으로 축축 늘어지니 황홀하다는 말로밖에 표현할 길이 없다.

조난구城南宮라는 신사를 적극 추천한 이는 '벚꽃보다는 당연히 매화'를 더 좋아하는 교토 토박이. 집 앞의 손바닥 정원에 홍매화를 몇 그루 심어놓고 봄마다 꽃을 즐길 정도로 매화를 사랑하는 친구다. '애기 매화'란 애칭이 있는 홍매화는 쌀쌀한 초봄이면 어김없이 핑크빛 꽃망울을 터려주니 두꺼운 옷을 입고 있어도 마음만은 춘삼월로 안내한다.

나라에서 천년의 수도였던 교토로 도읍을 옮기기 전부터 있었다는 이 오래된 신사는 교토 천도의 상징인 궁, 헤이안쿄의 남쪽에 있다 하여 조난구라고 불렸다고 한

328

다. 지금은 액막이, 건축 수호의 신사로 참배객들의 발길이 끊이지 않는다.

동백나무 가지마다 무슨 무슨 동백이라고 이름표가 매달려 있는 동백꽃 신사로도 유명하다. 그러나 슈퍼스타는 150여 그루의 매화나무. 매화 정원에 뿌리를 내린 수양버들 매화는 저 멀리에서도 존재감을 나타낸다. 신사 전체를 감싸는 향긋한 향으로, 매화철이면 어디서든 몰려왔는지 평일, 주말 가리지 않고 인파로 들끓지만 만개한 매화가 주는 묘한 풍취에 사람 물결마저 아름다워 보이는 마법이 벌어진다.

'아! 조난구의 홍매화를 보지 않고 교토의 봄꽃을 보았다 말하지 못하겠구나'라는 생각이 절로 든다. 바라만 봐도 기분이 좋아지는 매화꽃 물결. 봄, 첫사랑, 풋사과…. 싱싱한 단어들이 부끄러워 땅으로 꽃망울을 떨어뜨리듯한 애기 매화꽃들과 함께 춤을 춘다. "아~ 나는 말이지, 조난구의 수양버들 매화를 봤는데…"라고 잘난 체를 하고 싶어지는 봄이다.

access

JR 교토京都 역에서 시 버스 19번을 타고 조난구 미치城南宮道 정류장에서 내려 걸어서 3분. 소요시간 약 30분, 220엔

Travel Tip

★075-623-0846
★500엔

02

교토에서 힐링

힐링 캠프
Healing Camp

내게 교토는 여행을 떠나기 전의 설렘보다는 이방인으로 그곳에 머물 때 더 사랑스러워지는 곳이다. 교토의 거리를 걸으며 그들이 즐겨 먹는 음식을 맛보며, 그들과 이야기를 나누며 점점 스며들어 이곳을 떠나기 싫어지는 마음. 그럴 때는 온전히 교토에 빠져들 치유의 시간이 필요하다. 내가 찾아낸 교토의 에코 힐링의 명소들.

episode 01.

오~센토! 센토!

후나오카 온센 Hunaoka Onsen

●●● 추적추적 비가 내리던 장마철. 지도 한 장 달랑 들고 찾아 나선 곳이 교토 사람들로부터 아리마 온센이 부럽지 않다는 극찬을 듣는 후나오카 온센船岡温泉이었다. 1923년 목욕도 즐길 수 있는 요리칸으로 창업한 후 1950년대 이후 대중목욕탕으로 변신했다는 곳. 국가 유형문화재로 지정된 유서 깊은 건물에서 목욕을 할 수 있다는 교토 친구의 설명에 가보고 싶어 안달이 났던 목욕탕이었다. 기대에 부풀어 찾았지만 영업시간 훨씬 전에 당도하고 말아 하는 수 없이 비 오는 날 동네 산책에 나섰다. 그렇게 한 바퀴 둘러보아도 아직 이른 시간. 처마 끝에 떨어지는 빗방울 소리를 들으며 영업 중이라는 노렌이 걸리기를 기다리기로 했다. 그런데 이때 여행자에게 말을 걸어오는 아주머니. "아까 왔다가 문 안 열어서 동네 산책하다 왔지요? 나도 그때쯤부터 기다렸어요. 나는 매일 와요. 집에서 아들 내외, 손주 녀석들이랑 목욕탕을 함께 쓰려면 피곤해. 이 센토를 이용하는 게 저렴하기도 하고 말이지. 그나저나 댁은 참 운이 좋은 사람이네. 날마다 여탕, 남탕이 바뀌는데

오늘은 나무통으로 된 노천 온천이 있는 곳이 여탕이라우. 훨씬 넓고 좋아."
목욕탕 문 앞에서 친해진 동네 할머니와 함께 탈의실로 들어가는 순간 깜짝 놀라게 되었다. 고개를 들어보니 천장에는 유명한 절에 옮겨놓아도 격이 떨어지지 않을 근사한 조각품으로 가득 차 있었기 때문이다. 또 목욕탕 안 연결 통로는 알록달록한 마조리카 타일로 화려하게 장식되어 있다. 과연 나라의 유형문화재로 지정될 만했다. 그런데 마조리카 타일을 보고 있자니 문득 스페인의 알함브라 궁전이 떠올랐다. 사람의 체취가 사라진 지 오래, 시간의 먼지를 뽀얗게 뒤집어쓰고 마네킹같이 잠들어 있는 알함브라 궁전이…. 그에 비하면 후나오카 온센의 타일은 볼품없고 초라하기 이를 때 없지만 생명력 강한 시골 아낙네처럼 느껴졌다. 흠잡을 데 없이 완벽한 미인이지만 정이 안 가는 마네킹보다는 시골 아낙네쪽이 마음이 쓰인다.
더 안쪽으로 들어가면 파란 타일이 촘촘히 박힌 넓은 욕실도 있고, 어른 두 명이 들어가면 딱 맞을 정도 크기의 나무로 된 노천 온천탕도 있다. 비가 내리는 날 교토 한복판에서 노천 온천이라니…. 역시 도시이긴 하지만 왠지 도시라는 단어가 어색한 교토답다. 교토의 미인을 만드는 맑은 물에서 목욕을 하고 탈의실을 빠져나왔더니 미스 김이 나올 것 같은 다방 같은 휴게실의 유혹이 기다리고 있었다. 낡은 냉장고에서 스콜이라는 로컬 드링크를 꺼내 목을 축이며 다짐하고 말았다. 교토의 센토 순례를 시작하기로.

★ 075-441-3735
★ 15:00~25:00 평일08:00~25:00

히노데유 Hinodeyu

●●● 누가 뭐래도 교토의 남쪽 지역의 관광 스폿은 도지東寺다. 내 머릿속의 여행지도에는 도지 옆에도 반짝반짝 별이 하나 더 빛난다. 1928년 건축됐다는 일출 목욕탕 히노데유日の出湯가 그 별이다. 교토 대부분의 대중목욕탕이 그러하듯 목욕탕 시설이 최첨단이라거나 최고급 스파 시설이 들어와 있는 것도 아니다. 다만 교토 시내에 남아 있는 전쟁 전 건축된 대중목욕탕으로서는 최대 규모라고 한다.

좁은 골목길 앞에 걸린 목욕탕 풍말을 따라 들어가면 갑자기 2층짜리 전통건물이 나타난다. 카메라 렌즈 안에 건물 전체가 들어오지 않을 만큼 크다. 가게 앞 공터에는 동네 사람들이 타고 온 자전거들이 놓여 있는데 예전에는 잘 가꾼 정원이 있었다고 한다.

파란색 노렌을 젖히고 드르륵 소리가 정겨운 미닫이문을 열고 들어가면 바로 탈의실이다. 여자 탈의실과 남자 탈의실을 나누는 것은 교토 대부분이 목욕탕이 그렇듯 얇고 얇은 천 한 장뿐이다. 그 천 한가운데에 계산대가 놓여 있고, 주인 아주머니는 천 조각 한 장을 올리거나 내리면서 남탕과 여탕을 오가며 일을 한다. 남탕과 여탕 사이에 놓인 천 한 장과 문을 열면 바로 등장하는 탈의실과 처음 마주할 때의 문화적 충격은 교토의 센토 입문자가 꼭 통과해야 할 장벽이다.

이 집의 또 다른 명물은 남자 탈의실과 여자 탈의실을 나눈 벽위쪽으로 뻥 뚫려 있다 위에 놓인 회전식 영업 안내판이다. '아스모 아리마스あすもあります'라는 표시는 내일도 영업한다는 의미이고, '아스 야스미あす休み'라는 표시는 내일은 가게 문을 열지 않는다는 의미다. 매일 목욕물을 데울 만큼 연료가 풍족하지 않았던 때, '영업 중'이라는 건조한 표현 대신 '오늘 쓸 만큼의 연료가 있습니다'라는 풋말을 써서 내걸었다는데 연료 걱정이 사라진 오늘날에도 이 감각적인 표현만큼은 시대를 넘어 애용되고 있다.

★ 075-691-1464
★ 16:00~23:00
★ 목요일 휴무

야나기유 Yanagiyu

●●● 교토 센토를 제집 드나들게 된 이유 중 하나가 목욕을 하고 나면 보디로션을 바르지 않아도 되는 좋은 물 덕분이기도 했지만, 센토를 찾아야만 볼 수 있는 교토만의 이색적인 볼거리가 숨겨져 있기 때문이기도 했다. 그건 교토를 지극히 흠모하는 교토 사람들이 끌어안고 있는 타일 벽화다. 킨카쿠지의 금각과 기요미즈데라 타일 벽화가 있는 초주야長者湯, 도쿄 타워와 도지가 있는 아사히유朝日湯, 일본의 삼경 중 한 곳인 아마노하시다테가 있는 하나노유花の湯…. 그중에서 가장 좋아하는 곳은 교토 사람들에게는 후지 산으로 통하는 히에이 산과 헤이안진구의 타일 벽화를 품은 야나기유柳湯다. 작고 아담하며 무엇보다 사람 냄새 폴폴 나는 목욕탕이다.

고백하건대 남탕과 여탕을 가르는 나풀거리는 한 장의 노렌 사이를 주인 아저씨가 오가며 일하는 충격적인 모습에 후들거리는 다리, 홍당무가 된 얼굴, 뒤엉켜버린 사고로 얼빠진 사람이 되어 호되게 센토 순례 신고식을 치른 곳이 이곳 야나기유다. 게다가 극친절한 주인 아저씨는 한국에서 왔다는 이야기에 하이텐션이 되어 남자 탈의실까지 구경시켜주었다. 괜찮다며 극구 사양하는 내게 강권하다시피 보여준 남자 탈의실. 막 옷을 벗으려던 찰나 불청객의 방문으로 '얼음' 상태가 되어 뻘쭘한 표정을 짓던 또래로 보이는 교토 청년의 모습은 헤이안진구의 타일 벽화와 함께 머릿속 한 장면을 채우고 있다.

★075-771-8439
★16:30~24:00
★월·화요일 휴무

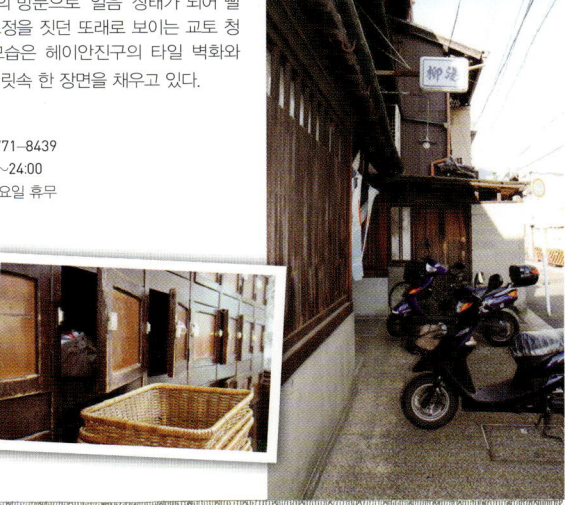

My Favorite Trip　335

니시키유 Nishikiyu

●●● 교토 곳곳에 점점이 박혀 있는 센토 중에서 여행객들이 가장 찾기 쉬운 곳 중 추천해서 욕 얻어먹지 않을 곳이 니시키유錦湯가 아닐까 한다. 니시키 시장 바로 옆에 있으니 시장을 둘러본 후 끝장이 보이면 니시키유를 찾아 시장 사람들 틈에서 목욕을 하는 일도 꽤 신선한 기억으로 남게 될 테니까. 게다가 단골로 찾는 마이코 상이 많다는 소문도 있고, 탈의실에는 단골들 이름이 적혀 있는 인상적인 바구니도 볼거리다.
교토 사람들은 '센토가 없으면 인생도 없다"라는 말을 할 정도로 센토를 사랑한다. '센토는 살롱'이라고 말하는 골수팬들도 있을 정도다. 동네의 정보 교류와 사교의 장으로서 자타공인을 받은 곳이 니시키유다. 매달 콘서트나 만담 등의 다채로운 행사가 열리는데 늘 만원이라고 한다. 교토의 옛날 목욕탕에서 열리는 문화 행사라니 교토 사람들은 뼛속까지 문화인들인가 보다.

★075-221-6479
★16:00~24:00
★월요일 휴무

Hot Tip 묘신지 욕실

일본 사람들은 온천과 목욕이라면 사족을 못 쓴다. 그도 그럴 것이 고온다습한 기후로 인해 여름이면 땀과 끈적임을 씻어내기 위해, 겨울에는 잠을 청하기 전 몸을 덥힐 요량으로 하루가 멀다 하고 탕을 찾았을 것이다.
불교 문화재가 산재한 교토에는 일본의 옛 사찰의 목욕 문화를 고스란히 담고 있는 유서 깊은 장소가 있다. 묘신지의 욕실. 불가에서 입욕은 심신을 정화하는 수행의 일환으로 여겨져왔는데 이 사찰의 욕실은 승려들뿐 아니라 일반인들에게도 개방된 적이 있다고 한다. 묘신지 욕실은 1587년에 건축되어 1656년에 개축한 것으로 쇼와시대1926~1989년 초기까지 사용되었다. 대형 가마솥 여러 개에 물을 끓여 그 증기를 이용하는 증기목욕탕으로 매우 드물고 진귀한 곳이다.

★075-461-5226
★09:10~11:40 20분간 관람 가능
★12:30, 13:00~15:40 20분간 관람 가능
★어른 500엔

Travel Tip 교토 센토 상식

● 현재 교토에는 180여 개의 센토가 있지만 날이 갈수록 사라지는 곳이 속출하고 있다.
● 교토 센토의 이용 요금은 어른 410엔.
● 샴푸, 린스, 면도기 등은 미니 사이즈로 판매되며 타월은 판매 혹은 유료로 대여.
● 맑은 물의 땅 교토, 대부분의 센토는 수질이 뛰어난 우물을 하나씩 갖고 있는데, 약 85퍼센트의 센토에서 수돗물과 지하수를 함께 사용한다.
● 일본의 센토에 걸려 있는 노렌은 비누 회사에서 무료로 주는 것들이 대부분. 재미있는 것은 교토풍, 도쿄풍, 오사카풍으로 지역마다 개성적인 노렌이 걸린다는 것. 교토풍은 남자와 여자 두 장으로 나누어져 있고 길이가 길다.

access

후나오카 온센船岡温泉: 교토 시 버스 206 계통 센본쿠라마구치千本鞍馬口 정류장에서 걸어서 5분, 220엔

히노데유日の出湯: 교토 역 하지조구치八条口에서 도지 히가시몬東門 방향으로 걸어서 8분

야나기유柳湯: 산조게이한三条京阪 역에서 사쿠라안 교토호텔桜庵 KYOTO HOTEL 사잇길로 2분 정도 걸어가면 오른쪽

니시키유錦湯: 지하철 시조四条 역 또는 한큐阪急 가라스마烏丸 역에서 걸어서 5분. 다이마루 백화점 지나 교토 노무라증권 빌딩京都野村證券ビル을 끼고 왼쪽 골목 사카이마치도리堺町通り로 걸어가 2분

Travel Tip 목욕탕 출신 카페들

교토의 대중목욕탕은 점점 사라져가고 있는데 맨션이나 주차장으로 용도를 바꾸지 않고 매력적인 공간으로 용케 살아남은 목욕탕 카페가 교토에는 몇 군데 있다.

사가노유 SAGANO-YU

100년 정도 된 가게를 노포로 쳐주지 않는 교토에서 문을 연 지 몇 년 안 된 이 카페야말로 햇병아리 중 햇병아리다. 그러나 목욕탕의 욕조나 벽면에 붙은 타일, 거울, 수도꼭지 등 목욕탕의 옛 모습을 살린 감각적인 인테리어와 먹는 즐거움을 주는 음식들, 작가들의 소품을 만날 수 있는 갤러리 등으로 아라시야마의 명물 카페가 됐다.

일본에서 가장 아름다운 산골 마을

미야마초 Miyamacho

이름도 있는 그대로 솔직하게 아름다운 산마을인 미야마초美山町. 아름다운 산마을을 찾아가는 길은 모든 게 다 사랑스러워 보인다. 황금 물결 보리밭이 온몸을 흔들어 환영 퍼포먼스 펼치고, 생김새는 울퉁불퉁하지만 꽃만큼은 어여쁜 감자꽃은 활짝 웃어주고…. 일본인들이 마음의 고향으로 여긴다는 아름다운 산마을로 돌고 돌아 가는 길은 봄 소풍 나온 꼬마마냥 신났다.

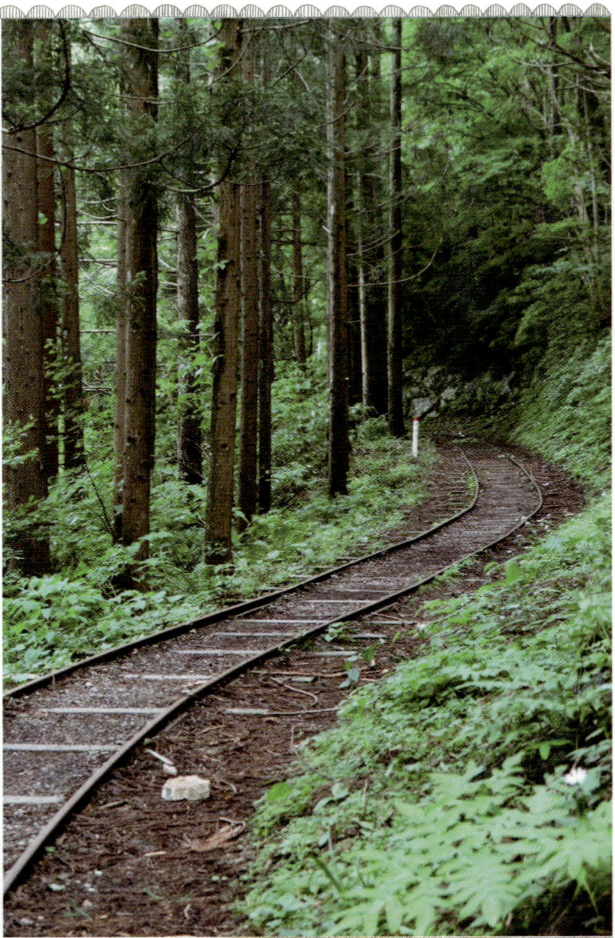

산마을 산책

도쿄는 롯폰기 힐즈를 시작으로 오모테 산도 힐즈, 미드타운 등 새로운 건축물에 새로운 테마를 끌어들이며 사람들을 불러 모았다. 그런데 교토에서 한참 떨어진 산속 마을은 시대를 거슬러 옛것을 그대로 지켜내며 한 해 100만 명의 관광객을 불러들인다. 교토에서 버스로 한 시간하고도 30여 분을 구불구불한 산길을 달리면 미야마초라는 산골 마을에 도착하게 된다. 에도시대 1603~1867년 중기에서 말기에 건축된 억새 지붕을 인 전통가옥이 늘어서 있고 그 둘레에는 쭉쭉 하늘 높이 뻗은 삼나무가 마을을 감싸고 있는 한가로운 풍경이 기다리고 있다.

인위적으로 꾸며놓은 민속촌과는 다른 공기가 감돈다. 그래서 하루 종일 마을을 어슬렁거려도 전혀 피곤하지 않다. 참으로 이상한 일이다.

안동 하회마을, 낙안읍성같이 옛 모습을 간직하고 있는 일본의 대표적인 마을로는 세계유산으로 뽑힌 기후 현의 시라카와고와 후쿠시마 현의 시모고마치, 교토 부의 미야마초가 있다. 닮은꼴 세 마을은 묘한 라이벌 관계에 놓여 있는데, 최근 떠오르는 스타는 미야마초다. 주말이면 북새통을 이루며 정취를 깨는 시라카와고와 달리 그래도 아직은 시골 마을의 한적함과 고요함이 남아 있어서다. 미야마초는 96퍼센트가 800에서 900미터 높이의 산으로 겹겹이 둘러싸인 산골 마을. 이 척박한 산마을에는 250여 채의 전통가옥이 남아 있고, 억새 지붕집들이 몰려 있는 가야부키노사토 かやぶきの里라는 마을에는 38채가 지붕을 맞대고 있다.

아름다운 산마을을 돋보이게 하는 장식품은 수천, 수만 단의 억새와 짚으로 근사하게 뒤덮인 지붕. 20년 주기로 지붕을 바꿔야 한다는데 그 비용은 상상을 초월한다. 다행히 아름다운 산마을은 1993년 중요 전통적 건조물군 보존지구로 선정되면서부터 지붕 교체 비용을 대부분 지원 받게 됐다. 그러나 전통 마을로 남겨지기까지 쉽지 않았다고 한다. 억새 지붕집은 일본 사람들에게는 가난의 상징으로 여겨졌기 때문이라는데, 마을 주민 모두의 동의를 얻어내기까지 18년이란 긴 세월이 필요했다. 그렇다면 지금은? 그린 어메니티 Amenity, 1990년대 중반부터 서유럽 국가를 중심으로 한 농촌운동의 대표적인 마을로, 누구나 억새 지붕집에서 하룻밤 청하고 싶어하며, 한번쯤 살아보고 싶은 동네로 손꼽힌다.

가야부키노사토의 마을 산책을 즐기고 돌아오는 길. 유치원 버스 비슷한 것이 마을에 세워져 있다. 그리고 잠시 후 밭에서 분주히 일하시던 할머니들이 호미를 내던지시고 버스로 돌진하는 진풍경이 벌어졌다. 따라 올라간 버스 안에는 식재료들이 빽빽하게 들어차 있는데, 이름하여 이동 슈퍼. 일주일에 두 번 정도 마을을 찾아오는 만물상이다. 할머니들은 얌전한 학생들처럼 한 줄로 서서 이동 슈퍼 주인장에게 필요한 물건을 주문하시거나 살 물건을 고르신다. 아름다운 산마을은 마을 주민들의 회의를 통해 가게를 일절 운영하지 않기로 결정했다고 하니 구멍가게가 있을 리 만무하기 때문에 이동 슈퍼가 마을에 뜨는 날을 도시로 나간 자식들이 돌아오는 것처럼 손꼽아 기다리신다고.

마을에는 홀로 사시는 할머니들이 대부분이라는데, 할머니들은 밭농사를 짓는 틈틈이 집 주변에 꽃을 심고 가꾸는 수고도 마다하지 않으신다. 마을을 보러 멀리에서 온 관광객들을 위한 할머니들의 자그마한 선물이란다. 과연 꽃보다 아름다운 건 아름다운 산마을의 할머니들이시다.

My Favorite Trip 341

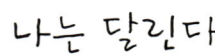

나는 달린다

사이클링 로드

●●● 교토 토박이들은 교토를 취재하러 이리저리 쏘다니는 내게 자전거 구입을 권했었다. 걸으면서 보는 교토와 자전거를 타고 보이는 교토와는 다르다는 이유에서다. 정말 그랬다. 교토살이가 한 달쯤 지나 나는 기적처럼 애마 자전거를 손에 넣을 수 있었다. 가격이 너무 저렴해 혹시 뒤에 0이 하나 빠진 건 아닌지 주인아저씨에게 확인하고 구입했을 정도였다. 낡긴 했어도 교토의 구석구석을 둘러보는데 혁혁한 기여를 했던 세일러 문. 가장 좋아하는 코스는 가모가와 달리기. 교토 역 근처에 살 때는 가모가와를 따라 가미가모 진자까지 오갔다. 왕복 2시간을 훌쩍 넘기는 만만치 않은 코스였지만 몸은 힘들어도 씩씩 거릴 정도로 가쁜 숨을 몰아쉬며 자전거 페달을 힘차게 밟고 나면 울적한 마음이 화창해졌다. 감기에 걸리면 비타민이 풍부한 과일이나 채소를 묻거나 따지지 않고 찾아 먹듯 마음의 감기가 들면 자전거를 끌고 가모가와를 내달리곤 했었다. 나의 애마 세일러 문은 교토살이를 정리하면서 당시 머물던 게스트하우스에 선물로 주고 왔지만…. 아무튼 교토는

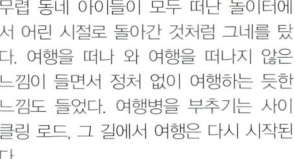

지도 한 장을 들고 자전거를 타면서 둘러볼 만한 곳이다. 아니 둘러봐야 하는 곳이다.

세일러 문이 내 손에서 떠난 후 교토 여행의 교통수단은 느려터진 버스와 지하철, 전철, 꼬마 기차, 때로는 걷기였다. 그러던 어느 날 교토를 찾은 내게 후시미에 사는 친구는 후시미에서 아라시야마까지 왕복 2시간 남짓한 사이클링 로드가 있다고 귀띔해 줬다. 교토의 봄이 한층 무르익어갈 때 나는 친구들과 사이클링 로드를 달리고 있었다. 구불구불 물길 따라 아라시야마까지 달리는 **18km**의 숨은 비경. 지금까지 한 번도 본 적 없던 교토의 새로운 얼굴과 마주한 것과 같은 신선함. 자전거를 타고 달리며 맞는 바람도 달콤했다. 도게츠쿄가 바라보이는 소나무 아래 피크닉 매트를 깔고 흰 쌀밥에 오직 소금만 넣어 뭉친 삼각김밥에 맥주를 곁들인 도시락 타임도 덤으로 얻었다. 피크닉 매트에 누워 아라시야마의 햇살과 바람을 맞으니 몸 속 깊숙이 촘촘히 박혀 있는 독소들이 스르르 사라지는 것 같았다.

후시미로 돌아오던 길, 해가 뉘엿뉘엿 질 무렵 동네 아이들이 모두 떠난 놀이터에서 어린 시절로 돌아간 것처럼 그네를 탔다. 여행을 떠나 와 여행을 떠나지 않은 느낌이 들면서 정처 없이 여행하는 듯한 느낌도 들었다. 여행병을 부추기는 사이클링 로드, 그 길에서 여행은 다시 시작된다.

access 아라시야마

교토 역에서 JR 사가노 센을 타고 JR 사가 아라시야마嵯峨嵐山 역, **230엔**. 또는 시조 오미야四条大宮 역에서 게이후쿠京福 전철을 타고 아라시야마嵐山 역, **200엔**

Travel Tip

사이클링 로드 맵은 http://www.pref.kyoto.jp/doroke/bic-kidu.html에서 다운로드 받을 수 있다. 초보자라면 아라시야마의 도게츠쿄 건너 편, 한큐 아라시야마 역 쪽에 나 있는 사이클링 로드를 따라 남쪽으로 내려와 마츠오타이샤와 가츠라리큐를 둘러 본 후 다시 아라시야마로 복귀하는 코스가 적당하다. 만약 자전거를 좀 탈 줄 알며 나라라는 옛 도읍이 궁금하다면 교토에서 자전거로 나라까지 향하시길. 자전거 도로가 잘 놓여 있으므로.

03

보물 사냥꾼이 찾은 아트 교토

뮤지엄 나들이
In a Museum

넘쳐 나는 세계문화유산을 시작으로 유서 깊은 사찰과 독특한 부적 구경에 찾게 되는 신사, 정원사들의 다툼이 여전히 진행 중인 정원, 노포들의 화과자 열전, 장인들의 하나 뿐인 명품, 대학도시가 키운 젊은이들의 아지트, 집 전체가 문화재로 장식된 늙은 여관…. 교토는 둘러보는 모든 곳에 높고 낮은 품격이 깃들어 있다. 여러 가지 테마를 정해 둘러보다 보면 '이번에는 무리야, 다음에 다시 와야겠네'라는 다짐이 저절로 나오는데, 교토를 한 번 더 방문하게 할 이유가 더 있다. 대놓고 혹은 숨어서, 관람객을 유혹하는 교토의 크고 작은 뮤지엄. 옛날과 오늘, 내일을 빛낼 작품들이 손짓한다.

교토국제만화뮤지엄 Kyoto International Manga Museum

●●● 내가 생각하는 교토에서 가장 낭만적인 뮤지엄, 훗날 내 아이와 함께 손을 잡고 찾고 싶은 곳은 교토국제만화뮤지엄 京都国際マンガミュージアム이다. 봄날이나 가을날이 되면 잔디가 깔린 운동장에 엎드리거나 누워 만화책을 보는 아이들의 모습을 본 후로 교토국제만화뮤지엄은 낭만뮤지엄이 됐다.

"교토까지 가서 만화야?"라고 비아냥거린 이도 있었지만, "교토이니까 만화 뮤지엄이지요"라고 말해주련다. 일본의 만화 파워는 그야말로 대단하다. 1994년 당시 연재 중이던 〈드래곤 볼〉의 인기에 힘입어 〈주간 소년 점프〉라는 주간 만화잡지가 648만부라는 최고 발행부수를 기록했다. 〈드래곤 볼〉, 〈슬램덩크〉, 〈꽃보다 남자〉, 〈맛의 달인〉, 〈미스터 초밥왕〉, 〈신의 물방울〉, 〈서양 골동 양과자점〉, 〈오센〉, 〈심야식당〉…등 우리나라에서도 번역되어 히트한 만화들은 일일이 이름을 대기도 버거울 정도다. 요즘 대세는 누가 뭐래도 〈원피스〉다. 신간이 발행될 때마다 일본 전국이 들썩이는 만화. 1997년부터 〈주간 소년 점프〉에 연재되었는데 이 연재 만화를 엮

346

은 단행본의 누적 발행 부수는 2억8000만 부라고 한다. 67권의 초판은 무려 405만부를 팔아치우며 일본 만화 역사를 새로 썼다고 한다. 어른들도 아이들도 만화에 빠져 사는 만화 왕국. 교토에서 만화책을 원없이 읽으려면 교토국제만화뮤지엄으로 가야 한다. 폐교 위기에 처한 초등학교를 리모델링하여 문을 열었다. 학교 건물의 특성을 그대로 살린 공간에서 30만 권의 만화책을 만날 수 있다.
만화책만큼이나 재미있는 가미시바이라는 전통극도 매일 공연된다. 가미시바이란 옛날에 자전거를 끌고 다니며 아이들을 대상으로 과자를 팔던 상인들이 아이들이 좋아할 만한 이야기를 몇 장의 종이에 나눠 그리고 그 그림을 넘겨가면서 읽어주는 쇼다. 이야기의 클라이맥스 부분에서 입담 좋은 아저씨는 "자, 결론은 다음에!"라고 외쳐 아이들의 애간장을 녹이고, 아이들이 좋아하는 과자 등을 판매했다고 한다. 만화라는 그림 언어의 특징은 말이 필요 없다는 것. 일본어를 몰라도 연기자의 표정이나 그림을 보면 대충 줄거리를 이해할 수 있어 함께 즐길 수 있다.

공연 마지막에 퀴즈를 내어 맞힌 사람에게는 반짝반짝 빛나는 진짜 보석을 경품으로 주니 도전해보시길.

★ 075-254-7411
★ 10:00~17:30
★ 수요일, 연말연시 휴관
★ 800엔

access

교토 역에서 교토 시 버스 15·51·65 계통, 교토 버스 61·62 계통 가라스마오이케烏丸御池 정류장에서 바로, 220엔

map 교토고쇼 에어리어 131p

My Favorite Trip **347**

미호 뮤지엄 Miho Museum

●●● 20세기 말, I. M. 페이라는 건축가는 일본의 한 산속에 무릉도원을 형상화하여 뮤지엄을 지었다. 한 어부가 고기를 잡으러 강으로 갔다가 향기로운 복숭아 꽃잎에 취해 이끌려 찾게 됐다는 무릉도원. 어부는 그곳에서 며칠간 극진한 대접을 받으며 이 세상으로 돌아왔으나, 다시는 찾을 수 없었다는 이상향. 인간이 찾을 수 없는 곳이라는 무릉도원이 일본의 산속에 있다니 죽기 전에 꼭 한 번 가보기로 점찍어 두었었다. 그러나 교토에서 행정구역이 바뀌는 시가 현에 있다는 인식에 멀게만 느껴져 선뜻 갈 마음을 먹지 못하고 있었다. 어느 날, 셰리 언니에게 미호 뮤지엄에도 가보고 싶다고 지나가는 말로 말한 적이 있는데, 오지랖 넓은 언니는 바로 미호 뮤지엄의 큐레이터를 소개시켜주었고 그런 인연으로 예상보다 빨리 그 무릉도원을 찾게 됐다. 그리고 운 좋게도 겨울 휴관을 앞두고 마지막으로 문을 연, 크리스마스 이브에 미호 뮤지엄에 발을 들여놓게 됐다.

★ 개관 시기 봄 3월 중순~6월 초순, 여름 7월 중순~8월 중순, 가을 9월 1일~12월 중순
★ 개관 시간 10:00~17:00(입관은 16:00까지)
★ 월요일 휴관(공휴일인 경우 개관, 다음 날 휴관)

★ 입장료 1000엔
★ 오디오 가이드 영어, 중국어, 독일어
★ 0748-82-3411
★ http://miho.jp

access

교토 역에서 JR 비와코琵琶湖 센 이시야마石山 역, 약 13분, 230엔 미나미구치南口 앞에서 뮤지엄 왕복 셔틀버스인 데산 버스帝産バス로 이동. 데산 버스는 평일 4회 09:10~13:10 사이에 1시간마다. 주말 7회 09:10~14:10 운행

Travel Tip

이집트, 그리스, 로마, 서아시아, 중국, 페르시아, 중앙아시아 등 실크로드를 따라 수집한 고대 미술품과 불교 미술, 다도 미술, 옻칠 공예, 도자기 등의 일본 미술품을 포함하여 약 2000점 이상을 소장하고 있는 미호 뮤지엄. 250점에서 500점 정도는 상설 전시를 통해 공개하고, 나머지 작품은 항상 큰 주목을 받는 특별전을 통해 선보인다.

이상적인 먹을거리라는 찬사를 받는 뮤지엄 내 레스토랑과 커피숍의 음식도 뮤지엄을 소개할 때 빠지지 않는다. 특히 일본 차를 마실 수 있는 뮤지엄 내 커피숍 파인 뷰에서 사용하는 찻사발은 일본 유명 작가가 만든 작품이다. 어지간한 미술품보다 몸값이 비싸다는 첩보가 있으니 미술관 관람을 마친 후 햇살 가득한 커피숍에 앉아 작은 사치로 하루를 마무리해보는 것도 근사하리라.

작품 No. 1 미호 뮤지엄   작품 No. 2 터널   작품 No. 3 본관 로비

"일본의 전통 건축가는 토지와 건물, 그리고 경관을 조화시키는 감각을 갖고 있었습니다. 물론 나는 흉내는 내고 싶지 않습니다. 그러나 일본인의 마음, 문화, 전통을 존중하고 싶다는 마음이 강했습니다. 자연 속에 동화된 건물의 모습은 매우 의식적으로 디자인한 결과물입니다." 설계가 I. M. 페이의 말이다.

미호 뮤지엄을 소개한 많은 매체들이 소장 작품보다 더 많은 지면, 많은 시간을 할애하여 칭찬하는 것은 건축이다. 사실 프랑스 루브르박물관의 유리 피라미드 정문과 워싱턴 국립박물관 동관, 홍콩의 중국은행 빌딩 등을 설계한 세계적인 건축가 I. M. 페이가 뮤지엄의 설계를 맡았을 때부터 세계적인 관심을 받는 건 당연했고, 완성된 1997년에는 전 세계 미술계보다 건축계에서 더욱 주목했을 정도다. 산의 능선과 능선을 터널과 다리로 연결하고 산기슭에 뮤지엄의 80퍼센트를 땅에 묻어버리는 독특한 건축 기법을 사용함으로써 I. M. 페이만의 선경의 낙원을 실현시킨 미호 뮤지엄은 〈타임〉 선정 1997년 디자인 부문 베스트 10으로 선정되는 영예를 안으며 개관했다.

뮤지엄으로 가려면 봄이면 복숭아꽃 대신 핑크빛 벚꽃이 만발한다는 산책로를 지나 터널을 통과하고 다리를 지나야 하는데, 그 코스가 마치 무릉도원으로 향하는 길처럼 느껴진다. 이상향을 연결시키는 500미터 길이의 터널은 왼쪽으로 굽어 있어 출구가 보이지 않다가, 터널을 반쯤 지나면 갑자기 시야가 확 트이면서 빛이 한꺼번에 터널 안으로 날아 들어온다. 그 지점부터 현실 세계를 벗어난 듯 마음이 고요해진다. 무릉도원으로 향하던 어부도 굴속을 지나면서 이런 기분을 느끼지 않았을까. 터널을 빠져나오면 기묘한 구조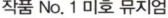사실은 현대 건축의 승리라 할 만한 고도의 건축기법이 사용된의 현수교가 나타나고, 푸른 녹음의 물결로 넘실거리는 그 다리 너머에는 산속의 작은 암자를 닮은 전시관이 표연히 서 있다.

자동문이 열리며 안으로 들어간 로비에는 또 한 번의 무릉도원이 펼쳐져 있었다. 시시각각 변하는 빛의 변주곡이 펼쳐지는 본관 로비. I. M. 페이는 삼각형과 피라미드형을 기본으로 한 글라스 아트리움 구조를 끌어들였다. 그리고 눈앞에는 시라기 산의 연봉들이 그림처럼 펼쳐진다. 20세기 말, 무릉도원을 흉내 내보겠다는 대단한 건축가는 로비 정면의 거대한 통유리를 통해 조용한 산속 풍경을 끼워넣어도 좋도록 원근감을 끼워넣는 기지를 발휘했다. 왼쪽으로 눈을 돌리면 꼭대기 부분만 살짝 드러난, 미호 뮤지엄을 지은 종교재단의 성전과 지금은 사라진 뉴욕 월드트레이드센터를 설계한 미노루 야마사키의 작품이라는 벨 타워가 나무와 구름 속에 휩싸여 신비롭게 그 모습을 드러낸다.

해가 산으로 막 넘어간 직후에 로비의 통유리 앞에 서면 참으로 해도 참을 수 없이 감탄사를 내게 된다. 아스라이 꺼져가는 붉고 노란빛이 뒤엉킨 여명이 어두움과 교차되려는 찰나, 자연은 가장 아름답고 요염하게 빛난다. 마치 이 세상에서는 볼 수 없는 풍경 같다.

작품 No. 4 준두신상

기원전 1295~1213년경, 높이 41.9cm

작품 No. 5 불입상

2세기 전·후반, 높이 250cm

작품 No. 6 정령과 종자 부조

아시리아 아슈르 팔 2세의 치세 기원전 883년~859년, 폭 183cm, 높이 110.5cm

전신은 황금으로 빛나며 머리카락은 푸른 보석 라피스라줄리를 끼웠고, 양 눈에는 수정이 박혀 있다. 3000여 년 전 이집트 신왕조 시대의 신상인 준두신상은 미호 뮤지엄이 소장하고 있는 최고의 걸작이자 아마 돈으로 환산하면 최고가액일지 모를 작품이다. 그도 그럴 것이 세계에 단 두 점만 남아 있는 진귀한 것인데, 모 나라에서 이 신상의 구입을 위해 백지수표를 들고 찾아왔다는 일화도 있다. 투탕카멘을 발견한 고고학자 하워드 카터에 의해 카이로의 벼룩시장에서 우연히 발견됐다는 준두신상. 미호 뮤지엄은 국제 경매를 통해 이 대단한 걸작을 손에 넣으며 세계 유수의 뮤지엄과 미술 애호가들로부터 많은 부러움을 샀다.

박물관이든 미술관이든 명품, 명작들과 만나고 돌아오는 날에는 뇌가 혹사당하여 쉬 지치기 마련이다. 얕은 배경지식으로 우아하게 명품을 바라보려 품을 잡는 데서 오는 피곤함도 있고, 천재 작가들의 천재성에 정신적 충격이 더해지기 때문이리라. 그런데 미호 뮤지엄은 그런 피곤함이 느껴지지 않는 기묘한 곳이다. 철저히 관람객을 고려하여 한 번에 감상할 수 있는 (머리에서 받아들일 수 있는) 만큼의 작품만 전시하기 때문이다. 명작들을 많이 소장하고 있지만, '우리 뮤지엄에는 이렇게 값비싼 명품들이 이만큼이나 있답니다'라고 값비싸게 자랑하지 않는다. 미호 뮤지엄이 마음에 쏙 든 점은 관람객들이 천천히 작품을 음미할 수 있게 한 배려 때문이다.

그러한 감동은 온화한 미소를 머금은 이 불상을 통해 가장 잘 전달된다. 피라미드 형태의 창을 뚫어놓아 시시각각 변하는 빛의 리듬 속에서 보는 각도에 따라 표정이 달라 보인다는 부처님의 얼굴은 미호 뮤지엄만큼이나 고혹적이다.

지금으로부터 4000여 년에서 3800여 년 전 아시리아는 메소포타미아에서 지중해 지역으로 진출하며 강력한 제국으로 군림했다. 이 작품은 당시 수도였던 니무르(지금의 이라크 북동부)에 아슈르 팔 2세가 세운 궁전 벽에 붙어 있던 부조. 왕이 의식을 치르는 모습을 새긴 벽화의 일부로 왕의 뒤를 따르는 호위무사와 성수를 뿌리려는 정령의 모습이 새겨져 있다. 미호 뮤지엄에서는 소장하고 있지 않지만 부조 아래에는 아시리아어로 아슈르 팔 2세를 신격화한 설형문자도 함께 발견됐다고 한다. 수천 년 동안 잠들어 있던 정령과 종자 부조는 1800년대 그 존재가 세상에 알려졌으며, 대부분의 부조는 원래 주인이 아닌, 영국의 대영박물관이 소장하고 있다고 들었다.

아사히비루 오야마자키산소미술관 Asahibeer Oyamazakisanso Museum

●●● JR 교토 역에서 땅 위로 달리는 전철을 타고 15분 정도를 가면 오야마자키大山崎 역에 닿는다. 교토와 오사카 사이에 있는 조용한 전원주택가에는 아사히비루 오야마자키산소미술관アサヒビール大山崎山荘美術館이 숨어 있다. 이름 그대로 아사히맥주에서 운영하는 산장 미술관으로 야트막한 동산을 올라가면 마치 유럽의 산장 같은 건물이 나타난다.

아사히맥주의 창립자인 야마모토 다메사부로가 수집했다는 칠기와 직물, 일본화, 서양화, 현대 조각 등 1000여 점의 작품을 소장하고 있다. '맥주왕', '호텔왕'으로 불린 실업가였던 야마모토가 수집한 예술품들은 야마모토 컬렉션이라 부르는데 우리 땅에서 건너간 도자기도 컬렉션의 한 페이지를 장식하고 있다. 뿐만 아니라 일본민예운동에 동참한 그는 가와이 간지로, 버나드 리치 등 민예운동가들과 교류하며 많은 작품을 사들였다고 한다.

1932년에 영국의 튜더양식으로 지어진 오두막 같은 본관 1층은 신관과 연결되어 있는데 어쩐지 낯익은 모습이다 싶었더니 안도 타다오가 설계한 현대적인 미술관이었다. 신관에는 모네와 모딜리아니, 파울 클레, 헨리 무어 등 근·현대 미술이 걸려 있다.

사실 미술품보다는 산장 입구에 후두둑 꽃송이째 떨어져 있던 봄날의 동백꽃과 산장의 테라스에서 바라보는 경치가 더 감칠맛이 난다.

★ 075-957-3123
★ www.asahibeer-oyamazaki.com
★ 10:00~16:30
★ 월요일 휴관
★ 900엔

access
JR 교토 역에서 JR 야마자키山崎 역 또는 한큐阪急 오야마자키大山崎 역에서 도보 10분, 210엔JR 교토 역에서 출발할 경우

호소미 미술관 細見美術館

모던하고 미니멀한 건물에 일본적인 것들로 가득 차 있는 교토 미술관계의 보물상자. 헤이안과 가마쿠라 시대의 불교와 신도 미술, 에도시대 그림 등 1000여 점의 예술품을 소장하고 있다. 맨 위층의 테라스를 접한 차실이 명물로 이곳에서 바라보는 히가시야마의 풍경이 매우 각별하다.

★ 075-752-5555
★ www.emuseum.or.jp
★ 10:00~18:00
★ 월요일 휴관
★ 전시에 따라 관람료가 다름

access 지하철 도자이東西 센 히가시야마東山 역에서 걸어서 7분, 교토 시 버스 31·201·202·203·206 계통 히가시야마니조東山二条 정류장에서 도보 3분

교토국립 근대미술관 京都国立近代美術館

일본과 다른 나라의 근대 미술 작품과 자료 외에 서일본의 미술과 공예품 등 약 7800점을 소장하고 있다. 헤이안진구를 중심으로 한 주위의 건물과의 배치를 고려하여 건축했다고 한다. 가장 위층에 자리한 로비의 창을 통해 히가시야마를 배경으로 한 헤이안진구의 붉은 도리이가 눈에 들어오는데 미술관조차 차경을 끌어들이는 교토다운 미술관이다.

★ 075-761-4111
★ www.momak.go.jp
★ 09:30~17:00
★ 월요일, 연말연시 휴관
★ 420엔(컬렉션 갤러리)

access 지하철 도자이東西 센 히가시야마東山 역에서 도보 5분, 교토 시 버스 5·100 계통 교토카이칸비쥬츠칸마에京都会館美術館前 정류장에서 바로

교토시 미술관 京都市美術館

1933년에 개관한 공립 미술관으로 메이지시대1868-1912년 이후부터 1990년대까지의 일본화, 서양화, 공예품이 컬렉션의 근간을 이룬다. 서양식 계단에 일본 등이 걸려 있는 등 서양과 일본의 건축양식이 혼합된 독특한 본관은 건축학적으로도 볼거리가 풍부하다.

★ 075-771-4107
★ 09:00~16:30
★ 월요일·연말연시 휴관
★ 전시에 따라 관람료가 다름

access 지하철 도자이東西 센 히가시야마東山 역에서 도보 5분, 교토 시 버스 5·100 계통 교토카이칸비쥬츠칸마에京都会館美術館前 정류장에서 바로

교토부립 도모토 인쇼 미술관 京都府立堂本印象美術館

1891년 교토에서 태어난 일본 화가 도모토 인쇼1891~1975년의 작품과 만날 수 있는 미술관. 흰색의 부조로 장식한 독특한 외관은 행인들의 시선을 한 몸에 받는다. 1966년 작가 자신이 본인의 미술관을 세웠다는데 미술관 곳곳에 작가의 흔적이 남아 있다. 일본화, 서양화, 조각, 도예품 등 2000여 점을 소장하고 있으며 일년에 네 번 정도 테마를 정하여 전시하고 가을에는 특별 기획전이 개최된다.

★ 075-463-0007
★ http://www2.ocn.ne.jp/~domoto/index-j.html
★ 09:30~16:30
★ 월요일, 연말연시 휴관
★ 500엔

access 교토 역에서 교토 시 버스 50 계통 리츠메이칸다이가쿠마에立命館大学前 정류장에서 도보 1분.

노무라 미술관 野村美術館

1984년에 개관한 미술관으로 노무라증권의 창립자 노무라 도쿠시치가 수집한 다도 용품과 전통극 노의 가면, 의상 등을 선보인다. 1500여 점의 소장품 중 7점의 중요문화재와 9점의 중요미술품을 보유하고 있으며 봄과 가을에만 문을 연다.

★ 075-751-0374
★ www.nomura-museum.or.jp
★ 10:00~16:00
★ 월요일, 6월 중순~8월 말,
12월 중순~2월 말 휴관
★ 700엔

ɑccess 교토 역에서 교토 시 버스 5번 난젠지·에이칸도미치南禅寺·永観堂道 정류장에서 도보 5분.

고려미술관 高麗美術館

경북 예천 출신의 재일교포 정조문 씨가 일본에서 수집한 우리 문화재 1700여 점을 소장한 미술관. 1988년 개관한 미술관으로 청동 거울, 통일신라의 기와, 모란 무늬가 새겨진 고려 상감청자, 조선시대 백자, 나전으로 장식한 목공예품, 산수도와 화조도, 민화 등을 만날 수 있다.

★ 075-491-1192
★ www.koryomuseum.or.jp
★ 10:00~17:00
★ 월요일, 연말연시 휴관
★ 500엔

ɑccess 교토 역에서 교토 시 버스 9번 가모가와츄갓코마에賀茂川中学校前 정류장에서 도보 1분

교토부립 도판 명화의 정원 京都府立陶板名画の庭

안도 타다오가 설계한 옥외 미술관으로 미켈란젤로의 '최후의 심판', 다빈치의 '최후의 만찬' 등 동양과 서양의 명화를 재현한 도판화 8점을 전시한다.

★ 075-724-2188
★ 09:00~16:30
★ 12월 28일~1월 4일 휴관
★ 100엔

ɑccess 지하철 교토京都 역 가라스마烏丸 센 기타야마北山 역에서 바로, JR 교토 역에서 교토 시 버스 4·기타8번 기타야마에키마에北山駅前 정류장에서 바로

교토 국립박물관 京都国立博物館

도쿄, 나라, 규슈와 함께 일본의 4대 박물관 중 하나. 서양식 건물 안에서 가장 일본적인 컬렉션을 만날 수 있다. 기획전이 볼 만하다.

★ 075-541-1151
★ www.kyohaku.go.jp
★ 09:30~17:00
★ 월요일, 연말연시 휴관
★ 전시에 따라 관람료가 다름

ɑccess 교토 역에서 교토 시 버스 100·206·208번 하쿠부츠칸·산주산겐도마에博物館三十三間堂前 정류장에서 바로

교토문화박물관 京都文化博物館

1998년 구 일본은행 교토지점에 교토의 역사와 문화를 보여주는 박물관으로 리뉴얼했다. 상설전 외에 특별전이 일 년 내내 열리는데 볼 만한 전시가 많다.

★ 075-222-0888
★ www.bunpaku.or.jp
★ 10:00~19:30
★ 월요일, 연말연시 휴관
★ 500엔(종합 전시. 특별전에 따라 관람료가 다름)

ɑccess 지하철 교토京都 역 가라스마烏丸 센 가라스마오이케烏丸御池 역 5번 출구에서 도보 3분

가와이 간지로 기념관 河井寛次郎記念館

일본의 민예운동을 주도한 도예가 가와이 간지로의 자택으로 연 기념관. 국보급 가마터와 주인을 닮은 푸근한 도자기, 조각품과 우리나라에서 건너간 소반 등을 만날 수 있다.

* 075-561-3585
* www.kanjiro.jp
* 10:00~16:30
* 월요일, 8월 중순, 연말연시 휴관
* 900엔

access 한큐京阪 전철 기요미즈고조清水五条 역에서 도보 10분, 교토 역에서 교토 시 버스 206계통 우마마치馬町 정류장에서 도보 1분

교토 기리시아 로마 미술관
京都ギリシアローマ美術館

조용한 주택가에 세워진 일본 유일의 그리스 로마 미술관. 관장 부부가 40년에 걸쳐 수집한 기원전 3000년에서 기원 200년 무렵의 그리스와 로마 조각, 도자기, 장신구, 그림 등 120점을 상설 전시한다. 4층 휴게실에서 바라 보는 히에이잔이나 히가시야마의 연봉도 살아 있는 작품이다.

* 075-791-3561
* 10:00~17:00
* 월요일, 연말연시, 1~2월 휴관
* 1,000엔

access 지하철 교토京都 역 가라스마烏丸 센 기타야마北山 역 1번 출구에서 도보 10분, 교토 역에서 교토 시 버스 4계통 기타엔마치北園町 정류장에서 도보 1분

시게모리 미레이 정원 미술관
重森三玲庭園美術館

1896년에 태어나 1975년 타계할 때까지 교토의 정원 지도를 새로 쓴 작정가作庭家 이자 일본 정원사 연구가. 옛 자택의 서원과 정원을 미술관으로 공개한다. 방문 전날까지 예약한 사람에게만 입장이 허락된다.

* 075-761-8776
* www.est.hi-ho.ne.jp/shigemori/association-jp.html
* 11:00~14:00
* 월요일, 연말연시 휴관
* 600엔서원과 정원, 1000엔차실 이용료 포함

access 교토 역에서 교토 시 버스 206 계통 교다이세이몬마에京大正門前 정류장에서 도보 10분

Hot Tip 노가쿠 전용극장

곤고노가쿠도 金剛能楽堂

2003년에 개관한 노가쿠能楽 극장. 노가쿠란 일본의 가면 음악극을 말한다. 400여 석의 관람석에서 공연을 감상할 수 있다.

* 075-441-7222
* www.kongou-net.com
* 09:00~17:00
* 월요일, 연말연시 휴관
* 공연에 따라 관람료가 다름

access 지하철 가라스마烏丸 센 이마데가와 今出川 역에서 도보 5분

04

차와 빵이 필요한 순간

•

교토 찻집과 고베 빵집
Cafe & Bakery

일본에는 '먹다 망할 오사카, 입다 망할 교토'라는 말이 있다. 그런데 요즘은 '교토 찻집, 고베 빵집'이란 말이 적당할 듯하다. 산책자들의 도시인 교토에는 유난히 개성 넘치는 찻집이 글로벌 체인 커피숍이나 흔해 빠진 카페를 물리치고 있고 일본의 오래된 빵 도시에는 그곳에서만 맛볼 수 있는 명품 빵을 굽는 빵집이 즐비하다. 차와 커피를 하루라도 맛보지 않으면 금단현상이 생기고 빵이라면 자다가도 벌떡 일어나는 빵순이가 찾아낸 교토의 찻집과 고베의 빵집 리스트다.

episode 01.

발견해봐!
빠지게 되는 100가지 이유
교토의 찻집

긴세 료칸 **Kinse Ryokan**

●●● 누구처럼 긴세 료칸きんせ旅館이라는 이름을 보고 여관이라 오해하지 마시길. 교토에서도 알음알음 소문난 썩 괜찮은 카페이니까. 카페인 주제에 왜 료칸이라는 이름을 달고 있는가 하면 옛날에는 여관으로, 지금은 카페&바로 사용되는 이 건물의 역사를 들춰봐야 한다. 이곳의 오너는 뮤지션. 교토에서 태어나 도쿄에서 자랐고 미국을 드나들며 음악 관계의 일을 하던 청년이었다. 그 청년은 할머니가 운영하다 문을 닫은 후 버려졌던 250년 넘은 낡은 여관을 손봐 재즈나 피아노 공연, 만담을 여는 독특한 카페 겸 바를 열었다. 골동품점에 내놓으면 고가에 팔릴 법한 가구와 전등 등의 앤티크한 인테리어도 돋보이고 카페에 흐르는 음악도 예사롭지 않다. 또한 드링크 메뉴에도 한껏 힘을 쏟았다.

access
JR 교토 역에서 JR 단바구치丹波口 역으로 도보 7분. 또는 교토 역에서 교토 시 버스 205번 우메코지코엔마에梅小路公園前 정류장에서 도보 10분

★ 075-351-4781
★ 15:00∼22:00
★ 화요일 휴무

오타후쿠 커피 Otafuku Coffee

●●● 교토를 정처 없이 떠돌 때 누군가 이곳에 가보라고 귀띔해줬다. 교토 피플들의 방앗간 오타후쿠 커피御多福珈琲. 이 집 모르면 기요미즈데라를 모르는 것과 동급이라고 들었다. 처음 커피숍을 찾은 손님도 오랜 친구처럼 수다를 떨게 되는 신비로운 공간이다. 개성 넘치는 외모에 국보급 화술을 가진 카리스마 마스터 노다 상 덕분이다. 잇따라 취재 거부 딱지를 받아들고 의기소침해 있을 때 마스터가 다리를 놓아준 교토 피플들과 웃고 떠들며 에너자이너로 돌아올 수 있었다. 교토가 좋아 콕 집어 게이코 상과 마이코 상의 오타쿠 교토로 이주한 카리스마 미용사 언니와 커피숍 근처의 바에서 일하는 바텐더 오빠, 친구와 다카시마야 쇼핑 후 한잔하러 들렀다는 교토 토박이 언니, 나라에서 교토 여행을 왔다는 중년의 아주머니. 그들이 그려준 교토 추천 지도는 〈때때로, 교토〉에 녹아 있다.

커피는 아무리 바빠도 핸드 드립을 고수하고 마스터의 와이프가 굽는 것이 분명한 커피에 곁들이면 좋은 치즈 케이크도 소박한 맛이 난다. 매달 15일에는 문을 닫는데 지온지 데즈쿠리이치라는 플리마켓으로 맛난 커피를 팔러 간다. 늘 행렬이 늘어서니 쉽게 찾을 수 있다.

★ 075-256-6788
★ 10:00~21:30
★ 매달 15일 휴무

access
한큐 가와라마치河原町 역에서 도보 2분

마에다커피 메이린점
Maeda Coffee Meirinten

●●● 무엇이든 오래된 물건, 오래된 역사가 많은 교토에는 오래된 커피숍도 제법 된다. 1971년에 창업한 마에다커피는 교토에 총 세 곳의 가게를 열고 있는데 나는 마에다커피 메이린점前田珈琲明倫店을 즐겨 찾는다. 1993년에 폐교한 메이린소학교가 교토 예술센터京都芸術センター로 변모했을 때 건물 1층 교실 한 켠에 메이린점을 열었다고 한다. 그래서 찻집 입구는 매우 익숙한 학교 복도의 출입문. 관광객들의 모습은 거의 찾아볼 수 없고 교토 사람들이 여럿이 혹은 나 홀로 찾아 수다들 떨거나 책을 읽는다. 모두들 각자의 시간 속으로 깊숙이, 깊숙이…. 추천 메뉴는 마에다커피의 이름을 걸고 자랑하는 커피. 마에다류라는 배전 방식으로 뽑은 커피라고 한다.

★ 075-221-2224 ★ 10:00~21:30
★ 부정기 휴무

access
한큐 가라스마烏丸 역이나 지하철 가라스마烏丸 센 시조四条 역에서 도보 5분

히다마리 Hidamari　　무모쿠테키 카페&푸드 MumoKuteki Cafe & Food　　츠바메 Tsubame

●●● 교토의 가게나 음식점, 카페 등을 다니면 교토가 좋아 교토로 이사를 온 오너들을 종종 만날 수 있었다. 인적이 드문 주택가에 문을 연 마치야 카페 히다마리 ひだまり도 그런 곳 중 하나다. 교토가 좋다는 이유로 젊은 여성 오너는 낡고 작은 전통가옥 마치야를 빌려 밥도 팔고 차도 파는 카페를 열었다. 카페 유랑자들의 도시 교토라 해도 과언이 아니어서 단골손님인 백발의 할머니와 혼자 카페를 찾은 할아버지의 주문 공식은 '늘 먹던 걸로'다. 오너는 혼자서 주문을 받고 음식을 만들고 나르느라 분주하지만 한데 히다마리에 앉은 손님들은 거북이 모드다. 집에서 입던 트레이닝복에 슬리퍼를 신고 편하게 찾을 수 있는 히다마리만의 분위기에 무장해제됐기 때문이다.

★ 075-465-1330 　★ 10:00～18:00
★ 부정기 휴무

access
교토 역에서 교토 시 버스 50계통 센본이마데가와千本今出川 정류장에서 도보 5분

●●● 교토 시내를 목적 없이 걷다가 발견한 무모쿠테키, 우리말로는 '목적 없이'라는 뜻인데 이 카페 오픈 의도가 다분히 목적이 있다! 사실 이런 카페는 오하라의 산속이나 우지의 강가, 아라시야마의 산속에 있어야 더 아름다울 뻔했다. 자연식을 지향하는 채식 카페로 교토 인근의 자가 농가에서 아침마다 가져오는 무농약, 저농약 채소로 음식을 만든다고 하므로. 육류나 달걀, 우유, 흰 설탕, 화학조미료는 카페 주방에 출입금지다. 그런 것들이 없으면 쉽게 맛을 내기 어려운데, 목적 없는 카페의 음식은 맛이 괜찮다. 메뉴는 채소를 중심으로 구성된 일본풍 카페 밥과 드링크 메뉴가 있다. 1층에는 자연주의 소품과 옷을 판매하는 무모쿠테키 굿즈&웨어즈 Mumokuteki goods&wears가 자리한다.

★ 075-213-7733 　★ 11:30～22:00
★ 부정기 휴무

access
한큐 가와라마치河原町 역에서 도보 5분

●●● 꼬맹이들과 함께 와 저녁밥을 먹는 젊은 부부, 혼자 와 책을 읽으며 밥을 먹는 싱글남과 싱글녀, 커피를 마시러 온 흰머리 희끗희끗하지만 세련되고 교양 넘치는 할머니 그리고 나. 어느 날 저녁 한 카페의 공간을 점하고 있었던 손님의 전부다. 더 이상 손님이 와도 앉을 테이블이 없는 작은 카페 츠바메つばめ. 정갈하고 가정집 같은 분위기에서 교토의 전설의 커피 명인의 손에서 태어난 특별한 커피와 그날그날 정성스럽게 만드는 1식 3찬의 가정식만 맛볼 수 있다. 마치 지인의 부엌에 초대되어 밥을 먹고 있는 듯한 편안한 느낌이 츠바메의 매력이다. 예대 출신의 두 명의 여성이 문을 열었다고 하는데 이치조지란 동네와 너무도 잘 어울린다.

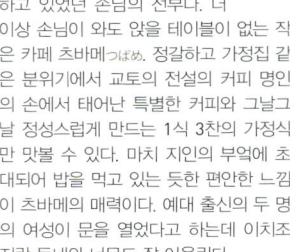

★ 075-723-9352 　★ 11:30～20:30
★ 월요일 휴무

access
에이잔叡山 전철 이치조지一乘寺 역에서 도보 10분

카페 인디펜던트
Cafe Independants

●●● 멀리서도 눈에 확 띄는 외관을 지닌 교토 시내의 한 빌딩 지하에 자리한 캐주얼한 카페 인디펜던트CAFE INDEPENDANTS. 카페가 있는 빌딩 이름은 1928빌딩. 범상치 않다고 생각했는데 다케다 고이치라는 건축가가 지은 서양 스타일로 예전에는 마이니치신문 교토지국으로 사용되었다고 하며 유형문화재로 등록되어 있다.

지하 창고를 개조한 카페에 들어서면 색다른 풍경이 펼쳐진다. 시간이 덧칠해진 흔적이 역력한 벽과 지상의 햇살을 향해 가지를 뻗은 식물이 애처로워 보이는 창, 오픈 키친, 등받이가 없는 의자, 긴 테이블, 간단한 먹을거리와 음료가 적힌 대형 메뉴판. 셀프 시스템…. 교토답지 않아 보이는 실내에는 교토를 교토답게 하는 교토의 젊은이들이 앉아 있다. 카페에 앉아 있는 내내 자유와 젊음이라는 단어가 동동 떠다닌다.

★ 075-255-4312 ★ 11:30~24:00

access
지하철 도자이㈜ 센 교토시야쿠쇼마에京都市役所 역에서 도보 5분

이노다커피 본점
Inoda Coffee Honten

●●● 이노다커피, 마에다커피, 시즈카, 시즈쿠, 로쿠요샤, 다카기코히…. 로컬 브랜드와 카리스마 바리스타가 상주하는 커피숍이 교토에는 많아도 아주 많다. 로컬 브랜드 중 교토의 이곳저곳에서 눈에 많이 띄는 곳은 이노다커피. 1958년에 설립한 커피 체인점으로 교토에는 본점과 산조점, 기요미즈데라점 등이 있고 도쿄나 삿포로, 히로시마 등지에도 가게를 열고 교토 커피 맛을 선보이고 있다. 레트로한 분위기의 이노다커피 본점イノダコーヒ本店에는 어르신들을 위한 중후한 공간과 테라스석, 흡연석이 마련되어 있다.

이노다커피의 명물은 아라비아의 진주, 그리고 교토의 아침이란 블랙 퍼스트를 선보여 관광객들의 발길을 불러 모은다. 생원두를 이노다 스타일로 로스팅하는 자가 배전 공장과 케이크 공장도 두고 있다.

★ 075-221-0507 ★ 07:00~20:00

access
지하철 가라스마오이케烏丸御池 역에서 도보 5분

카페&팬트리 마츠노스케
Cafe & Pantry Matsunosuke

●●● 도쿄의 거리를 걷다가 우연히 발견한 치즈 가게가 있었는데 본점은 교토에 있다고 했다. 그래서 찾아간 카페&팬트리 마츠노스케Cafe&Pantry松之助. 옛날부터 치즈 케이크와 애플파이로 유명한 명물 스위츠숍이었다. 미국의 요리학교 CIA에서 수학한 오너 히라노 아키코 씨는 버몬트 주 애플파이 콘테스트 우승자였던 미국인 친구 샤롤 진의 레시피를 배워 아메리칸 스타일의 치즈 케이크와 파이 등을 선보인다. 한 달에 한 번 요리교실이 열리며 미국산 케이크 재료나 플레이버 커피, 베이킹 도구, 잡화도 판매한다.

서양의 음식을 내면서 이름이 참 일본다운데 사연을 들어보니 마츠노스케는 기모노 일본의 전통극인 노能 의상 장인인 히라노 씨 할아버지의 이름이라고 한다.

★ 075-253-1058 ★ 10:00~20:00
★ 화요일 휴무

access
지하철 가라스마오이케烏丸御池 역에서 도보 3분

카페 라인백 Cafe Rhinebeck

● ● ● 마츠노스케에서 팬케이크 전문점을 열었다. 일본인들이 유독 좋아하는 팬케이크점을 교토다운 정서라곤 전혀 찾아 볼 수 없는 카페 라인백Cafe Rhinebeck이라는 이름으로. 그래서일까? 카페는 중정이 딸린 200년 넘은 교토의 전통가옥을 리뉴얼했다. 모던한 공간에서 블루베리 팬케이크나 아몬드 초콜릿 팬케이크 등 다양한 팬케이크를 맛볼 수 있다. 팬케이크 레시피 역시 그녀의 미국인 절친 샤를 진과 컬래버레이션으로 탄생했다고. 주문하자마자 굽기 시작하므로 따끈따끈 폭신폭신한 팬케이크를 먹는 행복감을 느낄 수 있으나 시간이 없는 여행자에게는 애증의 카페가 될 수도 있겠다.

★ 075-451-1208 ★ 08:00~18:00
★ 월·화요일 휴무

access
교토 역에서 교토 시 버스 9번 이치조모도리바시一条戻り橋 정류장이나 50번 오미야나카다치우리大宮中立売 정류장에서 도보 5분

트랙션 북 카페 Traction Book Cafe

● ● ● 다양한 컨셉트의 카페가 있지만 어느 도시를 찾은 그 도시만의 북 카페를 찾고 싶어진다. 교토에는 트랙션 북 카페 TRACTION book cafe가 있다. 그러나 세상의 모든 책이 북 카페의 책꽂이에 꽂히는 행운을 얻을 수는 없는 법. 이곳에는 그림책이나 잡지, 영화나 음악 서적, 디자인 서적, 문고본 등 오너가 엄선한 7000여 권의 책들이 카페 곳곳을 채우고 있다. 단골들의 증언에 따르면 헝가리나 체코 등 동유럽권의 탐나는 그림책이 많다고 한다. 디자이너의 손길을 거친 의자와 소파에 앉아 차나 술을 곁들이며 독서란 사치를 즐길 수 있다. 누구에게도 방해를 받지 않는 북 카페에서.

★ 075-231-6895 ★ 11:30~24:00
★ 목요일 휴무

access
지하철 가라스마오이케烏丸御池 역에서 도보 7분

Travel Tip
〈때때로, 교토〉의 교토 명물 찻집

기오미즈데라
가사기야 かさぎ屋
분노스케치야 혼텐 文の助茶屋 本店
초라쿠칸 長楽館
유메지 카페 고류카쿠 夢二カフェ 五龍閣
이노다커피 기요미즈시텐 イノダコーヒ 清水支店
미하스 피투 Mijas Pottoo

기온
기온 고모리 ぎおん小森
기온 고이시 祇園小石
기온 키나나 祇園きなな 本店
기온 도쿠야 ぎおん徳屋
오쿠 갤러리&카페 OKU Gallery&Cafe
구로마메차안 기타오 기온텐 黒豆茶庵北尾祇園店

철학의 길
로쿠세이 사테이 六盛茶庭
요지야 카페 긴가쿠지텐 よーじやカフェ銀閣寺店
모안 茂庵
센타로 데츠카쿠노미치텐 仙太郎 哲学の道店
교토 나마 쇼콜라 오가닉 티 하우스
Kyoto生 Chocolat Organic Tea House
이치조지 나카타니 Ichijouji Nakatani
다케무라 교쿠스이엔 혼포 竹村玉翠園本舗
기사라도 きさら堂
네코마치 猫町
라 부아튀르 LA VOITURE
고스페루 GOSPEL

교토고쇼
다이기치 大吉
고토바노 하오토 ことばのはおと
스마트 코히텐 スマート珈琲店
유케이 살롱 드 테 遊形サロン・ド・テ

료안지
고시즈 사노오 御室さのわ
도후카페 후지노 TOFU CAFE FUJINO
레 토와 메종 les trois maisons

가미가모진자
카페 바바치카 カフェバーバチカ

아라시야마
사가노유 SAGANO-YU

오하라
아시유 카페 足湯カフェ

후시미
카페 구리쿠마 Cafe 九里九馬

우지
츠엔 혼텐 通圓本店
나카무라 토기치 혼텐 中村藤吉本店
아카몬차야 赤門茶屋

가모가와
이미시 efish
스타벅스 산조 오하시 Starbucks Coffee Sanjo Ohashi
도코보&카페 가모가마 陶工房&cafe 加茂窯

episode 02.

미식가들은 모두 그곳으로 향한다
고베 빵집

블랑제리 C.h.m
Boulangerie C.h.m

파스토 Pasto

비고노 미세 Bigot Mise

● ● ● 블랑제리 C.h.mブランジェリー c.m.h은 고베에서 가장 좋아하는 빵집이다. 기타노자카에 있는 자매점 카페, 비스트로 c.m.h의 빵을 굽다가 1995년 고베에서 지진이 일어났을 때 무료로 제공하던 카페의 빵이 입소문을 타 빵집까지 열게 되었다는 훈훈한 오픈 비화가 숨어 있다.

고베 항이 개항했을 때 외국인들이 거주하던 고요하고 한적한 마을에 문을 열었는데, 가게의 규모는 그리 크지 않지만 30~40여 가지의 빵과 대니시, 샌드위치 등이 매 시간마다 갓 구워져 판매대에 올라오기 무섭게 품절되곤 한다. 손님은 대부분 여성들. 여성 블랑제빵을 만드는 장인들이 오직 여성들만 좋아할 예쁘고 달콤한 빵만 굽는 전략은 적중했다. 얇고 바삭거리는 생지에 신선한 블랙베리, 블루베리, 딸기 등을 듬뿍 얹은 대니시는 베이커리 천국 고베에서도 발군의 맛을 자랑한다.

★ 078-222-5335 ● 09:00~ 19:00
★ 수요일 휴무

● ● ● 간사이 지역에서 맛본 최고의 크루아상은 파스토Pasto에서였다. 타기 직전 오븐에서 꺼낸 듯한 짙은 갈색을 띤 겉은 바삭바삭하고 속은 폭신폭신하며 버터 풍미가 입안에 가득 퍼지는 크루아상의 맛이란! '역시, 베이커리 천국. 스위트의 성지 고베이구나'를 다시 한 번 깨닫게 한 빵집이 파스토다. 베이글이나 조각 피자의 맛도 합격점을 줄 만하지만 크루아상 다음으로 치켜세워주고픈 것은 파니니. 스모크 살몬, 치킨 샐러드, 포테이토 샐러드 등 종류도 아주 많고 빵과 소 재료가 빚어내는 맛의 균형감이 꽉 차 있다. 단언컨대, 맛으로 보나 종류로 보나 가격으로 보나 현재 고베에서는 따라올 적수가 없다.

노점에서 영업을 하던 작은 빵집이었는데 맛 하나로 진검승부를 펼친 끝에 번듯한 숍으로 진화했다. '좋은 밀가루, 좋은 버터, 좋은 우유 그리고 정성'으로 구운 빵들이 가게 안을 가득 채우고 있다.

★ 078-371-3403 ● 09:00~20:30
★ 일·월요일 휴무

● ● ● 비고노 미세Bigot Mise는 정통 프랑스 빵집이다. 고베의 산노미야, 도쿄의 지유가오카나 긴자에도 지점을 거느리고 있는데, 본점은 아시야芦屋라는 고베의 고급 주택가에 있다. 부자 동네에서 잘나가는 빵집을 연 이는 필립 비고라는 프랑스인 블랑제. 1965년 도쿄에서 열린 바게트의 데모스트레이션을 보여주기 위해 일본을 방문한 것이 인연이 되어 각지를 돌며 프랑스 빵 기술을 일본에 전했다. 그리고 1972년 아시아에 자신의 이름을 딴 프랑스 빵집을 열었다. 프랑스빵을 일본에 전하려는 그의 열정은 고국에서도 인정을 받아, 2003년에는 나폴레옹이 제정했다는 프랑스 최고의 훈장인 레종 도뇌르를 수상하기도 했다. 본점의 빵은 오전 9시부터 4시까지 식빵부터 바게트까지 수십여 가지의 빵이 따끈따끈하게 만들어진다. 대표 메뉴는 식빵, 바게트, 크루아상. 우리나라에서는 맛보기 힘든 다양한 스타일의 갈레트도 추천하고 싶다.

★ 0797-22-5137 ● 09:00~21:00
★ 월요일 휴무

미카게 다카스기
Mikage Takasugi

다니엘 Daniel

이스즈 베이커리
Isuzu Bakery

●●● 산노미야 역에서 한큐 고베 선을 타고 네 번째 역에서 내리면 미카게御影라는 동네에 도착하게 된다. 아시아와 함께 고급 주택가로 유명한 동네. 운 좋게 고베 대지진도 피해간 곳으로 일본에서도 손꼽히는 부촌답게 맛 좋은 스위트 숍들도 대거 미카게로 몰려들었다. 미카게 다카스기御影高杉는 다니엘, 리온, 헤니히스크로네 등과 함께 미카게의 스위트를 대표하는 프랑스 양과자점이다. 30여 년 전 일본 최초로 탄생한 사각형 쇼트 케이크의 탄생지이기도 하며, 1997년 테레비 도쿄의 '테레비 참피언 전국 크리스마스 케이크 장인 콘테스트'에서 우승을 차지하며 열도에 '다카스기'의 이름을 알렸다.
10여 명의 파티시에들이 매일매일 케이크와 양과자, 쇼콜라 등을 만드는데, 아무리 부촌이라고는 해도 이 어마어마한 양이 소화된다니 고베 사람들은 스위트 숍들이 문을 닫으면 폭동을 일으킬지도 모른다는 생각마저 들었다.

★ 078-822-2230 10:00~20:00
★ 화요일 휴무

●●● 다니엘Daniel은 다카스기 스태프 언니가 미카게를 대표할 만한 곳으로 콕 집어준 양과자점. 언니의 추천이 없더라도 스위트 투어를 다니는 구어메이들로부터 입소문이 자자했다. 드러내놓고 자랑하는 집은 아니지만, '명품은 사람을 불러들이는 법'이라는 말을 증명하는 명품 양과자점이다.
'100퍼센트 수제로만, 재료는 최고급으로만. 시각을 만족시키는 완성도 높은 것만. 생과자와 요리는 갓 만든 것을 먹어야 한다'는 까다로운 원칙을 고수하고 있다. 게다가 취재 거부를 기본자세로 하는 곳이라 고베의 가이드북에서는 눈을 씻고 찾아봐도 없었다.
다른 숍에서 만나기 어려운 케이크가 눈에 띄는데, 가게를 오픈했을 때부터 프루트 케이크의 평판이 자자했다고. 푸르트 케이크는 다 맛있고, 우나기의 침실이라는 이름을 단 쇼콜라 케이크도 추천할 만하다.

★ 078-843-5020
★ 10:00~19:30

●●● 이름만 대면 고베 사람 누구나 아는 명물 가게이자, 그들이 가장 아끼는 빵집 이스즈 베이커리ISUZU BAKERY. 1946년 창업한 고베 베이커리계의 큰형님 같은 존재로, 고베에만 네 개의 점포를 열고 있는데 늘 손님들로 복작대는 건 어느 지점이나 마찬가지다. 외관은 세련됐지만 일본의 국민빵인 카레빵을 비롯하여 소시지빵, 포테이토 샐러드빵 등 일본인의 입맛에 맞는 일본 스타일의 빵을 선보인다. 이스즈 베이커리풍을 대표하는 빵은 창업 이후 매일 굽고 있다는 야마가타 식빵이다. 이 식빵으로 샌드위치를 만들어 파는 레스토랑도 제법 많다는 이야기도 들리며, 단골들은 빵바구니에 식빵 먼저 담는 버릇까지 생겼다고 한다. 그도 그럴 것이 식빵은 내놓기가 무섭게 동이 난다.

★ 078-393-4180
★ 08:00~21:00
★ 부정기 휴무

03.
Shopping!
Shopping!
Shopping!

01

교토와 함께
나이를 먹어가는

●

노포
Old Shop

교토에서는 10년, 20년 된 가게는 명함도 못 내밀고, 100년 넘은 가게도 "이제 막 걸음마를 뗀 아기인걸요"라고 겸손하게 말한다. 교토에는 수백 년 된 가게가 수두룩하고 천 년 이상 된 가게도 여럿 있으니 그들로서야 고작 100년 넘은 가게는 '보통이네'로 여겨질지도 모른다. 교토에서는 100년이 넘은 가게에는 시니세老舗라는 단어가 붙는다. 별이 몇 개 붙느냐에 따라 호텔급이 달라지듯 교토에서도 시니세라는 타이틀은 영광스러운 존재다. 다른 일에 한눈팔지 않고 전통을 지켜온 가게 주인과 가족들의 일편단심도 시니세를 지탱한 큰 축이지만, 더 큰 주역은 교토 사람들이다. 엄마의 엄마, 그 엄마의 엄마 때부터 거래해온 가게를 이용하고, 가게 주인들도 그런 단골들이 고마워 좋은 제품으로 보답한다. 상품에 대한 질은 그 어떤 타협도 용납하지 않지만, 단골들에게는 무한친절 모드다. 그들의 광고 카피는 대개 비슷하다. '항상 고맙습니다. 여러분의 사랑에 힘입어 개업 500년' 이런 식이다. 교토의 시니세 대표를 뽑는다면 우리나라의 양궁이나 태권도 국가대표 선발전보다 더 치열할 것이다. 그래서 "교토는 역시 물건이 좋아"라는 수식어도 있다. 확실히 일본의 다른 지역에서는 이제 찾아보기 힘든 부채 가게나 기모노 가게 등이 아직도 옛 모습 그대로 살아남아 있으니까. 교토의 골목을 구석구석 누비며 발품을 팔고 친구들의 조언을 더해 작성한 시니세 리스트는 '단골손님 극지향'이라는 그들의 한결같은 영업 원칙으로 좌절될 뻔했다. "오직 단골손님을 위해 그 어떤 매체의 취재도 허락하지 습니다"라는 정중한 거절의 연타 공격을 받았다. 삼고초려를 해도 소용없는 집도 있었다. 그 이유는 하나다. 소개된 후 구름떼처럼 몰려들 손님들의 폭풍에서 고마운 단골들을 지켜내야 할 의무가 있다고 훌륭한 가게들의 주인들은 '한결같이' 생각하는 것이다. "당신네들의 전통문화를 소개시켜준다는데 이러시면 곤란하죠! 교토라는 곳에서 영업을 하는 이상, 당신들에게는 문화를 알릴 의무도 있는 거라고요"라며 외쳤다. 마음속으로만⋯. 교토에 살면서 곰곰이 생각해보니 그들의 말이 하나도 허투루 들리지 않는다. 광고와 매체 취재에 열을 올리는 평균 이하의 곳들보다 오히려 숨어서 알음알음 찾아오는 이들을 상대하려는 그들의 상술은 노포로서의 생존술이나 마찬가지였다. 시니세를 소개하려는 사람이나 그들의 거절이 얄궂은 것이지, 그곳을 찾는 사람들은 그들의 극친절 서비스 속에서 뛰어난 품질의 제품들을 왕처럼 구입할 수 있으니 노포만큼 훌륭한 숍도 없을 것이다.

01 잇포도 차호
Ippodo Chaho

차 가게

160여 년의 세월 동안 우직하게 일본 차 하나만을 지켜온 교토의 차 가게. 차만 판매하는 것이 아니라 티 인스트럭터가 상주하는 카페도 운영하고, 일반인을 대상으로 한 다도 교실도 열려 차 문화도 지켜내고 있다.

★ 075-211-3421
★ http://shop.ippodo-tea.co.jp
★ 09:00~19:00 일요일, 공휴일 18:00
★ map 교토고쇼 에어리어 131p

교토고쇼의 남쪽, 데라마치도리에는 교토 사람이라면 모르는 사람이 없는 노포 차 가게가 있다. 교토 사람들에게 "맛있는 차를 사고 싶은데 어디로 가면 될까요?"라고 물으면 에둘러 말하기 선수인 교토 사람들조차 콕 집어 "당연히 잇포도지요!"라고 말한다. 1846년 황족으로부터 "차 하나만은 지켜주게"라는 당부와 함께 '잇포도'라는 가게 이름을 받게 되면서 교토의 명차 가게로 명성을 쌓게 된 곳이 잇포도 차호—보분주림. 1717년에 창업했을 때는 차만 파는 차 가게가 아니라 차도 파는 잡화점이었고 상호는 '오미야'였다.

말차, 교쿠로, 센차, 반차류 등 일본 차만 취급하는데, 잇포도 블렌드라 불리는 특별한 차 맛을 유지하기 위해 공을 들이고 있다. 계약 농가와 거래할 경우 흉작이 들면 차의 품질이 나빠지므로 해마다 차의 명산지인 우지 지역과 나라, 시가 현 등지를 돌며 양질의 찻잎만 공수하여 차를 생산한다. 그 이름난 잇포도 차호의 차 블렌딩은 점주가 직접 하는데, 미세한 차 맛을 잡아내고 일정한 맛을 유지하려면 타고난 미각은 필수 조건일 터. 지인의 귀띔에 따르면 이 차 가게의 점주는 섬세한 미각을 유지하기 위해 흡연은 기본이며 음주도

심간다고 했다. 또 아내는 화학조미료와 자극적인 음식을 배제하고, 슬로 푸드만 밥상에 올려 남편의 미각을 지킨다고 들었다. 그 이야기를 들은 후 '이 집의 차는 믿고 마셔도 되겠구나'라는 신뢰가 생겼다. 판매하는 차는 40여 종으로 가격대를 다양하게 구성해 현지인은 물론 관광객들의 발걸음도 잦다. 가게 옆에는 찻집도 운영하고 있고, 매달 일본 차의 역사와 맛있게 우리는 법 등을 체험을 통해 배울 수 있는 일본 차 교실도 개최하며 교토에서 차 하나만을 지키는 것을 숙명처럼 받아들이고 매진하고 있다.

02 아이바
Aiba

부채 가게

더위를 식힐 요량으로 부치는 3150엔짜리 부채부터 장식용으로 쓰이는 몇만 엔을 호가하는 상품까지 다양한 제품을 갖춘 부채집.
부챗살을 만들고 부치는 작업에서부터 무늬 디자인까지 열여섯 가지의 공정을 수작업으로 만든다.

★ 075-221-1460
★ 09:00~18:00, 09:00~12:00 토요일
★ 일요일, 공휴일 휴무 단, 5~6월경은 무휴

고잔 오쿠리비, 모기향걸이, 팥빙수, 유카타와 함께 교토의 여름을 수놓는 부채. 부채는 여름을 상징하는 이미지가 강하지만 원래 중국으로부터 일본으로 전해질 때는 액을 막고 좋은 인연을 부르는 신성한 물건으로 제사나 장식용으로 사용되었다고 한다. 또 헤이안시대 794~1185년 에는 아녀자들이 얼굴을 가리는 도구로, 무로마치시대 1336~1573년 후반에는 장수들의 지휘용 도구이기도 했다.
에도시대 1603~1867년 에는 '미야코 우치와 교부채'라는 교토의 부채가 탄생했다. 얇은 대나무 살로 형태를 만든 다음 양면에 종

이를 붙여 완성하는 부채로, 대나무 살이 많이 들어갈수록 상품으로 친다. 장식용으로 만든 부채는 상품으로 대나무 살을 100개 정도 넣고, 하급품은 50개 정도만 넣는다. 아이바(あいば)는 이 미야코 우치와를 300년 넘게 만들어온 부채 가게다. 아이바의 명품 부채들은 가게 맞은편 공방에서 나이 지긋한 할아버지와 할머니 장인들이 수작업으로 만든다. 부채의 무늬가 매우 다양하고, 미술품을 보는 듯 수준 높은 것들이 많았는데, 디자인은 점주가 직접 맡고 있다. 또 부채의 주요 재료인 대나무는 사오 년 된 참대나무를 겨울에 베어 아래쪽 세 마디에서 다섯 마디만 사용한다고 한다.

교토의 여름 더위가 아무리 견디기 힘들다 해도 씽씽 불어대는 에어컨이 설치되어 있으니 밖으로만 나가지 않는다면 굳이 부채가 필요할 일도 없을 듯싶었다. 아이바의 주 고객은 교토 사람들로, 값이 좀 나가는 장식용 부채를 선물용으로 많이 사간다고 했다. 교토 사람들은 전통가옥에 살든, 현대적인 주택에 살든 봄, 여름, 가을, 겨울이 되면 각 계절을 상징하는 장식품을 전시하길 즐긴다고 하니, 부채도 장식품 목록에 당당히 이름을 올리고 있는 것이다. 아이바에는 부채질을 하여 바람을 일으키지 않아도, 보는 것만으로도 더위가 가시는 기묘한 부채가 있다.

03 우에무라 요시츠구
Uemura Yoshitsugu

화과자 가게

350여 년 넘게 전통의 맛을 고수하고 있는 우에무라 요시츠구는 교토 토박이들이 알음알음 찾는 노포다. 돈보다는 명예에 목숨을 걸었기 때문에 장수할 수 있었노라고 점주는 말한다.

우에무라 요시츠구의 대표 과자는 예약해야만 맛볼 수 있는 스하마. 길이는 15센티미터 정도, 폭은 6센티미터 정도로, 차와 곁들여 먹으면 좋다. 단, 시간이 지나면 굳어 딱딱해지므로 빨리 먹어야 제맛을 즐길 수 있다.

★ 075-231-5028 ★ 10:00~18:00
★ 일요일, 공휴일 휴무

교토의 노포 중 압도적으로 수가 많은 업종이 화과자점이다. 다도가 일상적으로 파고든 동네이니 차 문화의 영향도 무시할 수 없고, 수많은 절과 신사의 소비도 만만치 않아 교토에서 화과자 가게의 전성시대는 오늘날에도 계속되고 있다. 이런 특수한 환경 덕에 교토는 화과자 천국이 됐고, 교토에서 만들어진 화과자는 교카시(京菓子)라는 별칭으로도 불린다. 그러나 생과자든, 마른 과자든 상관없이 '아름다움'과 '계절 감각'을 느낄 수 있는 것이라야 교카시라는 타이틀을 붙여준다. 그래서 교토의 화과자를 보고 있자면 예술품처럼 느껴지기까지 한다.

교토의 한 유명한 화과자점의 신조는 '정직', '대량생산을 하지 않음(소량생산의포부 행보)', '명품에는 사람들이 몰려든다'라고 들었다. 비록 가게는 다르지만, 이러한 신조를 지키며 화과자를 만들고 있는 노포가 있다. 교토고쇼를 눈앞에 두고 있는 우에무라 요시츠구(植村義次). 화과자점이라고 크다막한 간판을 걸어놓은 것도, 군침 돌게 하는 화과자를 가게 앞에 드러내놓고 전시하는 집도 아니라서 그다지 행인들의 시선을 끌지 못한다. 이 화과자점은 수년 동안 집안 대대로 단골로 지내온 친구의 추

천으로 알게 되었고, 그 친구가 다리를 놓아준 덕에 겨우 소개할 수 있게 됐다. 가게 안에 들어서자마자 콩가루 향이 진동했고 주렴으로 가려진 공방에서는 연신 과자 만드는 소리가 들렸다. 1657년에 창업하여 스하마雲釜라는 과자로 스타덤에 올랐던 적도 있지만, 지금은 노부부가 가게 안쪽 공방에서 예약 받은 물량만 수작업으로 만들어 파는 작은 화과자점으로 근근히 명맥을 잇고 있다.

옛날에는 궁궐에 납품되기도 했으며, 5월에 열리는 아오리 마츠리 때는 시모가모 진자의 제신에 바치기도 한다는 명물 스하마는 콩가루와 설탕물로 물결 모양을 이미지한 심플한 과자다. 맛은 콩가루 맛과 약간 단맛이 감도는, 역시 심플한 맛이다. 별 간식거리가 없었던 과거에는 꽤 인기가 있었다고 하나, 더 자극적인 간식거리가 넘쳐나는 요즘 스하마는 옛 맛에 대한 향수를 즐기려는 나이 든 단골들이 겨우 명맥을 이어주고 있는 듯했다.

스하마 외에 사방 12센티미터에 18등분된 하얀 과자 표면에 계절을 대표하는 꽃이나 식물로 화려하게 장식한 오시모노押物라는 계절 과자도 있다. 2월은 동백꽃, 3월은 벚꽃, 4월은 새싹…. 화과자 안에 작은 우주가 펼쳐져 있는 듯 아름다운 명품이다. 매우 예뻐서 한 조각도 빼 먹을 수가 없었다.

04 마메마사 혼텐
Mamemasahonten

화과자 가게

여러 가지 화과자 재료 중 교토의 특산물인 콩을 이용한 콩과자를 선보이는 콩과자 백화점, 마메마사 혼텐. 100살이 훨쩍 넘은 나이에도 현역 선수로 활약 중인 교토의 장수 과자. 우리에게는 추억의 과자로 사라졌을 법한 과자들이 교토에서는 지금도 만들고, 팔리고, 먹고, 선물한다.

* 075-211-5141
* 08:00〜18:00
* 일요일 휴무

마메마사 혼텐豆政本店은 붉은색, 흰색, 노란색, 녹색, 갈색의 설탕물을 입힌 오색 콩과자 '에비스가와 고시키마메京川五色豆'가 명물이다. 창업주가 가모가와 강가에 널린 화려한 색깔의 교유젠을 보고 고안했다는 과자로, 1912년 다이쇼 천황 즉위식 때 사용되어 전국적인 명성을 얻었다고 한다.

오색 콩과자는 완두콩을 교토의 명수에 3일 정도 담가두었다가 불에 볶아 다섯 가지 색깔의 설탕물을 5일간 다섯 번에 걸쳐 입히면 비로소 완성된다. 모두 수작업으로만 만들고, 한 번 만들려면 10일 정도가 걸리니 대량생산은 꿈도 못 꾼다. 대량생산을 못하는 것이 아니라 안 하는 이유는 콩과자 한 알에도 '정성'을 담아야 한다는 노포로서의 긍지 때문이라고 했다. 1907년경 첫선을 보인 후 100년이 훨씬 넘는 기간 동안 사람 마음만큼이나 간사한 입맛을 사로잡고 있으니 그저 놀라울 뿐이다. 교토 사람들은 다섯 가지 화려한 컬러의 고시키마메를 상서로운 빛깔로 여겨 선물용으로도 선호한다.

포장에서도 예술을 발견할 수 있는 일본 화과자업계에서 마메마사의 고시키마메 포장도 우승감이다. 비닐 봉투에 담긴 것

도 있고 네모난 상자에 담긴 것도 있지만, 백미는 화려한 무늬의 일본 종이가 붙은 미니 화장대 속에 담긴 콩은 보는 것만으로도 기분을 들뜨게 한다.

창업 120주년을 맞은 2004년에는 고시키마메를 현대화시킨 크림 고시키마메도 내놓았다. 땅콩에 우유, 딸기, 바나나, 커피, 말차를 섞은 다섯 가지 컬러의 설탕물을 입히고 크림 파우더를 넣은 양과자 스타일이다. 파스텔 톤의 옅은 색에 더 둥글둥글해진 새로운 오색 콩과자에는 전통을 지키면서도 시대를 반영하는 노포만의 경영 철학이 담겨 있다.

05 야마나카 아부라텐
Nakamura Aburaten
기름 가게

"지키는 것은 어렵지만 잃는 것은 간단하다"고 말하는 점주와 그 가족들이 전통의 중압감을 가슴에 안고 노포의 전통에 하루를 더하는 야마나카 아부라텐. 가게 근처에만 가도 고소한 향기가 진동하는 이유는 노포를 지켜내려는 자손들의 효심이 만들어낸 향기가 아닐까.

★ 075-841-8537
★ 08:30~17:00
★ 일요일·공휴일, 둘째·넷째 토요일 휴무
★ map 교토고쇼 에어리어 131p

니조 성에서 북쪽으로 올라가면 수차가 돌아가고 붉은 깃발이 펄럭이는 오래된 상점이 나타난다. 200여 년 가까이 교토의 기름을 책임지는 노포, 야마나카 아부라텐 LAPoint 이다. 국가의 유형문화재로도 지정된 유서 깊은 가게에서 창업 이후 같은 자리에서 같은 모습으로 기름만 취급하고 있는 일본에서도 보기 드문 기름 전문점이다.

옛날 일본에서는 기름통을 어깨에 메고 행상을 다니던 기름 장수를 자주 볼 수 있었다고 한다. 손님이 바닥이 보이는 기름병을 들고 와 몇 국자를 주문하면 기름 장

수는 국자로 기름을 떠서 손님의 기름병에 기름을 채운다. 기름의 마지막 한 방울이 떨어질 때까지 기름 장수와 손님은 이야기꽃을 피운다. 왠지 이 집 앞에서 하루 종일 앉아 있으면 기름 장수와 손님이 나타날 것만 같은 풍정 넘치는 노포다. 가게 안에는 수차를 본떠 만든 기름 전시대가 있는데, 그 위에 기름 장수가 그려진 나무 깡통이 뱅글뱅글 돌아가고 있다.

창업 당시에는 등잔불을 밝히는 데 사용하는 유채유가 간판 상품이었지만 지금은 참기름, 들기름, 콩기름, 땅콩기름, 일반 식용유와 올리브오일 등의 식용유 판매로 역전됐다. 이 밖에 건축·공예용 기름과 스킨케어용인 동백기름도 판매한다.

기름 전문점이기는 하나, 왠지 교토의 오래된 기름 노포와는 어울리지 않는 올리브오일. 그리고 낯선 동백기름이 눈에 띈다. 올리브오일은 시대가 요구하는 상품이니 갖추어놓을 필요가 있어 점주가 이탈리아로 날아갔다고 한다. 그는 이탈리아 전역을 돌면서 최상품의 올리브오일을 찾아 다녔는데, 머릿속에는 오직 한 가지 원칙만 있었다. '이걸로 노포의 간판을 내리게 하지 않을 최고의 올리브오일이어야만 한다'. 노포로서의 자존심을 건 올리브

오일 탐험이었다. 점주는 직접 생산자와 만나 재배되는 모습과 제품화되는 과정을 확인한 후 엑스트라 버진 올리브오일만 엄선하여 야마나카 아부라텐의 기름 목록에 이름을 올렸다. 그렇게 찾은 올리브오일을 교토 사람들에게 알리기 위해 이 오일로 만든 간단한 음식을 선보이는 마치야 카페 료코이덴도 열었다. 좋은 올리브오일을 찾기 위한 여정은 200년 된 노포를 이끄는 점주에게도 신선한 충격의 여행이었다고도 한다. 이탈리아에서는 예부터 첨가물을 일절 넣지 않고 자연 그대로 만든 올리브오일이 아직도 많이 남아

있다고 하는데, '올리브오일에 있어서는 내가 최고'라고 자부하는 이탈리아 올리브오일 생산자들과 만나게 됐다는 점이다. '변하지 않는 명품을 지니고 진심을 담아 물건을 만드는 열정'은 교토와 이탈리아를 넘어 공감을 이끌어냈다.

교토에서는 동백기름이 아주 인기였다. 여성들은 세안 후 크림을 바르고 나서 한 방울 정도를 떨어뜨려 얼굴 전체에 바르거나 튼 입술에 바른다. 또 남성들은 면도 후에 바르기도 하며, 욕조에 몇 방울 떨어뜨려 입욕제로도 요모조모 이용한다고 했다. 한 번 동백기름에 빠지면 계속 사용하게 된다는 게 동백기름 마니아들의 지론이다.

사실 이 집의 기름은 슈퍼마켓에서 살 수 있는 기름보다는 약간 비싼 편이다. 점주는 일본의 부엌을 장악한 식용유는 대형 식품회사에서 화학용제를 사용해 기름을 정제하여 싸고 양은 많지만 원료의 독특한 풍미와 향, 색은 사라진 가짜 기름이라고 말한다. 이 집에서는 옛날부터 내려온 압착법으로 기름을 짠다. 그리고 이 집에 대놓고 기름을 먹는 단골손님들도 많다. 어떤 이는 빈 병을 들고 와 갓 짠 신선한 기름을 담아 가기도 했다.

어디 그뿐인가. 교토의 유수한 절이나 신사에서는 이 집의 기름으로 등불을 밝히고, 기온 마츠리 때 수레가 잘 굴러가도록 칠하는 기름도 이 집에서 가져간다. 또 전통 우산이나 제등을 만들 때 사용하는 기름도 이곳에서 구할 수 있으니 교토의 다양한 전통은 야마나카 아부라텐이라는 기름집에 의해 지켜지고 있다고 해도 과언이 아니다.

06 나이토 쇼텐
Naito Shoten
청소 도구 가게

동네 철물점은 망하지 않는다는 이야기도 있지만, 교토에는 이런 우스갯소리도 있다. "청소 도구 가게 나이토 쇼텐은 망하지 않는다." 200년 가까이 청소 도구를 만들고 있는 나이토 쇼텐에는 분명 놀랄 만한 경영 비법이 숨어 있을 것만 같다.

* 075-221-3018
* 09:30~19:30
* 부정기 휴무
* map 기온 에어리어 63p

산조 대교 근처를 걷다 보면 항상 이 집이 문을 열었는지, 손님은 많은지, 나도 모르는 사이 눈여겨보는 습관이 생겨버렸다. 이런 가게가 시내 요지를 차지하고 이 건물에는 스타벅스가 들어와 있고, 주위는 본토초의 게이마치처럼 교토 최대 번화가가 이어진다. 오늘도 내일도 변함없이 청소 도구를 팔 수 있다는 사실이 믿기지 않았기 때문이다. 이방인으로부터 관심을 한 몸에 받은 가게는 1818년 창업한 나이토 쇼텐內藤商店이라는 청소 도구 가게다.

늘 곁눈질만 하다 용기를 내어 가게 구경에 나섰다. 갈색 빗자루. 갈색 수세미. 온통 나무색뿐인 도구들이 가게에 걸려 있다. 이 집에서 가장 잘나가는 도구는 빗자루. 인근 와카야마 현에서 벌목한 종려나무의 잎이 떨어지고 남은 종려 털을 묶어 만든 것으로 나이토 쇼텐의 간판 상품이다. 대·중·소 세 가지 크기로, 제일 작은 빗자루는 책상이나 선반 등의 청소에 요긴하게 쓰일 뿐만 아니라 다다미에 박힌 먼지를 털어내는 데 탁월한 능력을 발휘한다. 한번 사면 10년 이상 사용할 수 있는 뛰어난 내구성이 인기 비결. 그래서 교토에서는 "평생 종려나무로 만든 빗자루 세 자루만 있으면 된다"는 이야기가 나돌

정도다.
청소 도구만 있는 건 아니다. 테프론 냄비를 씻을 때는 종려나무로 만든 수세미만 있으면 힘 안 들이고 말끔하게 설거지를 할 수 있다. 말의 털이나 마로 만든 보디 브러시, 미술용 붓, 화장용 붓 등도 절찬 판매 중이다. 이 특이한 노포를 관광 삼아 찾는 이들도 많아 미니 빗자루가 달린 핸드폰 액세서리나 키홀더도 내놓았다.

전원만 켜면 스스로 알아서 청소를 하는 똑똑한 청소기도 등장한 마당에 장인이 손으로 만든 청소 도구라니! 그러나 천연 소재를 손으로 직접 만든 이 가게의 도구들을 사용하다 보면 최첨단 청소 도구들이 따라오지 못할 무기가 있다. 뒤처진 듯 보이는 옛 물건이 자아내는 알 수 없는 따뜻함은 청소하는 시간마저 즐겁게 바꾸어 버린다. 귀찮아하던 개수대 청소가 나이토 쇼텐의 수세미 하나로 반짝반짝 깔끔하게 매일 세수를 하는 호강을 하고, 매일 떨어지는 낙엽들에 불평을 늘어놓았던 현관 앞 청소도 빗자루 하나로 신나는 일상이 되어버렸다.

인상 좋은 교토 청소 도구업계의 대모는 "지구에도, 사람에게도 해가 없는 자연 소재의 물건을 계속 만들고 싶어요"라며 소박한 꿈을 살짝 내비친다. 그 욕심 없는 노포의 바람이 앞으로도 쭉 이어지기를.

07 가모도후 긴키
Kamotohu Kinhi
두부 가게

많은 두부 노포들이 아직도 춘추전국시대를 전개 중인 교토. 교토의 명물 두붓집 리스트에 빼놓으면 섭섭할 긴키의 두부는 심플하고 단정한 맛이다. 두부 노포라 하여 가게 앞 한쪽에 판매용 리어카가 놓여 있고, 수백 년 넘은 교토의 전통가옥을 상상했다면 큰 오산. 가게도 공방도 두부도 젊다. 매년 새로운 식재료를 더한 센스 만점의 신메뉴를 등장시키니, 나이를 묻는 순간 모두의 부러움을 사는 젊게 사는 노인 같은 두붓집이다.

★ 075-352-3131 ○ 09:00~18:00
★ 연말연시 휴무 map 기온 에어리어 63p

교토 두부가 맛있는 이유는 물맛이 좋기 때문이다. 교토는 삼면이 산으로 둘러싸인 분지의 지하에 오랜 기간 빗물이 고여 들어 경도가 낮고 철분이 적어 다른 지역의 물맛보다 더 순한 맛이 난다. 그래서 두부는 물론 교료리나 차 문화의 발달에도 교토의 명수가 든든한 힘이 되어주었고, 물맛으로 맛 좋은 두부를 만드는 노포 두부 가게를 여러 곳 남겨두었다.

1834년 창업한 이래 6대째 두부만 만들고 있는 긴키賀茂とうふ近喜는 교토 두부업계를 대표한다. 그 많은 교토의 두부 가게 중 왜 긴키를 꼽았냐고 묻는다면 '두부 맛' 때문이라고 자신있게 말할 수 있다. 부드럽고 콩 비린 맛도 강하지 않은 심플한 맛에 노포임에도 새로운 두부 맛을 탐구하는 도전 정신도 높게 쳐주고 싶다. 긴키의 두부는 전국의 계약 농가에서 생산된 국산콩 100퍼센트 사용을 고집하며 일본 각지의 유명 백화점에 입점해 있어 인기는 일본 전국구. 현대인의 입맛에 맞춘 커피, 바닐라, 유자, 일본주, 녹차 등을 넣은 디저트 개념의 감각적인 두부를 선보이며 젊은층에게도 사랑받고 있다. 자소, 마 등으로 만든 계절 한정품도 많다. 전통이란 틀에 갇혀 있지 않고, 항상 새내기처

럼 거침없이 도전해 나가는 두붓집 긴키. 방황하지 않고, 정체되어 있지 않고 앞을 향해 잘 달려나가고 있는지 항상 지켜보고 싶어진다.

08 이치하라 헤이베이 쇼텐
Ichihara Heibei Shoten

젓가락 가게

상상했던 것보다 현대적이고 소박한 모습을 한 젓가락 가게. 이치하라 헤이베이 쇼텐. 1764년에 가게 문을 연 이후 '대대로 새로운 상품을 만들라'는 가훈을 받들어 신제품 개발에 게을리하지 않은 덕에, 지금은 400여 종이라는 다양한 스타일의 젓가락을 선보인다.

★ 075-341-3831
★ 10:00~18:30, 11:00~18:00 (일요일, 공휴일)
★ 부정기 휴무

이치하라 헤이베이 쇼텐(市原平兵衛商店)에는 궁중에서도 즐겨 사용했다는 우아하고 럭셔리한 젓가락이 있다. 또 검붉어진 대나무로 만든 미야코바시(도읍의 젓가락). 교토에서 생산되는 백죽(白竹)으로 만든 헤이안바시(헤이안의 젓가락), 나라 현의 삼나무로 만든 젓가락, 상아로 만든 젓가락, 옻칠을 한 젓가락 등 400여 종의 젓가락이 만들어진다. 이 중 주목할 젓가락은 매죽(煤竹)이라는 진귀한 대나무를 이용한 미야코바시. 지붕 안쪽에 넣는 건축 목재로 사용된 대나무가 150여 년의 세월이 지나면 부뚜막의 연기나 난로의 연기 등으로 검붉게 변하

는데, 이것으로 만든 젓가락이 미야코바시다. 젓가락이 매우 단단하며, 끝이 매우 얇고 섬세해 참깨 한 알도 거뜬히 집어 올릴 수 있는 명품. 일본에는 "젓가락을 쓰는 법을 보면 그 사람의 인품을 알 수 있다"라는 말이 있는데, 이 미야코바시로 밥을 먹으면 반찬 각각의 맛을 음미하며 먹을 수 있을 것 같은 착각이 들었다.

이치하라 헤이베이 쇼텐에는 우리가 많이 쓰는 스테인리스 스틸로 만든 무거운 젓가락은 한 벌도 없고 오직 대나무, 삼나무, 노송나무, 벚나무 등 나무로 만든 젓가락들만 놓여 있다는 점도 특이하다. 또 젓가

락은 길이, 모양, 두께 등의 기준에 따라 세세하게 나누어져 있다. 게다가 놀라운 점은 나무마다 젓가락을 만드는 장인들도 나뉜다는 사실이다. 대나무 전문 젓가락 장인이 있고, 삼나무 전문 젓가락 장인이 삼나무 젓가락을 만든다.

1764년에 창업하여 240여 년의 긴 세월을 젓가락에만 파고들어 명품 젓가락을 교토 사람들에게 선물해온 이치하라 헤이베이 쇼텐. 그 노력은 교토 사람들에게 '배후에서 교료리를 지켜준 가게'라거나 '음식 맛까지 바꾸는 이상한 젓가락을 만드는 가게'라는 칭찬으로 보상받고 있다.

유명 요릿집의 셰프들은 이치하라의 열혈 팬이 된 지 오래이며, 일본 전국의 유명 요릿집에서도 앞다투어 젓가락을 구입해 귀빈들의 방문 때 내놓을 정도로 명성을 쌓았다. 그래서 이 젓가락 가게는 문을 연 직후부터 문을 닫을 때까지 명품 젓가락 사냥에 나선 사람들의 방문이 끊이지 않는다.

09 군쿄쿠도
Kunkyokudo
향 가게

1594년 약재상으로 시작하여 지금은 교토 굴지의 향 가게로 군림하고 있는 군쿄쿠도, 혼간지 등 일본의 유명 사찰에 향을 납품하고 있다.

★ 075-371-0162
★ 09:00~17:30
★ 첫째 · 셋째 일요일 휴무

교토는 향기로 기억될 동네이기도 하다. 일본 특유의 향기가 교토에는 있다. 처음에는 낯설지만, 차츰 익숙해져버리는 교토만의 향기. 교토에는 향 가게도 제법 된다. 교토 사람들은 향주머니를 집에 장식하기도 하고, 향이 나는 책갈피도 애용하며 가방에 향주머니를 넣고 다니기도 한다. 나무걸이에 기모노를 걸쳐놓고 그 아래에 향을 피워 기모노에 향이 배도록 하는 후세고란 향구가 있는데, 그 물건이 잘 어울리는 곳은 교토밖에 없다는 생각도 해본다. 〈겐지모노가타리〉에는 주인공인 가오루나 니노미야 등은 가까이 가기만 해도 신비로운 향이 난다고 묘사되어 있다. 헤이안 귀족들은 향을 즐겼다고 하며, 지금까지 교토의 땅에서 그 향이 전해지고 있다. 니시혼간지 바로 앞에 있는 향 가게 군쿄쿠도는 교토 향 문화의 산 증인이나 마찬가지다. 1594년 지금의 자리에서 약재상으로 시작하여 향 전문점으로 자리 잡았고 혼간지 등 일본의 유명 사찰에 향을 납품하고 있다.

가게 안에는 침향, 울금, 패향, 감송 등 보기 드문 천연 향료를 전시, 판매하고 향 마니아들을 만족시킬 만한 향 도구도 두루두루 갖추고 있다. 또 향에 익숙하지

않은 이들도 향과 친숙해질 수 있도록 아로마테라피용 향이나 향주머니, 향을 넣은 헝겊 장식품 등도 많다.

현 점주는 침향 등 부르는 게 값인 고급 향나무를 찾기 위해 인도, 베트남, 인도네시아 등지를 헤맨다. 또 아직 어린 딸들에게 시간이 날 때마다 가게를 찾아 아버지가 일하는 모습을 보게 한다고 했다. 그러는 사이 아이들은 자신도 모르게 물건을 판매하는 노하우를 몸에 익힌다는 것이다. 향 체험을 할 수 있는 향도 체험 교실을 운영하여 일본 각지에서 향 마니아들을 불러들인다.

10 아사히도
Asahido
도자기 가게

도자기 셀렉트 숍 아사히도는 140여 년 전 기요미즈야키가 탄생한 땅, 기요미즈데라 앞에 문을 열었다. 몇 채 떨어진 곳에 작가들의 작품을 취급하는 갤러리나 찻집, 도예 체험 공방 등 아사히도안이라는 멀티숍을 오픈하고, 기요미즈야키와 교야키를 보다 친근하게 알리기 위한 노력도 게을리하지 않고 있다.

★ 075-531-2181
★ 09:00~18:00

1870년 '히가시야마에 떠오르는 아침 해와 같이 번창하라'는 뜻을 품은 아사히도라는 간판을 내걸고 기요미즈데라 앞에 문을 열었다. 도자기 마을에 있는 도자기 숍이니 취급하는 도자기는 기요미즈야키와 교야키. 이 두 도자기를 중심으로 유명 작가의 작품부터 신진 작가의 작품을 발굴해 판매하는 셀렉트 숍이다.

교토 도예가들의 오브제부터 수만 엔을 호가하는 찻사발 등을 전시, 판매하는 2층의 도예 살롱과 가난한 여행자라도 기요미즈야키 하나 정도는 구입해갈 수 있도록 머그, 작은 그릇 등을 판매하는 1층 숍

11 에이라쿠야와 라쿠
Eirakuya & RAAK
조각천 가게

교토 디자인 어워드가 생긴다면 분명 첫 수상의 영예는 독특한 데누구이를 판매하는 에이라쿠야와 라쿠가 차지할 것이다.

★ 075-222-8870
★ 11:00~19:00

으로 나뉘어져 있다. 매우 넓은 매장에는 화려하기로 치면 둘째라면 서러울 교토풍 도자기들로 어디에 눈을 두어야 할지 모를 정도다. 수도 많을뿐더러 '이러이러한 점이 아직도 도자기의 스타일이다'라고 말하기도 뭣한, 각기 개성적인 도자기들은 점주가 엄선한 것들이다.

교토에서 발견한 가장 교토다우며 글로벌 공감을 이끌어낼 수 있으며, 박제되어 있지 않고 살아 숨 쉬는 노포의 모범 답안이야말로 '라쿠'와 '에이라쿠야永樂屋'라고 점 찍어두었다. 에이라쿠야는 390여 년 전에 창업한 데누구이 전문점이고 라쿠는 에이라쿠야의 현 점주가 젊은 감각으로 론칭하고 공을 들이는 자매 브랜드다.

에이라쿠야와 라쿠의 간판 상품인 데누구이는 다양한 패턴이 프린트된 천. 이 데누구이를 대중화시킨 주역은 의외로 목화와 가부키. 에도시대1603~1867년에 목면 재배가 시작된 일본에서는 가부키 배우들이

가문이나 독특한 무늬를 넣은 데누구이를 사용했는데, 배우들의 인기와 함께 데누구이도 동경의 대상이 되어 대중화되었다고 한다. 수건, 두건, 보자기 등으로 다양하게 활용할 수 있었던 데누구이는 서민들에게 없어서는 안 될 생활 필수품으로 자리 잡았다. 에이라쿠야는 창업 당시에 만든 오래된 데누구이 도안을 복원하고, 일본 전통무늬와 교토의 문화가 프린트된 데누구이와 이를 이용해 만든 가방, 벨트, 모자 등의 디자인 제품을 선보이는 노포다. 기모노 복장으로 스키를 타거나 뱃놀이를 즐기는 게이코 상의 모습이나 앙상

한 뼈만 남은 해골이 담배를 피우는 기발한 무늬로 교토 사람들 사이에서도 센세이션을 불러일으켰다.

이 노포를 이끌며 라쿠를 론칭한 이는 14대 점주인 이히 호소치지. 자동차 회사의 엔지니어, 브랜드 숍의 점장들을 거친 후 에이라쿠야에 입사한 독특한 경력을 소유한 40대 남성이다. 그는 영업 적자가 계속되어 절체절명의 위기에 처한 회사를 재건하기 위해 입사 7년째 되던 해 사장으로 취임했고 창고에 처박혀 있던 쇼와시대1926~1989년 초기의 무늬를 되살려 소매 사업에 뛰어들었다.

교토의 역사를 현대적으로 매치하는 센스로 에이라쿠야는 다시 정상 궤도로 전환했으며, 그의 행보는 늘 주목을 받았다. 그 대표적인 예가 2005년에는 오픈한 라쿠 본점이다. 고상한 패턴이 많고 디자인도 연령대가 있는 고객을 타깃으로 하는 에이라쿠야와 달리 라쿠는 젊은 세대를 겨냥한 브랜드다. 매년 시즌에 맞춰 새로운 무늬가 추가되며 미술가, 애니메이션 작가들과 협업으로 새로운 무늬를 개발해내기도 한다. 천 한 장에는 다분히 일본적이며 교토적인 동시에 백만인의 공감을 불러일으킬 요소가 숨어 있다.

02

교토에서 찾아낸

별별 숍
Special Shop

교토 여행의 묘미는 교토를 찾은 보람을 느끼게 하는 특색 있는 숍에서도 발견할 수 있다. 여기를 가도, 저기를 가도 늘 있는 식상한 글로벌 체인점만 즐비한 따분한 쇼핑 시티가 지겨워진 쇼퍼홀릭이여! 별 다섯 개 마구 찍어주고픈 별별 숍들이 별처럼 빛나는 교토로 오시라.

01 뽕뽕도
Pyonpyondo

가이시, 게이코 명함 전문점

화과자를 먹을 때 사용하는 가이시라는 종이와 게이코 상과 마이코 상들의 명함을 판매하는 뽕뽕도(ぽんぽん堂). 취급하는 품목이 너무도 생소해서 눈이 가지만, '깡충깡충', '홀짝홀짝'이라는 의미를 지닌 가게 이름도 재미있다.

가이시는 다도 왕국 교토에서 없어서는 안 될 존재다. 차를 마실 때 화과자를 곁들이는데 이때 가이시라는 흰 종이를 깔고 그 위에 과자를 얹는다. 교료리점에서도 튀김 요리를 담을 때 가이시를 사용하기도 한다. 뽕뽕도는 교토에서 단 한 곳뿐인 가이시 전문점으로 문을 연 지 90년 가까이 됐다. 오리지널 디자인인 가이시를 비롯해 지금도 게이코 상이나 마이코 상들로부터 주문이 끊이지 않는 명함도 창업주가 고안한 것이다. 전철 티켓같이 길쭉한 직사각형의 한지에 게이코 상의 뒷모습이나 사계절의 꽃 등이 목판인쇄되어 있는데, 교토 관광을 기념할 만한 기념품으로 특히 인기라고 한다.

이 밖에 교토의 풍경을 담은 그림엽서나 종이봉투, 축하용 봉투 등을 목판에 인쇄하는 기법으로 손수 제작해 판매까지 한다. 살짝 귀띔하면 3,000엔대에 나만의 오리지널 로고가 찍힌 봉투 제작도 가능하다.

* 075-231-0704
* 11:00~20:00

02 스소도
Susodo

나만의 개성을 담아주는 도장

스소도(素宗堂)는 세상에서 딱 하나뿐인 도장을 새겨주는 도장 가게다. 규격화되어 가게에 걸리는 기성복처럼 딱딱한 도장을 사양하는 이 집은 도장을 사용할 주인의 이미지에 맞도록 무늬와 이름을 새겨준다. 먼저 간단한 무늬와 한자 서체가 적힌 40여 종의 샘플에서 마음에 드는 걸 선택하고 이어서 도장 장인인 점주와 이런저런 이야기를 나누면 주문 완료. 손님과 이야기를 나누다 보면 사람마다 이미지라는 게 있기 마련이라. 가능하면 대화를 나눈 다음 그 사람의 개성을 담아 디자인을 하고 새기는 작업에 들어간다고. 일본이나 우리나 도장을 사용할 일이 점점 줄어들고 있지만 이런 도장이라면 하나쯤 장만해두고 싶다.

이 독특한 도장 가게의 입소문은 이제 일본 전국으로 퍼졌고 단골손님의 주소도 일본 전체에 분포한다. 도장 하나를 새기기 위해 교토행을 감행하는 사람들이 늘어나고 있다는 이야기. 스스로에게 선물하는 이도 있지만 대부분 성인식이나 입학, 졸업, 결혼식, 퇴직 등 축하용 선물로 주문한다. 그러나 한 해 동안 점주 혼자 만들 수 있는 도장은 겨우 100여 개뿐이라 일 년 정도의 주문량이 밀려 있다고. 가장 인기 있는 도장은 인감용 도장인 교노지루시(京のしるし)로 40,000엔부터 재질에 따라 가격이 달라진다.

* 075-361-0557
* 09:00~19:00
* 일요일, 공휴일 휴무

03 단지렌 쇼도
Tanjiren Shodo
교토를 밝혀 온 초가게

일본에 초가 전해진 것은 6세기 중반 불교와 함께 전래됐다고 한다. 당시에는 귀족이나 사찰에서 사용하는 귀한 물건이었다가 에도시대(1603~1867년) 후기가 되어서야 대중화됐다. 히가시혼간지 근처에는 17세기 중반부터 시작된 일본 초 제작법을 그대로 수작업으로 초를 만드는 초 가게 단지렌 쇼도(丹治蓮生堂)가 있다. 3대째 초 가게의 전통을 잇고 있는 이 가게에서는 솜과 한지로 딱딱한 심지를 만들고 거먕옻나무에서 얻은 성분을 녹여 초를 제작한다. 한 자루의 초를 만드는 데 꼬박 열흘 정도의 시간이 필요하고, 한 달에 만들 수 있는 초라야 겨우 500여 개 정도. 그렇지만 손으로 만들었기 때문에 타들어 가는 모습이나 향이 일반 초와 전혀 다르고, 기계에 잘린 날카로운 초의 단면도 눈에 띄지 않는다.

단지렌 쇼도에서 생산된 초의 90퍼센트는 혼간지 등 일본 전국에 분포한 정토신종 사찰에 들어간다. 그래서 사찰에서 사용하는 붉은 초를 주로 만들어왔지만, 관광객들의 요구로 알록달록한 그림을 그려 넣은 초도 선보이게 됐다. 모양도 아름답고 자연 소재로 만든 초라 명상용으로 꽤 잘 팔린다고 한다.

그리고 여담 한마디! 이 집에는 항상 고양이가 있는데, 초의 원료를 좋아하는 쥐를 퇴치하는 임무를 부여받았다.

★ 075-361-0837
● 09:00~20:00
● 일요일, 공휴일, 부정기 휴무
map 교토역 에어리어 289p

04 교토 오하시 고보
Kyoto Ohashi Kobo
오더 메이드 젓가락

요즘 교토에서는 '마이 하시'가 은근히 유행 중이다. 내 젓가락 들고 다니기 운동으로 사람 건강에도 지구 건강에도 좋다는 취지다. 일본 사람들은 일회용 나무젓가락을 엄청 즐겨 쓰기 때문에 마이 하시 운동이 꼭 필요하다. 만일 마이 하시를 교토에서 사게 된다면 꼭 교토 오하시 고보(京はし工房)의 젓가락을 갖고 싶다. 이 젓가락 가게는 100퍼센트 오더 메이드 젓가락만 만드는 일본에서 단 하나뿐인 젓가락 가게다.

점주인 기타무라 씨는 교토의 노포 젓가락 가게에서 오랫동안 일하다 독립한 후, 기발한 발상으로 젓가락 가게를 차렸다. 젓가락의 특징은 끝이 매우 얇다는 점. 요리를 먹을 때 젓가락이 입술에 닿아 음식 맛을 떨어뜨리지 않도록 섬세하게 배려했다. 그러기 위해서는 가볍고 강한 재질의 나무로 젓가락을 만들어야 한다. 그래서 백죽(白竹) 등 교토에서 생산되는 명물 대나무, 산 벚나무 그리고 세계 각지에서 들여온 100여 종의 목재를 엄선해 사용한다고.

가게에는 목재별 특징과 강도가 적혀 있는 샘플 젓가락이 놓여 있어 주문할 때 참고할 수 있다. 주문 젓가락의 가격은 선택하는 목재에 따라 가격이 다른데 3,000~30,000엔대까지 다양하다. 그러나 하루에 만들 수 있는 젓가락이 고작 열 벌 정도이며, 앞으로 2년간 만들어야 할 물량이 주문 대기 중이라고 한다.

★ 075-464-3303
● 10:00~18:00
● 토·일요일 휴무
map 료안지 에어리어 157p

05 나카무라 친기레야
Nakamura Chingireya
앤티크 천 전문점

나카무라 친기레야(ちんぎれや)는 일본에서도 매우 드문 앤티크 천과 그 천으로 만든 동전지갑과 명함집 등의 소품을 약간 판매한다. 주로 에도시대(1603~1867년)의 앤티크 천을 구입해 천연 염료로 염색하여 고풍스러운 컬러로 새로운 생명력을 불어넣는 작업도 겸한다. 교토의 의류 전공 대학교수나 대학생들이 정기적으로 방문하고 갤러리 등에서 전시회를 요청할 정도로 진귀한 앤티크 천이 많다. 그렇다고 해서 일본 천만 취급하는 것은 아니고, 메이지시대(1868~1912년)나 쇼와시대(1926~1989년)에 일본으로 수입된 앤티크 천도 일부 만날 수 있다.

점주는 앤티크 천을 상품으로 한 희귀한 가게를 1902년부터 지금까지 운영할 수 있었던 것은 전통문화의 최후 보류인 교토라는 옛 도읍지 덕분이라고 했다. 또 장인들에게 필요한 것은 '손'이지만, 앤티크 천을 찾아내야 하는 점주에게 필요한 것은 '눈'이라고 강조했다. 그 눈에 의해 새 주인과 만날 운명에 놓인 오래된 천들은 현대기술로도 절대 똑같이 재현하지 못하는 명품들이다. 견직물의 원료가 되는 누에의 질이나 베 짜는 기술, 염료가 옛날과 전혀 달라졌기 때문이다.

★ 075-561-4726
★ 10:00~19:00
★ map 기온 에어리어 63p

06 신도쇼쿠료 로호
Shindoshokuryo Roho
먹을 수 있는 마사지 팩

에도시대의 한 소설가는 교토의 세 가지 명품으로 '여자, 가모가와의 물, 절과 신사'를 꼽았다. 예부터 교토에는 내면도 아름다운 미인이 많기로 유명했다고 들었다. 그리고 교토에는 유난히 화장품 숍이 많다. 기름종이 하면 떠오르는 요지야나 미국 〈보그〉에도 소개된 치도리야, 갸라리 유케이, 히다리우마 혼텐, 교노이치모쿠, 가즈라 세이로호, 가라스도 비완 등이 건재하며 이들을 통틀어 교코스메(교토의 코스메)라고도 부른다.

140여 년을 쌀과 관련된 상품을 취급해 온 신도쇼쿠료 로호(新道食料老鋪)에도 교토 여성들의 마음을 빼앗은 간판 상품이 있다. 일본 방송에 종종 '미인 쌀겨'로 소개되어 지금은 전국에서 주문 전화가 걸려오는 교고마치 누카라는 마사지 팩이다. 독자적인 정미법으로 만든 흰 쌀겨가루로, 2작은술 정도를 미지근한 물에 녹여 피부 마사지를 하면 각질이 제거되고, 피부가 촉촉해진다. 창업 당시부터 교토의 여성들에게 큰 인기를 얻었는데, 요즘에는 아토피나 여드름 피부에도 효과가 있어 더욱 사랑을 받고 있다. 설명서에는 비누처럼 사용해도 좋지만 요구르트에 벌꿀과 함께 섞어 팩을 해도 되고, 오코노미야키가루와 섞어 먹으면 변비에도 효과를 볼 수 있다고 적혀 있다. 제품명은 일본 사람들이 양귀비, 클레오파트라와 함께 세계 3대 절세미녀로 손꼽는 헤이안 시대의 여류 시인 오노고마치(小野小町)의 이름에서 따온 것이다.

★ 075-771-2919
★ 09:30~17:30
★ 부정기 휴무

07 야야
Yaya
앤티크 기모노 숍

요즘 일본 젊은 여성들 사이에서 앤티크 기모노가 대세다. 신상품 기모노에서는 결코 찾을 수 없는 독특한 무늬의 천에 따라 다르기는 하지만, 비교적 납득할 만한 가격에 구입할 수 있다는 가격 경쟁력도 한몫한다. 앤티크 기모노란 말 그대로 과거에 생산된 기모노를 뜻하지만, 대개 에도시대부터 쇼와시대 초기까지의 기모노를 일컫는다. 특히 '오센'이라는 드라마에서 노포 요리점의 젊은 점주로 출연한 여배우가 컬러풀한 앤티크 기모노 컬렉션을 펼치면서 그 인기는 교토를 넘어 도쿄로 입성했다. 그래서 드라마 방영 이후 도쿄보다 선택할 수 있는 기모노의 폭이 넓은 교토까지 날아오는 마니아들도 급증했다고 한다.

교토에서 앤티크 기모노 숍으로 이름난 몇 곳이 있는데, 그중 소개하고픈 곳이 야야다. 머리부터 발끝까지 기모노와 관련된 모든 제품을 아우르는 토털 숍으로, 쇼와시대 초기의 기모노부터 현재의 기모노, 오비, 가방, 신발, 헤어 액세서리, 자투리 천까지 셀렉트해놓았다. 야야 스타일이라고 말해주고 싶을 만큼 개성적이고 세련된 무늬를 가진 앤티크 기모노들이 많다. 마음에 드는 기모노는 스태프들의 도움을 받아 입어볼 수 있고, 예산을 말하면 그에 맞춰 코디네이트도 해준다.

★ 075-531-4060
★ 11:00~18:00
★ 화요일 휴무
★ map 기요미즈데라 에어리어 27p

08 이치만벤
ichimanben
앤티크 기모노 숍

이치만벤은 시즌마다 콘셉트에 맞는 기모노 스타일을 제안하는 기모노 갤러리 같은 숍이다. 물론 야야와 같은 앤디크 기모노를 취급한다. 기모노의 수량은 많지 않지만, 기모노와 오비를 10,000엔대에 구입할 수 있는 리즈너블한 가격이 매력적이다.

★ 075-256-8282
★ 11:00~20:00
★ map 교토고쇼 에어리어 131p

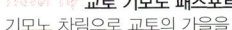

Travel Tip 교토 기모노 패스포트

기모노 차림으로 교토의 가을을 만끽하자는 취지에서 상공회의소와 기모노 관련 단체가 의기투합하여 2000년부터 매년 가을에 벌이는 이벤트가 교토 기모노 패스포트京都きものパスポート다. 기모노를 입고 이 패스포트를 지참하면 절과 신사, 미술관, 박물관, 음식점이나 숍에서 할인 등의 다양한 혜택이 주어진다. 매년 9월경 백화점이나 서점, 관광센터 등에서 무료로 나눠주고 혜택의 유효기간은 일 년 정도다.

09 SOU·SOU 타비
SOU·SOU Tabi

타비 전문점

몸뻬바지에 아랫단이 항아리처럼 봉긋한 바지를 입고 지카타비를 신은 노동자들을 처음 보고 그 기이한 패션에 눈을 떼지 못했던 적이 있다. '저런 신발을 신고 일하면 불편하지 않을까'라는 걱정이 들었는데, 마니아들의 주장에 따르면 발에 착 달라붙는 느낌이 들어 계속 신게 되는 묘한 중독성이 있다고 한다. 교토에 와서 이 신발에 또 한 번 놀랐는데 뉴욕 컬렉션의 런웨이에 바로 세워도 될 만큼 패셔너블했기 때문이다. 그리고 얼마 지나지 않아 교토의 쇼핑가를 어슬렁거리다가 지카타비 전문점 SOU·SOU 타비를 발견하고 말았다. 지카타비는 일본 버선 모양과 똑같은, 엄지발가락과 나머지 네 발가락을 넣는 두 개의 공간을 만들고 바닥에는 고무를 댄다. 1920년대 처음 만들어졌다고 하는데 이 지카타비를 패셔너블하게 탈바꿈시켜 뉴욕, 홍콩 등에도 진출한 브랜드가 sou·sou이다.

지카타비는 발목으로 살짝 올라오는 기본 스타일부터 슬리퍼, 부츠 등 변형 스타일까지 매우 다양하다. 모양 자체만으로도 풍기는 포스가 만만치 않은데 히라가나 숫자, 꽃무늬 등 갖가지 무늬와 컬러가 더해지니 개성만큼은 따라올 자가 없다.

★ 075-212-8005
★ www.sousou.co.jp
★ 11:00~20:00
★ 부정기 휴무
★ map 기온 에어리어 63p

10 SOU·SOU 르 꼬끄 스포르티브
SOU·SOU le coq sportif

교토발 스포츠 브랜드

디자인과 디자인이 만나 상상 이상의 시너지를 낼 수 있음을 잘 보여주는 대표적인 브랜드가 SOU·SOU 르 꼬끄 스포르티브이다. 프랑스 스포츠 의류 브랜드 르 꼬끄 스포르티브와 컬래버레이션하여 지카타비와 스니커즈, 사이클링&데일리 웨어를 선보인다. SOU·SOU 르 꼬끄 스포르티브는 SOU·SOU 타비보다 종류는 적지만 훨씬 시크하다. 인기 제품은 SOU·SOU의 심벌인 국화와 벚꽃 문양, 르 꼬끄 스포르티브의 심벌인 수탉 문양을 어레인지한 모노그램.

수량은 많지 않으나 하나하나 제품에 수제품같이 야무진 맛이 살아 있다. 교토의 일본적인 브랜드와 프랑스의 브랜드가 만난 독특한 숍은 오직 교토에만 있다.

★ 075-221-0877
★ 11:00~20:00
★ 부정기 휴무
★ map 기온 에어리어 63p

03

팔딱팔딱 살아 숨 쉬는
교토의 부엌

푸드 마켓
Food Market

교토의 번화가, 우리로 치면 명동 바로 옆에 수백 년의 역사를 지닌 재래시장이 성업 중이다. 데라마치도리에서 다카쿠라도리 사이, 400미터 길이에 폭 3미터의 좁은 길가에 채소 절임 가게, 해산물 가게, 쌀가게, 음식점, 주방도구 가게 등 130여 개의 상점이 옹기종기 모여 있다. 교토 사람들이 애정을 듬뿍 담아 '니시키'라 불러주는 교토의 부엌, 니시키 이치바다. 과거에는 궁궐에 식재료를 납품했던 가게들이 몰려 있던 시장이었기에 옛날부터 일본 각지에서 좋다는 물건은 모두 이곳으로 모였고, 지금도 그 명맥에 누가 되지 않도록 전력을 다하는 본받을 만한 가게가 수두룩하다. 또 일본인들에게 한 해 가장 큰 명절인 신정 연휴를 앞둔 연말이면 일본 방송사들의 카메라는 모두 니시키 이치바로 향한다. 새해에 먹는 일본의 전통 음식인 오세치 요리에 사용할 식재료를 구입하기 위해 몰려든 교토 사람들의 장보기 풍경은 어느새 일본인들에게 한 해가 저물고 있음을 각인시키는 풍물시가 되었다.

교토의 역사만큼 나이를 먹은 시장. 길고 긴 역사와 자랑할 만한 족보가 있는 재래시장이라니 박물관을 찾는 각오로 니시키 시장에 발을 들이는 순간, 깜짝 놀라게 될 것이다. 깔끔하고 아기자기한 교토 사람들의 정서는 시장에도 고스란히 반영되었다. 니시키 시장 역시 일본 대부분의 상점가처럼 비가 오든 눈이 오든 편하게 쇼핑할 수 있도록 대형 아치를 설치한 현대식 시장이다.

규모로 치면 손바닥만한 시장이지만 따뜻한 봄날 꾸벅꾸벅 졸고 있는 고양이처럼 고요한 도시 교토에서 드물게 활기찬 곳이며 '교토 사람들은 이런 음식을 먹고 사는구나'를 몸소 체험할 수 있는 교토다운 매력을 놓치고 싶지 않기 때문이리라.

access 한큐 가라스마 역, 가와라마치 역에서 도보 5분

Shopping Tip 니시키 시장은 오전 8~9시부터 시작해 오후 5~6시까지 영업을 한다. 수요일과 일요일에는 3분의 1 정도가 가게 문을 닫으며 세밑에 찾으면 새해 음식을 준비하기 위해 장을 보러 온 교토 아주머니들과 몸싸움을 각오해야 한다. 그러나 섣달그믐의 니시키 시장은 도쿄의 아메야요코마만큼이나 활기로 넘실댄다. 방전된 에너지를 시장 특유의 활기로 빵빵하게 충전시킬 수 있고 365일 단 하루만 화끈한 모습을 보여주니 모두가 피하는 12월 마지막 날 찾는 스케줄도 나쁘지만은 않다.

★ 니시키상점가 진흥조합 www.kyoto-nishiki.or.jp

Best Shop

아리츠구 Aritusgu

무사의 명검을 만들던 노포 칼 가게

수작업으로 제작한 칼 제품은 교토의 셰프들에게 평판이 자자한 아리츠쿠有次도 그럴 것이 이 집은 아주 옛날에는 무사들의 검을 만들었다. 1560년에 창업한 칼 집은 무사들이 역사의 뒤안길로 사라진 후 본격적으로 조리용 칼을 생산하기 시작했는데 대부분의 공정을 수작업으로 고집하고 있다. 칼은 프로용, 가정용, 오른손잡이용, 왼손잡이용으로 나뉘고 다시 육류용, 채소용 등으로 친절하게 분류된다. 가격은 몇만 원부터 수백만 원까지 다양하다. 칼이나 냄비 등의 제품을 구입하면 선물 받는 이의 이름을 그 자리에서 새겨준다. 한글 새김 솜씨도 뛰어나다.

벚꽃, 토끼, 호리병, 가지, 단풍잎…. 모양찍개는 한국에는 없는 다양한 모양이 있으니 기념품으로도 그만이다. 교토의 여름 풍물시, 다이몬지의 '대大' 자 모양의 모양찍개. 교토의 요리 연구가들은 여름 한정 메뉴를 장식할 목적으로, 관광객들은 교토만의 특별한 기념품으로 하나씩 사들고 간다. 매주 한 번씩 기온의 유명 음식점 오너 셰프를 강사로 초빙하여 칼

사용법부터 생선 손질법 등의 특별 강의가 열리는데, 수강 경쟁이 치열하다.

츠노키 Tsunoki

220년 전 문을 연 니시키 시장의 하나뿐인 술 가게

츠노키津之木는 직접 술을 만들어 파는 술도가가 아니라 좋은 술을 찾아내어 판매하는 술 가게다. 동서양을 아우르는 진정한 술 전문가가 되려고 바텐더로 일한 적도 있다는 애주가 점주가 공들여 선발한 일본 술은 무려 200여 종. 슈퍼마켓이나 편의점에서는 거의 찾기 힘든 교토산 술도 여러 종류 눈에 띄며, 단바 와인이나 오하라의 매실주도 구비해놓았다. 가게에서 판매하는 모든 술은 점주의 깐깐한 맛 테이스팅을 통과한 베스트 오브 더 베스트 술뿐이다. 오너는 일본어와 영어로 손님의 취향에 맞는 술을 추천해준다. 생맥주를 테이크아웃해서 마실 수도 있고 교토 한정 지역 맥주도 판매한다.

치나미 Chinami

치리멘 산쇼로 유명한 가게

니시키 시장에서 유명한 가게인 치나미_{ちなみ}는 100여 종류 이상의 다시마 음식을 판매하는 다시마 전문점이다. 그런데 치나미의 이름을 알린 것은 산초 다시마조림인 치리멘 산쇼_{ちりめん山椒}다. 교토 사람들은 산초를 된장국에 넣어 먹는 등 매우 좋아하는 모양인데, 산초의 매콤한 맛과 특유의 향은 우리네 입맛에는 약간 자극적이다. 그러니 구입 전에 시식 코너 순례를 완벽하게 끝낸 후에 지갑을 여는 게 좋다.

멸치, 뱅어 등의 치어를 쪄서 말린 것에 산초와 다시마 등을 넣은 치리멘 산쇼를 사서 반쯤 먹다가 실험정신을 십분 발휘하여 카레에 넣어 먹어보았는데 의외로 잘 어울린다. 그런데 치나미 본업은 다시마 전문점이다.

곤나몬자 Konnamonja

테이크아웃의 신화를 연 두부 가게

두부 가게에서 소개한 후지노에서 운영하는 두부, 두유 디저트 가게 곤나몬자_{こんなもんじゃ}. 아침부터 가게 문을 닫을 때까지 연신 튀겨내는 담백한 두유 도넛. 생지에 두유를 넣어 만든다.

달달하지 않은 어른용 아이스크림인 두유 아이스크림은 두유 도넛과 함께 니시키 시장의 테이크아웃 메뉴의 대표주자다. 니시키 시장에는 이렇다 할 테이크아웃 메뉴가 없었다는데, 곤나몬자에서 시장

구경을 하며 먹을 수 있는 간식거리인 아이스크림과 도넛을 팔기 시작하면서 니시키 시장의 테이크아웃 음식 붐을 일으켰다고.

다카쿠라야 Takakuraya

겨우 10년 된 채소절임가게

100년, 200년 된 노포가 즐비한 교토에서 창업한 지 10년밖에 되지 않았다는 이 츠케모노 가게 다카쿠라야_{高倉屋}는 시식 코너가 있어 이것저것 맛본 후에 입맛에 맞는 츠케모노를 구입할 수 있다.

교야사이로 만든 츠케모노를 추천하는데 진공 포장이라 구입해서 한국에도 가지고 갈 수도 있다. 단, 온도가 높은 여름에는 한국까지의 공수는 단념하시길.

노토요 Notoyo

생선집에서 문을 연 장어덮밥집

민물고기 가게와 장어구이 전문점을 운영하는 노토요のとよ. 중요문화재로 지정된 교토의 전통가옥에서 교토의 세시풍속을 전하며 요리책도 집필한 하타 메구미 씨가 강추한 가게다. 연기가 모락모락 나서 굽는 사람 힘깨나 빼지만 맛만큼은 따라올 수 없는 최고의 조리법. 숯불구이 장어를 맛볼 수 있다. 가게들이 문을 닫아 손님들의 발길이 뚝 떨어지는 오후에 문을 닫으니 점심시간에 찾아야 한다.

가네마츠 kanematsu

교야사이 전문점

교토를 대표하는 교야사이 전문점 가네마츠かねまつ는 계약 농가에서 재배한 품질 좋은 교토산 채소를 판매한다. 교토 사람들은 가격은 비싼 편이지만 물건 하나만은 틀림없고 다른 가게에서는 보기 힘든 교야사이를 쉽게 얻을 수 있다고 말한다.
2층은 점심에만 문을 여는 식당 야사이노 니카이채소 가게 2층이라는 뜻와 야사이노 하나레채소 가게에서 떨어져 있는를 운영한다.
대표 메뉴는 20종류 이상의 채소 맛을 즐길 수 있는 장수 런치. 판매 시간은 오전 11시부터 다 팔릴 때까지로 매일 100인에서 200인분을 준비하는데 2시간 30분 정도면 모두 팔려버린다. 만일 채식주의자라면 이틀 전에 예약하면 채식주의자를 위한 특별식도 준비해준다. 교야사이에 대한 애정도 각별하여 교야사이 모양으로 만든 젓가락 받침이나 성냥, 채소 씨앗 등도 한켠에서 판매한다.

로댕 Rodin

상인들이 애용하는 커피숍 중 하나. 옆 사람에게 폐를 끼칠까 온몸을 작게 오므리고 커피를 마셔야 하는 자그마한 가게이지만 교토의 명수로 끓인다는 커피 맛은 아주 좋다. 모로코식 차이도 맛볼 수 있다.

미키 게이란 Miki Keiran

매대보다 훨씬 큰 주방에서 여러 명의 직원들이 연신 달걀말이를 부쳐대는 모습을 무료로 관람할 수 있는 달걀말이집. 입맛 없을 때 이 집으로 달려가 카스텔라처럼 보드라운 달걀말이를 사 먹고는 했다. 달걀에 다시마 등으로 낸 맛국물을 넣어 부치므로 간이 적당하게 배어 있다.

니시키 히라노 Nishiki Hirano

교토 사람들의 밥상을 짐작케 하는 반찬 가게. 채소무침, 생선조림 등 수십 가지의 반찬을 아주 작은 양만큼씩 포장하여 파는데 교토 사람들에게는 짭짤하게 조리한 콩 요리인 시오아지 엔도가 가장 인기라고. 1953년에 창업한 노포.

마루야타 Maruyata

시장에서 유일한 붕장어 전문점. 미리 만들어두지 않고 주문해야 만들기 시작해서 더 맛있다. 테이크아웃도 가능하고 가게 안에서 먹을 수도 있는데 점심시간에 찾으면 줄을 섰다 먹을 각오를 해야 한다.

마루츠네 Marutsune

안쪽 부엌에서 매일 아침 손질한 신선한 생선과 채소로 갓 튀긴 어묵과 튀김을 판매한다. 배가 출출할 때 그냥 지나치기 힘든 집이다.

마루이 Marui

니시키 시장에서 복어를 맛보고 싶다면 이 집으로! 복어철인 겨울이면 더욱 신선한 복어회를 판매한다. 오리지널 폰즈라는 간장과 식초 베이스의 소스도 준비해놓아 복어의 유혹을 뿌리치지 못한 관광객들은 호텔로 싱싱한 복어회를 들고 갈 정도.

Travel Tip 니시키텐만구

1003년 창건된 신사로 1587년 도요토미 히데요시가 단행한 도시 계획으로 지금의 위치로 이전됐다. 교토 제일의 번화가에 들어선 신사로, 여느 신사보다 교복을 입은 학생들의 모습을 자주 볼 수 있는데 니시키텐만구의 제신이 상업 번성과 학문의 신이기 때문이다. 일본 전국에서 교토로 몰려든 학생들은 신쿄고쿠 쇼핑길에 이 신사를 찾아 좋은 학교에 진학할 수 있도록 열심히 기원한다.

이 신사에는 두 개의 명물이 있는데, 신사 내에서 솟아나는 니시키노미즈錦の水라는 교토의 이름난 명수와 춤추는 인형이 건네주는 부적인 가라쿠리 오미쿠지다. 니시키노미즈는 일 년 내내 17~18도의 일정한 온도를 유지하며 무미, 무취, 무균의 물이라 식용으로 적당하다고. 신사에서는 '집으로 담아가는 건 자유無料'라는 푯말도 우물 옆에 세워두며 넉넉한 인심을 내보인다. 가라쿠리 오미쿠지는 일본의 전통 인형을 응용하여 만든 부적함이다. 인형 가까이 다가가면 춤을 추기 시작하고 동전을 넣고 네 종류의 부적 중 하나를 고르면 된다.

★ 075-231-5732   ★ 08:00~21:00

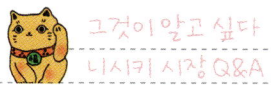
그것이 알고 싶다
니시키 시장 Q&A

1. 니시키 시장의 역사는?

400여 년 전 니시키 시장이 탄생했다. 당시에는 생선과 닭고기 전문 시장으로 번성했었는데 막부로부터 생선 도매를 공식적으로 허가받은 후에는 교토를 대표하는 어시장으로 변신했다. 19세기 중반에는 채소 가게들도 눈에 띄게 늘며 생선과 채소 가게가 주류였다. 1926년에 교토 중앙도매시장이 생기면서 66개의 생선 가게 중 절반 정도가 중앙도매시장으로 옮겨가고, 1948년에는 암시장 금지 정책으로 시장이 없어질 위기에 놓이기도 했다.

니시키 시장이 전국적으로 이름을 알린 것은 1966년 12월 말, NHK를 통해 '교토의 부엌'으로 전국에 생방송되면서부터. 기모노 생산지인 니시진과 무로마치를 찾은 기모노 업계 관련자들이나 다도와 꽃꽂이를 배우러 온 각지의 귀부인들, 교토의 무수한 사찰로 연수를 온 지방 손님들이 몰려들며 전성기를 맞았다.

2. 교토에는 시장이 니시키 시장뿐?

생선과 청과물 등을 중심으로 한 식료품 전반을 취급하는 일본 최고의 도매시장으로 시치조에 문을 연 교토 중앙도매시장이 있다. 그러나 우리나라의 가락동 농수산시장 규모에 주로 도매상을 대상으로 장사를 하는 곳이니 굳이 가볼야 건질 게 없다. 먹을거리 시장인 니시키 시장과 옷 가게, 구두 가게, 음식점 등이 밀집한 교토 굴지의 상점가인 신쿄고쿠新京極 상점가나 데라마치 쿄고쿠寺町京極 상점가를 노리는 게 현명하다. 두 곳은 니시키 시장 바로 옆에 있다.

3. 교토를 대표하는 대형 슈퍼마켓은?

교토에는 다이에ダイエー나 쟈스코JUSCO는 눈에 띄지 않는다. 대신 슈퍼마켓 프레스코Fresco가 압도적으로 많다. 24시간 문을 여는 프레스코는 생활 밀착형 토종 슈퍼마켓으로 교토에서 탄생하여 인근 지역인 오사카, 효고 현, 시가 현까지 영역을 확장하고 있다. 생활 잡화가 거의 눈에 띄지 않는다는 점이 아쉽지만, 식재료나 식품의 종류나 가격 면에서는 꽤 훌륭하다. 점심시간에는 도시락을 사려는 근처 직장인들의 행렬이 길게 늘어서고, 주부들이 저녁 장을 보는 시간에 찾으면 품절인 경우도 많다.

04

보는 즐거움,
사는 재미 쏠쏠한

●

플리마켓
Flea Market

세계유산과 국보를 둘러보는 역사 기행과 오직 교토에서만 맛볼 수 있는 특별한 미식유산 순례, 대를 이어 문을 열고 있는 노포 쇼핑, 최대한 꼭꼭 숨어 있을 것이라는 지령을 받은 듯 주택가에, 산속에 숨어 있는 카페 탐험만으로도 힘에 부치는 교토. 여기에 한 가지 더, 빼놓으면 땅을 치고 후회할 볼거리가 있다. 보는 재미, 고르는 재미, 흥정하는 재미가 있는 오감만족 플리마켓이다. 교토의 4대 플리마켓이 열리는 날이면 인근 오사카와 고베에서 원정 쇼핑을 감행하는 이도 적지 않으며, 고매한 교토 사람들조차 인산인해를 이룬 사람들 속을 비집고 다니며 쇼핑에 나선다. 또 어찌된 일인지 교토의 플리마켓은 대개 풍경 좋기로 이름난 사찰이나 신사 경내에서 열리니 소풍 온 기분으로 쇼퍼홀릭에 빠질 수 있다. 그래서 자신 있게 말할 수 있다. 주로 헌옷들이 주인공으로 대접받는 도쿄의 플리마켓은 명함도 못 내민다고! 비가 오나, 눈이 오나, 바람이 부나 매달 정해진 딱 하루에만 반짝 장이 섰다 사라지는 플리마켓 투어, Let's Go!

01 지온지 데즈쿠리이치
Chionji Tetsukuriichi

when	매월 15일
where	지온지
item	핸드메이드 제품
open-close	09:00~해 질 무렵
weather	폭우가 내릴 경우에는 다음 날로 연기

1986년 4월 15일부터 열리기 시작한 이 마켓은 지온지 데즈쿠리이치(知恩寺の手作り市)라는 이름 그대로 어떤 물건이든 사람의 손으로 만든 것이어야 한다. 따라서 세상에서 딱 하나일 수 있는 보물을 건지는 기분이 쏠쏠하다. 매달 찾아가도 같은 아이템을 찾기 어려워 지난 쇼핑에 대한 만족감을 높여주는 동시에 '이번에는 꼭 사야지'라고 다짐한 아이템이 품절되었거나 그 물건의 주인이 참가하지 않아 다음을 기약해야 하는 좌절을 주기도 한다. 단, 이 마켓이 서는 날만을 손꼽아 기다리는 마니아들의 아침 싹쓸이가 많으므로, 보석을 건질 생각이라면 부지런히 가야 한다.

팬클럽이 생기면 첫 번째 회원으로 가입하고 싶을 정도로 좋아하는 플리마켓으로, 상업성 짙은 몇몇 플리마켓의 야박함과 달리 20~30대 젊은 예술가들의 도자기, 옷, 가방, 액세서리 등을 납득할 만한 가격에 구입할 수 있는 데다 오픈 마인드인 예술가들과 어렵지 않게 친구가 될 수도 있다. 시장을 둘러보다 일러스트레이터 토미데 씨, 오타후쿠커피의 사람 좋은 부부, 치세의 예술가 친구들, cham-chama의 유카 언니와 친구가 됐다.

최근 지온지 데즈쿠리이치는 최전성기를 맞은 빅스타 같다. 마켓이 파할 때까지 인산인해를 이뤄 사찰 앞 횡단보도 앞에는 하루 종일 교통정리를 하는 진풍경이 벌어진다.

 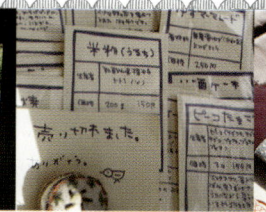 

| 교토 시내에서 멀리 떨어진 산속에서 닭과 고양이를 기르고, 벌꿀을 모으며 산다는 도리고토야. 집에 쫓아가 하루를 엿보고 싶을 정도로 안주인의 얼굴빛은 도시인들과 전혀 다르다.

| 벌꿀, 쌀가루, 약, 잡곡차…. 서둘러 가지 않으면 품절된 제품의 이름표 위에 '다 팔렸습니다. 고마워요'라는 메시지만 읽고 돌아와야 한다. 도리고토야의 히트 상품은 방생해서 키운 닭이 낳은 달걀.

| 빈티지 기모노 천으로 핸드메이드로 만든 일본 스타일 가방은 세상에서 단 하나뿐이다.

| 기모노를 곱게 차려입고 시장 구경을 온 교토 아가씨들. 교토에서 기모노 차림은 더 이상 낯설지 않은 풍경이다.

| 테이블 매트나 코스터, 아기 턱받이, 가방 등을 판매하는 cham-chama. 한 달 내내 부지런히 물건을 만들어야 단골손님의 수요를 겨우 맞출 수 있을 정도로 인기 숍이다. 딱 이 플리마켓에만 참가한다고.

| 일본 분위기가 물씬 풍기는 무늬와 매우 화려한 컬러의 의류들. 대신 디자인이 아주 심플해서 스타일리시하게 연출할 수 있다.

| 아주아주 친근한 옛 동지 발견! 동양화를 귀고리꽃이로 활용한 반짝반짝 아이템은 열 명 중 아홉 명의 발길을 멈추게 한다.

| 숲의 시계라는 브랜드를 지닌 유레카Eureka의 벽시계. 마치 시간마저 '슬로, 슬로'라고 소곤대며 스쳐가는 것처럼 느껴진다.

| 가위, 코카콜라병, 새, 포도, 반지 등 흔하게 볼 수 있는 물건을 새긴 스탬프. 인형처럼 톡톡 튀는 외모를 지닌 주인장이 강력 추천하는 스탬프는 '대파'였다.

| 교토에도 자연주의 바람은 거세다. 예전에 비해 나무로 만든 그릇이나 소품을 파는 장인들이 눈에 띄게 늘었다. 모든 공정을 손으로 만들어 손맛이 살아 있고 같은 소품이라 해도 똑같이 생긴 건 하나도 없다. 따라서 플리마켓의 승자는 일찍 찾아 재빠르게 명품을 찾아내어 계산을 하는 성격 급한 사람이다.

| 플리마켓에서 커피나 음료를 파는 가게는 몇 곳이나 되지만, 항상 줄을 선 후에야 한잔의 커피를 받아 먹을 수 있는 곳은 오타후쿠커피뿐이다. 그나마 준비한 커피가 품절되기 전에 찾아야 한다.

| 오타후쿠커피에 긴 줄이 늘어서는 이유는? 아무리 바빠도 핸드드립으로 갓 뽑은 커피를 맛볼 수 있기 때문이다. 그것도 아주 저렴한 가격으로.

02 도지 고보이치
Doji koboichii

when	매월 21일
where	도지
item	일용 잡화, 골동품, 먹을거리
open~close	08:00~해 질 무렵
weather	비 오는 날에도 열림

드넓은 도지의 경내에 한 치의 틈도 없이 빼곡하게 들어선 가게와 그 공간을 가득 메운 사람들로 복작대는 시장 풍경을 멋지게 재현해낸다. 규모 면으로 보나 역사적으로 보나 교토 최대 플리마켓은 도지 고보이치(弘法の市,法市)다. 관광객보다 교토 사람들의 발길이 잦은 곳인데, 그도 그럴 것이 플리마켓의 단골 아이템인 헌 기모노를 파는 가게부터, 그릇, 앤티크 소품, 채소절임 가게, 건어물, 꽃가게, 신발 가게를 비롯해 떡이나 타코야키, 붕어빵, 과일 가게까지 먹을거리 좌판까지 펼쳐지니 어지간한 살림살이와 요긴할 양식거리가 여기서 모두 해결이 가능하다. 휙 둘러보는 데 두세 시간, 찬찬히 훑어보는 데 최소 반나절은 투자할 각오로 찾아야 한다.

| 교토 시 남쪽, 후시미라는 곳에서 채소 가게를 운영하는 할머니는 몇 년 전부터 직접 만든 츠케모노를 팔고 있다.

| 할머니의 손맛이 담긴 교토의 명물 츠케모노 · 스구키. 무를 무청과 함께 모양 그대로 소금으로만 절여 먹는다.

| '개운을 봐드립니다.' 텔레비전과 잡지에 화제가 되고 있는 바로 그 손맛! 유명 연예인들의 발길음도 찾다며 그들의 사진을 걸어놓고 손님을 기다리는 이곳은 도지 고보이치를 찾게 하는 또 다른 즐거움이다.

| 고사리가루로 말랑말랑한 하얗고 투명한 젤리를 만들어 콩가루를 묻혀 먹는 와라비 모치.

| 교토에서 두 번째로 맛있는 와라비 모치라며 너스레를 떠는 아저씨와 친절한 아주머니 부부. 매일 도지 고보이치를 찾는 명물 가게로, 와라비 모치는 두 번째라면 서러울 만큼 부드럽고 달콤하다.

| 요즘 교토의 젊은이들을 중심으로 1900년대 초 · 중기의 빈티지 기모노가 인기몰이 중이라는데 고보이치에서도 다양한 디자인의 기모노가 거래된다. 가격은 새것보다 훨씬 저렴하여 운이 좋으면 500엔짜리 기모노도 찾을 수 있다.

| 기모노 쇼핑에 푹 빠진 외국인, 빈티지 기모노는 외국인과 일본의 젊은 여성들에게 핫 아이템으로 부상했다. 좋은 기모노를 구입하느냐 못하느냐 좌판 위의 상자 안에 산더미처럼 쌓인 기모노를 먼저 발견해 내는 체력전이 좌우한다.

| 도지 고보이치에 특히 많은 골동품 가게. 주로 앤티크 그릇을 판매하는 곳이 많다. 하얀 종이에 검은 글씨로 휘갈긴 가격표가 떡하니 버티고 있지만 가격은 흥정하기 나름이다.

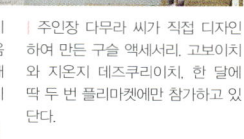

| 배꼽 빠지게 웃는 세 마리 고양이와 대롱대롱 매달린 고양이들. 웃음을 자아내는 익살스러운 고양이 캐릭터는 한 여류 작가의 창작 아이템. 좌판 위는 온통 고양이 천지다.

| 주인장 다무라 씨가 직접 디자인하여 만든 구슬 액세서리. 고보이치와 지온지 데즈쿠리이치, 한 달에 딱 두 번 플리마켓에만 참가하고 있단다.

Travel Tip

찜통에 갓 쪄낸 빵, 바로 튀긴 어묵 등 간단하지만 든든한 요깃거리가 넘쳐나 눈, 귀 말고 입도 즐거워지는 곳. 도지 고보이치는 먹을거리 천국이기도 하다.
한여름과 한겨울만 아니라면 밥은 시장 안에서 해결하길 권한다. 간사이식 오코노미야키와 야키소바부터 말랑 쫀득한 일본의 떡, 붕어빵 어

는데 가격은 살짝 비싸지만 빵빵하게 들어간 단팥 소로 한 개만 먹어도 배부른 붕어빵, 따끈따끈 만두, 심심한 입 달래줄 마른 과일 등 온갖 먹을거리가 도로로 총출동한 날이니, 게다가 주머니 가벼운 여행객들에게도 만만한 가격이다.

03 텐진상
Tenjinsan

when	매월 25일
where	기타노텐만구
item	골동품, 빈티지 의류
open-close	이른 아침~해 질 무렵
weather	비 오는 날에도 열림

기모노를 비롯한 빈티지 의류와 골동품이 주인공인 텐진상天神さん은 기타노텐만구에서 열린다. 규모와 역사 면에서도 도지 고보이치에 밀리지 않을 정도로 교토 사람들에게는 친근한 서민 시장이다. 이른 아침부터 좌판이 펼쳐지면 어디서든 찾아왔는지 금세 사람들로 혼잡해진다.

텐진상은 교토 사람들이 기타노텐만구를 부르는 애칭으로 신사의 제신 스가와라노미치자네의 생일과 기일인 25일을 기념해 열리기 시작했다. 스가와라노미치자네는 헤이안 시대의 학자, 한시인, 정치가로 학문의 신으로 불린다.

매달 500여 개의 가게가, 기타노텐만구로 참배객이 몰려드는 12월과 1월이면 1000여 개의 가게가 참가한다. 경내에도 터줏대감 격인 노점이 많지만, 히가시몬東門 출구에서 이마데가와도리今出川通り로 이어진 신사 바로 옆 좁고 긴 길에 자리를 잡은 가게들 중 유니크한 가게가 많고 둘러보기에도 편하다.

사흘 간격으로 열리는 도지 고보이치와 텐진상은 교토 사람들에게 매달 흥미로운 볼거리를 제공한다. "고보상이 비가 내리니 텐진상은 맑겠네. 이달에는 텐진상이 이겼군"이라는 말이 전해진다. 이유는 알 수 없으나 도지 고보이치와 텐진상은 사이가 나빠 한쪽의 날씨가 좋으면 한쪽은 날씨가 나쁘다는 우스갯소리가 예부터 전해온다고. 그런데 그 우스갯소리는 신기하게도 적중률이 매우 높다는 사실.

| 옹기종기 모여 앉아 새 주인을 기다리고 있는 일본 인형들.

| 교토에서 시작된 일본색 짙은 의류는 외국 관광객들이 열광하며 하나씩 사가는 물건이다.

| 빈티지 기모노를 걸어둔 채 핸드폰에 열중하고 있는 아줌마. 과거와 현재가 교묘하게 맞물려 살아가는 도시, 교토의 모습을 엿볼 수 있는 한 장의 그림이다.

| 그릇도 중고? 일본 도자기 공방에서 주문 제작되어 유럽으로 팔려나갔던 1940년대 생산된 그릇과 타일. 수십 년간 창고에 잠들어 있던 녀석들을 주인 아저씨가 건져내 플리마켓을 통해 데뷔시켰다고.

| 일본산이면서 유럽의 느낌이 마구 전해지는 타일들. 새 제품이지만 수십 년간 세월이 더해져 앤티크 느낌이 난다. 다만 무게가 만만치 않으니 돌아오는 길이 조금 힘들 것으로 예상된다. 그러나 딱 텐진상에서만 만날 수 있는 데다 착한 가격이 덤으로 더해져 놓치지 말아야 할 아이템.

| 빵~ 빵, 빵! 유원지나 해변가에 가면 볼 수 있는 간이 사격장이 일본에도? 단 이곳의 룰은 넘어뜨리기만 하면 무효, 반드시 선반 위에서 바닥으로 떨어뜨려야 한다니 더욱 승부욕에 불타게 된다.

| 토마스 기관차, 도라에몽, 미키마우스, 키티짱, 피카츄. 전 세계 어린이들이 열광하는 캐릭터들이 모두 모여 올림픽이라도 여는 건가. 캐릭터 잡기 낚시 게임도 플리마켓의 명물이다.

| 딸기에 빠알간 시럽을 듬뿍 입혀 하얀 설탕 위에 묻혀 먹는 이치고 아메いちご飴. 일본 포장마차의 단골 아이템인 동시에 슈퍼스타다.

| 간단하게 한 끼를 해결하도록 선처를 베푸는 포장마차. 스테디셀러 야키소바やきそば와 떠오르는 신예 오코노미야키お好み焼き. 오코노미야키는 옆 동네 오사카 스타일보다 먼 동네 히로시마 스타일을 먹어줘야 트렌디한 사람이라는 소리를 듣는다. 오사카 스타일은 우리의 부침개처럼 밀가루 반죽에 부침 재료를 섞어 부치고, 히로시마 스타일은 밀가루 반죽을 크레이프처럼 얇게 펴고 그 위에 온갖 재료를 산처럼 쌓아 굽는다.

Travel Tip

의외로 규모가 크고 볼 것 많은 시장을 둘러본 후 배꼽시계가 울려대면 기타노텐만구의 거대한 돌 도리이 앞으로 마구 내달릴 것. 길 건너 버스 정류장 바로 옆에 사람들의 긴 줄이 늘어서 있을 테니 눈치껏 줄을 서야 한다. 교토의 두부 노포에서 운영하는 밥집에서 맛난 두부 요리를 맛볼 수 있으므로. 또 도리이를 등지고 앞으로 난 길을 조금 따라 걷다가 역시 줄을 선 사람들의 모습이 보이면 멈춰 서서 무작정 기다릴 것. 명물 우동집 다와라야의 어른 새끼손가락만큼 두꺼운 우동이 당신을 기다리고 있다.

04 이나바야쿠시 데즈쿠리이치
Inabayakushi tetsukuriichi

when	매월 8일
where	이나바야쿠시
item	핸드메이드 제품
open~close	09:00~15:00
weather	비 오는 날에도 열림

1000여 년 전 세워진 고찰 이나바야쿠시에서 열리는 이나바야쿠시 데즈쿠리이치 因旛薬師の手作り市는 작지만 아주 정겨운 시장이다. 참가 가게 수는 20~25개 정도로 교토의 플리마켓치고는 작은 규모이다. 이 마켓의 매력은 마치 소풍을 온 듯 여유로운 판매자들과 도란도란 이야기를 나누며 천천히 둘러보다 보면 의외로 시간이 훅 지나가버리는 점.
교토의 번화가가 시작되는 가라스마도리에서 수십 걸음 안쪽으로 걸어 들어가면 나타나는 한적한 고찰에서 조용한 시장이 서는데, 절에 많은 이들이 찾아왔으면 하는 바람에서 2001년 4월부터 시장을 열고 있다고. 일본 3대 여래상의 하나인 본존 관람도 잊지 마시길.

| 혹 거리에서 우연히 게이코 상이나 마이코 상과 만나게 되면 그녀들의 머리 위에 꽂힌 액세서리를 눈여겨볼 것. 화려한 컬러에 요란한 장식이지만 볼수록 묘한 멋을 갖고 있으며 교토풍 헤어 액세서리가 꽂혀있을 것이니. | 손톱만한 미니 헤어집게, 반지 케이스, 머리끈과 목걸이를 파는 리츠코 언니의 가게. 한 달에 한 번 오사카에서 원정 판매를 온다는데 한국 대중가요를 즐겨 듣고 독학으로 한국어를 배울 만큼 한국을 좋아하는 언니다. 여행길, 한국어로 말하고 싶으시면 리츠코 언니와 수다를 떨어도 좋다. | 다른 곳에서는 좀처럼 보기 힘든 앤티크 기모노 자투리도 교토라면 살 수 있다. 자투리 기모노천을 사와 미니 파우치를 만들거나 말린 라벤더를 넣어두었고 나무집게에 새 옷을 입혀 주기도 했다. 이국적인 자투리 천을 쓸 곳이야 궁리하면 얼마든지 있다. | 어디는 체인점 빵집이 전국을 휩쓸고 있지만 교토는 점점 더 개인 빵집이 영역을 넓혀간다. 플리마켓에도 직접 구운 자연 빵을 들고 오는 이들도 많아졌다. 수수한 모습의 빵도 빵이지만 빵집 언니가 들고온 앤티크 소품이 더 탐났다. |

| 펠트와 철로 만든 미니 액자. 컬러의 사용도 과감하고 캐릭터의 표정이 살아 있어 눈길이 가고 지갑이 열린다. 교토 스타일의 익살이 깜찍하게 드러난다. 선물용으로도 좋다. | 주로 기모노를 만들고 남은 자투리 천을 이용해 헤어핀이나 반지 작은 장식품을 만들어 판매하는 가게. 여행 기념선물 사냥터로 제격이다. | 빨간 방석 위에 살포시 앉아 빙그레 웃고 있는 지장보살. 감탄사를 연발하게 하는 작고 귀여운 아이템들이 가득하다. | 핸드메이드 시장에서 만난 핸드메이드 포장지. 기모노를 입고 무릎을 꿇은 교토 여인이 "오오키니"라고 말하는 모습을 새긴 스탬프를 촌스러운 누런 종이에 찍어 사랑스러운 포장지로 변신시킨 주인 언니의 탁월한 감각. |

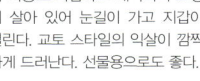

| 전 세계 플리마켓을 이 잡듯 뒤져도 허사. 오직 이 플리마켓에서만 한정 판매되는 일본의 장식품. 봄에는 벚꽃, 여름에는 개구리 등 계절마다 그 계절에 맞는 디자인을 선보이는 가게. 교토 사람들은 이런 작은 장식품을 계절에 따라 바꾸어 장식하며 집 안에서도 사계절을 즐기는 풍류에 죽고 풍류에 사는 족들이 많다. | 가방이나 핸드폰 등에 매달면 좋은 운을 부른다고 믿는 벨. 색깔마다 의미가 있어 핑크색은 연애운. 보라색은 재능운. 연두색은 건강운. 노란색은 금전운. 붉은색은 성공과 승리를 불러온다고. 믿거나 말거나. 그래도 믿는 이가 제법 있는 모양이다. 핑크색과 노란색, 연두색은 마켓 문을 열면 바로 다 팔려나간다니 사람들의 희망은 도토리 키 재기. |

★ 오오키니는 교토에서만 유난히 자주 들을 수 있는 말이다. 도쿄에서는 가게에 들어갈 때 '이랏샤이마세~(어서오세요)'라는 말을 듣게되지만, 교토는 가게를 나설때 '오오키니'가 대세다. 그럼 뉴앙스가 도시마다 다르단 말인가? 오~ No! 오오키니는 가게를 나가려는 사람에게 하는 감사 인사로, 오오키니는 굉장히, 매우라는 의미. 따라서 "매번 찾아주셔서 감사합니다"라는 긴 인사를 짧게 줄여 말하는 교토 사투리다.

도지 가라쿠타이치
Doji garakutaichi

open~close
이른 아침~해 질 무렵

매월 첫째 주 일요일에 도지의 난다이몬南大門 일대에서 열리는 골동품 전문 시장 도지 가라쿠타이치東寺ガラクタ市. 도지 고보이치보다는 규모는 작지만 일본의 갖가지 앤티크 제품을 저렴한 가격으로 구입 할 수 있다. 1900년대 초·중기에 유행하던 패턴의 빈티지 기모노와 살인적인 일본 물가를 비웃는 듯한 값싼 살림살이가 인기 아이템. 아침에 찾으면 좋은 물건을 고를 수 있으며 장이 파할 쯤 가면 떨이 물건을 보다 저렴한 가격으로 기분 좋게 살 수 있다.

| 같은 장소인 도지에서 열리지만 아직까지 두터운 팬 층을 확보하지 못한 골동품 시장. 덕분에 여유롭게 둘러볼 수 있다.

| 밥공기며 대접, 옛 주인의 손때가 고스란히 묻은 스푼까지 없는 게 없다. 원스톱 쇼핑으로 부엌 살림이 장만이 가능한 주방용품 전문 좌판. 비록 땅바닥에 내팽개쳐진 듯 진열된 우아한 그릇도 그릇이지만, 잡동사니를 넣는 페코 짱의 빨간 캐릭터 통이 더 탐났다.

| 게이코 상과 마이코 상의 명함으로 빼곡히 채워진 명함집 발견. 고도 교토의 골동품 시장에서만 건질 수 있는 스페셜 에디션. 그나저나 애지중지 모았을 전 주인은 무슨 연유로 이 물건을 세상에 내놓았을까.

| 하얀 얼굴, 날카로운 눈, 앙다문 입술. 일본 전통 인형의 얼굴들이 한곳에 모여 있다. 주인의 각별한 애정공세를 받는지 때 묻지 않게 얼굴에 하얀 천을 뒤집어쓴 신의 아들딸의 모습도 보인다.

| 아리마 온센有馬溫泉이라 적혀 있는 것으로 보아 이 간판의 출생지는 고베의 아리마 온센으로 추정된다.

| 일본의 전통 신인 게다도 묵은 때 싹싹 씻어내고 햇볕으로 일광욕 즐기며 새로운 인연을 기다리고 있다.

| 그 유명한 코카콜리의 유리컵. 우리나라에서는 볼 수 없는 일본 한정판으로 일본인들은 맥주잔으로 애용하고 있었다.

가미가모 데즈쿠리이치
Kamigamo Dezukuri-ichi

open-close   09:00~16:00

교토 시내의 북쪽에 위치한 가미가모진자의 드넓은 경내에서 열리는 가미가모 데즈쿠리이치上賀茂手づくり市. 매월 넷째 주 일요일에 개최된다. 교토 플리마켓 중 가장 여유롭고 우아하게 즐길 수 있는 시장으로 주로 핸드메이드 제품을 판매한다. 비가 내려도 행사는 꿋꿋하게 진행된다.

우메코지코엔 데즈쿠리이치
Umekojikoen Dezukuri-ichi

open-close   09:00~16:00

우메코지코엔 데즈쿠리이치梅小路公園手作り市는 교토 역 근처에 있는 우메코지 공원의 광장에서 매월 첫째 주 토요일에 열리는데 1월과 5월에는 쉰다. 지온지 데즈쿠리이치와 자매 마켓이라 참가하는 가게나 분위기는 많이 닮았다. 좋은 물건은 많지만 복잡한 지온지 데즈쿠리이치에 지친 사람이라면 이곳을 추천하고 싶다. 공원에서 휴식하는 기분으로 천천히 둘러보며 눈에 들어오는 수제 명품과 만날 수 있다. 다만 지온지 데즈쿠리이치와 마찬가지로 참가하려는 아티스트들이 많아 추첨을 통해 좌판을 펼칠 자격을 주므로 매달 같은 물건을 만날 확률은 운에 맡겨야 한다.

시야쿠쇼마에 프리마
Shiyakushomae freema

open-close   10:00~16:00

'필요 없어졌다면 필요한 사람에게'를 모토로 교토 시 쓰레기감량추진회의가 교토 시청 앞 광장에서 개최하는 시야쿠쇼마에 프리마市役所前フリーマ. 160개의 가게가 참가하는데 교토 사람들의 온갖 잡동사니가 집 밖으로 모습을 드러내는 날이다. 교토의 번화가에서 열리므로 온 종일 사람들로 북적인다.
개최일은 www.plusone.ne.jp/service/freema.html 를 통해 확인할 수 있다. 비가 내리면 그 다음 주 일요일로 연기된다.

모리노데즈쿠리이치 모노즈쿠리 포레스트
Morinodezukuri-ichi Monozukuri Forest

open-close   10:00~16:00

시모가모진자의 다다스노모리라는 숲에서는 모리노데즈쿠리이치 모노즈쿠리 포레스트森の手作り市もの作り forest가 열린다. 2010년 가을부터 시작된 플리마켓으로 400여 개의 부스가 세워지고 도자기나 가죽 공예품, 목 공예품, 액세서리 등이 판매된다. 깜찍한 차에서 음식도 판매하고 숲 음악회도 열려 행사가 개최되는 이틀 동안 인산인해를 이루지만 꼭 한 번 찾아가 즐길 만한 교토다운 플리마켓이다. 일 년에 두세 번 정도 부정기로 이틀 동안 개최되며 개최 일정은 http://monocro.info에서 확인하면 된다.

오하라 후레아이 아사이치
Ohara Hurei Asaichi

open-close   07:30~11:00

매주 일요일 아침 아주 잠깐 반짝 장이 섰다 사라지는 플리마켓으로, 주로 오하라에서 생산된 채소와 츠케모노 등이 거래된다. 오하라 후레아이 아사이치大原ふれ市 나朝市는 오하라농업클럽에서 주최하는 만큼 믿음이 가는 물건을 저렴한 가격에 판매해 현지인, 관광객 모두에게 인기다.

모노즈쿠리 아트 타운
Monozurkuri ART town

open-close   07:30~11:00

교토시청 앞 광장에서는 모노즈쿠리 아트 타운もの作りARTtown이 부정기로 열린다. 그림이나 사진 등을 전시하는 아트 페스티벌로 핸드메이드 잡화나 아트 작품을 판매한다. 200여 개 부스가 늘어설 정도로 교토의 장인들이 좋아하는 행사라고. 개최 일정 확인은 http://monocro.info에서.

기타야마 크래프트 가든
Kitayama Craft Garden

open-close   10:00~16:00

교토 시내 북쪽에 위치한 베드타운 기타야마에서는 기타야마 크래프트 가든北山クラフトガーデン이 매달 첫째 주 일요일에 열린다. 장소는 교토부립 명화의정원.

헤이안 라쿠이치
Heian Raku-ichi

open-close   10:00~16:00

헤이안진구 근처 오카자키 공원에서도 둘째 주 토요일이면 비가 내려도 플리마켓이 개최된다. 이름하여 헤이안 라쿠이치平安楽市. 관광지 한복판에서 열리는 마켓이라 출점자 수도 관광객들도 많다. 여기에 출점하려고 문을 닫는 가게도 제법 된다고 들었다.

05

메이드 인 교토

오미야게
Omiyage

교토에 대한 애정지수가 훨씬 높은 지인에게 교토에 간다고 했더니 대뜸 보따리 장사를 시작하려는 거냐는 질문을 받았다. '교토? 보따리 장사?' 교토에는 일본 사람들도 일 년, 이 년이 넘도록 목을 길게 빼고 기다리는 좋은 물건이 많다고 했다. 그런 물건을 찾아내어 본격적으로 한국에 소개할 마음을 먹은 게 아니냐는 오해를 산 것이다. 과연 교토에 가보니 그곳에는 검은 머리가 파뿌리 될 때까지 기다려도 될 만큼 좋은 물건들이 제대로 된 몸값으로 거래되고 있었다. 명품의 천국, 교토에서만 만날 수 있는 한정판 오미야게 list를 공개한다.

1. 화과자 菓子

랭킹 랭퀸 Food

아자리모치 ¥105
阿闍梨餅本舗 満月

교토 백화점의 식품매장 산책 중 가장 긴 줄이 늘어선 집을 발견! 무조건 줄을 선 끝에 맛보게 된 떡 하나. 쫀득쫀득한 찹쌀 떡 속에 팥이 가득한 아자리모치는 의외로 달지 않지만, 한 번 맛보면 멈출 수가 없음.

★ 075-791-4121   09:00~18:00
★ 부정기 휴무
★ JR 이세탄 백화점 교토점, 교토 역 1층의 큐브 Cube, 다카시마야, 다이마루 백화점에서도 판매

에가오 ¥1,050 5개
京菓子司富英堂 えがお

모든 것이 다 우울했던 어느 초가을, 후시미를 어슬렁거리다가 보름달 같은 한 여인의 웃는 얼굴에 이끌려 찾음. '웃는 얼굴=에가오'는 마카롱을 먹는 듯한 식감이 독특한 화과자. 우울한 밤마다 까먹다가는 가게의 캐릭터 언니처럼 얼굴에 보름달 뜸.

★ 075-601-1366   09:00~19:00
★ 목요일 휴무
★ JR 이세탄 백화점 교토점에서도 판매

2. 채소절임 漬物　　**3. 티 & 커피**

센베 ¥1155
亀屋良永 御池煎餅

교토 오미야게 랭킹의 베스트 오브 더 베스트 중 하나인 가메야요시에이 오이케 센베. 붉은색에 검은색 글씨의 심플하지만 교토다운 디자인의 라벨이 인상적. 간장 맛이 살짝 감돌며 표면에 설탕가루가 묻혀진 찹쌀 전병은 매우 바삭바삭.

★ 075-231-7850   08:00~18:00
★ 첫째 · 셋째 수요일, 일요일 휴무
★ 다카시마야 · 다이마루 백화점에서도 판매

스구키 ¥1,260
田中 すぐき

교토 사람들이 뽑은 교토의 3대 츠케모노 중 제일로 꼽히는 스구키. 순무를 통째로 소금에 절인 것으로 무와 무말랭이의 중간쯤의 식감이 남. 조미료를 전혀 넣지 않고 소금만으로 절이는 나리타의 스구키의 맛은 매우 중독적.

★ 075-721-1567   10:00~18:00
★ 부정기 휴무
★ JR 이세탄 백화점 교토점, 다카시마야 · 다이마루 백화점 식품매장에서도 판매

커피 ¥1,940 400g
イノダコーヒ アラビアの真珠

이게 바로 교토 맛 커피. 교토발 커피 전문점으로 관광객들은 물론 로컬 피플들에게도 사랑받는 이노다커피의 아라비아의 진주는 특별한 로스팅 기법이 발휘되어 원두의 맛과 향이 그대로 살아 있음.

★ 075-221-0507
★ 07:00~20:00
★ 부정기 휴무

4. 술

말차 ￥2,100 40g
一保堂茶舗 裏千家御好 明昔

나카무라차 ￥1,050 60g ￥1,260 티백
中村藤吉 中村茶

교토 지역 맥주 ￥525 330ml ￥2,100 1,000ml
神田酒店 町屋麦酒, 花山麦酒, 平安麦酒

황족으로부터 차 맛 하나만큼은 대대로 지켜달라는 의미에서 잇포도라는 가게 이름을 하사받았다는 대단한 차 가게의 말차. 사야카노 무카시는 교토의 명문 다도가 우라센케인정받은 명품 차.

★ 075-211-3421
★ https://shop.ippodo-tea.co.jp에서 구매하면 해외 배송도 가능
★ 09:00~19:00 일요일, 공휴일 休業

나카무라 토키치에서 대대로 전해져 온 가문의 특제 차를 상품화함. 티백 제품으로 찬물에 우려도 되고, 따끈한 물을 부어 우려도, 센차와 교쿠로 맛을 동시에 즐길 수 있는 마법의 차.

★ 0774-22-7800
★ 10:00~17:30 비정기 공휴일 休業

교토에서만 생산, 판매되는 한정 맥주. 부드러운 교토 마치야 맥주, 발효 맥주 특유의 향과 농후한 맛의 교토 하나마치 맥주, 쓴맛이 일품인 교토 헤이안 맥주의 세 종류.

★ 075-561-1676 ★ 10:00-17:00
★ 부정기 휴무

5. 식재료

일본주 ￥1,214 300ml
松本酒造 桃の滴 純米大吟醸

식초 ￥535 200ml
村山造酢 千鳥酢

간장 ￥525 300ml
澤井醬油 丸大豆 二度熟成醬油

1791년 창업한 후시미를 대표하는 술도가. 모모노시즈쿠 桃の滴 는 마츠모토주조의 대표 브랜드로 준마이긴조는 알코올 도수 16도에 목 넘김이 부드럽고 끝 맛이 깔끔.

★ 075-611-1238

교토 명물 식촛집 무라야마 조우스의 맛있는 식초 간노치도리. 옅은 간장과 감귤즙을 넣은 식초는 샐러드나 생선구이 소스 등에 넣으면 맛을 살려주는 일등공신으로 변신.

★ 075-761-3151 ★ 08:30~17:00
★ 일요일, 공휴일 휴무

큰 가마와 나무통 등을 이용해 옛 제조법 그대로 오로지 간장만 만드는 사와이 쇼유. 2년 숙성시킨 간장으로 풍미가 좋고 감칠맛이 뛰어남.

★ 075-441-2204 ★ 09:00~17:00
★ 부정기 휴무

랭킹 랭퀸 Food

 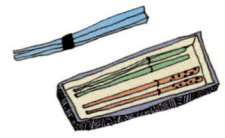

1. 테이블웨어

쿠킹 커터 ￥1,365~
有次 ありつぐ

우리나라에서는 좀처럼 손에 넣기 힘든 다양한 모양의 쿠킹 커터를 선보이는 아리츠구. 수제품으로 만들어 오래 써도 칼날이 쉽게 무뎌지지 않음.

★ 075-221-1091
★ 09:00~17:30

젓가락 ￥1,000~, 젓가락집 ￥2,100
市原平兵衛商店 おはし&箸はかま

다양한 나무로 두께와 길이가 각기 다른 400여 종류의 젓가락을 선보이는 이치하라 헤이베이 쇼텐. 요즘 품위 있는 교토 사람들 사이에서 젓가락집 선물이 유행하고 있다니 젓가락과 젓가락집을 함께 선물하는 센스를.

★ 075-341-3831
★ 10:00~18:30
★ 일요일, 부정기 휴무

2. 패션 소품

말차용 다도기 세트 ￥3,990
一保堂茶舗 抹茶スターターセット はじめの一保堂

차선과 다포, 찻사발, 20그램의 말차, 잇포도의 상호가 새겨진 다포, 일본어와 영어로 된 다도 용구의 사용설명서로 구성된 말차 스타터 세트. 차 전문점에서 디자인과 구성을 맡아 매우 기능적이며 실용적.

★ 075-211-3421
★ 09:00~19:00, 월요일 부정기 휴무

도자기 ￥5,000~, 냄비 ￥20,000~
土と お皿 なべ

아티스트인 주인의 감성으로 고른 도자기와 냄비 등을 모아놓은 잡화점 후도. 찻주전자를 비롯한 식기류의 디자인이 다양하며 가격도 정직한 편. 특히 한번 장만하면 매우 만족하며 사용하게 될 동으로 만든 냄비는 머스트 해브 아이템.

★ 075-468-8335
★ 11:00~19:00
★ 수요일 휴무

신발 ￥8,190
SOU・SOU 地下足袋

교토 스타일의 독특한 패션 센스를 선보이는 SOU・SOU. 대표 브랜드는 다비라 부르는 신발. 히라가나가 들어간 문양부터 르 꼬끄 스포르티브와 공동 기획한 제품까지 다양.

★ 075-212-8005
★ 11:00~20:00
★ www.sousou.co.jp

3. 화장품 및 미용용품

만능 천 ¥1,470
RAAK カーゼ手ぬくい

만능 천 데누구이. 일본의 고대 문양부터 모던한 문양까지 수백 가지의 유니크한 데누구이에서 마음에 드는 천 찾기. 머플러, 두건, 주머니 등 다양한 방법으로 응용 가능한 교토의 대히트 상품.

★ 075-222-8870
★ 11:00～19:00

가마구치 ¥680, 스트랩 ¥890
きつひら商店かまくちストラップ

형태나 천의 무늬 등이 매우 다양하여 예상보다 훨씬 많은 시간을 고민하게 될 마츠히로 쇼텐의 베스트셀러 두 가지. 일본 풍 천으로 만든 지갑과 핸드폰고리로 사용할 수 있는 스트랩.

★ 075-467-1927
★ 11:00～18:00
★ 수요일 휴무

비누 ¥1,365
タワラヤ 石鹸 Savon de Tawaraya

교토의 유명 료칸인 다와라야에서 사용하는 비누. 200여 종류의 향료를 블렌딩한 특유의 향이 특징.

★ 075-257-6880
★ 10:00～19:00
★ 첫째·셋째 화요일 휴무

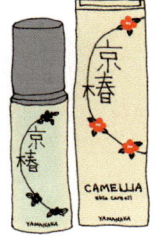  

동백기름 ¥4,200 30ml
山中油店 京椿

교토에서는 동백기름이 아직도 전성기. 교토의 미녀들인 교온나들은 아직도 동백기름으로 윤기 있는 피부와 머리카락을 지킴. 색도 향도 순수한 교츠바카는 200년 된 노포 야마나카 아부라텐의 스테디셀러.

★ 075-841-8537   08:30～17:00
★ 둘째·넷째 토요일, 일요일, 공휴일 휴무

마사지 크림 ¥7,140 100g
いちもく京の雪マッサージクリーム

먹어도 탈이 없는 식물 성분으로 만든 오리지널 스킨케어 제품으로 유명한 교토발 자연 화장품 브랜드 이치모쿠 교노유키. 촉촉한 영양 공급이 탁월한 마사지 크림은 대히트 중.

★ 0120-79-5525
★ 10:00～18:00
★ 수요일 휴무

기름종이와 핸드 크림 ¥680 30g
よーじやあぶらとり紙まゆこもりはんどくりーむ

스킨케어와 색조 라인을 동시에 선보이는 요지야의 화장품 중 롱런 중인 기름종이와 핸드 크림.

★ 075-541-017
★ 10:00～20:00

4. 기타

손톱깎이 ￥945
菊一文字 爪切り

오래 써도 단면이 쉽게 무뎌지지 않기로 정평이 나 있는 기쿠 이치몬지의 손톱깎이. 선물할 경우 이름 등을 새길 수도 있음.

- ★ 075-221-0077
- ★ 11:00~18:30
- ★ 목요일 휴무

보디 브러시 ￥1,000~
内藤商店 ボディブラシ

자연 소재로 만든 청소용품 가게 나이토 쇼텐에서 만날 수 있는 보디 브러시. 보기보다 매우 부드럽고 보드라운 촉감에 놀라게 될지도. 다양한 디자인과 재질의 보디 브러시가 진열되어 있음.

- ★ 075-221-3018
- ★ 09:30~19:30

미니 향주머니 ￥546
石黒香舗 にほい袋

기모노에 사용되는 일본적인 문양의 천에 교토다운 향이 담겨 있는 향주머니. 천과 향의 종류는 매우 다양함.

- ★ 075-221-1781
- ★ 10:00~19:00
- ★ 수요일 휴무

스트랩 ￥1575
おはりばこ ストラップ

기모노 천을 이용해 앙증맞게 만든 원숭이, 토끼, 물떼새 모양의 3단 스트랩. 수제품으로 오직 오하리바코에서만 만날 수 있는 한정품.

- ★ 075-495-0119
- ★ 11:00~18:00
- ★ 목요일, 셋째 수요일 휴무

문향 ￥315
祇園のもりた 文香

동백꽃이나 벚꽃, 수련 모양의 종이꽃 속에 담긴 교토의 향. 편지지에 붙여 여행 편지를 보내거나 선물 포장지 위에 붙이면 교토풍 향이 흘러넘침. 기온의 기온노 모리타에서 판매.

- ★ 075-561-3675
- ★ 09:30~20:30
- ★ 일요일 휴무

그림엽서 ￥157~
京都便利堂 繪はがき

일본 전국의 미술관이나 박물관에서 허가를 받고 명화를 그림엽서로 만들어 전시, 판매하는 갤러리 숍. 약 1000장의 그림엽서 중 마음이 움직이는 걸로 골라 예쁜 여행기를 담아 선물하면 이보다 멋진 선물은 없을 듯.

- ★ 075-253-0625
- ★ 10:00~19:30
- ★ 첫째·셋째 수요일 휴무

Special Edition

01

교토에서 보내는
특별한 하룻밤

교토 별장
Kyoto Guesthouse

교토를 찾는 한 해 관광객은 5000만 명이 넘는단다. 그래서 봄이나 가을, 여행 성수기를 앞두고는 몇 달 전부터 호텔이나 료칸에 만실 사인이 깜빡인다. 그 수많은 호텔과 료칸, 게스트하우스가 만실이 되면 이번에는 인근 오사카나 전철로 20여 분 거리인 시가 현의 숙박시설 전화기에 불이 난다. 사람들은 어떻게 해서든 교토에 머물며 교토를 천천히 음미하려 애를 쓴다. 오사카나 고베에서 당일치기로 교토를 찾는 패턴을 보이는 우리나라 사람들과는 사뭇 다른 모습이다.

생애 처음 교토를 찾았을 때도 교토에는 비싼 료칸이나 호텔만 즐비하다고 믿고, 어리석게도 오사카에 숙소를 잡았기에 교토의 아침 산사 산책의 묘미도 느끼지 못했을 뿐만 아니라, 해가 지면 서둘러 교토를 떠나야 했으므로 네온사인이 적은 교토의 이상한 밤거리도 보지 못했다. 그래서 알음알음 단골들만 찾는, 사실은 꽁꽁 숨겨두고 싶었을 만큼 괜찮은 교토의 숙소들을 공개하려 한다. 마음이 답답해지면 언제든 찾아 리프레시할 수 있는 나만의 별장이 이 리스트 어딘가에 분명 있을 거라고 믿으면서!

01 구레타케안 Kuretakean

Machiya Stay

요즘 무서운 줄 모르고 인기와 몸값이 치솟는 교토의 전통가옥, 마치야에서의 하룻밤. 료칸과 호텔에서는 절대 경험할 수 없는 일본다우면서도 편안하고 서민적인 숙소들. 마치야 스테이야말로 가장 교토다운 별장이다.

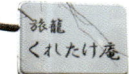

●●● 〈때때로, 교토〉가 맺어준 고마운 인연이 많은데 구레타케안도 그렇다. 일본 친구네집에 놀러간 것처럼 편안한 분위기와 정 많은 주인장과 스태프인 구미코 상 덕에 교토 여행도 마다하고 2층 방에서 방콕하고 싶어지는 기이한 마치야다. 종종 블로그를 통해 교토의 숙소를 추천해달라는 부탁을 받기도 하여 이곳을 추천해주면 교토에 아주 특별한 숙소가 생겼다며 감사하다는 연락을 많이 받았다. 누군가에게는 "그런 곳을 왜 책에 소개했니? 너만 알고 있지"라는 소리도 들었다. 단언컨대, 구레타케안에 머물며 교토를 여행하게 되면 2퍼센트쯤은 더 사랑스러운 교토와 만날 수 있다. 2퍼센트의 행복과 2퍼센트의 나눔이 있으니 동네방네 소문내는 것이 진리다.

그렇다고 하여 구레타케안에서 '우리집도 꼭 소개해주세요'라는 러브콜을 받은 건 아니었다. 오히려 취재 거부 행진이 계속되다가 운 좋게 취재 허락이 떨어졌다. 구레타케안의 주인은 교토 토박이에 옛집에는 다실이 있었고 차는 동네 찻집에 부탁하여 자신의 입맛에 맞게 블렌딩하여 마시고 술 전문가이기도 하며 서예와 그림을 즐기는 진정 문화인이자 뼛속까지 교토인이다. 취재 비화는 언젠가 털어놓을 날이 오리라 믿으면서 여관 소개로 넘어가련다.

구레타케안은 1층은 100퍼센트 예약제로만 운영하는 교토 요리점이고 2층은 방 세 개짜리 숙소다. 세계 사람들과 교류하고 싶어하는 주인장이 일 년여 동안 공을 들여 리뉴얼한 끝에 음식점 겸 료칸으로 모양새를 갖췄다. 구레타케안에 머문 지인, 친구, 가족들은 입을 모아 말한다. 나무 향과 후시미의 맑은 물이 영혼을 빼앗는 온천욕과 엄마밥 생각나게 하는 극진한 아침상. 주인과 구미코 아줌마의 마음으로 전해지는 친절이 구레타케안의 모든 것이라고. 때문에 다시 찾고 싶어 안달나게 하는 숙소라고. 교토 여행은 못 해도 이 여관방에서는 머물고 싶다는 극찬이 쏟아진다. 주인이 직접 도면을 그리고 나무까지 공수해와 지었다는 노송나무 온천탕은 여관 투숙객만 이용할 수 있는데 방이 세 개뿐이니 이용객도 한정적이다. 그러나 일본 가정의 온천 문화를 체험하는 스타일이라 다른 손님과 함께 온천물을 공유해야 한다. 샤워를 한 다음 온천탕을 즐기고 내가 들어간 온천탕을 옆방 손님에게 배턴을 넘겨주는 식이다. 좋은 물과 그 물로 빚은 일본주의 명성도 대단한 동네 후시미에 터를 잡고 있는 만큼 이 집의 지하수의 수질도 목욕물로 제격이다. 처음에는 아늑하고 은은한 나무 향이 배어나오는 욕실에 한 번, 목욕을 마친 후에는 전신 보디 마사지라도 받은 듯 매끄러운 피부결에 한 번 더 놀라게 된다. 겨울철에도 보디 로션이 필요 없을 정도다.

이제 생각만 해도 식욕이 동하는 아침밥 이야기. 흙으로 빚은 솥에 갓 지은 밥에 교토의 채소절임과 채소 반찬, 검은콩으

로 만든 낫토, 보들보들한 달걀말이, 교토의 된장과 유바를 넣은 된장국을 맛볼 수 있다. 손님 접대하려고 상다리 휘어지게 차린 교토의 가정식이다. 맛있게 밥을 먹고 있으면 갓 구운 반건조시킨 눈퉁멸을 타이밍 좋게 건네는데, 담백하면서 쌉싸래한 뒷맛은 잊을래야 잊을 수가 없다. 유기농 채소와 집된장, 질 좋은 식재료만 고집하는 집이므로 교토 요리가 차려진 저녁상을 주문하는 것도 잊지 말아야 한다. 주인장이 수십 년 동안 매해 담가놓은 매실주나 사과주는 술을 못 마시는 사람이라도 "한잔 더 주세요!"를 외치게 할 가능성이 다분하며, 까다롭게 셀렉트한 일본주 리스트도 막강하니 요리를 맛보면서 술 한잔은 꼭 주문하는 게 도리다.

까다로워 보이지만 정 많다는 소리를 듣는 한국인보다 정이 더 많은 유니크한 주인장은 다른 료칸이나 호텔에는 없는 재미난 시도를 하고 있다. 일본식 목조 가옥에서 푹 쉬라고 텔레비전과 라디오를 없앴고, 연달아 숙박하는 손님이 유카타와 시트를 그대로 사용할 경우 숙박비의 5퍼센트를 깎아주는 에코 시스템도 좋은 반

응을 얻고 있다. 재즈 뮤지션을 초청하여 공연을 열기도 하는데, 언젠가는 한국 음식 전시회도 열고 싶다고 했다. 살짝 귀띔하면, 순천 송광사에서 템플스테이를 체험한 적이 있는데, 그때 맛본 사찰 김치에 완전히 매료됐다고 한다. 또 금산 인삼을 맛본 후 삼계탕 마니아가 됐고 한국 김치의 깊은 맛을 이해할 정도로 김치의 신세계에도 눈을 떴다고.

구레타케안은 교토 역에서 전철로 10여 분 거리에 있으며 우지나 나라, 오사카로 가는 교통의 요지에 위치해 있다.

★
www.kuretake-an.jp
075-601-3789 영어, 일본어
in 16:00, out 10:00, close 23:00
1인 6,000엔~ 2실사용, 봉사료 별도
총 3실 금연, 베란다에서 흡연 가능
석식 11,880엔~ 2인부터 주문 가능

타월, 칫솔, 유카타, 헤어 린스와 샴푸, 치약, 드라이어, 인터넷 사용 가능

교토 역에서 JR 나라 센모모야마 역에서 도보 10분~1분, 190엔
교토 역에서 긴테츠 교토센 모모야마 고료마에 역에서 도보 10분 10분 250엔
게이한 산조 역에서 게이한혼센 후시미 모모야마 역 또는 주쇼지마 역에서 도보 3분

map 후시미 에어리어 258p
address 京都市伏見区南新地4-21

Kyoto Guesthouse 411

02 아즈키야 Azukiya

●●● 난젠지 근처. 웨스턴 미야코 호텔 바로 앞에는 고만고만한 전통가옥이 옹기종기 처마를 맞대고 교토다운 풍경을 만들어낸다. 비슷비슷한 집들 사이에 '아즈키야ぁすきや'라는 작은 간판이 걸려 있어 무심코 걷다 보면 지나치기 쉽다. 아즈키야는 젊고 아름다운 교토 여성이 증조부가 지은 옛집을 허물기 싫어 궁리 끝에 문을 연 마치야 스테이. 료칸보다는 가볍게, 게스트하우스보다는 편하게 머물 수 있는 이색적인 공간이다.

교토에서 나고 자란 젊은 오카미가 운영하는 마치야는 아즈키야와 세무, 두 채. 아즈키야는 두 명부터 이용 가능하며, 세무는 다섯 명까지 머물 수 있다. 모두 2층짜리 마치야로 좁은 집이지만 거실과 부엌, 욕실까지 다 갖추고 있으며, 손바닥만한 정원이 딸려 있어 숨통을 트이게 한다. 바지런한 주인장의 손길에 반들반들하게 잘 가꿔져 있는 아즈키야는 '장어의 침실'이라 불리는 교토 마치야의 매력을 한껏 발산하고 있다.

아침밥은 젊은 오카미의 손을 거친 간단한 교토의 가정식 백반과 서양식 브렉퍼스트를 번갈아 내는데, 음식 안에 담긴 정성과 내공이 만만치 않다. 아침 먹을 곳이 마땅치 않은 교토에서 참으로 고마운 존재이다.

헤이안진구나 난젠지, 철학의 길까지 걸어서 5~10분 거리, 마루야마 공원과 기온은 걸어서 15분 거리에 있다.

★
075-771-0250 영어, 일본어
azuki@m3.dion.ne.jp
in 16:00, out 10:00
6,500엔~아즈키야 24,000엔세무
조식 1,000엔~
총 2채
인터넷 사용 가능
교토 역에서 지하철 가라스마록쿠 센을 탄 후 가라스마 오이케御池 역에서 도자이東西 센으로 갈아타고 게아게蹴上 역에서 도보 3분9편 13번, 250엔

map 철학의 길 에어리어 91p
address 京都市東山区三条通東分木町272

412

03 누노야 Nunoya

●●● 교토 마치야는 여행자, 특히 교토 서민들의 살아 있는 문화에 호기심을 가진 이방인에게는 매우 위험한 존재다. 다다미방과 일본풍 소품들로 장식된 낯선 풍경에 살짝 긴장하게 되지만, 시간이 지나면 시골 할머니집의 온돌방처럼 아주 편안해진다. 호텔이 잠만 자는 하숙집 같다면 마치야는 아침부터 저녁까지 방콕해도 하루가 아깝지 않은 휴양지의 리조트 같은 존재다. 여기에 교토 사람들이 먹는 소박한 밥상과 걸어다니는 교토 홍보대사인 주인장들과의 교류가 덤으로 주어지니 교토에 가서 마치야에 머물지 않으면 당첨된 로또 용지를 잃어버린 것이나 마찬가지다. 교토부청 근처에 있는 누노야 역시 그런 곳이다.

교토의 120년 넘은 전통가옥에서 마치야 스테이를 운영하는데, '누노야'라는 심플한 간판을 내걸었다. 숙소는 하루에 딱 두 팀에게만 내어준다.

마치야 2층에서 여장을 풀면 색다른 여행에 대한 기대감으로 하이텐션이 된다. 아늑한 다다미방에는 교토에서 나고 자란 누노자와 부부가 골동품 시장에서 발품을 팔아 구입한 앤티크 소품들로 채워져 있는데, 우리의 소반도 떡하니 한자리를 차지하고 있어 반갑다.

아침식사는 솥밥에 된장국, 생선구이, 교토의 명물 채소절임이 곁들여진 조촐한 독상으로, 작지만 갖출 건 다 갖춘 중정을 바라보면서 아침을 먹을 수 있는 특권이 함께 주어진다. 든든한 아침밥을 먹고 산책을 강요하는 교토 여행으로 녹초가 되어 누노야로 돌아왔다면, 욕실의 나무 욕조에 몸을 담그면 된다. 그런 후에 교토고쇼 근처에 널려 있는 맛집 중 한 곳을 골라 저녁을 먹고, 다시 저녁 산책을 즐기면 그만이다.

니조 성은 걸어서 8분, 교토고쇼는 걸어서 12분 거리, 킨카쿠지와 아라시야마, 기요미즈데라로는 버스를 한 번만 타면 되는 교토 중심부에 위치한다.

★
www.nunoya.net
075-211-8109 일본어, 영어
in 16:00, out 10:00, close 22:00
8,000엔~ 조식 포함
총 3실 더블 1, 킹사이즈 1
타월, 칫솔, 유가타, 샴푸와 린스, 비누, 드라이어
자전거 대여 1일 1,300엔
유아는 투숙 불가능
월요일, 셋째 주 화요일, 8월 15일 전후 연휴, 연말연시 휴무
교토 역에서 9·50번 버스를 타고 호리카와 마루타마치 정류장에서 도보 3분
교토 역에서 지하철 가라스마 센 마루타마치 역에서 도보 12분

map 교토고쇼 에어리어 131p
address 京都市上京区油小路丸太町上る米屋町281

04 프렝 통 탕 prends ton temps

니시진은 서민적인 전통가옥이 몰려 있는 동네 풍경이 너무도 교토적이라는 이유로 요즘 한창 뜨고 있는 지역이다. 아무도 살려고 하지 않아 오랫동안 비어 있던 마치야를 개조한 카페와 레스토랑이 차례로 문을 열면서 니시진 마치야 숍에 어리어가 형성 중이다. 80년 넘은 직물기계 수리공장을 개조하여 오픈한 마치야 숙소 프렝 통 탕도 니시진 마치야 붐을 이끄는 일등공신이다. 도쿄의 핫 스폿에 트렌디한 카페를 속속 론칭하여 모두 성공시킨 유명한 회사의 첫 교토 진출작으로 오픈 전부터 큰 주목을 받았는데, 야심만만 교토 진출 프로젝트도 멋지게 성공했다.

숙소는 편리성을 염두에 두고 설계한 듯 침실에는 퀸 사이즈의 침대가 놓여 있고, 바로 옆에 있는 화장실과 욕실도 모던하게 꾸며져 있다. 일본 전통가옥을 체험하고 싶지만, 다다미방에서의 하룻밤이 망설여지는 이에게는 안성맞춤인 곳이다. 침실 밖에는 다다미방 위에 네모난 나무 탁자가 놓여 있어 차를 마시거나 책을 읽으며 한가한 시간을 보내기에 좋다.

다만 일본의 숙소에 으레 딸려 있기 마련인 조식이 포함되지 않고 성수기에는 숙박료가 상승하는 탄력 가격제도를 기억해야 한다.

★
075-950-7299 (일본어, 영어)
in 16:00, out 12:00
15,000엔, 20,000엔
총 1실
교토 역에서 지하철 가라스마 (烏丸) 센을 타고 이마데가와 (今出川) 역 (K06, 2정) 에서 내려 201·203번 버스로 갈아타고 이마데가와 조조쿠지 (浄福寺, 5정, 220엔) 정류장에서, 도보 3분

address
京都市上京区千本通五辻東入2筋目上ル姥ケ榎木町848

hot tip 싱크 프티 샹브흐

자매 마치야 스테이가 산조에 문을 열었다. 싱크 프티 샹브흐 (cinq petite chambre) 로 120년 된 여관을 이어받은 방 다섯 개짜리 작은 숙소다. 다만 여성이나 커플만 숙박이 허락된다. 1층에는 싱크 카페 (cinq cafe) 가 있고 숙소는 2층이다.

★
075-708-7949
cinqcafe@me.com
12,800엔~
지하철 도자이 (東西) 센 교토시야쿠쇼마에 (京都市役所前) 역에서 도보 4분, 한큐 (阪急) 가와라마치 (河原町) 역에서 도보 7분

address
京都市中京区御幸町通三条下ル海老屋町327

01 이치엔소 Ichiensou

Guesthouse

세계적인 관광도시. 서양인들이 일본의 젠 사상을 체험할 수 있다며 몰려드는 교토. 일본 게스트하우스 베스트를 선정하면 베스트 게스트하우스로 다수 등극할 쟁쟁한 곳들이 요소요소에 포진해 있다. 천년 고도를 너무 사랑한 나머지 숙명처럼 게스트하우스를 연 젊은 주인장들이 사는 교토의 게스트하우스 몇 곳을 소개한다.

● ● ● "안녕하세요. 이치엔소―円草입니다. 이치엔소는 한일 부부인 야시 상과 저(수남) 그리고 아기 유이 짱이 운영 중인 게스트하우스입니다. 교토에서도 제일 교토다운 곳인 기온의 골목에 위치하고 있습니다. 기온은 옛날부터 교토의 노른자 땅으로 일 년 내내 관광객의 발걸음이 끊이지 않고 밤이면 게이코 상들을 만날 수 있는 전통적인 거리입니다. 시내 중심인 시조 가와라마치와도 가까우며 기요미즈 데라를 비롯해 주위에 걸어갈 수 있는 관광지도 수두룩해요. 5분만 걸으면 가모가와가 나오고요. 관광지로 가는 모든 교통수단을 이용할 수 있습니다.

숙소는 밖에서 보기엔 평범한 집처럼 보이지만 100년이 넘은 고민가를 현대적인 느낌과 예스런 분위기를 동시에 느낄 수 있는 유니크한 곳으로 꾸몄어요. 인테리어는 야시 상의 취미인 앤티크 소품으로 가득 채웠어요. 손님방은 도미토리 두 곳과 개인실 두 곳이 전부라 조용하면서도 편안한 분위기의 집 같은 곳입니다. 거실과 주 방, 욕실, 화장실 등은 공용이에요.

밤에는 여행에서 돌아온 다국적 손님들이 거실에 모여 수다를 떨기도 하고 친해지면 식사를 하러 가거나 가볍게 한잔 즐기기도 한답니다. 대신 저희 가족과 스태프들도 같이 생활하는 공간이므로 밤 11시 이후에는 조용히! 그러니 파티를 즐기는 분, 음주가무를 밤새 즐기는 분은 예약을 삼가해주세요."

From. 이치엔소 안주인 엄수남

★
http://cafe.naver.com/ichiensou
075-950-1026
in 16:00~22:00, out 08:00~11:00,
close 14:00~16:00
3,000엔 4,500엔 7,000엔 9,000엔
총 4실
타월 대여
인터넷 사용 무료, 짐 보관 가능
교토 역에서 4·17·205번 버스를 탄 후 시조 카와라마치 정류장에서 도보 7분
JR 교토 역에서 나라 센을 타고 도후쿠지 역에서 게이한 전철로 갈아타고 기온 시조 역에서 도보 2분
한큐 가와라마치 역에서 도보 7분

map 기온 에어리어 63p
address 京都市東山区大和大路通四条下ル4丁目小松町4-2

02 아지로 Ajiro

●●● "이치엔소와는 또 다른 느낌으로 작은 2층집 전체를 빌려드려요. 1인부터 3인까지 예약이 가능한데 조용한 주택가에 있어서 커플, 친구, 가족이 지내기에 안성맞춤이에요. 야시 상이 이치엔소를 운영하며 2년에 걸쳐 수십 곳의 집들을 전전하며 찾아냈어요. 일 년에 걸쳐 집의 토대와 기둥만 남기고 저희가 직접 디자인하며 개조한 곳입니다.

1층은 카페 같은 거실과 주방이 연결되어 있고요, 2층은 다다미 침실과 편안히 쉴 수 있도록 소파와 테이블도 놓았어요. 모든 문과 창문, 비품들은 쇼와시대와 다이쇼시대의 골동품들로 일일이 발품을 팔아가며 수집한 것들이에요. 타일, 벽지도 핸드메이드 제품으로 디자인했고요. 계단은 벗나무, 마룻바닥은 삼나무로 깔았으니 맨발로 걸어 다녀보세요. 부드러우면서도 보송보송한 느낌이 너무 좋아요.

이름은 고심 끝에 아지로라고 지었어요. 2층 지붕 안쪽을 아지로로 장식했는데요. 아지로는 대나무 따위의 얇은 오리로 엮은 자리를 말해요. 아지로는 걸어서 5분이면 교토 국립박물관, 산주산겐도, 가모가와까지 갈 수 있고 1분 거리에 미미즈카와 신사, 작은 동네 공원이 있어요. 또 작은 카페와 화과자를 맛볼 수 있는 유명한 간슌도, 편의점과 24시간 레스토랑도 있답니다. 교토 역에서는 버스로 10분 거리예요.

한 가지 당부의 말씀을 드리자면 교토의 특성상 집과 집 사이의 틈이 아주 좁아서 밤 9시 이후로는 집 안에서도 반드시 정숙 해주셔야 해요".

From. 이치엔소 안주인 엄수남

★
http://cafe.naver.com/ichiensou
075-950-1026 한국어, 일본어, 영어, 중국어
in 15:00~21:00, out 11:00
12,000엔~
예약은 3박부터 가능, 일주일 이상부터 할인, 성수기·비수기 요금 적용
금연
세탁기, 드라이어, 타월, 샴푸, 린스, 보디 샴푸, 칫솔, 치약
와이파이 가능
찾아가는 방법은 http://cafe.naver.com/ichiensou

03 게스트하우스 지유진 Guesthouse Jiyujin

© Hwang Seung Hee

● ● ● "외국어에, 길 찾기에 자신은 없고 심지어 주머니 사정도 바람 쉥~. 그런데도 교토여행은 해야겠다면 추천하고 싶은 곳. 교토 역에서 도보 15분 거리 고조 역 부근에 2010년에 오픈한 게스트하우스 지유진ゲストハウス時遊人입니다. 숙소의 사용법이나 여행지의 교통편 등 여행객에게 늘 웃으며 온몸으로 설명해주는 친절한 직원들과 모던한 분위기의 다양한 룸을 골라 묵을 수 있는 곳이죠. 룸은 공동 도미토리 4인실, 2층 침대가 놓인 트윈 룸, 개인실, 햇볕이 잘 드는 다다미방에 4인까지 머물 수 있는 가족실이 있습니다. 5일 이상 숙박하면 하루에 200엔씩 할인을 해주는 혜택도 있습니다. 공동으로 사용하는 냉장고와 간단한 음식을 만들 수 있는 주방이 있고 세탁기는 200엔, 건조기는 100엔을 내면 이용할 수 있어 편리합니다. 세제는 무료.

제일 좋았던 건 욕실이었습니다. 공동 샤워실도 남녀 하나씩 있지만 큰 욕조가 있는 욕실에서 반신욕을 하면 하루의 피곤함을 상쾌한 노곤함으로 바꿔줍니다.

아! 기억해두셔야 할 것은 오전 11시부터 오후 4시까지 게스트하우스의 현관문이 잠깁니다. 숙박객에게는 현관의 비밀번호를 미리 알려주니 자유롭게 출입할 수 있습니다. 그러니 체크인 시간은 꼭 지키세요."

From. 포토그래퍼 황승희

★
075-708-5177 일본어, 영어
in 16:00~22:00, out 08:00~11:00
3,100엔 도미토리 1인, 3,700엔 트윈룸 1인, 3,100엔 개인룸
4인실 도미토리 3명의 일행이 사용할 경우 1인, 4,300엔 개인실
11,000엔 가족실
샴푸, 헤어 컨디셔너, 보디 샴푸, 드라이어
핸드 타월 100엔, 목욕 타월 150엔
인터넷 가능
자전거 대여 500엔/영일, 1시간 이내는 무료
교토 역에서 도보 15분, 고조五条 역 5번 출구에서 도보 2분
찾아가는 방법은 http://www.0757085177.com/

address 京都市下京区東洞院通五条下る和泉町524

04 헨카 Henka

● ● ● "얼굴을 간질이는 햇살과 새들의 명랑한 재잘거림이 깨워주는 아침. 헨카가 내게 선물한 교토의 첫인상이다. 산내음을 실어오는 청량한 공기 한모금은 어깨를 짓누르던 배낭의 무게와 발가락 물집의 쓰라림 같은 여행의 군더더기까지 털어내 준다. 여행자가 해야 할 일은 두 팔 쭉 뻗어 기지개를 켜는 것뿐. 신경질적인 알람 소리와 함께 시작되는 분주한 일상에 작별을 고하기에 헨카만큼 좋은 곳도 없다.

헨카에서의 아침이 이렇게 특별할 수 있는 건, 헨카가 교토 시내에서 살짝 비켜난 한적한 주택가에 위치해 있기 때문이다. 헨카는 교토국립박물관, 산주산겐도, 기요미즈데라와 가까운 이마구마노 버스 정류장에서 내려서 야트막한 언덕길을 10분 정도 걸어가면 도착한다. 아담한 집들이 어깨를 맞대고 옹기종기 모여 있는 마을 풍경이 정다워서, 오르막길이 그다지 힘들게 느껴지진 않는다. 헨카에 도착해 가볍게 숨을 고르고 야외 테라스로 나가면 눈앞에 탁 트인 교토 시내가 파노라마처럼 펼쳐진다. 발품이 전혀 아깝지 않은 백만불짜리 경치다. 헨카에 밤이 찾아오면 멀리서 빛나는 교토타워와 고즈넉한 야경을 바라보며 맥주를 마실 수도 있다. 상쾌한 밤바람과 총총 떠 있는 별들은 덤이다. 나는 지금껏 그렇게 맛있는 맥주를 먹어본 적이 없다.

헨카는 다다미방인 가족실, 복층으로 된 별채 츠키야, 남성 전용 및 여성 전용 도미토리로 이뤄져 있다. 공동 생활 공간인 1층에서는 인터넷도 사용할 수 있고 간단한 요리도 할 수 있다. 안락한 소파도 있어서 잠시 몸을 파묻고 쉬기에도 좋다. 화장실과 샤워실은 청결하고, 침대와 이불도 편안하다. 깐깐한 여행자의 눈에도 쏙 들어올 만하다.

헨카의 주인장은 젊은 한인 부부. 푸근한 인상처럼 인심도 넉넉하다. 아침에 식당으로 내려가면 토스트와 커피를 만들어 준다. 소박한 식사지만 의외로 든든하다. 미리 예약하면 주인장이 안내하는 일일 투어도 할 수 있다.

헨카에 간다면 걸음 느린 여행자가 되어보자. 도자기를 만드는 공방들이 모여 있는 동네라 쉬엄쉬엄 골목길을 산책하는 재미가 꽤 쏠쏠하다. 전통 목조 가옥들은 저마다 개성이 넘치고 화단의 꽃과 나무도 사랑스럽다. 이 동네엔 작은 초등학교도 있는데, 헨카 주인장의 어린 딸이 다니는 곳이다. 늦봄에 교토를 방문해 때를 놓친 여행자의 아쉬움을 이 초등학교 운동장의 벚꽃나무가 달래줬다. 낮나지의 벚꽃이 지면 교토의 모든 벚꽃이 진다는 말이 있다던데, 경험상 이곳 벚꽃이 더 늦게까지 피는 것 같다. 그리고 점토를 한 조각씩 이어 붙여 하나의 그림으로 만든 깜찍한 졸업 작품들이 건물 벽을 꾸미고 있어서 학교 내부를 둘러보는 것도 소소하게 즐겁다. 축구하는 아이들을 보며 웃음 짓다 보면 어느 순간 내가 교토의 속살 깊숙이 들어와 있음을 깨닫게 되는, 소박한 감동도 찾아온다.

마지막으로 한 가지 덧붙이자면, 하루의 일정을 마치고 헨카로 돌아오는 길, 아직 저녁 식사 전이라면 버스 정류장 근처에 있는 초밥집에 들르길 권한다. 나는 날마다 먹었다. 내 입맛이 너그러워서가 아니다. 헨카에서 만난 여행자 여럿이 반한 곳이다. 그리고 무엇보다, 가격까지 착하다".

From. 신문기자 명태(김표항)

출판사 에디터로, 일하다 신문사 기자로 일하고 있다. 이 래저래 글밥 먹는 인생. 실시어 규모한 성후. 그런데 맛좀 법은 참 모름. 모타도 많고 오점도. 없는 일상에서 조금자 선배를 만나 교토를 알게 된 건 크나큰 행운이다. 마침 스트레스를 누구보다 잘 알면서, 헌카 원고 마감을 못 지켜 저 자책 및 자학 중, 마음 놓이 더하다니, 엣말 틀린 것 하나 없다.

★
http://hennka.com/kr/main/main.html
075-551-6229, 070-4645-6229 <small>한국어, 일본어</small>
info@hennka.com
in 15:00~21:00, out 10:30
3,000엔<small>도미토리 1인</small>, 8,500~12,900엔<small>트윈룸 2~4인</small>, 13,000엔<small>가족실2~4인</small>
조식 무료<small>07:30~08:30, 토스트와 커피</small>

총 4실
타월, 드라이어
인터넷 사용 가능, 짐과 귀중품 보관 가능
무료 픽업 서비스, 포터 서비스 500엔<small>교토 역에서 숙소까지, 기본 게이지 2객</small>
자동차 가이드 서비스<small>자동 없다, 원1 이하 시간당 3,000엔</small>

map 교토 역 에어리어 289p
address 京都市東山区今熊野総山町1-12

05 게스트하우스 본 Guesthouse Bon

●●● "지금을 함께 살아가는 일본 가정의 모습을 조금 더 가까이에서 발견할 수 있으면서 다른 여행자들과 자유로이 만날 수 있는 곳. 거기에 더해 나만의 작은 프라이버시가 보호받을 수 있는 곳을 찾는다면 게스트하우스 본ゲストハウス凡을 추천할 만하다.

다이토쿠지와 이웃한 이 조그마한 게스트하우스의 주인은 꼬마 아들을 둔 젊은 부부. 어린아이 둘을 데리고 네 식구가 다니는 여행, 묻고 확인할 것이 많았다. 메일이지만 주인장의 성품을 어느 정도 짐작하기에 충분할 정도로 단정하고 배려가 묻어나는 답변들이 줄을 이었다. 늦은 밤 도착해 다락방 오르듯 계단을 올라 아담한 다다미방에 깔린, 잘 손질되어 바삭한 침구를 보았을 때 그 인상이 실제와 다르지 않다는 것을 알았다.

집은 사람을 닮는다던가. 그리고 손님도 주인을 닮는다. 주인 내외가 생활하는 집과 게스트하우스가 나란히 붙어 있는데, 6개의 방은 일인실부터 가족실까지 크기가 다양하다. 방들은 정결하고 고요하며 정감 있다. 공용 공간은 음식 취사가 가능한 부엌, 조리하거나 사온 음식을 나누게 되는, 역시 다다미가 깔린 식당 겸 다도실, 마당에 지붕을 얹어 마련해놓은 세면실, 그리고 부엌에서 가장 떨어져 있는 화장실과 샤워공간이다. 오래된 전통식 가옥을 편리하게 개조한 주인장의 발상이 무척 신선하다.

날이 흐린데 아라시야마행이 어떻겠냐는 물음에 좀 불편할지는 몰라도 빗속의 아라시야마도 운치 있을 것이라고 말해주는 멋을 아는 사람이 이 집의 주인이다. 곧은 길과 굽은 길이 자연스럽게 얽혀 있는 도시, 두 발로 걷게끔 되어 있는 느릿한 생의 조건을 넉넉한 마음으로 기다려줄 언덕과 산책로를 보장해주는 도시가 교토라고 한다면 이 도시를 꼭 닮은 사람을 나는 이곳에서 만났고, 그를 닮은 집에서 교토를 사랑하게 되었다.

From. 서정
머뭇거리다 스며드는 여행자
http://blog.naver.com/rosannagu

★
www.guesthouse-bon.com/
guesthousebon@gmail.com
075-493-2337 일본어, 영어
in 15:00, out 11:00
4,500~2,500엔(일반실), 3,800~2,500엔(전용 다다미 방 1~2인), 3,500엔(개인실 1인)

총 6실
와이파이 무료, 인터넷 사용 가능. 짐 보관 가능
교토 역에서 9번 버스를 타고 히가시다카나와쵸 停車場, 정류장에서 내려 도보 4분

map 가미가모진자 에어리어 187p
address 京都市北区紫野上門前町63-2

06 로지야 Roujiya

●●● "홈 스테이를 하는 것처럼 따뜻한 분위기를 로지야ろうじ屋에서 즐겨주셨으면 하는 바람으로 교토를 찾는 손님들을 맞이합니다. 게스트하우스는 일본 스타일과 서양 스타일, 앤티크와 모던함이 조화를 이루도록 꾸몄습니다. 저와 남편은 항공회사에서 국제선 객실 승무원으로 일하며 세계 일주를 여러 번 경험한 백패커 출신이므로 여행에 관해서라면 일본이든 해외든 뭐든지 물어보셔도 좋습니다. 먹는 것을 좋아하는 부부라 가이드북에는 소개되지 않은 맛집도 알려드릴 수 있습니다. 또 오너 요리 교실을 통해 외국 숙박객에게 인기를 얻은 초밥이나 치킨 양념구이 등의 요리도 배울 수 있습니다. 단, 반드시 예약을 하셔야 합니다. 리빙 룸에는 무료로 차나 커피를 마시면서 다른 여행자들과 정보를 교환할 수 있는 공간입니다.

로지야는 JR과 지하철 니조二条 역에서 걸어서 5분 거리, 한큐阪急 오미야大宮 역에서 걸어서 10분 거리에 위치하여 교통이 매우 편리합니다. 세계문화유산인 니조 성은 걸어서 갈 수 있고 골동품 시장이 열리는 기타노텐만구나 킨카쿠지, 료안지, 사가, 아라시야마도 자전거로 충분히 둘러볼 수 있습니다. 그래서 저희 게스트하우스에서는 렌터 사이클과 바이크를 대여하고 있습니다. 주위에는 24시간 문을 여는 슈퍼마켓과 교토에서 가장 큰 상점가도 있어 먹을거리를 사서 부엌에서 요리해 드셔도 좋습니다.

여행을 사랑하는 저희 부부가 추천하고 싶은 교토의 관광 스폿은 니조 성과 니조 진야, 시묘인 초明院입니다. 미야자키 하야오 감독의 <원령공주>의 소재가 되었던 곳으로 더 히든 템플the hidden temple이란 애칭으로 불리기도 합니다. 산속에 숨어 있는 듯한 신비로운 분위기는 늘 관광객으로 북적대는 교토와 별세계처럼 느껴집니다."

From. 로지야 안주인 나오야

★
http://kyotobase.com
075-432-8494
in 16:00~22:00, out 10:00
총 3실
3,000엔도미토리 1인, 8,000~10,000엔개인실 1~3인
인터넷 사용 가능
자전거 대여 1일 500엔, 바이크 대여 8시간 1,800엔
기모노 렌털 서비스 2,500엔, 1인
JR · 지하철 니조二条 역에서 도보 5분, 한큐阪急 오미야大宮 역에서 도보 10분

map 교토고소 역 에어리어 131p
address 京都市中京区西ノ京池ノ内町22-58

07 와라쿠안 Warakuan

●●● 교토에는 게스트하우스가 30여 개는 족히 넘는데, 그중 화제인 곳이 와라쿠안和樂庵이다. 일본 정원이 보이는 전통가옥에서 머물 수 있고, 여러 지역으로 이동하기 편한 헤이안진구 근처에 있어 적어도 4개월 전에는 예약을 해야 한다. 주인은 인도네시아의 한 게스트하우스에서 인연을 맺은 프랑스인 목수 남편과 일본인 아내. 여관을 거쳐 외국인 전용 하숙집으로 사용하다 몇 년 동안 비어 있던 100년 가까이 된 전통가옥을 부부와 지인들이 직접 팔을 걷어붙이고 개조한 끝에 밝고 산뜻한 게스트하우스로 탈바꿈시켰다. '방값 부담이 적으면 많은 여행자들이 좀 더 천천히 교토를 둘러볼 수 있지 않을까' 하는 바람에서 숙박비를 저렴하게 받고, 장기간 머물면 할인도 해준다. 일본인과 외국인이 절반의 비율로 찾는데, 외국인은 주로 대만과 유럽인이 많다고 한다.

남녀 도미토리뿐만 아니라 개인실도 마련해두었는데, 욕실과 화장실은 공동으로 사용해야 하며, 샤워는 24시간 이용할 수 있다. 일본 정원이 바라보이는 거실에는 바를 설치해서 맥주나 커피, 아침식사 등을 먹을 수 있다.

★
http://gh-project.com
waraku@gh-project.com
075-771-5575 일본어, 영어, 초급스페인어
in 15:00~21:00, out 08:00~11:00
2,620엔 도미토리 혼, 6,300엔 1인 룸, 2인, 6,300엔 트윈 룸, 3인 이용 시 1,000엔 추가, 7,350엔 4인실 룸, 4인 이용 시 6,100엔 추가

개인실 5개, 도미토리 2개(남자 3인, 여자 4인)
타올 대여 100엔, 자전거 대여 1일 500엔
인터넷 사용, 짐 보관 가능
교토 역에서 206번 버스를 타고 구마노진자마에熊野神社前 정류장에서 도보 1분(표 15~21쪽, 220엔)

map 철학의 길 에어리어 91p
address 京都市左京区聖護院山王町19-2

08 게스트하우스 돈보 Guesthouse Tonbo

● ● ● 게스트하우스 돈보(Guesthouse トンボ)는 게스트하우스라기보다는 교토를 사랑하는 사람들의 아지트 같은 곳이다. 교토 출신이 아니지만 교토에서 살고 싶어 게스트하우스까지 연 젊은 남자 사장은 매주 밥파티를 열어 자칭 교토 마니아들과 정을 나눈다. 교토대학과 교토조형예술대학이 가까이에 있고 도시사대학은 다리하나만 건너면 되는 가까운 거리에 있어 장기 체류 중인 대학생들도 제법 많은 듯했다. 오래 머물 경우 방값을 깎아주기도 하니까 지리적으로나 경제적으로 따져보아 이만한 게스트하우스도 드물 것이다.

객실은 모두 2층에 있는데, 도미토리에는 2층 침대가 놓여 있고 여러 명이 사용하지만 조금이나마 프라이버시를 지킬 수 있도록 침대마다 커튼을 달아놓았다. 넓은 거실에는 주인장이 모은 교토 관련 책들이 빼곡하여 일본어를 읽을 수 있다면 교토 정보를 많이 얻어 갈 수 있는 미니 도서관이다. 또 세계 각국의 다양한 요리가 탄생하는 공동 부엌과 무료로 사용할 수 있는 컴퓨터도 여러 대 놓여 있다.

젊은 사장이 운영하는 돈보는 자유롭고 편안한 게스트하우스이지만, 일본의 격조 있는 료칸처럼 스태프들이 기모노를 입기도 한다. 또 원하는 이에게는 기모노 입는 법을 무료로 가르쳐준다.

사장이 직접 만든 게스트하우스 근처 지도도 아주 훌륭하다. 귀띔에 따르면 게스트하우스 근처에는 맛있는 라멘집, 화과자점, 빵집이 즐비하여 구어메이 투어에 하루를 투자해도 후회하지 않는다고. 한 가지 아쉬운 점은 에이잔 전철 데마치야나기 역 근처, 철로변에 들어선 집이라 남자 도미토리에서 열차 다니는 소리가 크게 들린다는 것. 하지만 전철은 새벽 5시 33분부터 자정까지 운영되며 인기 노선이 아니라 시간당 9편 정도로 운행 횟수도 뜸한 편이다.

히에이 산이나 오하라로 향하는 길목에 자리한 돈보는 시내 명소와도 가깝다. 10분 정도만 걸으면 시모가모진자에 도착할 수 있고, 15분 거리에 교토고엔과 교토고쇼가 있다. 또 한여름이 되면 지척에 있는 가모가와 강변에서 반짝거리는 반딧불이도 볼 수 있다.

★
http://ton-bo.boo.jp
075-200-5725 일본어, 영어
in 15:00~21:00, out 07:30~11:00
2,500엔 도미토리, 일주일 15,000엔, 7,000엔 개인실 1인, 보증금, 1,000엔 체크아웃 시 환불
총 5실
타월 대여 100~200엔, CD 100엔, 프린트 1장 50엔, 세탁기 이용료 200엔, 랜 카드 대여 300엔, 자전거 대여 1일 500엔
인터넷 사용, 짐 보관 가능
교토 역에서 4·17번 버스를 탄 후 데마치야나기에키(出町柳駅) 정류장에서 도보 3분 버스비 220엔

map 철학의 길 에어리어 91p
address 京都市左京区田中上柳町14

Kyoto Guesthouse 423

09 타로카페 인 Tarocafe Inn

●●● 타로카페 인은 고작 십여 명만 이용할 수 있는 작은 게스트하우스인 데다 값도 저렴하고 교토 역과 가깝다는 이점 때문에 부지런을 떨어 예약하지 않으면 숙박 리스트에 이름을 올리기 어렵다. 1층에는 대형 LCD 텔레비전이 벽면에 붙어 있어 일본 방송을 시청할 수 있고, 교토 관련 책들과 만화가 가득한 거실, 욕실, 부엌 등이 오밀조밀하게 나뉘어져 있다. 2층에는 2층 침대가 놓여 있는 남녀 도미토리실이 각각 하나씩 있는데, 침대마다 흰 천으로 된 커튼을 달아놓았다.

교토의 유명 관광지와 성이 같은 젊은 주인장의 출신은 의외로 홋카이도. 교토의 명소 중 어디가 최고인지 딱 부러지게 말하지 못할 정도로 교토를 좋아하는 주인은 자칭, 타칭 교토 마니아다. 교토와의 인연은 그가 교토조형예술대학의 통신 코스에 입학하면서부터. 일 년에 서너 번은 홋카이도에서 교토를 찾아야 했고, 그때마다 저렴하고 인정 많은 주인들이 운영하는 게스트하우스를 이용했다고 한다. 도움을 받은 게스트하우스 주인들에 대한 은혜도 갚고, 자신처럼 넉넉하지 않은 학생들이나 가난한 여행자들을 위한 게스트하우스를 운영하고 싶다는 바람이 더해져 타로카페 인을 열었다. 그러한 연유로 탄생한 게스트하우스인 만큼 장기간 머물 경우 이용료는 점점 낮아지고 교토에 대한 감동은 백만 배 더 커진다.

★
www.tarocafe.jp
info@tarocafe.jp
075-201-3945 일본어, 영어
in 15:00~22:00, out 07:30~11:00
3,000엔 체크인 시 완불
보증금 1,000엔
총 2실
타월 대여 100엔
인터넷 사용 가능
자전거 대여 1일 500엔, 세탁기 이용료 200엔
교토 역에서 도보 10분. 히가시혼간지 방향으로 걷다가 가라스마 시치조 네거리에서 로손 편의점을 끼고 우회전하여 걷다가 첫 번째 신호 등 앞에서 우회전.

map 교토 역 에어리어 289p
address 京都市下京区七条通烏丸東入真苧屋町220-2

10 유라쿠소 Yurakuso

●●● 신흥 주택가로 조성된 기타야마 근처에 있는 유라쿠소有楽荘는 40여 년의 역사를 자랑하는 게스트하우스다. 하루 3,300엔이면 다다미방의 개인실에서 머물 수 있어 나 홀로족이나 장기 체류 중인 외국인들 사이에서는 입소문이 난 지 오래다. 게다가 인적이 드물지만 안전하고 조용한 주택가에 자리 잡고 있다.

전통가옥이 즐비한 교토에서는 매우 눈에 띄는 독특한 2층 건물 안에는 다다미가 깔려 있는 13개의 개인실만 있다. 에어컨, 냉장고, 컴퓨터, 보온병, 테이블 등이 구비되어 있고, 무료로 인터넷을 이용할 수 있어 편리하지만, 텔레비전은 없다. 부엌과 세면대, 화장실은 공동으로 사용해야 하며, 1층에 코인 샤워부스와 코인 세탁기, 건조기가 설치되어 있다. 단, 전기 사용료는 체크아웃 때 사용량을 계산하여 지불하는 시스템이다.

가모가와는 걸어서 3분 거리에 있고, 가미가모진자나 다이토쿠지, 베이커리가 몰려 있는 기타야마와도 가깝다.

근처에 버스 정류장이 있고 가까운 지하철 역은 걸어서 15분 정도 거리에 있다. 길 건너에 고려미술관이 있으니 유라쿠소에 여장을 풀었다면 고려미술관 방문을 추천하고 싶다.

★
http://homepage3.nifty.com/yurakuso/index16.html
yurakuso@nifty.com
075-491-6900 일본어, 영어
in 15:00~21:00, out 10:00
3,300엔(주수말 winter 1개월 40,000원)
총 13실
인터넷 사용 가능
자전거 대여 1일 500엔
교토 역에서 지하철 가라스마 센을 타고 기타오지 역에서 도보 약 15분 1호선, 260엔
교토 역에서 4·9번 버스를 타고 시모기시초 1호선 정류장에서 도보 약 3분 35~40분, 220엔

map 가미가모진자 에어리어 187p
address 京都市北区紫竹下長目町14

11 겟코소 교토 Gekkousou kyoto

12 카오산 교토 게스트하우스
Khaosan Kyoto Guesthouse

● ● ● 겟코소 교토 月光莊京都는 후나오카 온센이 있는 주택가에 문을 연 작지만 한 번쯤 머물러 보고픈 게스트하우스다. 무엇인가에 홀려 여행을 멈추지 않는 나를 닮은 여행자들을 만날 수 있을 것 같은…. 겟코소는 교토와 오키나와에 문을 연 체인 게스트하우스. 교토점은 2005년에 고민가를 손봐 문을 열었는데 세련됨이나 모던함과는 거리가 멀지만 특유의 자연스러움이 있다. 하루 숙박 요금은 도미토리 2,000엔으로 교토에서도 저렴한 숙소로 유명한데 남녀 공용 도미토리임을 기억할 것. 문나이트 게스트하우스라는 영어 이름처럼 겟코소 교토에 머문다면 불타는 밤을 즐길 자세가 되어 있어야 한다. 1층의 야쿠모 식당이라는 밥집 겸 술집이 당신을 부를 것이므로. 교토 시내 북쪽 마을에 위치하고 있어 킨카쿠지나 료안지, 다이토쿠지 등을 둘러보기 좋다. 요즘에는 게스트하우스가 자리한 동네 지도가 점점 재미있어져서 후나오카 온센은 필수 코스이며 스마카치 식당이나 사라사 니시진 카페, 사라사 니시진 바로 옆의 후지모리료, 그 옆의 소바집 등 둘러볼 곳이 너무 많다.

★
www.gekkousou.com/kyoto
kyoto@gekkousou.com
080-6924-8131
in 08:00~12:00, out 12:00
2,000엔도미토리, 1주일 10,000엔, 3,000~5,000엔개인실 1~2인

인터넷 사용 가능
샤워 100엔, 세탁기 이용 200엔
교토 역에서 206번 버스를 타고 센본 구라마구치下초쵸북口 정류장에서 도보 5분

map 효안지 에어리어 157p
address 京都市北区紫野南舟岡町73-18

● ● ● 교토에 캡슐호텔이 들어서며 교토 토박이들의 한탄이 이어졌던 해에 카오산 교토 게스트하우스カオサン京都ゲストハウス도 문을 열었다.

교토에는 오키나와 나와 등에 지점을 둔 겟코소 교토나 제이-호퍼스 교토 게스트하우스 등 일본 전국구 게스트하우스가 있는데 카오산 교토는 교토 시내의 번화가에 위치한다. 교토의 게스트하우스들의 크기는 대부분 고만고만하여 부지런히 예약을 하지 않으면 만실 사인을 보며 당황하게 되는데 카오산 교토는 비교적 규모가 큰 편이다. 도미토리와 개인실 중 선택하여 숙박할 수 있는데 도미토리는 4인실, 6인실, 10인실, 여성 전용으로 나뉘어 있다. 무료 로커와 공용 키친, 대형 텔레비전과 DVD플레이어와 다양한 DVD를 자유롭게 시청할 수 있는 리빙룸도 있다. 다만 10세 이하의 어린이는 숙박 불가능하며 예약은 인터넷으로만 가능하다. 참고로 카오산은 교토를 비롯하여 도쿄, 후쿠오카, 벳푸에 지점을 두고 있다.

http://www.khaosan-tokyo.com/kr/kyoto
kyoto@khaosan-tokyo.com
075-201-4063 일본어, 영어, 한국어
in 15:00~21:00, out 11:00
2,000엔도미토리 4인실, 2,300엔도미토리 2인실, 2,500엔
도미토리 여성전용 6인실, 3,800엔개인실

타월 대여 100엔
인터넷 사용 가능, 와이파이 가능
짐 보관 가능
한큐河東 가와라마치河原町 역 10번 출구에서 도보 3분, 교토 역에서 시 버스 4·17·205번 버스를 타고 시조 가와라마치四条河原町 정류장에서 도보 10분

map 가미가모진자 에어리어 63p
address 京都市下京区寺町通仏光寺上る中之町568

Travel Tip 교토의 게스트하우스 리스트

게스트하우스 보라보라 ゲストハウスぼらぼら

어쩐 일인지 교토의 게스트하우스 주인장들이 가장 머물고 싶은 게스트하우스로 꼽아준 곳. 게이후쿠 전철 가타비라노츠지帷子ノ辻 역 근처에 위치하여 아라시야마나 킨카쿠지, 료안지 등을 둘러보기 편하다.

- www.bola-bola.jp · 075-861-5663
- 2,500엔도미토리, 3,500엔개인실 1인
- address 京都市右京区太秦堀ヶ内町25-17

고조 게스트하우스 五条ゲストハウス

100년 넘은 요리여관을 개조하여 문을 연 게스트하우스. 객실은 다다미방에 마련된 도미토리뿐으로 서양인들이 많이 이용한다. 카페와 여행객 식당이란 뜻의 타비비토 쇼쿠도도 명물. 근처 관광지로는 기요미즈데라가 있다.

- www.gojo-guest-house.com
- 075-525-2299 · 2,500엔도미토리
- address 京都市東山区五条橋東3-396-2

제이–호퍼스 교토
J-Hoppers Kyoto

일본을 자유롭게 여행하려는 사람들을 위해 문을 열었다고 하며 오사카, 히로시마, 다카야마에 자매점을 두었다. 교토 역에서 걸어서 8분 거리.

- http://kyoto.j-hoppers.com/j_index.html
- kyoto@j-hoppers.com · 075-681-2282
- 2,500엔도미토리, 3,000엔개인실 1인
- address 京都市南区東九条中御霊町51-2

게스트하우스 나고미 ゲストハウス和み

세계를 유랑하다 오키나와를 경영했던 오너가 문을 연 곳 니시진의 고민가를 개조한 게스트하우스는 교토다움이 물씬 풍긴다.

- http://kyoto753.web.fc2.com
- kyoto753@hotmail.co.jp · 075-468-8829
- 3,500엔도미토리, 3,500엔개인실 평일, 4,500엔개인실 주말
- address 京都市上京区大宮通鞍馬口上る西入若宮横町108-6

교토 마치야 게스트하우스 쿄노엔
京都町屋ゲストハウス 京のen

90년 된 고민가를 개조하여 앤티크 풍으로 꾸민 곳. 가까이에 철학의 길과 긴카쿠지가 있다. 도미토리와 크고 작은 개인실이 있으며 한 채를 통째로 빌릴 수도 있다.

- http://kyonoen.com
- mail@kyonoen.com · 075-721-8178
- 2,800엔도미토리 평일, 3,500엔도미토리 주말, 3,400엔개인실 평일 1인, 3,800엔개인실 주말 1인
- address 京都市左京区北白川下池田町27

호스텔 교톳코 Hostel 京都っ子

니조 성 근처의 숙소. 지금은 없어졌지만 침구를 가져 가면 1,000엔에 하룻밤을 청할 수 있었던 네부쿠로 코스로 유명했다. 지금은 도미토리와 개인실에 2층 침대가 놓여 있고 뷔페 스타일의 아침밥을 무료로 제공한다.

- 075-821-3323
- 2,300~2,500엔Bed Course, 8,200엔개인실
- address 京都市上京区丸太町通大宮通西入左馬松町783

도지안 東寺庵

교토 역 도지 근처에 자리하고 있는데 각국의 여행자들이 모인다. 술을 무료로 주는 곳으로 유명하며 무료 세탁 서비스도 인기다. 게스트하우스의 한국어 홈페이지가 매우 재미있다.

- www.tojianguesthouse.com
- tojianguesthouse@hotmail.com
- 075-691-7017 · 2,000엔도미토리
- address 京都市南区西九条南田町44

게스트하우스 코바코 ゲストハウス-こばこ

헤이안 진구 근처에 위치. 게스트하우스도 아닌 셰어하우스도 아닌, 교토 가정집에서 머무는 듯한 느낌이 드는 장기 숙소.

- http://nashinokatachi.com/guesthouse-c.html/home.html
- info@nashinokatachi.com
- 080-3829-9343
- 1주일 14,000엔도미토리, 1개월 32,000엔도미토리, 1주일 21,000엔개인실, 1개월 63,000엔개인실
- address 京都市左京区岡崎南御所町40-10

Hot Tip

교토의 숙소는 만실, 이미 비행기표는 구입했을 때

전철로 30분 거리의 오사카에 숙소를 잡거나 교토 옆 동네인 시가 현의 숙소를 추천하곤 한다. 시가 현 오츠 시까지는 JR 교토 역에서 9분 거리로 빈 방이 남아 있을 확률이 높고 오사카에 직장을 둔 사람들의 베드타운이 급속히 진행될 정도로 조용한 곳이다. 비와코는 바다 같은 호수에서 마음 산책도 가능하며 수상 레포트도 즐길 수 있다.

호텔 블루레이크 오츠 ホテル ブルーレイク大津

- www.bluelake.co.jp
- 077-524-0200
- JR 교토 역에서 전철을 타고 오츠大津 역에서 도보 8분교토 역에서 약 9분, 게이한 산조 역에서 게이신 센을 타고 하마오츠浜大津 역에서 도보 1분산조 역에서 약 20분, 간사이국제공항까지 약 70분

- address 滋賀県大津市浜大津1-4-12

아야하 레이크사이드호텔
アヤハレークサイドホテル

- www.ayaha.co.jp/lakeside
- 077-524-2321
- JR 교토 역에서 전철을 타고 제제膳所 역에서 도보 10분교토 역에서 약 11분, 게이한 산조 역에서 게이신 센을 타고 게이한제제京阪膳所 역에서 도보 10분산조 역에서 약 22분
- address 滋賀県大津市におの浜3-2-25

01 다와라야 Tawaraya

Ryokan

천년의 수도였던 옛날부터 세계 관광 도시가 된 지금까지 교토는 항상 손님들로 넘쳐난다. 규모는 작지만 긴 역사가 만들어낸 따라오지 못할 서비스로 교토의 또 다른 문화 아이콘이 된 료칸들. 손님을 대접하는 마음이 몸에 익었다는 교토 료칸 사람들의 융숭한 서비스를 받고 있으면 교토에 있음을 실감하게 된다.

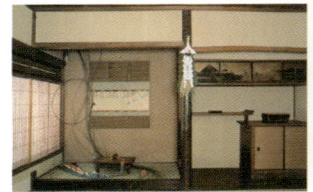

●●● 교토에는 고유명사처럼 외워둬야 할 이름난 료칸이 몇 개 있다. 히이라기야, 스미야, 그리고 다와라야는 교토의 3대 료칸으로 손꼽힌다. 다와라야와 히이라기야는 교토시청 맞은편에 작은 길을 사이에 두고 마주보고 있고, 스미야도 그리 멀지 않은 곳에 있다. 이 세 개의 료칸은 순수한 일본풍 노포 료칸이라는 공통점을 갖는다. 창업한 지 300년이 넘은 다와라야_{俵屋}는 일본은 물론 세계적으로도 유명한 료칸이다. 에도시대_{1603~1867년}부터 메이지시대_{1868~1912년}는 다이묘나 최고 관리들이 머물던 숙소였으며 스티븐 스필버그, 알프레드 히치콕, 아이작 스턴, 레오날드 번스타인 등 세계적인 유명 인사의 발걸음이 잦은 곳이다. 그들 대부분은 일본의 매력을 농축시킨 아름다운 곳이라며 극찬했고, 호텔의 왕이라고 불리는 한 손님은 "다와라야에서 호텔의 원형을 보았다"고 감탄했을 정도다.

다와라야의 객실에는 일본의 문화가 고도로 농축되어 있다. 자연과 빛, 예술, 온화함, 정숙…. 총 열여덟 개의 객실에서는 한 면 전체가 유리로 된 통창으로 일본 정원을 감상할 수 있는데, 각 방의 위치마다 다른 각도에서 정원을 조망할 수 있도록 설계했다고 한다. 또 다다미방에는 항긋한 향이 감도는데, 손님이 도착하기 직전에 향을 준비해 여행길의 고단한 심신을 릴랙스시킬 수 있는 심심한 배려다. 한편 료칸에 으레 있기 마련인 대욕장은 없고 대신 각 객실마다 욕실이 딸려 있다. 고야마키라는 최고급 나무로 만든 사각형 욕조가 놓여 있고, 역시 통창을 통해 푸른 정원이 한눈에 들어온다. 일본적인 풍경으로 가득하면서도 텔레비전이나 에어컨 등이 가림의 미학을 통해 비치되는 등 현대인에게 필요한 기능성 또한 놓치지 않고 균형 감각을 유지한다. 전통을 유지하되 전통만을 고집하지 않는 유연성이 세계적인 료칸을 만든 게 아닐까 싶다.

다와라야에서 사용하는 비누나 가운, 슬리퍼 등은 직접 고안하고 디자인한 물건들이다. 일본의 귀부인들이 즐겨 보는 한 고품격 잡지에서는 '다와라야의 디자인 2002'란 타이틀로 특집 칼럼을 게재하기도 했는데, 다와라야의 오리지널 굿즈는 다와라야에서 운영하는 숍 '갸라리 유케이'에서 판매한다. 또 료칸 근처에 카페 '유케이 살롱 드 테'와 텐푸라 가이세키점 '덴유'도 오픈하여 료칸, 숍, 카페, 음식점 등 점점 다양한 분야로 발을 내딛으며 메이드 인 재팬 문화를 선도해가고 있다.

★
www.kyoto-club.com/tomaru/rkn/tawaraya.html
075-211-5566 _{일본어, 영어}
in 16:00, out 11:00
46,000엔 _{조식·석식 포함, 2인 이용 시 1인 요금}
15퍼센트의 서비스 요금 추가
총 18실
교토 역에서 지하철 가라스마 센_{烏丸}선 가라스마 오이케_{烏丸御池} 역에서 도보 10분_{일본어, 영어}

map 교토고쇼 에어리어 131p
address 京都市中京区麩屋町姉小路上ル

02 히이라기야 Hiiragiya

● ● ● "내 소설의 대부분은 여행지에서 만들어졌다. 풍경은 내게 창작의 힌트를 줄 뿐 아니라, 통일된 기분을 유지해준다. 여관방에 앉아 있으면 잡다한 일들을 잊을 수 있어 신선한 공상의 힘이 솟는다. 혼자만 하는 여행은 여러 가지 점에서 내 창작의 고향이다."

가와바타 야스나리는 료칸을 사랑한 문학가 중 한 사람이었다. 교토에는 가와바타 야스나리가 단골로 묵던 품격 높은 료칸이 있다. 굳이 교토에 들를 일 없어도 이 료칸을 목적으로 하룻밤 머문 후에 길을 떠났을 정도라고 한다. 멋들어진 노천온천이 없어도, 시내 한복판에 있어도 사람을 끌어들이는 묘한 매력을 지닌 히이라기야(柊家)다. 〈금각사〉를 쓴 미시마 유키오와 패션 디자이너 조르지오 아르마니도 교토에 들를 때마다 이곳을 찾는다고 하는데, 아르마니는 료칸의 병풍 무늬에서 영감을 얻어 자신의 슈트 안감으로 사용해 화제가 되기도 했다.

가와바타 야스나리, 미시마 유키오 등이 머물렀던 구관에는 앤티크 가구와 테이블, 조명 등이 정갈하게 놓여 있고, 창을 통해 푸른 중정이 보인다. 모두 다다미방인 구관에 비해 신관은 모던함 그 자체다. 그러나 구관이든 신관이든 도심 속의 오아시스 같은 히이라기야에서 오카미의 정중한 서비스를 받을 수 있다는 점은 똑같다. 오카미는 료칸의 여주인을 말하는데, 손님 접대는 물론 경영까지 모든 업무를 총괄하는 총책임자. 별 다섯 개짜리 초특급 호텔도 감히 따라오지 못하는 서비스가 있으니 바로 료칸의 오카미 문화다. 짐을 풀면 환영의 의미로 내주는 따뜻한 차 한 잔, 왕의 밥상이 부럽지 않은 일본 요리, 저녁이면 깔아놓고 아침이면 개주는 이불 서비스, 시선에서 사라질 때까지 90도로 허리를 숙여 배웅하는 감동의 마지막 인사…. 히이라기야는 그런 오카미 서비스의 최고 정점에 있는 료칸이라고 감히 말할 수 있다.

★
www.hiiragiya.co.jp
075-221-1136 일본어, 영어
in 15:00, out 11:00
30,000~90,000엔 조식·석식 포함
35,000~60,000엔 신관, 조식·석식 포함
총 28실

교토 역에서 지하철 가라스마(烏丸)선 센 가라스마 오이케(今出川御池)역에서 도보 10분(약 5분, 210엔)

map 교토고쇼 에어리어 131p
address 京都市中京区麩屋町姉小路上ル中白山町

03 미후쿠 Mihuku

●●● 처음 교토를 찾았을 때 본토초를 둘러보고 '이곳 어디쯤에 숙소를 정했더라면 도쿄와 오사카보다는 초라하지만, 나름 교토다운 정서로 넘쳐흐르는 교토의 밤문화를 맘 놓고 즐길 수 있었을 텐데…' 라고 아쉬워했던 적이 있다. 그 후, 일본통 지인들을 통해 '교토의 미후쿠三福'라는 료칸에 대한 명성을 귀가 따가울 정도로 들었다. 교토에 머물면서도 미후쿠의 호평은 계속됐다. 이번에 정보를 귀띔해준 이들은 의외로 마치야 스테이나 료칸을 하는 주인들. 미후쿠는 교토 밤문화의 꽃동네. 본토초에 있는 딱 하나뿐인 료칸이다. 게이코 상들이 일하던 오차야를 리뉴얼하여 1950년에 문을 연 이후, 료칸공화국이라 해도 과언이 아닌 교토에서 스타 료칸으로 대접을 받고 있다. 가모가와가 내다보이는 다다미방에는 게이코 상들이 썼을 법한 오래된 경대와 가구가 놓여 있어 마치 과거로 여행을 온 듯한 착각이 들 정도이다.
미후쿠는 조식도 맛있다. 교토의 제철 채소를 메인으로 계절마다 다른 음식을 내는데, 겨울에 찾았을 때는 명물 유도후가 상에 차려졌다. 미니 화로 위에 보글보글 끓기 시작한 유도후를 생선구이, 된장국, 채소절임과 곁들여 든든하게 아침밥을 먹고 나면 교토의 빡빡한 여행 일정도 무리 없이 소화할 수 있을 만큼 힘이 난다.
그런데 이 료칸에 머문 손님들이 입을 모아 칭찬하는 것은 고풍스러운 료칸의 외모도, 맛있는 음식도 아니다. 그들은 2순위로 밀려나고, 칭찬의 영예는 인정미 넘치는 오카미 차지가 된다. 오카미의 서비스를 감동을 받고 돌아간 손님들은 일본인이든, 외국인이든 오카미에게 편지를 보내오기 시작했고, 그렇게 펜팔 친구가 된 손님이 한둘이 아니라고 한다. 우리나라에서는 장사가 좀 잘되면 근처에 가게를 얻어 2호점, 3호점으로 확장시키고는 하는데, 미후쿠는 하루 최대 일곱 명의 손님만 받는 원칙을 고집하고 있다. 오카미로부터 최상의 서비스를 받을 수 있는 최대 숫자가 일곱 명이기 때문이란다. 과연 교토 사람들은 벼락치기 졸부의 길잡이다는. 명성에 누가 되지 않는 정도로 걷고 있는 이들이 많음을 부인할 수 없다.
나 홀로족에게도 대문을 활짝 열고 있는 집이나, 옛날 건물이어서 옆방의 소리가 잘 들리는 구조라 아이들이 밤에 울거나 좁은 료칸을 뛰어다니고 소리를 지르면 손님들의 항의가 빗발치므로 아이들의 숙박은 눈물 나지만 거절하고 있다고 한다.

★
075-221-5696 (일본어)
in 14:00, out 11:00
13,800엔 (조식 포함)
총 3실
교토 역에서 4·5·17·205번 버스를 타고 시조가와라마치(四條河原町) 정류장에서 도보 5분
게이한京阪 산조三条 역에서 도보 5분

map 기온 에어리어 63p
address 京都市中京区先斗町通三条下る若松町140

04 긴마타 Kinmata

감탄사가 절로 나오는 절경도, 료칸의 필수 조건인 훌륭한 온천도 없다. 복작거리는 교토 시내 한복판에 섬처럼 들어선 요리 료칸 긴마타. 료칸으로서는 그리 좋지 않은 입지 조건이면서도 일본에서 이름을 날리는 료칸으로 자리매김한 이유는 맛난 요리 덕분이다.

일본 대부분 지역의 료칸 앞에는 온천이라는 수식어가 붙지만, 유난히 교토에는 '요리'라는 수식어가 붙은 료칸이 많다. 요리 료칸이란 요리에 큰 비중을 둔 료칸을 뜻한다. 긴마타 역시 교토의 품격과 전통을 온몸에 품은 200년 넘은 료칸으로 1801년 약을 파는 상인을 상대로 창업했다. 이곳은 아직도 창업 당시 건물과 구조 그대로 손님을 맞고 있다. 드러나지 않게 료칸 곳곳에 배치한 가구와 눈을 먼저 만족시키는 식기는 에도시대와 메이지시대 때부터 사용해온 골동품이다. 긴마타에는 식기에도 혀를 찌르는 미학이 담겨 있다. 색색의 계절 요리를 맛보면서 음식의 아름다움과 즐거움에 먼저 감동하고, 음식을 다 먹은 후 미처 깨닫지 못한 식기의 아름다움에 다시 한 번 여운을 즐기라는

멋이 숨어 있는 것이다.

교토의 셰프들은 일본 요리의 명맥을 지키고 있다는 자존심이 대단한데, 긴마타의 가이세키 요리는 쟁쟁한 교토의 요리 료칸 중에서도 유명하다. 식재료는 동해와 세토나이 해, 태평양에서 잡힌 최고급 해산물에 교토의 전통 채소인 교야사이를 메인으로 사용한다. 게다가 주방에서 직접 긴마타의 요리를 진두지휘하며 7대째 가업을 잇고 있는 우카이 하루지는 교야사이 소믈리에다. 그는 쇼쿠이쿠食育, 음식을 통해 모든 것에 감사하는 마음을 갖자 운동에도 적극적으로 참여하며 음식 철학을 전하고 있다. 긴마타의 간판 요리는 도미와 순무구이로, 예약 주문만 받는 계절 도시락도 명물이다.

최고의 요리 료칸으로 명성을 굳힌 이유를 물으니 "일본 요리의 전통적인 조리법을 충실히 지키고 무엇보다 마음을 다해 음식을 만들기 때문"이라는 대답이 돌아온다.

하루에 딱 세 팀만 투숙할 수 있기 때문에 경쟁률도 치열하다. 오직 긴마타의 음식 맛에 이끌려 '또다시'를 외치는 손님이 많

고, 품격 있는 식사를 목적으로 찾는 이도 많다.

★
www.kinmata.com
075-221-1039 일본어, 영어
in 15:00, out 10:00
42,000엔, 47,250엔, 52,500엔 조식·석식 포함
총 7실
교토 역에서 지하철 가라스마烏丸 센 시조四条 역에서 도보 10분입구 6번, 210번
한큐阪急 가와라마치河原町 역에서 도보 5분

address 京都市中京区御幸町四条上ル

05 이나카테이 Inakatei

●●● '교토에 온 김에 그 밥에 그 나물인 호텔 말고, 가장 교토다운 동네에서 가장 교토다운 집에 머물고 싶어'라고 다짐했다면, 고민 말고 시골집을 뜻하는 이나카테이(田舎亭)를 찾아야 한다. 이 료칸은 고다이지 맞은편, 미로 속 같은 이시베코지를 따라가다 보면 나타난다. 빼어난 정원이나 돈 냄새 나는 온천은 없지만, 옛날 가옥들이 풍기는 교토다운 정서를 한층 서정적으로 만드는 무채색의 료칸 풍경이 소박한 아름다움이 있다. 옛날에는 '도쿄 전후비사', '감각의 제국', '고하토' 등을 연출한 오시마 나기사 감독이나 은막의 스타 등 영화 관계자들만 숙박이 가능했다고 하는데, 지금은 예약만 하면 누구나 머물 수 있다.

이 집은 과도한 서비스보다 조용하고 편안한 공간을 제공하는 것이 무엇보다 손님을 가장 잘 접대하는 것이라고 생각한다. 그래서 손님이 부르지 않으면 가능한 한 객실에 들어가지 않는 것을 원칙으로 한다는데, 스태프를 부르면 "네, 부르셨습니까?"라며 득달같이 달려오니 이 집의 서비스도 만만치 않다.

이나카테이를 백만 배 더 즐겁게 지내는 코스는 이렇다. 체크 인 시간보다 일찍 도착하여 짐을 맡긴 후 교토의 관광지를 둘러보다가 이른 저녁을 먹고 돌아와서 짧은 목욕으로 여독을 풀어내고 기온의 밤거리 산책을 다녀와 잠을 청한다. 다음 날 요란하게 지저귀는 새소리에 잠이 깨면 고양이 세수만 하고 니넨자카, 산넨자카를 지나 기요미즈데라까지 동네 한 바퀴 산책에 나선다. 사람이 뜸한 기요미즈데라에서 상쾌한 하루를 선물 받고 돌아온 후에는 유도후와 채소절임 등 교토풍으로 차려진 아침상에 숟가락 아니 젓가락을 들기만 하면 된다.

★
www.inakatei.com
075-561-3059 일본어, 영어
in 17:00, out 10:00, close 24:00
10,500엔~ 조식 포함, 월~목요일   8,925엔~ 2명, 조식 포함, 월~목요일
12,600엔~ 조식 포함, 금·토·일요일   10,500엔~ 2명, 조식 포함, 금·토·일요일
총 6실
교토 역에서 100·206번 버스를 타고 기온(祇園) 정류장에서 도보 10분(220엔)

map 기요미즈데라 에어리어 27p
address 京都市東山区祇園下河原石塀小路463

호시노야 교토
일본의 재발견을 모토로 하는 고급 숙소인 호시노야(星のや)가 드디어 교토에 문을 열었다. 아라시야마의 깊숙하고 고요한 곳에 자리를 잡아 숙소에서 운영하는 배를 타야만 입장이 허락된다. 워낙 인기가 많아 미리 예약하지 않으면 좀처럼 머물기 어려운 인기 여관이다.

http://kr.hoshinoresort.com
map 아라시야마·사가노 에어리어 213p

Temple Stay

사원의 도시로도 불리는 교토에는 템플스테이를 체험할 수 있는 곳들이 많다. 그냥 숙소처럼 잠만 잘 수 있는 곳도 있고, 참선이나 발우공양 등에 참여할 수 있는 곳도 있는데, 교토 사람들은 이를 통틀어 슈쿠보宿坊라 부른다.

01 쇼렌게인 Shorengein

● ● ● 851년 창건된 쇼렌게인淨蓮華院은 오하라의 산젠인 뒤쪽에 있는 작고 오래된 사찰이다. 삼나무가 병풍처럼 에워싸고 있는 산골 마을의 유서 깊은 사찰의 다다미방에 머물며, 혹은 온 천지가 산책코인 오하라의 산길을 걸으며 마음을 정화시키기에 안성맞춤이다. 주지에게 요청하면 좌선의 방법에 대해서도 자세하게 알려준다. 주지 부부가 차려주는 밥상에는 채소튀김과 오하라의 명물 채소절임, 된장국 등 오염되지 않은 산골에서 자란 제철 식재료와 넉넉한 인심이 더해져 더욱 맛있다. 고기나 생선 없이도 오랜만에 맛있는 밥 한술을 뜰 수 있음에 감사하게 된다. 참고로 사찰 음식은 3인 이상 예약해야 맛볼 수 있다.

★
075-744-2408 일본어
in 17:00 저녁예불은 18:00, out 10:00
8,000엔 조식·석식 포함, 사찰 음식 3,500엔
총 3실
교토 역에서 교토 버스 17·18번을 타고 오하라 大原 정류장에서 도보 15분 65분, 560엔
map 오하라 에어리어 242p
address 京都市左京区大原来迎院町407

Travel Tip

로쿠오인
사가에 있는 사찰, 로쿠오인은 다양한 템플스테이를 체험할 수 있다. 교토에서 가장 유명한 템플스테이 명소이지만 기회는 여성들에게만 주어진다. 태어나서 처음 보는 사람과 한 공간에 누워 잠이 들고, 함께 잠을 깨 새벽 예불을 드리고, 주지의 설명을 들은 후 템플스테이 체험자들이 소박한 아침밥을 나누어 먹는 일은 아주 특별한 체험이다.

★
075-861-1645 일본어
in 16:00~19:00, out 09:00
4,500엔
총 8실
교토 역에서 JR사가노 센을 타고 사가 아라시야마 역에서 내려 도보 5분 약 65분, 560엔
address 京都市右京区嵯峨北堀町24

호코인 法金剛院
교토 서쪽 사가에 자리한 임제종 사찰, 호코인 일직선으로 난 길을 따라 뿌리를 내리고 있는 단풍나무, 대숲 등이 빼곡한 아름다운 정원이 유명하며, 템플 스테이 체험도 가능하다.

★
075-861-0610 일본어
in 16:00, out 10:00
5,000엔 조식 요금
총 3실
교토 역에서 28번 버스를 타고 사가샤카도마에 嵯峨釈迦堂前 정류장에서 도보 3분
address 京都市右京区嵯峨釈迦堂門前南中院町9

묘신지 다이신인 妙心寺 大心院
아름다운 일본 정원을 보면서 짧은 시간 동안 마음 수행을 할 수 있는 묘신지의 다이신인. 새벽예불은 새벽 6시부터 1시간 30분 정도로 혼도 本堂에서 행해지지만 참가 여부는 자유다. 새벽 예불이 끝나면 아침 공양이 이어진다. 소등 시간이 저녁 10시로 정해져 있어 오랜만에 올빼미 인간형에서 아침형 인간으로 전환해야 한다.

075-461-5714 일본어
in 15:00, out 10:00
4,700엔 조식 포함
총 10실
교토 역에서 JR 사가노 嵯峨野線 센을 타고 하나조노 花園 역에서 도보 약 10분
address 京都市右京区花園妙心寺57

닌나지 오무로가이칸 仁和寺御室会館
세계문화유산으로 지정된 닌나지 오무로가이칸에서 체험할 수 있는 템플 스테이. 아침 일찍 일어나 신선한 새벽 공기를 마시며 관광객들이 없는 경내를 천천히 둘러볼 수 있다. 방 안에 텔레비전, 냉장고, 에어컨, 전화, 유기타, 타월까지 놓여 있어 살짝 놀라웠다.

075-464-3664 일본어
in 16:00, out 09:00, close 23:00
5,200엔 조식 포함, 6,000엔 조식 포함
총 12실
교토 역에서 26번 버스를 타고 오무로 닌나지 御室仁和寺 정류장에서 내려 바로
address 京都市右京区御室大内33

01 호텔 초라쿠칸 Hotel Chorakukan

Hotel

교토에는 담배왕의 별장을 개조한 호텔부터 웨스턴 미야코호텔이나 하얏트호텔 등 체인 호텔, 비즈니스호텔까지 다양한 호텔이 있다. 호텔들은 교토 역과 시내인 시조 가와라마치 일대에 몰려 있다.

● ● ● **호텔 초라쿠칸** ホテル長楽館은 난젠지 근처의 웨스턴 미야코호텔, 교토국립박물관 앞의 하얏트 교토 등과 함께 교토의 초럭셔리 호텔로 분류된다. 일본 담배왕이 소유했던 별장 초라쿠칸은 1909년 마루야마 공원 한쪽에 터를 잡은 르네상스풍 건물이라 교토에서는 너무 튀는 외관 때문에 여행객들의 발길을 멈추게 한다. 1986년 교토 시 유형문화재로 지정되었으며 카페와 레스토랑, 웨딩 숍 등 멀티 공간으로 변신했고, 석유왕 록펠러, 영국 국왕, 일본 정·재계 인사가 머물기도 했던 영빈관 역시 고급 별장풍 호텔로 리뉴얼 했다. 호텔 초라쿠칸은 신관 건물 3층과 4층을 차지하고 있는데, 객실은 층마다 세 개씩, 여섯 개로 모두 스위트룸이다. 호텔이라는 간판을 내걸었지만 호텔과는 사뭇 다른, 리조트 느낌의 호텔이다. 객실은 천연석과 산호석, 최고급 목재로 마감했고, 교토 시 유형문화재로 지정된 가구 30여 점이 각 객실마다 놓여 있다. 겨울이 되면 실제로 불을 지필 수 있는 벽난로도 교토의 로망 여행에 대한 기대에 불을 붙이는 존재다. 침대는 시몬즈 사, 교토의 브랜드 SOU·SOU에 스페셜 오더로 만든 초라쿠칸 오리지널 시트, 덴마크의 명품 창, 기요미즈야키를 대표하는 코손 무라의 식기, 허브 연구가의 오리지널 허브 비누에 이르기까지 모두 초라쿠칸에서 기획한 고급품들로만 갖춰놓았다. 방마다 그림도 한 점씩 걸려 있는데, 교토 출신으로 프랑스에 거주하는 구로타 아키의 작품이다. 이쯤 되면 방 자체가 작은 갤러리나 마찬가지다.

★
www.chourakukan.co.jp
075-561-0001
in 15:00, out 12:00
3층 80,850엔, 51,975엔, 파크뷰 스위트룸 103,950엔 4층 92,400엔, 57,750엔, 파크뷰 스위트룸 115,500엔
총 6실
교토 역에서 100·206번 버스를 타고 기온 祇園 정류장에서 도보 5분 祇園, 720엔
map 기요미즈데라 에어리어 27p

웨스턴 미야코호텔 교토
Westin Miyako hotel Kyoto

웨스턴 미야코호텔 교토는 난젠지 근처에 있는데, 교토의 호텔 중 가장 아름다운 전망을 가졌다. 겉모습은 대규모 객실을 소유한 거대 호텔과 다를 바 없어 보이지만 곳곳에 교토다움으로 넘쳐 흐른다. 난젠지와 헤이안진구를 중심으로 한 살아 있는 교토 박물관이 한눈에 들어오는 일본인 객실도 있고, 호텔 내에는 고급스러운 일본 정원과 일식 다다미방이 있는 별관도 들어서 있다. 정원과 별관은 교토 시 문화재로 지정되었다.

★
www.westinmiyako-kyoto.com
075-771-7111 일본어, 영어
in 13:00, out 11:00
이그젝티브 플로어 65,600엔
총 501실
교토 역에서 지하철 가라스마 센 육차선 을 탄 후 가라스마 오이케 역에서 도자이 센 조선 으로 갈아타고 게아게 역에서 바로 13번, 250엔
map 철학의 길 에어리어 91p

ⓒ Westin miyako Hotel Kyoto

프티 호텔 교토 プチホテル京都

니시진에 있는 프티 호텔 교토는 호텔명 그대로 작고 소박한 호텔이다. 객실 창 위에 빨간 차가 달려 있어 매우 이국적인 풍경으로 시선을 끄는데, 2007년 리뉴얼했다. 호텔 주위에는 르 프티 맥 등 맛있는 빵 가게들이 유난히 많고, 기타노텐만구나 료안지, 아라시야마로 이동하기 편리하다.

★
www.ph-kyoto.co.jp
075-431-5136 일본어, 영어
in 16:00, out 10:00, close 24:00~06:00
2,900엔~
총 28실 김명
인터넷 사용 가능
교토 역에서 지하철 가라스마 특차 센 이마데가와 숙호행 역에서 도보 10분
교토 역에서 교토 시 버스 9·101번 버스를 타고 이마데가와 오미야 오니야大宮 정류장에서 도보 1분
address 京都市上京区元伊佐町281

도요코인 교토 시조 가라스마
東橫INN京都四条烏丸

역 앞 저렴하고 깨끗한 호텔을 표방하는 비즈니스 호텔 체인 도요코인. 객실은 좁은 편이지만 매우 정갈하며 제복을 입고 일하는 여성 스태프들은 모두 친절하기로 정평이 나 있다. 교토 체인점은 비교적 늦은 시간까지 교토의 밤 마실을 즐길 수 있는 교토 시내 요지에 문을 열었다. 인기 호텔인 데다가, 트윈 룸이나 더블 룸은 싱글 룸보다 턱없이 부족하므로 미리 예약해야 룸 키를 건네받을 수 있다.

★
www.toyoko-inn.com/hotel/00053
075-212-1045 일본어, 영어
in 16:00, out 10:00
7,020엔 싱글 룸, 11,988엔 트윈 룸, 더블 룸
총 189실
인터넷 사용 가능
지하철 가라스마 특차 센 시조 四条 역에서 도보 6분, 한큐 阪急 가라스마 烏丸 역에서 도보 1분
address 京都市下京区四条通烏丸東入ル長刀鉾町28

프린츠 Prinz

주택가에 숨어든 디자인 호텔 프린츠는 교토에만 있는 유니크한 호텔이다. 호텔은 교토의 트렌드세터들이 즐겨 찾는 카페와 레스토랑, 갤러리, 서점이 입점해 있는 큐브 모양의 건물 2층에 있다. 룸은 단 두 개뿐인데, 화이트 톤을 주조로 나무와 유리를 사용한 인테리어는 모던하고 심플한 분위기를 연출하며 객실도 일반 호텔치고는 꽤 넓은 편이다. 게다가 욕실은 나무로 된 문을 빼고는 안이 훤하게 들여다보이는 통유리로 되어 있어 처음 보면 대략 난감할 것이다. 그러나 안에 커튼 스위치가 있으니 버튼만 누르면 안심. 조식은 1층 카페에서 맛볼 수 있다.
가까이에는 교토조형예술대학과 이치조지 一乗寺 가 있어 이색적인 카페나 숍, 맛있는 라멘집이 많아 동네 산책만으로도 하루를 즐겁게 보낼 수 있다.

★
www.prinz.jp
075-712-3900 일본어, 영어
in 16:00, out 12:00
13,125엔 세, 조식 포함, 평일, 16,275엔 조식 포함 2인 평일
14,437엔 세, 조식 포함, 금·토·일요일, 17,902엔 조식 포함, 2인, 금·토·일요일
총 2실
교토 역에서 204번 버스를 타고 다카하라쵸 高原町 정류장에서 바로 25번, 220엔
address 京都府京都市左京区田中高原町5

장기 체류자를 위한 위클리 맨션

일본에는 전세 개념이 없다. 모두 월세다. 그런데 외국인이 일본에서 집을 구하려면 여간 어렵고 까다로운 게 아니다. 일본인 보증인을 어렵게 구했다 해도 월세와 보증금, 사례금 등을 포함하면 한 번에 4~5개월 치 월세를 지불해야 하므로 목돈이 드는 것은 마찬가지다. 그런데 몇 년 전부터 주, 월 단위로 집을 빌려주고 보증인도 필요 없는 위클리 맨션이라는 고마운 시스템이 등장했다.
대표적인 브랜드는 한국에도 지사를 두고 있는 레오팔레스21. 신축 건물이 대부분이라 매우 깔끔하고, 여자 혼자 살기에도 안전하다. 탁자와 의자, 텔레비전, 이불, 냉장고, 전자레인지, 인덕션레인지, 세탁기, 빨래 건조가 가능한 욕실 시스템 등 살림살이가 완비되어 있어 외국인이 장기 체류하기에는 안성맞춤이다. 한 달 이상 일 년 미만으로 머물 사람들에게는 방을 얻는 것보다 경제적으로 나은 방법이다. 입주할 때 전기료, 수도료, 인터넷 이용료 등 생활 잡비를 미리 지불하는 시스템이다.
★ www.leopalace21.com

교토의 유스호스텔

간혹 교토의 유스호스텔을 추천해달라는 요청을 받는데 최근 후배를 통해 알게 된 곳이 우타노 유스호스텔 宇多野ユースホステル 이다. 트윈 룸, 트리플 룸, 4인룸, 6인룸과 다다미방 등 41실에 170명 정원의 유스호스텔이 2008년에 리뉴얼하였다. 교토 역에서는 제법 멀어 초보 교토 여행자들을 번민에 빠지게 하나 아라시야마의 덴류지까지 도보 10분, 라쿠시샤까지는 도보 20분 정도., 킨카쿠지나 료안지는 버스로 5분 거리에 위치한다. 또한 회원, 비회원이 동일한 요금을 적용하며 뷔페 형식으로 제공되는 조식과 석식도 먹을 수 있고 대욕탕과 개인 샤워 룸을 갖춰 이용자들의 평판이 좋다. 예약은 3개월 전부터 가능하다.

★
http://yh-kyoto.or.jp/utano/indexk.html
075-462-2288
in 15:00, out 10:00
3,390엔 기본 룸, 4,110엔 도미 룸
조식 600엔, 석식 950엔
교토 역에서 26번 버스를 타고 유스호스테루마에 ユースホステル前 정류장에서 도보 1분
address 京都市右京区太秦中山町29

Special Edition

02

교토의 문화를 체험하면
즐거움 100배

교토 오픈 스쿨
Kyoto Open School

세계문화유산을 둘러보고, 옛 정취 가득한 골목길을 산책하고, 노포 탐방에 나서며 쇼핑으로 마무리하는 정적인 교토 여행 패턴에 강력한 라이벌이 등장했다. 장인의 마을 교토에서 갖가지 물건을 만들어보며 그야말로 오감을 만족시키는 체험 여행이다. 학구파 여행을 꿈꾸는 당신을 뿌듯하게 할 별별 학교들이 여기 있다.

● 다도

엔 En
엔En은 지온인으로 향하는 지혜의 길 왼쪽 뒷골목에 있는 자그마한 다도 체험장. 항상 기모노를 곱게 차려입은 여주인이 영어와 일본어 해설을 곁들이며 약 한 시간 동안 일본의 차 문화를 전해준다.
★
080-3782-2706
http://teaceremonyen.com
11:00, 13:00, 14:30, 16:00, 17:00
45분 1,500엔
map 기요미즈데라 에어리어 27p

와쿠 재팬 WAK JAPAN
와쿠 재팬Women's Association of Kyoto은 교토의 다양한 문화를 체험할 수 있는 문화 체험장이다. 전통가옥의 매우 넓은 다실에서 녹차, 센차, 반차 세 종류의 차에 대한 간단한 설명을 듣고 화과자와 함께 맛볼 수 있다. 이 밖에 기모노를 입고 차를 즐길 수 있는 체험, 꽃꽂이, 초밥 코스, 일본어 레슨도 가능하다.
★
075-212-9993
www.wakjapan.com
약 55분 5,000엔 2인 이상 참가 시 1인당 3,900엔
map 교토고쇼 에어리어 131p

11:00, 13:00, 15:00
75분 2,000엔
2인 이상 예약제
map 교토 역 에어리어 289p

다이호안 Taihoan
우지 시 관광센터에서 운영하는 다실. 시에서 운영하기 때문에 체험료가 저렴하다는 장점이 있지만, 우지 시 다도연맹 회원들이 날을 바꿔가며 다도를 시연하기 때문에 차 맛과 분위기는 제각각이다.
★
0774-23-3334
10:00~16:00
30분 500엔
map 우지 에어리어 272p

● 화과자

간순도 Kanshundo
1865년에 창업한 간순도甘春堂는 지역 어린이를 대상으로 교토의 전통문화를 알리기 위해 화과자 교실을 운영해 왔다고 한다. 그러다가 몇 년 전부터 수학여행을 온 학생들의 뜨거운 리퀘스트로 미미즈카 앞에 자리한 히가시텐東店에서 본격적인 화과자 교실을 열었다. 매달 계절색 물씬 풍기는 여덟 가지의 생과자 중 세 가지를 직접 만들어보고, 완성한 화과자는 차와 함께 맛볼 수 있다.
★
075-561-1318
www.kanshundo.co.jp

● 직물 짜기

오리나스칸 Orinasukan
기모노 생산의 메카였던 니시진에 있는 풍정 넘치는 견직물 뮤지엄에서 천 짜기 체험 공방을 운영한다. 나무로 된 일인용 손베틀 위에 앉아 '철커덕 철커덕' 소리를 내며 천 짜는 재미에 빠질 수 있다. 수십 가지의 실 중 좋아하는 색을 선택한 후 공방 할아버지의 지도를 받으며, 60센티미터 길이의 천을 짜게 된다.
★
075-431-0020
화~토요일
10:00~13:00, 13:00~16:00
3시간 5,000엔
정원 6명 예약제
map 료안지 에어리어 157p

● 도자기

아사히도 Asahido

기요미즈데라 앞에 자리한 도자기 노포 아사히도朝日堂에서 숍, 갤러리, 도자기 체험 공방이 함께 있는 아사히도안朝日陶庵을 오픈했다. 물레로 도자기를 만들면 좋겠지만 시간이 없는 여행자들을 위해 이미 만들어진 접시나 컵 등에 그리고 싶은 무늬를 그리는 체험이 가능하다. 도예가 선생이 차근차근 설명해주고, 기요미즈야키에 주로 사용하는 무늬도 도안을 보면서 그려 넣을 수 있어 처음 도전하는 이라도 생각보다 쉽게 따라할 수 있다. 나만의 무늬를 넣은 특별한 도자기는 가마에 구워야 하기 때문에 이틀 후쯤 찾아갈 수 있다.

★
075-531-2181
www.asahido.co.jp
10:00~17:00
약 30분 2,000엔부터
map 기요미즈데라 에어리어 27p

● 데누구이

라쿠 RAAK

일본의 유명 관광지를 찾을 때마다 일본풍 소품 숍에 몇 장씩 꼭 놓여 있기 마련인 데누구이. 손수건, 두건, 머플러, 보자기 등 마음대로 다양하게 활용할 수 있는 조각

천으로, 이 천의 활용법을 담은 책이 여러 권 나와 있을 정도로 데누구이의 인기는 여전하다.
메이드 인 교토의 진수를 보여주는 데누구이 전문 숍 라쿠는 데누구이를 생활 소품으로 다양하게 활용할 수 있는 인기 강좌를 열고 있다. 강의를 듣고 나면 조각천 한 장이 얼마나 다양하게 변신할 수 있는지 놀라게 될 것이다. 강의는 라쿠를 론칭한 데누구이 노포 에이라쿠야永樂屋 본점 6층에서 열린다.

★
075-222-8870
www.raak.jp
약 2시간 30분 3,675엔(강좌에만 사용되는 비매품 데누구이의 텍스트 포함)
정원 약 30명 예약제, 한 달에 한 번 정도 개최

● 향도

군교쿠도 Gunkyokudo

다도, 화도와 함께 일본의 3대 예도藝道로 손꼽히는 향도. 니시혼간지 앞에 형성된 불교 관련 상점가에 자리한 노포 향 가게, 군교쿠도薰玉堂에서는 향도 체험이 가능하다. 향의 역사와 초보자를 위한 작법 등을 배운 후 다다미가 깔려 있는 향실에서 향기를 맡아 어떤 향인지 맞히는 문향聞香 체험이 이어진다. 최고 품질의 향은 한약재로도 이용되며, 코로 좋은 향을 들이마시면 나쁜 기운을 쫓는 작용도 한다고 하니 건강에도 좋은 체험이다.

★
075-371-0162
평일 10:00~, 14:00~
약 60분 2,000엔
체험 2일 전까지 예약 필수, 혼자는 금요일 전에 참가 가능

● 교토 요리

긴마타 Kinmata

교토에 많은 교토 요리 전문점. 눈으로 먼저 맛보는 아름다운 교토 요리를 체험해보고 싶다면 요리 료칸 긴마타金又로 가면 된다. 교료리가 탄생한 교토에서조차 제대로 교료리를 배울 만한 곳이 없어 '미니 요리 교실'은 늘 만원사례다. 요리 료칸의 주인장이 직접 제철 요리 시연에 나서며, 푸드 스타일링법도 알려준다. 아쉽게도 직접 만들어볼 수는 없지만, 시연한 요리를 풍정 넘치는 다다미방에서 참가자들과 담소를 나누며 맛볼 수 있고 핸드메이드 요리 텍스트와 자가제 다시마 등 기념품도 받을 수 있다. 긴마타의 '미니 요리 교실'은 매월 두 차례씩 개최되며 료칸 홈페이지에 6개월 단위로 개최 날을 공지한다.

★
075-221-1039
www.kinmata.com
11:00~
약 3시간 10,150엔

● 오반자이 요리

마치야 다이도코 아네코지
Machiya Daidoko Anekouji

교토의 가정식인 오반자이 요리는 마치야 다이도코 아네코지町家だいどこ姉小路에서 체험할 수 있다. 푸드 코디네이터로도 활동 중인 요리 연구가 키키 선생이 오반자이에 두루 쓰이는 오리지널 만

능 조미료 만드는 법부터 네다섯 가지 계절 오반자이 레시피를 아낌없이 공개한다. 만들어본 후에는 시식도 가능하고 만능 조미료는 친절하게 포장해준다.
★
075-212-1981
11:00~, 16:00~
약 60분 5,000엔 + 재료비 약 1,800엔
체험 5일 전까지 예약 필수
map 교토고쇼 에어리어 131p

● 천연 염색

오하라고보 Oharakoubo
뜨거운 물에 민들레, 쑥, 단풍잎 등 천연 염료를 풀고 천이나 실을 담갔다가 물에 씻는 과정을 여러 번 반복하면 아름다운 자연빛으로 물드는 천연 염색은 오하라고보大原工房에서 체험할 수 있다. 손수건이나 스카프와 털실을 염색하는 코스 중에서 선택하거나 낡은 티셔츠 등을 가져와 원하는 색으로도 염색할 수 있다.
★
075-744-3138
10:00~17:00
약 60분, 손수건 500엔~, 스카프 3,000엔 전후, 털실 8,000엔 전후
간혹 재료가 떨어지는 경우도 있으므로 예약하는 편이 안전
map 오하라 에어리어 242p

● 교토풍 액세서리

교토 니시진 오하리바코
Kyoto Nishijin Oharibako
다이토쿠지 앞에 있는 일본 소품 숍. 교토 니시진 오하리바코京都西陣おはりばこ에서는 자투리 기모노 천으로 헤어핀을 만들 수 있는 미니 강좌를 열고 있다. 각양각색의 기모노 천을 가위로 자르고 꿰매고 붙이면, 세상에서 하나뿐이 나만의 헤어핀을 손에 넣을 수 있다. 헤어핀 외에 향주머니 등도 만들 수 있다.
★
075-495-0119
11:00~, 13:00~, 15:00~
약 90분 2,625엔
2인 이상 가능. 희망 시간은 전화 상담 후 조정 가능
map 가미가모진자 에어리어 187p

● 일본 종이

모토시로 Motoshiro
헤이안 시대 일본에 전래된 종이 문화는 교토에서는 아직도 건재하다. 등에 붙이는 종이, 요리에 사용하는 종이 등 활용 분야도 다양하다. 와시和紙라 부르는 종이 만들기 체험 교실은 오하라의 와시 전문점 모토시로もとしろ에서 열린다.
★
075-744-3388
10:00~17:00
약 1시간 550엔
2인 이상, 예약제이며 11월에는 체험 불가
map 오하라 에어리어 242p

● 마이코 체험

기온 아야 Gion Aya
일본 여성이라면 누구나 한 번쯤 꿈꾸는 체험이며, 서양 여성 관광객들 사이에서도 호감도가 상승 중인 것은 마이코 체험이다. 우리의 고궁에 가면 한복을 입고 기념촬영을 하는 외국인들의 모습을 볼 수 있듯, 교토에서는 화려한 기모노를 입고 독특한 화장을 한 후 교토의 거리를 산책하는 마이코 상 체험이 인기다. 기온 일대를 중심으로 마이코 체험 숍이 부쩍 늘었는데, 그중 한 곳이 기온 아야ぎおん彩이다. 기모노를 입고 마이코 분장을 받은 후 스튜디오에서 기념 촬영을 하는 기본 플랜 외에 고다이지와 기요미즈데라 일대를 산책하는 산책 플랜, 야외 촬영 플랜, 기온 플랜 중에서 선택할 수 있다.
★
075-532-6666
www.kyoto-maiko.com
09:00~20:00(월요일 쉬는 경우도 있음)
약 2시간~2시간 30분, 기본 플랜 12,000엔
약 3시간~3시간 30분, 산책 플랜 14,500엔(기본 외 고다이지 산책) 예약제
map 기요미즈데라 에어리어 27p

Book in Book KYOTO
교토 여행을 나설 때

- **Where?** 교토
- **Bus** 교토 역에서 버스 타기
- **Subway** 교토의 지하철과 전철 사정
- **Pass** 교토 패스의 모든 것
- **Plan, Check to Go!** 추천 일정
- 기억해 두면 좋을 교토 스타일

Where?
교토, Kyoto, 京都

●●● 교토에는 아쉽게도 공항이 없다. 아마 교토 시내 근처에 공항이 들어선다 해도 문화재를 너무 사랑하는 교토 사람들이 머리에 하얀 띠 동여매고 거리로 나서 반대시위를 벌일지도 모를 일. 우리나라에서 교토로 가는 방법은 인천국제공항, 김포국제공항, 부산국제공항, 제주국제공항에서 오사카에 위치한 간사이국제공항関西国際空港으로 가야하며. 아시아나항공, 대한항공, 진에어의 국적기나 전일본공수항공ANA, 일본항공JAL, 피치항공 등의 일본 항공사가 운항한다. 인천국제공항에서 간사이국제공항까지 1시간 40분 정도 걸린다.

한국에서 교토로 가기
- 인천국제공항→간사이국제공항 비행기 약 1시간 40분
- 김포국제공항→간사이국제공항 비행기 약 1시간 40분
- 김해국제공항→간사이국제공항 비행기 약 1시간 20분
- 제주국제공항→간사이국제공항 비행기 약 1시간 30분

취항 항공사	
아시아나항공	http://flyasiana.com, 1588-8000 김포, 인천, 부산 노선 운항 중
대한항공	http://kr.koreanair.com, 1588-2001 김포, 인천, 부산, 제주 노선 운항 중
제주항공	www.jejuair.net, 1599-1500 김포, 인천 노선 운항 중
JAL 일본항공	www.jal.co.kr/ko, 02-757-1711 김포, 인천, 부산 노선 운항 중
ANA	www.ana.co.jp/asw/wws/kr/k, 02-2096-5500 김포, 인천 노선 운항 중
피치항공	www.flypeach.com/kr 인천, 부산 노선 운항 중

간사이국제공항↔교토, Kyoto, 京都

❶ JR 특급 하루카
간사이국제공항에서 전철을 이용하여 가장 편하게 가는 법은 JR 특급 하루카로 가면 된다. JR 웨스트 레일 패스JR-WEST RAIL PASS를 구입하면 더욱 저렴하게 이용할 수 있는데 지정된 자유석 객차에만 정해진 좌석 없이 승차할 수 있다. JR 간사이공항 역이나 JR 교토 역, 오사카의 JR 주요 역 미도리노마도구치みどりの窓口에서 현금, 카드로 구입 가능하다. 이때 여권과 비행기 티켓 사본이 필요하다. 미리 한국에서 예약하고 일본에 도착한 다음 지정된 역에서 요금을 낸 후 패스를 찾을 수도 있다.
http://www.jr-odekake.net/global/kr/jwrp/kansai_agree.html
JR 하루카 외에 오사카와 교토, 고베, 나라의 JR을 무제한 승차할 수 있으며 역 개찰구를 통과할 때 역무원에게 사용 날짜가 찍힌 패스를 보여주면 된다.

약 1시간 15분~1시간 35분
3,370엔 JR 웨스트 레일 패스 1일권 2,200엔
운행 시간 확인 http://blog.naver.com/travelfoodie/100119238750

❷ 전철
좀 더 저렴하게 교토로 가려면 JR 간사이공항関西空港 역에서 간쿠카이소쿠関空快速를 타고 오사카까지 가서 교토행으로 갈아타면 된다. 만일 교토와 오사카, 나라, 히메지 성을 둘러볼 예정이라면 JR을 제외한 한큐阪急, 한신阪神, 난카이南海, 산요山陽 전철과 철도와 버스회사 40여 개의 교통편을 이용할 수 있는 간사이 스루 패스Kansai Thru Pass를 구입하는 게 훨씬 이득이다. 2일권과 3일권이 있고 연속으로 사용해야 한다. 2일권은 4,000엔, 3일권은 5,200엔. 우리나라의 여행사에서 교환권을 구입하여 현지에서 패스로 교환할 수도 있고, 간사이국제공항 1층 여행카운터, 종합안내소 등 현지에서 구입해도 된다. 그러나 교토에만 머물 생각이라면 굳이 살 필요가 없다.

❶ 나라선 ❷ JR 교토선 ❸ 갓켄토시선 ❹ 야마토지선
❺ JR 도자이선 ❻ 오사카 히가시선 ❼ 오사카 간조선
❽ JR 유메사키선 ❾ 한와선 ❿ JR 고베선

오사카를 경유해서 가기

[JR]
①JR 간사이공항關西空港 역 → JR 오사카大阪 역
약 1시간 5분~1시간 15분關空快速 1,190엔
②JR 오사카大阪 역→교토京都 역
약 25~30분新快速 560엔, 약 31분新幹線 ひかり 2,810엔

[난카이 전철+지하철 미도스지센+한큐]
①난카이南海 간사이공항關西空港 역→난바難波 역
약 48분空港急行 920엔
②지하철 미도스지御堂筋 센 난바なんば 역→우메다梅田 역
약 8분 240엔
③한큐阪急 우메다梅田 역→가와라마치河原町 역(교토)
약 45분特急 400엔

[JR+게이한]①JR 간사이공항關西空港 역 → 교바시京橋 역
약 1시간 15분關空快速 1,190엔
②게이한京阪 교바시京橋 역→산조三条 역(교토)
약 44분 410엔

❸ 리무진 버스
간사이국제공항에서 교토로 바로 가려면 리무진 버스가 가장 편리하다. 국제선 도착로비 1층 8번 정류장에서 교토 역 하치조구치八条口로 가는 버스를 이용할 수 있다. 운행 시간은 교토 역대서부터 오후 12시까지, 공항행은 오전 5시대부터 오후 9시대까지 하루 총 60여 편이 운행된다. 정류장 앞 버스티켓 자동발매기에서는 현금으로 도착 로비 1층 리무진 버스안내센터에서는 카드로 구입 가능하며 14일간 유효한 왕복 승차권도 판매한다. 단 교토의 각지를 연결하는 버스 정류장은 교토 역 가라스마구치烏丸口 앞에 있으므로 하치조구치에서 내려 교토 역을 지나 가라스마구치로 가야 한다.

간사이공항→ 교토 역 하치조구치 소요 시간 약 1시간 30분~2시간, **4,180엔**왕복, 14일간 유효

❹ MK 스카이 게이트 셔틀
여행객들에게는 많이 알려지지 않았지만 교토 사람들은 MK 스카이 게이트 셔틀MKスカイゲイトシャトル을 많이 이용한다. 재일교포가 운영하는 왕친절 모드 택시로 알려진 그 택시회사다. 공항에서 교토의 지정 목적지까지 도어 투 도어 서비스를 하기 때문에 가격이 좀 비싸기는 하지만 짐이 많거나, 늦은 시간 도착하거나, 숙소가 교토 역에서 멀거나, 아이와 함께 갈 경우 이용하면 편리하다. 캐리어 2개까지는 무료이며 그 이상일 경우 추가 요금을 내야 한다. 인터넷 홈페이지에서 이용 이틀 전 오후 5시까지, 전화로는 이용 전날 정오까지 예약하면 된다. 웹에서 예약하면 200운행시간은 오전 7시에서 오후 10시까지. 공항에 도착하여 H 출구 옆에 MK택시 카운터가 있다.

간사이공항→교토의 목적지까지
3,600엔 카드 결제 가능 https://shuttle.mk-group.co.jp/kyoto/index.html 075-778-5489

일본 주요 도시에서 교토로 가기
교토, Kyoto, 京都
→오사카, Osaka, 大阪, 전철로 30~40분
→고베, Kobe, 神戸, 전철로 약 1시간
→나고야, Nagoya, 名古屋, 신칸 센으로 약 40분
→도쿄, Tokyo, 東京, 신칸 센으로 약 2시간 25분, 비행기로 약 1시간 10분
→삿포로, Sapporo, 札幌, 비행기로 약 2시간 10분
→히로시마, Hiroshima, 広島, 신칸 센으로 약 1시간 40분
→후쿠오카, Hukuoka, 福岡, 비행기로 약 2시간 40분, 신칸 센으로 약 2시간 40분

Tip 도쿄에서 교토로 저렴하게 가기, 야간버스
도쿄 역이나 신주쿠 역→교토
도쿄 역이나 신주쿠 역에서 오후 10시나 11시에 출발하여 다음 날 오전 5시나 6시에 교토 역에 도착하는 야간버스는 편도 4,000엔부터. 좌석 수나 화장실의 유무 등에 따라 버스비가 달라진다.

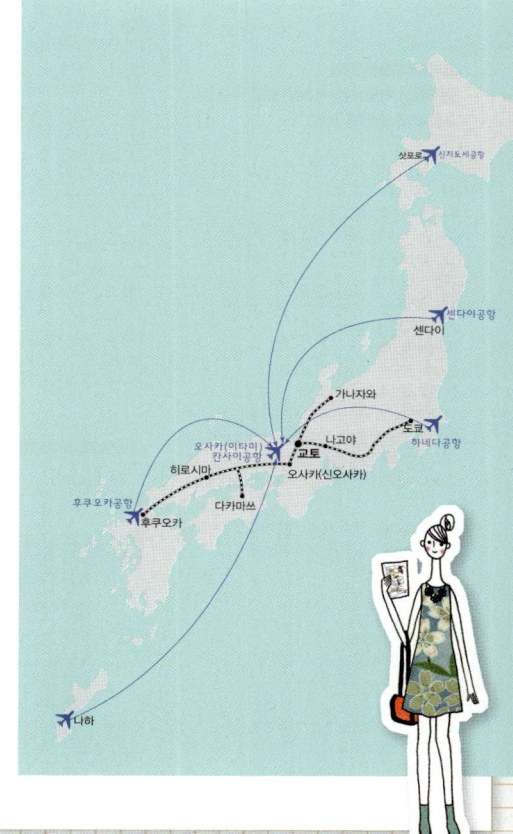

Bus?
교토 역에서 버스 타기

●●● 교토는 버스만 이용해도 어지간한 관광지는 다 둘러볼 수 있기 때문에 거미줄 같은 교토의 버스 노선도를 미리 익혀두고 여행을 시작하면 좋다. 교토 시 버스 노선도는 일본어와 영어판이 있으며 http://www.city.kyoto.lg.jp/kotsu/page/0000019770.html에 서 다운 받을 수 있다. 또는 교토 역에 도착하자마자 교토 역 2층, JR 이세탄 교토 백화점 입구 왼쪽에 위치한 교토종합관광안내소나 교토 역 중앙 출구로 나가면 버스 승강장 오른쪽에 위치한 버스종합안내소에키에서 무료로 받는다. 버스의 운행 시간은 오전 6시부터 오후 11시까지. 버스가 일찍 끊기며 빨리 잠들어버리는 도시이므로 교토의 아침은 빨리 시작하는 것이 좋다.

그렇지만 성수기맞닥 피는 4월초나 골든위크가 있는 5월, 7월에 열리는 기온마츠리, 가을 단풍시즌, 연말연시에는 교토 시내가 꽉 막히므로 평소에는 20분이면 갈 수 있는 거리가 1시간 넘게 걸릴 때도 있으므로 이동 시간을 넉넉하게 잡는 게 좋다.

미리 체크해서 가면
현지에서 방황하는 시간을 줄일 수 있는
교토 버스 승강장 노선

가라스마구치교토타워가 보이는 곳

A1·A2·A3
5 교토가이칸비쥬츠칸, 긴카쿠지
4 데마치야나기에키, 가미가모진자
17 가와라마치도오리, 긴카쿠지미치
205 가와라마치도오리, 기타오지 버스터미널
206 센본도오리, 기타오지 버스터미널

B1·B2·B3·B4
9 호리가와도오리, 니시가모샤쿄
快速9 호리가와도오리, 니시가모샤쿄
50 니조죠, 기타모텐만구, 리츠메이칸다이카쿠
急行101 기타노텐만구, 긴카쿠지미치, 기타오지 버스터미널
205 니시오지도오리, 긴카쿠지미치, 기타오지 버스터미널
快速205 니시오지도오리, 리츠메이칸다이카쿠
26 기타노하쿠바이초, 오무로닌나지

C1
205 구조샤코
快速205 구조샤코
208 니시오지로도오리, 구조샤코

C2
2 가츠라 역 히가시구치, 가메오카 역
14 가츠라 역 히가시구치
21 고조도오리, 교다이 가츠라 캠퍼스
21B 고조도오리, 교다이 가츠라 캠퍼스

26 가츠라 역 히가시구치
26B 가츠라 역 히가시구치
27 고조도오리
28 가츠라 역 히가시구치
28A 가츠라 역 히가시구치
28B 가츠라 역 히가시구치
마이츠루
아마노하시다테

C3
17 산조 게이한, 야세, 오하라
18 히가시야마도오리, 야세, 오하라

C4·C5·C6
16 니시데라마에, 구조샤코
19 쥬쇼지마
42 한큐 라쿠사이구치 역
78 구조도오리
81 쥬쇼지마 역
特81 다케다 히가시구치, 쥬쇼지마 역
南5 다케다 히가시구치
33 가츠라 역 히가시구치, 라쿠사이 버스터미널
特33 가츠라 역 히가시구치, 라쿠사이 버스터미널
73 고조도오리, 라쿠사이 버스터미널
75 우즈마사에이가미치
81 고조도오리, 다이카쿠지
83 고조도오리, 고케데라
57 산조 게이한, 엔랴쿠지 버스터미널, 에이잔 산초

D1·D2·D3
急行100 기온, 교토카이칸비츄즈칸, 긴카쿠지
206 히가시야마도오리, 기온, 기타오지 버스터미널
208 히가시야마도오리, 구조샤코
28 시조도오리, 게이후쿠 아라시야마 역, 다이카쿠지

교토역 버스 승강장 노선

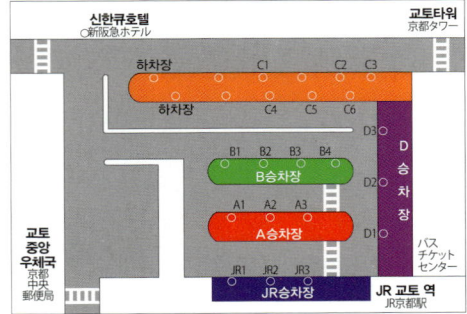

Tip 버스 승차권

① 1일 승차권 一日乘車券
살인적인 물가의 일본에서 500엔을 내고 하루 동안 몇 번이고 탈 수 있는 시 버스 전용 1일 승차권인 이치니치 죠샤켄은 교토 사람들도 많이 이용한다. 한 번 이용할 때 230엔이니 세 번 이상 사용하면 이득. 뒷문으로 승차하여 목적지 정류장에서 벨을 누른 뒤 버스가 정차하면 자리에서 일어나 운전기사 옆에 있는 기계에 버스 승차권을 넣으면 날짜가 찍혀 나온다. 그 후부터는 뒷문으로 타서 앞문으로 내릴 때 버스운전기사에게 날짜가 찍힌 뒷면을 보여주면 OK! 티켓은 교토 역 중앙 출구로 나가면 버스 승강장 오른쪽에 위치한 버스종합안내소에키 버스 티켓 센터나 버스 승강장 티켓 자판기, 또는 버스 운전기사에게 구입하면 된다. 시내의 할인 티켓 박스에서 구입하면 약간 더 저렴하게 구할 수 있다. 할인 티켓 박스는 교토의 번화가인 시조 가와라마치 일대에 네다섯 곳이 성업 중이다. 시 버스 전용 1일 승차권도이나 오사카나 고베, 나라 행 전철 티켓을 약간 더 저렴하게 구입할 수 있다. 백화점 상품권이나 영화표도 취급한다. 대표적인 곳은 코난 티켓甲南チケット으로 한큐 가와라마치 역 9번 출구 근처에 있다.

② 버스 공통 회수권 バス共通回数券
교토 시 버스와 교토 버스, 게이한 버스, 한큐 버스 등에서 이용 가능하며 230엔권 4장과 180엔짜리 1장으로 묶인 1,000엔권을 비롯하여 3,000엔권, 5,000엔권이 있다. 일본어로는 바스 쿄츠 카이수우켄.

③ 버스 낮 할인 공통 회수권 バス昼間割引共通回数券
시 버스 220엔 균일 구간에 평일 오전 10시부터 오후 4시까지 승차할 경우 사용할 수 있는 공통 회수권이다. 220엔짜리 13장을 2,000엔에 판매한다. 일본어로는 바스 히루마 와리비키 쿄츠 카이수우켄.

Subway
교토의 지하철과 전철 사정

●●● 교토의 지하철은 가라스마 센과 도자이 센이 달리는데 지하철로만 교토를 여행하기에는 무리다. 지하철과 버스, 게이후쿠 전철, 에이잔 전철, 오사카와 고베를 잇는 한큐 전철, 오사카와 나라를 잇는 게이한 전철 등을 적절히 이용하면 더욱 알찬 여행이 가능하다.

지하철 승차권

① 원 데이 프리 티켓 1dayフリーチケット

하루 동안 교토의 지하철인 가라스마 센과 도자이 센을 맘껏 탈 수 있는 프리패스. 만일 가라스마 센이나 도자이 센에서 긴테츠 센이나 게이한 센으로 갈아탈 경우 추가 비용을 내야 한다. 600엔이며 지하철 각 역이나 시 버스, 지하철 안내소에서 판매된다. 구입 당일에 사용하지 않아도 되어 미리 구입해도 되며 사용하지 않은 티켓은 수수료를 빼고 교환해준다. 일본어로는 완 데-후리 치켓토.

② 지하철 회수권 地下鉄回数券

1구간부터 5구간까지 승차권 11장을 10장 가격으로 판매한다. 다만 발매일의 다음 날부터 3개월간 말일까지만 사용할 수 있다. 일본어로는 지카테츠 가이수우켄.

③ 지하철 낮 할인 회수권 地下鉄昼間割引回数券

일요일과 공휴일을 제외한 오전 10시부터 오후 4시까지 승차할 때 사용할 수 있는 회수권. 1구간부터 5구간까지 12장의 승차권을 10장 가격으로 판매한다. 사용 기간은 발매일 다음 날부터 3개월간 말일까지. 일본어로는 지카테츠 히루마 와리비키 가이수우켄.

Hot Tip 교토에서 택시 타기

성수기가 아니거나 여행 동지가 있을 때 택시를 타는 것도 괜찮다. 관광도시 교토에는 택시가 유난히 많으며 택시 기사들은 자칭 교토 가이드를 자청하며 많은 여행 정보를 귀띔해 준다. 기본요금은 소형차, 중형차, 대형차 등 차의 크기와 각 택시회사마다 약간씩 다른데 머리에 MK 영문이 박힌 하트 로고를 달고 다니는 MK택시의 기본요금은 2km 600~610엔. 415m마다 80엔씩 가산되고 택시 요금이 5,000엔을 넘으면 할인도 해준다. 다른 회사는 기본요금이 1.7km 590~620엔이고 총 9,000엔을 넘으면 할인 요금이 적용된다.

관광명소까지 택시 요금 대략
- 교토 역 → 기요미즈데라 1,000엔
- 교토 역 → 헤이안진구 1,500엔
- 교토 역 → 긴카쿠지 2,000엔
- 교토 역 → 킨카쿠지 2,800엔
- 교토 역 → 니시진 1,800엔
- 교토 역 → 아라시야마 3,000엔

MK택시 075-778-4141

Pass
교토 패스의 모든 것

●●● 교토는 일본 최고의 관광도시인데 곳곳에 유적, 유물이 널려 있어 지하철과 전철은 다소 불편하며 노선이 놓여 있고 그나마 거미줄처럼 관광지를 잇는 버스는 시내 균일 지역을 지나면 추가 요금을 요구한다. 살인적인 교통물가로 유명한 일본이니 교토 여행은 관광객을 대상으로 하는 각종 패스를 영리하게 이용할 필요가 있다. 앞서 소개한 버스 1일 승차권이나 지하철 원 데이 프리 티켓은 기본으로 기억해두시길.

① 스룻토 간사이 미야코 카드
スルッとKANSAI都カード

교토와 오사카, 고베, 나라 등 간사이 에어리어의 대부분을 커버하는 공통 승차권. 스룻토 간사이에 참여하는 각 교통기관에서 이용 가능하다. 교토 시 버스 사용도 가능하며 교토만 천천히 둘러볼 생각이라면 그다지 추천하고 싶지 않다.
1,000엔, 2,000엔, 3,000엔 세 종류.

② 교토 관광 승차권 京都観光乗車券

교토 시 버스와 교토 버스, 지하철 노선을 무제한으로 승차할 수 있는 티켓. 입장료 할인 등의 티켓이 딸린 가이드북 형식이다. 교토 역 중앙 출구로 나가면 버스 승강장 오른쪽에 위치한 버스종합안내소 地下鉄·市バス案内所 나 기타오지 버스터미널, 가라스마오이케 역, 시내 특급호텔이나 여관 등에서 판매한다.
1,200엔 1일권, 2,000엔 2일권 두 종류

③ 교토 지하철 · 아라덴 원 데이 티켓
京都地下鉄·嵐電1dayチケット

교토 지하철과 아라덴이라 부르는 게이후쿠 전철을 하루 동안 무제한 승차할 수 있는 티켓. 지하철 각 역, 교토 역 버스종합안내소 地下鉄·市バス案内所, 기요미즈 역, 가라스마 오이케 역, 산조 게이한 역, 게이후쿠 전철 아라시야마역 등에서 판매한다.
1,000엔

④ 에이잔 1일 승차권 叡電1日乗車券

데마치야나기, 이치조지, 구라마, 기부네 등 교토의 동북쪽 지역을 달리는 에이잔 전철을 하루 동안 마음껏 승차할 수 있는 티켓. 에이잔 전철 데마치야나기 역, 슈카쿠인리큐 역, 구라마 역에서 판매한다. 1,000엔

⑤ 구라마 · 기부네 산책 티켓
鞍馬·貴船散策チケット

데마치야나기 역에서 기후네구치 역과 구라마 역 왕복 티켓. 2,020엔이 필요한 구간을 320엔 할인된 가격으로 이용할 수 있다. 단 구라마데라에서 축제가 열리는 10월 22일에는 사용이 불가능하다. 에이잔 전철 데마치야나기 역에서 판매한다. 1,700엔

⑥ 히에이잔 엔랴쿠지 입산 티켓
比叡山延暦寺入山きっぷ

교토 사람들의 마음의 성지로 추앙받는 엔랴쿠지를 저렴하게 방문할 수 있는 티켓. 에이잔 전철 왕복, 에이잔 케이블 & 로프웨이 왕복, 히에이잔 셔틀버스 왕복, 엔랴쿠지 순례권이 포함되어 있는데 에이잔 전철 데마치야나기 역에서만 판매된다. 발매 기간은 3월 20일부터 12월 1일까지. 2,600엔

⑦ 오하라 · 야세 원 데이 티켓
大原·八瀬 1dayチケット

교토의 북쪽 산골 마을로 산젠인, 호센인 등 사색으로 이끄는 정원이 매력적인 오하라. 게이한 전철 왕복 승차권과 에이잔 전철 프리 승차권, 데마치야나기 역이나 야세 역에서 오하라까지 프리 승차권이 하나로! 게이한 전철 각 역에서 판매한다. 1,500엔

⑧ 아라덴 1일 프리 티켓
嵐電1日フリーきっぷ

아라덴이라는 애칭으로 친근한 게이후쿠 전철의 모든 노선을 하루 종일 무제한 승차할 수 있는 티켓으로 아라시야마 역의 명물인 족탕 할인권도 포함되어 있다. 게이후쿠 전철 시조오미야 역, 가타비라노츠지 역, 아라시야마 역, 기타노하쿠바이초 역에서 판매한다. 500엔

⑨ 아라덴 · 사가노 프리 티켓
嵐電·嵯峨野フリーきっぷ

아라덴과 교토 버스를 이용하여 아라시야마와 사가노 지역을 여행할 때 편리한 티켓. 아라시야마에서 고케데라라 불리는 사이호지까지 둘러볼 수 있다. 교토 버스는 교토 역에서 승차 가능하다. 게이후쿠 전철 시조오미야 역, 가타비라노츠지 역, 아라시야마 역, 기타노하쿠바이초 역 또는 버스종합안내소 地下鉄·市バス 案内センター 에서 판매한다. 700엔

⑩ 교토 아라시야마 · 비와코 오츠 원 데이 티켓
京都嵐山·びわ湖大津 1dayチケット

아라시야마와 교토 옆 동네로 비와코라는 호수로 유명한 시가 현 오츠 시를 하루에 둘러볼 수 있는 티켓. 교토의 지하철과 게이한 전철 오츠 센, 게이후쿠 전철을 하루 동안 무제한 승차할 수 있다. 지하철 각 역, 교토 역 버스종합안내소 地下鉄·市バス 案内センター, 기타오지 역, 가라스마 오이케 역, 산조 게이한 역, 게이후쿠 전철 아라시야마 역 등에서 판매한다. 1,400엔

Plan, Check to Go!

Basic Course 2박3일 교토

첫째날

천년 고도보다 더 오래전부터 교토의 역사와 함께 늙어온 사찰과 신사, 게이코 상들과 만날 수 있는 거리에서 가장 교토다움 찾기.

교토 역
순박한 시골 처녀에게 따끈따끈한 신상 명품 백을 억지로 손에 쥐어준 것 같은 부조화라. 그래도 교토를 대표하는 심벌 중 하나.

기요미즈데라
400만 관객들이 "오, 판타스틱!"이라고 외마디 감탄사밖에 내지 못하는 이유? 본당 난간에 기대어 교토 시내를 내려다보시길. 숨이 멎을 듯한 산수화 한 폭이 꿈틀거리고 있을 테니.

지슈진자
사랑을 부르는 빨간 부적과 사랑의 바위가 있는 일본 최고 사랑의 신사. 큐피드의 화살을 맞고 싶다면 이곳으로.

고다이지
임진왜란을 일으킨 원흉과 인연이 깊은 사찰이라는 이유만으로 패스하기에는 고보리 엔슈가 만든 정원의 유혹을 뿌리치기가 힘들다.

야사카진자
우리나라와 매우 인연이 깊은 신사. 일본의 3대 마츠리 중 하나인 기온 마츠리가 열리는 곳. 신년 점괘가 잘 맞기로 유명한 곳.

기온
천년 고도의 밤 문화를 슬쩍 엿볼 수 있는 곳. 세계 그 어느 박물관에서도 소장하고 있지 못한 가장 교토다운 보물들을 품고 있는 게이코 상들이 사는 추억의 성지. 그러나 대낮에 가면 여행 동지들에게 빈축을 사서 얼굴이 벌게질 곳.

둘째날

교토다움에 흠뻑 취한 다음 날은 취향대로 골라 가는 낭만 여행지. 마음 산책하기 좋은 네 개의 코스, 각기 다른 컬러로 덧입혀진 곳들이라 모두 방문하라고 권하고 싶지만 안타까운 건 한정된 시간.

1코스, 아라시야마
교토에서 낭만 여행의 종합세트를 체험하고 싶다면?
세계문화유산으로 지정된 덴류지에서 정원 보고, 치쿠린에서 대나무보다 더 많은 사람들에 뒤섞여 대나무 잎 사이로 비치는 하늘을 보고, 오코치 산소에서 찻사발에 떨어지는 벚꽃차 마시고, 아다시노넨부츠지에서 인생무상론 되새김질하고, 도롯코 열차와 호즈가와 쿠다리 일주하고, 바람을 등에 업고 다니는 인력거 오빠들의 인력거를 타고 나면 하루 해는 짧기도 하다.

2코스, 우지
〈겐지모노가타리〉를 읽어보았거나, 강가를 따라 산책을 하고 싶거나, 녹차에 지대한 관심이 있다면?

3코스, 오하라
한적한 산책길이 파워 에너지와 쭉쭉 뻗은 숲이 뿜어대는 피톤치드와 순일본풍 정원에서 마음 산책을 원한다면?

4코스, 후시미
술 익어가는 마을. 요즘 사케(일본주)에 필이 꽂혀 있거나 당신이 애주가라면?

셋째날

헤이안진구
가와바타 야스나리도 반한 핑크 벚꽃이 피는 신사. 거대하게 솟은 붉은 나무 기둥이 인상적이다.

철학의 길
봄 벚꽃길도 좋고 가을 단풍길도 좋다. 무엇보다 좋은 길은 여기 저기 발도장 꾹꾹 찍어댈 뿐 사색의 기쁨을 모르는 관광객들이 사라진 해가 뉘엿뉘엿 질 무렵.

니시키시장
교토 사람들을 먹여 살리는 부엌. 교토만의 먹을거리로 가득하지만 새벽부터 밤늦게까지 영업하는 곳은 아니므로 부지런히 찾을 것!

공항

Basic Course 3박4일 교토

첫째날
교토 역
기요미즈데라
지슈진자
고다이지
야사카진자
기온

둘째날
교토고쇼
긴카쿠지
니시진
기타노텐만구
일본 최고의 학문의 신을 모신 신사. 머리가 닳아없어진 소들은 온몸으로 말한다. "일본의 입시 열기도 한국 못지않아요. 합격 부적 하나 안 사가실래요?"

킨카쿠지

셋째날
히에이잔
시모가모진자

넷째날
후시미 이나리타이샤
도지
공항

Kyoto Style!

기억해두면 좋을 교토 스타일

① 교토는 부정기 휴무가 많고 수요일에 쉬는 가게가 많다. 수요일에 많이 쉬는 이유는 돈이 물에 떠내려간다고 믿는 미신 때문이다. 또 미술관은 대부분 월요일에 휴관한다. 휴무일과 휴관일을 고려하여 여행 스케줄을 짜는 게 좋다.

② 교토는 관광도시라 공휴일이라 해도 대부분의 가게는 문을 연다. 공휴일인 경우는 휴무일이라 해도 영업하는 경우가 많고 대신 다음 날 쉬는 곳이 많다.

③ 봄과 가을 특별 공개를 통해 절이나 신사의 보물이 공개되거나 비공개 시설이 공개되는 경우가 많으므로 봄과 가을에 교토를 찾으면 좋다. 다만 그만큼 사람도 많다.

④ 교토의 축제는 5월 아오이 마츠리, 7월 기온 마츠리, 10월 지다이 마츠리가 대표적이며 여행 스케줄이 겹친다면 꼭 보길 추천하고 싶다.

⑤ 교토는 일본 사람들이 즐겨 찾는 관광지이므로 성수기, 비수기가 따로 없다. 따라서 부지런히 숙소를 알아보고 예약하지 않으면 낭패를 볼 수 있다.

⑥ 현금을 여유롭게 준비한다. 교토는 입장료가 만만치 않게 들어가며 카드를 사용할 수 없는 곳도 있으므로 현금을 넉넉히 준비하는 게 좋다.

⑦ 입장료나 교통비는 어른 기준이며 아동은 어른의 50퍼센트인 경우가 대부분이다.

⑧ 이 책에 표기한 영업 시간 등은 라스트 오더를 기준으로 한 경우가 많다.

⑨ 일 년 내내 관광객들이 찾는 곳이라 영어가 꽤 통하는 편이고 외국인 관광객 유치의 일환으로 주요 관광지나 역에는 한글 안내 표지판이 많다.

⑩ 스마트폰을 데이터 로밍하여 구글 맵으로 목적지의 전화번호나 주소 등을 입력하면 편하게 찾아갈 수 있다. 또 일본어 번역기를 활용하면 일본어를 하지 못하더라도 간단한 의사소통은 가능하다.

교토 여행을 준비할 때 도움되는 곳

일본정부관광국 서울사무소
www.welcometojapan.or.kr
02-777-8542-3(ARS)
서울시 중구 을지로 1가 188-3 프레지던트호텔(백남빌딩) 2층

일본문화원
02-765-3011
09:30~17:00(월~금요일)
서울시 종로구 운니동 114-8

일본국제교류기금 서울문화센터
www.jpf.or.kr
02-397-2820
서울시 서대문구 연세로 8-1 버티고타워 2&3층

일본 내 긴급 연락처

주일 대한민국 총영사관 오사카
06-6213-1401~2
아시아나항공 오사카지점
06-6282-1883, 간사이공항 지점 0724-56-5011
대한항공 오사카지점
06-6264-3311, 간사이공항 사무실 072-456-5111
화재, 구급차 및 구조
119
경찰로의 사건 사고 신고
110

Tip 고베 가는 법

1. 교토 역에서 JR 교토 센으로 산노미야_{三ノ宮} 역으로 약 50분, 1,080엔
2. 교토 한큐_{阪急} 가와라마치_{河原町} 역에서 주소_{十三} 역으로 간 후 전철을 갈아타고 산노미야_{三ノ宮} 역으로 약 1시간 10분, 620엔

*고베의 중심지는 고베 역이 아니라 산노미야 역이다.

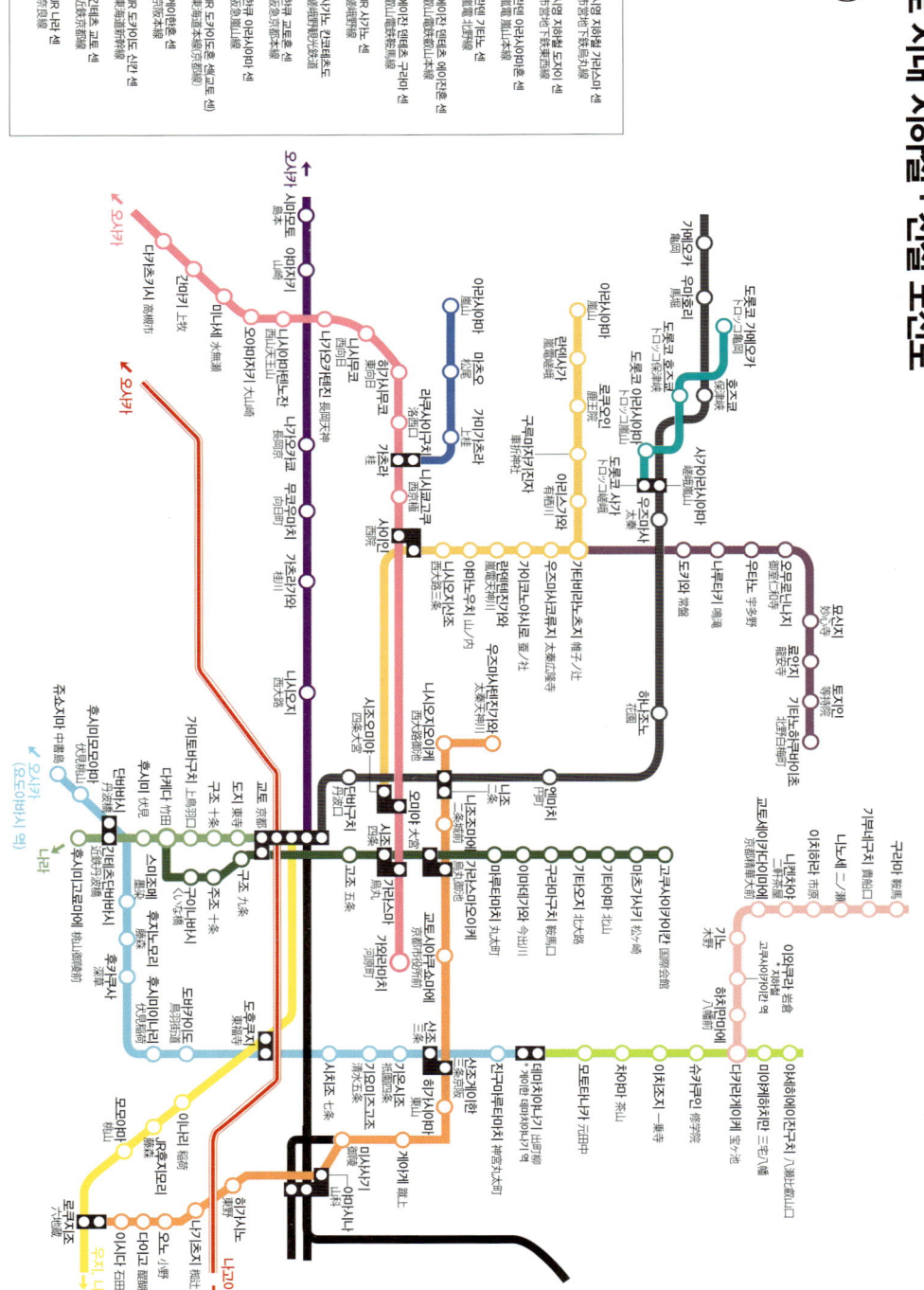

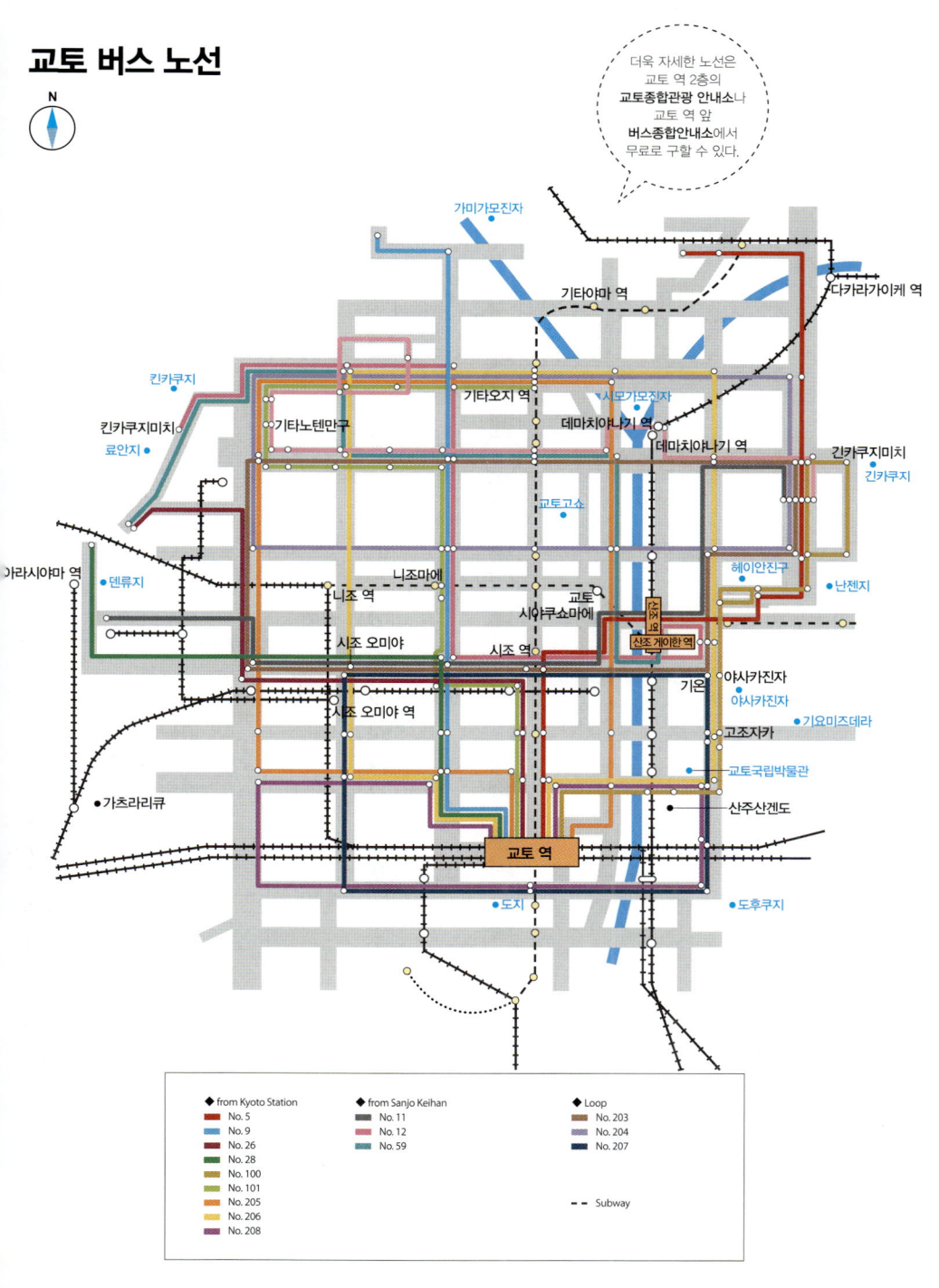

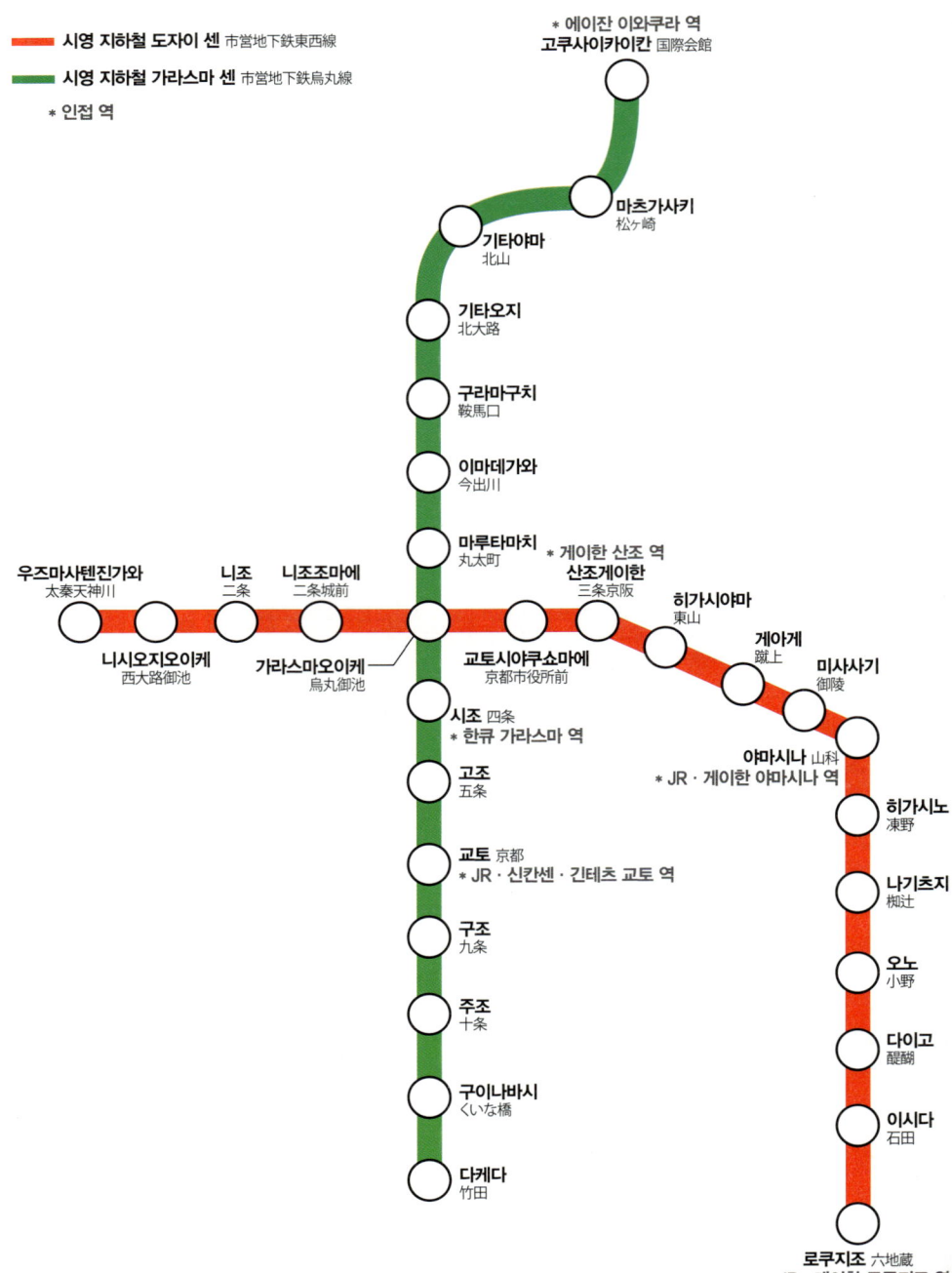

란덴(게이후쿠) 노선도

- 란덴 기타노 센 嵐電 北野線
- 란덴 아라시야마혼 센 嵐電 嵐山本線

* 인접 역

에이잔덴테츠 노선도

- 에이잔덴테츠 에이잔혼 센 叡山電鉄 叡山本線
- 에이잔덴테츠 구라마 센 叡山電鉄 鞍馬線

* 인접 역

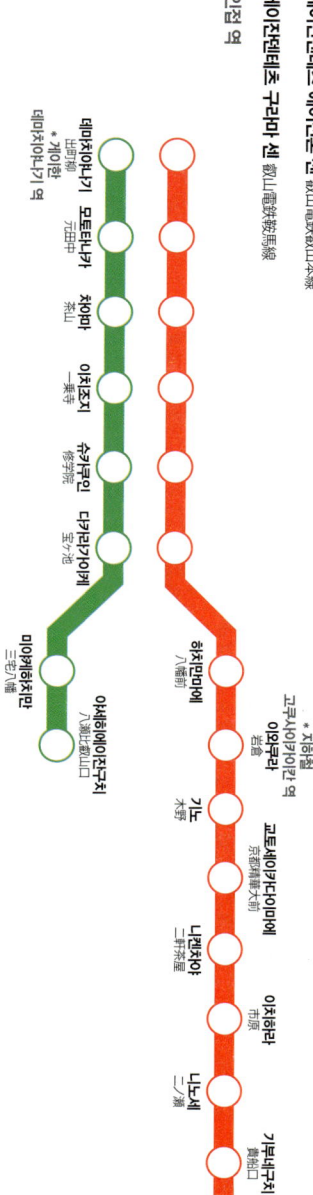

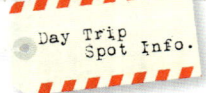
Day Trip Spot Info.

[에어리어별, 가나다순으로 찾으세요]

01 기요미즈데라 清水寺

가사기야 かさぎ屋
075-561-9562
11:00~18:00
화요일 휴무
교토 젠자이京都ぜんざい・산시키 하기노모치三色鉄の餅 650엔

간다슈덴 神田酒店
075-561-1676
10:00~17:00
부정기 휴무

고다이지 高台寺
075-561-9966, www.kodaiji.com
09:00~17:00
600엔고다이지+고다이지 쇼 미술관

교토도자기회관 京都陶磁器会館
075-541-1102
09:30~17:00
목요일 휴무

기요미즈데라 清水寺
075-551-1234
06:00~18:00300엔, 봄・가을 야간 특별 관람 400엔,
조추인 600엔4월 초순~5월 초순, 11월 중순~12월 초순
야간 특별 관람

다니구치 쇼인도 谷口松韻堂
075-561-8520
09:00~18:00

도칸소 東観荘
075-561-0581
11:00~14:00, 17:00~22:00
부정기 휴무
하나텐신花点心 3,780엔

료젠 고코쿠진자 霊山護国神社
075-561-7124
08:00~17:00
300엔

마루야마 닌교 丸山人形
075-561-7695
10:00~17:00
부정기 휴무

미하스 피투 Mijas Pottoo
075-533-1010
12:30~20:00
부정기 휴무

분노스케차야 혼텐 文の助茶屋 本店
075-561-1972
10:30~17:30
수요일 휴무
와라비모치わらび餅 378엔

시치미야 혼포 七味家本舗
075-551-0738, www.shichimiya.co.jp
09:00~18:00

야사카노토 八坂の塔
075-551-2417
10:00~16:00
500엔

야사카진자 八坂神社
075-561-6155

오후치소 메리메로 欧風馳走 meli-melo
075-525-5356
11:30~14:00, 17:00~21:00
월요일 휴무

유메지 카페 고류카쿠 夢二カフェ 五龍閣
075-541-7111
11:00~17:00
부정기 휴무
시로미소 토뉴노 교야사이 파스타白みそ豆乳京野菜パスタ
1,340엔

이노다커피 기요미즈시텐 イノダコーヒ 清水支店
075-532-5700, www.inoda-coffee.co.jp
09:00~17:00
교토 조쇼쿠京の朝食 1,230엔,
아라비아노 신주アラビアの真珠 515엔

이모보 히라노야 혼텐 いもぼう平野家 本店
075-561-1603
10:30~20:00
이모보 고젠いもぼう御膳 2,520엔

지슈진자 自主神社
075-541-2097
09:00~17:00

지온인 知恩院
075-531-2111
09:00~16:30
경내 무료,
반조테이엔方丈庭園 400엔2017年까지 비공개

초라쿠지 長楽寺
075-561-0589, www.age.ne.jp/x/chouraku/
09:00~17:00
500엔
목요일 휴무

초라쿠칸 長楽館
075-561-0001, www.chourakukan.co.jp
10:00~20:30카페
11:30~14:00, 17:30~20:00점심 세노
11:30~14:00, 17:30~20:00코쿠

02 기온 祇園

간센도 甘泉堂
075-561-2133
10:00~22:00
일요일 휴무
모나카もなか 150엔

교토 시조 미나미자 京都四條南座
075-561-1155

구로마메차안 기타오 기온텐 黒豆茶庵北尾祇園店
075-551-8811
11:30~18:30
수요일 휴무
구로마메 고젠黒豆御膳 1,234엔
아베카와모치あべかわ餅 486엔

글라스 스튜디오 Glass Studio
075-532-0632
11:00~19:00
일요일 휴무

기레노하나 혼텐 きれのはな本店
075-533-6705
10:00~21:00

기온 고모리 ぎをん小森
075-561-0504
11:00~20:30
수요일 휴무공휴일인 경우 영업
고모리 안미츠小森あんみつ 1,200엔

기온 고이시 祇園小石
075-531-0331
10:30~19:30
부정기 휴무
구로토 시폰 파르페黒糖シフォンパフェ 1,050엔
마이코한노 오키니이리舞妓はんのお気に入り 1,300엔

기온 도쿠야 ぎおん徳屋
075-561-5554
12:00~18:00
부정기 휴무
와라비모치わらび餅 1,300엔

기온 코너 ギオンコーナー
075-561-1119, www.kyoto-gioncorner.com
18:00과 19:00 2회 공연12월~3월 둘째주까지 금・토・공
휴일예만 공연, 7月 16日, 8月 16日, 12月 29日~1月 3日 휴관
3,150엔

기온 키나나 祇園 きなな
075-525-8300
11:00~18:30
부정기 휴무
데키다테 키나나できたてきなな 600엔

기온노 모리타 祇園のもりた
075-561-3675
10:00~20:30
일요일 휴무

니혼료리 도쿠오 日本料理とくを
075-351-3906
12:00~14:00, 17:30~20:30
일요일 휴무
오히루노가이세키 코스お昼の会席コース 5,400엔

무라야마 조우스 村山造酢
075-761-3151
08:30~17:00
일요일, 공휴일, 연말연시 휴무
가모치도리加茂千鳥 659엔

소바 도코로 오카루 そばところおかる
075-541-1001
11:00~15:00, 17:00~02:30금・토요일 03:00까지
니쿠 카레 우동肉カレーうどん 880엔

소혼케 니신소바 마츠바 総本家にしんそば松葉
075-561-1451
10:30~21:30
수요일 휴무공휴일인 경우 영업
니신소바にしんそば 1,296엔

야스이 콘피라구 安井金比羅宮
075-561-5127
500엔에마관, 10:00~16:00, 월요일 휴무

오우치고항 고코라야 본토초텐
おうちごはん ここら屋先斗町店
075-241-3933
17:00~23:30
화요일 휴무
오반자이 모리아와세 おばんざい盛り合わせ 890엔

오쿠 갤러리&카페 OKU Gallery&Cafe
075-531-4776
11:30~17:00
화요일 휴무공휴일인 경우 영업
가토 세트 ガトーセット 1,580엔
오쿠 푸딩 OKUプリン 1,100엔 2개 세트

요로즈야 萬屋
075-551-3409
12:00~22:30
부정기 휴무
네기우동 ねぎうどん 1,300엔

요지야 기온텐 よーじや祇園店
075-541-0177
10:00~20:00

이즈주 いづ重
075-561-0019
10:00~19:00
수요일 휴무공휴일인 경우 영업
사바즈시 鯖寿司 2,160엔

잇센 요쇼쿠 壹銭洋食
075-551-2365, www.issen-yosyoku.co.jp
11:00~03:00일요일, 공휴일 10:30~22:00
잇센 요쇼쿠一銭洋食 680엔

치리멘 사이쿠칸 기온텐 ちりめん細工館祇園店
075-551-1802
10:00~21:00

03 철학의 길 哲学の道

가와미치야 요로 河道屋養老
075-771-7531
11:00~19:00
화요일 휴무
자루 소바 ざるそば 750엔

가제노 야카타 風のヤカタ
075-751-7171
09:00~18:00
부정기 휴무

게이분샤 이치조지텐 恵文社 一乗寺店
075-711-5919
10:00~22:00

고스페루 GOSPEL
075-751-9380
12:00~22:30
화요일공휴일인 경우 영업
스콘과 차 세트 スコーンとお茶のセット 1,300엔

교노츠쿠네야 京のつくね家
075-761-2245
11:30~15:00, 17:00~20:30
월요일 휴무
오야코돈 親子丼 1,404엔

교토 나마 쇼콜라 오가닉 티 하우스
Kyoto 生 Chocolat Organic Tea House

0우치고항 고코라야 본토초텐
075-751-2678
12:00~18:00
화요일 휴무

교토대학 京都大学
075-753-7531, www.kyoto-u.ac.jp

기사라도 きさら堂
075-724-8802
11:30~22:30라스트 오더 22:00
수요일 휴무

긴카쿠지 칸디텐 銀閣寺キャンデー店
075-771-5349
11:00~19:00토요일 22:00까지, 일요일 13:00~22:00
화요일, 둘째 일·월요일 휴무
고오리노칸디 氷のキャンデー 100엔

난젠지 南禅寺
075-771-0365
08:40~17:00 12~2월은 16:30까지
경내 무료, 호조·산몬 각각 500엔, 난젠인 300엔

난젠지 준세이 南禅寺 順正
075-761-2311, www.to-fu.co.jp
11:00~22:00
유도후 코스 ゆどうふコース花 3,090엔
부정기 휴무

네코마치 猫町
075-722-8307
12:00~22:30
화요일 휴무, 월 1회 부정기 휴무

다케무라 교쿠스이엔 혼포 竹村玉翠園本舗
075-771-1339
09:00~19:00 공휴일은 10:00~17:00
일요일 휴무
우지킨 아이스 모나카 宇治金アイスモナカ 250엔

도안 데츠카라노미치텐 陶器 哲学の道店
075-752-7611
10:00~17:00
부정기 휴무

라 부아튀르 LA VOITURE
075-751-0591
11:00~18:00
월요일 휴무
타르트 타탕 タルトタタン 690엔

로쿠세이 六盛
075-751-6171, www.rokusei.co.jp
11:30~14:00, 16:00~21:00토·일요일, 공휴일은 11:30~21:00
월요일 휴무
데모케벤토시토시나リ手をけ弁当としとしな 4,104엔

로쿠세이 사테이 六盛茶庭
075-751-2866
11:30~19:00
월요일 휴무공휴일인 경우 영업
쇼코라 수후레 ショコラスフレ 755엔

로테이 야치요 料亭八千代
075-771-4148
11:00~16:00, 17:00~19:00
교가이세키 벤토 우게츠 하나 京懐石弁当雨月花 4,300엔

모안 茂庵
075-761-2100, www.mo-an.com

11:30~17:00, 11:30~14:00런치 타임
월요일 휴무공휴일인 경우에는 영업, 다음 화요일 휴무, 8월
17~31일 휴관
맛차 抹茶 740엔, 에비스 비루 ェビスビール 580엔
초코셋토 오노미모노노 구미아와세 950엔

무린안 無鄰菴
075-771-3903
09:00~17:00마지막 입장은 16:30까지
12월 29일~1월 3일 휴관
410엔

센타로 데츠카루노미치텐 仙太郎 哲学の道店
075-771-0222
10:30~17:30
부정기 휴무
모나카 最中 260엔

소혼케 유도후 오쿠탄 난젠지텐
総本家ゆどうふ 奥丹 南禅寺店
075-771-8709
11:00~16:00
목요일 휴무
유도후 히토도리 ゆどうふ一通り 3,240엔

시센도 詩仙堂
075-781-2954
09:00~16:45
500엔

에이칸도 永観堂
075-761-0007
09:00~16:00
600엔

엔코지 圓光寺
075-781-8025
09:00~17:00
500엔

오멘 긴카쿠지혼텐 おめん銀閣寺本店
075-771-8994, www.omen.co.jp
11:00~20:30
5·12·19일 휴무

오무라야 햐쿠만벤텐
Omuraya Hyakumanbenten
075-712-1337
17:00~23:30
오반자이 런치 おばんざいランチ 1,200엔매달 15일 점심때만

요지야 카페 긴카쿠지텐 よーじやカフェ銀閣寺店
075-754-0017
10:00~17:30
화요일 휴무공휴일인 경우 영업
맛차 카푸치노 抹茶カプチーノ 630엔

이치조지 나카타니 一乗寺中谷
075-781-5504, www.ichijouji-nakatani.com
09:00~19:00
수요일 휴무
뎃치요캉 でっち羊かん 1,200엔

치세 ちせ
075-755-9865
11:00~18:00
부정기 휴무

피자리아 나폴리타나 다 유키
Pizzeria Napoletana Da Yuki
075-761-6765

12:00~15:00, 18:00~22:30
월요일 휴무, 부정기 휴무
마르게리타 マルゲリタ 1,900엔

헤이안진구 平安神宮
075-761-0221, www.heianjingu.or.jp
06:00~18:00경내
08:30~17:30신엔, 여름철, 다른 계절은 16:30 혹은 17:30까지
신엔 600엔

호호호자 ホホホ座
070-771-9833

효테이 瓢亭
075-771-4116, http://hyotei.co.jp
별관 08:00~11:00아사가유
별관 목요일 휴무
아사가유あさがゆ 4,500엔

히노데 우동 日の出うどん
075-751-9251
11:00~15:30
일요일, 첫째·셋째 주 월요일 휴무, 7월·8월·12월 부정기 휴무
아마이케 카레 우동 甘あげカレーうどん 850엔

04 교토고쇼 京都御所

갸라리 유케이 ギャラリー遊形
075-257-6880
10:00~19:00
첫째·셋째 화요일 휴무

고오진자 護王神社
075-441-5458

고토바노 하오토 ことばのはおと
075-414-2050
11:30~19:30
월·화요일 휴무
세슈ン 프레토 고항青春プレートごはん 1,000엔

교아메도코로 호쇼도 京あめ処豊松堂
075-231-2727
09:00~18:00
토·일요일, 공휴일 휴무

교토 벤리도 京都便利堂
075-253-0625
10:30~19:30
수요일 휴무

교토고쇼 京都御所
075-211-1215
http://sankan.kunaicho.go.jp사전 예약 필수
표준 코스 1시간 09:00~11:00, 13:30~15:00,
단축 코스 35분 11:00, 15:00,
영어 안내 코스 1시간 10:00, 14:00
토·일요일 공휴일매달 셋째 주 토요일과 3·4·5·10·11월 토요일 참관 가능
12월 28일~1월 4일 참관 불가

교토문화박물관 京都文化博物館
075-222-0888, www.bunpaku.or.jp
10:00~19:30
월요일, 12월 28일~1월 3일 휴관
500엔

교토 벤리도 京都便利堂
075-253-0625
10:30~19:30

니조 성 二条城
075-841-0096
08:45~16:00입성, 09:00~16:00니노마루 고텐
7월·8월·12월·1월 화요일,
12월 26일~1월 4일 휴무
600엔

다이기치 大吉
075-231-2446
11:00~17:00
월요일 휴무

도시샤대학 同志社大学
075-251-3120, www.doshisha.ac.jp

로잔지 廬山寺
075-231-0355, www7a.biglobe.ne.jp/~rozanji
09:00~16:00
1월 1일, 2월 1~9일, 12월 31일 휴무
500엔

무라카미 가이신도 村上開新堂
075-231-1058
10:00~18:00
일요일, 공휴일, 셋째 주 월요일 휴무

미부데라 壬生寺
075-841-3381
08:30~17:30
경내 무료, 미부데라 역사자료관 200엔,
미부데라즈카 100엔

센토고쇼 仙洞御所
075-211-1215
참관 시간 11:00, 13:30(약 1시간)

스마트 코히텐 スマート珈琲店
075-231-6547, www.smartcoffee.jp
08:00~19:00
화요일 휴무
코히珈琲 450엔, 다마고 샌드위치 タマゴサンドウィッチ 650엔

신센엔 新泉苑
075-821-1466, www.shinsenen.org

오가와케 주타쿠 小川家住宅
075-841-0972(10:00~18:00),
http://nijyojinya.net
관람 시간 10:00~, 11:00~, 14:00~, 15:00~약 50분, 10명
수요일, 12월 28일~1월 3일 휴무
1,000엔

유케이 살롱 드 테 遊形サロン・ド・テ
075-212-8883
11:00~18:00
화요일 휴무
얼그레이 アールグレイ 1,200엔

이레몬야 교토 IREMONYA KYOTO
075-256-5652
11:00~19:00
목요일 휴무

교토 벤리도 京都便利堂
075-253-0625
10:30~19:30

치쿠유안 다로아츠모리 竹邑庵太郎敦盛
075-256-2665
11:00~14:30, 18:00~21:00
일요일, 공휴일 휴무
아츠모리 소바 あつもりそば 900엔

혼노지 本能寺
075-231-5335
06:00~17:00
다이호덴 호모츠칸 大寶殿宝物館 500엔

05 료안지 龍安寺

고노시마야 このしまや
075-463-2625
12:00~17:00
화·수요일, 연말연시 휴무공휴일인 경우 영업

고류지 広隆寺
075-861-1461
09:00~17:00
레이호덴 700엔

고시츠 사노와 御室さのわ
075-461-9077, www.sanowa.shop-site.jp
10:00~18:00
월요일 휴무
오무로おむろ 1,050엔

곳토 와힌도 こっとう画餅洞
075-467-4400
점심~19:00
부정기 휴무

교토후 후지노 京とうふ藤野
075-467-1028
10:00~18:30

기타노텐만구 北野天満宮
075-461-0005
05:00~18:00여름철, 05:30~17:30겨울철
경내 무료, 600엔2월 초순~3월 중순 10:00~16:00매화원 공개되는 매화정원 우메엔 梅苑, 차와 과자 포함

닌나지 仁和寺
075-461-1155
09:00~16:30
벚꽃 관람, 레이호칸, 고덴 각각 500엔

도에이 우즈마사 에이가무라 東映太秦映画村
075-864-7716
09:00~17:00~7월, 9월 평일과 10~11월,
09:00~18:00~3~7월, 9월 토·일요일과 8월,
09:30~16:3012~2월 평일,
09:30~17:0012~2월 토·일요일
2,200엔

도요우케 차야 とようけ茶屋
075-462-3662
11:00~15:00
목요일·매월 1회 부정기 휴무25일 영업
도요우케돈과 とようけ丼 756엔

도요우케야 야마모토 とようけ屋山本
075-462-1315
04:00~18:30
정월과 오봉8월 15일 전후 휴무

454

도후카페 후지노 TOFU CAFE FUJINO
075-463-1028
09:00~18:00
오토후야상노헤루시아사고항おとうふやさんのヘルシー
朝ごはん 750엔
오토후노후왓후루 おとふのふわふる 750엔

레 토와 메종 les trois masions
075-950-7299
11:00~18:00(금・토요일 22:00까지)
화요일, 둘째・넷째 주 월요일 휴무

료안지 龍安寺
075-463-2216
08:00~17:00 3월 1일~11월 30일
08:30~16:30 12월 1일~2월 말
500엔

르 프티 맥 이마데가와
Le Petit Mec IMADEGAWA
075-432-1444
08:00~20:00
월・화・수・목요일 휴무

마츠히로 쇼텐 가미시치켄텐
まつひろ商店上七軒店
075-467-1927
11:00~18:00
수요일 휴무 25일 영업

묘신지 妙心寺
075-463-3121
24시간 개방
경내 무료, 다이조인, 게이슌인, 다이신인, 호도
각조 500엔

사라사 니시진 さらさ西陣
075-432-5075
12:00~22:00
수요일 휴무

세겐인 西源院
075-462-4742
10:00~17:00
유도후 湯豆腐 1,500엔

세이메이진자 晴明神社
075-441-6460
09:00~18:00

센본샤카도 千本釈迦堂
075-461-5973
09:00~17:00
600엔

야쿠모 식당 八雲食堂
080-6924-8131
09:00~24:00
겐마이 데이쇼쿠 玄米定食 580엔

오리나스칸 織成館
075-431-0020
10:00~16:00
월요일, 연말연시 휴무
500엔

오카라하우스 おからはうす
075-462-3815
11:00~16:00
월・화요일, 첫째 일요일 휴무

고코쿠마이노토로로고항란치 五穀米のとろろごはんランチ 1,200엔

잠보 ジャンボ
075-462-2934
11:00~14:00, 16:30~23:00,
월・화요일, 넷째 주 일요일 휴무
잠보 오코노미야키 믹쿠스잠보お好み焼き ミックス 750엔

후지노모리료 藤森寮
075-203-0706, http://fujinomoriryo.com
11:00 or 12:00~16:30 or 18:00
목요일・부정기 휴무

히라노진자 平野神社
075-461-4450

06 가미가모진자 上賀茂神社

가미가모진자 上賀茂神社
075-781-0011
08:00~16:00, 08:30~16:00 11~3월

고려미술관 高麗美術館
075-491-1192, www.koryomuseum.or.jp
10:00~17:00
월요일, 연말연시 휴관
500엔

교토 니시진 오하리바코 京都西陣 おはりばこ
075-495-0119
11:00~18:00
수요일, 셋째 주 화요일 휴무

교토부립 도판 명화의 정원 京都府立陶板名画の庭
075-724-2188
09:00~16:30
12월 28일~1월 4일
100엔

교토부립식물원 京都府立植物園
075-701-0141, www.pref.kyoto.jp/plant
09:00~17:00, 10:00~16:00 온실정원
12월 28일~1월 4일 휴무
200엔 온실 관람료 200엔 별도

나리타 なり田
075-721-1567
10:00~18:00
1월 1일, 부정기 휴무

다이토쿠지 大徳寺
075-491-0019
09:00~16:00
고토인, 다이센인, 료간인, 즈이호인 각각 350~400엔

다이토쿠지 이치마 大徳寺 いちま
075-491-4993
11:00~14:00, 17:00~20:00
월요일 휴무 공휴일인 경우 영업
데마리즈시 手毬寿し 2,700엔

다이토쿠지 잇큐 大徳寺 一久
075-493-0019
12:00~18:00
부정기 휴무
후지타카모리 練高盛 4,160엔

마츠야토베 松屋藤兵衛
075-492-2850
09:00~18:00
목요일 휴무
마츠카제 松風 850엔 한 상자 10개

샤케노마치나미 社家の町並み
075-781-0666 니시무라케 벳테이 西村家別邸
09:30~16:30

슈가쿠인리큐 修学院離宮
075-211-1215
http://sankan.kunaicho.go.jp 사전 예약 필수

시모가모진자 下鴨神社
075-781-0010

엔랴쿠지 延暦寺
077-578-0001
08:30~16:30, 09:00~16:00 12월,
09:00~16:30 1~2월
770엔 東塔・西塔・横川 공통권, 500엔 国宝殿

오가와 다이토쿠지 두부 小川大徳寺豆腐
075-492-2941
09:00~18:00
일요일, 공휴일 휴무
시라도후 白豆腐 180엔

이노분 기타야마텐 INOBUN 北山店
075-721-3335, http://www.inobun.co.jp
10:30~21:00

이마미야진자 今宮神社
075-491-0082

이치몬지야 와스케 一文字屋和助
075-492-6852
10:00~17:00
수요일, 매월 1・15일 휴무
아부리모치 あぶり餅 500엔 (1인분)

진바도 神馬堂
075-721-0090
07:00~16:00
화요일 오후, 수요일 휴무
야키모치 やきもち 130엔

파티스리 크리앙텔 PATISSERIE ClienTele
075-706-5600
09:30~21:00
케키셋토 ケーキセット 930엔~

후도 風土
075-468-8335
11:00~19:00
수요일

07 아라시야마 嵐山

가츠라리큐 桂離宮
075-211-1215
http://sankan.kunaicho.go.jp 사전 예약 필수
09:00, 10:00, 11:00, 13:30, 14:30, 15:30

갸아테이 ぎゃあてい
075-862-2411
11:00~14:30

수요일 휴무
바이킹구バイキング 1,944엔

게곤지 華厳寺
075-381-3830, www.suzutera.or.jp
09:00~16:30
500엔

게이후쿠 아라시야마 역 京福嵐山駅
075-873-2121
09:00~20:00(역 안 아시유)
아시유 이용료 200엔(타월 포함)

노노미야진자 野宮神社
075-871-1972, www.nonomiya.com
09:00~17:00

덴류지 天竜寺
075-881-1235
08:30~17:30
경내 무료, 정원 500엔, 핫토 500엔,
정원+쇼도 600엔

라쿠시샤 落柿舎
075-881-1953
09:00~17:00(1~2월 10:00~16:00)
200엔
12월 31일~1월 1일 휴관

마츠오타이샤 松尾大社
075-871-5016
09:00~16:00
경내 무료, 쇼쿠노니와 500엔

사가 도리이모토 마치나미 호존칸
嵯峨鳥居本町並み保存館
075-864-2406
10:00~16:00
월요일, 12월 26일~1월 6일 휴무
입장료 무료

사가노 도롯코렛샤 嵯峨野トロッコ列車
075-861-7444, www.sagano-kanko.co.jp
운행 기간 3월 1일~12월 29일,
09:07~17:35분하루 9차례 왕복, 18회 운행
수요일 운휴벚꽃과 단풍 시즌, 5월 골든위크, 여름 휴가철에 운행
620엔편도

사가노유 SAGANO-YU
075-882-8985
11:00~20:00
부정기 휴무
사쿠라 팬케키桜のパンケーキ 680엔,
맛차라테抹茶ラテ 650엔

사가도후 모리카 嵯峨豆腐森嘉
075-872-3955
08:00~18:00
수요일 휴무월 1회 화요일 부정기 휴무
시로도후白豆腐 410엔, 히로우스飛竜頭 250엔

세료지 清涼寺
075-861-0343
09:00~16:00
경내 무료, 혼도 400엔

세이잔소도 西山艸堂
075-861-1609
11:30~17:00
수요일·월 1회 화요일 부정기·8월 17~23일·12

월 29일~1월 4일 휴무
유도후 데이쇼쿠湯豆腐定食 3,240엔

시게츠 篩月
075-882-9725
11:00~14:00예약 전화는 9:00~17:00
유키雪 3,000엔, 게츠月 5,000엔, 하나花 7,000엔

아다시노 넨부츠지 化野念仏寺
075-861-2221
09:00~16:30(12~2월 15:30분까지)
입장료 500엔

아라시야마 요시무라 嵐山よしむら
075-863-5700
10:30~18:00
교노야사이소바京の野菜そば 1,380엔

아이토와 アイトワ
075-881-5521
10:00~17:00
부정기 휴무

오코치 산소 大河内山荘
075-872-2233
09:00~17:00
입장료 1,000엔말차와 화과자 포함

이우라니교텐 井浦人形店
075-871-7141
10:00~17:00
부정기 휴무

조잣코지 常寂光寺
075-681-0435, www.jojakko-ji.or.jp
9:00~16:30
400엔

호즈가와 쿠다리 保津川下り
0771-22-5846, www.hozugawakudari.jp
09:00~15:30(3월 10일~11월 30일,
10:00~14:30(12월 1일~3월 9일)
12월 29일~1월 4일 운휴
4,100엔

08 오하라 大原

민슈쿠 오하라산소 民宿大原山荘
075-744-2227, www.ohara-sansou.com
1시간 2,160엔
주먹밥 정식·산채 소바 1,575엔입욕료 100엔 별도
* 고쿠사이카이칸国際会館 역에서 송영 버스 운행

산젠인 三千院
075-744-2531, www.sanzenin.or.jp
연중무휴
09:00~16:00(12~2월), 09:00~17:00(3~10월)
700엔

세료 芹生
075-744-2301, www.seryo.co.jp
11:30~15:00
미치쿠사 벤토 2,835엔

시바큐 志ば久
075-744-4893
www.shibakyu.jp
08:30~17:30
연중무휴
시바즈케 432엔150g

아시유 카페 足湯カフェ
075-744-2227
09:00~17:00
부정기적 휴무
허브티, 자가제 자소 주스 720엔* 음료에 아시유 이용 금액 포함
1,000~3,200엔도예 체험료

오하라 아침 시장 大原ふれあい朝市
075-744-4321
06:00~09:00매주 일요일
사토노에키오하라里の駅大原에서 열림
*아사이치朝市라는 아침 시장도 있음

오하라코보 大原工房
075-744-3138, www.ohara-koubou.net
09:00~17:00
수요일 휴무
염색 체험 머플러·런천매트 5,000엔1일 1 코스로 10:00~17:00까지 진행

잣코인 寂光院
075-744-3341, www.jakkoin.jp
09:00~17:00겨울 16:30까지
600엔

짓코인 実光院
075-744-2537
09:00~17:00
700엔말차와 화과자 포함

호센인 宝泉院
075-744-2409, www.hosenin.net
09:00~17:00
800엔화과자와 말차 포함

09 후시미 伏見

겟케이칸 오쿠라기넨칸 月桂冠大倉記念館
075-623-2056, www.gekkeikan.co.jp
09:30~16:30
오봉8월 15일 전후, 연말연시 휴관
300엔기념품 포함

고코노미야진자 御香宮神社
075-611-0559
09:00~16:00정원
경내 무료, 정원 220엔

교카시츠카사 도미에이도 京菓子司 富英堂
075-601-1366
09:00~19:00
목요일 휴무
사케만주酒まんじゅう 682엔5개
에가오えがお 1,080엔5개 한 상자

기자쿠라 갓파 칸츄리
Kizakura Kappa Country
075-611-9919
10:00~20:00갓파 자료관, 기자쿠라 갤러리
11:30~14:00, 17:00~22:00갓파텐고쿠 기자쿠라사카바

다이츄 大中
075-603-2712
11:30~02:30
나미라멘並ラーメン 500엔

데라다야 寺田屋
075-622-0243
10:00~16:00

월요일, 부정기, 1월 1일~3일 휴무
400엔

도리세이 혼텐 鳥せい本店
075-622-5533
11:30~22:30
월요일 휴무12월과 공휴일은 영업
야키토리 140~800엔

짓코쿠부네 十石舟
075-623-1030
10:00~16:20 4월 1일~12월 1일 운항
월요일, 여름 일시, 부정기 휴항
1,000엔

카페 구리쿠마 九里九馬
075-611-5663
11:00~18:00
월요일 휴무

10 우지 宇治

나카무라 토키치 혼텐 中村藤吉本店
0774-22-7800
10:00~17:30, 11:00~17:30카페
와라비모치 맛차라임모치 抹茶 740엔

노토노죠 이나후사 야스카네 能登房安兼
0774-21-2074
09:00~18:00
목요일, 셋째 주 수요일 휴무
차단고 茶だんご 440엔30개

다이호안 対鳳庵
0774-23-3334
10:00~16:00
연말연시 휴무
500엔

만부쿠지 満福寺
0774-32-3900, www.obakusan.or.jp
09:00~17:00
500엔

미무로토지 三室戸寺
0774-21-2067
08:30~16:00 11~3월,
08:30~16:30 4~10월
500엔
호모츠덴 300엔매달 17일에만 공개, 09:30, 10:30, 11:30, 14:00, 15:00

뵤도인 平等院
0774-21-2861
08:30~17:30 입장은 17:15분까지,
09:00~17:00 뵤도인뮤지엄 호쇼칸
600엔

셰 아가타 Chez Hagata
0774-20-6025
10:00~19:00
월・화요일 휴무
히키타데 맛차노 제이타우 테리누 挽きたて抹茶の贅沢
테리누 4,205엔

소바도코로 나카노 そば処 ながの
0774-21-2836
10:30~다 팔릴 때까지
화요일, 부정기 휴무
차 소바 茶そば 900엔

아이소 鮎宗
0774-22-3001
11:00~19:00
차완무시셋토 茶碗蒸しセット 1,750엔

아카몬차야 赤門茶屋
0774-21-2058
11:00~17:00
목・화요일, 부정기 휴무
시라카와 교쿠로 白川玉露 차단고셋토 茶団子セット
1,300엔

우지 시 겐지모노가타리 뮤지엄
宇治市源氏物語ミュージアム
0774-39-9300, www.uji-genji.jp
09:00~16:30
월요일, 12월 28일~1월 3일 휴무
500엔

우지가미진자 宇治上神社
0774-21-4634
09:00~16:30

츠엔 혼텐 通圓本店
0774-21-2243
09:30~17:30
무사시 武蔵 1,080엔, 오츠상셋토 お通さんセット 850엔

호리 시치메이엔 堀井七茗園
0774-23-1118
09:00~17:30
일요일, 부정기 휴무

11 교토 역 京都駅

가와이 간지로 기념관 河井寛次郎記念館
075-561-3585
10:00~16:30
월요일 휴무공휴일인 경우 개관, 여름 휴관 8월 11일
~20일, 겨울 휴관 12월 24일~1월 7일
입장료 900엔

갓포 이이무라 割烹 いいむら
075-351-8023
11:30~다 팔릴 때까지, 17:00~22:00
일요일 휴무토요일은 저녁만 영업
히가와리테이쇼쿠 日替わり定食 700엔~

교토 다카바시 혼케 다이이치 아사히
京都 たかばし 本家 第一旭
075-351-6321
05:30~02:00
목요일 휴무
라멘 ラーメン 650엔

교토국립박물관 京都国立博物館
075-541-1151
09:30~15:30
월요일, 연말연시 휴관공휴일인 경우 개관
관람료 520엔특별전시관은 기획전마다 입장료가 다름. 둘
째 주, 넷째 주 토요일 상설전시관 무료 입장

교토타워 京都タワー
09:00~21:00
입장료 770엔

네자메야 ねざめや
075-641-0802
09:00~18:00

부정기 휴무
스즈메 雀 420엔, 이나리즈시 いなり寿し 950엔

도지 나루미모치 鳴海餅東寺
075-691-7217
10:00~17:00
월요일 휴무
미나즈키 水無月 1,080엔

도지 東寺
075-691-3325
08:30~17:00 3월 20일~9월 19일,
08:30~16:00 9월 20일~3월 19일
경내 무료, 고도, 곤도 각각 500엔

도지모치 東寺餅
075-671-7639
07:00~20:00
매월 6・16・26일 휴무
요모기 다이후쿠 よもぎ大福 210엔

도후쿠지 東福寺
075-561-0087
09:00~16:00 4월~10월, 08:30~16:00 11월~12월초,
09:00~15:30 12월 초~3월
경내 무료, 츠텐쿄, 료긴안, 호조 정원 각각 400엔

미스터 교자 ミスターギョーザ
075-691-1991
11:30~20:30
목요일 휴무
교자 이치닌마에 ギョーザ1人前 240엔

산주산겐도 三十三間堂
075-561-0467
08:00~16:30 11월 16일~3월 09:00~16:00
입장료 600엔

시마바라 島原
075-351-0024 스미야 모테나시 문화미술관
10:00~16:00 3월 15일~7월 18일, 9월 15일~12월 16일
월요일 휴관
1,000엔 2층 견학은 사전 전화 예약과 별도 요금 800엔

신부쿠 사이칸 혼텐 新福菜館 本店
075-371-7648
07:30~22:00
수요일, 부정기 휴무
츄카소바 나미 中華そば 並 650엔

후시미 이나리타이샤 伏見稲荷大社
075-641-7331
08:30~16:30

Book in Book 457

교토 명소 찾아보기

[가나다순]

가네마츠 388
가모가와 316
가모도후 긴키 375
가미가모 데즈쿠리이치 401
가미가모진자 188
가미시치켄 165
가사기야 046
가와미치야 요로 110
가와이 간지로 기념관 302, 354
가제노 야카타 103
가츠라리큐 222
간다슈덴 051
간센도 079
간순도 438
갓포 이이무라 306
갸라리 유케이 149
갸아테이 236
게곤지 227
게이분샤 이치조지텐 101
게이후쿠 아라시야마 역 231
겟케이칸 오쿠라기넨칸 259
고노시마야 171
고다이지 038
고려미술관 197, 354
고류지 162
고스페루 120
고시츠 사노와 172
고조자카 059
고코노미야진자 261
고토바노 하우토 147
곤고노가쿠도 355

곤나몬자 387
곳토 와힌도 170
교노츠쿠네야 110
교아메도코로 호쇼도 150
교카시츠카사 도미에이도 263
교토 기리시아 로마 미술관 355
교토 나마 쇼콜라 오가닉 티 하우스 114
교토 니시진 오하리바코 200, 440
교토 다카바시 혼케 다이이치 아사히 305
교토 벤리도 146
교토 시조 미나미자 068
교토 역 294
교토 오하시 고보 381
교토고쇼 132
교토교엔 134
교토국립 근대미술관 353
교토국립박물관 304, 354
교토국제만화뮤지엄 346
교토대학 100
교토도자기회관 049
교토문화박물관 138, 354
교토부립 도모토 인쇼 미술관 353
교토부립 도판 명화의 정원 199, 354
교토부립식물원 198
교토시 미술관 353
교토타워 296
교토후 후지노 176
구라마 326
구로마메차안 기타오 기온텐 080
군교쿠도 377, 439
글라스 스튜디오 084
기레노하나 혼텐 084
기부네 326
기사라도 117
기야마치 070
기온 고모리 075

기온 고이시 076
기온 도쿠야 078
기온 아야 440
기온 코너 070
기온 코부 065
기온 키나나 078
기온 히가시 065
기온가쿠 045
기온노 모리타 083
기요미즈데라 028
기자쿠라 갓파 칸츄리 266
기타노텐만구 160
기타야마 크래프트 가든 401
긴마타 439
긴세 료칸 358
긴카쿠지 칸디텐 120
나가에케 주타쿠 209
나리타 205
나이토 쇼텐 374
나카무라 친기레야 382
나카무라 토키치 혼텐 280
난젠지 096
난젠지 준세이 104
네기야 헤이키치 다카세가와텐 268
네네노미치 058
네자메야 307
네코마치 118
노노미야진자 226
노무라 미술관 353
노토노죠 이나후사 야스카네 283
노토요 388
니넨자카 058
니시진 164
니시진 오리나스칸
니시키 시장 385
니시키유 336

니시키텐만구 389	도후카페 후지노 177	무린안 098
니시키 히라노 388	도후쿠지 290	무모쿠테키 카페&푸드 360
니조 성 136	라 부아튀르 118	미루로토지 273
니혼료리 도쿠오 081	라조몬 터 290	미미즈카 300
니혼슈 바 아사쿠라 268	라쿠 378, 439	미부데라 140
닌나지 160	라쿠시샤 219	미스터 교자 306
다니구치 쇼인도 049	레 토와 메종 177	미야마초 338
다니엘 364	로댕 388	미즈오 324
다다스노모리 190	로잔지 144	미카케 다카스기 364
다이기치 146	로쿠세이 108	미키 게이란 388
다이쥬 265	로쿠세이 사테이 108	미하스 피투 054
다이토쿠지 195	료안지 158	미호 뮤지엄 348
다이토쿠지 이치마 205	료젠 고코쿠진자 045	민슈쿠 오하라산소 253
다이토쿠지 잇큐 202	로테이 야치요 109	본토초 069
다이호안 276, 438	르 프티 맥 이마데가와 178	뵤도인 274
다카쿠라야 387	마루야마 공원 042	분노스케차야 혼텐 047
다케무라 교쿠스이엔 혼포 116	마루야마닌교 048	블랑제리 C.h.m 363
단지렌 쇼도 381	마루야타 388	비고노 미세 363
데라다야 262	마루이 388	뽕뽕도 380
데마치 후타바 321	마루츠네 388	사가 도리이모토 마치나미 호존칸 229
데츠가쿠노미치 092	마메마사 혼텐 372	사가노 도롯코렛샤 229
덴류지 220	마에다커피 메이린점 359	사가노유 236, 337
도게츠교 218	마츠야토베 204	사가도후 모리카 234
도리세이 혼텐 264	마츠오타이샤 224	사라사 니시진 173
도시샤대학 142	마츠히로 쇼텐 가미시치켄텐 170	사이클링 로드 342
도안 데츠카쿠노미치텐 102	마치야 다이도코 아네코지 439	샤케노마치나미 196
도에이 우즈마사 에이가무라 167	만부쿠지 273	산네이자카 059
도요우케 차야 175	메리 고 라운드 교토 311	산젠인 244
도요우케야 야마모토 175	모노즈쿠리 아트 타운 401	산조도리 139
도지 292	모리노데즈쿠리이치 모노즈쿠리	산주산겐도 300
도지 가라쿠타이치 400	포레스트 401	산토리 맥주 공장 269
도지 고보이치 394	모안 112	산토리 위스키 공장 269
도지 나루미모치 308	모토시로 440	세겐인 176
도지모치 308	묘신지 161	세료 248
도칸소 051	무라야마 조우스 082	세료지 228
도코보&카페 가모가와 320	무라카미 가이신도 147	세이메이진자 163

세이잔소도 233
센본샤카도 162
센타로 데츠카쿠노미치텐 113
센토고쇼 134
세 아가타 283
소바 도코로 오카루 071
소바도코로 나가노 282
소혼케 니신소바 마츠바 074
소혼케 유도후 오쿠탄 난젠지텐 103
슈가쿠인리큐 191
스마트 코히텐 148
스소도 380
스타벅스 산조 오하시 319
시게모리 미레이 정원 미술관 355
시게츠 235
시마바라 301
시모가모진자 190
시바큐 250
시센도 097
시야쇼마에 프리마 401
시오리안 209
시치미야 혼포 050
신도쇼쿠료 로호 382
신부쿠 사이칸 혼텐 304
신센엔 138
아다시노 넨부츠지 216
아라시야마 요시무라 235
아리츠구 386
아사히도 377, 439
아사히비루 오야마자키산소미술관 352
아시유 카페 252
아이바 370
아이소 282
아이토와 232
아카몬차야 279
야나기유 335

야마나카 아부라텐 373
야사카노토 036
야사카도리 059
야사카진자 040
야스이콘피라구 066
야야 383
야쿠모 식당 172
에이라쿠야 378
에이칸도 096
엔 438
엔랴쿠지 192
엔코지 098
오가와 다이토쿠지 두부 204
오가와케 주타쿠 137
오리나스칸 166, 438
오멘 긴카쿠지 혼텐 106
오무라야 하쿠만벤텐 111
오우치고향 고코라야 본토초텐 076
오카라 하우스 174
오카유상 바 교라쿠 268
오코치 산소 214
오쿠 갤러리&카페 080
오타후쿠 커피 359
오하라고보 252, 440
오하라 아침시장 249, 401
오후치소 메리메로 055
와쿠 재팬 438
요로즈야 077
요지야 기온텐 082
요지야 카페 긴카쿠지텐 111
우메코지코엔 데즈쿠리이치 401
우에무라 요시츠구 371
우지 시 겐지모노가타리 뮤지엄 277
우지가미진자 276
유메지 카페 고류카쿠 053
유케이 살롱 드 테 149

이나바야시 데즈쿠리이치 398
이노다커피 기요미즈시텐 054
이노다커피 본점 361
이노분 기타야마텐 199
이레몬야 교토 143
이마미야진자 196
이모보 히라노야 혼텐 050
이스즈 베이커리 364
이시베코지 059
이우라닌교텐 232
이즈주 072
이치만벤 383
이치몬지야 와스케 201
이치조지 나카타니 116
이치하라 헤이베이 쇼텐 376
이피시 318
잇센요쇼쿠 074
잇포도 차호 370
잠보 174
잣코인 243
조난구 328
조잣코지 228
지슈진자 034
지온인 043
지온지 데즈쿠리이치 392
진바도 200
짓코인 248
짓코쿠부네 262
차완자카 059
초라쿠지 044
초라쿠칸 052
츠노키 386
츠바메 360
츠엔 혼텐 278
치나미 387
치리멘 사이쿠칸 기온텐 084

치세 121
치쿠린 222
치쿠유안 다로아츠모리 149
카페 구리쿠마 264
카페 라인백 362
카페 인디펜던트 361
카페&팬트리 마츠노스케 361
키라키라 히카루 322
텐진상 396
트랙션 북 카페 362
파스토 363
파티스리 크리안텔 206
피자리아 나폴리타나 다 유키 119
하타케 209
헤이안 라쿠이치 401
헤이안진구 094
호리 시치메이엔 278
호센인 246
호소미 미술관 353
호즈가와 쿠다리 230
호호호자 102
혼노지 135
효테이 107
후나오카 온센 332
후도 199
후시미 오테스지 상점가 261
후시미 이나리타이샤 298
후지노모리로 168
히노데 우동 106
히노데유 334
히다마리 360
히라노진자 164
SOU·SOU 르 꼬끄 스포르티브 384
SOU·SOU 타비 384

[Guesthouse]

게스트하우스 나고미 427
게스트하우스 돈보 423
게스트하우스 보라보라 427
게스트하우스 본 420
게스트하우스 지유진 417
게스트하우스 코바코 427
겟코소 교토 426
고조 게스트하우스 427
교토 마치야 게스트하우스 교노엔 427
구레타케안 410
긴마타 431
누노야 413
닌나지 오무로가이칸 433
다와라야 428
도요코인 교토 시조 가라스마 435
도지안 427
로지야 421
로쿠오인 433
묘신지 다이신인 433
미후쿠 430
쇼렌겐인 433

아야하 레이크사이드호텔 427
아즈키야 412
아지로 416
와라쿠안 422
우타노 유스호스텔 435
웨스턴 미야코호텔 교토 435
위클리맨션 435
유라쿠소 425
이나카테이 432
이치엔소 415
카오산 교토 게스트하우스 426
타로카페 인 424
프렝 통 탕 414
프리 호텔 교토 435
프린츠 435
헨카 418
호스텔 교톳코 427
호시노야 교토 432
호텔 블루레이크 오츠 427
호텔 초라쿠칸 434
효코인 433
히이라기야 429

京都白景

© tomide

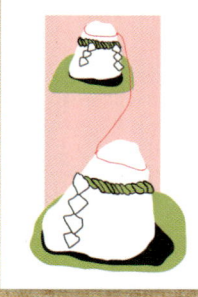

illustrator 랄랄라디자인

스스로가 행복해지기 위해 주변의 소소한 것들 속에서 작은 행복을 발견해 그림을 그리고 있다.

postcard illustrator Tomide

교토에서 태어나 일러스트레이터로 활동 중. 교토의 거리나 축제, 건물, 음식 등을 모티브로 한 일러스트로 교토의 새로운 매력을 전하고 있다. 〈때때로, 교토〉와의 인연으로 한국을 방문하고 싶어하는데 그녀의 눈에 비친 한국의 모습이 무척 궁금하고 기대된다. www.tomide.com

Special Thanks 일본정부관광국
JNTO, www.welcometojapan.or.kr

셀프트래블
교 토

개정 1쇄 | 2015년 4월 17일
개정 2쇄 | 2016년 5월 2일

지은이 | 조경자

발행인 겸 편집인 | 유철상
책임편집 | 조경자 travelfoodie@naver.com
본문 디자인 | Arearea
일러스트·손지도 | 랄랄라디자인
book in book 지도 | 주인지
교정 | 홍주연
마케팅 | 조종삼, 조윤선

펴낸 곳 | 상상출판
주소 | 서울시 동대문구 정릉천동로 58, 103동 206호(용두동, 롯데캐슬피렌체)
구입·내용 문의 | 전화 02-963-9891, 070-8886-9892~3 팩스 02-963-9892
이메일 cs@esangsang.co.kr
등록 | 2009년 9월 22일(제305-2010-02호)
찍은 곳 | 다라니

※ 가격은 뒤표지에 있습니다.

ISBN 979-11-86163-98-6 (14980)
　　　978-89-94799-01-8 (set)

ⓒ2015 조경자

※ 이 책은 상상출판이 저작권자와의 계약에 따라 발행한 것이므로
　본사의 서면 허락 없이는 어떠한 형태나 수단으로도 이용하지 못합니다.
※ 잘못된 책은 구입하신 곳에서 바꿔드립니다.

www.esangsang.co.kr